Lehrbuch

des

deutschen Civilprozeßrechts

von

Friedrich Bunsen,
Oberamtsrichter in Rostock.

Berlin.
J. Guttentag, Verlagsbuchhandlung,
G. m. b. H.
1900.

Meinem Schwager und Lehrer

Herrn Dr. Wilhelm Winckler

Realgymnasialdirektor in Bützow

zugeeignet.

Vorwort.

Daß die Prozeßrechtswissenschaft nicht übermäßig reich an systematischen Darstellungen ist, ist noch jüngst von berufener Seite anerkannt. Darin möchte ein neuer Versuch solcher Darstellung seine Rechtfertigung finden.

Eine geeignete Grundlage für das System zu finden, bereitet nicht geringe Schwierigkeiten. M. E. wird das System sich möglichst eng an das Gesetz anschließen müssen, ohne die Selbständigkeit in dem Aufbau und der Durchführung vermissen zu lassen.

Der Civilprozeß ist seinem Wesen nach eine öffentliche, staatliche Einrichtung zur Herstellung konkreter Privatrechtsordnung, das Civilprozeßrecht der Inbegriff der Normen, nach welchem sich diese Herstellung vollzieht.

Ein System des Civilprozeßrechts hat also zunächst diejenigen Einrichtungen zu erörtern, welche zur Mitwirkung dieser Aufgabe bestimmt sind, sodann aber darzustellen, in welcher Weise innerhalb dieser Einrichtungen die Aufgabe zu lösen ist.

Berufen zur Lösung dieser Aufgabe sind das Gericht und die Parteien, jeder zu seinem Teile. Beide Handlungen greifen in einander wie die verschiedenen Triebwerke einer Maschine.

Es sind also zunächst diese Einrichtungen, Gericht und Parteien, darzustellen.

Wie aber die einzelnen Teile einer Maschine nur in ihrer funktionellen in einander greifenden Thätigkeit Bedeutung haben, so muß sich die weitere Darstellung zu dieser Thätigkeit wenden. Es muß gezeigt werden, wie die Maschine arbeitet, welche speziellen Funktionen jeder Teil zur Erreichung der Aufgabe zu lösen hat, welche Bedeutung seiner Thätigkeit im Verhältnisse zu der des andern Teils gebührt.

Es ist also die prozessuale Thätigkeit, m. a. W. das Verfahren in seinem Beginn, in seiner Entwicklung bis zu seinem Abschlusse schrittweise darzustellen. Dabei schien es angemessen, die Grundregeln für die Arbeitsleistung vorweg zu behandeln.

Bei der Darstellung dieser Grundregeln ergab sich sofort ein prinzipieller Unterschied, insofern als die funktionelle Thätigkeit der Parteien von verschiedener Bedeutung für das Resultat ist.

Dieser Unterschied führte zu der gesonderten Darstellung des regelmäßigen Verfahrens im sog. eigentlichen Parteienprozesse und des Verfahrens im formellen Parteienprozesse sowie im Aufgebotsverfahren. Dabei konnte sich die Darstellung in den beiden Ausnahmefällen auf die Abweichungen von dem Regelfalle beschränken.

Dieser Unterschied hat jedoch nur Bedeutung für denjenigen Teil des Verfahrens, welcher zur Erkenntnis der konkreten Rechtsordnung führt. Das Vollstreckungsverfahren findet seine gesonderte Darstellung am Schlusse des Systems.

In dieser Weise folgt die Darstellung zunächst der Legalordnung, ist jedoch frei und selbständig in der Entwicklung der einzelnen Prozeßrechtsinstitute. Versucht ist, die Stellung des Prozeßrechts in dem gesamten Rechtsgebiete durch Klarlegung der Ziele desselben festzuhalten, insbesondere den Zusammenhang desselben mit dem bürgerlichen Recht nachzuweisen und die betreffenden Anknüpfungspunkte hervorzuheben.

Durch diese Methode hoffe ich, das Verständnis für diese so schwierige Materie zu erleichtern. Nicht ausgefahrene Geleise suchend, vielmehr selbständig vorgehend, bin ich bemüht gewesen, eine einheitliche in sich geschlossene Arbeit zu liefern, welche — einer mühsamen praktischen Thätigkeit abgerungen — hoffentlich auch der Wissenschaft nützen wird.

B.

Inhaltsverzeichnis.

Einleitung.

Erstes Buch.

Gericht und Parteien.

Erster Abschnitt.

Das Gericht.

Erster Titel.

Gerichtsbarkeit und Gerichte.

Zweiter Titel.

Zuständigkeit der Gerichte.

Dritter Titel.

Ausübung der Gerichtsbarkeit.

Zweiter Abschnitt.

Parteien.

Erster Titel.

Die Parteistellung.

Zweiter Titel.

Beteiligung Mehrerer an einer Parteirolle.

Seite

Dritter Titel.

Prozeßrechtliche Parteilasten.

Zweites Buch.

Verfahren.

Erster Abschnitt.

Erkenntnisverfahren.

Erster Unterabschnitt.

Das Erkenntnisverfahren im eigentlichen Parteienprozesse.

Erster Titel.

Die Grundregeln.

Zweiter Titel.

Gegenstand des Verfahrens.

Seite

Drittes Kapitel.
Verhandlung des Rechtsstreites.

Viertes Kapitel.
Beweisverfahren.

I.
Der Beweis.

II.
Das Verfahren.

Seite

Zweiter Abschnitt.
Vollstreckungsverfahren.

Erster Titel.
Die allgemeinen Grundsätze.

Erstes Kapitel.
Die Zwangsvollstreckung.

Zweites Kapitel.
Das Zwangsvollstreckungsverfahren.

Zweiter Titel.
Die verschiedenen Arten der Zwangsvollstreckung.

Erstes Kapitel.
Zwangsvollstreckung wegen Geldforderungen.

I.
Zwangsvollstreckung in das bewegliche Vermögen.

Seite

II.

Zwangsvollstreckung in das unbewegliche Vermögen.

Zweites Kapitel.

Zwangsvollstreckung wegen anderer Ansprüche.

Drittes Kapitel.

Offenbarungseid und Haft.

Dritter Titel.

Sicherung der Zwangsvollstreckung.

Einleitung.

I.

Civilprozeß. Civilprozeßrecht. Prozeßrechtsgeschäfte.

I. Der Civilprozeß ist eine öffentliche (staatliche) Einrichtung zur Ordnung der bürgerlichen Rechtsstreitigkeiten, er ist der für diese Rechtsstreitigkeiten verordnete Rechtsweg.

1. Aufgabe des Civilprozesses ist die Herstellung des Rechtsfriedens oder der Rechtsordnung auf dem Gebiete des Privatrechts. Diese Aufgabe zu lösen, liegt dem Staate als dem Hüter der Rechtsordnung ob; denn der Staat ist das lebendige Recht. Zur Lösung dieser Aufgabe bedient sich der Staat besonderer Behörden, der Gerichte; man nennt deshalb diesen Zweig der Thätigkeit des Staates — vom Gesichtspunkt der subjektiven Befugnis — seine Gerichtsbarkeit, die Thätigkeit selbst — ihrem objektiven Inhalte nach — die Rechtspflege[1]).

In der Rechtspflege soll sich das (objektive) Recht bewähren, bethätigen, die Rechtspflege ist ihrem Wesen nach nicht (wie die Gesetzgebung) rechtschaffender Art. Der unmittelbare Prozeß-

[1]) Die Rechtspflege ist eine streitige oder nichtstreitige. Die erstere zerfällt in die Civilrechtspflege und die Strafrechtspflege. Die Strafrechtspflege tritt ein, wenn die Rechtsordnung so intensiv gestört ist, daß die Störung mit öffentlicher Strafe bedroht ist. Die öffentliche Einrichtung zur Handhabung der Strafrechtspflege ist der Strafprozeß; er verfolgt mit dem Civilprozesse an sich den gleichen Zweck, seine Mittel sind im wesentlichen gleiche, nur sein Gebiet ist ein anderes. Strafprozeß und Civilprozeß sind vor dieselben Behörden verwiesen. Die nichtstreitige Rechtspflege ist immer Civilrechtspflege

zweck ist Bewährung der bereits bestehenden Rechtsordnung. — Da es dem Wesen des objektiven Rechts entspricht, sich zu bethätigen und der praktische Wert desselben allein in solcher Bethätigung zu finden ist, und da die Bethätigung des bürgerlichen Rechts sich in den im praktischen Leben in die Erscheinung tretenden Beziehungen der Einzelnen zu einander und zu den Dingen der Außenwelt vollzieht, und diese Beziehungen sich im Spiegel des objektiven Rechts zu Rechtsverhältnissen, subjektiven Rechten gestalten, so erscheint uns der Schutz des subjektiven Privatrechts als der mittelbare Prozeßzweck.

Daraus ergiebt sich die sekundäre Natur des Prozesses. Indem im Prozesse das (objektive) Recht sich bewährt und das (subjektive) Recht geschützt wird, dient er selbst der bürgerlichen Rechtsordnung, seine Einrichtungen passen sich diesem Zwecke an, die prozeßrechtlichen Institute können nur aus diesem Zwecke erkannt und begriffen werden, die prozeßrechtlichen Begriffe werden diesem Zwecke entsprechend formuliert und angewendet.

Aus dem Prozeßzwecke — Schutz des subjektiven Rechts — folgt weiter, daß der Prozeß seinem Wesen nach nicht bestimmt ist, subjektive Rechte erst zu schaffen, hervorzubringen, daß dem Prozesse als solchem keine rechtsgeschäftliche Natur innewohnt. Das schließt jedoch nicht aus, daß das bürgerliche Recht sich des Prozesses und seiner Formen bedient, um materiell rechtliche Wirkungen zu erzielen[2]), und schließt weiter nicht aus, daß die Parteien im Prozesse Rechtsgeschäfte abschließen[3]) oder rechtsgeschäftliche Erklärungen abgeben[4]).

2. Gegenstand des Civilprozesses ist das zwischen den Parteien bereits bestehende Streitverhältnis, welches dadurch, daß es zum Gegenstande des Prozesses gemacht wird, daß es in das prozessuale Stadium eintritt, besondere prozeßrechtliche Wirkungen empfängt, indem es von den Wirkungen der Rechtshängigkeit und der Rechtskraft ergriffen wird und die Pflicht zur Erstattung der

---

[2]) Das ist z. B. nach dem BGB. §§ 1329, 1341, 1596 der Fall. Dem römischen Rechte war dies recht geläufig, z. B. in dem Institut der „in iure cessio". Auch heute ist die Möglichkeit nicht ausgeschlossen, den Prozeß zur Schaffung subjektiver Rechte, z. B. durch gerichtliche Anerkennung, Pfändung, zu gebrauchen oder zu mißbrauchen.

[3]) z. B. durch einen gerichtlichen Vergleich.

[4]) z. B. die Anfechtungserklärung, die Aufrechnungserklärung.

Kosten des Rechtsstreits, zur Leistung von prozessualen Sicherheiten in sich aufnimmt [5]).

Wenn auch ein Streitverhältnis Gegenstand des Civilprozesses ist, so ist doch nicht nötig, daß im Prozesse ein Streit in Wirklichkeit ausgefochten wird. Ein Streitverhältnis im prozeßrechtlichen Sinne besteht schon dann, wenn die Rechtsordnung thatsächlich gestört ist, d. h. wenn thatsächlich ein anderer Zustand besteht, als er von Rechtswegen bestehen soll (z. B. ein Schuldner eine fällige Leistung nicht macht), und gleichgiltig ist, ob die angegriffene Partei dies bestreitet oder nicht oder gar anerkennt. Inwieweit das positive Recht, die Befugnis, ein (behauptetes) Rechtsverhältnis als streitiges vor den Richter zu bringen und damit das Rechtsverhältnis in das Stadium eines prozessualen Streitverhältnisses zu versetzen, gewähren will [6]) ist lediglich Frage der Rechtspolitik, es entscheiden darüber die Bedürfnisse des praktischen Rechtslebens, nicht sogenannte grundlegende Prinzipien.

3. Die Gestalt des Civilprozesses ist diejenige des Parteienprozesses [7]). Das Wesen des Parteienprozesses besteht darin, daß die bei der Entscheidung des Streitverhältnisses interessierten Personen (Parteien) die Streitsache, d. h. die thatsächliche Grundlage der begehrten Entscheidung, vor dem Gerichte verhandeln, und daß das Gericht in der Grenze des verhandelten Stoffes und in Grundlage des Resultates dieser Verhandlung entscheidet. So gestaltet sich der

[5]) Gegenstand des Civilprozesses ist nicht ein sog. Rechtsschutzanspruch, d. h. ein Anspruch des Klägers bezw. des Beklagten auf Gewährung prozessualen Rechtsschutzes (so Wach, Handbuch I, S. 19ff. und Feststellungsanspruch). Einen solchen Rechtsschutzanspruch giebt es nicht, weil der Rechtsschutz zum Wesen des Staates gehört. Die Rechtspflegethätigkeit des Staates ist begrifflich immer dieselbe, sie ist im Civilprozesse keine andere als im Strafprozesse, ihr unmittelbarer Inhalt ist Bewährung des objektiven Rechts. Diesem Inhalt gesellt sich sekundär und nur mittelbar der Schutz des subjektiven Privatrechts zu, ohne daß damit das Wesen des Rechtsschutzes sich verändert.

[6]) S. hierüber unten § 42.

[7]) Diese Gestalt hat heute auch der Strafprozeß und das Verwaltungsstreitverfahren. Der Unterschied des einen Prozesses vom anderen liegt wesentlich in der Bedeutung, welche der Parteienthätigkeit gegenüber dem richterlichen Urteil beigelegt ist.

Civilprozeß zu einem Verfahren, in welchem die Thätigkeit des Gerichts und der Parteien ineinander wirken. Indem das Gesetz die Thätigkeit, welche für den Ausgang des Verfahrens (das Urteil) bestimmend ist, und damit die Verantwortung für diesen Ausgang beiden auferlegt, jedem nach Maßgabe seiner Thätigkeit, nimmt es dem Gerichte — dem an sich die Herstellung der Rechtsordnung kraft der von ihm verwalteten Gerichtsbarkeit des Staates obliegt — einen Teil der Verantwortung ab und legt den Parteien in ihrem Verhältnisse zum Gerichte bestimmte prozessuale Lasten auf. Diese erscheinen in der Hand der Parteien als prozessuale Befugnisse, deren Umfang sich nach Maßgabe der Teilung der Thätigkeit zwischen Gericht und Parteien bemißt. Nur in diesem Sinne kann man von prozeßrechtlichen Befugnissen der Parteien gegenüber dem Gerichte sprechen.

Da ein Streit, also auch das im Prozeß verhandelte Streitverhältnis, notwendig zwei Parteien voraussetzt, so ist der Civilprozeß als Parteienprozeß seinem Wesen nach ein Zweiparteienprozeß. So entsteht die Frage, wie verteilt sich die den Parteien zugewiesene verantwortliche Thätigkeit unter den Parteien? Diese Frage beantwortet sich aus der Rolle, welche jede Partei im Prozesse einnimmt. Durch die Verteilung der Thätigkeit auf die beiden Parteien, diejenige der angreifenden und diejenige der angegriffenen Partei, begrenzt sich die verantwortliche Thätigkeit beider Parteien dem Gerichte gegenüber, so daß jede Partei nur den der Aufgabe ihrer Parteirolle entsprechenden Teil der Parteienthätigkeit hat.

Da nun das Prozeßrecht der Parteienthätigkeit gegenüber dem richterlichen Urteile eine maßgebende Bedeutung beilegt[8]), so gewinnt jede Partei gegenüber der anderen durch die Ausübung der ihr obliegenden Thätigkeit gegenüber der Gegenpartei einen prozeßrechtlichen Vorteil und erleidet durch die Vernachlässigung ihrer Aufgabe einen prozeßrechtlichen Nachteil, so daß man in diesem Sinne von prozeßrechtlichen Befugnissen und Pflichten der Parteien im Verhältnis zu einander sprechen kann.

4. Das Verhältnis des Civilprozesses zu dem materiellen Rechtsverhältnisse, dessem Schutze er mittelbar dient, liegt in der autoritativen Wirkung des Endergebnisses, welche sich in der Rechtskraft des Urteils zeigt. Diese kann vermöge der

---

[8]) S. darüber unten § 39.

dem Prozeßrechte als solchem innewohnenden Prozeßstrenge dem materiellen Rechte verderblich werden. Nachlässigkeit, Unwissenheit, Unfähigkeit, Irrtum, gesetzwidriges Verhalten können das Verfahren und dessen Resultat, das Urteil, beeinflussen. So kann es kommen, daß dem Berechtigten durch das Urteil ein wirkliches Recht aberkannt wird, daß jemand gezwungen wird, zu leisten, was er nicht schuldig ist. Die eiserne Faust der sich im Urteile offenbarenden Staatsautorität nimmt dem Berechtigten für die Zukunft die Möglichkeit, das aberkannte Recht zu verfolgen, sich gegen das ihm auferlegte Unrecht zu verteidigen. In solcher Prozeßstrenge offenbart sich die überlegene Macht des öffentlichen Rechts, dem der Civilprozeß angehört, gegenüber dem Privatrecht und den ihm angehörenden Verhältnissen.

5. Der Civilprozeß gehört der streitigen Rechtspflege an, ein anderer Teil der Civilrechtspflege ist das Gebiet der nichtstreitigen sog. freiwilligen Gerichtsbarkeit. Dieselbe hat regelmäßig nicht ein Streitverhältnis zum Gegenstande, sondern greift überall da Platz, wo nach Maßgabe des bürgerlichen Rechts eine gerichtliche Mitwirkung bei der Entstehung, Veränderung oder Beendigung von Rechtsverhältnissen nötig ist[9]), wo eine staatliche Fürsorge für die persönlichen und Vermögensverhältnisse der zur selbständigen Besorgung ihrer rechtlichen Angelegenheiten unfähigen Personen, eine Fürsorge für das Vermögen verstorbener Personen, deren Erben unbekannt oder nicht zu ermitteln sind, nach dem bürgerlichen Rechte erfordert wird[10]).

II. Das Civilprozeßrecht ist derjenige Teil des öffentlichen Rechts, welcher die Personen und Einrichtungen, durch welche die

---

[9]) Hierher gehören die in den öffentlichen Registern (Vereinsregister, Handelsregister, Genossenschaftsregister, Civilstandsregister, Güterrechtsregister, Schiffsregister) einzutragenden rechtlichen Verhältnisse, die Führung der Grundbücher, die Mitwirkung bei Begründung und Wiederauflösung familienrechtlicher Verhältnisse (Legitimation, Annahme an Kindesstatt u. s. w.). Hat die Mitwirkung des Gerichts wesentlich nur den Zweck, den Akt zu beurkunden, wie bei der Testamentserrichtung, bei den Verträgen über das ganze Vermögen, über ein Grundstück (s. z. B. BGB. §§ 311, 313), so kann statt der gerichtlichen notarielle Mitwirkung stattfinden.

[10]) Hierher gehören die Vormundschafts- und Pflegschaftssachen einschließlich der Nachlaßsachen.

Aufgabe des Civilprozesses (I, 1) zu lösen ist, und das in der Lösung dieser Aufgabe zu beobachtende Verfahren bestimmt.

1. Das Civilprozeßrecht gehört dem öffentlichen Rechte an; denn sein unmittelbarer Zweck, die Herstellung der Rechtsordnung, ist ein staatlicher, ein öffentlich rechtlicher.

2. Da das Civilprozeßrecht dem öffentlichen Rechte angehört, so ist es als solches nicht geeignet, wohlerworbene Rechte der Einzelnen sei es gegenüber der Gesamtheit oder gegenüber einem bestimmten Gegner zu erzeugen. Wenn auch im Prozesse das subjektive Recht des Einzelnen geschützt wird, so hat doch niemand ein erworbenes Recht darauf, daß sein subjektives Recht genau nach Maßgabe desjenigen Prozeßrechts, welches zur Zeit der Entstehung des subjektiven Rechts gilt, geschützt wird, und ebenso wenig darauf, daß ein begonnener Prozeß nach denjenigen Regeln, welche zur Zeit des Beginnes gelten, zu Ende geführt wird. Daraus folgt, daß neue Prozeßgesetze sowohl auf früher begründete Rechtsverhältnisse als auf schwebende Streitverhältnisse anzuwenden sind[11].

3. Das für den Ort des Gerichts geltende Prozeßrecht (lex fori) findet Anwendung auf alle vor dem Gerichte und von dem Gerichte vorzunehmenden Prozeßhandlungen, mag das Streitverhältnis selbst in Maßgabe der Vorschriften des sog. internationalen Privatrechts nach einheimischem oder nach ausländischem Rechte zu beurteilen sein, mag das Gericht als Prozeßgericht oder als ersuchtes Gericht fungieren; denn auch im letzteren Falle fungiert es kraft der Gerichtsbarkeit seines Staates, nicht kraft Auftrags.

Die lex fori findet auch Anwendung auf die Beurteilung der Zulässigkeit der Handlung, der Zuständigkeit des Gerichts, der Partei-

[11]) Das EG. z. CPO. §§ 18—22 trifft allerdings teilweise andere Bestimmungen. Es bestimmt namentlich, daß auf die Erledigung anhängiger Prozesse die bisherigen Prozeßgesetze Anwendung finden. Eine solche Bestimmung war geboten, da die Civilprozeßordnung ein vollständig neues, auf wesentlich neuen Grundsätzen aufgebautes Verfahren eingeführt hat. Es ist deshalb den Landesgesetzgebungen überlassen, die Civilprozeßordnung auf anhängige Prozesse für anwendbar zu erklären, da diese allein imstande sind, zu beurteilen, ob die Anwendung des neuen Rechts auf anhängige Prozesse ohne erhebliche Verwirrung möglich war. Ganz anders liegt die Sache bei neuen Prozeßgesetzen, welche nicht ein neues Verfahren einführen, sondern nur Einzelbestimmungen enthalten, wie das Gesetz betr. Änderungen der Civilprozeßordnung v. 17. Mai 1898.

fähigkeit und Prozeßfähigkeit, es sei denn, daß das Prozeßrecht diese nicht selbständig, sondern unter Verweisung auf das materielle Recht regelt.

4. Die Sätze des Civilprozeßrechts sind allgemein verbindliche Rechtssätze, sie haben nicht etwa die Bedeutung einer regiminellen Instruktion für die am Prozeß beteiligten Personen. Die Prozeßrechtssätze sind jedoch nicht alle von gleichmäßig wirkender Kraft, häufig enthalten sie nicht einen absoluten Zwang, sondern nur eine Ermächtigung für die Beteiligten, zwischen mehreren von der Rechtsordnung vorgesehenen oder angenommenen, gedachten Möglichkeiten zu wählen (z. B. zwischen mehreren Gerichtsständen, zwischen der beeidigten oder der unbeeidigten Vernehmung von Auskunftspersonen) oder nach freiem Ermessen etwas anzuordnen [12]).

In solcher dispositiven Normierung [13]) verwendet das Gesetz die beteiligten Personen, durch deren Wahl, Bestimmung die Anwendung stattfindet, als rechtschaffende Hülfsorgane; denn das durch solche Wahl zur Anwendung kommende Verfahren ist ein vom Gesetze gewolltes, die gesetzliche Ermächtigung und nicht der Wille der beteiligten Person ist die eigentliche Quelle des Verfahrens.

Wenn das Gesetz den beteiligten Personen, Richter und Parteien, keine Wahl läßt, ist die Vorschrift von absolut verbindlicher Kraft, jedoch ist dabei zu beachten, daß auch ein Verstoß gegen solche Vorschriften regelmäßig mit der Rechtskraft des Urteils heilt und nur ausnahmsweise eine noch weiter hinauswirkende Bedeutung hat, und daß schließlich jeder Verstoß mit dem Ablaufe der Ausschlußfrist für das Wiederaufnahmeverfahren heilt.

Ob eine Vorschrift der Prozeßordnung von absolut verbindlicher Wirkung ist oder nur dispositiver Natur ist, muß sich aus der Fassung des Gesetzes und aus der Bedeutung, welche dieser Vorschrift beikommt, namentlich daraus ergeben, ob die Vorschrift nur im Interesse der Parteien oder ihres im Prozeß verfolgten, ihrer Verfügung unterliegenden Privatinteresses besteht, oder ob es eine Vorschrift ist, welche im öffentlichen Interesse, im Interesse der Rechtspflege überhaupt gegeben ist.

---

[12]) S. z. B. CPO. §§ 141—150, § 938 Abs. 1.

[13]) Über die dispositive Natur des Civilprozeßrechts s. bes. Bülow im C. A. Bd. 64, S. 1 ff.

III. Prozeßrechtsgeschäfte sind Rechtsgeschäfte mit gewollter prozeßrechtlicher Wirkung[14]). Solche Prozeßrechtsgeschäfte sind der Schiedsvertrag (CPO. § 1025), die Vereinbarung über die Zuständigkeit (CPO. § 38), der Verzicht auf den Einspruch, auf das Recht der Berufung oder Revision (CPO. §§ 346, 514, 566), die Verwillkürung der Zwangsvollstreckung (CPO. §§ 794[5], 799, 800).

Auf diese Prozeßrechtsgeschäfte finden, wenn sie außerhalb des Verfahrens[15]) abgeschlossen werden, die allgemeinen Grundsätze über Rechtsgeschäfte (BGB. §§ 104—185) neben den etwaigen besonderen Bestimmungen des Prozeßrechts (so z. B. CPO. §§ 38, 514, 794[5], 1025 ff.) Anwendung. Wird ein solches Rechtsgeschäft im Verfahren vorgenommen, z. B. eine Vereinbarung über die Zuständigkeit, der Verzicht auf ein Rechtsmittel, so hat die betreffende Willenserklärung die Natur einer Prozeßhandlung, deren formelle Gültigkeit nach Prozeßrecht, nicht nach dem bürgerlichen Rechte zu beurteilen ist[16]).

Über die einzelnen Prozeßrechtsgeschäfte wird im Laufe des Systems gesprochen werden, nur über den Schiedsvertrag soll wegen seiner allgemeinen Bedeutung schon hier gesprochen werden.

---

[14]) Das Rechtsgeschäft dient der rechtlichen Selbstbestimmung, auf dem Gebiete des bürgerlichen Rechts als Regel, auf dem Gebiete des Prozeßrechts nur ausnahmsweise. Die Parteien können den Rechtsweg durch Selbstbestimmung nicht mit absoluter Wirkung ausschließen (denn sie können sich nicht rechtlos machen), noch können sie den Civilrechtsschutz für Verhältnisse, für welche er nicht gegeben ist, durch Selbstbestimmung einführen, sie haben keine Verfügung über die Aufgabe, den Gegenstand und die Gestalt des Civilprozesses, es giebt keinen Konventionalprozeß. Das gilt auch prinzipiell für die einzelnen Prozeßbefugnisse und Prozeßeinrichtungen, die Verhandlung, den Beweis, die Vollstreckung. Es giebt keine Vereinbarungen über die Verhandlungspflicht, die Beweispflicht, insbesondere keine sog. Beweisverträge.

[15]) Erklärungen, welche nur Bedeutung und Wirkung haben, wenn sie im Verfahren vorgenommen werden, z. B. die Zurücknahme der Klage, des Einspruchs, eines Rechtsmittels, der Verzicht auf Benutzung von Zeugen und andere prozessuale Verfügungsakte (s. u. § 64) sind keine Prozeßrechtsgeschäfte, für sie kommt nur das Prozeßrecht, niemals das bürgerliche Recht in Betracht.

[16]) Praktisch wird diese Frage hauptsächlich, wenn die Erklärung von einem Prozeßvertreter abgegeben wird. Es kommen dann nicht die Grundsätze des bürgerlichen Rechts über die Stellvertretung, sondern die Grundsätze des Prozeßrechts zur Anwendung.

II.

Schiedsrichterliches Verfahren.

Wenn auch die Parteien durch Vertrag sich des Rechtsschutzes überhaupt nicht begeben können, so können sie doch den Rechtsschutz im Wege des Civilprozesses dadurch ausschließen, daß sie durch Vertrag oder sonst gültige Verfügung an Stelle des Civilprozesses das schiedsrichterliche Verfahren [1]) setzen [2]).

1. Das schiedsrichterliche Verfahren findet statt, wenn die Parteien vereinbart haben, daß die Entscheidung einer Rechtsstreitigkeit durch einen oder mehrere Schiedsrichter erfolgen solle (Schiedsvertrag), oder wenn in gesetzlich statthafter Weise durch letztwillige [3]) oder andere nicht auf Vereinbarung beruhende Verfügungen (z. B. Vereinssatzung, Genossenschaftssatzung, Familienstiftung) ein Schiedsgericht angeordnet ist [4]).

2. Der Schiedsvertrag hat nur insoweit rechtliche Wirkung, als die Parteien berechtigt sind, über den Gegenstand des Streites einen Vergleich zu schließen [5]). Ein Schiedsvertrag über künftige Rechtsstreitigkeiten hat keine rechtliche Wirkung, wenn er sich nicht auf ein bestimmtes Rechtsverhältnis und die aus demselben entspringenden Rechtsstreitigkeiten bezieht [6]).

Eine Formvorschrift besteht nach dem Bürgerlichen Gesetzbuch für den Schiedsvertrag nicht, es kann aber, wenn der Schiedsvertrag mündlich gültig abgeschlossen ist, jede Partei die Errichtung einer schriftlichen Urkunde über den Vertrag verlangen [7]).

---

[1]) Von dem vereinbarten Schiedsgerichte ist zu unterscheiden das gesetzliche Schiedsgericht, wie es auf dem Gebiete des Innungsrechtes, der Unfallversicherung u. s. w. vorkommt.

[2]) Das schiedsrichterliche Verfahren bietet Ersatz für das civilprozessuale Verfahren. Soweit also der Rechtsweg unzulässig ist, findet auch ein schiedsrichterliches Verfahren nicht statt.

[3]) Das Bürgerliche Gesetzbuch kennt solche letztwillige Verfügungen nicht.

[4]) CPO. §§ 1025, 1048.

[5]) CPO. § 1025 und BGB. § 1822 [12].

[6]) CPO. § 1026.

[7]) CPO. § 1027.

3. Die prozeßrechtlichen Wirkungen der Zulässigkeit des schiedsrichterlichen Verfahrens sind der Ausschluß des Rechtsweges[8]), die Rechtskraft und die Vollstreckbarkeit des Schiedsspruches[9]). Im übrigen muß man unterscheiden, ob im Schiedsvertrage oder in der das Schiedsgericht anordnenden Verfügung die Schiedsrichter ernannt sind oder nicht.

Im ersteren Falle tritt der Schiedsvertrag nicht in Kraft, wenn ein Schiedsrichter stirbt oder aus einem anderen Grunde wegfällt oder die Übernahme des Schiedsrichteramtes verweigert oder von einen mit ihm geschlossenen Vertrage zurücktritt oder die Erfüllung seiner Pflichten ungebührlich verzögert[10]).

Sind im Schiedsvertrage oder in der Verfügung Schiedsrichter nicht ernannt, so wird, wenn im Schiedsvertrage eine Bestimmung über die Ernennung der Schiedsrichter nicht enthalten ist, von jeder Partei ein Schiedsrichter ernannt[11]). Bestehen Bestimmungen über die Ernennung von Schiedsrichtern, so kann jede Partei auf Erfüllung dieser Bestimmungen klagen, insbesondere diejenige Partei, welcher die Ernennung nicht zusteht, gegen die andere Partei, welcher die Ernennung zusteht.

In dem Falle, wenn beiden Parteien das Ernennungsrecht zusteht, bedarf es einer Klage nicht, vielmehr kann jede Partei ihren Schiedsrichter benennen und ist auf Antrag der betreibenden Partei nach fruchtlosem Ablaufe einer von ihr der Gegenpartei gesetzten Frist die Ernennung vom Gerichte vorzunehmen. Dasselbe Verfahren findet statt, wenn ein nicht im Schiedsvertrage ernannter Schiedsrichter wegfällt oder die Übernahme oder Ausführung des Amtes verweigert[12]).

4. Der Schiedsvertrag tritt, abgesehen von der Aufhebung desselben durch Vertrag und abgesehen von dem Falle der Anm. 10

---

[8]) Die Einrede, daß die Entscheidung durch Schiedsrichter zu erfolgen habe, ist eine prozeßhindernde Einrede, CPO. § 274[3].

[9]) CPO. §§ 1040, 1042.

[10]) CPO. § 1033[1].

[11]) CPO. § 1028.

[12]) CPO. §§ 1029—1031. Eine Partei ist an die durch sie erfolgte Ernennung eines Schiedsrichters gebunden, sobald der Gegner Anzeige von der Ernennung erhalten hat.

außer Kraft, wenn die Schiedsrichter den Parteien anzeigen, daß unter ihnen Stimmengleichheit sich ergeben habe[13]).

5. Zum Schiedsrichter kann jeder ernannt werden. Unfähigkeitsgründe kennt das Gesetz nicht. Dagegen kann ein Schiedsrichter aus denselben Gründen und unter denselben Voraussetzungen, welche zur Ablehnung eines Richters berechtigen, abgelehnt werden, außerdem wenn ein nicht im Schiedsvertrage ernannter Schiedsrichter die Erfüllung seiner Pflichten ungebührlich verzögert. Frauen, Minderjährige, Taube, Stumme und Personen, welchen die bürgerlichen Ehrenrechte aberkannt sind, können gleichfalls abgelehnt werden[14]).

6. Für das Verfahren besteht nur die Vorschrift, daß die Schiedsrichter vor der Erlassung des Schiedsspruches die Parteien zu hören haben. Im übrigen haben die Schiedsrichter — soweit nicht ein bestimmtes Verfahren von den Parteien vereinbart ist — das Verfahren nach ihrem Ermessen zu bestimmen und das Sachverhältnis zu ermitteln, soweit sie solches für erforderlich halten. Sie können Zeugen und Sachverständige, welche vor ihnen erscheinen, uneidlich vernehmen.

Erachten die Schiedsrichter eine richterliche Handlung, zu deren Vornahme sie nicht befugt sind, insbesondere also die eidliche Vernehmung von Zeugen und Sachverständigen für erforderlich, so sind diese Handlungen auf Antrag einer Partei von dem zuständigen Gerichte vorzunehmen, falls dieses den Antrag für zulässig hält[15]).

7. Die Schiedsrichter haben die Zulässigkeit des Verfahrens, insbesondere die Rechtsgültigkeit des Schiedsvertrages, ihre subjektive und objektive Befugnis zur Erlassung des Schiedsspruches selbst zu prüfen, und können das Verfahren fortsetzen und den Schiedsspruch erlassen, auch wenn Einwendungen gegen die Zulässigkeit des Verfahrens im Wege der Klage erhoben werden[16]).

---

[13]) CPO. § 1033².

[14]) CPO. § 1032.

[15]) CPO. §§ 1034—1036. Dem Gerichte, welches die Vernehmung oder die Beeidigung eines Zeugen oder Sachverständigen angeordnet hat, stehen auch die Entscheidungen zu, welche im Falle einer Verweigerung des Zeugnisses oder des Gutachtens erforderlich werden.

[16]) CPO. § 1037.

8. Der Schiedsspruch, welcher von mehreren Richtern — sofern nicht der Schiedsvertrag ein anderes bestimmt — nach absoluter Mehrheit der Stimmen erlassen wird, ist unter Angabe des Tages der Abfassung von den Schiedsrichtern zu unterschreiben, den Parteien in einer von den Schiedsrichtern unterschriebenen Ausfertigung zuzustellen und unter Beifügung der Beurkundung der Zustellung auf der Gerichtsschreiberei des zuständigen Gerichtes niederzulegen; er hat unter den Parteien die Wirkung eines rechtskräftigen Urteils[17]).

9. Die Aufhebung des Schiedsspruchs kann beantragt werden[18]):

a) wenn das Verfahren unzulässig war[19]);

b) wenn der Schiedsspruch eine Partei zu einer Handlung verurteilt, deren Vornahme verboten ist;

c) wenn die Partei in dem Verfahren nicht nach Vorschrift der Gesetze vertreten war, soweit sie nicht die Prozeßführung ausdrücklich oder stillschweigend genehmigt hat;

d) wenn der Partei in dem Verfahren das rechtliche Gehör nicht gewahrt war, es sei denn, daß die Parteien vereinbart haben, daß solches nicht erforderlich sei;

e) wenn der Schiedsspruch nicht mit Gründen versehen ist, es sei denn, daß solches durch Vereinbarung der Parteien für überflüssig erklärt ist;

f) wenn die Voraussetzungen vorliegen, unter welchen in den Fällen der Nr. 1—6 des § 580 CPO. die Restitutionsklage stattfindet.

Die Aufhebung kann im Wege der Klage[20]) und im Wege der Einrede gegenüber der Klage auf Erlaß des Vollstreckungsurteils geltend gemacht werden.

Nach Erlassung des Vollstreckungsurteils kann die Aufhebung des Schiedsspruchs nur aus den oben unter f angegebenen Gründen und nur dann beantragt werden, wenn glaubhaft gemacht wird, daß die Partei ohne ihr Verschulden außer stande gewesen sei, den Auf-

---

[17]) CPO. §§ 1038—1040.

[18]) CPO. § 1041.

[19]) S. hierüber RG. Bd. 24, S. 397 ff.

[20]) Wird die Aufhebungsklage wegen Unzulässigkeit des Schiedsverfahrens erhoben, so kann damit die Klage aus dem streitigen Rechtsverhältnisse verbunden werden.

hebungsgrund in dem früheren Verfahren geltend zu machen[21]). In diesem Falle ist die Klage binnen der Notfrist von einen Monat[22]) zu erheben und ist nach Ablauf von zehn Jahren, vom Tage der Rechtskraft des Urteils an gerechnet, unstatthaft. Wird der Schiedsspruch aufgehoben, so ist zugleich die Aufhebung des Vollstreckungsurteils auszusprechen[23]).

10. Aus dem Schiedsspruche kann auf Erlassung des Vollstreckungsurteils für denselben geklagt werden. In diesem Verfahren ist zunächst zu prüfen, ob der Schiedsspruch formell richtig, s. o. unter 8, erlassen ist. Ist das nicht der Fall, so ist die Klage als prozessualisch unstatthaft abzuweisen. Ist der Schiedsspruch formell richtig ergangen, so ist das Vollstreckungsurteil zu erlassen, es sei denn, daß ein Grund vorliegt, aus welchem die Aufhebung des Schiedsspruchs beantragt werden kann (s. unter 9). Ob ein solcher Grund vorliegt, hat das Gericht regelmäßig nur auf Einrede des Beklagten zu prüfen; nur im Falle unter 9b ist dies von Amtswegen zu beachten und im Falle unten 9a dann, wenn das Verfahren aus einem von Amtswegen zu beachtenden Grunde unzulässig ist, z. B. ein Fall vorliegt, für welchen ein schiedsrichterliches Verfahren als solches unzulässig ist (s. o. unter 1 u. 2).

Ist das Vollstreckungsurteil nicht zu erlassen, so ist die Klage unter Aufhebung des Schiedsspruchs abzuweisen. Wird das Vollstreckungsurteil dagegen erlassen, so hat das folgende Wirkungen:

a) Der Schiedsspruch erhält nun insoweit formale Kraft, als die Aufhebung nur unter den Voraussetzungen des § 1043 CPO. begehrt werden kann (s. o. unter 9 a. E.).
b) Aus dem Schiedsspruche findet, wenn das Vollstreckungsurteil rechtskräftig oder für vorläufig vollstreckbar erklärt ist, die Zwangsvollstreckung statt[24]).

11. Für die Klagen, welche die Unzulässigkeit des schiedsrichterlichen Verfahrens (s. o. unter 7 Anm. 16), die Aufhebung eines Schieds-

---

[21]) CPO. § 1043.

[22]) Die Frist beginnt mit dem Tage, an welchem die Partei von dem Aufhebungsgrunde Kenntnis erhalten hat, jedoch nicht vor eingetretener Rechtskraft des Vollstreckungsurteils.

[23]) CPO. § 1044.

[24]) CPO. § 1042 Abs. 1.

spruchs (s. o. unter 9) und die Erlassung des Vollstreckungsurteils (s. o. unter 10) zum Gegenstande haben, ist das Amts- oder Landgericht zuständig, welches in dem schriftlichen Schiedsvertrage als solches bezeichnet ist, und in Ermangelung einer derartigen Bezeichnung das Amtsgericht oder Landgericht, welches für die gerichtliche Geltendmachung des Anspruchs zuständig sein würde[25]).

Dasselbe Gericht ist zuständig für die gerichtlichen Entscheidungen über die Ernennung und Ablehnung eines Schiedsrichters, über das Erlöschen eines Schiedsvertrages und für die Anordnung der von den Schiedsrichtern für erforderlich erachteten richterlichen Handlungen[26]).

Unter mehreren hiernach zuständigen Gerichten ist und bleibt dasjenige Gericht auch für alle späteren Klagen oder Anträge zuständig, an welches sich zuerst eine Partei oder das Schiedsgericht (CPO. § 1039) gewendet hat[27]).

III.

Quellen des Civilprozeßrechts.

Die Quellen des heutigen Civilprozeßrechts sind reichsrechtliche, landesrechtliche und internationale.

I. Die reichsrechtlichen Quellen sind seit der Kodifikation des Civilprozeßrechts in der Reichsjustizgesetzgebung vom Jahre 1877 mit der Geltung seit dem 1. Oktober 1879[1]) von vorherrschender Bedeutung. Die Reichsjustizgesetzgebung umfaßt folgende Hauptgesetze:

Hauptgesetze. 1. Das Gerichtsverfassungsgesetz vom 27. Januar 1877 nebst Einführungsgesetz von demselben Datum,

2. die Civilprozeßordnung vom 30. Januar 1877 nebst Einführungsgesetz vom selben Datum,

---

[25]) CPO. § 1046.

[26]) CPO. § 1045. Die Entscheidungen können ohne vorgegangene mündliche Verhandlung erfolgen. Vor der Entscheidung ist der Gegner zu hören. Gegen die Entscheidung findet die sofortige Beschwerde statt.

[27]) CPO. § 1047.

[1]) EG. z. GVG. § 1, EG. z. CPO. § 1, EG. z. KO. § 1.

3. die Konkursordnung vom 10. Februar 1877 nebst Einführungsgesetz vom selben Datum,

4. die Strafprozeßordnung vom 1. Februar 1877 nebst Einführungsgesetz vom selben Datum.

Für das Civilprozeßrecht kommen nur die ersteren drei Gesetze nebst den Einführungsgesetzen zu denselben in Betracht, daneben aber weiter folgende Gesetze, welche im Anschlusse zu der Reichsjustizgesetzgebung ergangen sind und zu ihrer Ergänzung dienen:

1. die Rechtsanwaltsordnung vom 1. Juli 1878; Ergänzungsgesetze.

2. das Gerichtskostengesetz vom 18. Juni 1878;

3. die Gebührenordnungen für Zeugen und Sachverständige vom 30. Juni 1878, für Gerichtsvollzieher vom 24. Juni 1878, für Rechtsanwälte vom 7. Juli 1879;

4. das Anfechtungsgesetz vom 21. Juli 1879;

5. die Verordnungen und Gesetze betr. die Revision in bürgerlichen Rechtsstreitigkeiten, nämlich:

a) die kaiserliche Verordnung vom 28. September 1879 mit der Bekanntmachung des Reichskanzlers vom 11. April 1880;

b) die Gesetze vom 15. März 1881, 24. Juni 1886, 30. März 1893;

Weiter sind zu erwähnen die zur Abänderung einzelner Bestimmungen des Gerichtsverfassungsgesetzes, der Civilprozeßordnung und der Ergänzungsgesetze erlassenen Novellen. Hierher gehören: Abänderungsgesetze.

1. das Gesetz vom 17. März 1886 betr. die Plenarentscheidungen des Reichsgerichts;

2. das Gesetz vom 5. April 1888 betr. den Ausschluß der Öffentlichkeit gerichtlicher Verhandlungen;

3. das Gesetz vom 30. April 1886 betr. die Ergänzung des § 809 (929) Civilprozeßordnung;

4. die Novellen zum Gerichtskostengesetz und zur Gebührenordnung für Gerichtsvollzieher vom 29. Juni 1881;

5. das Gesetz betr. Ergänzung des § 14 der Gebührenordnung für Zeugen vom 11. März 1890.

6. das Gesetz wegen Abänderung des Beschlagnahmegesetzes und der Civilprozeßordnung vom 29. März 1897.

Durch das Bürgerliche Gesetzbuch (EG. z. BGB. Art. 1) vernotwendigte sich die Revision der bisherigen Reichscivilprozeßgesetzgebung, um dieselbe in Einklang zu bringen mit den Bestimmungen des bürgerlichen Rechts und sie diesen Bestimmungen anzupassen. Diese Aufgabe ist gelöst durch

Novellengesetzgebung vom Jahre 1898. die Novellengesetzgebung vom 17. Mai 1898 mit Geltungskraft vom Zeitpunkte der Geltung des Bürgerlichen Gesetzbuches [2]). Dieselbe umfaßt:

1. das Gesetz betr. die Änderungen des Gerichtsverfassungsgesetzes und der Strafprozeßordnung;

2. das Gesetz betr. Änderungen der Civilprozeßordnung.

3. das Einführungsgesetz zu dem Gesetze unter 2, welches enthält:

a) Art. II Änderungen des Gesetzes betr. die Einführung zur Civilprozeßordnung;
b) Art. III Änderung des § 4 des Gesetzes betr. die Beschlagnahme des Arbeits- oder Dienstlohns vom 21. Juni 1869;
c) Art. IV Änderungen des Gerichtskostengesetzes;
d) Art. V—VII Änderungen der Gebührenordnungen für Gerichtsvollzieher, für Zeugen und Sachverständige und für Rechtsanwälte;
e) Art. VIII—X Übergangsbestimmungen.

4. das Gesetz betr. Änderungen der Konkursordnung;

5. das Einführungsgesetz zu dem Gesetze unter 4, welches neben anderen Bestimmungen Änderungen des Einführungsgesetzes zur Konkursordnung (Art. II) und des Anfechtungsgesetzes (Art. VII) enthält;

6. das Gesetz betr. die Ermächtigung des Reichskanzlers zur Bekanntmachung der Texte verschiedener Reichsgesetze [3]).

---

[2]) s. Art. I des Einführungsgesetzes zu dem Gesetze betr. Änderungen der Civilprozeßordnung (im Texte unter 3) und Art. I des Einführungsgesetzes zu dem Gesetze betr. Änderungen der Konkursordnung (im Text unter 5).

[3]) Dieses Gesetz ermächtigt den Reichskanzler, den Text der Hauptgesetze unter Berücksichtigung der seit dem 1. Oktober 1879 bis zum 17. Mai 1898 erlassenen Abänderungsgesetze und der Novellengesetzgebung vom 17. Mai 1898 und der Änderungen, welche in dem § 153 Abs. 1 des Gesetzes, betr. die Erwerbs- und Wirtschaftsgenossenschaften vom 1. Mai 1889 (RGBl. S 55) und dem Art. 13 Abs. 3 des Einführungsgesetzes zum Handelsgesetzbuche und dem Abs. 2 des § 1 des Ermächtigungsgesetzes vorgesehen sind, und zwar die Civilprozeßordnung und die Konkursordnung unter fortlaufender Nummernfolge der Paragraphen bekannt zu machen und bestimmt in dem citierten zweiten Absatze, daß, soweit in Reichs-

In Grundlage dieses Gesetzes sind vom Reichskanzler die Texte des Gerichtsverfassungsgesetzes, der Civilprozeßordnung, der Konkursordnung, des Gerichtskostengesetzes, der Gebührenordnungen für Gerichtsvollzieher, für Zeugen und Sachverständige, für Rechtsanwälte sowie des Anfechtungsgesetzes und zwar die Civilprozeßordnung und die Konkursordnung unter fortlaufender Nummernfolge der Paragraphen unter dem 20. Mai 1898 bekannt gemacht.

Damit hat die reichsgesetzliche Kodifikation der Civilprozeßgesetzgebung ihren vorläufigen Abschluß gefunden.

Mit der Novellengesetzgebung ist gleichzeitig (17. Mai 1898) publiziert das Gesetz betr. die Angelegenheiten der freiwilligen Gerichtsbarkeit.

Neben der Novellengesetzgebung ist als Ergänzungsgesetz anzuführen

das Gesetz über die Zwangsversteigerung und Zwangsverwaltung vom 24. März 1897 und das dazu gehörige Einführungsgesetz.

Auch die Texte dieses Gesetzes sowie der Grundbuchordnung vom selben Datum und des Gesetzes über die Angelegenheiten der freiwilligen Gerichtsbarkeit sind zufolge des § 2 des Ermächtigungsgesetzes (s. o. unter 6) durch das Reichsgesetzblatt in der Weise bekannt gemacht, daß die darin enthaltenen Vorschriften der Civilprozeßordnung, der Konkursordnung und der im Art. 13 Abs. 1 des Einführungsgesetzes zum Handelsgesetzbuche bezeichneten Gesetze[4]) durch Hinweisungen auf die entsprechenden Vorschriften der bekannt gemachten Texte ersetzt sind (s. Reichsgesetz-Blatt 1898 Nr. 25 S. 713 ff.).

Die in anderen Reichsgesetzen enthaltenen prozeßrechtlichen Vor-

---

gesetzen oder in Landesgesetzen auf Vorschriften der Gesetze, für welche die Ermächtigung erteilt ist, verwiesen ist, die entsprechenden Vorschriften der durch den Reichskanzler bekannt gemachten Texte an ihre Stelle treten.

[4]) Es sind dies das Gesetz, betreffend die Erwerbs- und Wirtschaftsgenossenschaften vom 1. Mai 1889, das Gesetz, betr. die Gesellschaften mit beschränkter Haftpflicht, vom 20. April 1892 und das Gesetz, betreffend die privatrechtlichen Verhältnisse der Binnenschiffahrt, vom 15. Juni 1895, welche Gesetze durch die Art. 10—12 des bezeichneten Einführungsgesetzes Änderungen erlitten haben. Die Texte dieser Gesetze sind gleichfalls unter Berücksichtigung solcher Änderungen in Maßgabe der dem Reichskanzler in Art. 13 eingeräumten Ermächtigung bekannt gemacht (RGBl. 1898 Nr. 25 S. 810 ff.).

schriften behalten neben der Civilprozeßordnung und der Konkursordnung ihre Kraft[5]), soweit sie nicht besonders aufgehoben sind[6]).

Das Anwendungsgebiet der Reichscivilprozeßgesetzgebung bestimmt sich wie folgt:

1. Das Gerichtsverfassungsgesetz findet nur auf die ordentliche streitige Gerichtsbarkeit Anwendung[7]). Die ordentliche streitige Gerichtsbarkeit wird von den ordentlichen Gerichten, den Amtsgerichten, Landgerichten, Oberlandesgerichten, obersten Landesgerichten und dem Reichsgerichte gehandhabt.

2. Die Civilprozeßordnung findet auf alle bürgerlichen Rechtsstreitigkeiten Anwendung, welche vor die ordentlichen Gerichte gehören[8]).

3. Das Gerichtskostengesetz und die Gebührenordnung für Rechtsanwälte finden auf diejenigen Rechtssachen Anwendung, welche nach der Civilprozeßordnung, der Strafprozeßordnung und Konkursordnung von den ordentlichen Gerichten zu erledigen sind[9]).

4. In den vor die Konsulargerichte gehörenden bürgerlichen Rechtsstreitigkeiten und Konkurssachen finden die Civilprozeßordnung

---

[5]) EG. z. CPO. § 13 Abs. 1, EG. z. KO. § 3. Eine Zusammenstellung s. bei Wilmowski & Levy, Commentar zu § 13 EG. z. CPO.

[6]) Welche prozeßrechtlichen Vorschriften der älteren Reichsgesetze aufgehoben sind, ergiebt EG. z. CPO. § 13 Abs. 2 und EG. z. KO. § 3 Abs. 2.

[7]) EG. z. GVG. § 2. In Ansehung der Landesherrn, der Mitglieder der landesherrlichen und gleichgestellten Familien gilt dies nur insoweit, als nicht Hausgesetze und Landesgesetze besondere Bestimmungen enthalten, EG. z. GVG. § 5.

[8]) EG. z. CPO. § 2. Insoweit die Gerichtsbarkeit in bürgerlichen Rechtsstreitigkeiten, für welche besondere Gerichte zugelassen sind (s. u. § 3 Anm. 15 ff.) durch die Landesgesetzgebung den ordentlichen Gerichten übertragen wird (s. EG. z. GVG. § 3), kann dieselbe ein abweichendes Verfahren gestatten. — Wegen der Landesherrn 2c. (Anm. 7) s. den gleichen Vorbehalt in § 5 EG. z. CPO.

[9]) Gerichtskostengesetz § 1, Geb.-Ordnung f. RA. § 1. Auf das Zwangsvollstreckungsverfahren wegen Geldforderungen in das unbewegliche Vermögen finden diese Gesetze keine Anwendung, wie sich aus dem § 35 Nr. 2 des Gerichtskostengesetzes indirekt deshalb ergiebt, weil hier die §§ 864—871 der Civilprozeßordnung nicht angezogen sind, und sich aus § 31 Abs. 2 der Geb.-Ordnung für RA. (s. Art. VII, Nr. 9 des Einführungsgesetzes zu dem Gesetze, betr. Änderungen der Civilprozeßordnung, vom 17. Mai 1898 — RGB. S. 340 —) ergiebt.

und die Konkursordnung nebst den Einführungsgesetzen insoweit Anwendung, als nicht besondere Bestimmungen getroffen sind[10]).

Das gleiche gilt für das gerichtliche Verfahren einschließlich der Gerichtsverfassung für die vor die Kaiserlichen Gerichte in den Schutzgebieten gehörenden Rechtssachen[11]).

5. Beschränkte Anwendung findet die Civilprozeßordnung auf das Verfahren vor den Gewerbegerichten[12]).

II. Die prozeßrechtlichen Vorschriften der Landesgesetze haben nur beschränkte Bedeutung.

1. Sie finden auf diejenigen bürgerlichen Rechtsstreitigkeiten, welche vor die reichsgesetzlich zugelassenen besonderen Gerichte gehören, soweit nicht etwa das Verfahren wie z. B. für die Gewerbegerichte reichsrechtlich geregelt ist, Anwendung. Abgesehen hiervon gilt der Inhalt des Reichsrechtes hier nur, soweit er landesrechtlich für anwendbar erklärt ist.

2. Bezüglich der nach Maßgabe der Erörterung unter I vor die ordentlichen Gerichte gehörenden Rechtsstreitigkeiten treten die landesrechtlichen Prozeßvorschriften außer Kraft[13]), soweit nicht in der Civilprozeßordnung auf sie verwiesen oder bestimmt ist, daß sie unberührt bleiben[14]).

III. Das internationale Prozeßrecht beruht auf Staatsverträgen. In dieser Beziehung sind von allgemeinem Interesse:

1. Das zwischen Belgien, Spanien, Frankreich, Italien, Luxemburg, Niederlande, Portugal, Schweiz geschlossene Abkommen für Regelung von Fragen des internationalen Privatrechts vom 14. November 1896, welchem auch Schweden-Norwegen, das Deutsche Reich,

---

[10]) Gesetz über die Konsulargerichtsbarkeit vom 7. April 1900 §§ 41 ff.

[11]) Gesetz, betr. die Rechtsverhältnisse in den deutschen Schutzgebieten i. d. F. d. B. v. 19. März 1888, § 2 (RGBl. S. 75).

[12]) Gesetz, betr. Gewerbegerichte, v. 29. Juli 1890 §§ 24—60.

[13]) EG. z. CPO. § 14 Abs. 1. Außer Kraft treten die im EG. z. CPO. § 14 Abs. 2, § 17 Abs. 1 und im EG. z. KO. § 4 bezeichneten landesrechtlichen Vorschriften.

[14]) Unberührt bleiben die im EG. z. CPO. §§ 15, 16 und 17 Abs. 2 sowie die im EG. z. KO. § 5 bezeichneten Vorschriften. Weitere Vorbehalte ergeben sich aus § 5 EG. z. CPO. (s. o. Anm. 8 a. E.) u. § 7 EG. z. KO.

Österreich-Ungarn, Dänemark, Rumänien und Rußland beigetreten sind, sowie das Zusatzprotokoll vom 22. Mai 1897[15]).

Es sind hier Bestimmungen getroffen

a) über die Mitteilung (Zustellung) gerichtlicher oder außergerichtlicher Urkunden (Abkommen Art. 1—4);

b) über die Erledigung von Ersuchen um Rechtshülfe (Art. 5 bis 10);

c) über die Pflicht zur Leistung einer Sicherheit für die Prozeßkosten (Abkommen Art. 11—13, Zusatzprotokoll zu Art. 11);

d) über die Gewährung des Armenrechts (Art. 14—16);

e) über die Zulässigkeit der Personalhaft (Art. 17).

2. Das internationale Übereinkommen über den Eisenbahnfrachtverkehr vom 14. Oktober 1890 (RGBl. 1892 S. 793)[16]).

Die Reichscivilprozeßgesetzgebung macht in der Gewährung des Rechtsschutzes — abgesehen von der Verpflichtung eines Ausländers zur Leistung einer Sicherheit für die Prozeßkosten (CPO. § 110) und von der erhöhten und verschärften Pflicht zur Zahlung eines Vorschusses für die Gerichtskosten (Gerichtskostengesetz § 85) — keinen Unterschied zwischen Inländern und Ausländern, jedoch ist die Erteilung des Armenrechts an einen Ausländer und die Anerkennung des Urteils eines ausländischen Gerichts davon abhängig gemacht, daß die Gegenseitigkeit verbürgt ist (CPO. § 114 Abs. 2 u. § 328[5]). Im letzteren Falle kann jedoch unter bestimmten Umständen von dieser Bedingung abgesehen werden (CPO. § 328 Abs. 2 u. § 37).

Mit Rücksicht auf diese der deutschen Reichsgesetzgebung überhaupt innewohnende wohlwollende Berücksichtigung der Ausländer und ihrer rechtlichen Beziehungen ist es im Anschlusse an die bisherige Reichsgesetzgebung[17]) für erforderlich erachtet, die Möglichkeit eines Vergeltungsrechts zuzulassen, um dadurch einen indirekten Einfluß auf die ausländische Gesetzgebung gegenüber den deutschen Reichsangehörigen im Auslande oder bezüglich ihrer im Auslande zu

---

[15]) Das Abkommen und das Zusatzprotokoll sind von den bezeichneten Mächten ratifiziert, die Urkunden sind im Haag niedergelegt. Das Protokoll über die Niederlegung ist am 27. April 1899 vollzogen (RGBl. 1899 S. 285 bis 298).

[16]) Z. f. d. CP. Bd. 18 S. 327.

[17]) S. EG. z. BGB. a 31, Patentges. vom 7. April 1891 § 12, Gesetz, betreffend den Schutz der Warenbezeichnungen, vom 12. Mai 1894, § 22.

schützenden Interessen zu gewinnen. Es ist deshalb im § 24 des Einführungsgesetzes z. CPO. und im § 5 Abs. 2 der Konkursordnung verordnet, daß unter Zustimmung des Bundesrats durch Anordnung des Reichskanzlers bestimmt werden kann, daß gegen einen ausländischen Staat sowie dessen Angehörige und ihre Rechtsnachfolger ein Vergeltungsrecht in Anwendung gebracht wird.

IV.

Geschichte und Literatur des Reichscivilprozeßrechts.

Die Entstehungsgeschichte des Reichscivilprozeßrechts beginnt schon vor der Entstehung des Deutschen Reichs bezw. des Norddeutschen Bundes.

In der ersten Hälfte des neunzehnten Jahrhunderts bestanden in Deutschland im wesentlichen drei Prozeßsysteme nebeneinander, der Gemeine, der Preußische und der Französische Prozeß.

Seit den bewegenden Ereignissen des Jahres 1848 begann der Ruf nach einem einheitlichen, auf den Grundsätzen der Mündlichkeit und Öffentlichkeit aufgebauten Rechtsverfahren. Diese Stimme blieb zunächst im Deutschen Bundestage unbeachtet, wohl aber rührte sich die Landesgesetzgebung. Zuerst wurden in Hannover (1850), sodann in Oldenburg (1857), in Baden (1864), in Württemberg (1868), in Bayern (1869) besondere Prozeßordnungen, welche mehr oder minder diesem Verlangen entsprachen, eingeführt.

Im Jahre 1862 regte sich auch der Deutsche Bund, er setzte eine in Hannover tagende Kommission ein, welche einen „Entwurf einer allgemeinen Civilprozeßordnung für die deutschen Bundesstaaten" ausarbeiten sollte. Dieser Entwurf (sog. Hannoversche Entwurf) wurde im Jahre 1866 in zweiter Lesung fertiggestellt. Preußen hatte sich an dieser Arbeit nicht beteiligt, es setzte selbst eine Kommission zur Ausarbeitung einer Civilprozeßordnung ein. Das Ergebnis war der Entwurf einer Prozeßordnung in bürgerlichen Rechtsstreitigkeiten für den Preußischen Staat, vollendet im Jahre 1864 (sog. Preußischer Entwurf).

Diese Sachlage fand der Norddeutsche Bund, in dessen Verfassung (Art. 4 Nr. 13) das gerichtliche Verfahren als Gegenstand der Bundesgesetzgebung aufgenommen war, vor. Der Bundesrat setzte infolge eines Antrags von Preußen im Jahre 1867 eine Kommission zur Ausarbeitung eines Entwurfes einer Civilprozeßordnung für den Norddeutschen Bund nieder. Diese Kommission beriet und stellte am 20. Juli 1870 diesen Entwurf (sog. Norddeutschen Entwurf) fest.

Zur Zeit der Fertigstellung war der Deutsch-Französische Krieg entflammt, das auf den Schlachtfeldern Frankreichs erzeugte Deutsche Reich hatte in seiner Verfassung die erwähnte Bestimmung des Art. 4 Nr. 13 der Norddeutschen Bundesverfassung aufgenommen. Bevor jedoch von Reichswegen gesetzgeberische Schritte eingeleitet wurden, hatte der K. Preußische Justizminister Leonhardt den Norddeutschen Entwurf umgearbeitet und „einen Entwurf einer deutschen Civilprozeßordnung nebst Begründung“ (den sog. Entwurf I) fertiggestellt. Dieser beruht im Gegensatz zu dem hannoverschen und dem norddeutschen Entwurfe auf der prinzipiellen Einheitlichkeit der Verhandlung der Streitsache, er unterscheidet nicht wie jene zwischen der Verhandlung vor dem Beweisbeschlusse und der Schlußverhandlung nach demselben.

In der Sitzung des Bundesrats vom 8. Mai 1871 wurde beschlossen, eine Kommission einzusetzen, welche unter Zugrundelegung des Entwurfes I in Verbindung mit dem norddeutschen Entwurfe und den sonstigen Vorarbeiten den Entwurf einer Prozeßordnung für das Deutsche Reich festzustellen habe. Das Ergebnis dieser Kommissionsberatung ist der Entwurf vom Jahre 1872 (sog. Entwurf II).

Nachdem inzwischen auch in ähnlicher Weise der Entwurf einer Strafprozeßordnung fertiggestellt und in einer Konferenz der Justizminister der größeren deutschen Staaten die Grundzüge eines Gerichtsverfassungsgesetzes vereinbart waren und der Entwurf II im Bundesrate mit wenigen Änderungen angenommen worden, wurde der so veränderte Entwurf einer Civilprozeßordnung (sog. Entwurf III) mit den Entwürfen einer Strafprozeßordnung und eines Gerichtsverfassungsgesetzes und Einführungsgesetzen dem Deutschen Reichstage vorgelegt.

Nach stattgehabter Kommissionsberatung wurden die Reichsprozeßgesetze am 21. Dezember 1876 von dem Reichstage nach dem

Ergebnisse der Kommissionsbeschlüsse und der Kompromißverhandlungen angenommen.

Durch Beschluß des Bundesrats vom 21. Februar 1870 veranlaßt und auf desfallsiges Ersuchen des Bundeskanzlers ist im preußischen Justizministerium der Entwurf einer deutschen Gemeinschuldordnung ausgearbeitet. Dieser Entwurf wurde auf Beschluß des Bundesrats vom 21. Dez. 1873 einer Vorberatung durch eine besondere Kommission unterzogen. Der von dieser Kommission ausgearbeitete Entwurf ist vom Bundesrate in einzelnen Punkten geändert und dem Reichstage am 21. Januar 1875 zur Beschlußfassung vorgelegt. Nach stattgehabter Kommissionsberatung ist der Entwurf, wie er aus der Beratung der Reichstagskommission hervorgegangen, auch in der Sitzung vom 21. Dez. 1876 angenommen.

Auf Veranlassung des Reichsjustizamtes sind „die gesamten Materialien zu den Reichsjustizgesetzen" von C. Hahn herausgegeben; sie enthalten die Entwürfe nebst Begründungen, die Reichstagsverhandlungen, Protokolle und Berichte der Kommission (Bd. I Gerichtsverfassungsgesetz, Bd. II Civilprozeßordnung, Bd. III Strafprozeßordnung, Bd. IV Konkursordnung).

Die Literatur[1]) hat sich dieses großen Gesetzgebungswerkes alsbald in ausgiebiger Weise bemächtigt.

Exegetische Bearbeitungen liefern die Kommentare zur Civilprozeßordnung, Konkursordnung und Gerichtsverfassungsgesetz; dieselben enthalten ein äußerst wertvolles Material für den Praktiker und den erfahrenen Theoretiker, eignen sich aber nicht für das Studium des Prozeßrechts und die Einführung in solches Studium. Kommentare der Civilprozeßordnung haben geliefert: Bödiker, v. Bülow, Endemann, Förster, Gaupp, Hartmann, Hellmann, Kleiner, Petersen, Neukamp, Puchelt, Reincke, v. Sarwey, Seuffert, Siebenhaar, Struckmann-Koch, Uebel, v. Wilmowski-Levy.

Die Kommentare von Bödiker, Bülow, Endemann, Gaupp, Struckmann und Wilmowski behandeln zugleich das Gerichtsverfassungsgesetz.

---

[1]) Eine Übersicht giebt Birkmeyer in Gruchot's Beiträgen Bd. 28 (bis zum Jahre 1884). Fortlaufende Übersichten von Zeit zu Zeit in Z. f. d. CP.

Systematische Bearbeitungen des Civilprozeßrechts sind erschienen von v. Bar, Bolgiano, Engelmann, Fitting, Hellmann, Planck, Remelé, Rintelen, Schelling, Wasmuth und auf breiter wissenschaftlicher Grundlage von Wach (ein Torso!), endlich jüngst von Schmidt.

Zu erwähnen sind weiter die Vorträge von Wach (Civilprozeß). Auch die Abhandlung von Hauser über die deutsche Gerichtsverfassung (Separatabdruck aus der Zeitschrift für Reichs- und Landesrecht) soll hier hervorgehoben werden.

Einzelne Aufsätze liefern die Zeitschriften. Von diesen sind zu nennen:

Zeitschrift für deutschen Civilprozeß, begründet von Busch, herausgegeben von M. Schultzenstein und F. Vierhaus;

Beiträge zur Erläuterung des deutschen Rechts in besonderer Beziehung auf das preußische Recht, herausgegeben von Gruchot, demnächst von Rassow, Küntzel und Eccius;

Juristische Wochenschrift, Organ des deutschen Anwaltvereins;

Zeitschrift für das Privat- und öffentliche Recht der Gegenwart (Grünhut);

Archiv für civilistische Praxis;

Zeitschrift für Reichs- und Landesrecht mit besonderer Rücksicht auf Bayern (Hauser);

Sächsisches Archiv für bürgerliches Recht und Prozeß;

Mecklenburgische Zeitschrift für Rechtspflege und Rechtswissenschaft.

Außerdem erscheinen in den einzelnen deutschen Staaten und preußischen Provinzen Zeitschriften, Annalen, welche aber wesentlich das Landesrecht berücksichtigen.

Sammlungen von Entscheidungen der höheren und höchsten Gerichte finden sich in diesen Zeitschriften sowie in Seufferts Archiv.

Die Entscheidungen des Reichsgerichts werden von den Mitgliedern desselben herausgegeben. Soweit Reichsrecht in Betracht kommt, erscheint eine offizielle Sammlung in den besonderen Beilagen zum Deutschen Reichsanzeiger.

V.

Die Aufgabe und das System.

Die Aufgabe dieses Lehrbuches ist die Darstellung des Reichscivilprozeßrechts in Grundlage der Civilprozeßordnung, des Gerichtsverfassungsgesetzes und der Nebengesetze, soweit sie für das Civilprozeßrecht in Betracht kommen.

Das System ergiebt sich aus dem Wesen des Civilprozeßrechts. Es zerfällt die gesamte Materie zunächst in zwei Bücher, von welchen das erste von den Einrichtungen und Personen des Prozesses, das zweite von dem Verfahren handelt.

Jedes Buch hat zwei Abschnitte. Das erste Buch handelt in dem ersten Abschnitte von dem Gerichte, in dem zweiten von den Parteien.

Im Verfahren soll die Rechtsordnung hergestellt werden. Um sie herzustellen, bedarf es zunächst der Erkenntnis der konkreten Rechtsordnung. Der erste Abschnitt des zweiten Buches behandelt das Erkenntnisverfahren und zwar im ersten Unterabschnitt den eigentlichen Parteienprozeß, im zweiten Unterabschnitt den formellen Parteienprozeß und im dritten Unterabschnitte das Aufgebotsverfahren.

Besteht trotz der feststehenden oder festgestellten Rechtsordnung das Unrecht fort, so bedarf es der zwangsweisen Durchführung des Rechts, der Vollstreckung. Der zweite Abschnitt des zweiten Buches behandelt dieses Vollstreckungsverfahren. Das Konkursverfahren als besonders gestaltetes Vollstreckungsverfahren bleibt ausgeschieden.

Erstes Buch.

Gericht und Parteien.

Erster Abschnitt.

Das Gericht.

Erster Titel.

Gerichtsbarkeit und Gerichte.

§ 1.

Die Gerichtsbarkeit.

Wach §§ 6, 24 — Schmidt §§ 31—33 — Fitting § 7.

Unter Gerichtsbarkeit versteht man die staatliche Befugnis zur Handhabe der Rechtspflege. Man unterscheidet die streitige und die nichtstreitige (sog. freiwillige) Gerichtsbarkeit[1]). Gerichtsbarkeit.

---

[1]) Soweit die Angelegenheiten der freiwilligen Gerichtsbarkeit durch Reichsgesetz den Gerichten übertragen sind, werden die Zuständigkeit und das Verfahren durch das Gesetz über die Angelegenheiten der f. G. vom 17. Mai 1898 geregelt. Von diesem Gesetze werden nicht berührt diejenigen Angelegenheiten der f. G., welche durch besondere Gesetze geregelt und besonderen Behörden übertragen sind. Solche Behörden sind z. B. Grundbuchamt, Patentamt, Seemannsamt, Standesamt. Soweit die Angelegenheiten der f. G. keine reichsgesetzliche Regelung erfahren haben (z. B. in Lehn- und Familienfideikommißsachen), bestimmt sich die Zuständigkeit und das Verfahren nach Landesrecht.

Im übrigen soll hier darauf hingewiesen werden, daß durch das Bürgerliche Gesetzbuch und durch das Reichsgesetz über die Angelegenheiten der f. G. Streitsachen, welche an und für sich der streitigen Gerichtsbarkeit angehören und auch bisher in civilprozeßrechtlichem Wege erledigt wurden, der freiwilligen Gerichtsbarkeit zugewiesen sind (s. darüber unten § 3 a.E.).

Die freiwillige Gerichtsbarkeit und das Verfahren in den derselben angehörenden Rechtssachen gehören nicht zu der Aufgabe dieses Lehrbuchs.

Die streitige Gerichtsbarkeit steht im Deutschen Reiche ausschließlich dem Staate zu, die patrimoniale Gerichtsbarkeit ist beseitigt, Präsentationen für Anstellung bei den Gerichten finden nicht statt, die Ausübung einer geistlichen Gerichtsbarkeit in weltlichen Angelegenheiten ist ohne bürgerliche Wirkung. Das gilt im besonderen in Ehe- und Verlöbnissachen[2]).

Gerichtsherrlichkeit.

Von der Gerichtsbarkeit ist zu unterscheiden die Gerichtsherrlichkeit (jurisdictio sublimis); sie umfaßt die Justizverwaltung, insbesondere die Besetzung der Gerichte mit dem erforderlichen Personal, die Regelung und Beaufsichtigung des Geschäftsbetriebes, die Disziplin sowie das gerichtliche Kostenwesen. Die Staatsgewalt übt die Justizverwaltung durch das Justizministerium unter Beihülfe der Gerichtsvorstände aus, den Staatsanwälten darf eine Dienstaufsicht über die Richter nicht übertragen werden[3]).

In der Auswahl des Gerichtspersonals ist die Staatsgewalt durch das Gerichtsverfassungsgesetz beschränkt, indem bestimmte Vorschriften über die Fähigkeit zum Richteramt gegeben sind[4]).

Auch in der Bestallung, Versetzung und Entlassung der Richter hat die Staatsgewalt keine freie Hand. Zur Sicherung der Unabhängigkeit der Rechtspflege sind Vorschriften getroffen, welche die Richter in ihrem Amte und Gehalte von willkürlicher Einwirkung seitens der Staatsgewalt unabhängig machen[5]).

Die landesgesetzlichen Bestimmungen über die Befähigung zur zeitweiligen Wahrnehmung richterlicher Geschäfte bleiben unberührt[6]).

Die deutsche Gerichtsbarkeit ist eine inländische oder eine ausländische, je nachdem sie im Inlande oder im Auslande ausgeübt wird.

---

[2]) GVG. § 15.

[3]) GVG. § 152.

[4]) GVG. §§ 2—5. Diese Bestimmungen finden auf Handelsrichter, Schöffen und Geschworene keine Anwendung. GVG. § 11. Die Staatsanwälte dürfen richterliche Geschäfte nicht wahrnehmen, GVG. § 152.

[5]) GVG. §§ 6—9. Auch diese Bestimmungen finden auf die in der vorigen Note bezeichneten Richter keine Anwendung. GVG. § 11. Zu § 8 des GVG. vgl. § 13 des EG. z. GVG.

[6]) GVG. § 10.

Deutsche Gerichtsbarkeit im Inlande.

Die **deutsche Gerichtsbarkeit im Inlande** steht den einzelnen deutschen Gliedstaaten, jedem für sein Gebiet, zu; im Reichslande Elsaß-Lothringen steht sie dem Reiche zu. Die Gerichtsbarkeit des Gliedstaates ist nach oben beschränkt durch die der Gerichtsbarkeit der Gliedstaaten übergeordnete höchstinstanzliche Reichsgerichtsbarkeit, soweit nicht wiederum die Zuständigkeit des Reichsgerichts durch ein oberstes Landesgericht ausgeschlossen ist[7]).

Deutsche Gerichtsbarkeit im Auslande.

Die **deutsche Gerichtsbarkeit im Auslande** steht dem Reiche zu. Dahin gehören die **Konsulargerichtsbarkeit**[8]) sowie die **Gerichtsbarkeit in den einzelnen deutschen Schutzgebieten**[9]).

Territorialität.

Die **inländische Gerichtsbarkeit ist eine territoriale**, ihr sind Inländer und Ausländer gleichmäßig unterworfen.

Exterritorialen.

Die **inländische Gerichtsbarkeit erstreckt sich nicht auf die Exterritorialen.** Die Exterritorialität ist entweder eine vollkommene oder eine beschränkte.

Die inländische Gerichtsbarkeit sämtlicher Gliedstaaten und des Reichs erstreckt sich **überhaupt** nicht auf die Chefs und Mitglieder der beim Deutschen Reiche beglaubigten Missionen. Sind jedoch diese Personen Staatsangehörige eines deutschen Staates, so genießen sie nur dann die Exterritorialität, wenn der Staat, dem sie angehören, sich der Gerichtsbarkeit über sie begeben hat[10]).

Die Gerichtsbarkeit eines einzelnen deutschen Gliedstaates erstreckt sich nicht auf die Chefs und die Mitglieder der bei diesen Staaten beglaubigten Missionen, die K. preußische Gerichtsbarkeit erstreckt sich nicht auf die Mitglieder des Bundesrats, welche von einem anderen Staate, als Preußen, abgeordnet sind[11]). Diese Personen sind nur

---

[7]) EG. z. GVG. § 8, vgl. unten § 7.

[8]) Gesetz über die Konsulargerichtsbarkeit v. 10./7. 1879. § 2.

[9]) Gesetz, betr. die Rechtsverh. der deutschen Schutzgebiete v. 19./3. 1888. §§ 2 ff. und die dazu ergangenen Kaiserlichen Verordnungen v. 5./6. 1886, 11./1. 1887 u. 13./7. 1888 (betr. Neu-Guinea und Salomons-Inseln), v. 13./9. 1886 u. 7./2. 1890 (betr. Marschall-Inseln), v. 2./7. 1888 (betr. Kamerun und Togo), v. 21./12. 1887 und 10./8. 1890 (betr. Südwestafrika), vom 1./1. 1891 (betr. Ostafrika), v. 27./4. 1898 (betr. Kiautschou), v. 18/7. 1899 (betr. das Inselgebiet der Karolinen, Palau und Marianen.)

[10]) GVG. § 18 Abs. 1.

[11]) GVG. § 18 Abs. 2.

von der Gerichtsbarkeit desjenigen Staates eximiert, in welchem ihr Amtssitz ist, der Gerichtsbarkeit der übrigen deutschen Staaten und des Reichs in Elsaß-Lothringen sind sie unterworfen.

Das Recht der (vollkommenen oder beschränkten) Exterritorialität genießen auch die Familienmitglieder, das Geschäftspersonal der Exterritorialen und solche Bedienstete derselben, welche nicht Deutsche sind [12]).

Durch das Recht der Exterritorialität werden die Vorschriften über den ausschließlichen dinglichen Gerichtsstand in bürgerlichen Rechtsstreitigkeiten nicht berührt [13]).

Keine Exterritorialität der Konsuln.

Die im Deutschen Reiche angestellten Konsuln sind der inländischen Gerichtsbarkeit unterworfen, sofern nicht in Verträgen des Deutschen Reichs mit anderen Mächten Vereinbarungen über die Befreiung der Konsuln von der inländischen Gerichtsbarkeit getroffen sind [14]).

Abgesehen von den Exterritorialen und den ihnen gleichstehenden Personen (GVG. § 19) giebt es keine Ausnahmen von der inländischen Gerichtsbarkeit, auch nicht bezüglich der Landesherren, der Mitglieder der landesherrlichen und früher landesherrlichen Familien (Hohenzollern, Hannover, Kurhessen, Nassau); denn die oben S. 18, Anm. 7f. hervorgehobenen Ausnahmebestimmungen berühren diese Gerichtsbarkeit an sich nicht, sondern nur die Anwendung der Vorschriften der Reichsprozeßgesetze auf diese Personen.

Die deutsche Gerichtsbarkeit im Auslande.

Die dem Reiche zustehende ausländische Gerichtsbarkeit ist keine territoriale, sondern eine personale. Der Konsulargerichtsbarkeit sind die Deutschen, soweit sie nicht das Recht der Exterritorialität genießen, und die Ausländer, wenn sie Schutzgenossen sind, unterworfen [15]). Der deutschen Gerichtsbarkeit in den Schutzgebieten sind die dort wohnenden oder sich aufhaltenden Reichsangehörigen und Schutzgenossen sowie diejenigen Personen unterworfen, für welche solches durch Kaiserliche Verordnung bestimmt ist [16]).

---

12) GVG. § 19 und §§ 1ff. BG. v. 1./6. 1870 betr. Erwerbung und Verlust der Bundes- und Staatsangehörigkeit.

13) GVG. § 20.

14) GVG. § 21, vgl. Entsch. d. RG. in Strafsachen Bd. 17, 52.

15) Ges. über die Konsulargerichtsbkt. vom 7. April 1900 § 2.

16) Ges., betreffend die Rechtsverhältnisse in den deutschen Schutzgebieten, i. d. F. d. B. vom 15. Mai 1888 § 3 Nr. 1 (RGBl. 1888, S. 76).

§ 2.

Die Unabhängigkeit der Rechtspflege.

Wach §§ 24 ff. — Schmidt § 25.

Wenn auch die Gerichtsbarkeit dem Staate zusteht, so ist die Ausübung derselben doch unabhängig von der Staatsgewalt.

Diese Unabhängigkeit ist gesetzlich gewährleistet in dreifacher Weise, durch die gesetzlichen Vorschriften über die Organisation der Gerichte, durch den Grundsatz der Trennung der Justiz von der Verwaltung und durch das Verbot der Kabinetsjustiz.

Gesetzliche Grundlagen der Gerichtsorganisation.

1. Die Organisation der Gerichte, d. h. ihre Einrichtung und Besetzung, die Bestimmung ihres sachlichen und örtlichen Wirkungskreises, die Verteilung der Geschäfte auf die einzelnen Mitglieder, Abteilungen desselben Gerichts gehört zur Justizverwaltung. Die Grundsätze, welche hierbei zu beobachten sind, sind für die ordentlichen Gerichte[1]) reichsgesetzlich festgestellt, und insoweit ist die Ausübung dieses Zweiges der Landesjustizhoheit beschränkt. Die betreffenden gesetzlichen Vorschriften werden weiter unten bei der Darstellung der ordentlichen Gerichte gegeben werden.

Die durch diese gesetzliche Organisation der ordentlichen Gerichte gewährleistete Sicherheit und Unabhängigkeit der Rechtspflege erhält eine weitere Garantie durch den Satz, daß Ausnahmegerichte unstatthaft sind und niemand seinem gesetzlichen Richter entzogen werden darf[2]). Damit ist das Recht der Staatsgewalt, zur Entscheidung bestimmter Rechtsstreitigkeiten besondere Richterkommissionen einzusetzen, weggefallen. Die gesetzlichen Bestimmungen über Kriegsgerichte und Standrecht werden dadurch nicht berührt.

Trennung der Justiz von der Verwaltung.

2. Während in früherer Zeit Justiz und Verwaltung als Zweige der vollziehenden Gewalt von denselben Staatsbehörden gehandhabt wurden, ist es ein Grundsatz des modernen Staatsrechts, daß die Justiz durch besondere nur mit der Rechtspflege betraute Behörden gehandhabt wird. Diese Behörden sind die Gerichte, die anderen Behörden der vollziehenden Gewalt sind Verwaltungs-

[1]) S. über diese Bezeichnung unten § 3.

[2]) GVG. § 16.

behörden. Im allgemeinen macht sich zwischen beiden der Unterschied geltend, daß die Gerichte nach dem Gesetze, die Verwaltungsbehörden nach Zweckmäßigkeitsgrundsätzen handeln, eingreifen, urteilen. Der moderne konstitutionelle Staat zeigt jedoch das Bestreben, auch die Grundsätze der Verwaltung im Interesse des Schutzes der Staatsbürger gegen Übergriffe der Verwaltungsorgane gesetzlich festzustellen. Dies führt zur Bildung von Verwaltungsgerichten, welche die Streitigkeiten auf dem Gebiete des öffentlichen Rechts in einem dem civilprozessualischen Verfahren nachgebildeten Verfahren erledigen. Die Verwaltungsgerichte gehören der Verwaltung, nicht der Justiz an. Das Gerichtsverfassungsgesetz hat den Grundsatz der Trennung der Justiz von der Verwaltung bezüglich der ordentlichen Gerichte durchgeführt. Den ordentlichen Gerichten kann jede andere Art Gerichtsbarkeit — z. B. die freiwillige Gerichtsbarkeit, die Gerichtsbarkeit in Lehnsachen, in Verfassungsstreitigkeiten — übertragen werden, auch können ihnen Geschäfte der Justizverwaltung übertragen werden; andere Gegenstände der Verwaltung dürfen den ordentlichen Gerichten jedoch nicht übertragen werden[3]).

Kompetenzkonflikte.

Der Grundsatz der Trennung der Justiz von der Verwaltung kann zu Kompetenzkonflikten zwischen den Gerichten und den Verwaltungsbehörden führen. Ein Kompetenzkonflikt kann positiver oder negativer Art sein, je nachdem sich für die Entscheidung einer Rechtsstreitigkeit sowohl das Gericht als die Verwaltungsbehörde für zuständig oder beide für unzuständig erklären.

Es gilt nun zunächst der Grundsatz, daß die Gerichte selbst über die Zulässigkeit des Rechtswegs (vgl. den folgenden Paragraphen) entscheiden[4]), d. h. das Gericht hat eine vor dasselbe gebrachte Streitsache selbständig darauf zu prüfen, ob die Sache eine Justizsache, d. h. eine solche Sache ist, für welche nach Vorschrift der Gesetze der ordentliche Rechtsweg eröffnet ist, oder ob dies nicht der Fall ist.

Gerichtshöfe zur Entscheidung von Kompetenzkonflikten.

Das Gerichtsverfassungsgesetz läßt jedoch der Landesgesetzgebung frei[5]), zur Entscheidung von Kompetenzkonflikten besondere Behörden einzusetzen[6]).

---

[3]) EG. z. GVG. § 4.

[4]) GVG. § 17 Abs. 1.

[5]) GVG. § 17 Abs. 2.

[6]) EG. z. GVG. § 17 Abs. 1 bestimmt, daß auf Antrag eines Glied-

Für die Einrichtung und das Verfahren vor diesen Gerichtshöfen hat die Landesgesetzgebung die besonderen Vorschriften des § 17 Abs. 2 unter 1—4 GVG. zu beobachten.

Im § 17 Abs. 2 unter 4 ist bestimmt, daß, sofern die Zulässigkeit des Rechtsweges durch rechtskräftiges Urteil des Gerichts feststeht, ohne daß zuvor auf die Entscheidung des besonderen Gerichtshofes angetragen war, die Entscheidung des Gerichts maßgebend bleibt.

Diese Bestimmung gilt nur für den Fall, daß die Zulässigkeit des Rechtsweges rechtskräftig ausgesprochen ist, besagt also, daß für diesen Fall ein positiver Kompetenzkonflikt nicht mehr erhoben werden kann.

Für den Fall, daß die Unzulässigkeit des Rechtswegs durch rechtskräftiges Urteil ausgesprochen worden ist, und sich auch die Verwaltungsbehörde in letzter Instanz deshalb für unzuständig erklärt hat, weil nach ihrer Ansicht eine Justizsache vorliegt, enthält das Reichsrecht keine Beschränkung für die Erhebung des negativen Kompetenzkonfliktes. Inwieweit die Erhebung des Kompetenzkonfliktes zulässig ist, richtet sich nach den einzelnen Landesgesetzgebungen; es kann insbesondere die Landesgesetzgebung die Erhebung des positiven Kompetenzkonflikts noch zulassen, wenn das Oberlandesgericht die Zulässigkeit des Rechtswegs ausgesprochen und Revision an das Reichsgericht noch zulässig ist, sowie die Erhebung des negativen Kompetenzkonflikts dann noch gewähren, wenn das Reichsgericht die Unzulässigkeit des Rechtswegs ausgesprochen hat[7]). Der klare Wortlaut des § 17 Abs. 2 GVG. spricht dafür.

Verbot der Kabinetsjustiz.

3. Schon in den Gesetzen des alten deutschen Reichs[8]) ist verordnet, daß die Justiz „ihren freien, ungesperrten stracken Lauf haben und, was dem zuwider erlanget und ausgehen würde, kraftlos, todt und ab sein solle“. Das darin zum Ausdruck gekommene Verbot der Kabinetsjustiz stellt das Gerichtsverfassungsgesetz an die Spitze seiner Vorschriften, indem es den schlichten Satz ausspricht, daß die

---

staates mit Zustimmung des Bundesrats durch Kaiserliche Verordnung die Verhandlung und Entscheidung über diese Kompetenzkonflikte dem Reichsgericht übertragen werden kann.

[7]) A. A. Wach, Lehrbuch I. S. 102ff. Daselbst sind die einzelnen Landesgesetze citiert.

[8]) KammergerichtsO. v. 1495 und v. 1555, Jüngster Reichsabschied § 166.

richterliche Gewalt durch unabhängige nur dem Gesetze unterworfene Gerichte ausgeübt wird*).

§ 3.

Die ordentliche streitige Gerichtsbarkeit. Ihre Begrenzung und Beschränkung.

Wach §§ 8, 29 — Schmidt § 25.

Ordentliche Gerichte.

Die ordentliche streitige Gerichtsbarkeit wird durch Amtsgerichte und Landgerichte, durch Oberlandesgerichte und durch das Reichsgericht resp. durch das oberste Landesgericht ausgeübt.

Diese ordentlichen Gerichte handhaben die Rechtspflege in den bürgerlichen Rechtsstreitigkeiten.

Bürgerliche Rechtsstreitigkeiten.

Der Begriff des bürgerlichen Rechtsstreits ist kein feststehender in der Weise, daß die Grenze der bürgerlichen Rechtsstreitigkeiten gegenüber allen anderen Rechtsstreitigkeiten fest gezogen werden könnte. Will man im allgemeinen den Satz aufstellen, daß die bürgerlichen Rechsstreitigkeiten dem Gebiete des Privatrechts, die Verwaltungsstreitigkeiten dem öffentlichen Rechte angehören, so ist dagegen nicht viel zu sagen, damit aber auch nicht viel gewonnen.

Das gesamte Recht eines Staates, eines Volkes gehört demselben Organismus an, das rechtschaffende Organ ist überall dasselbe, in demselben Gesetze kann öffentliches und Privatrecht gleichmäßig zum Ausdrucke kommen, dasselbe Rechtsinstitut kann sowohl dem öffentlichen als dem Privatrechte angehören, es finden sich Übergänge hier und dort, die Gegensätze sind nicht immer schroff, die Grenzen oft zweifelhaft.

Die Frage, ob eine Sache Justizsache oder Verwaltungssache ist, ist somit nicht allein nach dem Grenzgebiete zwischen öffentlichem und Privatrechte zu entscheiden. Die Frage hängt ab von der Entwicklung des Behördenorganismus in den einzelnen deutschen Staaten und ist hier nach Zweckmäßigkeitsgrundsätzen entschieden. Ausschlaggebend ist, ob nach dem maßgebenden für das betreffende Territorium geltenden Rechte der Rechtsschutz für die zu entscheidende Streitsache im Rechtswege oder im

---

*) GVG. § 1.

Verwaltungswege erteilt wird. In dieser Beziehung haben sich gerade auf denjenigen Gebieten, welche auf der Grenze zwischen Privatrecht und öffentlichem Rechte liegen, in den einzelnen Staaten die Zuständigkeitsnormen ganz verschieden entwickelt. Zu diesen Gebieten gehören z. B. das Recht zur Enteignung, die Pflicht zur Leistung von Kirchen- und Schullasten, von Beiträgen zu Staats- und Gemeindelasten, die Rechtsverhältnisse der Beamten aus dem Dienstverhältnisse, die Ansprüche Privater gegen Staat und Gemeinde wegen pflichtwidriger Diensthandlungen u. dgl.

Das Gerichtsverfassungsgesetz knüpft an den bestehenden Rechtszustand an, indem es bestimmt[1]), daß vor die ordentlichen Gerichte alle bürgerlichen Rechtsstreitigkeiten, für welche nicht entweder die Zuständigkeit von Verwaltungsbehörden oder Verwaltungsgerichten begründet ist oder reichsgesetzlich besondere Gerichte bestellt oder zugelassen sind, gehören.

Darnach grenzt sich der ordentliche Rechtsweg in doppelter Richtung ab.

Zunächst scheiden aus die Verwaltungssachen, d. h. diejenigen Sachen, für welche nach Reichsrecht[2]) oder Landesrecht Verwaltungsbehörden oder Verwaltungsgerichte zuständig sind. Verwaltungssachen.

---

[1]) GVG. § 13.

[2]) Reichsrechtlich sind an Verwaltungsbehörden oder an Verwaltungsgerichte verwiesen:

a) die Ansprüche auf Entschädigung nach Maßgabe der Unfallversicherungsgesetze vom 6. Juli 1884, vom 28. Mai 1885, vom 5. Mai 1886, vom 11. Juli 1887 und vom 13. Juli 1887;

b) erstinstanzliche Streitigkeiten über die Erklärung der Nichtigkeit und über die Zurücknahme von Patenten (Patentgesetz vom 7. April 1891 §§ 28—32). Die Berufung gegen die erstinstanzliche Entscheidung des Patentamtes führt an das Reichsgericht; das Berufungsverfahren ist in Maßgabe der §§ 33f. des Patentgesetzes durch die Kaiserliche Verordnung vom 6. Dezember 1891 (RGBl. S. 389) geregelt;

c) Ansprüche der Armenverbände gegen einander auf Erstattung der Kosten oder auf Übernahme eines Hilfsbedürftigen (Ges. über den Unterstützungswohnsitz nach der Fassung vom 12. März 1894 § 38);

d) Streitigkeiten aus dem Invalidenversicherungsgesetze vom 13. Juli 1899.

In anderen Fällen verweist das Reichsrecht auf das Landesrecht (s. z. B. G. über die Kriegsleistungen v. 13. Juni 1873 §§ 33, 34, Krankenversicherungsges. i. d. F. d. B. v. 10. April 1892 § 55 Abs. 1, BGB. § 44, Ges., betr. die Gesellschaften mit beschränkter Haftpflicht, i. d. F. d. B. v. 20. Mai 1898 § 62).

Das Reichsrecht hat jedoch einzelne Bestimmungen getroffen, nach welchen in bestimmten Fällen der Rechtsweg nicht ausgeschlossen werden kann oder für zulässig erklärt ist[3]), oder doch Vorschriften des Landesrechts, welche die Beschreitung des Rechtsweges an bestimmte Voraussetzungen knüpfen, beseitigt sind[4]).

Der Rechtsweg ist in manchen Fällen in der Weise beschränkt, daß für die Entscheidung der Sache eine Mitwirkung einer Ver-

---

[3]) GVG. § 9, EG. z. CPO. § 4, Postges. v. 28. Dez. 1871 § 25, Gewerbe-Ordn. §§ 9, 51, 52, 100b, Reichsstempelges. v 27. April 1894 § 33, Reblausges. v. 6. März 1875 § 3, Reichsbankges. v. 14. März 1875, §§ 49, 50, Ges., betr. die Gesellschaften mit beschränkter Haftung, § 61, Ges. über das Telegraphenwesen v. 6. April 1892 § 12, Telegraphenwege-Gesetz v. 18. Dez. 1899 § 13 Abs. 4.

[4]) Nach EG. z. CPO. § 5 darf für vermögensrechtliche Ansprüche Dritter gegen den Landesherrn, die Mitglieder landesherrlicher Familien die Zulässigkeit des Rechtswegs nicht von der Einwilligung des Landesherrn abhängig gemacht werden. — Nach EG. z. GVG. § 11 Abs. 1 ist die civilrechtliche Verfolgung der öffentlichen Beamten wegen der in Ausübung oder in Veranlassung der Ausübung ihres Amtes vorgenommenen Handlungen an besondere Voraussetzungen, z. B. an die Ermächtigung einer besonderen Behörde, nicht gebunden; dagegen ist für diese Fälle bestimmt (EG. z. GVG. § 11 Abs. 2), daß die landesgesetzlichen Vorschriften, durch welche die Verfolgung der Beamten wegen solcher Ansprüche entweder im Falle des Verlangens einer vorgesetzten Behörde oder unbedingt an eine Vorentscheidung gebunden sind, mit der Maßgabe unberührt bleiben

1. daß die Vorentscheidung auf die Feststellung beschränkt ist, ob der Beamte sich einer Überschreitung seiner Amtsbefugnisse schuldig gemacht hat;
2. daß in den Bundesstaaten, in welchen ein oberster Verwaltungsgerichtshof besteht, die Vorentscheidung diesem, in den anderen Bundesstaaten dem Reichsgerichte zusteht. —

Das Verfahren findet selbstverständlich nur dann statt, wenn nach dem betreffenden Landesrecht der Rechtsweg überhaupt zulässig ist. Durch dieses Verfahren wird die Frage, ob nicht die Klage, weil ein schuldvolles Verhalten des Beamten nicht vorliege, a limine abzuweisen sei, oder ob der Rechtsweg zu eröffnen sei, vorweg entschieden. Wird die Frage nach dem schuldvollen Verhalten verneint, so wird der Rechtsweg für unzulässig erklärt, andernfalls kann der Anspruch im Rechtswege verfolgt werden. In diesem Falle ist das erkennende Gericht in der Bejahung der Schuldfrage durch die Vorentscheidung nicht gebunden, es entscheidet diese Frage selbständig.

Ist der Rechtsweg für den betreffenden Anspruch nach dem Landesrechte unzulässig oder erst zulässig, wenn eine sachliche Beurteilung durch eine andere Behörde stattgefunden hat, so behält es bei diesen Bestimmungen das Bewenden.

waltungsbehörde stattfindet und zwar entweder in der Weise, daß zunächst eine Entscheidung der Verwaltungsbehörde herbeizuführen ist, gegen welche die Berufung auf den nunmehr unbeschränkten Rechtsweg zulässig ist[5]), oder daß das Gericht bei der Entscheidung der Sache an die Vorentscheidung der Verwaltungsbehörde als präjudizielle gebunden ist[6]).

Gehört eine bürgerliche Rechtsstreitigkeit nicht vor die Verwaltungsbehörden oder Verwaltungsgerichte, so gehört sie vor die ordentlichen Gerichte, es sei denn, daß reichsrechtlich für die Sache ein besonderes Gericht bestellt oder zugelassen ist.

Reichsrechtlich bestellte besondere Gerichte.

Von den reichsrechtlich bestellten besonderen Gerichten gehören die deutschen Gerichte im Auslande[7]) nicht hierher, denn sie begrenzen oder beschränken die inländische Gerichtsbarkeit der ordentlichen Gerichte in keiner Weise; soweit für dieselbe Sache auch ein Gerichtsstand im Deutschen Reiche begründet ist, kann die Sache hier im ordentlichen Rechtswege verfolgt werden.

Reichsrechtlich bestellte besondere Gerichte im Sinne des § 13 des GVG.[8]) giebt es abgesehen von den Prisengerichten[9]), welche die Zuständigkeit der ordentlichen Gerichte vollständig ausschließen, nicht.

Reichsrechtlich zugelassene besondere Gerichte.

Reichsgesetzlich zugelassen sind folgende Gerichte:

a) Gerichte für die Landesherren, die Mitglieder der landesherrlichen Familien sowie die Mitglieder der fürstlichen

---

[5]) Hierher gehören: Gesetz, betreffend die Beschränkungen des Grundeigentums in der Umgebung von Festungen, vom 21. Dez. 1871 §§ 41 f., Seemannsordnung vom 27. Dez. 1872 §§ 46, 106, Militärpensionsgesetz vom 27. Juni 1871 § 114, Reichsbeamtengesetz vom 31. März 1873 §§ 144, 150, Strandungsordnung vom 17. Mai 1874 § 39, Krankenversicherungsgesetz i. d. F. d. B. vom 10. Juni 1892, § 58 Abs. 1, Gewerbeordnung § 75, Handwerkergesetz vom 26. Juli 1897, § 91 b, Gesetz, betr. die Entschädigung der im Wiederaufnahmeverfahren freigesprochenen Personen, vom 20. Mai 1898 § 5, Telegraphenwege-Gesetz vom 18. Dez. 1899 § 13 Abs. 1—3.

[6]) Hierher gehören Militärpensionsgesetz v. 27. Juni 1871 § 115, Reichsbeamtengesetz v. 31. März 1873 § 155.

[7]) s. oben S. 32 Anm. 15 ff.

[8]) Die Militärgerichte und Austrägalgerichte haben nur Bedeutung für die Strafgerichtsbarkeit, EG. z. GVG. § 7.

[9]) Gesetz vom 3. Mai 1884.

Familien Hohenzollern, Hannover, Kur-Hessen und Nassau[10]);

b) Auditeure im Mobilmachungsfalle außerhalb der Garnison[11]);

c) die auf Staatsverträgen beruhenden Rheinschiffahrts- und Elbzollgerichte[12]);

d) die sog. agrarischen Gerichte[13]);

e) Gemeindegerichte in geringfügigen vermögensrechtlichen Streitigkeiten[14]);

f) Gewerbegerichte[15]);

g) Innungsschiedsgerichte[16]).

Inwieweit durch diese besonderen Gerichte der ordentliche Rechtsweg ausgeschlossen wird, ergeben diejenigen Reichs- und Landesgesetze, durch welche die Zuständigkeit geregelt ist. Die Gemeindegerichte treffen nur eine vorläufige Entscheidung unter Vorbehalt des Rechtswegs, ebenso die Innungsschiedsgerichte. Gegen die Entscheidung der Gewerbegerichte ist, wenn der Wert des Streitgegenstandes den Betrag von einhundert Mark übersteigt, die Berufung an das Landgericht nach Vorschrift der Civilprozeßordnung zulässig[17]). Durch die Zuständigkeit der Gewerbegerichte wird die Zuständigkeit der ordentlichen Gerichte ausgeschlossen[18]). Ob und inwieweit die Parteien die Zuständigkeit der besonderen Gerichte ausschließen und auf den ordentlichen Rechtsweg rekurrieren können, dafür läßt sich eine allgemeine, für alle Fälle gleichmäßig zutreffende Regel nicht aufstellen. Der Inhalt der betr. Reichs- und Landesgesetze, welche die Zulassung aussprechen, ist hierfür entscheidend[19]).

---

10) EG. z. GVG. § 5.

11) R. Mil. Ges. v. 2. Mai 1874 § 39 Abs. 3; s. jetzt EG. z. Militärstrafger.-O. § 20.

12) GVG. § 14, [1].

13) GVG. § 14 [2].

14) GVG. § 14 [3].

15) GVG. § 14 [4]. Ges. v. 29. Juli 1890 betr. Gewerbegerichte, Ges. betr. Krankenvers. vom 10. April 1892. § 53a (65 Abs. 3 u. 73).

16) Handwerkerges. v. 26. Juli 1897. §§ 81b unter 4, 91, 91a, 91b.

17) Ges. v. 29. Juli 1890 § 55.

18) Ges. v. 29. Juli 1890 §§ 4—7, 25 und dazu RG. Bd. 33, S. 428ff.

19) EG. z. GVG. § 3.

Die Organisation der besonderen Gerichte und die Ordnung ihres Verfahrens ist — soweit nicht das Reichsrecht (z. B. bezüglich der Prisengerichte, Gewerbegerichte und Innungsschiedsgerichte) bindende Vorschriften getroffen hat — der Landesgesetzgebung überlassen. Soweit dies der Fall ist, kann diese besondere Gerichtsbarkeit den ordentlichen Gerichten nach abweichenden Zuständigkeitsnormen übertragen werden, auch kann die besondere Gerichtsbarkeit in letzter Instanz auf Antrag eines Gliedstaates mit Zustimmung des Bundesrats durch Kaiserliche Verordnung dem Reichsgerichte übertragen werden.

Endlich ist darauf hinzuweisen, daß durch das neueste Reichsrecht der ordentliche Rechtsweg noch nach einer dritten Seite hin begrenzt wird.

Zuweisung bürgerlicher Rechtsstreitigkeiten an die nichtstreitige Gerichtsbarkeit.

Durch das bürgerliche Gesetzbuch sind nämlich manche Streitigkeiten, welche bis dahin im ordentlichen Rechtswege zu erledigen waren, der nichtstreitigen Gerichtsbarkeit überwiesen. Hierher gehören die Entscheidungeu in den in den §§ 1357, 1358, 1379, 1402, 1447 und 1451 BGB. erwähnten Streitigkeiten unter Ehegatten[20]), in den die Fälle der §§ 1629, 1673 (1760) BGB. betreffenden Streitigkeiten in Bezug auf die Ausübung der elterlichen Gewalt, sowie in den in den §§ 1308, 1727 BGB. erwähnten Streitigkeiten zwischen Kindern und Eltern.

Ebenso hat das Ges. über die Angelegenheiten der freiwilligen Gerichtsbarkeit verschiedene Angelegenheiten, bei denen das Handelsgesetzbuch gerichtliche Mitwirkung erfordert, der nichtstreitigen Gerichtsbarkeit überwiesen und damit bisherige Streitfragen auf diesem Gebiete resp. abweichende landesrechtliche Bestimmungen beseitigt. Dahin gehören die im § 145 des Gesetzes betr. die Angelegenheiten der freiwilligen Gerichtsbarkeit bezeichneten Sachen sowie das Verfahren in Dispachesachen (Gesetz vom 17. Mai 1898 §§ 149—152), hier jedoch unter Vorbehalt des ordentlichen Rechtsgangs im Falle eines nicht beseitigten Widerspruchs gegen die Dispache[21]).

---

[20]) Vgl. meine Einführung in das BGB. III. S. 5.

[21]) Ges. v. 17. Mai 1898 § 156.

§ 4.

Die ordentlichen Gerichte.

Wach § 32 — Schmidt §§ 34 ff. — Fitting § 8.

Die Organisation der ordentlichen Gerichte beruht auf einer dreifachen Gliederung[1]), nach welcher man niedere, obere und oberste Gerichte zu unterscheiden hat.

---

[1]) Es entspricht dies einer alten deutschen Rechtsanschauung, nach welcher jedes Urteil gescholten, zuletzt vor des Königs Gericht gebracht werden konnte. Mit der Entwicklung der Landeshoheit der deutschen Reichsstände einerseits und der Einsetzung der höchsten Reichsgerichte (Reichskammergericht, Reichshofrat) andererseits erhält diese Dreigliederung eine verfassungsmäßige Grundlage in der Ausbildung der oberen landesherrlichen Gerichtsbarkeit gegenüber der Gaugerichtsbarkeit einerseits und der Reichsgerichtsbarkeit andererseits (Wetzell § 33).

Die Gaugerichte (Landgerichte) übten die niedere Gerichtsbarkeit, sie waren aus den alten Centgerichten hervorgegangen. Richter im Gau war der vom Landesherrn bestellte, mit dem königlichen Banne versehene Schultheiß. Daneben bildete sich eine Patrimonial- sowie eine Munizipalgerichtsbarkeit aus.

Die Urteilsschelte führte nach dem Sachsenspiegel (sächs. Landrecht II, 12 § 4) „an den hogesten Richter und to lest vor den König". Die hogesten Richter bilden den Gerichtshof des Landesherrn, das Hofgericht. Die landesherrliche Gerichtsbarkeit hat sich mit der Entwicklung der Landeshoheit in die Mitte zwischen den König und das niedere Gericht eingeschoben, so daß das landesherrliche Hofgericht die mittlere Instanz zwischen dem niederen Gerichte und dem höchsten Reichsgerichte bildete.

Die niedere Gerichtsbarkeit war ursprünglich eine königliche („Königsbann"), die königliche Niedergerichtsbarkeit wurde zurückgedrängt durch die Patrimonial- und durch die Munizipalgerichtsbarkeit, und verlor den königlichen Charakter ganz durch die den Landesherrn erteilten privilegia de non evocando, bis durch die Kammergerichtsordnung von 1495 und spätere Gesetze die der kaiserlichen Majestät und dem Reiche nicht ohne Mittel Unterworfenen von der kaiserlichen Gerichtsbarkeit in erster Instanz entbunden wurden. Mit dem privilegium de non evocando verband sich häufig ein privilegium de non appellando, vermöge dessen die Appellation von den landesherrlichen an die höchsten Reichsgerichte ausgeschlossen war. Den Kurfürsten waren beid Privilegien in der Goldenen Bulle gewährleistet. Ein allgemeines privilegium de non appellando, wenn auch von beschränkter Wirksamkeit, enthielt die Reichskammergerichtsordnung von 1521, insoferne sie eine Appellationssumme einführte, welche im Jüngsten Reichsabschied auf 400 Thaler festgesetzt wurde.

Die niederen Gerichte sind die Landgerichte, freilich mit Ausscheidung gewisser geringfügiger oder schleuniger Erledigung bedürftiger Sachen, welche den Amtsgerichten überwiesen sind. Die Amtsgerichte umfassen örtlich, d. h. für bestimmte Ortschaften des einzelnen Staates, abgegrenzte Bezirke. Die Landgerichte umfassen die Bezirke mehrerer Amtsgerichte desselben oder verschiedener Staaten.

Die oberen Gerichte sind die Landgerichte und die Oberlandesgerichte, letztere umfassen die Bezirke mehrerer Landgerichte desselben oder verschiedener Staaten.

Das oberste Gericht ist das Reichsgericht, es umfaßt die Bezirke sämtlicher deutschen Oberlandesgerichte, also das Gebiet des Deutschen Reichs[2]).

Die Zuständigkeit des Reichsgerichts ist beschränkt, wenn ein oberstes Landesgericht besteht[3]). Das oberste Landesgericht umfaßt den Bezirk der Oberlandesgerichte desjenigen Staates, für welchen es errichtet ist.

Die Bedeutung der Über- und Unterordnung ist lediglich eine prozessuale, sie liegt auf dem Gebiete des durch die Prozeßordnung geregelten Instanzenzuges. Das zunächst übergeordnete Gericht ist berufen, in einer anhängigen Rechtssache über die Rechtsmittel gegen Entscheidungen des untergeordneten Gerichts zu entscheiden. Die Entscheidung des oberen Gerichts ist für die Sache, in welcher sie ergangen ist, für das niedere Gericht bindend; einen weiteren Ein-

---

Mit der weiteren Erstarkung der Landeshoheit seit dem Westfälischen Frieden lockerte sich die Reichsgewalt im Laufe des achtzehnten Jahrhunderts derart, daß sie im Beginn des neunzehnten Jahrhunderts nur noch dem Scheine nach bestand. Mit der Auflösung des Deutschen Reichs (1806) hörte auch die höchste Reichsgerichtsbarkeit auf. Die deutsche Bundesakte Art. 12 erachtete in allen Bundesstaaten die Existenz eines obersten Gerichtes dritter Instanz für notwendig. Mit der Gründung des Norddeutschen Bundes und der Neugründung des Deutschen Reichs ist dann wieder eine höchste Reichsgerichtsbarkeit entstanden, wodurch die landesherrlichen Gerichte dritter Instanz beseitigt sind, soweit nicht ein oberstes Landgericht zuständig ist, so daß die landesherrliche Gerichtsbarkeit regelmäßig nur die erste und die zweite Instanz umfaßt.

[2]) Ob und inwieweit das Reichsgericht auch noch auf dem Gebiete der deutschen Gerichtsbarkeit im Auslande zuständig ist, ist hier nicht zu erörtern.

[3]) EG. z. GVG. § 8.

fluß hat das obere Gericht auf die Ausübung der Rechtspflege durch das niedere Gericht nicht[4]).

Gemeinschaftliche Gerichte verschiedener Bundesstaaten.

Accessionsverträge.

Kommunionsverträge.

Während das Reichsgericht vom Reiche und das oberste Landesgericht von dem betreffenden Staate errichtet ist, können die anderen Gerichte (Oberlandesgerichte, Landgerichte und Amtsgerichte mehreren Staaten gemeinsam sein, und zwar entweder in der Weise, daß das Gebiet resp. Gebietsteile eines einzelnen Staates dem Bezirke eines Gerichts eines anderen Staates angeschlossen wird[5]), oder in der Weise, daß mehrere Staaten für ihre Gebiete oder für bestimmte Gebietsteile ein gemeinsames Gericht einrichten[6]). Besetzung, Verwaltung und Kostenwesen sind durch die betr. Verträge geregelt.

§ 5.

Die niederen Gerichte.

Wach § 29 — Schmidt §§ 35, 44.

Land- und Amtsgerichte.

Die niederen Gerichte sind die Landgerichte und die Amtsgerichte.

Das Gerichtsverfassungsgesetz verteilt die bürgerlichen Rechtsstreitigkeiten auf diese Gerichte in sachlicher Richtung in der Weise, daß die örtlich einem bestimmten Gerichtsbezirke angehörenden bürgerlichen Rechtsstreitigkeiten entweder vor das Amtsgericht oder vor das Landgericht dieses Ortes gehören.

Verhältnis beider zu einander.

Bei dieser sachlichen Verteilung erscheint die Zuständigkeit des Landgerichts als Regel, die Zuständigkeit des Amtsgerichts als Aus-

---

[4]) Ob resp. inwieweit ein höheres Gericht, resp. dessen Präsident oder das Präsidium auch die Dienstaufsicht über die bei den niederen Gerichten angestellten Richter ꝛc. zu führen hat, ist eine Frage der Justizverwaltung. Diese Frage gehört nicht hierher.

[5]) Man kann in diesen Fällen von Accessionsverträgen sprechen. Der Art sind die meisten der zwischen Preußen und verschiedenen deutschen Kleinstaaten abgeschlossenen Verträge, vgl. Pfafferoth, deutsche Gerichtsverf. S. 265 ff.

[6]) Auf solchen Vereinbarungen beruhen die gemeinschaftlichen Oberlandesgerichte in Jena (für die thüringischen Staaten und preußische Gebietsteile), in Hamburg (für die Hansastädte), in Rostock (für beide Mecklenburg), in Oldenburg (für Oldenburg und Schaumburg-Lippe) und die gemeinschaftlichen Landgerichte in Meiningen, Rudolstadt, Gera, Lübeck, vgl. Pfafferoth a. a. O.

nahme[1]). Die Ausnahme beruht auf dem Gedanken, daß die geringfügigen Sachen, sowie diejenigen Sachen, welche ihrer Beschaffenheit nach einer schleunigen Erledigung bedürfen, nicht dem umständlichen mit Anwaltszwang verbundenen landgerichtlichen Verfahren unterworfen, sondern einem einfachen Verfahren vor dem Einzelrichter überwiesen werden sollen.

Darnach gestaltet sich die Verteilung der Sachen dahin, daß:

Vermögensrechtliche Streitigkeiten. Wertunterschied.

1. bezüglich der vermögensrechtlichen Streitigkeiten regelmäßig der Wert des Streitgegenstandes entscheidet, so daß Streitigkeiten, deren Gegenstand an Geld oder Geldeswert die Summe von dreihundert Mark nicht übersteigt, vor das Amtsgericht verwiesen sind[2]).

Ohne Rücksicht auf den Wert des Streitgegenstandes sind dem Amtsgerichte überwiesen[3]):

a) Mietsstreitigkeiten, soweit der Anspruch auf Überlassung, Benützung und Räumung von Wohnräumen und anderen Räumen geht oder es sich um einen Streit wegen Zurückbehaltung der von dem Mieter oder Untermieter in diese Räume eingebrachten Sachen handelt;

b) Streitigkeiten zwischen Dienstherrschaft und Gesinde (s. EG. z. BGB. Art. 95) und — falls für den Ort, wo die streitige Verpflichtung zu erfüllen ist, ein Gewerbegericht nicht besteht (Gesetz betr. die Gewerbegerichte vom 29. Juli 1890, § 5) — Streitigkeiten zwischen Arbeitgebern und Arbeitern hinsichtlich des Dienst- oder Arbeitsverhältnisses sowie hinsichtlich der im § 3 Abs. 1 des Gewerbegerichtsgesetzes bezeichneten Streitigkeiten, insoferne alle diese Streitigkeiten während der Dauer des Dienst-, Arbeits- oder Lehrverhältnisses entstehen;

c) Streitigkeiten zwischen Reisenden und Wirten, Fuhrleuten, Schiffern, Flößern oder Auswanderungsexpedienten in den Einschiffungshäfen, welche über Wirtszechen, Fuhrlohn, Überfahrtsgelder, Beförderung der Reisenden oder ihrer Habe, oder über Verlust oder Beschädigung der letzteren entstanden

---

[1]) Dies ergiebt sich aus der Bestimmung des § 70 Abs. 1 des GVG. und des § 10 CPO.

[2]) GVG. § 23 sub 1.

[3]) GVG. § 23 Abs. 2.

sind, sowie Streitigkeiten zwischen Reisenden und Handwerkern soweit solche aus Anlaß der Reise entstanden sind;

d) Streitigkeiten wegen Viehmängel, wegen Wildschadens;

e) Ansprüche aus außerehelichem Beischlafe;

f) Anfechtungsklagen aus § 111 des Genossenschaftsgesetzes in d. F. d. B. vom 20. Mai 1898.

Den Landgerichten sind ohne Rücksicht auf den Wert des Streitgegenstandes überwiesen[4]):

a) die Ansprüche, welche auf Grund des Gesetzes über die Abgaben von der Flößerei vom 1. Juni 1870 oder auf Grund des Gesetzes über die Rechtsverhältnisse der Reichsbeamten vom 31. März 1873 gegen den Reichsfiskus erhoben werden[5]);

b) die Ansprüche gegen Reichsbeamte wegen Überschreitung ihrer amtlichen Befugnisse oder wegen pflichtwidriger Unterlassung von Amtshandlungen[6]);

c) die Klagen auf Anfechtung von Beschlüssen der Generalversammlung einer Aktiengesellschaft, einer Kommanditgesellschaft auf Aktien oder einer Genossenschaft (HGB. §§ 272, 325[4], Genossenschaftsgesetz i. d. F. d. B. vom 20. Mai 1898, § 51);

d) die Klagen auf Nichtigerklärung einer Aktiengesellschaft, einer Genossenschaft, auf Auflösung oder Nichtigerklärung einer Gesellschaft mit beschränkter Haftpflicht (HGB. § 309, Genossenschaftsges. i. d. F. d. B. v. 20. Mai 1898, § 96, Ges., betr. die Gesellschaften mit beschränkter Haftpflicht, i. d. F. d. B. v. 20. Mai 1898, §§ 61 f.);

e) Streitigkeiten wegen der Pflicht zur Entrichtung von Reichsstempelabgaben (Ges. vom 27. April 1894, § 33);

f) Entschädigungsansprüche wegen der Herausgabe von Börsenwertpapieren (Börsengesetz vom 22. Juni 1896, §§ 43—46, 47);

g) Entschädigungsansprüche der im Wiederaufnahmeverfahren freigesprochenen Personen (Ges. v. 20. Mai 1898, § 5).

---

[4]) GVG. § 70.

[5]) GVG. § 70[1] erwähnt nicht die Ansprüche aus dem Militärpensionsgesetze, diese Ansprüche gehören also nicht hierher, s. RG. Bd. 33 S. 409 im Gegensatze zu Bd. 32 S. 395.

[6]) Gleichgiltig ist, ob der Anspruch erst nach der Entlassung des Beamten aus dem Reichsdienste erhoben wird, s. RG. Bd. 32 S. 244.

Durch die Landesgesetzgebung können den Landgerichten ohne Rücksicht auf den Wert des Streitgegenstandes ausschließlich überwiesen werden[7]):

a) Ansprüche der Staatsbeamten gegen den Staat aus ihrem Dienstverhältnisse[8]);
b) Ansprüche gegen den Staat wegen Verfügungen der Verwaltungsbehörden, wegen Verschuldung von Staatsbeamten[9]) und wegen Aufhebung von Privilegien;
c) Ansprüche gegen Beamte wegen Überschreitung ihrer amtlichen Befugnisse oder wegen Unterlassung von Amtshandlungen;
d) Ansprüche in Betreff öffentlicher Abgaben.

Besondere amtsgerichtliche Verfahrensarten.

Den Amtsgerichten sind weiter überwiesen das Sühneversuchsverfahren vor Beginn des Rechtsstreits[10]), das Mahnverfahren, das Entmündigungsbeschlußverfahren, die Vollstreckungs- und Konkursgerichtsbarkeit, das Verteilungsverfahren in der Zwangsvollstreckungsinstanz, die Rechtshülfesachen sowie das Aufgebotsverfahren[11]), das Verfahren zur Sicherung des Beweises[12]) gehört zur Zuständigkeit der Amtsgerichte, soweit es nicht vor dem Prozeßgericht stattfindet oder stattfinden muß. Das gleiche gilt von dem Arrestverfahren einschließlich der einstweiligen Verfügungen[13]) sowie von der Erteilung der Erlaubnis zur Zustellung zur sonst gesperrten Zeit[14]).

Nicht vermögensrechtliche Ansprüche.

2. Nichtvermögensrechtliche Ansprüche gehören vor die Landgerichte. Dahin gehören Ehesachen (abgesehen vom Sühneverfahren), Entmündigungssachen (abgesehen vom Beschlußverfahren),

---

[7]) GVG. § 70 Abs. 3.

[8]) Gleichgiltig ist, ob der Anspruch von dem Beamten oder von dessen Hinterbliebenen geltend gemacht wird (RG. Bd. 14, S. 366).

[9]) Hierunter fallen nicht die Ansprüche, welche wegen Erfüllung privatrechtlicher Verträge gegen den Staat erhoben werden, wenn auch der Staatsbeamte als Vertreter des Staates dabei etwas verschuldet hat, OLG. Rostock in der Meckl. Zeitschrift Bd. 13, S. 41.

[10]) CPO. §§ 510, 609 ff.

[11]) GVG. § 23. Bei Aufgeboten, deren Zulässigkeit auf Landesgesetzen beruht (EG. z. CPO. § 11), kann die Zuständigkeit der ordentlichen Gerichte anders bestimmt, insbesondere also auch den Landgerichten übertragen werden (EG. z. GVG. § 3 Abs. 3).

[12]) CPO. §§ 485 ff.

[13]) CPO. §§ 916 ff.

[14]) CPO. § 188.

Rechtsstreitigkeiten, welche die Feststellung des Rechtsverhältnisses zwischen Eltern und Kindern zum Gegenstande haben[15]), Klagen wegen unbefugter Führung eines Namens, einer Firma[16]).

Organisation der Amtsgerichte

Den Amtsgerichten[17]) stehen Einzelrichter vor. Ist das Amtsgericht mit mehreren Richtern besetzt, so ist die Verteilung der Geschäfte an die einzelnen Richter eine Angelegenheit der Justizverwaltung; jeder Richter erledigt die ihm obliegenden Geschäfte als Einzelrichter; nach außen hin ist jeder bei einem Amtsgerichte angestellte oder demselben zur Beschäftigung überwiesene Richter befugt, alle zur Zuständigkeit des Gerichts gehörenden Sachen zu erledigen.

Ist ein Amtsgericht mit mehreren Richtern besetzt, so wird einem derselben von der Landesjustizverwaltung die allgemeine Dienstaufsicht übertragen; ist die Zahl der Richter höher als fünfzehn, so kann die Dienstaufsicht zwischen mehreren von ihnen geteilt werden. Über die Besetzung der Gerichte, über die Geschäftsverteilung und die Vertretung verhinderter Richter sind reichsrechtliche Bestimmungen weiter nicht getroffen.

Organisation der Landgerichte.

Die Landgerichte werden mit einem Präsidenten und der erforderlichen Anzahl von Direktoren und Mitgliedern besetzt; bei denselben werden Civilkammern und Strafkammern gebildet. Den Vorsitz im Plenum führt der Präsident, in den Kammern der Präsident und die Direktoren. Der Vorsitzende verteilt innerhalb der Kammer die Geschäfte auf die einzelnen Mitglieder[18]).

Bildung der Kammern.

Die Kammern werden nicht beliebig, sondern vor Beginn des Geschäftsjahrs gebildet, indem die Geschäfte auf die einzelnen Kammern verteilt werden und die ständigen Mitglieder und für den Fall ihrer Verhinderung die regelmäßigen Vertreter bestimmt werden[19]). Die so getroffene Anordnung kann im Laufe des Geschäftsjahrs nur geändert werden, wenn dies wegen eingetretener Überlastung einer

---

[15]) CPO. §§ 640—644.

[16]) BGB. § 12, HGB. § 37 Abs. 2 (GVG. § 101b) Schadensersatzklagen wegen Verletzung des Namens- oder Firmenrechts gehören selbstverständlich zu den vermögensrechtlichen Streitigkeiten.

[17]) GVG. § 22.

[18]) GVG. §§ 58, 59, 68.

[19]) GVG. §§ 61 und 62 Abs. 1. Im Falle der Verhinderung des regelmäßigen Vertreters eines Mitgliedes wird ein zeitweiliger Vertreter durch den Präsidenten bestimmt. GVG. § 66.

Kammer oder infolge eines Wechsels oder dauernder Verhinderung einzelner Mitglieder des Gerichts erforderlich wird[20]).

Die Verteilung der Geschäfte auf die Kammern sowie die Überweisung der Mitglieder an die einzelnen Kammern erfolgt durch das Präsidium, gebildet aus dem Präsidenten, den Direktoren und dem dem Dienstalter event. der Geburt nach ältesten Mitgliede[21]). Verteilung der Geschäfte auf die Kammern.

Der Präsident bestimmt vor Beginn des Geschäftsjahrs, welcher Kammer er sich anschließen will, über die Verteilung des Vorsitzes in den übrigen Kammern entscheiden der Präsident und die Direktoren nach Stimmenmehrheit[22]). Im Falle der Verhinderung des ordentlichen Vorsitzenden führt den Vorsitz in der Kammer dasjenige Mitglied der Kammer, welches dem Dienstalter event. der Geburt nach das älteste ist. Vorsitz in den Kammern. Vertretung im Vorsitz.

In seinen sonstigen amtlichen Geschäften (abgesehen von dem Vorsitze in der Kammer) wird der Präsident durch den dem Dienstalter resp. der Geburt nach ältesten Direktor vertreten[23]).

Die Civilkammern entscheiden in der Besetzung von drei Mitgliedern einschließlich des Vorsitzenden[24]).

Darnach sind die Kammern der Landgerichte ständige Richterkollegien, deren Zusammensetzung und Geschäftskreis für den Zeitraum des Geschäftsjahrs gesetzlich geregelt ist. Auch die Vertretung verhinderter Kammermitglieder ist regelmäßig in ständiger Weise durch im voraus bestimmte Mitglieder des Gerichts geregelt. Soweit jedoch die Vertretung eines Mitglieds nicht durch ein Mitglied desselben Gerichts möglich ist, erfolgt die Anordnung derselben auf Antrag des Präsidiums durch die Landesjustizverwaltung. Die Beiordnung eines nichtständigen Richters darf, wenn sie auf eine bestimmte Zeit erfolgte, vor Ablauf dieser Zeit, wenn sie auf unbestimmte Zeit erfolgte, so lange das Bedürfnis, durch welches sie veranlaßt wurde, fortdauert, nicht widerrufen werden. Ist mit der Vertretung der Mitglieder.

[20]) GVG. § 62 Abs. 2. Der Präsident kann bestimmen, daß in einzelnen Sachen, in welchen während des Geschäftsjahres eine Verhandlung bereits stattgefunden hat, die Kammer in ihrer früheren Zusammensetzung auch nach Ablauf des Geschäftsjahrs verhandle und entscheide. GVG. § 64.

[21]) GVG. § 63.

[22]) GVG. § 61.

[23]) GVG. § 65.

[24]) GVG. § 77.

Vertretung eine Entschädigung verbunden, so ist diese für die ganze Dauer im voraus festzustellen. Unberührt bleiben diejenigen landesgesetzlichen Bestimmungen, nach welchen richterliche Geschäfte nur von ständig angestellten Richtern wahrgenommen werden können, sowie diejenigen, welche die Vertretung durch ständig angestellte Richter regeln[25]).

Kammer für Handelssachen. Soweit die Landesjustizverwaltung ein Bedürfnis als vorhanden annimmt, können bei den Landgerichten für deren Bezirke oder für örtlich abgegrenzte Teile derselben Kammern für Handelssachen gebildet werden. Solche Kammern können ihren Sitz innerhalb des Landgerichtsbezirks auch an Orten haben, an welchen das Landgericht seinen Sitz nicht hat[26]).

Besetzung derselben. Die Kammern für Handelssachen entscheiden in der Besetzung mit einem Mitgliede des Landgerichts als Vorsitzenden und zwei Handelsrichtern. Sämtliche Mitglieder haben gleiches Stimmrecht. In Streitigkeiten, welche sich auf das Rechtsverhältnis zwischen Rheder oder Schiffer und Schiffsmannschaft beziehen, kann die Entscheidung durch den Vorsitzenden allein erfolgen. Vorsitzender einer detachierten Handelskammer kann auch ein Amtsrichter sein[27]).

Ernennung der Handelsrichter. Enthebung vom Amte. Das Amt der Handelsrichter ist ein Ehrenamt, die Ernennung der Handelsrichter und deren Enthebung von ihrem Amte ist gesetzlich geregelt[28]).

Im übrigen ist die Besetzung der Handelskammern, die Vertretung des Vorsitzenden und der Mitglieder reichsrechtlich nicht geregelt; die Bestimmungen der §§ 61—66 des GVG. (vgl. oben S. 48 f. Anm. 19 ff.) finden auf die Kammern für Handelssachen keine Anwendung[29]).

Zuständigkeit der Kammern für Handelssachen. Vor die Kammern für Handelssachen gehören diejenigen den Landgerichten in erster Instanz zugewiesenen bürgerlichen Rechtsstreitigkeiten, in welchen durch die Klage ein Anspruch geltend gemacht wird[30]).

---

[25]) GVG. § 69.
[26]) GVG. § 100 sog. detachierte Kammer, vgl. hierzu unten Anm. 34.
[27]) GVG. §§ 109, 110.
[28]) GVG. §§ 111—117.
[29]) GVG. § 67.
[30]) GVG. § 101 und unten Anm. 33.

1. gegen einen Kaufmann im Sinne des Handelsgesetzbuchs (§ 1) aus Geschäften, welche für beide Teile Handelsgeschäfte (HGB. §§ 343, 344) sind;

2. aus einem Wechsel im Sinne der Wechselordnung oder aus einer der im § 363 HGB. bezeichneten Urkunden (kaufmännische Anweisungen, Verpflichtungsscheine, Konnossemente, Ladescheine, Lagerscheine, Bodmereibriefe, Transportversicherungspolizen);

3. aus einem der nachstehend bezeichneten Rechtsverhältnisse:

a) aus dem Rechtsverhältnisse zwischen den Mitgliedern einer Handelsgesellschaft oder zwischen dieser und ihren Mitgliedern oder zwischen dem stillen Gesellschafter und dem Inhaber des Handelsgeschäfts, sowohl während des Bestehens als nach der Auflösung des Gesellschaftsverhältnisses, ingleichen aus dem Rechtsverhältnisse zwischen den Vorstehern und den Liquidatoren einer Handelsgesellschaft und der Gesellschaft oder deren Mitgliedern;

b) aus dem Rechtsverhältnisse, welches das Recht zum Gebrauche der Handelsfirma betrifft;

c) aus den Rechtsverhältnissen, welche sich auf den Schutz der Warenbezeichnungen, Muster und Modelle beziehen;

d) aus dem Rechtsverhältnisse, welches durch den Erwerb eines bestehenden Handelsgeschäfts unter Lebenden zwischen dem bisherigen Inhaber und dem Erwerber entsteht;

e) aus dem Rechtsverhältnisse zwischen dem Prokuristen, Handlungsbevollmächtigten und Handlungsgehülfen oder Handlungslehrling und dem Inhaber des Handelsgeschäfts, sowie aus dem Rechtsverhältnisse zwischen einem Dritten und demjenigen, welcher wegen mangelnden Nachweises der Prokura oder Handlungsvollmacht haftet;

f) aus den Rechtsverhältnissen des Seerechts oder des Rechts der Binnenschiffahrt, insbesondere aus denjenigen, welche sich auf die Rhederei, auf die Rechte und Pflichten des Rheders oder Schiffseigners, des Korrespondentrheders und der Schiffsbesatzung, auf die Bodmerei und die Haverei, auf den Schadensersatz im Falle des Zusammenstoßes von Schiffen, auf die Bergung und Hülfeleistung und auf die Ansprüche der Schiffsgläubiger beziehen;

4. in Beziehung auf die Verpflichtung zur Entrichtung von Reichsstempeln, welche im Reichsstempelgesetze festgestellt sind[31]);

5. auf Grund des Gesetzes zur Bekämpfung des unlauteren Wettbewerbes[32]);

6. auf Entschädigung wegen Herausgabe von Börsenwertpapieren (Börsengesetz vom 22. Juni 1896 §§ 43—46, 47).

Verhältnis der Zuständigkeit der K. für Handelssachen zu derjenigen der Civilkammer.

Die Zuständigkeit der Kammer für Handelssachen ist die Ausnahme, diejenige der Civilkammer die Regel.

Wird in einem bei einer Civilkammer anhängigen Rechtsstreit infolge einer Aufrechnung, einer Widerklage ein Anspruch streitig, welcher aus einem der oben bezeichneten Rechtsverhältnisse herrührt, so bleibt der Rechtsstreit bei der Civilkammer anhängig, die Verweisung ist unzulässig; denn die Kammer für Handelssachen ist nur zuständig, wenn der Anspruch im Wege der Klage verfolgt wird[33]).

Die Zuständigkeit der Kammern für Handelssachen schließt die Zuständigkeit der Civilkammern nicht aus. Die Kammern für Handelssachen sind ebenso wie die Civilkammern keine besonderen Gerichte, sondern Abteilungen, Organe des Landgerichts, bei welchen sie bestehen[34]). Ein von einer Civilkammer gesprochenes Urteil kann niemals deshalb für nichtig erklärt werden, weil die Sache vor die Kammer für Handelssachen gehört, und ebensowenig findet das in dem umgekehrten Falle statt, wenn das Urteil von der Kammer für Handelssachen gesprochen ist.

Antrag des Klägers auf Verhandlung der Sache vor der K. f. H.

Ob eine bürgerliche Rechtsstreitigkeit vor die Kammer für Handelssachen gebracht werden soll, hängt von dem Willen des Klägers ab. Kläger hat dies in der Klageschrift zu beantragen. Wird die Unzuständigkeit des Gerichts in einem bei einem Amtsgericht verhandelten Rechtsstreit auf Grund der Bestimmungen über die

---

[31]) Reichsstempelges. v. 27. April 1894, § 33.

[32]) Ges. v. 27. Mai 1896, § 15.

[33]) GVG. §§ 101 Abs. 2, 102. Eine Hauptintervention kann nur dann vor die Kammer für Handelssachen gebracht werden, wenn der Anspruch in seiner Richtung gegen beide Parteien vor die Kammer gehört, GVG. § 108.

[34]) Hat die Kammer für Handelssachen einen beschränkten örtlich abgegrenzten Bezirk (GVG § 100 Anm. 26), so kann der Beklagte, wenn in dem Bezirke der Kammer kein Gerichtsstand für eine bei derselben anhängig gemachte Sache besteht, obgleich das Landgericht für diese Sache örtlich zuständig ist, z. B. der Beklagte an einem nicht zum Bezirke der Kammer gehörenden

sachliche Zuständigkeit der Gerichte ausgesprochen oder wird in einem solchen Rechtsstreite durch Widerklage oder Erweiterung des Klageantrags ein Anspruch erhoben, welcher zur Zuständigkeit der Landgerichte gehört, oder eine Inzidentfeststellungsklage oder Widerklage aus einem Rechtsverhältnisse, für dessen Feststellung die Landgerichte zuständig sind, erhoben und die Verweisung vom Kläger beantragt, so muß dieser den Antrag auf Verhandlung der Sache vor der Kammer für Handelssachen schon in der Verhandlung vor dem Amtsgerichte stellen[35]).

Verhandlung einer vor die K. f. H. gehörenden Sache vor der Civilkammer. Antrag auf Verweisung vor die K. f. H.

Ist der Antrag auf Verhandlung vor der Kammer für Handelssachen in der Klagschrift oder in den zuletzt hervorgehobenen Fällen vor dem Amtsgericht vom Kläger nicht gestellt, so wird die Sache vor der Civilkammer verhandelt. Diese ist nicht befugt, die Sache von Amtswegen vor die Kammer für Handelssachen zu verweisen[36]), wohl aber kann der Beklagte den Antrag auf Verweisung stellen. Das Gericht ist verpflichtet, den Verweisungsantrag selbständig zu prüfen und hat die Verweisung auszusprechen, falls der Anspruch nach § 101 GVG. vor die Kammer für Handelssachen gehört; an eine Zustimmung des Klägers zu dem Verweisungsantrag ist das Gericht nicht gebunden, kann den Antrag vielmehr trotz solcher Zustimmung verwerfen[37]).

Verhandlung einer nicht vor die K. f. H. gehörenden Sache vor der K. f. H. Verweisung an die Civilk. auch von Amtswegen.

Ist der Antrag auf Verhandlung einer Sache vor der Kammer für Handelssachen vom Kläger rechtzeitig gestellt, so wird die Sache vor der Kammer für Handelssachen verhandelt, das Gericht hat jedoch, wenn die Klage nicht vor die Kammer für Handelssachen gehört, den Rechtsstreit auf Antrag des Beklagten an die Civilkammer zu verweisen, und kann dies in dem gleichen Falle sowie in dem Falle, wenn die vor dem Amtsgerichte erhobene Widerklage, welche zur Verweisung des Rechtsstreits an das Landgericht geführt

---

Orte des Landgerichtsbezirkes wohnt, die Einrede der Unzuständigkeit vorschützen. Insofern erscheint die für einen bestimmten örtlich abgegrenzten Bezirk eines Landgerichts, z. B. für den Bezirk eines bestimmten Amtsgerichts, gebildete Kammer für Handelssachen als ein besonderes Gericht mit besonderer örtlicher Zuständigkeitsgrenze, RG. Bd. 23 S. 376ff.

[35]) GVG. § 102.

[36]) GVG. § 104 Abs. 3.

[37]) GVG. § 104. Ein Beklagter, welcher nicht in das Handelsregister eingetragen ist, kann den Verweisungsantrag nicht darauf stützen, daß er Kaufmann ist.

hat (CPO. § 506), nicht vor die Kammer für Handelssachen gehört, auch von Amtswegen jedoch nur solange, als nicht eine Verhandlung zur Hauptsache erfolgt und auf dieselbe ein Beschluß verkündet ist[38]).

Wird in dem bei der Kammer für Handelssachen anhängigen Rechtsstreite eine Inzidentfeststellungsklage oder Widerklage (CPO. § 280) erhoben und gehört die erweiterte Klage oder Widerklage nicht vor die Kammer für Handelssachen, so ist der Rechtsstreit auf Antrag des Gegners vor die Civilkammer zu verweisen. Das gleiche findet statt, wenn im Laufe des Rechtsstreits auch abgesehen von dem Falle des § 280 CPO. eine Widerklage erhoben wird[39]). Auch in diesen Fällen ist die Kammer für Handelssachen von Amtswegen zu einer Verweisung unter gleichen Bedingungen wie im Falle der Anm. 38 befugt[40]).

Dasselbe gilt, wenn durch Klagänderung in der Verhandlung vor der Kammer für Handelssachen ein Anspruch geltend gemacht wird, welcher nicht vor die Kammer gehört[41]).

Verweisungsantrag, Verhandlung und Entscheidung.

Der Antrag auf Verweisung der Sache von der Civilkammer an die Kammer für Handelssachen sowie auf Verweisung von der Kammer für Handelssachen an die Civilkammer ist nur vor der Verhandlung des Antragstellers zur Sache zulässig. Über den Antrag ist vorab zu verhandeln und zu entscheiden[42]).

Ausschluß von Rechtsmitteln gegen die Entscheidung. Bindende Wirkung der Verweisung.

Gegen die Entscheidung über die Verweisung findet kein Rechtsmittel statt, mag die Verweisung auf Antrag oder von Amtswegen ausgesprochen oder mag der Antrag auf Verweisung abgelehnt sein.

---

[38]) GVG. § 103. Die Verweisung von Amtswegen kann nicht aus dem Grunde erfolgen, daß der Beklagte nicht Kaufmann ist. Hat die Kammer für Handelssachen durch Urteil entschieden, so ist es an dieses Urteil gebunden, auch dann, wenn das Urteil ein Versäumungsurteil ist und Einspruch eingelegt ist. Das Versäumungsurteil kann nur auf Grund einer neuen Verhandlung aufgehoben werden.

[39]) GVG. § 105 Abs. 1.

[40]) GVG. § 105 Abs. 1 Satz 1.

[41]) GVG. § 105 Abs. 2 Satz 2.

[42]) GVG. § 106. Im Falle der Anm. 41 muß der Antrag gestellt werden, bevor sich der Beklagte auf das veränderte Verlangen einläßt.

Ist die Verweisung ausgesprochen, so ist diese Entscheidung bindend für die Kammer, an welche verwiesen ist. Der Termin zur weiteren mündlichen Verhandlung wird von Amtswegen bestimmt und den Parteien bekannt gemacht[43]).

§ 6.

Die oberen Gerichte.

Die oberen Gerichte sind die Landgerichte und die Oberlandesgerichte.

Über die Organisation der Landgerichte ist bereits im vorigen Paragraphen das Erforderliche gesagt. Landgerichte.

Die obere Gerichtsbarkeit der Landgerichte wird nur durch die Civilkammern, nicht durch die Kammern für Handelssachen ausgeübt. Die Civilkammern der Landgerichte sind die Berufungs- und Beschwerdegerichte in den vor den Amtsgerichten verhandelten bürgerlichen Rechtsstreitigkeiten [1]).

Die Oberlandesgerichte sind in bürgerlichen Rechtsstreitigkeiten zuständig für die Verhandlung und Entscheidung über die Rechtsmittel der Berufung und der Beschwerde gegen die Endurteile und gegen die Entscheidungen der Landgerichte [2]). Oberlandesgericht.

Die Oberlandesgerichte werden mit einem Präsidenten und der erforderlichen Anzahl von Senatspräsidenten und Räten besetzt, bei denselben werden Civil- und Strafsenate gebildet [3]). Über den Vorsitz in den Senaten, die Vertretung des Vorsitzenden, die Besetzung der Senate mit ständigen Mitgliedern und die Vertretung derselben durch andere Mitglieder des Oberlandesgerichts, über die Verteilung der Geschäfte usw. gelten dieselben Bestimmungen, welche für die Landgerichte gelten (GVG. §§ 61—68), jedoch mit der Maßgabe, daß zu dem Präsidium stets die beiden ältesten Mitglieder des Die Organisation d. Oberlandesgericht

[43]) GVG. § 107.

[1]) GVG. § 71.

[2]) GVG. § 123, 1 u. 4. Weitere Zuständigkeitsnormen ergeben sich aus den §§ 117, 160, 179—183 GVG., §§ 59, 89 RAO., §§ 36, 45 CPO.

[3]) GVG. §§ 119, 120.

Gerichts hinzuziehen sind[4]). Zu Hülfsrichtern dürfen nur ständig angestellte Richter berufen werden[5]).

Die Senate der Oberlandesgerichte entscheiden in der Besetzung von fünf Mitgliedern mit Einschluß des Vorsitzenden[6]).

§ 7.

Die obersten Gerichte.

Die obersten Gerichte sind das Reichsgericht und die obersten Landesgerichte.

Reichsgericht. Das Reichsgericht, welches seinen Sitz in Leipzig hat[1]), ist in bürgerlichen Rechtsstreitigkeiten zuständig für die Verhandlung und Entscheidung über die Rechtsmittel der Revision gegen die Endurteile der Oberlandesgerichte und der Beschwerde gegen die Entscheidungen der Oberlandesgerichte[2]).

Das Reichsgericht umfaßt das Gebiet des ganzen Reichs, es ist berufen, die Einheitlichkeit in der Rechtsprechung anzubahnen und durch seine Autorität, welche wesentlich auf dem inneren Wert und der Überzeugungskraft seiner Urteile beruht, herzustellen.

Organisation. Das Reichsgericht wird mit einem Präsidenten und der erforderlichen Anzahl von Senatspräsidenten und Räten besetzt[3]).

Zum Mitgliede des Reichsgerichts kann nur ernannt werden, wer die Fähigkeit zum Richteramte in einem Bundesstaate erlangt und das fünfunddreißigste Lebensjahr vollendet hat[4]).

Bei dem Reichsgerichte werden Civil- und Strafsenate gebildet, die Zahl derselben bestimmt der Reichskanzler.

Über den Vorsitz in den Senaten, die Vertretung des Vorsitzenden, die Zuweisung der Mitglieder an die einzelnen Senate,

---

[4]) GVG. § 121.

[5]) GVG. § 122.

[6]) GVG. § 124.

[1]) Ges. v. 11./4. 1877, § 2.

[2]) GVG. § 135. Sonstige Zuständigkeitsnormen s. GVG. § 160. EG. z. GVG. § 3 Abs. 2, § 11 unter 2, § 17 Abs. 1, EG. z. CPO. § 9, Ges. v. 16./6. 1879. VO. v. 26./9. 1879, Ges. v. 14./3. 1881.

[3]) GVG. § 126.

[4]) GVG. § 127. Über die Enthebung eines Mitgliedes des Reichsgerichts von seinem Amte, sowie über die Versetzung desselben in den Ruhestand gelten die Vorschriften der §§ 128—131 GVG.

die Vertretung dieser Mitglieder, die Verteilung der Geschäfte an die Senate gelten die für die Landgerichte getroffenen Bestimmungen der §§ 61—68 GVG. (vgl. oben S. 48 f.) mit der Maßgabe, daß zu dem Präsidium die vier ältesten Mitglieder des Gerichts heranzuziehen sind [5]). Die Zuziehung von Hilfsrichtern zu den Senaten ist unzulässig [6]).

Die Senate entscheiden in der Besetzung von sieben Mitgliedern mit Einschluß des Vorsitzenden [7]). Zur Erhaltung der Einheitlichkeit in der Rechtsprechung ist bestimmt, daß, wenn in einer Rechtsfrage ein Civilsenat von der Entscheidung eines anderen Civilsenates oder der vereinigten Civilsenate abweichen will, die Entscheidung der vereinigten Civilsenate einzuholen ist, und daß, wenn ein Civilsenat von der Entscheidung eines Strafsenats oder der vereinigten Strafsenate abweichen will, es der Entscheidung des Plenums bedarf. Die von den vereinigten Civilsenaten oder dem Plenum einzuholende Entscheidung ist in der Sache bindend, die Entscheidung erfolgt ohne vorgängige mündliche Verhandlung. Vor der Entscheidung des Plenums sowie in Ehe- und Entmündungssachen und in Rechtsstreitigkeiten, welche die Feststellung des Rechtsverhältnisses zwischen Eltern und Kindern oder die Anfechtung einer Todeserklärung zum Gegenstande haben, auch vor der Entscheidung der vereinigten Civilsenate ist der Oberreichsanwalt mit seinen schriftlichen Anträgen zu hören [8]).

Soweit die Entscheidung der Sache eine vorgängige mündliche Verhandlung erfordert, erfolgt dieselbe durch den erkennenden Senat auf Grund einer erneuten mündlichen Verhandlung, zu welcher die

[5]) GVG. § 133. Der Geschäftsgang wird durch eine Geschäftsordnung geregelt, welche das Plenum auszuarbeiten und dem Bundesrat zur Bestätigung vorzulegen hat.

[6]) GVG. § 134.

[7]) GVG. § 140.

[8]) GVG. § 137 Abs. 1—4. Zur Fassung von Plenarentscheidungen und von Entscheidungen der vereinigten Senate ist die Teilnahme von mindestens zwei Dritteilen aller Mitglieder mit Einschluß des Vorsitzenden erforderlich. Die Zahl der Mitglieder, welche eine entscheidende Stimme führen, muß eine ungerade sein. Ist die Zahl der anwesenden Mitglieder eine gerade, so hat der dem Dienstalter eventuell dem Lebensalter nach jüngste Rat, oder wenn dieser Berichterstatter ist, der nächst ältere Rat keine Stimme. GVG. § 139.

Prozeßbeteiligten von Amtswegen unter Mitteilung der ergangenen Entscheidung der Rechtsfrage zu laden sind[9]).

Anmerkung. Das Reichsgericht ist ferner auf dem Gebiete der deutschen Gerichtsbarkeit im Auslande das Gericht zweiter und letzter Instanz, vgl. Ges. über die Konsulargerichtsbarkeit vom 10./7. 1879 §§ 18 und 50 und vom 7./4. 1900 §§ 14, 45. Ges. betr. die Rechtsverh. der deutschen Schutzgebiete v. 19./3. 1888 § 2, soweit nicht in den deutschen Schutzgebieten in Beihalt des § 3 Ziff. 9 des Ges. v. 19./3. 1888 und der dazu ergangenen Kaiserlichen Verordnungen (vgl. oben S. 31 Anm. 9) besondere höhere Gerichte bestellt sind.

Die Zuständigkeit des Reichsgerichts ist in einem einzelnen Bundesstaate beschränkt, wenn in demselben — wie z. B. allerdings nur in Bayern — ein oberstes Landesgericht besteht.

Oberstes Landesger. Ein oberstes Landesgericht kann durch die Gesetzgebung eines Bundesstaates, in dem mehrere Oberlandesgerichte bestehen, errichtet werden[10]).

Das oberste Landesgericht ist zuständig für die in bürgerlichen Rechtsstreitigkeiten vor das Reichsgericht gehörenden Rechtsmittel. Ausgenommen sind diejenigen Streitsachen, welche zur Zuständigkeit des früheren Reichsoberhandelsgerichts gehörten[11]) und welche durch Reichsgesetz dem Reichsgerichte zugewiesen sind[12]).

Danach ist nicht das oberste Landesgericht, sondern das Reichsgericht zuständig

a) in allen Handelssachen, d. h. denjenigen Sachen, welche es im Sinne des § 13 des Gesetzes, betreffend die Errichtung eines obersten Gerichtshofes für Handelssachen, vom 12. Juni 1869 sind[13]) oder durch besonderes Reichsgesetz für Handelssachen erklärt sind[14])[15]);

---

[9]) GVG. § 137 Abs. 5.

[10]) EG. z. GVG. § 8. Auf denjenigen Bundesstaat, in dessen Gebiet das Reichsgericht seinen Sitz hat, findet diese Bestimmung keine Anwendung. Ges. v. 11. April 1877 § 1.

[11]) Für diese Frage hat die betreffende Bestimmung des § 2 des Ges. über die Abgaben von der Flößerei v. 1. Juni 1880 nur historische Bedeutung.

[12]) GVG. § 8 Abs. 2.

[13]) Der § 13 cit. stimmt im ganzen mit dem § 101 GVG. (s. oben S. 50 Anm. 30) überein, er ist weitergehend, indem er alle Ansprüche gegen einen Kaufmann aus dessen Handelsgeschäften zu den Handelssachen zählt, und

b) in bürgerlichen Rechtsstreitigkeiten, in welchen durch Klage oder Widerklage ein Anspruch auf Grund des Bürgerlichen Gesetzbuches geltend gemacht ist[16]);

c) in bürgerlichen Rechtsstreitigkeiten, in welchen auf Grund der Bestimmungen der Gesetze über das Urheberrecht an Schriftwerken, an Werken der bildenden Künste, an Photographien sowie an Mustern und Modellen durch die Klage ein Entschädigungsanspruch oder ein Anspruch auf Entziehung geltend gemacht wird[17]);

d) in bürgerlichen Rechtsstreitigkeiten, in welchen durch Klage oder Widerklage ein Anspruch auf Grund des Patentgesetzes, des Gebrauchsmusterschutzgesetzes oder des Gesetzes zum Schutze der Warenbezeichnungen geltend gemacht wird[18]);

e) bei bürgerlichen Rechtsstreitigkeiten, in welchen durch Klage oder Widerklage ein Anspruch aus einer Verbindlichkeit zum Schadensersatze für die bei dem Betriebe von Eisenbahnen, Bergwerken usw. herbeigeführten

---

nicht blos die Ansprüche aus Geschäften, welche für beide Teile Handelsgeschäfte sind, wie GVG. § 101 Nr. 1; er ist enger gefaßt, da die Ansprüche aus indosabeln Papieren und die Ansprüche für und gegen Handlungslehrlinge hier fehlen. Die gleichfalls fehlenden Ansprüche zwischen den Mitgliedern einer Handelsgesellschaft und dieser selbst dürften unter Nr. 1 des § 13 fallen. Die Ansprüche gegen die Schiffseigner (d. h. den Eigentümer eines Binnenschiffes) sind erst durch die Abänderungsgesetzgebung vom 17. Mai 1898 in den § 101 des Gerichtsverfassungsgesetzes hineingekommen.

[14]) s. Reichsbankges. v. 14. März 1875 § 50.

[15]) Hat das Oberlandesgericht infolge einer Klagenverbindung über eine Handelssache und eine andere (von der Zuständigkeit des obersten Landgerichts nicht ausgenommene) Sache erkannt, so führt die Revision nur dann an das Reichsgericht, wenn der Wert der Handelssache der höhere ist. Dasselbe gilt, wenn infolge einer Widerklage Handelssachen und andere Sachen den Gegenstand der Entscheidung bilden, s. Ges. v. 12. Juni 1869 § 14 u. EG. z. CPO. § 13 Abs. 1.

[16]) EG. z. BGB. Art. 6.

[17]) Ges. v. 11./6. 1870 § 32 Abs. 1, v. 9./1. 1876 § 16, v. 10./1. 1876 § 9, v. 11./1. 1876 § 14.

[18]) Ges. v. 7./4. 1894 § 38 (Ges. v. 25./5. 1877 § 37), v. 1./6. 1891 § 12, v. 12./5. 1894 § 21 (Ges. v. 30./11. 1874 § 19 und dazu Ges. v. 12./5. 1894, § 24).

Tötungen und Körperverletzungen geltend gemacht wird[19]);

f) bei bürgerlichen Rechtsstreitigkeiten, in welchen über die Verpflichtung eines Reichsbeamten zur Erstattung eines Defekts, über Vermögensansprüche gegen Reichsbeamte wegen Überschreitung ihrer amtlichen Befugnisse oder pflichtwidriger Unterlassung von Amtshandlungen zu entscheiden ist, sowie in bürgerlichen Rechtsstreitigkeiten über vermögensrechtliche Ansprüche der Reichsbeamten aus ihrem Dienstverhältnisse, sowie über die ihren Hinterbliebenen gesetzlich gewährten Rechtsansprüche auf Bewilligungen[20]);

g) in bürgerlichen Rechtsstreitigkeiten, in welchen durch Klage oder Widerklage ein Anspruch aus Rechtsverhältnissen, welche sich auf die Bergung außer dem Falle der Seenot beziehen, geltend gemacht wird[21]);

h) in bürgerlichen Rechtsstreitigkeiten, in welchen auf Grund des Genossenschaftsgesetzes durch Klage oder Widerklage ein Anspruch geltend gemacht wird[22]);

i) in bürgerlichen Rechtsstreitigkeiten, in welchen durch die Klage ein Anspruch aus den Rechtsverhältnissen der Binnenschiffahrt geltend gemacht ist[23]);

k) in bürgerlichen Rechtsstreitigkeiten, in welchen durch die Klage ein Anspruch auf Grund des Gesetzes betr. die privatrechtlichen Verhältnisse der Flößerei geltend gemacht ist[24]);

l) in bürgerlichen Rechtsstreitigkeiten, in welchen durch Klage oder Widerklage ein Anspruch auf Grund des dritten Titels des ersten Buches der Konkursordnung oder auf Grund des Gesetzes betr. die Anfechtung von

---

[19]) Ges. v. 7./6. 1871 § 10.

[20]) Reichsbeamtengef. vom 31. März 1873, §§ 152—154 (§§ 144 u. 149). Vgl. hierzu oben S. 39 Anm. 5.

[21]) Strandungsordnung v. 17./5. 1874 § 44.

[22]) Genossensch.-Ges. § 155.

[23]) Ges. v. 15./6. 1895 § 138 Abs. 2. (RGB. S. 339.)

[24]) Ges. v. 15./6. 1895 (RGB. S. 348).

Rechtshandlungen eines Schuldners außerhalb des Konkursverfahrens, geltend gemacht ist[25]);

m) in denjenigen Sachen, welche durch besondere reichsgesetzliche Bestimmungen (s. o. S. 52, Nr. 4, 5, 6) vor die Kammern für Handelssachen verwiesen sind.

Das oberste Landesgericht gehört zu den ordentlichen Gerichten, es finden deshalb die oben §§ 2 und 4 dargestellten allgemeinen Vorschriften auch auf dasselbe Anwendung[26]). Es wird mit einem Präsidenten sowie der erforderlichen Anzahl von Senatspräsidenten und Räten besetzt; es werden Civil- und Strafsenate gebildet. Über das Präsidium, den Vorsitz in den Senaten, die Vertretung im Vorsitze, die Zuweisung der Mitglieder an die einzelnen Senate, die Ordnung der Vertretung der Mitglieder und die Verteilung der Geschäfte gelten die für die Landgerichte gegebenen Vorschriften der §§ 61—68 GVG. (vgl. oben S. 48 f.); die Zuziehung von Hilfsrichtern ist unzulässig. Das Präsidium besteht aus dem Präsidenten, den Senatspräsidenten und den vier ältesten Mitgliedern des Gerichts. Organisation.

Die Civilkammern entscheiden in bürgerlichen Rechtsstreitigkeiten in der Besetzung von sieben Mitglieden mit Einschluß des Vorsitzenden.

Will ein Civilsenat von der Entscheidung eines anderen Civilsenates oder der vereinigten Civilsenate abweichen, so finden die für das Reichsgericht geltenden Vorschriften der §§ 137, 139 GVG. (vgl. oben S. 57 f.) Anwendung[24]).

---

[25]) EG. z. d. Gesetze betr. die Änderungen der Konkursordnung, vom 17. Mai 1898 Art. IX (RGB. 1898 Nr. 21 S. 248ff.).

[26]) EG. z. GVG. § 10.

Zweiter Titel.

Zuständigkeit der Gerichte.

Wach §§ 28—45 — Schmidt §§ 43—49 — Fitting §§ 12—17
Hellmann §§ 11—33 — Planck §§ 6—27.

§ 8.

Die Zuständigkeit und ihre Bedeutung im allgemeinen.

Begriff. Ein Gericht ist für eine Streitsache zuständig, wenn es befugt ist, in derselben die dem Gericht obliegenden Rechtspflegefunktionen auszuüben [1]).

Bedeutung der Zuständigkeitsnormen. Alle Zuständigkeitsnormen sind von wesentlicher Bedeutung. Werden die über die Zuständigkeit gegebenen Vorschriften bei Ausübung der Gerichtsgewalt verletzt, so liegt Nichtigkeit vor. Das bedarf keines besonderen gesetzlichen Ausspruches, sondern liegt in der Natur der Sache, das ist nicht nur so auf dem Gebiete des Prozeßrechts, sondern auf dem gesamten Rechtsgebiete. Handlungen, welche außerhalb der — sei es privatrechtlichen, sei es öffentlich rechtlichen — Befugnis (Zuständigkeit) liegen, sind vor dem Rechte bedeutungslos, nichtig.

Die Zuständigkeit der Gerichte bestimmt sich in zweifacher Richtung, sachlich und örtlich.

Sachliche Zuständigkeit. Die sachliche Zuständigkeit ergiebt sich aus der Gerichtsverfassung, insofern, als die Gerichtsbarkeit erster Instanz sich auf die Landgerichte und Amtsgerichte verteilt, und für solche Verteilung sachliche Gründe in Betracht kommen.

[1]) Was von der Zuständigkeit der Gerichte gilt, ist im allgemeinen auch auf die Zuständigkeit der Gerichtsschreiber und Gerichtsvollzieher, soweit diese selbständige Rechtspflegefunktionen ausüben, anzuwenden. Während aber die Zuständigkeit der Gerichte und Gerichtsschreiber durch die Prozeßordnung geregelt ist, ist die Regelung der Zuständigkeit der (örtlichen) Zuständigkeit der Gerichtsvollzieher der Landesgesetzgebung überlassen (GVG. § 155).

Die örtliche Zuständigkeit bestimmt sich regelmäßig nach dem Gerichtsstande der Partei, gegen welche sich das Verfahren richtet „actor forum rei sequitur“. Örtliche Zuständigkeit.

Der Gerichtsstand einer Partei wird bestimmt durch die geographische Lage desjenigen Ortes, welcher für die rechtlichen Beziehungen dieser Partei sei es im allgemeinen oder doch wenigstens unter besonderen Verhältnissen maßgebend ist. Die Prozeßordnung verpflichtet die Partei, vor dem Amts- oder Landgerichte, zu welchem dieser Ort gehört, Recht zu geben, soweit der ordentliche Rechtsweg zuläſsig ist. Soweit aber die Partei verpflichtet ist, Recht zu geben, ist das Gericht zuständig [2]). Gerichtsstand.

Ist das angegangene Gericht nicht nach beiden Richtungen, sachlich und örtlich, zuständig, so ist es „an sich unzuständig“, es kann aber durch Vereinbarung der Parteien zuständig werden [3]).

Die Möglichkeit solcher Vereinbarung ist ein zuverlässiges Heilmittel gegenüber dem in der Wahl eines an sich unzuständigen Gerichts liegenden Fehler. Soweit eine Vereinbarung zulässig ist, enthalten die gesetzlichen Zuständigkeitsnormen kein zwingendes, sondern dispositives Recht. Vereinbarung über die Zuständigkeit.

Ist ein Gericht weder an sich zuständig noch durch Vereinbarung zuständig geworden, so ist das Verlangen nach Rechtsschutz wegen Unzuständigkeit abzuweisen.

Die Voraussetzungen, von welchen die Zuständigkeit abhängt, müssen zu dem Zeitpunkte vorliegen, an welchem die richterliche Amtsgewalt thätig wird. Setzt die Ausübung der richterlichen Amtsgewalt die Erhebung einer Klage voraus, so müssen diese Voraussetzungen zur Zeit der Erhebung der Klage vorliegen, ein späterer Wegfall ist nicht minder ohne Einfluß, wie die spätere Hebung eines Mangels.

§ 9.

Sachliche Zuständigkeit der Gerichte.

Die Frage, ob eine bürgerliche Rechtsstreitigkeit vor ein Amtsgericht oder ein Landgericht gehört, kommt, soweit es sich nicht um besondere

---

[2]) CPO. §§ 12—37 und unten §§ 10—12.

[3]) CPO. §§ 38—40 und unten § 14.

Verfahrensarten handelt, nur für die vermögensrechtlichen Streitigkeiten in Betracht, wie sich bereits aus der Darstellung im § 5 ergiebt. Dabei kommt es regelmäßig auf den Wert des Streitgegenstandes an. Für die Feststellung des Wertes gelten folgende Bestimmungen[1]):

Feststellung des Wertes des Streitgegenstandes.

Der Wert wird vom Gericht nach freiem Ermessen festgesetzt, dasselbe kann eine beantragte Beweisaufnahme, sowie von Amtswegen die Einnahme eines Augenscheins und die Begutachtung durch Sachverständige anordnen.

Maßgebend ist der Zeitpunkt der Erhebung der Klage; spätere Erhöhung oder Verminderung des Antrags hat keinen Einfluß auf die einmal begründete Zuständigkeit, ebensowenig die vom Gerichte angeordnete Trennung oder Verbindung von Prozessen.

Früchte, Nutzungen, Zinsen, Schäden und Kosten bleiben unberücksichtigt, wenn sie als Nebenforderungen geltend gemacht werden. Bei Ansprüchen aus Wechseln im Sinne der Wechselordnung sind Zinsen, Kosten und Provision, welche außer der Wechselsumme gefordert werden, als Nebenforderungen anzusehen, wenn sie auch in der Hauptforderung (Regreßsumme) stecken.

Mehrere in einer Klage geltend gemachte Ansprüche werden zusammengerechnet, eine Zusammenrechnung des Gegenstandes der Klage und Widerklage findet nicht statt.

Besitzstreitigkeiten werden nach dem Werte der Sache, Streitigkeiten wegen Sicherheitsstellung einer Forderung und Pfandrechtsstreitigkeiten werden nach dem Werte der Forderung geschätzt, wenn nicht der Wert des Pfandrechts der geringere ist.

Der Wert einer Grunddienstbarkeit wird durch den Wert, welchen dieselbe für das herrschende Grundstück hat, bestimmt, und, wenn der Betrag, um welchen sich der Wert des belasteten Grundstücks mindert, größer ist, durch diesen Betrag bestimmt.

Ist das Bestehen oder die Dauer eines Pacht- oder Mietverhältnisses streitig, so ist der Betrag des auf die gesamte streitige Zeit fallenden Zinses und wenn der 25fache Betrag des einjährigen Zinses geringer ist, dieser maßgebend.

Der Wert eines Rechts auf wiederkehrende Nutzungen wird, wenn das Bezugsrecht eine bestimmte Dauer hat, nach dem Gesamtwerte der

---

[1]) CPO. §§ 2—9.

künftigen Bezüge berechnet, und, wenn der 25fache Betrag des einjährigen Bezuges geringer ist, nach diesem Betrage.

Ist ein solches Recht unbeschränkt, so ist der 25fache Betrag, ist es beschränkt, die Zeit des Wegfalls aber ungewiß, so ist der 12½fache Betrag des einjährigen Bezuges maßgebend.

Wie bereits hervorgehoben ist, bildet die Zuständigkeit des Landgerichts die Regel. Hat ein Landgericht in der Sache geurteilt, so kann das Urteil aus dem Grunde, weil die Zuständigkeit des Amtsgerichts begründet gewesen sei, nicht angefochten werden[2]).

Verhütung negativer Kompetenzkonflikte zwischen dem Amtsgerichte und dem Landgerichte.

Um zwischen den Amtsgerichten und dem Landgerichte negative Kompetenzkonflikte, welche zur Versagung des Rechtswegs führen würden[3]), zu verhüten, ist bestimmt, daß, wenn die Unzuständigkeit eines Gerichts auf Grund der Bestimmungen über die sachliche Zuständigkeit rechtskräftig ausgesprochen ist, diese Entscheidung für das Gericht bindend ist, bei welchem die Sache später anhängig wird[4]).

Vereinbarung über die sachliche Zuständigkeit.

Die Vorschriften über die sachliche Zuständigkeit sind nicht absolut zwingender Natur; es unterliegt vielmehr regelmäßig der Vereinbarung unter den Parteien, ob sie eine Sache vor das Amtsgericht oder vor das Landgericht bringen wollen. Jedoch bestehen Ausnahmen.

Unzulässigkeit der Vereinbarung.

Eine Vereinbarung der Parteien über die sachliche Zuständigkeit ist unzulässig

1. in allen nicht vermögensrechtlichen Streitigkeiten,

---

[2]) CPO. § 10. „Angefochten werden" d. h. mit einem Rechtsmittel. Einspruch gegen Versäumnißurteil ist zulässig. Unter dem „Urteile des Landgerichts" muß man ein „Urteil in der Sache" verstehen. Hat das Landgericht nur über die prozeßhindernde Einrede der sachlichen Unzuständigkeit erkannt, so ist dagegen die Berufung zulässig; denn der Beklagte hat ein Interesse daran, daß die Sache vor dem zuständigen Amtsgerichte verfolgt wird. Es soll ihm durch § 10 CPO. nicht die Verfolgung dieser Einrede durch Rechtsmittel abgeschnitten werden, solange in der Sache noch keine Entscheidung ergangen ist. Daher nicht richtig RG. Bd. 23 S. 430. Wäre diese Entscheidung richtig, so ist nicht einzusehen, warum das Gesetz dem Beklagten die Einrede der sachlichen Unzuständigkeit für den Fall überhaupt gewährt, daß eine vor das Amtsgericht gehörige Sache beim Landgericht anhängig gemacht wird.

[3]) Die Bestimmung des § 36[6] CPO. ist hier nicht anwendbar, denn dieser Paragraph handelt nur vom Gerichtsstande, nicht von der sachlichen Zuständigkeit.

[4]) CPO. § 11.

2. in denjenigen vermögensrechtlichen Streitigkeiten, für welche die Landgerichte ohne Rücksicht auf den Wert des Streitgegenstandes in erster Instanz zuständig sind[5]),

3. in denjenigen Verfahrensarten, welche als solche, d. h. wegen ihres besonderen Zweckes und ihrer Gestaltung, vor die Amtsgerichte verwiesen sind[6]). Dahin gehören das Mahnverfahren, das Vollstreckungs- und Konkursverfahren, das Sühneverfahren und das Aufgebotsverfahren. Dasselbe gilt auch von dem Verfahren zur Sicherung des Beweises, dem Arrestverfahren sowie dem Verfahren in einstweiligen Verfügungen, soweit für diese Verfahrensarten das Amtsgericht als solches zuständig ist. Auch das Entmündigungsbeschlußverfahren würde hierher gehören, es fällt jedoch schon unter Nr. 1.

Die sachliche Zuständigkeit des Gerichts, bei welchem ein Rechtsstreit anhängig ist, erstreckt sich auch auf diejenigen Ansprüche, welche im Laufe des Rechtsstreits bei diesem Gericht in demselben Verfahren anhängig gemacht werden können, sei es durch Hauptintervention, durch Klageerweiterung, durch Incidentklage oder durch Widerklage, es sei denn, daß für den neu erhobenen Anspruch ein anderes Gericht ausschließlich zuständig ist.

§ 10.

Örtliche Zuständigkeit.

Die örtliche Zuständigkeit bestimmt sich regelmäßig durch den Gerichtsstand der Partei, gegen welche das Verfahren sich richtet.

Es giebt allgemeine und besondere Gerichtsstände. Während das römische Recht zwei allgemeine Gerichtsstände, origo et domicilium, kennt, und das deutsche Recht neben dem domicilium den Grundbesitz (landsassiatus) als allgemeinen Kompetenzgrund aufstellt, hat das Gemeine Recht den Wohnsitz als alleinigen allgemeinen Kompetenzgrund festgehalten.

---

[5]) Vgl. oben S. 46 Anm. 4ff. Im § 33 des Reichsstempelges. v. 27./4. 1894 ist die Ausschließlichkeit freilich nicht ausdrücklich betont, nach der Fassung des Gesetzes aber doch wohl anzunehmen.

[6]) Vgl. oben S. 47.

Wie das am Wohnsitze einer Person geltende Recht für die rechtlichen Beziehungen dieser Person im allgemeinen maßgebend ist, so muß dieselbe auch vor dem für diesen Ort kompetenten Gerichte Recht geben. Die rechtlichen Beziehungen einer Person beschränken sich jedoch nicht immer auf ihren Wohnsitz. Wer sich entfernt von seinem Wohnsitz dauernd aufhält, tritt auch dort in rechtliche Beziehungen, wer auswärts Grundbesitz hat, Rechtsgeschäfte eingeht, welche auswärts zu erfüllen sind, eine auswärts angefallene Erbschaft erwirbt, tritt fern von seinem Wohnsitze in Rechtsverhältnisse und es erscheint billig, daß er auch an dem Orte, wo solche rechtliche Beziehungen ihre Wirkungen äußern, Recht zu geben hat. Darnach sind die besonderen Gerichtsstände geregelt.

So können für dieselbe Sache verschiedene Gerichtsstände bestehen, die örtliche Zugehörigkeit also hier und dort begründet sein. Unter mehreren örtlich zuständigen Gerichten hat der Kläger die Wahl [1]).

Die Bestimmungen über die gesetzlichen Gerichtsstände schließen nicht aus, daß der Kläger in die Notlage versetzt ist, von dem gesetzlichen Gerichtsstande keinen Gebrauch machen zu können, was namentlich vorkommen kann, wenn nur ein Gericht zuständig ist, dieses aber an der Ausübung der Gerichtsgewalt thatsächlich oder rechtlich verhindert ist [2]), wenn Kompetenzkonflikte zwischen den verschiedenen Gerichten entstanden sind [3]), wenn es mit Rücksicht auf die Grenzen verschiedener Gerichtsbezirke ungewiß ist, welches Gericht für den Rechtsstreit zuständig ist, wenn die Klage in dem dinglichen Gerichtsstande erhoben werden soll und die Sache in den Bezirken verschiedener Gerichte belegen ist [4]).

In diesen Fällen sowie in dem besonderen unten § 12 Anm. 42 im anderen Zusammenhang erwähnten Falle [5]) erfolgt die Bestimmung des zuständigen Gerichts auf Antrag durch das im Instanzenzug höhere Gericht [6]).

---

1) CPO. § 35.

2) CPO. § 36 [1] vgl. dazu CPO. §§ 41 ff., 245.

3) CPO. § 36 [5 u. 6].

4) CPO. § 36 [2 u. 4].

5) CPO. § 36 [3].

6) Die Entscheidung, welche das Gericht bestimmt, ist unanfechtbar. Mündliche Verhandlung ist nicht erforderlich, CPO. § 37.

Auch die Vorschriften über die örtliche Zuständigkeit enthalten nicht immer absolut zwingendes Recht, die örtliche Zuständigkeit kann entgegen den gesetzlichen Vorschriften durch Vereinbarung unter den Parteien unter bestimmten Voraussetzungen und in gewissen Grenzen bestimmt werden, soweit nicht der gesetzliche Gerichtsstand ein ausschließlicher ist (vgl. unten § 13).

§ 11.

Der allgemeine Gerichtsstand.

Bedeutung des allgemeinen Gerichtsstandes. Das Gericht, bei welchem eine Person ihren allgemeinen Gerichtsstand hat, ist für alle gegen dieselbe zu erhebenden Klagen zuständig, sofern nicht für die Klage ein ausschließlicher Gerichtsstand begründet ist[1]).

Der allgemeine Gerichtsstand einer Person bestimmt sich verschieden für die natürlichen und für die juristischen Personen.

1. Der allgemeine Gerichtsstand einer natürlichen Person wird durch den Wohnsitz[2]), in Ermangelung eines Wohnsitzes durch den Aufenthaltsort und, wenn ein solcher nicht bekannt ist, durch den letzten Wohnsitz bestimmt[3]).

Wohnsitz. Der Wohnsitz ist entweder ein freiwillig gewählter[4]) oder (für Militärpersonen) ein gesetzlich bestimmter[5]) oder (für Ehefrau und Kinder) ein abgeleiteter[6]).

Wer nach den vorstehenden Bestimmungen im Deutschen Reiche keinen Wohnsitz hat, wohl aber im Auslande nach Maßgabe der Bestimmungen des betreffenden Rechts seinen Wohnsitz hat, hat im Deutschen Reiche keinen allgemeinen Gerichtsstand, mag er im Deutschen Reiche Grundbesitz oder eine geschäftliche Niederlassung haben, mag er Ausländer oder Deutscher sein.

Es behalten jedoch Deutsche, welche im Auslande nach Maßgabe des Völkerrechts das Recht der Exterritorialität genießen, sowie

---

[1]) CPO. § 12.
[2]) CPO. § 13.
[3]) CPO. § 16.
[4]) BGB. §§ 7 u. 8.
[5]) BGB. § 9. CPO. § 14.
[6]) BGB. §§ 10 u. 11.

die im Auslande angestellten Beamten des Reichs oder eines Bundesstaates in Ansehung des Gerichtsstandes den Wohnsitz, welchen sie im Heimatstaate hatten. In Ermangelung eines solchen Wohnsitzes gilt die Hauptstadt des Heimatstaates, und wenn ein solcher Deutscher einem Bundesstaate nicht angehört, die Stadt Berlin als Wohnsitz der betreffenden Person[7]).

Die gleichen Bestimmungen[8]) gelten für diejenigen Deutschen, welche nur in einem einzelnen Bundesstaate das Recht der (beschränkten) Exterritorialität genießen[9]).

2. Der allgemeine Gerichtsstand der juristischen Personen sowie der parteifähigen Vereine ohne juristische Persönlichkeit und sonstiger Gesellschaften, Genossenschaften, Vermögensmassen, welche als solche verklagt werden können, wird durch den Sitz derselben[10]), der Gewerkschaften durch den Bezirk, in welchem das Bergwerk liegt[11]), der Behörden, soweit sie parteifähig sind, durch den Amtssitz[12]) bestimmt.

Ist bei den Rechtsgebilden des vorigen Absatzes durch Statut der allgemeine Gerichtsstand anders geregelt, so ist der statutenmäßige Gerichtsstand neben dem gesetzlichen Gerichtsstande für die örtliche Zuständigkeit maßgebend[13]).

Der allgemeine Gerichtsstand des Fiskus wird durch den Sitz der Behörde bestimmt, welcher berufen ist, den Fiskus im Rechtsstreite zu vertreten[14]).

---

[7]) CPO. § 15. Auf Wahlkonsuln findet dies keine Anwendung.

[8]) CPO. § 15.

[9]) GVG. § 18 Abs. 2, § 19 und oben S. 31 Anm. 11.

[10]) CPO. § 17 Abs. 1. Als Sitz gilt, wenn nicht ein Anderes erhellt, der Ort, wo die Verwaltung geführt wird. Z. B. bei Kirchen, milden Stiftungen wird für den Sitz derselben nicht immer der Ort der Verwaltung entscheidend sein.

[11]) CPO. § 17 Abs. 2. Erstreckt sich das Bergwerk über mehrere Gerichtsbezirke, so ist bei jedem dieser Gerichte ein allgemeiner Gerichtsstand begründet, RG. Bd. 32, S. 384.

[12]) CPO. § 17 Abs. 2 und dazu § 19.

[13]) CPO. § 17 Abs. 3.

[14]) CPO. § 18 und dazu § 19.

§ 12.
Die besonderen Gerichtsstände.

Die besonderen Gerichtsstände bestimmen die örtliche Zuständigkeit immer nur für eine bestimmte Art von Klagen. Diese Beschränkung ist wieder von allgemeinerer oder speziellerer Bedeutung.

1. Besondere Gerichtsstände von mehr allgemeiner Bedeutung sind:

Gerichtsstand des längeren Aufenthalts.

a) der Gerichtsstand des längeren Aufenthalts[1]), bedingt durch Lebensverhältnisse, deren Natur auf einen Aufenthalt von längerer Dauer an einem bestimmten Orte hinweist. Als gesetzliche Beispiele werden genannt Dienstboten, Hand- und Fabrikarbeiter, Gewerbegehülfen, Studierende, Schüler und Lehrlinge. Die Zuständigkeit erstreckt sich auf vermögensrechtliche Ansprüche jeder Art. Das gleiche gilt von Militärpersonen, welche nur zur Erfüllung ihrer Wehrpflicht dienen oder welche selbständig einen Wohnsitz nicht begründen können, mit der Abweichung, daß an Stelle des Gerichts des Aufenthaltsortes das Gericht des Garnisonortes tritt[2]);

Gerichtsstand der Niederlassung.

b) der Gerichtsstand der Niederlassung[3]) bedingt dadurch, daß jemand entweder zum Betriebe einer Fabrik, einer Handlung oder eines anderen Gewerbes eine Niederlassung, von welcher aus unmittelbar Geschäfte geschlossen werden, hat, oder ein mit Wohn- und Wirtschaftsgebäuden versehenes Gut als Eigentümer, Nutznießer oder Pächter bewirtschaftet. Die Zuständigkeit beschränkt sich auf solche Klagen gegen den Inhaber der Niederlassung resp. der Gutswirtschaft, welche auf den Geschäftsbetrieb der Niederlassung Bezug haben, oder die auf die Bewirtschaftung des Gutes sich beziehenden Rechtsverhältnisse betreffen;

---

[1]) CPO. § 20.
[2]) CPO. § 20 Abs. 2 und dazu § 14.
[3]) CPO. § 21.

c) der Gerichtsstand der Körperschafts- Gesellschafts- oder Vereinsmitgliedschaft[4]) ist begründet im allgemeinen Gerichtsstande der Gemeinde, Korporation, Gesellschaft, Genossenschaft oder des Vereins; die Zuständigkeit erstreckt sich auf die Klagen, welche von denselben gegen ihre Mitglieder als solche oder von den Mitgliedern in dieser Eigenschaft gegen einander erhoben werden; Gerichtsstand der Körperschafts-, Gesellschafts- oder Vereinsmitgliedschaft.

d) der Gerichtsstand des Vermögens[5]) ergreift alle vermögensrechtlichen Ansprüche gegen einen Schuldner ohne inländischen Wohnsitz. Örtlich zuständig ist das Gericht, in dessen Bezirk sich Vermögen des Schuldners oder der Streitgegenstand befindet[6]). Gehört zum Vermögen eine Forderung, so gilt als der Ort, wo das Vermögen sich befindet, der Wohnsitz des Schuldners, und, wenn für die Forderung eine Sache haftet, auch der Ort, wo die Sache sich befindet. Gerichtsstand des Vermögens.

2. Besondere Gerichtsstände von nur spezieller Bedeutung sind zunächst solche, welche mit dem Rechtsgebiete, welchem das streitige Rechtsverhältnis angehört, in Zusammenhang stehen.

a) Dem Rechtsgebiete des Sachenrechts gehört der dingliche Gerichtsstand an[7]). Dinglicher Gerichtsstand.

Im dinglichen Gerichtsstande müssen[8]) erhoben werden Klagen, durch welche das Eigentum, eine dingliche Belastung[9]) oder die Freiheit von einer solchen geltend gemacht wird, Grenzscheidungs-, Teilungs- und Besitzklagen, sofern es sich um unbewegliche Sachen[10])

---

[4]) CPO. § 22.

[5]) CPO. § 23.

[6]) Auf die Pfändbarkeit des Vermögens kommt es nicht an, RG. IV, S. 408, VI S. 403, VII S. 325, XVI S. 392.

[7]) CPO. §§ 24—26.

[8]) Insoweit ist der dingliche Gerichtsstand ausschließlich, vgl. unten § 13.

[9]) Ob die dingliche Belastung auf einem Privatrechtstitel oder einer sog. gesetzlichen Eigentumsbeschränkung (vgl. BGB. §§ 904—920) beruht, ist gleichgiltig.

[10]) Welche Sachen unbeweglich im Sinne dieses Gesetzes sind, bestimmt nicht das Prozeßrecht, sondern das materielle Recht (A. A. Wach I, S. 436,

handelt. Grund der Klage ist regelmäßig das dringliche Recht als solches. Klagen aus persönlichen Schuldverhältnissen (z. B. Streitigkeiten zwischen Vermieter und Mieter) gehören nicht hierher. Abgesehen von den rein dinglichen Klagen gehören weiter hierher Grenzscheidungs-[11]) und Teilungsklagen[12]) sowie Besitzklagen. Was insbesondere die Besitzklagen anbetrifft, so ist darauf hinzuweisen, daß nach dem BGB. jeder Besitzer als solcher geschützt wird, also auch der Mieter und Pächter. Besitzstreitigkeiten zwischen Mieter und Dritten, auch dem Eigentümer und Vermieter, fallen deshalb unter den dinglichen Gerichtsstand.

In dem dinglichen Gerichtsstande kann[13]) mit der Klage aus einer Hypothek, Grundschuld oder Rentenschuld die Schuldklage, mit der Klage auf Umschreibung oder Löschung einer Hypothek, Grundschuld oder Rentenschuld die Klage auf Befreiung von der persönlichen Verbindlichkeit, mit der Klage auf Anerkennung einer Reallast die Klage auf rückständige Leistungen erhoben werden, wenn die verbundenen Klagen gegen denselben Beklagten gerichtet sind.

In dem dinglichen Gerichtsstande können[14]) persönliche Klagen, welche gegen den Eigentümer oder Besitzer

---

Anm. 9). Das BGB. kennt keine anderen unbeweglichen Sachen als Grundstücke, denn Sachen im Sinne des BGB. sind nur körperliche Gegenstände (BGB. § 90) und andere unbewegliche körperliche Gegenstände als Grundstücke giebt es nicht. Das BGB. bestimmt jedoch im § 1017, daß auf das Erbbaurecht die für Grundstücke geltenden Vorschriften Anwendung finden. Es ist also das Erbbaurecht auch im Sinne der Vorschriften über den dinglichen Gerichtsstand als unbewegliche Sache zu behandeln. Dasselbe gilt im Bereiche des Landesrechts für die in dem Art. 63 u. 68 des EG. z. BGB. aufgeführten Rechte und, soweit das Landesrecht dies bestimmt, auch für das Lehnrecht (EG. z. BGB. Art. 59).

[11]) Hierher gehören Klagen aus §§ 921—923 BGB.

[12]) BGB. §§ 752ff., 1010 Abs. 2.

[13]) CPO. § 25. Insoweit ist der dingliche Gerichtsstand kein ausschließlicher.

[14]) CPO. § 26.

einer unbeweglichen Sache als solchen gerichtet sind[15]), sowie Klagen wegen Beschädigung eines Grundstücks oder in Betreff der Entschädigung wegen Enteignung eines Grundstücks erhoben werden.

Der dingliche Gerichtsstand ist bei dem Gerichte begründet, in dessen Bezirke die unbewegliche Sache belegen ist. Bei den eine Grunddienstbarkeit, eine Reallast oder ein Verkaufsrecht betreffenden Klagen ist die Lage des belasteten Grundstücks entscheidend[16]). Ist die Sache in den Bezirken verschiedener Gerichte belegen, so wird das zuständige Gericht durch das im Instanzenzuge zunächst höhere Gericht bestimmt[17]).

b) Dem Rechtsgebiete des Erbrechts gehört an der Gerichtsstand der Erbschaft[18]) für Klagen, welche die Feststellung des Erbrechts, Ansprüche des Erben gegen einen Erbschaftsbesitzer, Ansprüche aus Vermächtnissen oder sonstigen Verfügungen von Todeswegen, Pflichtteilsansprüche oder die Teilung der Erbschaft zum Gegenstande haben. Gerichtsstand der Erbschaft.

In dem Gerichtsstande der Erbschaft können auch Klagen wegen anderen Nachlaßverbindlichkeiten[19]), solange sich der Nachlaß noch ganz oder teilweise im Bezirke des Gerichts befindet, oder die vorhandenen mehreren Erben noch als Gesamtschuldner haften[20]).

Der Gerichtsstand ist da begründet, wo der Erblasser zur Zeit seines Todes den allgemeinen Gerichtsstand gehabt hat.

---

[15]) Hierher gehört der durch den Einsturz eines Gebäudes entstehende Entschädigungsanspruch (BGB. §§ 836 ff.), der Anspruch aus einer eingetragenen Vormerkung (BGB. §§ 883—888). Der Anspruch aus dem dinglichen Vorkaufsrecht Dritten gegenüber (BGB. § 1098 Abs. 2) gehört nicht hierher, da er Ausfluß des dinglichen Verkaufsrechts ist und deshalb unter § 24 CPO. fällt.

[16]) CPO. § 24 Abs. 2.

[17]) CPO. § 34⁴ und oben S. 67; das wird auch bei Grenzstreitigkeiten zutreffen, wenn die benachbarten Grundstücke zu verschiedenen Gerichtsbezirken gehören.

[18]) CPO. § 27.

[19]) BGB. § 1967 Abs. 2, meine Einf. III, S. 244 f.

[20]) BGB. §§ 2058 ff. meine Einf. III, S. 290 ff.

Ist der Erblasser ein Deutscher und hatte er zur Zeit des Todes im Inlande keinen allgemeinen Gerichtsstand, so können die im ersten Absatze dieses Abschnittes (b) bezeichneten Klagen — also nicht die Anm. 19 erwähnten Klagen aus anderen Nachlaßverbindlichkeiten — vor dem Gericht erhoben werden, in dessen Bezirke der Erblasser seinen letzten inländischen Wohnsitz hatte; in Ermangelung eines solchen gilt die Hauptstadt des Heimatstaates als Wohnsitz. Gehörte der Erblasser, obgleich ein Deutscher, einem Bundesstaate nicht an, so gilt als sein Wohnsitz die Stadt Berlin; ist die Stadt Berlin in mehrere Gerichtsbezirke geteilt, so wird der als Wohnsitz geltende Bezirk von dem Reichskanzler durch allgemeine Anordnung bestimmt[21]).

c) Dem Gebiete des Rechts der Schuldverhältnisse gehören an:

Gerichtsstand des Vertrages.

aa) der Gerichtsstand des Vertrages für Klagen auf Feststellung des Bestehens oder Nichtbestehens eines Vertrages, auf Erfüllung oder Aufhebung eines solchen, sowie auf Entschädigung wegen Nichterfüllung oder nicht gehöriger Erfüllung.

Der Gerichtsstand ist dort begründet, wo die streitige Verpflichtung zu erfüllen ist[22]);

Gerichtsstand für Meß- und Marktsachen.

bb) der Gerichtsstand für Klagen aus den auf Messen und Märkten[23]) geschlossenen Handelsgeschäften[24]) (Meß- u. Marktsachen)[25]).

---

[21]) CPO. § 27 Abs. 2, § 15.

[22]) „Erfüllungsort" s. BGB. § 269. „Wo die streitige Verpflichtung zu erfüllen ist", d. h. diejenige Verpflichtung, welche Gegenstand des Rechtsstreits ist; sie kann eine andere sein, als die Leistungspflicht aus dem Vertrage, z. B. wenn auf Aufhebung des Vertrages, Rückzahlung des Kaufpreises (RG. 27 S. 395 f. 31, S. 384, 32, S. 432) geklagt wird. Bei zweiseitigen Verträgen kann der Erfüllungsort für beide Vertragschließenden verschieden sein.

[23]) d. h. Großmessen und Großmärkten an den Handelscentralen. Ausgeschlossen sind die gewöhnlichen Jahr- und Wochenmärkte.

[24]) HGB. §§ 343, 344.

[25]) Meß- oder Marktsache liegt nur dann vor, wenn das Handelsgeschäft Beziehung zur Messe oder dem Markt hat, nicht bloß zufällig dort abgeschlossen ist.

Der Gerichtsstand ist der Meß- oder Marktort, wenn die Erhebung der Klage erfolgt, während der Beklagte oder ein zur Prozeßführung berechtigter Vertreter desselben am Ort oder im Bezirke des Gerichts sich aufhält[26]);

cc) der Gerichtsstand für Ansprüche aus Wechseln im Sinne der Wechselordnung (Wechselsachen)[27]). Gerichtsstand für Wechselsachen

Der Gerichtsstand ist am Zahlungsort des Wechsels begründet, gleichgültig ob dieser Ort Erfüllungsort für die streitige Verpflichtung (z. B. Regreßpflicht) ist oder nicht.

Der Gerichtsstand ist kein ausschließlicher, Wechselsachen können auch im allgemeinen Gerichtsstande sowie in den voraufgeführten besonderen Gerichtsständen, soweit die besonderen Voraussetzungen vorliegen, erhoben werden;

dd) der Gerichtsstand des Heimatshafens (Heimatsortes) für Ansprüche gegen den Schiffsrheder (Schiffseigner) oder die Mitrheder als solche[28]). Gerichtsstand des Heimatshafens.

Der Gerichtsstand ist am Orte des Heimatshafens, am Heimatsorte begründet, d. h. an dem Orte, von welchem aus die Schiffahrt betrieben wird[29]);

ee) der Gerichtsstand der Vermögensverwaltung[30]) für Klagen, welche aus einer Vermögensverwaltung[31]) von dem Geschäftsherrn gegen den Gerichtsstand der Vermögensverwaltung.

---

[26]) CPO. § 30.

[27]) CPO. § 603 Abs. 1.

[28]) HGB. § 488, § 508, EG. z. CPO. § 13 Abs. 1.

[29]) HGB. § 480, Ges. betr. Binnenschiffahrt v. 15./6. 1895 § 6.

[30]) CPO. § 31. Unter diesen Gesichtspunkt fällt auch der Gerichtsstand für Klagen auf Bergungs- und Hilfskosten nach Maßgabe der Gesetze v. 15./6. 1895 betr. die Binnenschiffahrt (§ 97 Abs. 2) und betr. die Flößerei (§ 28 Abs. 3).

[31]) CPO. § 31. Hierher gehören die Vermögensverwaltung des Ehemanns bezüglich des eingebrachten Gutes und des Gesamtgutes, des Inhabers der elterlichen Gewalt, des Vormundes, Pflegers, Nachlaßverwalters und Konkursverwalters, des Testamentsvollstreckers und aller übrigen Fälle, in welchen jemand

Verwalter und von dem Verwalter gegen den Geschäftsherrn erhoben werden.

Der Gerichtsstand ist da begründet, wo die Verwaltung geführt ist[32];

Gerichtsstand der unerlaubten Handlung.

ff) der Gerichtsstand der unerlaubten Handlung für Klagen aus einer solchen Handlung.

Der Gerichtsstand ist da begründet, wo die Handlung, aus welcher der Anspruch hergeleitet wird, von dem Beklagten begangen ist.

Welche Handlung unerlaubt ist, ergiebt das materielle Recht. Es sind darunter nicht nur diejenigen Handlungen, welche ein subjektives Unrecht enthalten, sondern auch diejenigen ein objektives Unrecht enthaltenden Handlungen und Ereignisse, welche den Handelnden nach Vorschrift der Gesetze verpflichten, als seien es von ihm verschuldete unerlaubte Handlungen (Quasidelikte), zu verstehen. Hierher gehören also alle im 25. Titel des II. Buches des Bürgerlichen Gesetzbuches aufgeführten Thatbestände; insbesondere auch die Fälle der §§ 831 bis 838. Auch diese Handlungen und Ereignisse sind unerlaubt im Sinne des Gesetzes. Sie verpflichten die für pflichtig erachteten Personen, weil das Gesetz von der Vermutung ausgeht, daß der Schaden im einzelnen Falle durch gehörige Aufsicht, durch Aufwendung der verkehrsüblichen Sorgfalt hätte vermieden werden können, wie sich dies insbesondere auch aus der Ausnahmebestimmung ergiebt, daß die Ersatzpflicht, die Verantwortlichkeit nicht eintritt, wenn der Aufsichtspflicht genügt ist, wenn der Schaden auch bei Anwendung der erforderlichen Sorgfalt entstanden sein würde (BGB. §§ 832, 834).

Aus demselben Grunde gehören weiter hierher die Ansprüche aus § 2 des Haftpflichtgesetzes

kraft Auftrags, Dienst- oder Werkvertrages die Verwaltung fremden Vermögens übertragen ist, oder in welchen jemand ohne Auftrag fremdes Vermögen verwaltet.

[32]) „Geführt ist", ob sie noch, d. h. zur Zeit der Erhebung der Klage geführt wird, ist gleichgiltig.

vom 7. Juni 1871, die Anfechtungsansprüche des Gläubigers resp. Konkursverwalters wegen unredlicher Rechtshandlungen des Schuldners[33]), die Ersatzansprüche wegen Verlöbnisbruchs[34]).

Dagegen gehören nicht hierher die Ansprüche aus schuldvoller Verletzung vertragsmäßiger Verpflichtungen sowie die rein gesetzlichen Verpflichtungen, welche keinen deliktizischen Charakter haben, wie die Verpflichtung des Gastwirts aus § 701 BGB., die Verpflichtung aus § 1 des Haftpflichtgesetzes vom 7. Juni 1871, die nicht auf dem Gesichtspunkte der Unredlichkeit beruhenden Anfechtungsansprüche (s. KO. §§ 30, 32, AG. §§ $3^{3\ u.\ 4}$ und 3^{a}.) Ebensowenig gehören hierher diejenigen gesetzlichen Verpflichtungen, welche ihren Grund in reinen familienrechtlichen Verhältnissen haben, wie die Unterstützungsverbindlichkeiten zwischen geschiedenen Ehegatten (BGB. §§ 1578ff., 1583, 1585, 1352) und des Vaters gegenüber seinem unehelichen Kinde und dessen Mutter (BGB. §§ 1708ff.).

d) dem Rechtsgebiete des Familienrechts gehören an

aa) die Gerichtsstände für Ehesachen[35]);

bb) die Gerichtsstände für Familienstandssachen[36]).

3. Andere besondere Gerichtsstände beruhen auf dem Zusammenhange, mit welchem eine anhängig zu machende Sache mit einer anderen steht. Gerichtsstand des Zusammenhanges.

Hierher gehören:

a) der Gerichtsstand der Widerklage, d. h. einer vom Beklagten während der Rechtshängigkeit einer von ihm erhobenen Klage (Vorklage) gegen ihn in der mündlichen Verhandlung erhobenen Klage (Widerklage)[37]). Die Vor-

---

[33]) KO. § 31, AG. § $3^{1\ u.\ 2}$ (u. § 141) s. a. RG. Bd. 21, S. 424ff.

[34]) BGB. § 1298—1301.

[35]) CPO. § 606; s. darüber unten § 120.

[36]) CPO. § 642; s. darüber unten § 121.

[37]) CPO. § 33. Hier an dieser Stelle ist nur über die Zuständigkeit zu sprechen, nicht über die sonstigen prozessualen Voraussetzungen, über die Form

klage kann auch selbst eine Widerklage sein, dann liegt Widerklage gegen Widerklage (reconventio reconventionis) vor. Die Zuständigkeit wird durch die Erhebung der Vorklage begründet. Durch die Erhebung einer Klage unterwirft sich der Kläger der Zuständigkeit des von ihm angegangenen Gerichts bezüglich der vom Beklagten zu erhebenden Widerklage. Dies gilt sowohl für die örtliche als auch (freilich unter Vorbehalt der Bestimmung des § 506 CPO.) für die sachliche Zuständigkeit. Der Wortlaut des § 33 cit. spricht dafür.

Die Zuständigkeit besteht, solange der durch die Vorklage erhobene Rechtsstreit in erster Instanz anhängig ist. Durch die Abweisung der Vorklage, weil dieselbe prozessualisch unzulässig ist, wird auch der Gerichtsstand für die Widerklage mit rückwärts wirkender Kraft hinfällig.

Die Zuständigkeit ist weiter dadurch bedingt, daß der in der Widerklage erhobene Gegenanspruch mit dem in der Vorklage geltend gemachten Anspruche oder mit den gegen denselben geltend gemachten Verteidigungsmitteln in Zusammenhang steht[38]).

Würde das Gericht der Vorklage für die Klage wegen des Gegenanspruches, wenn diese selbständig und nicht als Widerklage erhoben wird, nach den gesetzlichen Zuständigkeitsnormen an sich unzuständig sein und auch nicht durch Vereinbarung zuständig werden können, so

---

der Erhebung sowie über das Verfahren überhaupt. Die Streitfrage, ob die im § 33 cit. erforderten Voraussetzungen nur solche sind, welche die — sonst nicht begründete — Zuständigkeit für die Widerklage bedingen, oder Voraussetzungen für die prozessuale Zulässigkeit einer jeden Widerklage, also auch derjenigen, für welche das Gericht der Vorklage, schon abgesehen von der durch § 33 geregelten Zuständigkeit, zuständig ist, sind, ist erst zu erörtern, wenn über die Widerklage ex professo gehandelt wird (vgl. unten § 42).

[38]) Bestritten ist, ob dieser Zusammenhang ein rechtlicher sein muß, oder ob ein bloß thatsächlicher Zusammenhang genügt. Für das erstere mit Recht die gemeine Meinung auf Grund der Entstehungsgeschichte, auch RG. Bd. 23, S. 398. Ein rechtlicher Zusammenhang liegt vor, „wenn beide Ansprüche einen gemeinsamen Thatbestand haben oder im Präjudizialverhältnisse zu einander stehen."

finden die Vorschriften über den Gerichtsstand der Widerklage keine Anwendung[39]);

b) der Gerichtsstand der objektiven Klagenhäufung in dem oben unter 2a Anm. 13 hervorgehobenen Falle[40]);

c) der Gerichtsstand der subjektiven Klagenhäufung, passiven Streitgenossenschaft.

aa) Wenn mehrere Wechselverpflichtete gemeinschaftlich verklagt werden, so ist neben dem Gerichte des Zahlungsortes jedes Gericht zuständig, bei welchem einer der Beklagten seinen allgemeinen Gerichtsstand hat[41]).

bb) Wenn mehrere Personen, welche bei verschiedenen Gerichten ihren allgemeinen Gerichtsstand haben, als Streitgenossen verklagt werden sollen und für den Rechtsstreit ein gemeinschaftlicher besonderer Gerichtsstand nicht begründet ist, so erfolgt die Bestimmung des zuständigen Gerichts durch das für die verschiedenen Gerichte gemeinschaftlich zunächst höhere Gericht[42]).

4. Andere besondere Gerichtsstände erklären sich aus dem prozessualen Zusammenhange, in welchem die anhängig zu machende Sache mit einer anderen Sache steht. Gerichtsstand der Adhäsion.

Man kann hier von dem Gerichtsstande der Adhäsion sprechen. Hierher gehören:

a) der Gerichtsstand desjenigen Gerichts, bei welchem die andere Sache in erster Instanz anhängig geworden ist und zwar

aa) für Klagen der Prozeßbevollmächtigten, der Beistände, der Zustellungsbevollmächtigten und der Gerichtsvollzieher wegen Gebühren und Auslagen[43]),

bb) für die Interventionsklage[44]),

---

39) CPO. § 33 Abs. 2 und unten § 13.

40) CPO. § 25.

41) CPO. § 603 Abs. 2.

42) CPO. § 36³ und oben S. 67.

43) CPO. § 34.

44) CPO. § 64.

cc) für Klagen, durch welche das Interesse in der Zwangsvollstreckungsinstanz geltend gemacht wird, durch welche Einwendungen, die einen bereits durch Urteil festgestellten Anspruch betreffen, in der Zwangsvollstreckungsinstanz verfolgt werden, sowie für Klagen auf Erteilung der Vollstreckungsklausel und für Klagen, durch welche Einwendungen gegen die erteilte Vollstreckungsklausel geltend gemacht werden (Judikatsklagen und Gegenklagen)[45];

b) der Gerichtsstand der Hauptsache

aa) für Arreste und einstweilige Verfügungen[46],

bb) für einstweilige Verfügungen in Ehesachen[47],

cc) für einstweilige Anordnungen[48],

dd) für Anträge auf Sicherung des Beweises[49].

Gerichtsstand der sofortigen Hülfsbereitschaft.

5. Der Gerichtsstand der sofortigen Hülfsbereitschaft beruht auf dem Gedanken, daß der Partei, welche zur wirksamen Durchführung des Rechtsschutzes schleuniger Hülfe bedarf, solche unmittelbar dort gewährt wird, wo sie am nächsten und schnellsten gewährt werden kann.

Hierher gehören:

a) die vorläufigen einstweiligen Verfügungen und Anordnungen in den Fällen CPO. §§ 942, 769 Abs. 2;

b) das Arrestverfahren, soweit neben dem Gerichtsstande der Hauptsache das Amtsgericht des Ortes der Arrestvollziehung zuständig ist (CPO. § 919);

c) die Sicherung des Beweises in dringenden Fällen sowie dann, wenn die Hauptsache noch nicht anhängig ist[50];

d) die Entscheidung über die prozessuale Zulässigkeit einer Vollstreckungsmaßregel[51].

---

45) CPO. § 893 Abs. 2 — § 767 Abs. 1 — §§ 781—786 — §§ 731 u. 768.

46) CPO. § 919, §§ 937 Abs. 1, 940, 944, s. u. § 154 Anm. 3.

47) CPO. § 627, s. u. § 120 Anm. 22.

48) CPO. §§ 707, 719, 769, 770, 771—774, s. u. § 133 Anm. 31, § 134 Anm. 3, § 139 Anm. 4.

49) CPO. § 486, s. u. § 102 unter 4 a.

50) CPO. § 486 Abs. 2 u. 3 und § 102 unter 2 b.

51) CPO. § 766.

§ 13.

Vereinbarung über die Zuständigkeit. Ausschließliche Zuständigkeit.

Es besteht regelmäßig kein zwingender Grund, die Zuständigkeitsnormen immer und ausschließlich zur Geltung zu bringen. Die Regel, daß die Prozeßnormen dem Privatrechte, dem Rechte der Einzelnen nützen, dienen sollen, läßt es angemessen erscheinen, daß die Parteien von den Zuständigkeitsnormen durch Selbstbestimmung abweichen können. Die Prozeßordnung läßt deshalb in Übereinstimmung mit der gemeinrechtlichen Lehre eine Vereinbarung über die Zuständigkeit, wenn auch in beschränkter Weise, zu[1]).

Diese Vereinbarung kann sich sowohl auf die sachliche als auf die örtliche Zuständigkeit erstrecken, es sei denn, daß sich aus den betreffenden Zuständigkeitsnormen ergiebt, daß solche zwingender Natur sind. Inwieweit das für die Normen über die sachliche Zuständigkeit zutrifft, ist bereits oben S. 65 dargelegt.

Eine Vereinbarung über die örtliche Zuständigkeit ist unwirksam, wenn für die Klage ein ausschließlicher Gerichtsstand begründet ist.

Ausschließliche Gerichtsstände sind

1. der dingliche Gerichtsstand in den Fällen CPO. § 24 (oben S. 71 unter 2, a) und § 1005 Abs. 2 (Aufgebotsverfahren);

2. der Gerichtsstand der gewerblichen Niederlassung oder des Wohnsitzes im Falle des § 2 des Gesetzes zur Bekämpfung des unlauteren Wettbewerbs vom 27. Mai 1896;

3. die Gerichtsstände in der Zwangsvollstreckungsinstanz (CPO. § 802);

4. der Gerichtsstand für die Feststellungsklage aus KO. § 146;

5. der Gerichtsstand für die Entschädigungsklage aus §§ 43—46 des Börsengesetzes vom 22. Juni 1896 (s. § 47 des bezeichneten Gesetzes);

6. der Gerichtsstand für die Rückgriffsansprüche aus § 47 des

---

[1]) CPO. §§ 38—40.

internationalen Übereinkommens über den Eisenbahnfrachtverkehr v. 14. Okt. 1890 (s. Art. 53 des Übereinkommens u. o. S. 20);

7. der Gerichtsstand für die Anfechtungsklage aus § 111 des Genossenschaftsges. i. d. F. d. B. vom 20. Mai 1898;

8. der Gerichtsstand für die oben S. 46 unter c) u. d) aufgeführten Anfechtungs-, Nichtigkeits- und Auflösungsklagen;

9. der allgemeine Gerichtsstand in Ehesachen (CPO. § 606 Abs. 1) und in Entmündigungssachen (CPO. §§ 648 Abs. 1, 676 Abs. 1, 680, §§ 665, 679 Abs. 4, 684 Abs. 4, 686 Abs. 4);

10. die Gerichtsstände im Mahnverfahren.

Soweit nicht in diesen Fällen auch die sachliche Zuständigkeit als ausschließliche normiert ist (wie in den Fällen unter 5, 7, 8, 9, 10, teilweise auch in den Fällen unter 3), können die Parteien über diese Vereinbarung treffen. Das hat in den Fällen unter 3 z. B. Bedeutung für die Klagen aus CPO. §§ 722 Abs. 2, 771—774, 796 Abs. 3, 805 Abs. 2, 879 Abs. 2[2]).

Die Vereinbarung über die Zuständigkeit ist weiter nur insoweit zulässig, als der Rechtsstreit vermögensrechtliche Ansprüche betrifft.

Die Vereinbarung kann durch Prozeßrechtsgeschäft, also außerhalb des Prozesses (s. o. S. 8) oder durch Prozeßhandlung, also im Prozesse erfolgen. Im ersteren Falle hat sie keine rechtliche Wirkung, wenn sie sich nicht auf ein bestimmtes Rechtsverhältnis oder die aus demselben entspringenden Rechtsstreitigkeiten bezieht.

Die Vereinbarung kann ausdrücklich oder stillschweigend erfolgen.

Stillschweigende Vereinbarung ist anzunehmen, wenn der Beklagte, ohne die Unzuständigkeit geltend zu machen, zur Hauptsache mündlich verhandelt[3]), und zwar gleichgültig ob er den Grund der Unzuständigkeit kannte oder nicht, oder er über die Zuständigkeit im Irrtum war oder nicht. Die Vereinbarung wird in diesem Falle

---

[2]) s. RG. Bd. 13 S. 369 f.

[3]) CPO. § 39. Im Versäumnisverfahren findet diese Fiktion keine Anwendung, wenn die Voraussetzung für dieselbe (Verhandlung des Beklagten zur Hauptsache) fehlt. Das Gericht hat hier von Amtswegen zu prüfen, ob es an sich, also ohne Vereinbarung zuständig ist.

nicht präsumiert, sondern fingiert. Diese Bestimmung enthält den Abschluß, die Krone der Zuständigkeitsnormen (vgl. oben § 8 S. 63).

Welche Bedeutung die Vereinbarung im übrigen hat, muß der Inhalt derselben ergeben. Die Vereinbarung kann die Zuständigkeit ausschließlich oder fakultativ regeln, sodaß im letzteren Falle neben dem vereinbarten Gerichte auch ein gesetzlich an sich zuständiges Gericht angegangen werden kann.

Ist der vereinbarte Gerichtsstand nach Willen der Parteien ein ausschließlicher, so ist er doch nicht ausschließlich im Sinne des Gesetzes, er kann also durch neue, auch stillschweigende Vereinbarung (CPO. § 39), beseitigt werden.

Dritter Titel.

Ausübung der Civilgerichtsbarkeit.

§ 14.

Das Richteramt und seine Funktionen.

Wach §§ 24—26 — Planck § 31.

Die Ausbildung der Civilgerichtsbarkeit ist Aufgabe eines besonderen Staatsamtes, des Richteramts. Die funktionellen Aufgaben des Richteramtes bestehen in der Handhabung der Civilrechtspflege, welche zum Ziele die Herstellung der Rechtsordnung oder des Rechtsfriedens auf dem Gebiete des Bürgerlichen Rechts hat.

1. In vielen Fällen besteht dann, wenn die richterliche Hilfe gegenüber dem Civilunrechte in Anspruch genommen wird, über die wirkliche Rechtslage Streit. Beide Parteien behaupten im Rechte zu sein. Da ist es die wichtigste Aufgabe des Richters, das Recht zu erkennen und durch Entscheidung festzustellen, auch erforderlichenfalls anzuordnen, was der im Unrecht Befindliche zur Wiederherstellung der gestörten Rechtsordnung zu thun oder zu unterlassen hat („Erkenntnisverfahren“). Entscheidung.

Prozeß-leitung. Um das Recht erkennen, in der Sache urteilen zu können, muß der Richter den Sachverhalt zunächst feststellen. In dieser Thätigkeit ist der Richter im Civilprozeßverfahren vermöge der denselben beherrschenden Verhandlungsmaxime regelmäßig auf das ihm von den Parteien vorgetragene Sachmaterial beschränkt, seine Aufgabe besteht im wesentlichen darin, den Parteien Gehör zu gewähren, Thatsachen und Beweismittel zu prüfen und sodann zu entscheiden. In diesem der Entscheidung vorausgehenden Verfahren liegt dem Richter die Leitung ob, er hat dafür zu sorgen, daß das Verfahren in der vom Gesetze geordneten Weise vom Beginn bis zum Schlusse durchgeführt wird, daß Licht und Schatten gleichmäßig verteilt werden, daß die Parteien alle Handhaben, welche das Gesetz ihnen zur Geltendmachung ihrer Rechte insbesondere zur Erbringung der Beweise gewährt, unbeschränkt und unbekümmert benutzen können. Ergeben sich dabei neue (prozessuale) Streitfragen, so steht dem Richter kraft seines Prozeßleitungsamtes auch hier die Entscheidung zu.

Vergleich. 2. Dem Richter ist aber neben seiner wichtigsten Aufgabe, zur Herstellung der Rechtsordnung durch sein Urteil mitzuwirken, als nächste Aufgabe gestellt, den Rechtsfrieden unter den Streitenden herzustellen. Das Mittel ist der Vergleich, das Verfahren ist das Sühneverfahren. Das Sühneverfahren findet entweder im Rechtsstreite oder vor dem Rechtsstreite statt, ist regelmäßig fakultativ, ausnahmsweise obligatorisch. (CPO. §§ 608 ff.).

Zwang. 3. Mit der Entscheidung in der Sache resp. dem Vergleiche ist die Rechtsordnung noch nicht in allen Fällen hergestellt. Es bedarf beim Widerstreben des sich im Unrechte Befindlichen häufig noch einer thatkräftigen Reaktion, um auch thatsächlich denjenigen Zustand herzustellen, welcher der Rechtsordnung entspricht. Die Entscheidung oder der Vergleich bedürfen häufig der Vollstreckung. Hier ist es Aufgabe des Richteramts, durch Zwangsmaßregeln das Unrecht zu beseitigen und dem Rechte zu genügen.

Was von der Entscheidung in der Sache gilt, gilt gleichfalls von dem Prozeßleitungsamte und den in Ausübung derselben zu treffenden Entscheidungen. Auch zur Durchführung dieser Entscheidungen steht dem Richter in gewissem Umfange, namentlich gegenüber den Zeugen und Sachverständigen und im beschränkten Maße auch gegenüber den Parteien (CPO. § 619) eine Zwangsbefugnis zu.

4. Zu den Aufgaben des Richteramts gehört weiter die **Beurkundung** der in dem Verfahren vorgenommenen gerichtlichen Handlungen und Parteihandlungen, sowie Beurkundung.

5. endlich die **Aufrechterhaltung** der äußeren Ordnung (Disziplin) in den gerichtlichen Verhandlungen. Disziplinargewalt.

Damit ist der Kreis der Rechtspflegefunktionen, der Funktionen des Richteramts geschlossen.

Nach den Grundsätzen des Gemeinen Prozeßrechts wurde die Civilgerichtsbarkeit nur durch die Gerichte ausgeübt. Zum Gerichte gehörten Richter und Gerichtsschreiber, jener übte die richterliche Amtsgewalt, diesem lag die Beurkundung der Amtshandlungen ob. Diejenigen Unterbeamten, deren sich der Richter bei Vollziehung gewisser Amtshandlungen, als Insinuationen, Exekutionen, bediente (Gerichtsdiener, Büttel), hatten keine selbständige Amtsgewalt, sondern traten lediglich im Auftrage und nach Anweisung des Richters in Thätigkeit.

Nach Vorgang des französischen Rechts kennt die Civilprozeßordnung selbständige Zustellungs- und Vollstreckungsbeamte, welche wie die französischen huissiers im unmittelbaren Auftrage der Parteien eine richterliche Amtsgewalt ausüben und zwar in Maßgabe gesetzlicher Vorschriften, nicht nach richterlicher Anordnung und Anweisung. Diese Beamten mit richterlicher Amtsgewalt sind die Gerichtsvollzieher; sie sind keine Justizverwaltungsbeamte, sondern richterliche Beamte, ihre Verrichtungen sind Rechtspflegefunktionen, ihre Amtshandlungen unterstehen der richterlichen Nachprüfung, nicht der Remedur im Verwaltungsrechtswege. Soweit die Prozeßordnung die richterlichen Amtsfunktionen auf die Gerichtsvollzieher übertragen hat, sind diese Funktionen dem Gerichte als solchem entzogen. Ihren Charakter als Funktionen des Richteramts haben sie dadurch nicht eingebüßt.

Aber nicht nur den Gerichtsvollziehern, sondern auch den Gerichtsschreibern ist — wenn auch nur in ganz beschränktem Umfange — eine gewisse richterliche Amtsthätigkeit übertragen. Außer der Beurkundung der richterlichen Amtshandlungen sowie der Parteierklärungen, bei welcher sie jedoch häufig nur mitwirken, nicht allein handeln, sind ihnen z. B. in der Befugnis zur Erteilung der Vollstreckungsklausel, zur Ladung von Zeugen und Sachverständigen, zur Besorgung der amtlichen Zustellungen richterliche Amtsfunktionen übertragen.

Soweit die Funktionen des Richteramts nicht von den Gerichtsvollziehern oder Gerichtsschreibern selbständig wahrgenommen werden, werden sie durch das Gericht ausgeübt[1]).

Das Gericht ist eine Staatsbehörde mit äußerer, örtlich abgegrenzter Kompetenz. Diese Behörde ist nach innen in der Weise organisiert, daß die dem Gerichte beigelegten Befugnisse entweder durch Einzelrichter oder durch kollegialisch besetzte Abteilungen ausgeübt werden. Diese repräsentieren in ihrer funktionellen Thätigkeit das Gericht, sie sind im einzelnen Falle das Gericht. Zu dem Gericht in diesem Sinne gehören Richter und Gerichtsschreiber. Nach außen hin kann das Gericht nur unter Teilnahme des Gerichtsschreibers funktionieren, keine Verhandlung kann ohne Teilnahme desselben stattfinden, keine Entscheidung kann ohne Mitwirkung desselben wirksam werden. Seine Mitwirkung beschränkt sich auf die Beurkundung und Beglaubigung, ist aber insofern wesentlich.

Ist das fungierende Gericht kollegialisch besetzt, so werden bestimmte Funktionen von dem Vorsitzenden an Stelle des Gerichts ausgeübt, einzelne Funktionen können auch einem beauftragten Richter übertragen werden.

Funktionen des Vorsitzenden.

Der Vorsitzende ist Mitglied des Richterkollegiums und nimmt als solches an der Ausübung der dem Gericht obliegenden Funktionen Teil; er ist Mitglied des Richterkollegiums in bevorzugter Stellung (primus inter pares), ihm liegt zunächst ob, als Organ des Gerichts für dasselbe zu sprechen und zu handeln, er hat aber weiter die Anordnung und Leitung nach innen und außen, seine Anordnungen unterliegen jedoch meistens der Remedur durch das Kollegium[2]).

Der Vorsitzende hat als Mitglied des Kollegiums auch für die Ausführung der aus dem Kollegium ergehenden Beschlüsse, soweit solche sich auf die Prozeßleitung oder die Handhabung der äußeren Ordnung beziehen, zu sorgen[3]).

---

[1]) Keine selbständige richterliche Amtsfunktionen haben die Postboten und Gerichtsdiener, soweit sie bei der Zustellung thätig werden, sie sind Hilfsboten der Zustellungsbeamten (Gerichtsvollzieher und Gerichtsschreiber).

[2]) GVG. § 196 Abs. 2, CPO. §§ 131, 136 Abs. 2, 156.

[3]) Ernennung des beauftragten Richters und Bestimmung der Termine in diesem Falle (CPO. §§ 349, 361), Erlaß von Ersuchungsschreiben (CPO. §§ 362, 363), Vollstreckung von Ordnungsstrafen (GVG. § 181).

Neben diesen sich aus der Stellung des Vorsitzenden im Kollegium ergebenden Befugnissen sind demselben noch eine Reihe von Befugnissen eingeräumt, in deren Ausführung er außerhalb des Kollegiums allein handelt. Dahin gehören die zur Einleitung resp. Fortsetzung des Verfahrens erforderlichen Termins- und Fristbestimmungen, einschließlich der Bestimmung darüber, ob die Sache als Feriensache zu bezeichnen ist[4]), die Erteilung der Erlaubnis zur Zustellung zur Nachtzeit sowie an Sonn- und Feiertagen[5]), Bestellung eines Prozeßvertreters[6]), Anordnungen bezüglich der Erteilung von Vollstreckungsklauseln[7]) u. a. m. In diesen Fällen unterliegt die Anordnung des Vorsitzenden nur ausnahmsweise der Nachprüfung durch das Gericht[8]). In besonderen Fällen kann der Vorsitzende an Stelle des Gerichts entscheiden (GVG. § 109, Abs. 3, CPO. § 944).

Gewisse Funktionen des Prozeßgerichts werden nicht von diesem selbst, sondern von einem beauftragten Richter vorgenommen, oder können demselben doch überwiesen werden. Dahin gehören das vorbereitende Verfahren in Rechnungssachen, sowie das Sühneverfahren[10]) und einzelne Beweiserhebungen[11]), auch die Vernehmung der Parteien in Ehesachen[12]). Es bedarf in solchen Fällen eines Gerichtsbeschlusses auf Einleitung des vorbereitenden Verfahrens resp. auf Vornahme dieser Handlungen durch den beauftragten Richter. Funktionen des beauftragten Richters.

Der beauftragte Richter handelt an Stelle des Kollegiums. Er übt die Gerichtsbarkeit des Gerichts, dem er angehört, als Organ desselben, wenn auch als mittelbares Organ kraft gesetzlicher Bestimmung aus[13]).

---

[4]) CPO. §§ 216 Abs. 2, 226 Abs. 3, 239 Abs. 3, 262 Abs. 2, GVG. § 202 a. E. Anders im Falle des Einspruchs (CPO. § 339 Abs. 2).

[5]) CPO. § 188 Abs. 2.

[6]) CPO. §§ 57, 58, 668, 679 Abs. 3, 686 Abs. 2, RO. § 36.

[7]) CPO. §§ 730, 733.

[8]) So im Falle des § 730 CPO. vgl. CPO. § 732, und im Falle des § 202 GVG.

[9]) CPO. §§ 348—354.

[10]) CPO. § 296.

[11]) CPO. § 355 (372 Abs. 2, 375, 402, 434, 479).

[12]) CPO. § 619 Abs. 2.

[13]) Wach, Handbuch S. 330.

Richterliche Amtsgewalt. Die Ausübung der Civilgerichtsbarkeit erfolgt durch die Gerichte und die zu solcher Ausübung berufenen Gerichtsbeamten in autoritativer, bindender Weise. In dieser Ausübung macht sich die überlegene Macht der Staatsgewalt (imperium) geltend, darin liegt die Bedeutung der richterlichen Amtsgewalt. Soweit die Gerichte Staatsgerichte, d. h. Gerichte eines einzelnen deutschen Staates sind, was eben bei allen ordentlichen Gerichten, abgesehen vom Reichsgerichte zutrifft, würde die Wirkung dieser Amtsgewalt an den Grenzen desjenigen Staates, welchem das funktionierende Gericht angehört, aufhören. Da jedoch die einzelnen deutschen Staaten Glieder eines Gesamtstaates, des Deutschen Reiches, sind, so bilden sie in ihrer Gesamtheit ein deutsches Rechtspflegegebiet, in welchem die Landesgrenzen unsichtbar sind. Die richterliche Amtsgewalt eines jeden ordentlichen deutschen Gerichts äußert ihre Wirkungen im ganzen Deutschen Reiche, seine Urteile und Entscheidungen sind überall wirksam, die Ladungen erfolgen direkt und unmittelbar durch das gesamte Reichsgebiet vor jedes Gericht, Vollstreckungen erfolgen ebenso, ohne daß es einer Rechtshilfe bedarf, in jedem anderen deutschen Staate unmittelbar auf Betreiben der Partei.

Die in einem bestimmten Rechtsstreite vorkommenden Rechtspflegefunktionen werden nicht immer von demselben Gerichte ausgeübt. Dieselbe Sache kann in ihren verschiedenen Stadien bei örtlich verschiedenen Gerichten anhängig sein. Das Erkenntnisverfahren kann bei einem Gerichte, das Zwangsvollstreckungsverfahren bei einem anderen Gerichte, ja bei verschiedenen anderen Gerichten anhängig sein, indem beim Gerichte A die Zwangsvollstreckung in das bewegliche Vermögen, bei dem Gerichte B die Zwangsvollstreckung in das unbewegliche Vermögen und endlich beim Gerichte C das Verfahren zwecks Ableistung des Offenbarungseides anhängig gemacht werden muß.

§ 15.

Die Gerichtspersonen. Ausschließung und Ablehnung derselben.

Wach § 27 — Schmidt § 39 — Fitting § 11 — Planck §§ 28—33 — Hellmann §§ 35 ff.

Richter, Gerichtsschreiber und Gerichtsvollzieher sind die Personen, durch welche die Gerichtsbarkeit ausgeübt wird.

Richter und Gerichtsschreiber gehören zum Gerichte, einer Behörde. Bei dieser Behörde kann man das Gericht im engeren Sinne — Richter resp. Richterkollegium — von der Gerichtsschreiberei [1]), welche wiederum besonders organisiert ist, unterscheiden. Die Gerichtsvollzieher sind selbständige Beamte. Eine behördliche Organisation ist hier nicht vorgesehen [2]).

Während für die Fähigkeit zum Richteramt reichsrechtliche Garantien gegeben sind, ist die Regelung der Dienstverhältnisse der Gerichtsschreiber und Gerichtsvollzieher der Landesjustizverwaltung, beim Reichsgericht dem Reichskanzler überlassen [3]).

Die als Richter, Gerichtsschreiber und Gerichtsvollzieher angestellten Personen können im einzelnen Falle von der Ausübung ihres Amtes ausgeschlossen sein, und zwar entweder unmittelbar kraft Gesetzes, Richter und Gerichtsschreiber auch mittelbar infolge einer Ablehnung durch die Partei. Darüber gelten folgende Bestimmungen [4]):

1. Ein Richter ist von der Ausübung des Richteramtes kraft Gesetzes ausgeschlossen [5]) — Ausschluß eines Richters kraft Gesetzes und Ablehnung eines solchen Richters.
   a) in Sachen, in welchen er selbst Partei ist, oder in Ansehung welcher er zu einer Partei in dem Verhältnisse eines Mitberechtigten, Mitverpflichteten oder Regreßpflichtigen steht;
   b) in Sachen seiner Ehefrau, auch wenn die Ehe nicht mehr besteht;
   c) in Sachen einer Person, mit welcher er in gerader Linie verwandt, verschwägert oder durch Adoption verbunden, in der Seitenlinie bis zum dritten Grade verwandt oder bis zum zweiten Grade verschwägert ist, auch wenn die Ehe, durch welche die Schwägerschaft begründet ist, nicht mehr besteht;

---

[1]) GVG. § 154.

[2]) Damit ist nicht gesagt, daß die Landesgesetzgebung, wie dies z. B. in Hamburg der Fall ist, das Gerichtsvollzieheramt nicht behördlich organisieren kann.

[3]) GVG. §§ 154, 155.

[4]) Vgl. hierzu CPO. §§ 551, 2 u. 3 und 579, 2 u. 3.

[5]) CPO. § 41.

d) in Sachen, in welchen er als Prozeßbevollmächtigter oder Beistand einer Partei bestellt oder als gesetzlicher Vertreter einer Partei aufzutreten berechtigt ist oder gewesen ist;

e) in Sachen, in welchen er als Zeuge oder Sachverständiger vernommen ist;

f) in Sachen, in welchen er in einer früheren Instanz oder im schiedsrichterlichen Verfahren bei der Erlassung der angefochtenen Entscheidung mitgewirkt hat, sofern es sich nicht um die Thätigkeit eines beauftragten oder ersuchten Richters handelt.

Wirkt ein kraft Gesetzes ausgeschlossener Richter mit, so kann die Partei denselben ablehnen[6]).

In diesem Falle wird über die Frage, ob der betreffende Richter von der Ausübung des Richteramtes kraft Gesetzes ausgeschlossen ist, im Ablehnungsverfahren resp. in der gegen die Abweisung des Gesuches stattfindenden Beschwerdeinstanz endgültig entschieden[7]).

Ablehnung eines Richters wegen Besorgnis der Befangenheit.

2. Abgesehen von dem Falle, daß ein Richter kraft Gesetzes von der Teilnahme an dem Prozesse ausgeschlossen ist, findet das Ablehnungsrecht noch wegen Besorgnis der Befangenheit statt[8]).

Wegen Besorgnis der Befangenheit findet die Ablehnung statt, wenn ein Grund vorliegt, welcher geeignet ist, Mißtrauen gegen die Unparteilichkeit des Richters zu rechtfertigen. Das Ablehnungsrecht ist in diesem Falle zeitlich beschränkt, indem die Partei es nicht mehr ausüben kann, wenn sie sich bei dem abzulehnenden Richter in eine Verhandlung eingelassen hat oder Anträge gestellt hat, ohne den ihr bekannten Ablehnungsgrund geltend zu machen[9]).

Ablehnungsverfahren.

Anbringung des Gesetzes.

Das Ablehnungsverfahren ist wie folgt gestaltet. Das Ablehnungsrecht steht jeder Partei zu[10]). Das Gesuch ist bei dem Gerichte, welchem der abgelehnte Richter angehört, an-

[6]) CPO. § 43.

[7]) Berufung und Revision finden dann nicht mehr statt, s. CPO. §§ 512, 548 („oder mit der Beschwerde anfechtbar sind"), 551 Nr. 2, ebensowenig die Richtigkeitsklage CPO. § 579 Nr. 2.

[8]) CPO. § 42 Abs. 1.

[9]) CPO. §§ 42 Abs. 2, 43.

[10]) CPO. § 42 Abs. 3.

zubringen; es kann vor dem Gerichtsschreiber zu Protokoll erklärt werden [11]).

Der Ablehnungsgrund ist glaubhaft zu machen; zur Versicherung an Eidesstatt darf die Partei nicht zugelassen werden. Zur Glaubhaftmachung kann auf das Zeugnis des abgelehnten Richters Bezug genommen werden [12]).

Wird ein Richter, bei welchem die Partei sich in eine Verhandlung eingelassen hat oder Anträge gestellt hat, wegen Besorgnis der Befangenheit abgelehnt, so ist weiter glaubhaft zu machen, daß der Ablehnungsgrund erst später entstanden oder der Partei bekannt geworden ist [13]).

Die Entscheidung, welche ohne vorgängige mündliche Verhandlung erfolgen kann, wird von dem Gerichte, welchem der Abgelehnte angehört, getroffen; wenn dasselbe durch Ausscheiden des abgelehnten Mitgliedes beschlußunfähig wird, von dem im Instanzenzuge zunächst höheren Gerichte. Wird ein Amtsrichter abgelehnt, so entscheidet das Landgericht. Wenn der Amtsrichter das Ablehnungsgesuch für begründet hält, bedarf es einer Entscheidung nicht [14]). Entscheidung über das Gesuch.

Gegen den Beschluß, durch welchen das Gesuch für begründet erklärt wird, findet kein Rechtsmittel, gegen den Beschluß, durch welchen das Gesuch für unbegründet erklärt wird, findet sofortige Beschwerde statt [15]). Rechtsmittel gegen die Entscheidung.

Ein abgelehnter Richter hat vor Erledigung des Ablehnungsgesuches nur solche Handlungen vorzunehmen, welche keinen Aufschub gestatten [16]). Handlungen eines abgelehnten Richters vor Erledigung des Gesuchs.

3. Das für die Erledigung eines Ablehnungsgesuches zuständige Gericht entscheidet auch, wenn ein solches Gesuch nicht eingebracht ist, ein Richter aber von einem Verhältnisse Anzeige macht, welches seine Ablehnung rechtfertigen könnte, oder wenn aus anderer Veranlassung Zweifel darüber entstehen, ob ein Richter kraft Gesetzes

---

[11]) CPO. § 44 Abs. 1.

[12]) CPO. § 44 Abs. 2. Der abgelehnte Richter hat sich über den Grund dienstlich zu äußern. CPO. §§ 44 Abs. 3.

[13]) CPO. § 44 Abs. 4.

[14]) CPO. §§ 45, 46 Abs. 1.

[15]) CPO. § 46 Abs. 2.

[16]) CPO. § 47.

ausgeschlossen ist. Die Entscheidung erfolgt ohne vorgängiges Gehör der Parteien [17]).

4. Die Bestimmungen unter 1—3 finden auf den Gerichtsschreiber entsprechende Anwendung; die Entscheidung erfolgt durch das Gericht, bei welchem der Gerichtsschreiber angestellt ist [18]).

5. Der Gerichtsvollzieher ist in bürgerlichen Rechtsstreitigkeiten von der Ausübung seines Amtes kraft Gesetzes ausgeschlossen

a) wenn er selbst Partei oder gesetzlicher Vertreter einer Partei ist, oder zu einer Partei in dem Verhältnisse eines Mitberechtigten, Mitverpflichteten oder Schadensersatzpflichtigen steht;

b) wenn seine Ehefrau Partei ist, auch wenn die Ehe nicht mehr besteht;

c) wenn eine Person Partei ist, mit welcher er in gerader Linie verwandt, verschwägert oder durch Adoption verbunden, in der Seitenlinie bis zum dritten Grade verwandt oder bis zum zweiten Grade verschwägert ist, auch wenn die Ehe, durch welche die Schwägerschaft begründet ist, nicht mehr besteht [19]).

§ 16.

Räumliche Schranken für die Ausübung der Gerichtsbarkeit. Rechtshülfe.

Schmidt § 47 — Fitting § 9 — Planck § 27.

Jedem Gericht ist ein bestimmter geographisch abgegrenzter Bezirk zugewiesen; es darf Handlungen zur Ausübung der Gerichtsbarkeit nur in seinem Bezirke vornehmen, ein fremdes Gericht darf in diesem Bezirke keine Amtshandlung vornehmen.

Was in dieser Beziehung für die Gerichte gilt, gilt auch für die Gerichtsschreibereien; denn der Bezirk der Gerichtsschreiberei ist der des Gerichts, bei dem sie besteht.

---

[17]) CPO. § 48.
[18]) CPO. § 48.
[19]) GVG. § 156.

Das gleiche gilt für die Gerichtsvollzieher, soweit ihnen ein örtlicher Bezirk für ihre Thätigkeit von der Landesjustizverwaltung zugewiesen ist.

Die Regel, daß das Gericht Amtshandlungen nur innerhalb seines Bezirkes und mit Ausschluß fremder Gerichte vornehmen kann, ist keine sich aus der Gerichtsverfassung ohne weiteres mit Notwendigkeit ergebende, sondern eine im Interesse der Justizverwaltung und der Rechtssicherheit gegebene Ordnungsvorschrift.

Die Gerichtsbarkeit als solche gebührt dem Staate, die Ausübung erfolgt durch die Gerichte kraft der Gerichtsgewalt (imperium), welche selbst nur ein Zweig der Staatsgewalt ist. Soweit die Staatsgewalt reicht, reicht also auch die Gerichtsbarkeit. Im Deutschen Reiche bildet, wie wir oben S. 88 gesehen haben, das Inland, soweit die ordentliche Gerichtsgewalt in Betracht kommt, ein gemeines Rechtspflegegebiet ohne sichtbare Grenzen der einzelnen Staatsgebiete; somit würde an sich jedes deutsche ordentliche Gericht im Deutschen Reiche Rechtspflegefunktionen vornehmen können. Dieser Gedanke ist denn auch insofern zum Ausdruck gekommen, als Ladungen von Parteien, Zeugen, Sachverständigen unmittelbar vor jedes ordentliche deutsche Gericht im ganzen Deutschen Reiche erfolgen können [1]).

Aber abgesehen hiervon gilt doch das Prinzip, daß ein Gericht Amtshandlungen außerhalb seines Bezirkes ohne Zustimmung des Amtsgerichts des Ortes nur vornehmen darf, wenn Gefahr im Verzuge obwaltet, und daß in solchem Falle dem Amtsgerichte des Ortes Anzeige zu machen ist [2]).

Regelmäßig hat also ein Gericht, falls in einem fremden Gerichtsbezirke eine Amtshandlung vorzunehmen ist, den Weg der Rechtshülfe zu beschreiten.

Es ist hier zu unterscheiden, ob die Rechtshülfe im Auslande oder im Inlande zu gewähren ist.

1. Für die Rechtshülfe unter den ordentlichen Gerichten im Inlande gelten jetzt die Bestimmungen des dreizehnten Titels des Gerichtsverfassungsgesetzes [3]). Nach diesen Bestimmungen ist zu

---

[1]) Weitere Anwendung s. GVG. §§ 161 und 162 unten Anm. 4 und 5.

[2]) GVG. § 167.

[3]) Die Vorschriften des Rechtshülfeges. vom 21./6. 1869 haben nur noch Bedeutung für die besonderen Gerichte und die diesen zu leistende Rechtshülfe.

unterscheiden, ob die im fremden Gerichtsbezirke vorzunehmende Handlung eine Ladung, Zustellung oder Vollstreckung ist. Die Herbeiführung dieser Handlungen erfolgt unmittelbar auf Veranlassung des Gerichts resp. soweit Parteibetrieb stattfindet, auf Veranlassung der Partei nach Vorschrift der Prozeßordnung und zwar gleichgültig, ob die Handlung in dem Bundesstaate, welchem das Prozeßgericht angehört, oder in einem anderen Bundesstaate vorzunehmen ist[4]). Gerichte, Staatsanwaltschaften und Gerichtsschreiber können sich wegen Erteilung eines Auftrags an einen fremden Gerichtsvollzieher der Vermittlung des Gerichtsschreibers des Amtsgerichts, in dessen Bezirke die Handlung vorzunehmen ist, bedienen[5]).

Ergeht also in einer bei einem ordentlichen deutschen Gerichte anhängigen oder anhängig zu machenden Sache ein solcher Auftrag an den Gerichtsvollzieher des betreffenden Ortes, so hat er diesen zu erledigen und nur zu prüfen, ob die prozeßrechtlichen Voraussetzungen für die Zulässigkeit der begehrten Handlung vorliegen. Dies gilt auch für den Fall, wenn die Vollstreckungshandlung nicht vom Gerichtsvollzieher, sondern vom Vollstreckungsgerichte vorzunehmen ist, auch in dem Falle, wenn das Gesuch von einem Gerichte z. B. zwecks Beitreibung von Ordnungsstrafen, Kosten gestellt wird. Es handelt sich also auch im letzteren Falle nicht um die Gewährung einer von Gericht zu Gericht zu leistenden Rechtshülfe, so daß dem Gerichte, bei welchem ein solcher Antrag gestellt ist, seine Zuständigkeit sowie die prozessuale Zulässigkeit des Gesuches selbständig zu prüfen hat.

Andere Rechtspflegefunktionen, als welche namentlich einzelne Beweiserhebungen, Vernehmung der Parteien im Eheprozeß und im Entmündigungsverfahren, Sühneversuch im Rechtsstreite in Betracht kommen, werden im Wege der Rechtshülfe „durch einen ersuchten Richter" erledigt. Dies muß geschehen, wenn die Handlung in einem fremden Gerichtsbezirk vorgenommen werden muß, und kann in den prozeßrechtlich für zulässig erachteten Fällen (vgl. oben S. 87 Anm. 10—12) geschehen, auch wenn der Ort, wo die Handlung vorzunehmen ist, zum Bezirke des Prozeßgerichts gehört.

---

[4]) GVG. § 161.

[5]) GVG. § 162.

Die Gewährung der Rechtshülfe unter den ordentlichen Gerichten ist amtliche Pflicht. Das Ersuchen ist an das Amtsgericht zu richten, in dessen Bezirke die Amtshandlung vorgenommen werden soll[6]).

Das Ersuchen darf nicht abgelehnt werden. Ist jedoch das ersuchende Gericht dem ersuchten Gericht im Instanzenzuge nicht vorgesetzt, so ist das Ersuchen abzulehnen[7]),

a) wenn dem ersuchten Gerichte die örtliche Zuständigkeit mangelt;

b) wenn die vorzunehmende Handlung nach dem Rechte des ersuchten Gerichts verboten ist.

Wird das Ersuchen abgelehnt oder wird demselben den Bestimmungen sub a und b zuwider stattgegeben, so entscheidet das Oberlandesgericht, zu dessen Bezirke das ersuchte Gericht gehört. Eine Anfechtung dieser Entscheidung findet nur statt, wenn dieselbe die Rechtshülfe für unzulässig erklärt und das ersuchende und ersuchte Gericht den Bezirken verschiedener Oberlandesgerichte angehören. Über die Beschwerde entscheidet das Reichsgericht. Die Entscheidungen des Oberlandesgerichts und des Reichsgerichts erfolgen auf Antrag der Beteiligten oder des ersuchenden Gerichts ohne vorgängige mündliche Verhandlung.

Inwieweit andere Behörden, insbesondere Verwaltungsbehörden die Ersuchen der ordentlichen Gerichte um Erteilung von Auskunft, Mitteilung von Akten u. dergl. zu erledigen haben, ist nach den für diese Behörden bestehenden Vorschriften zu entsprechen, jedoch ist verordnet, daß die in einem Bundesstaate bestehenden Vorschriften über Mitteilung von Akten einer öffentlichen Behörde an ein Gericht dieses Bundesstaates auch dann zur Anwendung kommen, wenn das ersuchende Gericht einem anderen Bundesstaate angehört[8]).

2. Über die Rechtshülfe im Auslande gelten die Grundsätze des internationalen Rechts. Abgesehen von Verträgen mit einzelnen

---

[6]) GVG. §§ 157, 158. Erfolgt eine Beweisaufnahme vor dem ersuchten Richter, so trifft wegen der Höhe der den Zeugen und Sachverständigen gebührenden Beträge § 166 GVG. besondere Bestimmung.

[7]) GVG. § 159.

[8]) GVG. § 169.

Staaten kommt für das Abkommen zur Regelung von Fragen des internationalen Rechts vom 14. Nov. 1896[9]) in Betracht, wonach das Verfahren bei einem Ersuchen um Zustellungen (Art. 1 bis 4) und bei einem Ersuchen um Vornahme richterlicher Prozeßhandlungen und anderer Handlungen (Art. 5—10) in Civil- und Handelssachen unter denjenigen Staaten, welche diesem Abkommen beigetreten sind, geregelt ist.

Residiert in dem betreffenden Staate des Auslandes ein deutscher Konsul oder ein diplomatischer Vertreter, so kann das Ersuchen an diesen gerichtet werden, soweit nach dem Reichsrechte und den etwaigen Staatsverträgen dies zulässig ist[10]). Wird ein Reichskonsul ersucht, so gilt dieser als ersuchtes Amtsgericht; er hat das Ersuchen nach Vorschrift der Prozeßordnung zu erledigen[11]).

§ 17.

Zeitliche Schranken für die Ausübung der Gerichtsbarkeit. Gerichtsferien.

Fitting § 18. — Planck § 37.

Die Ausübung der Gerichtsbarkeit ist zeitlich beschränkt durch folgende Bestimmungen:

1. Zur Nachtzeit[1]) sowie an Sonn- und allgemeinen Feiertagen[2]) dürfen Zustellungen, sofern solche nicht durch Aufgabe zur Post bewirkt werden, und Vollstreckungshandlungen nur mit richterlicher Erlaubnis erfolgen.

2. Auf Sonntage und allgemeine Feiertage sind Termine nur in Notfällen anzuberaumen[3]).

---

[9]) Reichsges.-Blatt 1899 Nr. 21 S. 285. s. o. S. 19 f., woselbst auch diejenigen Staaten benannt sind, welche diesem Abkommen beigetreten sind.

[10]) CPO. § 199, § 363 Abs. 2 und dazu Ges. v. 8. Nov. 1867 § 20, v. 10. Juli 1879 §§ 1, 5, v. 7. April 1900 § 28 Abs. 2.

[11]) Ges. v. 10. Juli 1879 § 14, v. 7. April 1900 §§ 7 u. 18. Für die Schutzgebiete gelten diese Vorschriften nach Maßgabe d. Ges. v. 15. März 1888 §§ 2 u. 3.

[1]) CPO. §§ 188 und 761. Die Nachtzeit umfaßt in dem Zeitraum vom 1. April bis 30. September die Stunden von 9 Uhr abends bis 4 Uhr morgens und im Zeitraum vom 1. Oktober bis zum 31. März die Stunden von 9 Uhr abends bis 6 Uhr morgens.

[2]) Die allgemeinen Feiertage bestimmen sich nach Landesrecht.

[3]) CPO. § 216 Abs. 3.

3. Während der Ferien werden nur in Feriensachen Termine abgehalten und Entscheidungen erlassen[4]).

Feriensachen[5]) sind abgesehen von Strafsachen

a) Arrestsachen und die eine einstweilige Verfügung betreffenden Sachen; Feriensachen

b) Meß- und Marktsachen;

c) Streitigkeiten zwischen dem Vermieter und dem Mieter oder Untermieter von Wohnräumen und anderen Räumen oder zwischen dem Mieter und dem Untermieter solcher Räume wegen Überlassung, Benützung oder Räumung, sowie wegen Zurückhaltung der von dem Mieter oder dem Untermieter in die Mietsräume eingebrachten Sachen;

d) Streitigkeiten zwischen Dienstherrschaft und Gesinde, zwischen Arbeitgebern und Arbeitern hinsichtlich des Dienst- und Arbeitsverhältnisses sowie die in § 3 Nr. 1 u. 2 des Ges. betr. die Gewerbegerichte vom 29. Juli 1890 bezeichneten Streitigkeiten;

e) Wechselsachen;

f) Bausachen, wenn über Fortsetzung eines angefangenen Baues gestritten wird;

g) Streitigkeiten wegen Störung des Betriebs einer elektrischen Anlage durch die Anlage einer anderen[6]);

h) diejenigen einer besonderen Beschleunigung bedürfenden Sachen, welche das Gericht als Feriensachen bezeichnet.

Auf das Mahnverfahren, das Zwangsvollstreckungsverfahren und das Konkursverfahren sind die Ferien ohne Einfluß.

---

[4]) GVG. §§ 201 ff. Die Gerichtsferien beginnen mit dem 15. Juli und endigen am 15. September.

[5]) Zur Erledigung der Feriensachen können bei den Landgerichten Ferienkammern, bei dem Oberlandesgericht und dem Reichsgericht Feriensenate gebildet werden (GVG. § 203).

[6]) Gesetz über das Telegraphenwesen vom 6. April 1892 § 13.

§ 18.

Allgemeine Vorschriften für die Ausübung der Gerichtsbarkeit. Gerichtssprache, Öffentlichkeit, Beratung und Abstimmung.

Planck §§ 37, 39.

Allgemeine Vorschriften über die Ausübung der Gerichtsbarkeit betreffen die Gerichtssprache, die Öffentlichkeit der Verhandlung sowie die Beratung und Abstimmung im Richterkollegium. Alle diese Vorschriften enthalten ihrer Natur nach zwingende Normen, das Gericht hat auf die Befolgung derselben von Amtswegen zu achten. Abweichungen können nicht durch Vereinbarung der Parteien gestattet werden, sie begründen einen wesentlichen Mangel im Verfahren. Im einzelnen ist zu bemerken

Gerichtssprache.

1. hinsichtlich der Gerichtssprache[1]),

a) sie ist die deutsche. Wird unter Beteiligung von Personen verhandelt, welche der deutschen Sprache nicht mächtig sind, so ist ein Dolmetscher zuzuziehen. Die Zuziehung kann unterbleiben, wenn die beteiligten Personen sämtlich der fremden Sprache mächtig sind;

b) die Führung eines Nebenprotokolles in der fremden Sprache findet nicht statt; jedoch sollen Aussagen und Erklärungen in fremder Sprache, wenn und soweit der Richter das mit Rücksicht auf die Wichtigkeit der Sache für erforderlich hält, auch in der fremden Sprache in das Protokoll oder in eine Anlage niedergeschrieben werden;

c) in den dazu geeigneten Fällen soll dem Protokolle eine durch den Dolmetscher zu beglaubigende Übersetzung beigefügt werden;

---

[1]) GVG. §§ 186—190. Diese Vorschriften sind von allgemeiner Bedeutung, sie sind überall anwendbar, wo eine Verhandlung mit den Parteien, sei es vor Gericht oder vor dem Gerichtsschreiber, stattfindet.

Die für Elsaß-Lothringen geltenden Bestimmungen über die Gerichtssprache werden durch die Vorschrift des § 186 GVG. nicht berührt (EG. z. GVG. § 12) vgl. hierzu G. f. E.-L. v. 14./7. 1871 u. Kaiserl. Verordn. v. 17./9. 1874.

d) ob in Anwaltsprozessen einer Partei, welche der deutschen Sprache nicht mächtig ist, der Vortrag zu gestatten ist, bleibt dem Ermessen des Gerichts überlassen;

e) Personen, welche der deutschen Sprache nicht mächtig sind, leisten Eide in der ihnen geläufigen Sprache;

f) zur Verhandlung mit tauben oder stummen Personen ist, sofern nicht eine schriftliche Verständigung erfolgt, eine Person als Dolmetscher zuzuziehen, mit deren Hilfe die Verständigung in anderer Weise erfolgen kann. Ob einer Partei, welche taub ist, bei der mündlichen Verhandlung der Vortrag zu gestatten sei, bleibt dem Ermessen des Gerichts überlassen.

2. hinsichtlich des Dolmetschers[2]), Dolmetscher.

a) derselbe hat einen Eid dahin zu leisten, „daß er treu und gewissenhaft übertragen werde"; ist er im allgemeinen beeidigt, so genügt die Berufung auf diesen Eid;

b) der Dienst des Dolmetschers kann von dem Gerichtsschreiber wahrgenommen werden; einer besonderen Beeidigung bedarf es in diesem Falle nicht;

c) auf den Dolmetscher finden die Bestimmungen über Ausschließung und Ablehnung der Sachverständigen (CPO. § 406) entsprechende Anwendung. Die Entscheidung erfolgt durch das Gericht oder den Richter, von welchem der Dolmetscher zugezogen ist.

3. hinsichtlich der Öffentlichkeit[3]).

Die Verhandlung vor dem erkennenden Gerichte einschließlich der Verkündung der Entscheidung auf diese Verhandlung erfolgt öffentlich[4]).

---

[2]) GVG. §§ 191—193.

[3]) GVG. §§ 170—176. Diese Bestimmungen haben nur Bedeutung für die Verhandlung vor dem erkennenden Gerichte einschließlich der Verkündung der Urteile und Beschlüsse, sie gelten also nicht für die Verhandlungen vor dem Gerichtsschreiber, dem beauftragten und ersuchten Richter. Zur Verhandlung gehört nicht die Beratung und Abstimmung des erkennenden Gerichts.

[4]) GVG. § 170. Vgl. dazu CPO. § 551 Nr. 6. Der Zutritt zu öffentlichen Verhandlungen kann unerwachsenen und solchen Personen versagt werden,

Davon giebt es nur folgende Ausnahmen[5]):

a) Das Verfahren wegen Entmündigung oder Wiederaufhebung der Entmündigung (CPO. §§ 645—663, 675—678) ist nicht öffentlich;

b) die Öffentlichkeit ist auszuschließen

aa) von Amtswegen in dem auf die Klage wegen Anfechtung oder Wiederaufhebung der Entmündigung einer Person wegen Geisteskrankheit oder Geistesschwäche eingeleiteten Verfahren (CPO. §§ 664, 679) während der Vernehmung des Entmündigten,

bb) auf Antrag einer der Parteien in Ehesachen und in dem sub aa. bezeichneten Entmündigungsprozesse, soweit die Ausschließung nicht schon von Amtswegen erfolgen muß.

c) Die Öffentlichkeit kann durch das Gericht für die Verhandlung oder einen Teil derselben in allen Sachen ausgeschlossen werden, wenn sie eine Gefährdung der öffentlichen Ordnung, insbesondere der Staatssicherheit oder eine Gefährdung der Sittlichkeit besorgen läßt.

In diesem Falle findet zunächst eine Verhandlung über die Ausschließung der Öffentlichkeit mit den Beteiligten statt. Diese Verhandlung findet in nicht öffentlicher Sitzung statt, wenn ein Beteiligter es beantragt oder wenn das Gericht es für angemessen erachtet.

Der Beschluß, welcher die Öffentlichkeit ausschließt, muß öffentlich verkündet werden. Bei der Verkündung ist anzugeben, ob die Ausschließung wegen Gefährdung

---

welche sich nicht im Besitze der bürgerlichen Ehrenrechte befinden oder in einer der Würde des Gerichts nicht entsprechenden Weise erscheinen (GVG. § 176 Abs. 1).

[5]) GVG. §§ 171—175. Zu nicht öffentlichen Sitzungen kann der Zutritt einzelnen Personen von dem Vorsitzenden gestattet werden. Einer Anhörung der Beteiligten bedarf es nicht (GVG. § 176 Abs. 2). Die Ausschließung der Öffentlichkeit (im Texte b—d) steht der Anwesenheit der die Dienstaufsicht führenden Beamten der Justizverwaltung nicht entgegen (GVG. § 176 Abs. 3).

der Staatssicherheit[6]) oder ob sie wegen Gefährdung der Sittlichkeit erfolgt.

d) Die Verkündung des Urteils erfolgt in jedem Falle öffentlich, jedoch kann durch einen besonderen Beschluß des Gerichts für die Verkündung der Urteilsgründe oder eines Teiles derselben die Öffentlichkeit ausgeschlossen werden, wenn sie eine Gefährdung der Staatssicherheit oder eine Gefährdung der Sittlichkeit besorgen läßt.

4. hinsichtlich der Beratung und Abstimmung in einem Kollegialgerichte[7]).

Die Entscheidung durch ein Kollegialgericht erfolgt nach vorgängiger in nicht öffentlicher Sitzung stattgehabter Beratung und Abstimmung.

An der Entscheidung dürfen Richter nur in der gesetzlich bestimmten Anzahl mitwirken[8]). Bei der Beratung und Abstimmung dürfen außer den zur Entscheidung berufenen Richtern nur die bei demselben Gerichte zu ihrer juristischen Ausbildung beschäftigten Personen zugegen sein, soweit der Vorsitzende deren Anwesenheit gestattet.

Der Vorsitzende leitet die Beratung, stellt die Fragen und sammelt die Stimmen. Meinungsverschiedenheiten über den Gegenstand, die Fassung und die Reihenfolge der Fragen sowie über das Ergebnis der Abstimmung entscheidet das Gericht. Kein Richter darf die Abstimmung über eine Frage verweigern, weil er bei der Abstimmung über eine vorhergehende Frage in der Minderheit geblieben ist.

Die Entscheidungen erfolgen, soweit das Gesetz nicht ein Anderes bestimmt, nach der absoluten Mehrheit der Stimmen. Bilden sich

---

[6]) In diesem Falle kann das Gericht den anwesenden Personen die Geheimhaltung von Thatsachen, welche durch die Verhandlung oder durch amtliche Schriftstücke des Prozesses zu ihrer Kenntnis gelangen, zur Pflicht machen. Der Beschluß ist in das Sitzungsprotokoll aufzunehmen. Gegen denselben findet Beschwerde statt. Die Beschwerde hat keine aufschiebende Wirkung, GVG. § 175 Abs. 2.

[7]) GVG. §§ 194—199.

[8]) Bei Verhandlungen von längerer Dauer kann der Vorsitzende die Zuziehung von Ergänzungsrichtern anordnen, welche der Verhandlung beizuwohnen und im Falle der Verhinderung eines Richters für denselben einzutreten haben.

in Bezug auf Summen, über welche zu entscheiden ist, mehr als zwei Meinungen, deren keine die Mehrheit für sich hat, so werden die für die größte Summe abgegebenen Stimmen den für die zunächst geringere abgegebenen solange hinzugerechnet, bis sich eine Mehrheit ergiebt [*]).

Die Reihenfolge der Abstimmung richtet sich nach dem Dienstalter, bei Handelsrichtern nach dem Lebensalter; der Jüngste stimmt zuerst, der Vorsitzende zuletzt. Wenn ein Berichterstatter ernannt ist, so giebt dieser seine Stimme zuerst ab.

§ 19.

Aufrechterhaltung der äußeren Ordnung. Sitzungspolizei.

Die Aufrechterhaltung der Ordnung in den Sitzungen liegt dem Vorsitzenden ob [1]). Das trifft für alle Sitzungen — mögen dieselben an der Gerichtsstelle oder an einer anderen Stelle abgehalten werden, mag in der Sitzung eine Verhandlung oder nur eine Beratung stattfinden — und gegenüber allen Personen, welche in der Sitzung gegenwärtig sind, zu, insbesondere also auch gegenüber den Mitrichtern, dem Staatsanwalte, dem Gerichtsschreiber, allen sonst dienstlich anwesenden Personen, Parteien, Vertretern, Beiständen, Zeugen, Sachverständigen, Zuhörern u. s. w.

Der Vorsitzende kann zur Aufrechterhaltung der Ordnung gebieten und verbieten, das Wort entziehen, die Sitzung schließen, eine Strafgewalt steht ihm jedoch nicht zu, also auch nicht die Befugnis zur Erteilung eines Verweises.

Im übrigen gelten für die Ausübung der Sitzungspolizei folgende Vorschriften [2]):

[*]) Bilden sich in einer Strafsache, von der Schuldfrage abgesehen, mehr als zwei Meinungen, deren keine die Mehrheit für sich hat, so werden die dem Beschuldigten nachteiligsten Stimmen den zunächst minder nachteiligen solange hinzugerechnet, bis sich eine Mehrheit ergiebt (GVG. § 198 Abs. 3). Diese Bestimmung ist analog auf die Erkennung von Ordnungsstrafen in Civilsachen anzuwenden.

[1]) GVG. § 177. Im Amtsgerichte vereinigt der Amtsrichter in seiner Person die Stellung des Vorsitzenden und des Gerichts.

[2]) GVG. §§ 178—185.

1. Parteien[3]), Zeugen, Sachverständige oder bei der Verhandlung nicht beteiligte Personen, welche den zur Aufrechterhaltung der Ordnung erlassenen Befehlen nicht gehorchen, können auf Beschluß des Gerichts aus dem Sitzungszimmer entfernt, auch zur Haft abgeführt und während einer in dem Beschlusse zu bestimmenden Zeit, welche vierundzwanzig Stunden nicht übersteigen darf, festgehalten werden[4]).

2. Begeht eine der unter 2 bezeichneten Personen oder ein bei der Verhandlung beteiligter Rechtsanwalt in der Sitzung eine Ungebühr, so kann das Gericht, vorbehaltlich der strafgerichtlichen oder disziplinaren Verfolgung eine Ordnungsstrafe beschließen und auch, abgesehen von den Fällen, daß der Thäter ein bei der Verhandlung beteiligter Rechtsanwalt ist, sofort vollstrecken lassen. Die Vollstreckung der erkannten Strafen hat der Vorsitzende unmittelbar zu veranlassen.

Ist der Thäter ein bei der Verhandlung beteiligter Rechtsanwalt[5]), so ist das Strafmaß Geld bis zu einhundert Mark, sonst neben der Geldstrafe alternativ Haft bis zu drei Tagen.

3. Die unter 1—3 bezeichneten Befugnisse stehen auch einem einzelnen Richter bei der Vornahme von Amtshandlungen außerhalb der Sitzung (z. B. bei Einnahme eines Augenscheines) zu.

4. Wird in den Fällen unter 2 u. 3 eine Ordnungsstrafe festgesetzt, so findet binnen einer Woche nach der Bekanntmachung der Entscheidung Beschwerde statt, sofern die Entscheidung nicht vom Reichsgerichte, obersten Landesgerichte oder einem Oberlandesgerichte getroffen ist.

---

[3]) Parteien im Sinne dieses Gesetzes sind nicht nur die eigentlichen Parteien selbst, sondern alle Personen, welche Parteirechte ausüben, also auch Vertreter der Parteien und Nebenintervenienten. Dagegen findet diese Bestimmung (GVG. § 178) auf Rechtsanwälte als Parteivertreter keine Anwendung, wie die Vergleichung von § 179 GVG. mit § 180 ergiebt.

[4]) Es ist dies eine Präventivmaßregel, keine Strafbestimmung, Beschwerde findet nicht statt. Kommen Richter, Gerichtsschreiber, Staatsanwälte den Anordnungen nicht nach, so findet diese Maßregel keine Anwendung, es erübrigt nur ein Einschreiten im Disziplinarwege; ebenso bezüglich der Rechtsanwälte.

[5]) Ist ein Rechtsanwalt nicht als Rechtsanwalt, sondern z. B. als Zeuge beteiligt, so ist auch Haftstrafe zulässig, es findet § 179 und nicht § 180 GVG. Anwendung.

Die Beschwerde hat in den Fällen unter 3 aufschiebende Wirkung sowie in dem Falle unter 2 dann, wenn die Ordnungsstrafe gegen einen bei der Verhandlung beteiligten Rechtsanwalt erkannt ist, sonst hat sie keine aufschiebende Wirkung.

Über die Beschwerde entscheidet das Oberlandesgericht.

Ist eine Ordnungsstrafe wegen Ungebühr festgesetzt oder eine Person zur Haft abgeführt oder eine bei der Verhandlung beteiligte Person entfernt worden, so ist der Beschluß des Gerichts und dessen Veranlassung in das Protokoll aufzunehmen.

6. Wird eine strafbare Handlung in der Sitzung begangen, so hat das Gericht den Thatbestand festzustellen und der zuständigen Behörde das darüber aufgenommene Protokoll mitzuteilen. In geeigneten Fällen ist die vorläufige Festnahme des Thäters zu verfügen.

§ 20.

Entgeltlichkeit der Ausübung der Gerichtsbarkeit. Gerichtskosten.

Planck § 38 — Schmidt §§ 160ff.

Obgleich es dem Wesen des Staates entspricht, daß derselbe das Unrecht verfolgt und das Recht schützt, so ist es doch seit langer Zeit üblich, daß der Staat für die Ausübung der Gerichtsbarkeit Vergütung von den Parteien beansprucht, auch den Ersatz der baren Auslagen, welche mit solcher Ausübung verbunden ist, begehrt. Freilich ist die Gewährung des Rechtsschutzes regelmäßig nicht von der Zahlung solcher Gebühren abhängig gemacht, auch wird demjenigen, welcher nicht im stande ist, solche Kosten zu erschwingen, durch das sog. Armenrecht[1]) Nachsicht in solcher Zahlungspflicht gewährt; andererseits entspringt die Verpflichtung zur Zahlung von Gerichtskosten insofern einem Erfordernisse der Gerechtigkeit, als der im Unrechte Befindliche dafür zu büßen hat, daß die Hülfe des Gerichts gegen ihn angerufen werden müßte, resp. daß er ungerechter oder leichtfertiger Weise die Hülfe des Gerichts in Anspruch genommen hat.

Die Höhe der Gebühren und Auslagen bestimmt sich nach dem Gerichtskostengesetze vom 18. Juni 1878 und der Novelle vom

---

[1]) Das Armenrecht ist ein Parteirecht, deshalb im zweiten Abschnitt (s. § 37) zu besprechen.

29. Juni 1881 i. d. F. d. B. v. 20. Mai 1898, sowie nach der Gebührenordnung für Gerichtsvollzieher von 1878 und 1881 i. d. F. d. B. v. 20. Mai 1898[2]).

Das Gerichtskostengesetz beruht auf dem Bauschalsystem, nicht die einzelnen gerichtlichen Handlungen, sondern das Verfahren wird besteuert. Es ist eine Skala nach dem Werte des Streitgegenstandes aufgestellt[3]). Die darnach zu berechnende Grundtaxe vervielfältigt sich nach dem Umfange des stattgehabten Verfahrens, sie wird erhoben als Verhandlungs-, Beweis- und Entscheidungsgebühr[4]). Findet für bestimmte Akte abgesonderte Verhandlung, Beweis oder Entscheidung statt, so ermäßigt sich die Gebühr auf 5/10,[5]) jedoch wird jede Gebühr — sei es Verhandlungs-, Beweis- oder Entscheidungsgebühr — in jeder Instanz[6]) rücksichtlich eines jeden Teils des Streitgegenstandes nur einmal erhoben. Treffen für gleiche Akte (Verhandlung, Beweis oder Entscheidung) die volle und die geringere Gebühr (§ 26) zusammen, so wird nur die volle Gebühr erhoben. Gewisse Nebenstreitigkeiten werden für die Gebührenrechnung als besonderer Rechtsstreit angesehen[7]) und sind die Gebühren dafür mit 2/10, 3/10 oder 5/10 besonders zu zahlen[8]). Für die Zustellung unter Vermittlung des Gerichtsschreibers (CPO. § 196), für das Sühneverfahren vor dem Beginne des Rechtsstreits (CPO. § 510), für das Verteilungsverfahren, für das Verfahren zur Leistung des Offenbarungseides, für das Aufgebotsverfahren und für das Ver-

---

[2]) GKG. § 1, GO. für Gerichtsvollzieher § 1.

[3]) GKG. §§ 8—17. In der Berufungsinstanz wird diese Taxe um 1/4, in der Revisionsinstanz um 1/2 erhöht, GKG. § 49. Im Urkunden- und Wechselprozesse werden nur 6/10 erhoben.

[4]) GKG. §§ 18—24. Die Entscheidungsgebühr wird auch für die Aufnahme eines zur Beilegung des Rechtsstreites abgeschlossenen Vergleichs erhoben, während die Verhandlungsgebühr in diesem Falle wegfällt (GKG. §§ 23, 21). Beträgt die Gebühr für die Aufnahme eines Vergleichs weniger als die Gebühr oder Abgabe, welche für den außerhalb des Rechtsstreites abgeschlossenen Vergleich zur Staatskasse zu erheben sein würde, so ist der Mehrbetrag der letzteren neben der Entscheidungsgebühr zu erheben. Dasselbe findet statt bei dem auf Grund eines Anerkenntnisses oder Verzichtes erlassenen Entscheidung (GKG. § 101).

[5]) GKG. § 26. — [6]) Was zur Instanz gehört oder nicht gehört, bestimmen die §§ 29—33 GKG.

[7]) GKG. § 39. — [8]) GKG. §§ 27, 34—38.

fahren in der Beschwerdeinstanz gelten besondere Bestimmungen[9]). Wird eine Klage, Gesuch pp. zurückgenommen, bevor ein gebührenpflichtiger Akt stattgefunden hat, so wird, abgesehen von dem Falle, daß die Klageschrift vor Bestimmung des Termins zurückgezogen wird, eine besondere Gebühr erhoben, welche jedoch bei nur teilweiser Zurücknahme anzurechnen ist[10]). Bestimmte Akte sind gebührenfrei[11]). Im Falle schuldvoller Verzögerung und Verlängerung kann eine Strafgebühr erhoben werden[12]). Die von den Parteien zu zahlenden baren Auslagen sind gesetzlich festgestellt[13]). Dazu gehören auch die an Zeugen und Sachverständige nach der Gebührenordnung vom 30. Juni 1878 i. d. F. d. B. vom 20. Mai 1898 zu zahlenden Entschädigungen.

Eine Erhebung von Stempeln und anderen Abgaben neben den Gebühren findet nicht statt[14]).

Die Gerichtskosten sind von den Parteien zu zahlen resp. vorzuschießen, soweit sie nicht durch gerichtliche Entscheidung dritten Personen aufgelegt sind[15]). Für diese Parteilast gelten folgende Grundsätze:

1. Schuldner der entstandenen Gebühren und Auslagen ist derjenige, welchem durch gerichtliche Entscheidung der Kosten des Verfahrens auferlegt sind, oder welcher dieselben durch eine vor Gericht abgegebene oder demselben mitgeteilte Erklärung übernommen hat[16]).

---

[9]) GKG. §§ 40—45. — [10]) GKG. § 46.

[11]) GKG. § 47. — [12]) GKG. § 48.

[13]) GKG. §§ 79—80b.

[14]) GKG. § 2 Abs. 1. Unberührt bleiben die bestehenden Landesgesetze, nach welchen neben der für ein Urteil zu erhebenden Entscheidungsgebühr die Registrierungsgebühr für das im Urteile festgestellte Rechtsverhältnis zu erheben ist.

Urkunden, von denen im Verfahren Gebrauch gemacht wird (z. B. Vollmachten, Verträge), sind nur insoweit einem Stempel oder anderen Abgaben unterworfen, als sie es ohne diesen Gebrauch sein würden (GKG. § 2 Abs. 2).

Urkunden, welche im Verfahren errichtet werden (z. B. Vergleiche) bleiben, soweit ihr Inhalt über den Gegenstand des Verfahrens hinausgeht, den allgemeinen Vorschriften über die Erhebung von Stempeln und anderen Abgaben unterworfen (GKG. § 2 Abs. 3).

[15]) CPO. §§ 91ff., 101, 102. — [16]) GKG. §§ 86—88.

Ist ein solcher Schuldner nicht vorhanden, so ist der Antragsteller Schuldner, jedoch unter Ausbescheidung der Auslagen, für welche der Gegner vorschußpflichtig ist[17]).

Vorschußpflichtig ist der Antragsteller. Die Vorschußpflicht umfaßt den Gebührenvorschuß und den Vorschuß für bare Auslagen.

a) Der Gebührenvorschuß beträgt soviel als die höchste Gebühr, welche für einen Akt der Instanz zum Ansatze kommen kann[18]).

b) Außer dem Gebührenvorschuß ist bei jedem Antrag, mit welchem bare Auslagen verbunden sind, ein zur Deckung derselben hinreichender Vorschuß zu zahlen[19]).

Die Stellung der Vorschüsse ist — abgesehen von dem Falle, daß der Antragsteller Ausländer ist — keine Bedingung für die Ausübung der beantragten gerichtlichen Handlung, soweit nicht die Prozeßordnung und das Gerichtskostengesetz dies zulassen[20]).

Ausländer haben das Dreifache des Gebührenvorschusses zu zahlen, soweit das Gesetz nicht Ausnahmen zuläßt[21]). Vor Zahlung des vom Ausländer zu zahlenden Gebühren- und Auslagenvorschusses ist die Vornahme einer gerichtlichen Handlung abzulehnen, sofern nicht glaubhaft gemacht wird, daß die Verzögerung dem Ausländer einen nicht zu ersetzenden Nachteil bringen würde[22]).

Besteht eine Partei aus mehreren Personen, so haften dieselben in Ermangelung einer gerichtlichen Entscheidung über die Kostenverteilung nach Kopfteilen[23]).

Ueber die Fälligkeit der Gebühren gelten die Vorschriften der §§ 93—97 GKG.

2. Gläubiger auf die Gerichtskosten ist der Bundesstaat, dessen Gericht den gebührenpflichtigen Akt vornimmt und, soweit das Reichsgericht thätig wird, das Reich. Darnach richtet sich also auch die Gewährung der Gebührenfreiheit, jedoch genießen das Reich in dem Verfahren vor den Landesgerichten und den Bundesstaaten in

---

17) GKG. § 89. — 18) GKG. § 81.

19) GKG. § 84.

20) GKG. § 3. CPO. §§ 379, 402, 911, GKG. § 97 Abs. 2, § 85 Abs. 5.

21) GKG. § 85 Abs. 1—3. — 22) GKG. § 85 Abs. 5.

23) GKG. § 91. —

dem Verfahren vor dem Reichsgerichte Freiheit von den Gebühren, nicht von den Auslagen[24]).

Die Behörden haben einander zum Zwecke der Einziehung von Gebühren und Auslagen nach näherer Bestimmung der von dem Bundesrate zu erlassenden Anweisung Beistand zu leisten[25]).

3. Der Mindestbetrag einer Gebühr ist zwanzig Pfennig. Pfennigbeträge, welche ohne Bruch nicht durch Zehn teilbar sind, werden auf den nächst höheren durch Zehn teilbaren Betrag abgerundet.[26]) Auf bare Auslagen findet das keine Anwendung[26]).

4. Die Gerichte sind befugt, Gebühren, welche durch eine unrichtige Behandlung der Sache ohne Schuld der Beteiligten entstanden sind, niederzuschlagen, und für abweisende Bescheide, wenn der Antrag auf nicht anzurechnender Unkenntnis der Verhältnisse oder auf Unwissenheit beruht, Gebührenfreiheit zu gewähren[27]).

5. Über Erinnerungen des Zahlungspflichtigen oder der Staatskasse gegen den Ansatz von Gebühren oder Auslagen entscheidet das Gericht der Instanz gebührenfrei. Änderung der Entscheidung von Amtswegen ist zulässig, ebenso Beschwerde[28]).

6. Eine Nachforderung von Gerichtskosten wegen irrigen Ansatzes ist nur zulässig, wenn der berichtigte Ansatz vor Ablauf des nächsten Kalenderjahres nach rechtskräftiger oder endgültiger Erledigung des Verfahrens dem Zahlungspflichtigen eröffnet ist[29]).

---

[24]) GKG. § 98.

[25]) GKG. § 99, Bundesratsverordn. v. 23. April 1880.

[26]) GVG. § 7.

[27]) GKG. § 6. Für diesen Fall fallen auch die Schreibgebühren aus GKG. § 80a Nr. 1 weg.

[28]) GKG. § 4. — [29]) GKG. § 5.

Zweiter Abschnitt.

Die Parteien.

Erster Titel.

Die Parteistellung.

Wach §§ 46ff. — Planck §§ 42ff. — Fitting §§ 23ff.
Hellmann §§ 47ff. — Schmidt § 30.

§ 21.

Der Parteibegriff und die Parteirollen.

Der Parteibegriff ist zweiseitig, er hat eine aktive und eine passive Seite.

Von der aktiven Seite betrachtet ist Partei, wer zum Schutze von selbständigen, ihn angehenden Interessen den Rechtsweg beschreitet, um einen ihm nach Maßgabe der Rechtsordnung gebührenden Vorteil zu erreichen[1]).

Aus dieser Begriffsbestimmung ergiebt sich, daß für den Parteibegriff zwei Momente wesentlich sind, ein äußeres und ein inneres. Das innere Moment entnehmen wir den Beziehungen,

---

[1]) Gleichgiltig ist, ob die Partei den Rechtsschutz selbst begehrt oder ein anderer für sie, Partei ist nicht der andere (der Vertreter), sondern der Vertretene. Selbstverständlich ist, daß für die Bestimmung des Parteibegriffs die Behauptungen der Partei nur hypothetisch in Betracht kommen und daß es gleichgiltig ist, ob das behauptete Interesse wirklich besteht, ob der Partei der begehrte Vorteil wirklich gebührt.

in welchen die Partei zu dem im Streite befangenen Rechtsverhältnisse steht, das äußere Moment ist das des Parteirollenträgers. Beide müssen zusammentreffen. Jemand ist nicht schon deshalb Partei, weil seine Interessen, sein subjektives Recht Gegenstand der Verhandlung in dem Prozesse ist, man ist nur dann Partei, wenn man zugleich eine Parteirolle in dem Prozesse hat, Kläger oder Beklagter ist. Klagt ein Miteigentümer eines Grundstücks wegen Störung in der Ausübung einer dem Eigentümer dieses Grundstücks zustehenden Dienstbarkeit (BGB. §§ 1027, 1004), so ist er allein Partei, obgleich auch über das Recht des anderen Miteigentümers im Prozesse verhandelt wird; er ist aber Partei als Subjekt seiner Interessen, welche in diesem Falle eines selbständigen Rechtsschutzes teilhaftig sind (BGB. § 1011). Klagt ein Ehemann wegen eines zum eingebrachten Gute gehörenden Gegenstandes im eigenen Namen, so ist er Partei, obgleich auch über das Recht der Frau verhandelt und entschieden wird, er ist aber Partei als Subjekt seines eigenen Interesses an der Erhaltung dieses Gutes (BGB. § 1375), welches in dieser Weise selbständigen Rechtsschutz genießt (BGB. § 1380).

Von der inneren Seite betrachtet, ist Partei das Subjekt des im Rechtsstreite verfolgten Interesses, also derjenige, welchem nach Maßgabe der Rechtsordnung der durch die Beschreitung des Rechtswegs zu erzielende Vorteil gebührt. Nicht wesentlich ist, daß der Partei dieser Vorteil für ihr eigenes Vermögen gebührt, daß dieses durch den zu erstrebenden Vorteil gewinnt, wohl aber ist wesentlich, daß der Vorteil in der Person der Partei ein selbständiger ist, daß er nicht direkt und unmittelbar in einer anderen Person als derjenigen des Parteirollenträgers entsteht, mit anderen Worten, daß der im Prozesse Handelnde nicht in Vertretung handelt.

Daher findet der Parteibegriff auch auf diejenigen Sachwalter fremden Vermögens Anwendung, welche das fremde Vermögen kraft besonderer Norm selbständig zu einem bestimmten Zwecke und nicht im Interesse des Vermögensherrn, sondern gerade in einem anderen den persönlichen Interessen des Vermögensherrn oft widerstreitenden Sinne verwalten, und welche in dieser Verwaltung selbständig und unabhängig gestellt sind. Daher gehören der Konkursverwalter[2]),

---

[2]) RG. Bd. 29 S. 29. Die gemeine Meinung hält den Konkursverwalter

der Zwangsverwalter[3]), der Testamentsvollstrecker mit Verwaltungsbefugnis, der Güterpfleger[4]), auch der Schiffer und Floßführer, soweit er selbständig neben dem Schiffsrheder oder dem Schiffseigner verklagt werden kann[5]).

Der Vorteil, welchen diese Personen durch die Prozeßführung erreichen, kommt den Zwecken zu gute, zu deren Erfüllung sie in den bezeichneten Eigenschaften berufen sind.

Diese Interessen genießen in der Person des berufenen Trägers selbständigen Rechtsschutz, somit liegen hier selbständige Parteiverhältnisse vor. Soweit aus dem Prozeßverhältnisse, in welchem diese Personen stehen, vermögensrechtliche Lasten (Kostenlast, Pflicht zur Sicherheitsleistung) entstehen, wird davon nur das von ihnen verwaltete fremde Vermögen, nicht ihr eigenes Vermögen ergriffen.

Die aktive Seite des Parteibegriffs führt uns unmittelbar auf die passive Seite; denn mit der Gewährung und Erreichung eines Vorteils ist auf einer anderen Seite immer ein Nachteil verknüpft. Gegenpartei ist also derjenige, welcher diesen Nachteil nach Maßgabe der Rechtsordnung erleidet, dessen Interessen durch diesen Nachteil in selbständiger Weise berührt werden, der Schuldner, der Besitzer, der Störer, der Anfechtungsgegner[6]).

Aus der Zweiseitigkeit des Parteibegriffs folgt mit Notwendigkeit, daß es in dem Parteienprozesse auch zwei Parteirollen giebt, und zwar immer nur zwei Rollen. Die Parteirollenträger werden regelmäßig als Kläger und Beklagter, im Mahnverfahren und in der Zwangsvollstreckung als Gläubiger und Schuldner, im Aufgebotsverfahren als Antragsteller und Gegner bezeichnet. Die Rolle des einen ist die des Angreifers, die Rolle des anderen die des Angegriffenen.

---

auch im Prozesse für den Vertreter des Gemeinschuldners (Petersen, Wach, Fitting u. a.); andere (Seuffert, Kohler) für den Vertreter der Gesamtheit der Konkursgläubiger.

[3]) CPO. §§ 848, 855, 857, Gesetz, betreffend die Zwangsversteigerung und Zwangsverwaltung, §§ 150 ff., BGB. § 1052.

[4]) BGB. § 1914.

[5]) HGB. § 761 Abs. 2, Binnenschiffahrtsges. i. d. F. d. B. vom 20. Mai 1898 § 97 Abs. 2, Flößereigesetz vom 15. Juni 1895, § 28 Abs. 2.

[6]) Selbstverständlich ist auch hier, daß diese Bestimmung nur hypothetische Bedeutung hat, und gleichgiltig ist auch hier, ob der Gegner diesen Nachteil an seinem eigenen Vermögen oder als Sachwalter fremden Vermögens erleidet, wenn ihn nur ein anderer nicht unmittelbar durch ihn erleidet.

Mit Auftreten des Angreifers ist der Angegriffene gegeben, es sei denn, daß sich der Angriff — wie im Aufgebotsverfahren — gegen unbekannte Personen richtet.

Beide Rollen stehen in einem solchen Gegensatze, daß das prozessuale Streitverhältnis erlischt, wenn die Rollen in der Person des einen durch Rechtsnachfolge sich vereinigen[7]).

Auch kennt unser Prozeßverfahren sog. judicia duplicia, in welchen jede Partei Kläger und Beklagter in demselben Rechtsstreite wird, nicht[8]). Dagegen kann der Angegriffene durch Erhebung einer Widerklage zu seiner Rolle noch die Rolle des Angreifers übernehmen, wodurch ein neuer Rechtsstreit entsteht, in welchem der Angreifer im ersten Rechtsstreit die Rolle des Angegriffenen hat.

Neben dem Parteibegriffe im eigentlichen Sinne kann man einen weiteren Parteibegriff aufstellen. Während Partei im eigentlichen Sinne ist, wer als Parteirollenträger — Kläger oder Beklagter — Gläubiger oder Schuldner — im Rechtsstreite seine selbständigen Interessen verhandelt oder als Angegriffener doch zu solcher Verhandlung befugt ist, erscheint als Partei im weiteren Sinne is, cujus res agitur, dessen Angelegenheit durch den Prozeß berührt wird. In diesem Sinne ist auch Partei derjenige, welcher ein besonderes selbständiges Interesse am Ausgange des Rechtsstreits hat, sowie derjenige, dem der Streit verkündet ist. Diese Personen können sich am Prozesse beteiligen, und soweit sie dies thun, übernehmen sie auch eine Parteirolle, freilich in verschiedener Weise; sie treten entweder in die Parteirolle der einen Partei ein[9]) oder sie treten ihr als gleichberechtigte Streitgenossen zur Seite[10]), oder sie treten als neue Partei zu den beiden bisherigen Parteien in Gegnerschaft[11]), oder sie treten nur neben eine der bisherigen Parteien in einer abhängigen Nebenrolle der anderen Partei als Gegner gegenüber[12]).

Soweit nun diese Personen nicht eine volle Parteirolle über-

---

[7]) Ausnahmen kommen im Erbrecht dann vor, wenn die Absonderung des Nachlasses stattfindet. Darüber wird unten im § 32 zu sprechen sein.

[8]) Wetzell § 5 Anm. 6. — [9]) CPO. §§ 75—77.

[10]) CPO. § 69. — [11]) CPO. § 64.

[12]) CPO. §§ 66 ff.

nehmen, sondern nur in einer Nebenrolle Parteibefugnisse in beschränktem Umfange ausüben, sind sie doch Parteien in dem Sinne, daß auch ihnen Lasten, z. B. Kosten auferlegt werden können [13]), daß die Eigenschaften Parteifähigkeit und Prozeßfähigkeit auch auf sie Anwendung finden, und daß auch ihr persönliches Verhältnis zu dritten Personen, insbesondere Gerichtspersonen, Zeugen, Sachverständigen von Einfluß ist.

Is, cujus res agitur, ist auch der zu Entmündigende im Entmündigungsbeschlußverfahren sowie der Entmündigte in dem Verfahren auf Wiederaufhebung der Entmündigung durch Beschluß. Eine Parteirolle giebt es in diesem Verfahren nicht, trotzdem ist der zu Entmündigende bezw. der Entmündigte Partei im weiteren Sinne. Ihn treffen die Kosten des Verfahrens, falls er unterliegt, auch sein persönliches Verhältnis zu dritten Personen, Gerichtspersonen, Zeugen und Sachverständigen, muß berücksichtigt werden.

Die praktische Bedeutung des Parteibegriffs.

Der Parteibegriff hat praktische Bedeutung in mehrfacher Richtung, sowohl in prozeßrechtlicher als in materiellrechtlicher Beziehung.

Für das Prozeßrecht kommen hier folgende Punkte in Betracht:

1. Den Parteien gegenüber steht das Gericht.

Der Richter ist in bestimmten Fällen von der Ausübung des Richteramts ausgeschlossen [14]).

Ob ein Ausschließungsgrund vorliegt, entscheidet sich zunächst aus den persönlichen Beziehungen, welche zwischen dem Parteirollenträger und der Person des Richters bestehen, aber auch z. B. hinsichtlich der Frage, ob der Richter Mitberechtigter ꝛc. ist, aus dem inneren Verhältnisse der Partei zu der Streitsache. Klagt z. B. der Konkursverwalter gegen einen Schuldner des Gemeinschuldners wegen einer zur Konkursmasse gehörigen Forderung, so ist sicher, daß ein einzelner Gläubiger, wenn er auch Interesse am Ausgange des Rechtsstreits haben mag, weder Partei ist, noch Mitberechtigter der Partei. Ein solcher Konkursgläubiger ist also nicht kraft des Gesetzes von der Ausübung des Richteramts ausgeschlossen.

2. Den Parteien und dem Gerichte gegenüber stehen

---

13) CPO. § 101.

14) CPO. § 41 Nr. 1–3 und o. S. 89 f.

Zeugen und Sachverständige. Eine Partei kann nicht in eigener Sache als Zeuge oder Sachverständiger vernommen werden. Dasselbe gilt von dem an Stelle der Partei stehenden gesetzlichen Vertreter. Der in einer Sache als Zeuge oder Sachverständiger Vernommene kann in dieser Sache kein Richter sein[15]).

3. Für die Frage, ob ein Zeuge oder Sachverständiger zur Verweigerung der Aussage berechtigt ist, ob ein Zeuge zu beeidigen ist, kommt neben anderen Momenten auch das persönliche Verhältnis des Zeugen rc. zu den Parteien resp. seine rechtlichen Beziehungen zu der Partei in Bezug auf die im Rechtsstreit verhandelte Sache in Betracht[16]). Soweit das persönliche Verhältnis maßgebend ist, ist nur die Person des Parteirollenträgers in Betracht zu ziehen, während im übrigen auf das innere Verhältnis der Partei zur Sache zu sehen ist.

4. Die Parteien trifft die vermögensrechtliche Last der Kostentragung und in ihrem Streitverhältnisse zu einander die Pflicht zur Kostenerstattung und zur Sicherheitsleistung. Soweit eine Partei nicht im eigenen Interesse sondern als berufsmäßiger Sachwalter für fremde Interessen Partei ist, haftet sie nicht mit ihrem Vermögen, sondern nur mit dem fremden Vermögen. Die Pflicht zur Sicherheitsleistung für die Prozeßkosten trifft den Ausländer. Ist der klagende Testamentsvollstrecker ein Ausländer, gehört aber der Nachlaß, dessen Verwaltung ihm obliegt, dem Inlande an, so entfällt die Verpflichtung zur Sicherheitsleistung.

§ 22.
Parteifähigkeit.

Wach § 46 — Planck § 43 — Hellmann § 52 — Fitting § 23 — Schmidt § 30, III.

Begriff. Parteifähigkeit ist die Fähigkeit, Partei, Träger einer Parteirolle im Prozesse zu sein, die Fähigkeit, zu klagen oder verklagt zu werden.

Die Parteifähigkeit ist ein Ausfluß der Rechtsfähigkeit; denn parteifähig ist, wer rechtsfähig ist (CPO. § 50).

---

15) CPO. § 41 Nr. 5.

16) CPO. §§ 383, 1—3, 393, 3 u. 4, 408.

Die Rechtsfähigkeit ist eine Eigenschaft jemandes, kraft welcher er fähig ist, in rechtlichen Beziehungen zu stehen. Rechtsfähig ist, wer Träger von Rechtsbefugnissen und Rechtspflichten sein, in Rechtsverhältnissen stehen, Subjekt rechtlich anerkannter und selbständigen Schutzes wert erachteter Interessen sein kann.

Parteifähigkeit ist also vorhanden, wo die Rechtsordnung selbständige, des Rechtsschutzes bedürftige Interessen als vorhanden annimmt, mag das Subjekt dieser Interessen ein Mensch, eine juristische Person oder eine sonst juristische ausgebildete Gesamtheit sein.

Die Parteifähigkeit hat eine doppelte Seite, eine aktive („klagen können") und eine passive („verklagt werden können"), d. h. es kann jemand seine Interessen im Wege des prozessualen Angriffs oder als Angegriffener geltend machen.

Ist die Parteifähigkeit ein Ausfluß der Rechtsfähigkeit, so ist ohne weiteres klar, daß die natürlichen und die juristischen Personen parteifähig sind. Eines selbständigen Rechtsschutzes fähig sind aber weiter nach positivem Rechte bestimmte Gesamtheiten von Personen, welche eine selbständige juristische Persönlichkeit nicht haben, wie die offene Handelsgesellschaft, sodann Vereine ohne juristische Persönlichkeit, gewisse Behörden und gewisse Beamte in ihrer amtlichen Eigenschaft, nicht als Privatpersonen.

1. Der Mensch ist rechtsfähig und deshalb auch parteifähig. Absolut rechtsunfähige Menschen kennt das Bürgerliche Gesetzbuch nicht[1]).

2. Auch die juristischen Personen sind parteifähig; sie gehören zum Teil dem Reichsrechte, andere dem Landesrechte an, letztere sind die Körperschaften und Anstalten des öffentlichen Rechtes, soweit solche nicht reichsrechtlich geregelt sind.

Zu den auf reichsrechtlichen Normen beruhenden juristischen

---

[1]) Anders das gemeine Recht und einzelne Landesrechte (s. Windscheid, Lehrbuch I § 55 Anm. 9, Roth, Privatrecht I § 70 unter 5) bezüglich der religiosi, bestimmter Ordenspersonen.

Ist ein Lehrer an einer Hochschule auf Grund einer Vorschrift des öffentlichen Rechts verhindert, rückständiges Honorar selbst einzuklagen, und ist diese Einklagung einem besonderen Beamten, dem akademischen Quästor, übertragen, so ist der Lehrer relativ parteiunfähig, der Quästor Partei im öffentlichen Interesse.

Persönlichkeiten des Privatrechtes gehören die Vereine und Stiftungen, soweit solche Rechtsfähigkeit erlangt haben[2]), ferner Aktiengesellschaften[3]), Gesellschaften mit beschränkter Haftpflicht[4]) sowie diejenigen Kolonialgesellschaften, welchen die Rechtsfähigkeit durch Bundesratsbeschluß verliehen ist[5]), endlich eingetragene Genossenschaften[6]) und eingeschriebene Hilfskassen[7]).

Mit dem Aufhören einer juristischen Persönlichkeit endigt deren Rechtsfähigkeit nicht in allen Fällen vollständig; soweit noch eine Liquidation des Vermögens, insbesondere die Abwickelung der schwebenden Geschäfte, Einziehung von Forderungen, Bezahlung von Schulden u. s. w. erforderlich ist, dauert die Rechtsfähigkeit und damit die Parteifähigkeit zu solchem Zwecke und in diesem beschränkten Umfange fort[8]).

3. In der Rechtsfähigkeit der offenen Handelsgesellschaft[9]), der Kommanditgesellschaft[10]) sowie der Kommanditgesellschaft auf Aktien[11]) stellt sich die Rechtsfähigkeit der Gesellschafter in ihrer Gesamtheit einheitlich dar. In solchem Sinne ist also auch die Parteifähigkeit dieser Einrichtungen aufzufassen, sie ist von einer Veränderung in den Gliedern der Gesamtheit unabhängig, es ist trotz der Gesamtheit nur eine Partei, keine Streitgenossenschaft vorhanden, die materiellen Wirkungen des Prozesses treten hier gegen die Gesamtheit, als sei sie selbst Subjekt des einheitlichen, vom Vermögen der Gesellschafter getrennten Vermögens der Gesellschaft ein, nur dieses wird von solchen Wirkungen ergriffen, daher auch ein selbständiger Konkurs über das Gesellschaftsvermögen möglich ist. Das

---

[2]) BGB. §§ 21, 22ff., 80. Ges. v. 20. Juni 1872 (RGBl. S. 210), Ges. v. 31. Mai 1877 (RGBl. S. 523).

[3]) HGB. § 210 Abs. 1. — [4]) Ges. v. 20. April 1892 § 13.

[5]) Ges. v. 2. Juli 1899 Art. I (RGBl. S. 365).

[6]) Ges. v. 1. Mai 1889 § 17. — [7]) Ges. v. 7. April 1776 § 5.

[8]) BGB. §§ 47ff., 88, HGB. §§ 292, 294ff., Ges. v. 20. April 1892 §§ 66ff. und dazu EG. z. HGB. Art. 11 Nr. 18, Ges. v. 1. Mai 1889 §§ 80ff. und dazu EG. z. HGB. Art. 10, Nr. 6—9. Ges. v. 7. April 1876 § 30, Gew.-O. §§ 103a, 104n, Handwerkerges. § 98, 104m, Krankenvers.-Ges. v. 15. Juni 1883 § 47 Abs. 5.

[9]) HGB. § 124. — [10]) HGB. § 161 Abs. 2.

[11]) HGB. § 320 Abs. 3.

sind die praktischen Folgen, welche aus der Parteifähigkeit dieser Gesellschaften zu ziehen sind [12]).

4. **Vereine, welche die Rechtsfähigkeit nicht erlangt haben, haben nur eine einseitige Parteifähigkeit**, sie können nicht klagen, wohl aber verklagt werden und haben dann in dem Rechtsstreite die Stellung eines rechtsfähigen Vereins [13]).

Aus der Fähigkeit, verklagt zu werden, folgt die Fähigkeit, alle einem Beklagten eingeräumten prozessualen Befugnisse auszuüben; dahin gehören insbesondere auch das Recht der Widerklage, die Fortsetzung des Verfahrens zum Zwecke der Erledigung eines Vorbehalts nach Erlaß eines Vorbehaltsurteils, der Anspruch auf Schadensersatz aus CPO. §§ 302, 717, der Klagen aus CPO. §§ 323, 578, 767 [14]).

Der im Rechtsstreite befangene nicht rechtsfähige Verein hat im Rechtsstreite die Stellung eines rechtsfähigen Vereins, es entfällt also insoweit die Bestimmung des § 54 BGB.

5. **Behörden** sind parteifähig, wenn sie Interessen, welche Rechtsschutz im Wege des civilprozessualen Verfahrens genießen, für welche also der Rechtsweg zulässig ist, selbständig wahrzunehmen haben. Ob und inwieweit das der Fall ist, bestimmt sich nach Landesrecht. Aus dem Reichsrechte dürfte hier nur auf die Bestimmung der §§ 525 Abs. 2 und 2184 BGB. hinzuweisen sein, wonach die Vollziehung einer Auflage von der zuständigen Behörde verlangt werden kann, wenn die Vollziehung im öffentlichen Interesse liegt.

Was von den Behörden gilt, findet gleichmäßig auf solche Beamte Anwendung, welchen die Wahrnehmung des selbständigen Rechtsschutzes bedürftiger Interessen im öffentlichen Interesse übertragen ist. Zu solchen Beamten gehört z. B. der akademische Quästor in dem oben S. 115 Anm. 1 bezeichneten Falle.

6. Eine besondere Parteifähigkeit hat der Staatsanwalt im Verfahren in Ehesachen, Familienstandssachen und in Entmündigungssachen. Darüber wird unten § 26 besonders gesprochen werden.

---

[12]) Diese Gebilde sind deshalb nicht nur Parteien im formellen Sinne (s. Wach, Handbuch I § 46 S. 518 ff.), sondern im wirklichen, praktischen Sinne.

[13]) CPO. § 50 Abs. 2.

[14]) S. den Bericht der Reichstagskommission in den Drucksachen des Reichstags V. Session 1897/98 Nr. 240.

Die Parteifähigkeit der Ausländer regelt sich nach den Grundsätzen des internationalen Rechtes. Die Frage nach der Parteifähigkeit ist zunächst eine öffentlich-rechtliche, da sie auf dem Gebiete des Prozeßrechtes liegt. Das Prozeßrecht kennt jedoch die Parteifähigkeit nur als abgeleiteten Begriff, welcher wesentlich den Bestimmungen des materiellen Rechtes zu entnehmen ist. Soweit hier die Bestimmungen des internationalen Privatrechts in Betracht kommen, interessieren für unsere Frage nur die Vorschriften der Art. 8 und 9 des Einführungsgesetzes zum Bürgerlichen Gesetzbuche, welche für das Entmündigungs- und das Aufgebotsverfahren in Betracht kommen.

Im übrigen ist es ein bekannter Grundsatz des internationalen Rechtes, daß Fremde und Einheimische vor dem Gerichte eines Staates gleichmäßigen Rechtsschutz genießen[15]), daß niemals einem Fremden um dieser Eigenschaft willen die Rechtshülfe geweigert werden darf, es müßte denn durch die Regierung ein Vergeltungsrecht (s. hierüber oben S. 20 f.) oder eine Suspendierung der Klagerechte feindlicher Unterthanen im Kriege angeordnet sein. Was von fremden Staatsangehörigen gilt, dürfte auch auf fremde Staaten als solche anzuwenden sein, nicht minder auf öffentliche und private Korporationen, Anstalten und Stiftungen, welche in ihrem Heimatsstaate als Rechtssubjekte auf dem Gebiete des Privatrechtes anerkannt sind. Im übrigen entscheiden die Staatsverträge[16]).

Ein einem fremden Staate angehörender und nach dessen Gesetzen rechtsfähiger Verein, der die Rechtsfähigkeit im Inlande nur durch Konzession oder Eintragung (BGB. §§ 21, 22) erlangen könnte, gilt als rechtsfähig, mithin auch parteifähig, wenn[17]) seine Rechtsfähigkeit durch Beschluß des Bundesrats anerkannt ist. Nicht anerkannte ausländische Vereine sind nur einseitig prozeßfähig nach Maßgabe des § 50 Abs. 2 CPO.

Die Feststellung der Parteifähigkeit erfolgt vom Gerichte von Amtswegen. Sie ist eine zunächst festzustellende Prozeß-

---

[15]) von Bar, das internationale Recht § 117, Wach, Handbuch S. 221.

[16]) Vgl. z. B. Handels- und Schiffahrtsvertrag mit Rußland von 1894 (RGBl. S. 156) Art. 4.

[17]) EG. z. BGB. Art. 10.

voraussetzung[18]), die Einrede der mangelnden Parteifähigkeit ist prozeßhindernd[19]).

§ 23.

Prozeßfähigkeit und gesetzliche Vertretung.

Wach §§ 47, 48, 51 — Planck §§ 44, 46 — Hellmann §§ 52, 53 — Fitting § 24 — Schmidt § 30 IV, § 59.

Die Prozeßfähigkeit („legitima persona standi in judicio"), d. h. die Fähigkeit zum vollwirksamen Handeln im Prozesse, hat gleichfalls eine aktive und passive Seite, d. h. eine Partei ist prozeßfähig, wenn sie nicht nur selbst prozessuale Handlungen mit Rechtswirksamkeit für und gegen sich vornehmen kann, sondern wenn auch ihr gegenüber solche Handlungen vorgenommen werden können. Rechtswirksame Prozeßhandlungen können also nur von einer prozeßfähigen Partei gegenüber einer prozeßfähigen Partei vorgenommen werden. Begriff.

Auch in der Frage nach der Prozeßfähigkeit lehnt sich das Prozeßrecht an das materielle Recht an.

Prozeßfähig[1]) ist jemand, soweit er nach bürgerlichem Rechte sich durch Verträge verpflichten kann. Die Prozeßfähigkeit einer Frau wird dadurch, daß sie Ehefrau ist, nicht beschränkt[2]).

Danach ist prozeßunfähig:

1. wer geschäftsunfähig ist[3]);
2. wer in der Geschäftsfähigkeit beschränkt ist, also Minderjährige und Personen, welche wegen Geistesschwäche, wegen Verschwendung oder wegen Trunksucht entmündigt sind, sowie Personen, welche unter vorläufige Vormundschaft gestellt sind[4]).

Bezüglich der beschränkt Geschäftsfähigen ist noch auf folgende Punkte hinzuführen:

a) Hat ein Minderjähriger nach § 112 des Bürgerlichen Gesetzbuches die Ermächtigung zum selbständigen Be-

---

[18]) CPO. § 54. — [19]) CPO. § 274.

[1]) CPO. §§ 51—53.

[2]) Dieser Satz hat für das Bürgerliche Gesetzbuch freilich keine Bedeutung, wohl aber nach Art. 200 Abs. 3 des EG. z. BGB.

[3]) BGB. §§ 104, 105 Abs. 1. — [4]) BGB. §§ 106 ff., 114.

triebe eines Erwerbsgeschäftes erlangt, so ist derselbe bezüglich dieses Geschäftsbetriebes unbeschränkt geschäftsfähig, also auch prozeßfähig, es handele sich dann um solche Rechtsgeschäfte, zu denen der Vertreter der Genehmigung des Vormundschaftsgerichts bedarf[5]).

b) Dasselbe findet entsprechende Anwendung auf alle beschränkt Geschäftsfähigen, soweit dieselben nach § 113 BGB. die Ermächtigung erlangt haben, in Dienst und Arbeit zu treten. Diese Bestimmung findet auch Anwendung auf das dem Landesrecht vorbehaltene Gesinderecht[6]).

c) In Ehesachen ist ein in der Geschäftsfähigkeit beschränkter Ehegatte prozeßfähig; dies gilt jedoch insoweit nicht, als die Anfechtung der Ehe deshalb erfolgt ist, weil der anfechtende Ehegatte zur Zeit der Eheschließung oder der Bestätigung einer nach § 1325 BGB. nichtigen Ehe in der Geschäftsfähigkeit beschränkt war. In diesem Falle kann nur der gesetzliche Vertreter des in der Geschäftsfähigkeit beschränkten Ehegatten die Anfechtungsklage erheben[7]).

d) Wird die Ehelichkeit eines Kindes oder die Anerkennung der Ehelichkeit vom Ehemanne der Mutter durch Erhebung der Anfechtungsklage angefochten, so ist der Kläger in diesem Prozesse prozeßfähig, auch wenn er in der Geschäftsfähigkeit beschränkt ist[8]).

In den Fällen a—d kann man von einer beschränkten Prozeßfähigkeit sprechen.

Eine beschränkte Prozeßfähigkeit behält auch der Entmündigte, nämlich insoweit, als er befugt ist, die Anfechtungsklage selbst zu erheben und zu verfolgen[9]). Der dem Entmündigten auf seinen Antrag etwa beigeordnete Rechtsanwalt ist kein gesetzlicher Vertreter, sondern ein gewillkürter Bevollmächtigter[10]).

---

[5]) BGB. § 112. — [6]) BGB. § 113, EG. z. BGB. Art. 95.

[7]) BGB. § 1336 Abs. 2. CPO. § 612 Abs. 1.

[8]) CPO. § 641 Abs. 2. — [9]) CPO. § 666.

[10]) CPO. § 668. Anders im Falle des § 679 Abs. 3 s. R.G. Bd. 35 S. 357 und unten § 123 Anm. 27 und § 125 Anm. 10.

Wird eine prozeßfähige Person durch einen Pfleger vertreten, so steht sie für den Rechtsstreit einer nicht prozeßfähigen Person gleich[11]).

Wird einer geschäftsfähigen Person ein Pfleger beigeordnet[12]), so wird dieselbe in ihrer Geschäftsfähigkeit nicht beschränkt. Der Pfleger hat jedoch die Stellung eines Vormundes[13]) und ist deshalb zur Vertretung des Pflegebefohlenen verpflichtet und berechtigt. Führt er als Vertreter einen Rechtsstreit für den Pflegebefohlenen, so tritt dieser damit in die Stellung einer prozeßunfähigen Partei, während der Pfleger die Stellung eines gesetzlichen Vertreters der Partei einnimmt.

Dasselbe findet statt, wenn der unbekannte Beteiligte, dem nach § 1913 BGB. ein Pfleger bestellt ist, geschäftsfähig ist, oder wenn im Falle der Nachlaßpflegschaft[14]) oder Nachlaßverwaltung[15]) der Erbe geschäftsfähig, also auch prozeßfähig ist.

Ist im Landesrechte resp. in den maßgebenden Hausgesetzen in Ansehung der Landesherren und der Mitglieder der landesherrlichen Familien, sowie der Mitglieder der Fürstlichen Familie Hohenzollern, der Mitglieder des vormaligen Hannoverschen Königshauses, des vormaligen Kurhessischen und des vormaligen Herzoglich Nassauischen Fürstenhauses[16]) vorgeschrieben, daß dieselben in Rechtsstreitigkeiten vertreten werden, so sind die Landesherren und die Mitglieder der bezeichneten fürstlichen Häuser als prozeßunfähig anzusehen. Es gelten in Ansehung dieser Vertreter alle Bestimmungen der Prozeßordnung über die gesetzliche Stellvertretung.

Juristische Personen sind prozeßfähig[17]). In den Prozessen der juristischen Person ist der Vorstand, der Verwalter in dieser seiner Eigenschaft Träger der Parteirolle, selbst Partei[18]), da er in dieser Eigenschaft nicht seine Person, sondern die juristische Person darstellt.

Das ist auch die Auffassung des Bürgerlichen Gesetzbuches,

---

[11]) CPO. § 53. — [12]) BGB. §§ 1910, 1911.

[13]) BGB. § 1115. — [14]) BGB. § 1960.

[15]) BGB. §§ 1981 ff.

[16]) EG. z. CPO. § 5. Dazu Wilmowski und Lewy, Ausführungsgesetze.

welches im § 26 Abs. 2 sagt: „Der Vorstand vertritt den Verein gerichtlich und außergerichtlich; er hat die Stellung eines gesetzlichen Vertreters[18].“ Das Gesetz sagt nicht, daß der Vorstand gesetzlicher Vertreter des Vereins ist, sondern daß er die Stellung eines gesetzlichen Vertreters hat, es will also damit zum Ausdrucke bringen, daß diejenigen Bestimmungen, welche für den gesetzlichen Vertreter gelten, mögen solche materiellrechtlicher oder prozeßrechtlicher Art sein, auch auf den Vorstand eines rechtsfähigen Vereins oder einer Stiftung Anwendung finden, ohne daß damit der Verein selbst zu einem prozeßunfähigen Rechtssubjekt wird.

Die Prozeßfähigkeit der Ausländer bestimmt sich, da sie abhängig ist von der Geschäftsfähigkeit, prinzipiell nach den Gesetzen

---

[17]) Die gemeine Meinung ist dagegen. Die Beantwortung dieser Streitfrage hängt von dem Standpunkte ab, den man in der Lehre von dem Wesen einer juristischen Person einnimmt. In der gemeinrechtlichen Theorie herrscht auch heute noch die Fiktionstheorie vor, während die von Beseler begründete und von Gierke weiter ausgebildete Genossenschaftstheorie erst allmählich zur Anerkennung kommen wird (s. jetzt auch Regelsberger Pandekten, § 75). Die juristischen Personen sind in der That Einrichtungen der menschlichen Gesellschaft, in denen der Mensch aus seiner Individualsphäre heraus und in die Sozialsphäre eintritt. Diese Gebilde — Körperschaften, Stiftungen und selbständige Anstalten — werden nicht erst von der Rechtsordnung geschaffen, sie werden als Erzeugnisse des menschlichen Gemeinlebens von der Rechtsordnung für das, was sie sind, anerkannt und nicht erst zu etwas gestempelt, was sie im natürlichen Sinne nicht sind; es ist Aufgabe der Rechtswissenschaft, sie in ihrem Wesen, in ihrer Eigenart zu erkennen.

Vom Standpunkt der Genossenschaftstheorie ist die juristische Person ein willens- und handlungsfähiges Subjekt, sie will und handelt durch ihre Organe, jedes Organ ist nur ein Stück des Gemeinwesens, welches Persönlichkeit hat; „das Gemeinwesen deckt sich als wollende und handelnde Persönlichkeit vollkommen mit dem fungierenden Organe; es wird als Ganzes durch den Teil insoweit dargestellt, als eben durch diesen Teil das einheitliche Leben des Ganzen sich vollzieht“ (Gierke, Genossenschaftstheorie, S. 625). Dazu ist erforderlich, daß das handelnde Organ ein verfassungsmäßiges ist, daß die einzelne Willensaktion zu seiner verfassungsmäßigen Zuständigkeit gehört und in verfassungsmäßiger Form vorgenommen ist. Fehlt es an einem dieser Erfordernisse, so ist die betreffende Willensaktion keine Handlung der juristischen Person; liegen diese Voraussetzungen vor, so hat die betreffende Willensaktion keine andere Bedeutung als die einer Willensaktion der juristischen Person.

[18]) CPO. § 184 nennt deshalb neben dem gesetzlichen Vertreter einer Partei den Vorsteher einer Gemeinde, Korporation 2c.

desjenigen Landes, dem der betreffende Ausländer angehört, gleichgültig ob er im Inlande oder im Auslande und wo er im Auslande wohnt, ob in seinem Heimatlande oder in einem anderen fremden Staate[20]). Erwirbt ein Ausländer, der volljährig ist oder die rechtliche Stellung eines Volljährigen hat, die Reichsangehörigkeit, so behält er die Stellung eines Volljährigen (mithin Prozeßfähigen), auch wenn er nach den deutschen Gesetzen nicht volljährig ist[21]).

Danach ist ein Ausländer resp. bleibt der frühere Ausländer jetzige Reichsangehörige prozeßfähig, wenn er es auch nach den Gesetzen des Deutschen Reiches nicht ist resp. doch nicht geblieben wäre.

Fehlt einem Ausländer nach dem Rechte seines Heimatlandes die Prozeßfähigkeit, so gilt er in den hier von ihm geführten Prozessen als prozeßfähig, wenn er nach Maßgabe der hier für die Prozeßfähigkeit geltenden Vorschriften, abgesehen von seiner Eigenschaft als Ausländer, prozeßfähig sein würde[22]). Der gesetzliche Vertreter des ausländischen Heimatsstaates der hier als prozeßfähig geltenden ausländischen Partei ist im Rechtsstreite als gesetzlicher Vertreter nicht zuzulassen.

Wer prozeßunfähig ist oder einer prozeßunfähigen Person gleichsteht, kann im Prozesse nicht selbst handeln. Für ihn handelt der gesetzliche Vertreter[23]).

Nach bürgerlichem Rechte sind gesetzliche Vertreter

1. an erster Stelle der Vater hinsichtlich seiner minderjährigen Kinder kraft seiner elterlichen Gewalt[24]);

2. sodann die Mutter hinsichtlich ihrer minderjährigen Kinder, wenn ihr die elterliche Gewalt dem Rechte oder der Ausübung nach zusteht[25]);

3. neben der Mutter der ihr zugeordnete Beistand, wenn und soweit ihm die Vermögensverwaltung übertragen ist[26]);

4. der Altersvormund, wenn der Vater die elterliche Gewalt verwirkt hat und die Ehe nicht aufgelöst ist, oder wenn dem Vater

---

[19]) Diese Bestimmung findet auch auf Stiftungen Anwendung, BGB. § 86.
[20]) EG. z. BGB. Art. 7 Abs. 1. — [21]) EG. z. BGB. Art. 7 Abs. 2.
[22]) CPO. § 55. — [23]) CPO. § 51.
[24]) BGB. §§ 1627, 1630 Abs. 1. — [25]) BGB. §§ 1684, 1685.
[26]) BGB. §§ 1693, 1915 und 1793.

die elterliche Gewalt entzogen ist, sowie allgemein, wenn der Vater gestorben oder tot erklärt ist und die Mutter nicht mehr lebt oder ihr die elterliche Gewalt nicht zusteht oder ihre elterliche Gewalt wegen ihrer Minderjährigkeit ruht[27]);

5. der Altersvormund eines unehelichen Kindes und eines Minderjährigen, dessen Familienstand nicht zu ermitteln ist[28]);

6. der Vormund einer entmündigten oder unter vorläufige Vormundschaft gestellten Person[29]);

7. der Pfleger hinsichtlich derjenigen Angelegenheiten des Pflegebefohlenen, deren Erledigung ihm obliegt[30]);

8. die Liquidatoren einer aufgelösten juristischen Person, soweit die Rechtsfähigkeit derselben nach der Auflösung noch fortdauert[31]).

Wer unter elterlicher Gewalt oder unter Vormundschaft steht und trotzdem einen Pfleger hat[32]), wird in zwiefacher Richtung vertreten. Soweit der Pfleger die Vertretungsbefugnis hat, ist der Gewalthaber oder Vormund zur Vertretung nicht befugt.

Der gesetzliche Vertreter tritt vollständig an die Stelle der Partei, er hat im Prozesse in aktiver und passiver Richtung die gleiche Stellung wie die Träger der Parteirolle selbst, obgleich er nicht Partei ist; jedoch ist der gesetzliche Vertreter eines geschäftsunfähigen Ehegatten zur Erhebung der Klage auf Herstellung des ehelichen Lebens nicht befugt und bedarf zur Erhebung der Ehescheidungsklage und der Eheanfechtungsklage der Genehmigung des Vormundschafts-

---

27) BGB. §§ 1773, 1696, 1697 — meine Einführung, III S. 119ff., 143.

28) BGB. § 1773.

29) BGB. §§ 1896—1908 und meine Einführung III, S. 201ff.

30) BGB. §§ 1909—1913 und meine Einführung III, S. 204ff.

31) S. u. § 33 Anm. 17. Die Liquidatoren sind nicht die Organe einer lebens- und willensfähigen Persönlichkeit, sie handeln nicht kraft des sich in ihnen offenbarenden Willens einer solchen Persönlichkeit, sondern kraft gesetzlicher Vorschrift; sie sind gesetzliche Vertreter einer prozeßunfähig gewordenen Partei, deren beschränkte Rechtsfähigkeit lediglich im Interesse der bei der Abwickelung der Geschäfte Beteiligten als fortbestehend angenommen wird. Die Vertretungsmacht der Liquidatoren beruht sowohl dem Grunde als dem Umfange nach auf Gesetz, nicht auf dem Willen der Partei.

32) BGB. §§ 1909 und 1913. Auch in den Fällen der Nachlaßpflegschaft und der Nachlaßverwaltung kann dies vorkommen.

gerichts[33]). Gleicher Genehmigung bedarf der gesetzliche Vertreter eines prozeßunfähigen Ehemannes, wenn er die Ehelichkeit eines Kindes oder die Anerkennung der Ehelichkeit eines Kindes anfechtet und über die Anfechtung einen Rechtsstreit führt[34]).

Die Frage nach der Prozeßfähigkeit und nach der Legitimation des gesetzlichen Vertreters und der erforderlichen Ermächtigung zur Prozeßführung sind von Amtswegen zu berücksichtigen[35]). Der Richter hat durch Ausübung des Fragerechts die Parteien zu veranlassen, die in diesen Beziehungen bestehenden Bedenken zu beseitigen. Das gilt selbstverständlich für beide Parteien. In jedem Falle ist es Sache des Klägers, die Bedenken, mögen sie in seiner Person oder in der Person des Beklagten vorliegen, zu beseitigen. Die Einrede der mangelnden Prozeßfähigkeit oder der mangelnden gesetzlichen Vertretung gehört zu den prozeßhindernden Einreden[36]).

Alles, was von dem gesetzlichen Vertreter gilt, gilt auch von dem Vorstande eines rechtsfähigen Vereins oder einer rechtsfähigen Stiftung[37]).

§ 24.

Prozeßbevollmächtigte und Beistände.

Wach §§ 49, 50, 52 — Planck §§ 47—49 — Hellmann §§ 54, 55, Fitting § 32 — Schmidt § 59.

Die prozeßfähige Partei und der gesetzliche Vertreter einer prozeßunfähigen Partei können alle Parteihandlungen im Prozesse entweder selbst oder durch einen von ihnen gewählten Vertreter vornehmen[1]).

---

[33]) CPO. § 612 Abs. 2. — [34]) CPO. § 641 Abs. 2.

[35]) CPO. § 56. Die Partei oder deren gesetzlicher Vertreter kann zur Prozeßführung mit Vorbehalt der Beseitigung des Mangels zugelassen werden, wenn mit dem Verzuge Gefahr für die Partei verbunden ist. Das Endurteil darf erst erlassen werden, nachdem die für die Beseitigung des Mangels zu bestimmende Frist abgelaufen ist.

[36]) CPO. § 274, 7. — [37]) S. o. S. 122.

[1]) Es ist herkömmlich, die gesetzliche Stellvertretung mit der gewillkürten Stellvertretung auf eine Linie zu stellen, obgleich beide auf grundverschiedenen Ursachen beruhen, auch in ihrem Wesen erhebliche Unterschiede zeigen. Die gesetzliche Stellvertretung ist eine Vertretung im Willen, d. h. es gilt statt des Willens des Vertretenen allein und ausschließlich der Wille des Vertreters. In

Auch für die Prozeßvertretung gilt das Prinzip der freien direkten unmittelbaren Vertretung. Eine jede Prozeßhandlung des Vertreters erzeugt im Augenblick ihrer Vornahme unmittelbar und sofort ihre Wirkung für und gegen den Vertretenen, je nachdem sie ihm zum Vorteile oder zum Nachteile gereicht. Der Vertreter handelt, erklärt, prozessiert, der betreffende prozessuale Akt aber, den er gestaltet, erscheint in seiner juristischen Bedeutung und Wirksamkeit als prozessuale Aktion des Vertretenen[2]). Kommt es wie z. B. beim Widerruf eines gerichtlichen Geständnisses bezüglich der Wirksamkeit des Aktes auf innere Momente (Irrtum) an, so ist zunächst auf die Person des Vertreters zu sehen. Gesteht der Vertreter bewußt eine vom Gegner behauptete Thatsache, deren Unrichtigkeit dem Vertreter bekannt ist, zu, so kommt es darauf, ob der Vertretene diese Thatsache irrtümlich für wahr hielt, nicht an; denn das Geständnis ist nicht „durch Irrtum veranlaßt[3])." Befand sich der Vertreter im Irrtum, so kann die Partei widerrufen, obgleich sie die Unwahrheit kannte, es sei denn, daß die Partei den Vertreter getäuscht hat; denn in diesem Falle ist das Geständnis nicht durch Irrtum, sondern durch Täuschung veranlaßt.

Ähnlich verhält es sich im Falle schuldvollen Verhaltens und der daran geknüpften Nachteile[4]). Auch hier kommt zunächst das Verhalten des Vertreters in Betracht, liegt das Verschulden, die Nachlässigkeit bei ihm, so kommt es nicht darauf an, ob die Partei den Vertreter richtig instruiert hatte. War andererseits der Vertreter mangelhaft instruiert und beruht dies auf Nachlässigkeit der Partei, so gereicht der Partei auch ihr eigenes Verhalten zum Nachteil.

Vertreter kann, abgesehen vom Anwaltsprozesse, jede prozeßfähige[5]) Person sein, nur nicht der Gegner des Vertretenen; auch kann niemand beide Parteien in demselben Prozesse vertreten. Die

---

der gewillkürten Vertretung handelt der Vertreter kraft einer Vollmacht nach dem Willen des Vertretenen, in seinen Handlungen offenbart sich der Wille des Vertretenen. Wenn auch das moderne Recht dahin neigt, im Interesse der Sicherheit im Verkehr der Vollmacht einen vermuteten Umfang und Inhalt zu geben, so steht dies dieser Auffassung von dem Wesen der freien Vertretung nicht entgegen.

[2]) CPO. § 85. — [3]) CPO. § 290.

[4]) CPO. §§ 274 Abs. 3, 279, 374, 433, 528, 529 Abs. 3, 540.

[5]) CPO. § 79.

Prozeßordnung sagt dies nicht ausdrücklich, es ist aber selbstverständlich und entspricht allgemeinen Rechtsgrundsätzen [6]).

Die Vertretung kann sich auf den gesamten Prozeß beziehen oder, soweit eine Vertretung durch Anwälte nicht geboten ist, auf einzelne Prozeßhandlungen beschränkt sein. Im ersteren Falle spricht man von der Prozeßvollmacht.

Die Prozeßvollmacht hat einen gesetzlichen Inhalt und Umfang [7]), sie ermächtigt zu allen den Rechtsstreit betreffenden Prozeßhandlungen einschließlich derjenigen, welche durch eine Widerklage, eine Wiederaufnahme des Verfahrens und die Zwangsvollstreckung veranlaßt werden; zur Bestellung eines Vertreters sowie eines Bevollmächtigten für die höheren Instanzen; zur Beseitigung des Rechtsstreits durch Vergleich, Verzichtleistung auf den Streitgegenstand oder Anerkennung des von dem Gegner geltend gemachten Anspruchs, zur Empfangnahme der von dem Gegner zu erstattenden Kosten. Die Vollmacht für den Hauptprozeß umfaßt die Vollmacht für das eine Hauptintervention, einen Arrest oder eine einstweilige Verfügung betreffende Verfahren.

Eine Beschränkung des gesetzlichen Umfangs der Prozeßvollmacht hat dem Gegner gegenüber nur insoweit rechtliche Wirkung, als diese Beschränkung die Beseitigung des Rechtsstreits durch Vergleich, Verzichtleistung auf den Streitgegenstand oder Anerkennung von dem Gegner geltend gemachten Anspruchs betrifft.

Prozeßhandlungen im Sinne dieses Gesetzes sind alle Handlungen, welche eine Partei im Prozesse vornimmt, um dadurch auf die Entscheidung der Sache einzuwirken, also auch materielle Verfügungsakte, welche nur deshalb zu Prozeßhandlungen werden, weil sie zufällig im Prozesse vorgenommen werden, wie der Vergleich, der Verzicht, die Anerkennung, die Anfechtungserklärung [8]), die Aufrechnungserklärung [9]), die Einwilligung und Genehmigung [10]); denn, wer Prozeßvollmacht erteilt, will, daß der Bevollmächtigte im Prozesse so handeln darf und soll, wie der Vollmachtgeber selbst es nach Vorschrift der Gesetze kann.

---

[6]) BGB. § 181. — [7]) CPO. §§ 81—83.
[8]) BGB. § 143. — [9]) BGB. § 388.
[10]) BGB. §§ 183, 184.

Die prozessuale Stellvertretung hat gleichfalls eine aktive und passive Seite, sie berechtigt nicht nur zur Vornahme der Prozeßhandlungen, sondern sie ermächtigt auch den Gegner, seine Prozeßhandlungen dem Bevollmächtigten seines Gegners gegenüber vorzunehmen. Auch das gilt für alle Prozeßhandlungen, also auch für die Aufrechnung und Anfechtung, wenn solche im Prozesse erklärt werden[11]).

Tritt jemand als Vertreter einer Partei im Prozesse auf, so hat er sich als solcher zu legitimieren durch die Vorlegung einer von der Partei resp. dem gesetzlichen Vertreter der Partei schriftlich vollzogenen Vollmacht[12]). Das Gericht hat, insoweit eine Vertretung durch Anwälte nicht geboten ist, den Mangel der Vollmacht von Amtswegen zu berücksichtigen[13]) d. h. schriftliche Gesuche wegen Fehlens der Vollmacht zurückzugeben, in der mündlichen Verhandlung den nicht legitimierten Vertreter zurückzuweisen. Es kann jedoch jemand als Geschäftsführer ohne Auftrag oder als Bevollmächtigter ohne Beibringung einer Vollmacht vorläufig zugelassen werden, er ist jedoch, falls er die Genehmigung der Partei innerhalb einer vom Gericht zu bestimmenden Frist nicht beibringt, verpflichtet, der Gegenpartei die ihr infolge der Zulassung erwachsenen Kosten zu erstatten[14]). Die Partei muß die Vertretung gegen sich gelten lassen, soweit sie entweder mündlich Vollmacht erteilt hatte oder die Prozeßführung genehmigt hat[15]).

Sind mehrere Personen bevollmächtigt, so können sie gemeinschaftlich oder einzeln handeln. Dem Gegner gegenüber hat eine

---

[11]) Eine Beschränkung des gesetzlichen Umfanges der Vollmacht tritt nur bei denjenigen Handlungen ein, welche nicht durch einen freien Vertreter vorgenommen werden können, wie die Leistung eines Parteieides.

[12]) CPO. § 80. Ausnahmen im Mahnverfahren CPO. § 703. Eine Privaturkunde muß auf Verlangen des Gegners gerichtlich oder notariell beglaubigt werden. Bei der Beglaubigung bedarf es wieder der Zuziehung von Zeugen nach der Aufnahme eines Protokolls.

[13]) CPO. § 88. Gleiches gilt im Verfahren in Ehesachen und Familienstandssachen, CPO. §§ 613, 640, 641. Auch genügt in den letzteren Fällen nicht eine Generalvollmacht, es bedarf vielmehr einer besonderen auf den Rechtsstreit gerichteten Vollmacht.

[14]) CPO. § 89 Abs. 1.

[15]) CPO. § 89 Abs. 2. Das Endurteil darf erst erlassen werden, nachdem die für die Beibringung der Genehmigung bestimmte Frist abgelaufen ist.

abweichende Bestimmung keine rechtliche Wirkung, selbst wenn die Vollmacht diese enthält[16]).

Die Vollmacht erlischt

1. wenn der Vertreter stirbt, prozeßunfähig wird oder in Anwaltsprozessen die Befugnis zur Ausübung der Anwaltschaft bei dem Prozeßgericht verliert;

2. durch Kündigung des Vollmachtsvertrages. Dem Gegner gegenüber erlangt die Kündigung jedoch erst Wirksamkeit mit der Anzeige vom Erlöschen der Vollmacht, im Anwaltsprozesse durch die Anzeige der Bestellung eines anderen Anwalts. Bis dahin kann der Gegner prozessuale Handlungen (z. B. Zustellungen) mit Rechtswirksamkeit gegen den früheren Bevollmächtigten vornehmen[17]). Auch ist der Bevollmächtigte durch die von seiner Seite erfolgte Kündigung nicht gehindert, für den Vollmachtgeber solange zu handeln, bis dieser für die Wahrnehmung seiner Rechte in anderer Weise gesorgt hat[18]).

Die Vollmacht erlischt nicht durch den Tod des Vollmachtgebers, auch nicht dadurch, daß derselbe in seiner Prozeßfähigkeit oder in seiner gesetzlichen Vertretung eine Veränderung erleidet. Ist in solchem Falle das Verfahren ausgesetzt und demnächst von dem Nachfolger oder gegen den Nachfolger fortgesetzt, so hat der Bevollmächtigte eine vom Nachfolger vollzogene Vollmacht vorzulegen[19]).

Insoweit eine Vertretung durch Anwälte nicht geboten ist, kann eine Vollmacht für einzelne Prozeßhandlungen erteilt werden[20]) und die Partei mit jeder prozeßfähigen Person als Beistand erscheinen. Das von dem Beistande Vorgetragene gilt als von der Partei vorgebracht, insoweit es nicht von dieser sofort widerrufen oder berichtigt wird[21]).

---

16) CPO. § 84. 17) CPO. § 87 Abs. 1.

18) CPO. § 87 Abs. 2. 19) CPO. § 86.

20) CPO. § 83 Abs. 2. Soweit ein persönliches Handeln der Partei erforderlich ist, wie in der Eidesleistung, im Sühneverfahren in Ehesachen, sowie da, wo das persönliche Erscheinen der Partei angeordnet ist, giebt es selbstverständlich keine gewillkürte Vertretung.

21) CPO. § 90.

§ 25.

Anwaltszwang und Rechtsanwaltschaft.

Wach § 53 — Planck § 35 — Fitting §§ 19 ff., § 32 — Hellmann § 39 — Schmidt § 41.

Anwaltszwang. Im Interesse einer ersprießlichen Rechtspflege hat die Prozeßordnung in gewissem Umfange den Anwaltszwang eingeführt, d. h. den Parteien[1]) die Verpflichtung auferlegt, sich vor dem Prozeßgerichte durch einen bei demselben zugelassenen Anwalt vertreten zu lassen.

Durch den Anwaltszwang wird den Parteien nicht die Prozeßfähigkeit genommen, da der Anwalt nicht gesetzlicher, sondern bestellter Vertreter ist, wohl aber wird ihnen dadurch die Möglichkeit genommen, diejenigen Prozeßhandlungen, für welche Anwaltszwang besteht, vor Gericht selbst vorzunehmen (postulare prohibiti sunt).

Einen Prozeß, für welchen Anwaltszwang besteht, nennt man einen Anwaltsprozeß im Gegensatze zum Parteiprozeß[2]), in welchem ein solcher Zwang nicht besteht. Im Anwaltsprozesse verläuft das Verfahren vor den Landgerichten[3]) und vor den oberen und obersten Gerichten.

Der Anwaltszwang besteht im Interesse der Rechtspflege, also im öffentlichen Interesse; die Parteien können auf die bezüglichen Vorschriften nicht verzichten, das Gericht hat diese Vorschriften von Amtswegen zu beachten.

Der Anwaltszwang ergreift alle Parteien, mögen sie Privatpersonen, Behörden oder Beamte sein, nur der Staatsanwalt, welcher Parteirechte kraft seines Amtes ausübt, unterliegt dem Anwalts-

---

[1]) Den Parteien stehen auch hier die gesetzlichen Vertreter gleich.

[2]) Selbstverständlich ist, daß die Partei sich im Parteiprozesse auch durch einen Rechtsanwalt vertreten lassen kann (Ausnahme s. Ges. vom 29. Juli 1890 betr. Gewerbegerichte). Thut sie das, so ändert sich das Verfahren dadurch nicht.

[3]) CPO. § 78 Abs. 1. Gleichgiltig ist, ob das Landgericht als niederes oder höheres Gericht fungiert, und ob im letzteren Falle das erstinstanzliche Gericht ein Amtsgericht oder ein reichsrechtlich bestelltes besonderes Gericht (z. B. ein Gewerbegericht) war. Soweit das Verfahren vor einem reichsrechtlich zugelassenen landesrechtlich geordneten besonderen Gerichte stattfindet, besteht Anwaltszwang nur, soweit es landesrechtlich bestimmt ist.

zwange nicht[4]). Ein beim Prozeßgericht zugelassener Anwalt kann sich selbst vertreten[5]).

Der Anwaltszwang erstreckt sich grundsätzlich auf den gesamten Prozeß, auf alle Parteihandlungen, mögen sie schriftlich oder mündlich vorgenommen werden. Ausgenommen sind die Parteihandlungen, welche vor einem beauftragten oder ersuchten Richter[6]) oder vor dem Gerichtsschreiber vorgenommen werden können[7]).

Soweit Anwaltszwang besteht, ist der Partei die eigene Handhabung des prozessualen Verfolgungsrechtes entzogen und in die Hand des Vertreters gelegt. Wenn in der mündlichen Verhandlung neben dem Anwalt auch die erschienene Partei auf ihren Wunsch zu hören ist, so beschränkt sich die Bedeutung dieses Gehörs, abgesehen von den materiell-rechtlichen Verfügungsakten, auf rein thatsächliches Vorbringen, auf die Vervollständigung und die Berichtigung der vom Anwalt vorgebrachten Thatsachen, der von ihm abgegebenen thatsächlichen Erklärungen[8]); die Stellung von Anträgen, die Benennung von Beweismitteln, der Prozeßbetrieb, Ladungen, Zustellungen gehen ausschließlich vom Anwalt aus und erfolgen gegen ihn.

Die Vertretung kann nur in der Weise erfolgen, daß der Vertreter Prozeßvollmacht erhält. Da die Prozeßvollmacht einen gesetzlichen Inhalt und Umfang hat, so ist die Möglichkeit des Mißbrauchs der Vollmacht nicht ausgeschlossen. Schutz dagegen gewährt nur die Vertrauensstellung, welche die Anwälte einnehmen, sowie die Möglichkeit disziplinarer und strafrechtlicher Sühne und endlich die Haftpflicht des Anwalts für den durch sein rechtswidriges Verhalten verursachten Schaden.

Erlischt im Anwaltsprozesse die Prozeßvollmacht des Anwalts durch Tod des Anwalts oder dadurch, daß derselbe unfähig wird die Vertretung der Partei fortzuführen, so tritt Unterbrechung des Verfahrens ein[9]).

---

[4]) s. den folgenden Paragraphen. [5]) CPO. § 78 Abs. 3.

[6]) CPO. § 78 Abs. 2 (Sühneversuch CPO. § 296, vorbereitendes Verfahren CPO. §§ 348ff., Beweisverfahren CPO. §§ 361, 362, 372, 375, 402, 434, 479, 619).

[7]) CPO. § 78 Abs. 2 u. unten § 71, Anm. 11. [8]) CPO. § 137 Abs. 4.

[9]) CPO. § 244 u. unten § 61, Anm. 10.

Im Anwaltsprozesse erlangt die Kündigung des Vollmachtsvertrages erst durch die Anzeige der Bestellung eines andern Anwalts rechtliche Wirksamkeit [10]); auch kann die Vertretung nur durch einen beim Prozeßgerichte zugelassenen Rechtsanwalt erfolgen [11]).

Zulassung zur Rechtsanwaltschaft. Zur Rechtsanwaltschaft kann zugelassen werden, wer in einem Bundesstaate die Fähigkeit zum Richteramte erlangt hat. Über die Zulassung entscheidet die Landesjustizverwaltung, nachdem der Vorstand der Anwaltskammer gutachtlich gehört ist [12]).

Wer zur Rechtsanwaltschaft befähigt ist, muß zu derselben bei den Gerichten des Bundesstaats, in welchem er die zum Richteramt befähigende Prüfung bestanden hat, auf seinen Antrag zugelassen werden. Der Antrag darf nur aus den in der Rechtsanwaltsordnung bezeichneten Gründen abgelehnt werden [13]).

Die Zulassung muß versagt werden, wenn der Antragsteller

a) infolge strafgerichtlichen Urteils die Fähigkeit zur Bekleidung öffentlicher Ämter dauernd verloren hat oder zur Zeit nicht besitzt,
b) infolge ehrengerichtlichen Urteils von der Rechtsanwaltschaft ausgeschlossen ist,
c) infolge gerichtlicher Anordnung in der Verfügung über sein Vermögen beschränkt ist,
d) ein Amt bekleidet oder eine Beschäftigung betreibt, welche nach den Gesetzen oder nach dem Gutachten des Vorstandes

---

[10]) CPO. § 87 Abs. 1 u. o. S. 129 Anm. 17 u. 18.

[11]) RAO. § 27. In der mündlichen Verhandlung einschließlich der vor dem Prozeßgerichte erfolgenden Beweisaufnahme kann jedoch jeder Rechtsanwalt die Ausführung der Parteirechte und für den Fall, daß der bei dem Prozeßgerichte zum Prozeßbevollmächtigten bestellte Rechtsanwalt ihm die Vertretung überträgt, auch diese übernehmen.

[12]) RAO. §§ 1—3. Der Bescheid, welcher die Zulassung versagt, muß den Grund der Versagung angeben. RAO. § 16 Abs. 1. Ist gegen den Antragsteller wegen einer strafbaren Handlung, welche die Unfähigkeit zur Bekleidung öffentlicher Ämter zur Folge haben kann, die öffentliche Klage erhoben, so ist die Entscheidung über die Zulassung bis zur Beendigung der Untersuchung auszusetzen. RAO. § 7.

[13]) RAO. § 4. Dasselbe gilt für die Zulassung bei einem mehreren Staaten gemeinschaftlichen Gerichte, wenn der Antragsteller in einem dieser Staaten die Prüfung bestanden hat.

der Anwaltskammer mit dem Berufe oder der Würde der Rechtsanwaltschaft nicht vereinbar sind,

e) nach dem Gutachten des Vorstandes der Anwaltskammer sich eines Verhaltens schuldig gemacht hat, welches die Ausschließung von der Rechtsanwaltschaft bedingen würde,

f) nach dem Gutachten des Vorstandes der Anwaltskammer infolge eines körperlichen Gebrechens oder wegen eingetretener Schwäche seiner körperlichen oder geistigen Kräfte zur Erfüllung der Pflichten eines Rechtsanwalts dauernd unfähig ist[14]).

Die Zulassung **kann** versagt werden,

a) wenn der Antragsteller, nachdem er die Fähigkeit zur Rechtsanwaltschaft erlangt hatte, während eines Zeitraums von drei Jahren weder als Rechtsanwalt zugelassen ist, noch ein Reichs-, Staats- oder Gemeindeamt bekleidet hat, noch im Justizdienst oder als Lehrer des Rechts an einer deutschen Universität thätig gewesen ist,

b) wenn der Antragsteller infolge strafgerichtlichen Urteils die Fähigkeit zur Bekleidung öffentlicher Ämter auf Zeit verloren hatte,

c) wenn gegen den Antragsteller, welcher früher Rechtsanwalt gewesen ist, innerhalb der letzten zwei Jahre im ehrengerichtlichen Verfahren auf Verweis oder auf Geldstrafe von mehr als einhundertundfünfzig Mark erkannt worden ist[15]).

Für die Rechtsanwaltschaft gilt das Prinzip der **Lokalisierung**, indem die Zulassung bei einem bestimmten Gerichte erfolgt[16]), jedoch **kann** der bei einem Amtsgerichte zugelassene Rechtsanwalt auf seinen Antrag bei dem Landgerichte, in dessen Bezirke das Amts-

---

[14]) RAO. § 5. Wird die Zulassung nach dem Gutachten des Vorstandes der Anwaltskammer aus einem der unter d, e, f bezeichneten Gründe versagt, so ist auf Verlangen des Antragstellers über den Grund der Versagung im ehrengerichtlichen Verfahren zu entscheiden. Das Verlangen muß bei der Landesjustizverwaltung innerhalb der Frist von einer Woche seit der Zustellung des versagenden Bescheides gestellt werden. RAO. § 16 Abs. 2—4.

[15]) RAO. § 6.

[16]) RAO. § 8. Detachierte Kammern für Handelssachen sind im Sinne dieser Bestimmung als besondere Gerichte anzusehen. — Auf Antrag eines Land-

gericht seinen Sitz hat, zugelassen werden[17]), und der bei einem Kollegialgerichte zugelassene Rechtsanwalt ist auf seinen Antrag zugleich bei einem anderen, an dem Orte seines Wohnsitzes befindlichen Kollegialgerichte zugelassen, wenn das Oberlandesgericht durch Plenarbeschluß die Zulassung dem Interesse der Rechtspflege für förderlich erachtet[18]).

Der am Orte eines obersten Landesgerichts wohnhafte Rechtsanwalt kann bei diesem zugelassen werden, wenn nach dem Gutachten des letzteren die Zulassung zur ordnungsmäßigen Erledigung der Anwaltsprozesse erforderlich ist[19]).

Ist der Rechtsanwalt bei einem Landgerichte zugelassen, welches zum Bezirke eines mehreren Bundesstaaten gemeinschaftlichen Oberlandesgerichtes gehört, so kann er zugleich bei dem letzteren zugelassen werden, auch wenn dasselbe an einem anderen Orte seinen Sitz hat[20]).

Im übrigen gilt Freizügigkeit, indem der Rechtsanwalt das Gericht, bei welchem er zugelassen zu werden wünscht, frei wählen kann, insbesondere darf die Zulassung bei dem gewählten Gerichte wegen mangelnden Bedürfnisses zur Vermehrung der Zahl der bei demselben zugelassenen Rechtsanwälte nicht versagt werden[21]).

Die Zulassung bei dem gewählten Gerichte kann versagt werden, wenn bei demselben ein Richter angestellt ist, mit welchem der Antragsteller in gerader Linie verwandt oder verschwägert ist, auch wenn die Ehe, durch welche die Schwagerschaft begründet wird, nicht mehr besteht[22]).

---

gerichts können bei demselben Rechtsanwalte, welche bei einem benachbarten Landgerichte zugelassen sind, widerruflich zugelassen werden, wenn nach dem Gutachten des Oberlandesgerichts die Zulassung zur ordnungsmäßigen Erledigung der Anwaltsprozesse erforderlich ist.

[17]) RAO. § 9. Diese Zulassung muß erfolgen, wenn sie nach dem übereinstimmenden Gutachten des Oberlandesgerichts und des Vorstandes der Anwaltskammer dem Interesse der Rechtspflege förderlich ist.

[18]) RAO. § 10. Erklärt das Oberlandesgericht die Zulassung einer bestimmten Anzahl von Rechtsanwälten für förderlich und beantragt innerhalb einer bekannt zu machenden vierwöchigen Frist eine größere Anzahl von Rechtsanwälten ihre Zulassung, so entscheidet unter den Antragstellern die Landesjustizverwaltung.

[19]) RAO. § 104. [20]) RAO. § 11.

[21]) RAO. § 13. [22]) RAO. § 14.

Die Zulassung eines bei einem Gerichte bereits zugelassenen Rechtsanwalts bei einem anderen Gerichte kann versagt werden[23]):

a) wenn gegen den Antragsteller innerhalb der letzten zwei Jahre im ehrengerichtlichen Verfahren auf Verweis oder auf Geldstrafe von mehr als einhundertundfünfzig Mark erkannt ist,

b) wenn gegen den Antragsteller die Klage im ehrengerichtlichen Verfahren erhoben ist.

Die Befugnis zur Ausübung der Rechtsanwaltschaft ist davon abhängig, daß der Rechtsanwalt bei dem Gerichte, bei welchem die Zulassung erfolgt ist, in die Liste der zugetragenen Rechtsanwälte eingetragen ist[24]). Eintragung in di Liste.

Die Eintragung erfolgt erst, wenn der Rechtsanwalt den Eid der Rechtsanwälte geleistet hat[25]) und seinen Wohnsitz am Orte des Gerichts, bei dem er zugelassen ist, genommen hat[26]). Ist der Rechtsanwalt bei mehreren Gerichten zugelassen, so muß er dort seinen Wohnsitz nehmen, wo das niedere Gericht seinen Sitz hat[27]). Ist der Rechtsanwalt an dem Orte eines Gerichts, bei welchem er zugelassen ist, nicht wohnhaft, so muß er bei diesem Gericht einen an dem Orte desselben wohnhaften Zustellungsbevollmächtigten benennen[28]).

Die Zulassung muß zurückgenommen werden Zurücknahme der Zulassung.

a) wenn der Rechtsanwalt seinen Wohnsitz binnen drei Monaten seit Mitteilung des die Zulassung aussprechenden Bescheides nicht genommen hat,

b) wenn der Rechtsanwalt den Wohnsitz aufgiebt,

---

[23]) RAO. § 15.

[24]) RAO. § 20. Die Eintragungen sind von dem Gericht auf Kosten des Rechtsanwalts durch den „Deutschen Reichsanzeiger" bekannt zu machen.

[25]) RAO. § 17.

[26]) RAO. §§ 18, 20. Veränderungen des Wohnsitzes hat der Rechtsanwalt unverzüglich anzuzeigen. Inwieweit benachbarte Orte im Sinne obiger Vorschrift als ein Ort anzusehen sind, bestimmt die Landesjustizverwaltung. Dieselbe kann einen bei einem Amtsgerichte zugelassenen Rechtsanwalt gestatten, an einem anderen Orte innerhalb des Amtsgerichtsbezirks seinen Wohnsitz zu nehmen.

[27]) RAO. § 18 Abs. 4. [28]) RAO. § 19, s. auch unten § 72 Anm. 40.

c) wenn nach der Zulassung sich ergiebt, daß sie wegen Unfähigkeit kraft strafgerichtlichen oder ehrengerichtlichen Urteils (oben S. 132 a b) hätte versagt werden müssen. Im ersteren Falle kann jedoch die Zurücknahme unterbleiben, wenn der Versagungsgrund nicht mehr vorliegt [29]).

Die Zulassung bei einem Gericht, an dessen Ort der Rechtsanwalt nicht wohnhaft ist, muß zurückgenommen werden, wenn der Rechtsanwalt einen Monat lang versäumt hat, einen dort wohnhaften Zustellungsbevollmächtigten zu bestellen [30]).

Die Zulassung **kann** zurückgenommen werden, wenn der Rechtsanwalt infolge gerichtlicher Anordnung in der Verfügung über sein Vermögen beschränkt ist [31]).

Die Zurücknahme der Zulassung erfolgt durch die Landesjustizverwaltung nach Anhörung des Rechtsanwalts und des Vorstandes der Anwaltskammer. Der Bescheid muß den Grund der Zurücknahme angeben [32]).

Löschung der Eintragung.

Stirbt der Rechtsanwalt oder giebt er die Zulassung auf oder wird die Zulassung zurückgenommen oder verliert der Rechtsanwalt infolge Urteils die Fähigkeit zur Ausübung der Rechtsanwaltschaft, so ist die Eintragung in der Liste zu löschen und solches von dem Gerichte durch den Reichsanzeiger bekannt zu machen [33]).

Stellvertretung eines zeitweise verhinderten Rechtsanwalts.

Die Stellvertretung eines an der Ausübung seines Berufes zeitweise verhinderten Rechtsanwalts kann nur einem Rechtsanwalt oder einem Rechtskundigen, welcher mindestens zwei Jahre im Vorbereitungsdienste beschäftigt worden ist, übertragen werden. Insofern die Vertretung nicht von einem bei demselben Gerichte zugelassenen Rechtsanwalt übernommen wird, darf die Bestellung des Stellvertreters nur durch Anordnung der Landesjustizverwaltung erfolgen [34]).

---

[29]) RAO. § 21 Abs. 1 u. 2. [30]) RAO. § 21 Abs. 3.

[31]) RAO. § 22. [32]) RAO. § 23.

[33]) RAO. § 24.

[34]) RAO. § 25. Der Rechtsanwalt muß, wenn er sich über eine Woche hinaus von seinem Wohnsitze entfernen will, für seine Stellvertretung sorgen, auch dem Vorsitzenden des Gerichts, bei welchem er zugelassen ist, sowie dem Amtsgerichte, in dessen Bezirk er seinen Wohnsitz hat, Anzeige machen und den Stellvertreter nennen. RAO. § 29.

Über die Pflichten und Rechte des Rechtsanwalts gegenüber der Partei gelten folgende Bestimmungen[35]):

a) Der Rechtsanwalt ist nicht verpflichtet, ihm zugehende Aufträge zu übernehmen, er ist aber verpflichtet, wenn er einen Auftrag nicht annimmt, die Ablehnung ohne Verzug zu erklären, widrigenfalls er den durch die Verzögerung erwachsenen Schaden zu ersetzen hat[36]);

b) Der Rechtsanwalt hat seine Berufsthätigkeit zu versagen,

α) wenn sie für eine pflichtwidrige Handlung in Anspruch genommen wird,

β) wenn sie von ihm in derselben Sache bereits einer anderen Partei im entgegengesetzten Interesse gewährt ist,

γ) wenn er sie in einer streitigen Angelegenheit gewähren soll, an deren Entscheidung er als Richter teilgenommen hat[37]);

c) der Rechtsanwalt ist nicht verpflichtet, vor Empfang seiner Auslagen und Gebühren, die Handakten dem Auftraggeber herauszugeben. Die Pflicht zur Aufbewahrung der Handakten erlischt mit Ablauf von fünf Jahren nach Beendigung des Auftrags und schon vor Beendigung dieses Zeitraums, wenn der Auftraggeber, zur Empfangnahme der Handakten aufgefordert, sie nicht binnen sechs Mo-

---

[35]) Im allgemeinen ist der Rechtsanwalt verpflichtet, seine Berufsthätigkeit gewissenhaft auszuüben und durch sein Verhalten in Ausübung des Berufs sowie außerhalb desselben sich der Achtung würdig zu zeigen, die sein Beruf erfordert (RAO. § 28); Verletzung seiner Pflichten macht den Rechtsanwalt nicht nur aus dem Gesichtspunkt des Auftrages civilrechtlich verantwortlich, sondern auch ehrengerichtlich strafbar. Die Strafen sind Warnung, Verweis, Geldstrafe bis zu dreitausend Mark, Ausschließung von der Rechtsanwaltschaft (RAO. §§ 62, 63). Die Aufsicht über die Erfüllung der dem Rechtsanwalte obliegenden Berufspflichten übt der Vorstand der Anwaltskammer, dem der betreffende Rechtsanwalt angehört. Dieser hat auch Streitigkeiten aus dem Auftragsverhältnisse zwischen dem Rechtsanwalte und dem Auftraggeber auf Antrag des letzteren zu vermitteln (RAO. § 49, 1 u. 3).

[36]) RAO. § 30. [37]) RAO. § 31.

naten nach erhaltener Aufforderung in Empfang genommen hat[38]);

d) der Rechtsanwalt ist verpflichtet, seine Berufsthätigkeit darzubieten, wenn er von dem Gerichte der Partei in einem gesetzlich zulässigen Falle beigeordnet wird[39]). Zulässig ist dies
   α) in Armensachen[40]),
   β) im Entmündigungsverfahren[41]),
   γ) insoweit eine Vertretung durch Anwälte geboten ist und die Partei einen zu ihrer Vertretung geneigten Anwalt nicht findet und die Rechtsverfolgung oder Rechtsverteidigung nicht aussichtslos oder mutwillig erscheint[42]).

Gegen die Entscheidung, durch welche die Beiordnung eines Rechtsanwaltes abgelehnt wird, steht der Partei die Beschwerde zu[43]).

Die Auswahl eines beizuordnenden Rechtsanwaltes erfolgt durch den Vorsitzenden des Gerichts aus der Zahl der bei diesem zugelassenen Rechtsanwälte. Gegen die Verfügung steht der Partei und dem Rechtsanwalte die Beschwerde zu[44]).

Rhts-anwtschaft im Reichgericht.

Auf die Rechtsanwaltschaft bei dem Reichsgerichte finden die vorstehenden Bestimmungen Anwendung, soweit sich nicht aus dem Folgenden etwas Anderes ergiebt[45]).

a) Über die Zulassung und die Zurücknahme der Zulassung entscheidet das Reichsgericht. Die Entscheidung über den Antrag auf Zulassung erfolgt unter Vorbehalt der Bestimmungen in den §§ 1 u. 5 d. RAO. (s. o. S. 132 f. Anm. 12 u. 14) nach freiem Ermessen[46]).

b) Die Zulassung ist mit der Zulassung bei einem anderen Gerichte unvereinbar. Die beim Reichsgerichte zugelassenen

---

38) RAO. § 32. 39) RAO. § 33.

40) CPO. § 115, RAO. § 34 u. unten § 37.

41) CPO. §§ 668, 679, 686.

42) RAO. § 33. In diesem Falle kann der beigeordnete Rechtsanwalt die Übernahme der Vertretung davon abhängig machen, daß ihm ein nach den Vorschriften der Gebührenordnung zu bemessender Vorschuß gezahlt wird RAO. § 38.

43) RAO. § 35. 44) RAO. § 36.

45) RAO. § 98. An die Stelle der Landesjustizverwaltung tritt der Reichskanzler, an die Stelle des Oberlandesgerichts das Reichsgericht.

46) RAO. § 99.

Anwälte dürfen bei einem anderen Gerichte nicht auftreten [47]).

c) Eine Übertragung der dem Prozeßbevollmächtigten zustehenden Vertretung auf einen bei dem Reichsgerichte nicht zugelassenen Rechtsanwalt findet nicht statt [48]).

§ 26.

Parteistellung des Staatsanwalts.

Planck § 34 — Hellmann § 40.

Im Civilprozesse kommt eine Mitwirkung des Staatsanwaltes nur im Entmündigungsverfahren, im Aufgebotsverfahren und im Verfahren in Ehesachen und in Familienstandssachen vor. Der Staatsanwalt hat in diesen Verfahrensarten dem Gerichte gegenüber die Stellung einer Partei. Die Parteistellung des Staatsanwaltes ist eigenartig. Der Staatsanwalt vertritt das öffentliche Interesse kraft seines Amtes. Der nach Maßgabe der Prozeßordnung zuständige Staatsanwalt muß die ihm obliegenden amtlichen Pflichten selbst ausüben, die Grundsätze über die prozessualische Stellvertretung finden auf ihn keine Anwendung, eine Vertretung ist nur nach Maßgabe der Vorschriften des Gerichtsverfassungsgesetzes (§§ 145, 146) zulässig.

In der Ausübung seiner Amtspflichten ist der Staatsanwalt durch das öffentliche Interesse sowie durch die Anweisungen seines Vorgesetzten gebunden (GVG. § 147); eine freie Verfügung darüber, ob und in welchem Umfange er von seinen Parteibefugnissen Gebrauch machen will, steht ihm nicht zu, es gilt für ihn nicht die Dispositionsmaxime, sondern Offizialmaxime (s. u. § 39 Anm. 3).

Die Parteibefugnisse des Staatsanwalts im Erkenntnisverfahren sind wie folgt gestaltet:

1. In dem Ehenichtigkeitsprozesse hat der Staatsanwalt eine einseitige Parteifähigkeit, er kann die Nichtigkeitsklage gegen beide Ehegatten erheben, er kann, falls nicht er, sondern ein Ehegatte oder ein Dritter [1]) die Klage erhoben hat,

---

[47]) RAO. § 100. [48]) RAO. § 101.

[1]) CPO. § 632.

den Rechtsstreit in der Klägerrolle betreiben, Anträge stellen und Rechtsmittel einlegen[2]). In allen Fällen richtet sich sein prozessuales Vorgehen gegen beide Ehegatten, diese treten ihm gegenüber in die Beklagtenrolle, auch wenn sie vor dem Eintritt des Staatsanwalts in verschiedenen Parteirollen standen. Hat ein Dritter die Klage erhoben und tritt der Staatsanwalt im Laufe des Rechtsstreites ein, so ist er selbständiger Streitgenosse des Dritten. Der Eintritt kann formlos durch Ausübung von Parteibefugnissen, insbesondere Stellung von Anträgen, aus welchen die Absicht, die Klägerrolle übernehmen zu wollen, erhellt, erfolgen.

Der Staatsanwalt als Kläger im Ehenichtigkeitsprozesse vertritt das öffentliche Interesse, welches der Staat an der Beseitigung der nichtigen Ehe hat. Dieses Interesse ist ein vollständig selbständiges, unabhängig von dem rein privatrechtlichen Interesse der Ehegatten und dritter Personen, welche gleichfalls zur Klage befugt sind. Kraft solcher absolut unabhängigen Parteistellung übt der Staatsanwalt alle Befugnisse und Pflichten, welche eine Partei überhaupt in diesem Verfahren haben kann, also innerhalb der durch die §§ 617—625 CPO. gezogenen Grenzen, selbständig aus, jedoch, wie schon hervorgehoben, nur in der Klägerrolle.

Ganz anders sind die dem Staatsanwalte in den Eheprozessen überhaupt eingeräumten Befugnisse. Diese beschränken sich darauf, daß er mit seinem Gutachten und, soweit es sich um Aufrechterhaltung der Ehe handelt, auch mit dem Vorbringen von Thatsachen und Beweismitteln zu hören ist[3]). Das findet auch in der Ehenichtigkeitsklage, wenn der Staatsanwalt in derselben die Klägerrolle nicht übernommen hat, Anwendung. Soweit der Staatsanwalt in Ehesachen keine selbständige Parteistellung einnehmen darf, ist er also nur beschränkt parteifähig, er hat einzelne Parteirechte, ohne selbständiger Träger einer Parteirolle zu sein.

2. Im Entmündigungsprozesse hat der Staatsanwalt volle zweiseitige Parteifähigkeit. Dem eigentlichen Entmündigungsprozesse, d. h. dem zweiseitigen Verfahren mit obligatorischer mündlicher Verhandlung, geht voraus das Untersuchungsverfahren vor dem Amts-

---

[2]) CPO. § 634. [3]) CPO. § 607.

gerichte, welches durch den über die Entmündigung resp. die Wiederaufhebung ergehenden Beschluß seinen Abschluß findet.

In diesem Verfahren kann der Staatsanwalt die Rolle des Antragstellers übernehmen sowie das Verfahren durch Stellung von Anträgen betreiben; er hat damit in keiner Weise die Stellung einer Partei, da eine solche Stellung mit dem reinen Untersuchungsverfahren unverträglich ist.

Der Abschluß, welchen das Untersuchungsverfahren vor dem Amtsgericht gefunden hat, ist, wenn Streit darüber, ob die Entmündigung ausgesprochen oder aufrechterhalten werden durfte oder nicht, entsteht, nur ein vorläufiger. Es tritt eine neue Untersuchung vor dem Landgerichte ein, nunmehr in der Form des zweiseitigen Parteienprozesses. Hier nimmt der Entmündigte die ihm gebührende Parteirolle als Kläger ein, der Staat, welcher durch sein Organ, das Gericht, die Entmündigung ausgesprochen hat, stellt sich ihm selbst als Gegenpartei zur Verfügung, der Staatsbeamte, welcher das öffentliche Interesse an der Aufrechterhaltung des Entmündigungsbeschlusses wahrzunehmen und im Prozesse zu vertreten hat, ist der Staatsanwalt, die Klage ist gegen den Staatsanwalt zu richten[4]). Unterliegt der Staatsanwalt, so hat der Staat die Kosten des Rechtsstreites zu tragen.

Der Staatsanwalt kann aber auch selbst die Anfechtungsklage sowie die Wiederaufhebungsklage anstellen, wenn er die Entmündigung oder deren Fortdauer für nicht gerechtfertigt erachtet. Gegenpartei in diesem Rechtsstreite ist der durch seinen gesetzlichen Vertreter vertretene Entmündigte, da dessen Interessen in diesem Rechtsstreite verhandelt werden[5]).

Wird die Entmündigung wegen Trunksucht oder wegen Verschwendung beantragt, so findet im amtsgerichtlichen Untersuchungsverfahren eine Mitwirkung des Staatsanwalts nicht statt[6]). Im Parteienverfahren vor dem Landgericht hat der Staatsanwalt nur eine einseitige Parteifähigkeit, indem die Anfechtungsklage und die Wiederaufhebungsklage gegen ihn zu richten sind, falls der Antragsteller verstorben, sein Aufenthalt unbekannt oder im Auslande ist[7]).

3. Im Aufgebotsverfahren kommt eine Mitwirkung des Staats-

---

[4]) CPO. §§ 666, 679 Abs. 4.

[5]) CPO. § 666 Abs. 2, § 676 Abs. 4.

[6]) CPO. § 680 Abs. 4.

[7]) CPO. §§ 684 Abs. 3, 686 Abs. 3.

anwalts insofern vor, als die Anfechtungsklage gegen die Todeserklärung, im gleichen Notfalle gegen den Staatsanwalt zu richten ist[8]).

Zweiter Titel.

Beteiligung Mehrerer an einer Parteirolle.

Wach §§ 54—59 — Fitting § 27. — Hellmann § 48 — Schmidt §§ 157, 159.

§ 27.

Die verschiedenen Arten solcher Beteiligung.

An einem bereits anhängigen Rechtsstreite kann sich ein Dritter entweder in der Weise beteiligen, daß derselbe neben der einen Partei mit bestimmten Parteibefugnissen gleichfalls dem Gegner dieser Partei gegenüber tritt (accessorische Teilnahme, Nebenintervention), oder in der Weise, daß er an Stelle der einen Partei als deren Nachfolger im Rechtsstreite die Parteirolle dieser Partei übernimmt und als Gegner der anderen Partei im eigenen Interesse fortführt (successorische Teilnahme, Nachfolge in der Parteistellung).

Es liegt in beiden Fällen ein Rechtsstreit vor, in welchem verschiedene Personen sich in verschiedener Weise an der Durchführung derselben Parteirolle beteiligen. Der Teilnehmer verfolgt in dem Prozesse sein eigenes Interesse und unterscheidet sich dadurch vom Prozeßbevollmächtigten und vom Beistande der Partei.

Keine Beteiligung an einer Parteirolle in demselben Rechtsstreit liegt in den Fällen der Streitgenossenschaft und der Hauptintervention vor. Im letzteren Falle wird in einem anhängigen Verfahren ein neuer Rechtsstreit erhoben. Im Falle der Streitgenossenschaft werden mehrere Rechtsstreite in demselben Verfahren gleichzeitig erhoben und verhandelt; so viele Kläger resp. Beklagte, so viele Rechtsstreite; in jedem Rechtsstreite steht ein Kläger einem Beklagten gegenüber.

---

[8]) CPO. § 974.

§ 28.
Nebenintervention.

Die Nebenintervention ist die prozessuale Befugnis, in einem anhängigen Rechtsstreite als Dritter im eigenen Interesse einer der Parteien zum Zweck ihrer Unterstützung beizutreten und an der Parteirolle der unterstützten Partei thätigen Anteil zu nehmen. Begriff und Bedeutung.

Der Nebenintervenient verfolgt sein eigenes Interesse, er will für ein konkretes Rechtsverhältnis, in welchem er steht, durch den Ausgang des Rechtsstreites Vorteil gewinnen, Nachteil vermeiden. Die Nebenintervention hat mit der selbständigen Verfolgung eines Parteiinteresses im Wege der Klage gemein, daß sie dem Schutze eines konkreten Rechtsverhältnisses dient, sie unterscheidet sich von derselben dadurch, daß dieser Zweck nicht unmittelbar erreicht, sondern nur mittelbar gefördert wird. Im Rechtsstreite erscheint dieser Zweck als Nebenzweck, er muß sich dem Hauptzwecke unterordnen. Dem entspricht die regelmäßige Stellung des Nebenintervenienten als untergeordneten Gehülfen der unterstützten Partei (§ 29).

Erreicht der Nebenintervenient vermöge der besonderen Natur des unter den Parteien bestehenden, im Rechtsstreite verhandelten Rechtsverhältnisses durch den Ausgang des Rechtsstreites unmittelbar Vorteil und Nachteil, als wenn er selbst im Rechtsstreite als Partei gestanden hätte, so nimmt er auch im Rechtsstreite die Stellung eines gleichberechtigten Genossen der unterstützten Partei ein (§ 30).

Sein Interesse am Ausgange des Rechtsstreits erreicht der Nebenintervenient in verschiedener Weise, indem das im Rechtsstreite ergehende Urteil entweder

1. unmittelbar auf ein Rechtsverhältnis, in welchem er zu dem Gegner der unterstützten Partei steht, von Wirksamkeit ist[1]), oder

2. doch mittelbar auf ein Rechtsverhältnis, in welchem der Intervenient steht, von Wirksamkeit ist, indem die Thatsache, daß dieses Urteil ergangen ist, von rechtlichem Einflusse auf dieses Rechtsverhältnis ist, m. a. W. indem diese Thatsache überhaupt oder doch in gewissem Umfange Bedingung für die Ausübung von Rechten oder Pflichten des Intervenienten ist. Dieser Einfluß kann sich geltend machen

a) dadurch, daß im Falle des Unterliegens der unterstützten Partei dem Intervenienten gegen diese neue Verpflichtungen aus diesem Rechtsverhältnisse erwachsen[2]), oder der Intervenient doch in der Geltendmachung seiner Ansprüche gegenüber der unterstützten Partei eine Beschränkung erleidet[3]),

b) oder dadurch, daß im Falle des Obsiegens der unterstützten Partei der Intervenient gegen die Verfolgung eines gleichen dem Gegner der unterstützten Partei ihm gegenüber zustehenden Anspruchs gesichert[4]) oder der Verfolgung eines gleichen ihm gegenüber dem Gegner der unterstützten Partei zustehenden Anspruches überhoben ist[5]) oder endlich auch sein Recht an der im Streit befangenen Sache gegenüber dem Gegner der unterstützten Partei insofern gesichert ist, als es durch die im Falle des Unterliegens der unterstützten Partei stattfindende Vollstreckung des Urteils in Mitleidenschaft kommt[6]).

Nur ein so geartetes rechtliches[7]) Interesse an dem Obsiegen der unterstützten Partei berechtigt zur Nebenintervention. Wer nicht für seine Rechtsverhältnisse unmittelbar oder mittelbar Vorteil

---

[1]) Diese Fälle sollen im § 30 besprochen werden.

[2]) Hierher gehören die Regreß- und Entwährungsfälle sowie alle diejenigen Fälle, in welchen jemand erst dann haftet, wenn ein anderer rechtskräftig verurteilt ist (z. B. bei Unfallversicherungsverträgen).

[3]) Dies ist z. B. der Fall, wenn ein Schuldner nur beschränkt mit einem Sondervermögen haftet, und jeder Gläubiger durch das Obsiegen eines anderen Gläubigers leidet, vgl. § 135 Anm. 1.

[4]) So beim Widerspruche mehrerer gegen die Feststellung einer Forderung im Konkurse (KO. § 146). Ist der Gläubiger im Rechtsstreite mit einem Widersprechenden unterlegen, so nützt ihm die Klage gegen die anderen Widersprechenden nicht mehr.

[5]) So, wenn der Mann ein zum eingebrachten Gute gehörendes Recht im eigenen Namen gerichtlich geltend macht (BGB. § 1380). Soweit das Urteil nicht schon kraft gesetzlicher Bestimmung (BGB. § 1380) Satz 2) für und gegen die Frau wirkt, erreicht sie doch durch das obsiegliche Urteil mittelbar den im Texte bezeichneten Vorteil.

[6]) So das Recht des mittelbaren Besitzers, wenn der wirkliche Besitzer auf Herausgabe der Sache verklagt wird (vgl. auch unten § 31).

[7]) CPO. § 66 Abs. 1.

aus dem Ergebnisse des Prozesses hat oder Nachteil dadurch vermeidet, ist nicht zur Nebenintervention berechtigt, mag ihm auch sonst der Ausgang des Prozesses wirtschaftliche Vorteile in Aussicht stellen, z. B. weil eine Partei im Rechtsstreite ein Verwandter, dem er Unterhalt zu gewähren hat, oder ein Schuldner ist, der durch das Unterliegen im Rechtsstreite zahlungsunfähig wird, oder mag er einen gleichartigen Anspruch gegen den Beklagten haben. Der letztere Umstand genügt für die Streitgenossenschaft (CPO. § 60), jedoch nicht für die Nebenintervention.

Die Nebenintervention ist ein prozessualer Rechtsbehelf zum Schutze bestimmter vom Rechte anerkannter und Rechtsschutz genießender Interessen, nicht ein Mittel, einem Dritten zu einem Vorteil zu verhelfen, der sonst im Rechtswege nicht verfolgbar ist. Daher ist zur Nebenintervention nicht berechtigt das Mitglied eines rechtsfähigen Vereins, einer juristischen Körperschaft, wenn der Verein als solcher durch seine Organe mit Dritten Prozesse führt; denn das in diesem Rechtsstreite verfolgte Interesse wird allein durch das Organ wahrgenommen, das einzelne Mitglied mag thatsächlichen Vorteil haben, wenn der Prozeß gewonnen wird, einen besonderen Rechtsschutz genießt es nicht. Handelt es sich jedoch um Rechtsstreitigkeiten eines Mitgliedes gegenüber der Gesamtheit aus dem Rechtsverhältnisse, in welchem alle Mitglieder zu der Gesamtheit stehen, so sind alle Mitglieder gleichmäßig interessiert, wenn auch nur ein einzelnes Mitglied klagt[8]). In solchen Fällen kann jedes Mitglied sein Interesse an dem Ausgange des Rechtsstreits durch Nebenintervention geltend machen.

Die Nebenintervention wird erhoben[9]) durch Zustellung eines Schriftsatzes. Derselbe muß enthalten Erhebung der Nebenintervention.

1. die Bezeichnung der Parteien und des Rechtsstreits;

2. die bestimmte Angabe des Interesses, welches der Nebenintervenient hat;

3. die Erklärung des Beitritts.

Insoweit ist dieser Schriftsatz notwendiger Schriftsatz, er ist aber auch vorbereitender Schriftsatz und deshalb finden die allge-

---

[8]) HGB. Art. 271, 325⁴, Genossensch.-Ges. §§ 49, 104.

[9]) CPO. § 70.

meinen Vorschriften über die vorbereitenden Schriftsätze (CPO. §§ 130 bis 133) auch auf diesen Schriftsatz Anwendung.

Die Erhebung der Nebenintervention kann erst erfolgen, wenn der Rechtsstreit begonnen hat, also nach Eintritt der Rechtshängigkeit, von da ab in jeder Lage des Rechtsstreits bis zur rechtskräftigen Entscheidung desselben auch in Verbindung mit der Einlegung eines Rechtsmittels[10]), sie kann also noch in der Berufungs-, in der Revisionsinstanz, im Wiederaufnahmeverfahren erfolgen, und zwar regelmäßig durch Zustellung der Interventionsschrift. Erfolgt sie in Verbindung mit der Einlegung eines Rechtsmittels (Berufung, Revision), so muß der notwendige Inhalt der Interventionsschrift in die Berufungs- oder Revisionsschrift aufgenommen werden, fehlt es hieran, so ist das Rechtsmittel von Amtswegen zu verwerfen. Mit der Restitutions- und Nichtigkeitsklage kann die Intervention nicht verbunden werden[11]).

Prozessuale Wirkung der Erhaltung.

Ist die Nebenintervention prozeßordnungsmäßig erhoben, so verschafft sie dem Nebenintervenienten die Befugnis zur Ausübung der mit derselben verbundenen prozessualen Handlungen[12]), jedoch nur unter der negativen Voraussetzung, daß nicht auf Antrag einer Partei die Nebenintervention durch rechtskräftiges Zwischenurteil für unzulässig erklärt wird. Bis dahin ist der Intervenient im Verfahren zuzuziehen[13]). Von Amtswegen ist die Frage, ob der Nebenintervenient sachlich legitimiert ist, d. h. ob ein zur Nebenintervention berechtigendes Interesse in seiner Person vorhanden ist, nicht zu prüfen[14]).

Antrag auf Zurückweisung der Nebenintervention.

Wird auf Antrag die Nebenintervention rechtskräftig für unzulässig erklärt, so verlieren alle bis dahin vorgenommenen Prozeßhandlungen des Nebenintervenienten ihre Wirksamkeit.

Antragsberechtigt ist die unterstützte Partei[15]) und deren Gegner.

---

[10]) CPO. § 66 Abs. 2.

[11]) Eine andere Frage ist, ob der bereits im ersten Verfahren beteiligte Intervenient das Wiederaufnahmeverfahren selbst einleiten kann. Darüber wird unten in § 29 gesprochen werden.

[12]) S. unten § 29. [13]) CPO. § 71 Abs. 3. S. dazu unten § 29 unter 6.

[14]) Selbstverständlich ist, daß die Fragen, ob der Nebenintervenient parteifähig, prozeßfähig oder gesetzlich vertreten ist, von Amtswegen zu prüfen sind.

[15]) Stehen Streitgenossen in dieser Parteirolle, so ist antragsberechtigt nur derjenige Streitgenosse, welchem der Intervenient beigetreten ist.

Hat nur eine dieser Parteien den Antrag gestellt, und ist die Zulässigkeit rechtskräftig ausgesprochen, so kann die andere Partei den Antrag nicht mehr stellen.

Der Antrag ist in der mündlichen Verhandlung zu stellen. Mit dem Antrage entsteht zwischen dem Nebenintervenienten und dem Antragsteller der Interventionszwischenstreit. Dieser Streit wird in der mündlichen Verhandlung verhandelt und entschieden. Die Intervention ist für zulässig zu erklären, wenn das behauptete Interesse ein rechtliches im Sinne der obigen Darstellung ist und glaubhaft gemacht wird, daß es besteht[16]).

Interventionszwischenstreit.

Hatte der Antragsteller vor dem Antrage mit dem Intervenienten über den Rechtsstreit vorbehaltlos verhandelt oder als unterstützte Partei solche Verhandlung stillschweigend geschehen lassen, so hat er sich des Widerspruchs begeben, und ist sein Antrag auf Zurückweisung der Nebenintervention auf Antrag des Nebenintervenienten als prozessualisch unzulässig zu verwerfen. In solchem Falle kann noch die andere Partei den Antrag auf Zurückweisung selbständig stellen.

Die Entscheidung über den Zwischenstreit erfolgt durch Zwischenurteil, gegen welches das Rechtsmittel der sofortigen Beschwerde stattfindet[17]).

Materielle Wirkung der Nebenintervention.

Die Nebenintervention hat Rückwirkung auf diejenigen rechtlichen Beziehungen zwischen dem Nebenintervenienten und der unterstützten Partei, deren Eintritt durch das im Rechtsstreite ergehende Urteil bedingt wird, indem der Nebenintervenient das Urteil so, wie es ergangen ist, für diese seine Beziehungen zu der unterstützten Partei gelten lassen muß. Er wird im Verhältnisse zu der unterstützten Partei mit der Behauptung, daß der Rechtsstreit, wie derselbe dem Richter vorgelegen habe, unrichtig entschieden sei, ebensowenig gehört, wie mit der Behauptung, daß die unterstützte Partei den Rechtsstreit mangelhaft geführt habe[18]). Dies gilt jedoch nicht ausnahmlos; es gilt nicht,

1. wenn der Nebenintervenient durch die Lage des Rechtsstreits zur Zeit seines Beitritts oder durch Erklärungen und Handlungen

---

[16]) CPO. § 71 Abs. 1. [17]) CPO. § 71 Abs. 2.

[18]) CPO. § 68.

der unterstützten Partei verhindert worden ist, Angriffs- oder Verteidigungsmittel geltend zu machen, oder

2. wenn von der unterstützten Partei Angriffs- oder Verteidigungsmittel, welche dem Nebenintervenienten unbekannt waren, absichtlich oder durch grobes Verschulden nicht geltend gemacht sind.

In diesen Ausnahmefällen steht dem Nebenintervenienten frei, den Nachweis zu führen, daß durch die Benutzung der nicht benutzten Angriffs- und Verteidigungsmittel der Rechtsstreit hätte anders entschieden werden müssen.

Diese Bestimmungen lassen erkennen, daß das Gesetz dem Nebenintervenienten im Verhältnisse zu der Hauptpartei die Pflicht der sorgfältigen Unterstützung, andererseits der unterstützten Partei im Verhältnisse zu der Nebenpartei die Pflicht der redlichen Prozeßführung auferlegt.

§ 29.

Der Nebenintervenient als Parteigehülfe.

Die Stellung des Nebenintervenienten im Prozesse entspricht dem Zwecke der Nebenintervention, welcher gegenüber dem von den Parteien im Rechtsstreite verfolgten Zwecke regelmäßig als Nebenzweck erscheint. Der Nebenintervenient nimmt deshalb im Rechtsstreite im Verhältnisse zu der unterstützten Partei eine untergeordnete Stellung ein, er ist ihr Gehülfe, nicht ihr gleichberechtigter Genosse, er verfolgt jedoch auch als Gehülfe der unterstützten Partei sein eigenes Interesse kraft eigenen Rechts, nicht als Vertreter der unterstützten Partei, er hat weder die Macht noch den Willen, die Partei zu vertreten, er will für sich handeln.

Das Gesetz giebt dem Nebenintervenienten eine bestimmte Richtung seiner Handlungen an, diese liegt in der Unterstützung der Partei, welcher er beitritt, um ihr in seinem Interesse zum Siege zu verhelfen. Man unterstützt jemand in seinem Berufe, wenn man diejenige Thätigkeit, welche ihm obliegt, verrichtet. Der Erfolg der unterstützenden Thätigkeit kommt zunächst nicht dem Handelnden, sondern dem Unterstützten zu gute. Daher haben alle Handlungen des Nebenintervenienten Wirkung für die unterstützte Partei.

Das Ziel der Unterstützung ist, der Partei zu einem obsieglichen Urteil zu verhelfen, daher gehören die Beseitigung des Rechtsstreits durch Vergleich, Verzicht oder Anerkennung, sowie die Zurücknahme der Klage nicht zu den Aufgaben des Nebenintervenienten [1]).

Die Aufgaben des Nebenintervenienten, der Umfang und die Begrenzung seiner Thätigkeit werden demgemäß vom Gesetze [2]), wie folgt festgestellt.

1. Der Nebenintervenient kann Angriffs- und Verteidigungsmittel geltend machen und alle Prozeßhandlungen in der Parteirolle, in welcher er steht, wirksam vornehmen.

„Angriffs- und Verteidigungsmittel", welche der Nebenintervenient geltend macht, sind nicht aus seiner Person zu entnehmen, sondern aus der Person der unterstützten Partei; denn der Nebenintervenient ist nicht Partei, sondern steht in der Parteirolle der unterstützten Partei. Soweit jedoch der weitere Parteibegriff (vgl. oben S. 112) auch auf den Nebenintervenienten Anwendung findet, kann derselbe auch die daraus folgenden prozessualen Befugnisse (z. B. die Ablehnung von Gerichtspersonen) aus seiner Person geltend machen.

Der Ausdruck „Prozeßhandlungen" ist hier einschränkend ausauszulegen. Es sind nur gemeint die spezifisch prozessualen Handlungen, welche zur Ausübung prozessualer Befugnisse resp. zur Erfüllung prozessualer Pflichten dienen (Prozeßbetrieb, Ladungen, Veranlassung von Zustellungen, Beweisantretung, Erklärungen auf gegnerisches Vorbringen u. dgl.) [3]).

Zu solchen Prozeßhandlungen gehören insbesondere auch die Einlegung des Einspruchs, eines Rechtsmittels gegen die im Rechtsstreite ergangenen Urteile und Entscheidungen, ebenso die Einleitung der Nachinstanz nach ergangenem Vorbehaltsurteile, die Überleitung des Mahnverfahrens in das ordentliche Verfahren, das Begehren der Wiedereinsetzung gegen den Ablauf von Notfristen. Dagegen ist der Intervenient nicht befugt, die Wiederaufnahme des Verfahrens durch

---

[1]) Anders bei dem Bevollmächtigten vgl. CPO. § 67 im Vergleich mit § 81 (oben S. 127). [2]) CPO. § 67.

[3]) S. unten § 64. In einem viel weiteren Sinne wird das Wort „Prozeßhandlungen" im § 81 CPO. (s. o. S. 127) gebraucht, wie sich schon daraus ergiebt, daß im § 67 die Geltendmachung von Angriffs- und Verteidigungsmitteln neben der Vornahme von Prozeßhandlungen aufgeführt ist.

Erhebung der Restitutions- oder Nichtigkeitsklage selbständig zu betreiben, ebensowenig kann er neue Einreden in der Zwangsvollstreckungsinstanz im Wege der Klage erheben; denn die Prozeßordnung betrachtet das Wiederaufnahmeverfahren, sowie die Erledigung des neuen Vorbringens in der Zwangsvollstreckungsinstanz als selbständige Rechtsstreitigkeiten. An diesen kann sich der Nebenintervenient aber erst beteiligen, wenn die Klage erhoben, die Sache rechtshängig geworden ist. Aus gleichem Grunde kann der Intervenient keine Widerklage erheben.

Wenn der Intervenient Angriffs- und Verteidigungsmittel geltend macht, Prozeßhandlungen vornimmt, so hat das unmittelbare Wirkung nicht für ihn, sondern für die unterstützte Partei. Die sich aus diesen Handlungen und Erklärungen ergebenden prozessualen Vorteile und Nachteile treten in der Person der unterstützten Partei ein, dem Intervenienten gereichen sie erst mittelbar durch das Urteil zum Vorteile. Das trifft auch zu, wenn der Nebenintervenient selbständig ein Rechtsmittel, z. B. die Berufung, einlegt. Auch in der Berufungsinstanz ist die unterstützte Partei, auch wenn sie aktiven Anteil an der Durchführung der Berufung nicht nimmt, Partei, das Urteil ergeht für resp. gegen die Partei, alle aus der Parteistellung folgenden Lasten, z. B. die Kosten der Berufungsinstanz, treffen die Partei.

Soweit die Prozeßhandlungen, die Angriffs- und Verteidigungsmittel in der mündlichen Verhandlung vorzunehmen resp. geltend zu machen sind, kann der Intervenient sowohl in Anwesenheit als in Abwesenheit der Partei handeln. Verhandelt er in Abwesenheit der unterstützten Partei, so kann Versäumnisurteil gegen dieselbe nicht erlassen werden.

2. Der Intervenient ist weder Partei noch Vertreter der Partei, daher ist die Gegenpartei nicht befugt, Prozeßhandlungen, welche der unterstützten Partei gegenüber vorzunehmen sind, mit Rechtswirksamkeit dem Intervenienten gegenüber unter Umgehung der Partei vorzunehmen. Dies gilt vornehmlich von Zustellungen und Ladungen.

Aus gleichem Grunde treffen den Intervenienten die aus der Parteistellung als solcher also der Gegenpartei und dem Gerichte gegenüber bestehenden Pflichten nicht. Hierher gehören die Urkundeneditionspflicht, die Eidespflicht, die Pflicht der Partei, in gewissen

Fällen persönlich vor Gericht zu erscheinen, die Kostenlast, die Pflicht zur Bestellung einer prozessualen Sicherheit.

3. Die Handlungen und Erklärungen, welche der Intervenient nach Maßgabe der Darstellung unter 1 als Parteigehülfe vornimmt, haben nur insoweit die bezeichnete Wirkung, als sie nicht mit Erklärungen und Handlungen der unterstützten Partei in Widerspruch stehen.

Ist die widersprechende Erklärung oder Handlung der Partei der Erklärung oder Handlung des Intervenienten bereits vorausgegangen, so ist die betreffende Erklärung oder Handlung des Intervenienten von vorn herein wirkungslos. Im übrigen wird man unterscheiden müssen, ob der Intervenient in der mündlichen Verhandlung in Gegenwart oder in Abwesenheit der Partei handelt. Widerspricht im ersteren Falle die Partei nicht sofort, so ist nach allgemeinen Rechtsgrundsätzen anzunehmen, daß sie zustimmt, ein späterer Widerspruch ist also unbeachtlich [4]), resp. doch nur unter denselben Voraussetzungen beachtlich, wie ein Widerruf einer betreffenden eigenen Handlung oder Erklärung [5]).

Ist die Handlung oder Erklärung in Abwesenheit der Partei vorgenommen worden, so kann der Widerspruch solange erfolgen, als der Prozeß noch Raum dafür giebt.

Wird Widerspruch erhoben, so verliert die betreffende Handlung oder Erklärung ihre prozessuale Wirkung. Das gilt insbesondere auch von dem von dem Intervenienten abgegebenen gerichtlichen Geständnisse, sowie von der Erklärung über Annahme oder Zurückschiebung eines zugeschobenen Eides. Auch diese Erklärungen des Intervenienten hindern die Partei nicht, später widersprechende Erklärungen abzugeben. Der Widerspruch muß ausdrücklich erklärt sein, oder es muß eine widersprechende Handlung oder Erklärung seitens der Partei vorliegen, ein bloßes Nichthandeln, Unterlassen, z. B. die Nichteinlegung des Einspruchs, eines Rechtsmittels während der Notfrist, genügt nicht.

4. Der Intervenient muß den Rechtsstreit in der Lage annehmen, in welcher sich dieser zur Zeit seines Beitritts

[4]) Die Prozeßordnung wendet dieses Prinzip im § 85 im Vollmachtsverhältnisse an. Diese Bestimmung findet also auf den vorliegenden Fall analoge Anwendung.

[5]) Vgl. z. B. CPO. §§ 290, 454, 457, 458, 470.

befindet; die bis dahin ergangenen gerichtlichen Entscheidungen sind auch für ihn und seine fernere Thätigkeit ebenso maßgebend, wie die von der unterstützten Partei bis dahin abgegebenen Erklärungen und vorgenommenen Handlungen. Hat die Partei bis dahin durch Versäumung prozessuale Nachteile erlitten, z. B. Ausschluß mit prozeßhindernden Einreden[6]), mit dem Rügerecht[7]), so kann der Intervenient solche versäumte Prozeßhandlungen nur dann vornehmen, wenn in der Person der Partei ein Restitutionsgrund vorliegt. Mit Angriffs- und Verteidigungsmitteln, mit welchen die Partei zur Zeit des Beitritts deshalb zurückgewiesen werden kann, weil sie verspätet vorgebracht sind[8]), ist der Intervenient aus gleichem Grunde zurückzuweisen; ob solches geschehen muß, ist nicht aus der Person des Intervenienten, sondern aus der Person der Partei zu beurteilen.

5. Besonderer Betrachtung bedarf die Frage, ob die Unterlassung prozessualer Pflichten, insbesondere die Versäumung von Prozeßhandlungen seitens der Partei oder des Intervenienten dem Intervenienten oder der Partei zum Nachteil gereicht.

Es entspricht zwar der Stellung des Intervenienten als eines Parteigehülfen, daß die Partei, wie sie die Wirksamkeit der Handlungen und Erklärungen des Intervenienten durch Widerspruch beseitigen kann, so auch dadurch, daß der Intervenient eine Handlung rechtzeitig nicht vornimmt, den daran sich knüpfenden Nachteil vermeidet, wenn sie selbst die betreffende Handlung später noch vornimmt. Das trifft z. B. zu, wenn der Intervenient in Abwesenheit der unterstützten Partei zur Hauptsache verhandelt, ohne die ihm bekannten der Partei zustehenden prozeßhindernden Einreden geltend zu machen, oder das Rügerecht nicht rechtzeitig ausgeübt, Angriffs- oder Verteidigungsmittel nicht rechtzeitig vorgebracht hat[9]). Die Partei kann die betreffende Handlung in einer späteren Verhandlung ohne Vorbringung von Restitutions- oder Entschuldigungsgründen nachholen, also z. B. bevor sie selbst zur Hauptsache verhandelt, prozeßhindernde Einreden vorbringen und Entscheidung darüber vor der

---

6) CPO. §§ 274, 528. 7) CPO. §§ 295, 530, 558.

8) CPO. §§ 279, 374, 402, 433, 529 Abs. 3.

9) Vgl. die Citate Anm. 6—8.

weiteren Verhandlung zur Hauptsache begehren. Wie das mit Rücksicht auf die Erörterung unter 3 der Fall sein würde, wenn der Intervenient ausdrücklich auf solche Einrede verzichtet hat[10]), so muß es auch zutreffen für den Fall, wenn der Intervenient das Vorbringen der Einreden versäumt hat.

Anders liegt die Sache, wenn die Partei, soweit sie sich selbst an der Verhandlung beteiligt hat, versäumt hat, rechtzeitig zu handeln. Der Intervenient kann die von der Partei versäumten Prozeßhandlungen, Angriffs- und Verteidigungsmittel nur unter denselben Voraussetzungen nachholen, wie es die Partei kann. Insoweit gilt das Prinzip, daß die prozessualen Befugnisse des Intervenienten nicht weiter reichen, als im einzelnen Falle die Befugnisse der Partei gehen. Kann die Partei solche Befugnisse nur unter besonderen Umständen beim Vorhandensein von Restitutions- und Entschuldigungsgründen ausüben, so kann auch der Intervenient das nur unter gleichen Voraussetzungen. Ob solche Voraussetzungen vorliegen, ist aber nur aus der Person der Partei zu beurteilen.

Soweit die Partei sich überhaupt nicht an der Verhandlung beteiligt, z. B. dem Intervenienten die selbständige Durchführung einer Rechtsmittelinstanz überläßt, kommen selbstverständlich für die Frage, ob und unter welchen Voraussetzungen eine in der betreffenden Instanz versäumte Prozeßhandlung nachgeholt werden kann, nur die Verhältnisse des Intervenienten in Betracht.

6. Wie bereits wiederholt hervorgehoben, ist der Intervenient in seinem Verhältnisse zum Gericht und zur Gegenpartei im Rechtsstreite nicht Partei oder Parteivertreter, die Entscheidungen ergehen nicht gegen ihn, alle Prozeßhandlungen der Gegenpartei richten sich nicht gegen ihn, sondern gegen die von ihm unterstützte Partei, Ladungen und Zustellungen erfolgen deshalb nicht an ihn, sondern an die Partei. Mit der Zustellung an die Partei tritt die Wirkung, welche sich an die Zustellung knüpft (z. B. Lauf der Fristen) ein, eine etwa an den Intervenienten erfolgte Zustellung ist bedeutungslos[11]).

---

[10]) Abweichend Wach, Handbuch S. 642, unter a.

[11]) So RG. Bd. 18 S. 416, Bd. 34 S. 363, OLG. Rostock Meckl. Zeitschr. Bd. III S. 148 und Seuff. Arch. Bd. 40 Nr. 56.

Man hat allerdings aus der gesetzlichen Vorschrift, daß der Intervenient im Verfahren zuzuziehen ist [12]), schließen wollen, daß alle Ladungen und Zustellungen, welche an die Partei erfolgen müssen, auch an den Intervenienten ergehen müssen, und daß die prozessualen Fristen gegen ihn selbständig laufen [13]). Man verkennt dabei, daß die betreffende Bestimmung (s. Anm. 12) nur deklaratorische Bedeutung hat, sie will klarstellen, daß der Intervenient trotz des Widerspruchs bis zur Entscheidung über denselben im Verfahren zuzulassen ist, sie will keine positive Anordnung treffen, daß er überall vom Gericht und der Gegenpartei wie eine Partei zu behandeln ist.

Es ist Sache des Intervenienten, sich von dem Stande des Rechtsstreits selbst Kenntnis zu verschaffen, er hat als Partei im weiteren Sinne [14]) das Recht auf Einsicht der Akten, kann sich Ausfertigungen, Abschriften und Auszüge erteilen lassen, und ist somit in der Lage, jeden Augenblick die ihm nach Lage der Sache geeignet erscheinenden Prozeßhandlungen vorzunehmen und sich Gehör zu verschaffen.

§ 30.

Der Nebenintervenient als Parteigenosse.

Regelmäßig ist das Interesse des Nebenintervenienten an dem Ausgange des Rechtsstreites nur nebensächlicher Art, es muß sich dem Interesse der Partei unterordnen, der Nebenintervenient unterstützt die Hauptpartei, an deren Sieg ihm gelegen ist, er kann nicht störend in den Rechtsstreit eingreifen, er hat keinen selbständigen Einfluß auf den Werdegang und Ausgang des Prozesses.

Wenn jedoch der Nebenintervenient nicht nur im Verhältnisse zu der unterstützten Partei, sondern auch im Verhältnisse zu der Gegenpartei an dem Ausgange des Rechtsstreites interessiert ist, indem das im Rechtsstreite ergehende Urteil auch von Wirksamkeit auf sein Verhältnis zu dem Gegner ist [1]), dann ist sein Interesse kein nebensächliches, sondern ein gleichwertiges, seine Stellung ist nicht die eines Gehülfen, sondern die eines Parteigenossen.

---

[12]) CPO. § 71 Abs. 2.

[13]) So Wach Handbuch S. 643 f. unter III besonders Anm. 22.

[14]) CPO. § 299 Abs. 1 und oben S. 112.

[1]) CPO. § 69.

Es ist zunächst zu untersuchen, in welchen Fällen diese Voraussetzung zutrifft, sodann wie die Rechtsstellung des Nebenintervenienten im Rechtsstreite in diesen Fällen gestaltet ist.

1. Das unterscheidende Merkmal für diese Fälle liegt darin, daß die (materielle) Rechtskraft des Urteils von unmittelbarer Wirkung für das Rechtsverhältnis des Intervenienten zu dem Gegner der unterstützten Partei ist. Dieses (letztere) Rechtsverhältnis selbst ist Gegenstand des Rechtsstreites, der Intervenient ist materiell selbst Partei, der im Rechtsstreite erzielte Vorteil ist nach Maßgabe des materiellen Rechts auch sein Vorteil.

Das trifft namentlich zu, wenn ein Miteigentümer die Ansprüche aus dem Eigentum oder aus einem Rechte an der Sache in Ansehung der ganzen Sache (BGB. §§ 1011, 1004, 1027), wenn ein Miterbe während bestehender Erbengemeinschaft einen zum Nachlasse gehörenden Anspruch geltend macht (BGB. § 2039), weiter wenn einer von mehreren Gläubigern, welchen an derselben Forderung ein Pfändungspfandrecht zusteht, gegen den Drittschuldner auf Erfüllung der diesem nach CPO. §§ 853—855 obliegenden Pflichten klagt (CPO. § 856 Abs. 4), in der Widerspruchsklage, der Klage auf vorzugsweise Befriedigung in der Zwangsvollstreckungsinstanz (CPO. §§ 771 bis 774, § 805), weiter in der Klage gegen den, welcher für den mittelbaren Besitzer besitzt (CPO. § 76) oder denjenigen, welcher das Recht des Eigentümers oder des dinglich Berechtigten in Ausübung des Rechtes eines Dritten beeinträchtigt hat (CPO. § 77).

In diesen Fällen ergeht das Urteil auch über das Rechtsverhältnis, in welchem der Intervenient zu dem Gegner der unterstützten Partei steht, wenn es der Miteigentümer, der Miterbe, ein anderer Pfändungspfandgläubiger, der Vollstreckungsschuldner, der Besitz- oder Rechtsherr ist, der interveniert[2]).

2. In den unten 1 hervorgehobenen Fällen gilt der Nebenintervenient im Sinne des § 61 CPO. als Streitgenosse der unterstützten Partei, ist es aber nicht.

---

[2]) Ebenso würde die Sache für den Rechtsnachfolger liegen, wenn das im Streite befangene Recht oder die im Streite befangene Sache von der Partei veräußert wird und die Partei in ihrer Parteistellung verbleibt, der Rechtsnachfolger dem Prozesse beitritt (CPO. § 325 Abs. 1). In diesem Falle ist jedoch die Rechtsstellung des Nebenintervenienten eine abhängige (CPO. § 265 Abs. 1).

Durch die Nebenintervention entsteht auch in diesen Fällen nicht ein neuer Rechtsstreit zwischen dem Nebenintervenienten und dem Gegner der Hauptpartei neben dem im Prozesse bereits verhandelten Rechtsstreite, vielmehr bleibt alleiniger Gegenstand des Verfahrens der bereits verhandelte Rechtsstreit; über ihn allein ergeht das Urteil, Parteien sind und bleiben die bisherigen Parteien. Der Nebenintervenient bekleidet auch in diesem Falle keine eigene Parteirolle, sondern er steht in der Parteirolle der unterstützten Partei, aber nicht als prozessualisch untergeordneter Parteigehülfe, sondern als prozessualisch gleichberechtigter Parteigenosse. In der Parteirolle der unterstützten Partei stehen fortan zwei gleichmäßig befugte Träger derselben.

Im übrigen tritt der Nebenintervenient auch in diesen Fällen keineswegs aus der Stellung eines Nebenintervenienten heraus, der Umfang der ihm an sich zustehenden Befugnisse ist kein anderer geworden, er muß den Rechtsstreit in der Lage aufnehmen, in welcher sich dieser zur Zeit seines Beitritts befindet, er ist berechtigt, Angriffs- und Verteidigungsmittel geltend zu machen und alle Prozeßhandlungen vorzunehmen. Damit ist aber auch hier seine Thätigkeit erschöpft, insbesondere ist der Intervenient auch in diesen Fällen nicht befugt, eine Widerklage zu erheben oder den Rechtsstreit nach Rechtskraft des Urteils wieder aufzunehmen. Ebensowenig kann der Intervenient den Rechtsstreit durch Vergleich, Anerkennung oder Verzicht beseitigen oder die Klage zurücknehmen.

Die prozessuale Stellung des Streitgenossen, welche der Intervenient in diesen Fällen einnimmt, ist nicht hier, sondern in der Lehre von der Streitgenossenschaft [3]) zu erörtern; im allgemeinen ist nur noch darauf hinzuweisen, daß die Grundsätze der sog. notwendigen Streitgenossenschaft zur Anwendung kommen, da nur ein Urteil ergeht, welches beide Rechtsverhältnisse, das unter den Parteien streitige und das Rechtsverhältnis zwischen dem Intervenienten und der Gegenpartei, notwendig einheitlich ergreift und feststellt, formell freilich nur das erstere, damit aber unausgesprochen auch das andere.

---

[3]) S. unten § 50.

§ 31.
Streitverkündung.

Begriff und Bedeutung.

Streitverkündung „(litis denuntiatio)“ ist die prozessuale Befugnis einer Partei, einem Dritten, gegen den sie für den Fall des ihr ungünstigen Ausgangs des Rechtsstreits einen Anspruch auf Gewährleistung oder Schadloshaltung erheben zu können glaubt oder einen Anspruch dieses Dritten besorgt, von dem Rechtsstreite, in welchem sie als Partei steht, gerichtlich Kunde zu geben. Auch dem Dritten, dem der Streit verkündet ist, steht diese Befugnis zu[1]).

Wirkung der Streitverkündung auf das Rechtsverhältnis zwischen dem Verkündenden und dem Dritten.

Die Streitverkündung als solche hat auf den Prozeß regelmäßig keinen Einfluß[2]), dagegen übt sie eine Rückwirkung auf das Verhältnis der verkündenden Partei zu dem Dritten, welchem der Streit verkündet ist, aus, indem der Dritte die Entscheidung im Rechtsstreite in derselben Weise gegen sich gelten lassen muß, wie wenn er dem Rechtsstreite als Nebenintervenient beigetreten wäre[3]). Als entscheidender Zeitpunkt gilt hier statt der Zeit des Beitritts diejenige Zeit, zu welcher die Beitretung infolge der Streitverkündung möglich war[4]), und zwar auch in dem Falle, wenn der Dritte infolge der Streitverkündung dem Rechtsstreite beitritt.

Form der Streitverkündung.

Die Streitverkündung erfolgt durch Zustellung eines Schriftsatzes, in welchem der Grund der Streitverkündung und die Lage des Rechtsstreites angegeben ist. Abschrift des Schriftsatzes ist dem Gegner mitzuteilen[5]).

Befugnisse des Dritten dem der Streit verkündet ist.

Der Dritte, dem der Streit verkündet ist, hat das Recht, als Nebenintervenient zur Unterstützung der verkündenden Partei einzutreten; denn sein Interesse an dem Obsiegen dieser Partei ergiebt sich aus dem Grunde der Streitverkündung.

Ist ein Schuldner aus einer Forderung verklagt, welche ein Dritter, z. B. derjenige, welcher dem Kläger den Anspruch abgetreten hat, unter Behauptung der Ungültigkeit der Abtretung für sich

---

[1]) CPO. § 72.
[2]) CPO. § 74 Abs. 2, s. jedoch CPO. § 76 und unten § 32.
[3]) Vgl. oben S. 147.
[4]) CPO. § 74 Abs. 3.
[5]) CPO. § 73.

in Anspruch nimmt, so liegt ein Fall vor, in dem der Dritte berechtigt ist, sein Recht im Wege der Prinzipalintervention zu verfolgen[6]). Wählt der Dritte diesen Weg nicht, so läuft der verklagte Schuldner Gefahr, im Falle seines Unterliegens dem Anspruche des Abtretenden auf nochmalige Zahlung ausgesetzt zu sein. Um sich davor zu schützen, kann er dem Dritten den Streit verkünden und erreicht dadurch, daß der Dritte den Ausgang des Rechtsstreits gegen sich gelten lassen muß[7]). Der Dritte hat jedenfalls ein Interesse daran, daß der Kläger unterliegt, er kann deshalb auch als Nebenintervenient dem Rechtsstreite beitreten. Hat jetzt der Beklagte kein Interesse an der Fortsetzung des Rechtsstreits mehr, so kann er den Betrag der Forderung zu Gunsten der streitenden Gläubiger hinterlegen und ist aus dem Rechtsstreite zu entlassen[8]). Der Rechtsstreit wird allein unter dem Kläger und dem Intervenienten, welcher die Beklagtenrolle als Partei mit eigenem Interesse übernimmt, fortgesetzt[9]). Der Rechtsstreit ist ein doppelseitiger Feststellungsstreit geworden[10]); wer von beiden obsiegt, dem wird der hinterlegte Betrag zugesprochen, der Unterliegende trägt die Kosten des gesamten Rechtsstreits, also auch die dem ausgeschiedenen Beklagten entstandenen, soweit sie diesem nicht bereits auferlegt sind (s. Anm. 8), und die Kosten der Hinterlegung.

§ 32.

Benennung des Besitz- oder Rechtsherrn.

Wird jemand als Besitzer einer Sache verklagt, die er auf Grund eines Rechtsverhältnisses der in § 868 des Bürgerlichen Gesetzbuches bezeichneten Art zu besitzen behauptet, so kann er, da die Voraussetzungen des § 72 CPO. vorliegen, dem mittelbaren Besitzer den Streit verkünden, wodurch er sich gegen etwaige spätere Ansprüche des mittelbaren Besitzers sichert, wenn er im Rechtsstreite zur Herausgabe der Sache verurteilt ist. Die Prozeßordnung giebt dem Be-

[6]) CPO. § 64 und unten § 52.

[7]) S. oben Anm. 3.

[8]) CPO. § 75. Hatte der Beklagte unbegründeten Widerspruch erhoben, z. B. Einreden geltend gemacht, welche er später hat fallen lassen, so ist er in die dadurch veranlaßten Kosten zu verurteilen.

[9]) S. unten § 33. [10]) S. unten § 42.

klagten in diesem Falle jedoch noch ein weiteres Recht, er kann, wenn er den Streit vor der Verhandlung zur Hauptsache verkündet, den mittelbaren Besitzer unter Benennung an den Kläger zur Erklärung über seinen Eintritt in den Rechtsstreit laden und kann in diesem Falle die Verhandlung zur Hauptsache verweigern, bis der benannte mittelbare Besitzer sich erklärt oder bis zum Schlusse des Termins, in welchem sich derselbe erklären soll.

Der mittelbare Besitzer kann sich, wenn er die Behauptung des Beklagten als richtig anerkennt, in zweifacher Weise an dem Rechtsstreite beteiligen, er kann entweder als Nebenintervenient dem Beklagten beitreten, dann verbleibt dieser in seiner Parteirolle, der Prozeß verläuft unter den bisherigen Parteien zu Ende; oder er kann, wenn der Beklagte zustimmt, an Stelle des Beklagten den Prozeß übernehmen; der Zustimmung des Klägers zu solcher Übernahme bedarf es nur insoweit, als derselbe Ansprüche geltend macht, welche unabhängig davon sind, daß der Beklagte die Sache auf Grund eines Rechtsverhältnisses besitzt, kraft dessen der Dritte im Verhältnisse zum Beklagten mittelbarer Besitzer ist, also z. B. wegen einer Beschädigung der Sache dem Kläger persönlich haftet. Hat der Kläger solche Ansprüche geltend gemacht, so bedarf es seiner Zustimmung, erklärt der Kläger solche nicht, so ist die Übernahme des Rechtsstreits unzulässig, derselbe nimmt gegen den Beklagten als Partei seinen Fortgang. Übernimmt dagegen der Dritte den Prozeß in statthafter Weise, so ist der Beklagte auf seinen Antrag von der Klage durch Endurteil zu entbinden, der Prozeß geht gegen den Übernehmenden als Nachfolger weiter. Dieser tritt in die Parteirolle des Beklagten als Partei mit eigenem Interesse ein[1]). Unterliegt der Nachfolger im Prozeß, so ist das Urteil in der Sache auch gegen den entlassenen Beklagten wirksam und vollstreckbar.

Bestreitet dagegen der als mittelbarer Besitzer benannte Dritte die Behauptung des Beklagten, oder erklärt er sich überhaupt nicht, so ist der Beklagte im Verhältnisse zu ihm berechtigt, dem Anspruche des Klägers auch ohne Urteil zu genügen. Nimmt er den Prozeß auf, so thut er das auf seine Gefahr und Kosten. In diesem Falle schützt ihn im Verhältnisse zu dem Dritten die Streitverkündung mit ihrer gesetzlichen Wirkung[2]). Das Recht, als Nebenintervenient

---

[1]) S. unten § 33. [2]) S. oben S. 157 Anm. 3.

in den Prozeß einzutreten, verbleibt dem Dritten selbstverständlich in dem Falle, wenn eine Erklärung auf die Streitverkündung und Ladung nicht abgegeben ist. —

Die vorstehenden Vorschriften über die Befugnis zur Benennung des Besitzherrn und die Abwälzung des Rechtsstreits von dem Besitzer auf den mittelbaren Besitzer finden sowohl dann Anwendung, wenn der thatsächliche Besitzer als solcher verklagt ist, als auch dann, wenn der mittelbare Besitzer, welcher selbst wieder auf Grund eines Rechtsverhältnisses der in § 868 des Bürgerlichen Gesetzbuches bezeichneten Art Besitzer ist[3]), Anwendung. Ebenso kann der mittelbare Besitzer, wenn er infolge der Streitverkündung, Benennung und Ladung das behauptete Rechtsverhältnis zugesteht, seinerseits den Streit weiter verkünden[4]) und den benennen und laden, von dem er auf Grund eines Rechtsverhältnisses der im § 868 des Bürgerlichen Gesetzbuches bezeichneten Art seinen Besitz ableitet.

Diese Vorschriften über die Streitverkündung unter Benennung des Besitzherrn finden entsprechende Anwendung, wenn von dem Eigentümer einer Sache oder von demjenigen, dem ein Recht an einer Sache zusteht, wegen einer Beeinträchtigung des Eigentums oder seines Rechts[5]) Klage auf Beseitigung der Beeinträchtigung oder auf Unterlassung weiterer Beeinträchtigung erhoben ist, sofern der Beklagte die Beeinträchtigung in Ausübung des Rechts eines Dritten (z. B. als Mieter, Pächter der Sache) vorgenommen zu haben behauptet[6]). Diese Vorschriften finden weiter Anwendung, wenn jemand auf Löschung eines Warenzeichens verklagt wird, und Übergang des Warenzeichens vor oder nach Erhebung der Klage stattgefunden hat. Der Beklagte kann in diesem Falle dem Rechtsnachfolger den Streit verkünden und ihn zur Übernahme des Rechtsstreits unter Benennung an den Kläger laden[7]).

Dieses Recht der Streitverkündung mit Benennung des Besitz- oder Rechtsherrn und Ladung desselben zur Übernahme des Rechtsstreits beruht in allen Fällen auf dem Gedanken, daß der zuerst Be-

[3]) BGB. § 871. [4]) CPO. § 72 Abs. 2.

[5]) BGB. §§ 1004, 1011, 1027, 1065, 1090 Abs. 2, 1134, 1135, 1192, 1227, 1273 Abs. 2.

[6]) CPO. § 77.

[7]) Ges. v. 12./5. 1894 betr. Schutz der Warenbezeichnungen § 9 Abs. 4.

klagte, wenn er auch passiv zur Übernahme des Rechtsstreits legitimiert ist, doch regelmäßig nicht ein so eminentes Interesse wie der Besitz- oder Rechtsherr an der Durchführung des Rechtsstreites hat. Ihm ist deshalb die Befugnis eingeräumt, den Rechtsstreit von sich auf den Besitz- oder Rechtsherrn abzuwälzen. Scheitert dieser Versuch, so hat er im Verhältnis zu dem Herrn die freie Wahl, ob er dem Anspruche ohne Urteil genügen oder den Rechtsstreit selbst durchführen will.

In jedem Falle kann dieses Recht nur vor der Verhandlung zur Hauptsache ausgeübt werden. Hat der Beklagte zur Hauptsache verhandelt, so bleibt ihm nur das Recht der Streitverkündung nach Maßgabe der Erörterungen im voraufgehenden Paragraphen.

§ 33.
Nachfolge in die Parteistellung.

Schmidt § 159 — Fitting § 31.

Nachfolge in die Parteistellung liegt vor, wenn kraft einer Rechtsvorschrift jemand an Stelle der bisherigen Partei in deren Parteistellung eintritt, so daß nunmehr der Eintretende den Rechtsstreit in der Lage, in welcher er sich zur Zeit des Eintritts befindet, in seinem Interesse und auf seine Kosten fortsetzt, während die bisherige Partei aufhört, Partei zu sein, der Eintretende Partei ist, als wenn er es von vorn herein gewesen wäre. Begriff.

Nachfolge in die Parteistellung liegt dagegen nicht vor, wenn ein bloßer Wechsel in der Person des Parteirollenträgers stattfindet, die Partei dagegen dieselbe bleibt. Ein solcher Wechsel ohne Änderung des Parteiverhältnisses findet statt

a) in den oben S. 110f. bezeichneten Fällen beim Wechsel in der Person des Verwalters, Güterpflegers oder im Falle des Wechsels von Mitgliedern in dem Vorstande einer juristischen Person[1]);

b) wenn in der Person des gesetzlichen Vertreters einer prozeßunfähigen Partei oder für prozeßunfähig geltenden Person

[1]) Das Organ in seiner statutenmäßigen Zusammensetzung hat die Stellung eines gesetzlichen Vertreters, nicht das einzelne Mitglied.

(CPO. § 53) eine Änderung eintritt, oder wenn eine prozeßunfähige Person prozeßfähig wird, oder wenn eine prozeßfähige Person prozeßunfähig wird.

Eine natürliche Person wird prozeßunfähig, wenn sie entmündigt wird, eine juristische Person, wenn sie aufgelöst wird oder sonst ihre Endschaft erreicht, ohne daß damit ihre Rechts- und Parteifähigkeit vollständig erlöscht, dieselbe vielmehr in beschränkter Weise zum Zweck der Abwickelung der Geschäfte, der Liquidation, fortdauert.

Erhält eine prozeßfähige Person einen Pfleger, so erleidet dadurch allein ihre Prozeßfähigkeit keine Einbuße, solange nicht der Pfleger den Prozeß für sie übernimmt. Die Partei kann den Prozeß also auch selbst fortführen. Hiervon wird aber für den Fall, daß eine Nachlaßverwaltung angeordnet wird, eine Ausnahme gemacht. Der Erbe kann, wenn die Nachlaßverwaltung angeordnet ist, den anhängigen Rechtsstreit nicht fortführen, falls der Rechtsstreit einen Nachlaßgegenstand betrifft. Dazu ist, damit das Interesse der Gläubiger nicht geschädigt wird, allein der Nachlaßverwalter fähig. In allen übrigen Fällen der Pflegschaft wird die Partei erst prozeßunfähig, wenn der Pfleger den Prozeß als Vertreter der Partei übernommen hat[2]).

Im Falle einer wirklichen Nachfolge in die Parteistellung (translatio judicii) findet ein Wechsel in der Person der Partei mit der Wirkung statt, daß der Nachfolger an Stelle des Vorgängers Partei wird und nunmehr alle Wirkungen, die der Rechtsstreit hat, in seiner Person eintreten. Das letztere gilt namentlich auch von der Pflicht zur Tragung der gesamten Kosten des Rechtsstreites, falls der Nachfolger vollständig unterliegt. Siegt der Nachfolger ob, sind aber Kosten auszuscheiden, welche in der Person des Vorgängers entstanden sind, z. B. durch dessen Versäumnis, so treffen auch den Nachfolger diese Kosten, wenn sie nicht etwa dem Vorgänger bereits auferlegt waren.

Der Nachfolger hat den Rechtsstreit in der Lage, in welcher er sich zur Zeit des Eintritts der Nachfolge befindet, zu übernehmen mit allen prozessualen Nachteilen und Vorteilen. Bindende Partei-

---

[2]) CPO. § 53.

erklärungen des Vorgängers (z. B. Geständnisse, Annahme und Zurückschiebung eines Eides) sind regelmäßig[3]) auch für den Nachfolger bindend, er kann sie nur unter gleichen Voraussetzungen wie der Vorgänger widerrufen.

Eine solche Nachfolge in den Prozeß kann aus verschiedenen Gründen stattfinden.

Zunächst gewährt das Prozeßrecht einem Dritten, dem der Streit verkündet ist, die Befugnis, an Stelle des aus dem Prozesse ausscheidenden Beklagten in den Prozeß einzutreten[4]).

Andere Fälle der Nachfolge kommen im Falle einer Rechtsnachfolge in das im Streite befangene Recht oder in die streitige Verpflichtung vor sowie im Falle der Eröffnung des Konkurses über das Vermögen einer Partei. Beide Fälle bedürfen der besonderen Betrachtung.

1. Der Umstand, daß jemand im Wege der Rechtsnachfolge ein Recht, über welches in einem Prozesse gestritten wird, als einzelnes nicht kraft einer allgemeinen Rechtsnachfolge erwirbt, oder eine solche Verpflichtung in gleicher Weise übernimmt, bringt noch keine Nachfolge in den Prozeß zu Wege, eine Nachfolge tritt vielmehr nur dann ein, wenn eine übereinstimmende prozessuale Erklärung aller Beteiligten, des Rechtsvorgängers, des Rechtsnachfolgers und der Gegenpartei, des Inhalts vorliegt, daß alle der Nachfolge zustimmen.

Liegt eine solche prozessuale Handlung nicht vor, so hat die Veräußerung der in Streit befangenen Sache, bezüglich deren ein Recht geltend gemacht ist, oder die Abtretung des im Streite geltend gemachten Rechtes auf den Prozeß keinen Einfluß. Der Rechtsstreit setzt sich unter denselben Parteien fort, gleich als wenn die Veräußerung oder Abtretung nicht stattgefunden hätte. Die Partei bleibt dem Gegner gegenüber in dem Prozesse zur Sache[5]) und zum Prozesse legitimiert. Außerprozessuale Verfügungen über die Sache oder das Recht trifft der Rechtsnachfolger auch mit Wirksamkeit gegenüber dem in der Parteistellung verbleibenden Rechtsvorgänger. Hat also der

[3]) Ausnahmen kommen vor, s. CPO. § 471.

[4]) CPO. §§ 75—77 und o. § 31.

[5]) Diesen Satz beschränkt das Reichsgericht (s. bes. Beil. z. Reichsanz. 1898 Nr. 1 S. 1 ff.) wesentlich.

Rechtsnachfolger bezüglich des klagend geltend gemachten Rechts innerhalb seiner Befugnisse rechtswirksame Verfügungen getroffen, z. B. Verzichte, Vergleiche, Annahme von Leistungen, ist ihm gegenüber vom Schuldner aufgerechnet, so kann der Beklagte seine Einwendungen aus diesen Handlungen auch dem Rechtsvorgänger gegenüber im Prozesse geltend machen.

Verbleibt der Rechtsvorgänger im Prozesse, so erstreckt sich die Rechtskraft des Urteils auch auf den Nachfolger, es ist für und gegen ihn wirksam[6]), auch für ihn vollstreckbar[7]).

Kannte der Rechtsnachfolger zur Zeit des Erwerbs die Rechtshängigkeit nicht, so findet in den Fällen, in welchen ein gutgläubiger Erwerber gegen einen Mangel im Rechte seines Vorgängers geschützt ist[8]), ein gleichmäßiger Schutz im Prozeßrechte statt. Die Rechtskraft des im Prozesse ergehenden Urteils wirkt in diesem Falle nicht gegen den Rechtsnachfolger[9]). In solchem Falle würde das Prozessieren mit dem bisherigen Kläger, welcher die Sache veräußert oder das klagend geltend gemachte Recht abgetreten hat, zwecklos sein, es kann also dem Kläger, nunmehr der Einwand, daß er zur Geltendmachung des Anspruchs nicht mehr befugt sei, vom Beklagten entgegengesetzt werden[10]).

„Veräußerung“ und „Abtretung“ im Sinne vorstehender Bestimmungen liegt nicht bloß vor, wenn der betreffende Rechtsakt ein freiwilliger, sondern auch dann, wenn der Erwerb durch den Rechtsnachfolger auf Grund einer gegen den bisherigen Berechtigten sich richtenden Zwangsvollstreckungsmaßregel erfolgt[11]).

Einem Erwerb durch Abtretung des im Streite befangenen Rechts ist auch ein Erwerb durch Übertragung kraft Gesetzes gleichzustellen, wenn diese Übertragung auf Grund einer Rechtshandlung des Erwerbers erfolgt, welche wenn auch nicht den Zweck dieses Erwerbes, wohl aber solchen Erfolg hat, wie dies z. B. der Fall ist, wenn auf den Bürgen, auf den Gesamtschuldner, falls sie den Gläubiger befriedigen, die Forderung kraft Gesetzes übergeht[12]).

---

6) CPO. § 325. 7) CPO. § 727.

8) BGB. §§ 892 f., 932 ff., 1032, 1138, 1208, 1242, 2366.

9) CPO. § 325. 10) RG. Bd. 20 S. 421 ff.

11) Vgl. BGB. §§ 161, 353, 499, 883, 2115.

12) BGB. §§ 426, 774. S. auch BGB. §§ 412 f.

Veräußert der Beklagte die von ihm besessene im Streite befangene Sache, so geht der Rechtsstreit gegen ihn fort, der Erwerber ist nicht verpflichtet, den Rechtsstreit zu übernehmen, noch ist er berechtigt, ohne Einwilligung beider Parteien in den Rechtsstreit an Stelle des Veräußerers einzutreten. Das Urteil ist jedoch in der Hauptsache, nicht der Kosten wegen, auch für und gegen den Erwerber wirksam, es sei denn, daß er die Rechtshängigkeit zur Zeit des Erwerbes nicht gekannt hat, in welchem Falle er den Schutz des gutgläubigen Erwerbers auch hinsichtlich der Rechtskraft und der Vollstreckbarkeit des Urteils genießt, wenn ein solcher Fall vorliegt, in welchem das bürgerliche Recht den Erwerber gegen einen Mangel im Rechte seines Rechtsvorgängers schützt[13]).

Veräußerung im Sinne obiger Bestimmungen ist nicht bloß die Eigentumsübertragung an einer Sache oder die Abtretung des im Streite befangenen Rechts selber, sondern auch die Einräumung eines Rechts an der Sache, eines Rechtes an dem Rechte.

Von der Regel, daß der Erwerb der im Streite befangenen Sache oder des im Streite befindlichen Rechts durch Einzelnachfolge keinen Einfluß auf die Parteistellung hat, findet eine Ausnahme in dem Falle der Veräußerung eines Grundstücks statt.

Ist über das Bestehen oder Nichtbestehen eines Rechts, welches für ein Grundstück in Anspruch genommen wird, oder einer Verpflichtung, welche auf einem Grundstücke ruhen soll, zwischen dem Besitzer und einem Dritten ein Rechtsstreit anhängig, so ist im Falle der Veräußerung des Grundstücks der Rechtsnachfolger berechtigt und auf Antrag des Gegners verpflichtet, den Rechtsstreit in der Lage, in welcher er sich befindet, zu übernehmen.

In solchen Fällen geht die Parteistellung mit dem Besitzwechsel auf den Erwerber ohne Unterbrechung des Verfahrens über, der Erwerber tritt an Stelle des früheren Besitzers, als Kläger oder Beklagter, in den Streit ein, ein besonderes Aufnahmeverfahren (reassumtio litis) findet nicht statt. Der Fortsetzung des Prozesses durch den bisherigen Besitzer kann der Gegner wegen mangelnder Legitimation zur Sache widersprechen.

Recht und Pflicht zum Eintritt in den Prozeß haben jedoch insoweit nicht statt, als die Vorschriften des bürgerlichen Rechts zu

---

[13]) CPO. § 325 Abs. 2 u. o. Anm. 8.

Gunsten derjenigen, welche Rechte von einem Nichtberechtigten ableiten, damit in Widerspruch stehen würden. Wenn also der Erwerber des Grundstücks vermöge des im Bürgerlichen Gesetzbuche zur Anerkennung gekommenen Publizitätsprinzips ein selbständiges, vom Rechte des Vorgängers unabhängiges, durch etwaige Mängel im Rechte des Vorgängers insbesondere durch Rechte Dritter nicht berührtes Recht an dem Grundstücke erlangt hat, ist er nicht verpflichtet, in den Rechtsstreit einzutreten und denselben in der Lage zu übernehmen, in welchem sich ein solcher Rechtsstreit befindet, vielmehr kann er die Freiheit seines Rechtes in einem neuen Prozesse selbständig verfolgen, event. erwarten, daß der Dritte sein Recht selbständig gegen ihn geltend macht. Andererseits ist ein solcher Erwerber auch nicht berechtigt, in den anhängigen Prozeß einzutreten, da die Rechtslage des Prozeßgegners wegen der günstigen Rechtslage des Erwerbers und des besseren Rechts desselben durch den Eintritt dieses Erwerbers als Gegner verschlechtert werden würde, vielmehr ist in diesem Falle auch der Erwerber gehalten, sein Recht gegen den Dritten in einem neuen Prozesse selbständig zu verfolgen; der Prozeß zwischen dem Vorgänger und dem Dritten nimmt seinen Fortgang ohne Veränderung in der Parteistellung. War es der Kläger, welcher veräußert hatte, so ist das weitere Prozessieren mit demselben zwecklos, es kann also in diesem Falle der Beklagte dem Kläger den Einwand machen, daß dieser zur Geltendmachung des Anspruchs nicht mehr befugt sei[14]).

2. Ganz anders wie im Falle der Einzelnachfolge gestaltet sich die Sache im Falle einer allgemeinen Rechtsnachfolge. Eine solche findet statt, wenn die Persönlichkeit aufhört. Beim Menschen hört sie auf mit dem Eintritt des Todes und gilt im Falle der Todeserklärung als aufhörend mit dem Zeitpunkte, welcher als Zeitpunkt des vermuteten Todes im Ausschlußurteile festgestellt ist, bei der juristischen Person hört die Persönlichkeit mit deren Endschaft auf, soweit sie nicht zum Zwecke der Auseinandersetzung der Liquidation noch beschränkt fortbesteht. Allgemeiner Rechtsnachfolger des Verstorbenen ist sein Erbe, allgemeiner Rechtsnachfolger

---

[14]) CPO. § 266 Abs. 2 Satz 2.

einer beendigten juristischen Persönlichkeit derjenige, an den das Vermögen fällt [15]).

Wenn eine allgemeine Rechtsnachfolge eintritt, so findet regelmäßig auch ein Eintritt in die Parteistellung des Vorgängers ohne Unterbrechung statt. Der Rechtsnachfolger ist mit dem Eintritte der Rechtsnachfolge ohne weiteres Partei an Stelle des Rechtsvorgängers geworden, ihm stehen von jetzt alle Parteirechte in dem anhängigen Rechtsstreite zu, er hat alle Parteipflichten in vollem Umfange. Der Prozeß ist sein Prozeß geworden, das gilt sowohl wenn die Rechtsnachfolge auf Seiten des Klägers als dann, wenn sie auf Seiten des Beklagten stattgefunden hat.

Allein im Falle des Todes der Partei finden gewisse Abweichungen statt. Das Prinzip freilich, daß mit dem Tode der Partei die Parteistellung des Verstorbenen auf den Erben übergeht, findet auch hier seine Anwendung. Es findet jedoch, soweit die Partei nicht durch einen Prozeßbevollmächtigten vertreten ist, eine Unterbrechung des Verfahrens, und in dem anderen Falle auf Antrag des Prozeßbevollmächtigten oder des Gegners eine Aussetzung des Verfahrens statt [16]). Der dadurch herbeigeführte rechtliche Stillstand des Verfahrens endet, bis das Verfahren vom Rechtsnachfolger aufgenommen ist.

Die Aufnahme erfolgt durch prozessuale Erklärung des Erben, regelmäßig durch Zustellung eines Schriftsatzes [17]). Wird diese Erklärung von dem Erben verzögert, so kann der Gegner das Aufnahmeverfahren einleiten, indem er den Rechtsnachfolger zur Aufnahme und zur Verhandlung der Hauptsache ladet [18]).

Erscheint die geladene Partei nicht, so gelten nicht etwa die von der betreibenden Partei über die Rechtsnachfolge und die daran geknüpfte Aufnahmepflicht aufgestellten Behauptungen als zugestanden,

---

[15]) BGB. §§ 46, 88. HGB. §§ 304 f. Unfallvers.-Ges. vom 6. Juli 1844 §§ 32 f., 92, vom 5. Mai 1886 §§ 14, 101, vom 11. Juli 1887 § 12, vom 13. Juli 1887 § 42.

[16]) S. u. §§ 61, 62. [17]) CPO. § 250.

[18]) CPO. § 239. Der die Ladung enthaltende Schriftsatz ist den Rechtsnachfolgern zuzustellen, die Ladungsfrist wird vom Vorsitzenden bestimmt. — Das Aufnahmeverfahren ist kein besonderes Zwischenverfahren, sondern gehört dem Hauptverfahren an. Über einen hier möglicherweise entstehenden Zwischenstreit s. u. § 45 Anm. 2.

vielmehr ist auf Antrag die behauptete Rechtsnachfolge als zugestanden anzusehen und es ist zur Hauptsache zu verhandeln[19]).

Ist ein Testamentsvollstrecker vorhanden, welcher zur Führung des anhängigen Rechtsstreites berechtigt ist[20]), so finden auf die Aufnahme des Rechtsstreites seitens des Testamentsvollstreckers und gegen denselben die eben dargestellten Regeln gleichfalls Anwendung. Dasselbe gilt, wenn vom Nachlaßgerichte vor Annahme der Erbschaft durch den Erben oder in den Fällen, wo der Erbe unbekannt oder die Annahme der Erbschaft durch den Erben ungewiß ist, ein Nachlaßpfleger bestellt ist.

Wird über den Nachlaß der Konkurs eröffnet, so kommen über die Aufnahme des Prozesses durch den Konkursverwalter die für diesen Fall geltenden allgemeinen Vorschriften (s. unter 4) zur Anwendung[21]).

Wird die Nachlaßverwaltung angeordnet, so liegt die Sache, obgleich der Nachlaßverwalter auch ein Nachlaßpfleger ist, doch anders. Der Nachlaßpfleger vertritt ausschließlich die Interessen des Erben, der Nachlaßverwalter hauptsächlich das Interesse der Nachlaßgläubiger. Der Nachlaßverwalter tritt in den Prozeß ein als gesetzlicher Vertreter einer prozeßunfähigen Partei; die Aufnahme des Prozesses erfolgt also ganz nach denselben Vorschriften, wie wenn die Partei im Laufe des Verfahrens prozeßunfähig geworden ist[22]).

3. Eine Nachfolge findet unter bestimmten Voraussetzungen auch statt, wenn eine Nacherbfolge eintritt.

Der Nacherbe ist nicht Rechtsnachfolger des Vorerben, sondern Rechtsnachfolger des Erblassers. Ist zwischen dem Vorerben und einem Dritten über einen der Nacherbfolge unterliegenden Gegenstand ein Rechtsstreit anhängig, und tritt während der Rechtshängigkeit die Nacherbfolge ein, so hört der Vorerbe auf, Subjekt des im Streite befangenen Interesses zu sein, der Vorerbe ist also zur Fortführung des Prozesses nicht weiter berechtigt, ihm fehlt die Legitimation zur

[19]) CPO. § 239 Abs. 4. Der Erbe ist vor Annahme der Erbschaft zur Fortsetzung des Prozesses nicht verpflichtet, § 239 Abs. 5.

[20]) CPO. § 243, BGB. §§ 2212f., 1960.

[21]) CPO. § 243.

[22]) CPO. § 241 Abs. 2.

Sache, aktiv oder passiv, je nachdem er Kläger oder Beklagter ist. Es müßte also, um ein wirksames sachliches Urteil zu erzielen, der Rechtsstreit mit dem Nacherben in neuer Parteirolle von neuem beginnen.

Die Prozeßordnung läßt jedoch eine Nachfolge in den Prozeß dann zu, wenn das Urteil, welches in einem Rechtsstreite zwischen dem Vorerben und einem Dritten ergeht, auch gegen den Nacherben wirksam ist. Dies ist der Fall, wenn der Rechtsstreit über einen der Nacherbfolge unterliegenden Gegenstand, über den der Vorerbe ohne Zustimmung des Nacherben verfügen kann, geführt wird[23]). In diesem Falle wird der Nacherbe hinsichtlich des Prozesses als Erbe des Vorerben behandelt; es finden also die oben unter 2 dargestellten Rechtssätze dann Anwendung, wenn der Vorerbe aufhört, Erbe zu sein und die Nacherbfolge eintritt.

4. Wird über das Vermögen einer Partei Konkurs eröffnet, so wird das Verfahren während der Dauer des Konkursverfahrens unterbrochen; wird das Konkursverfahren wieder aufgehoben, so kann es, soweit es nicht inzwischen infolge einer während des Konkursverfahrens von dem Konkursverwalter oder gegen denselben oder einen Dritten erfolgten Aufnahme erledigt ist, von jeder Partei wieder aufgenommen werden[24]).

Der Konkursverwalter tritt in einen solchen Rechtsstreit nur in dem einen Falle ohne weiteres als Nachfolger ein, wenn es sich um ein gegen den Gemeinschuldner geltend gemachtes Recht handelt, welches im Falle des Konkursverfahrens ein Aussonderungsrecht, ein Absonderungsrecht oder eine Masseschuld begründet[25]). In diesem Falle ist die Passivlegitimation auf den Konkursverwalter übergegangen; denn er allein ist in der Lage, dem Anspruche zu genügen. Das Verfolgungsrecht des Gegners des Gemeinschuldners richtet sich also nunmehr gegen den Verwalter, das Verteidigungsrecht des Gemeinschuldners wird hinfort vom Verwalter ausgeübt[26]). Jede Partei, der Kläger und der Verwalter, kann die Aufnahme des Prozesses erklären und den Gegner zur Fortsetzung der Verhandlung in der Hauptsache laden lassen. Wenn der Verwalter im Prozesse unterliegt, so treffen ihn die Kosten des Rechtsstreites ein-

---

[23]) CPO. § 242.

[24]) CPO. §§ 240, 250.

[25]) KO. § 11.

[26]) KO. § 6.

schließlich der vor der Eröffnung des Verfahrens entstandenen nach den allgemeinen Grundsätzen, erkennt er jedoch den Anspruch sofort an und wird auf Grund seines Anerkenntnisses verurteilt, so fallen ihm die Kosten nicht zur Last[27]).

In allen anderen Fällen tritt der Konkursverwalter nicht schon ohne weiteres in die Parteistellung des Gemeinschuldners ein. Das trifft namentlich zu, wenn es sich um den Anspruch eines persönlichen Gläubigers, welcher zu den Konkursgläubigern gehört, handelt und dieser Gläubiger Befriedigung aus der Konkursmasse begehrt. Ein solcher Anspruch kann, selbst dann, wenn für denselben bereits ein vollstreckbarer Schuldtitel vorliegt, nur im Wege des Konkursverfahrens verfolgt werden[28]). Der Gläubiger ist also genötigt, seine Forderung anzumelden und zur Prüfung zu verstellen. Wird die Forderung im Prüfungstermine bestritten, so wird der anhängige Rechtsstreit nach Maßgabe des § 146 KO. zwischen dem Gläubiger und dem Bestreitenden fortgesetzt. Es tritt eine Nachfolge in den Prozeß ein. Der Bestreitende tritt in die Parteirolle des Gemeinschuldners ein, ist sein Nachfolger im Prozesse. Ein besonderes Aufnahmeverfahren findet nicht statt. Die Partei, welche die Feststellung der Forderung oder den Widerspruch gegen die Feststellung[29]) zu betreiben hat, hat die Aufnahme des anhängigen Rechtsstreites durch Zustellung eines Schriftsatzes zu erklären, sowie diejenige Prozeßhandlung, welche der Lage des Prozesses zur Zeit der Unterbrechung entspricht, vorzunehmen.

Ist die Forderung zur Konkurstabelle festgestellt, hat aber der Gemeinschuldner die Forderung im Prüfungstermine bestritten, so kann der Gläubiger den Prozeß gegen den Gemeinschuldner schon während des schwebenden Konkursverfahrens aufnehmen[30]), der Gemeinschuldner kann dies erst nach beendetem Konkursverfahren[31]).

Bestreitet neben dem Gemeinschuldner noch der Konkursverwalter oder ein Gläubiger den Anspruch, so kann der Gläubiger den Rechtsstreit gegen beide als Streitgenossen aufnehmen, die Streitgenossenschaft ist eine zufällige, keine notwendige.

War endlich der unterbrochene Rechtsstreit für den Gemein-

---

[27]) KO. § 11 Abs. 2. Dasselbe Prinzip wie CPO. § 93.
[28]) KO. § 12. [29]) KO. § 146 Abs. 1, 2, 6.
[30]) KO. § 144 Abs. 2. [31]) KO. § 240.

schuldner anhängig, d. h. ist der Ausgang des Rechtsstreites dafür entscheidend, ob der Gegenstand, über welchen gestritten wird, zur Konkursmasse gezogen werden darf oder nicht[32]), so kann der Verwalter, nicht der Prozeßgegner den Rechtsstreit aufnehmen[33]). Da aber der Gegner ein Interesse an dem Fortgange des Prozesses haben kann, so kann er in derselben Weise, wie wenn der Erbe die Aufnahmeerklärung verzögert, eine Erklärung über die Aufnahme seitens des Konkursverwalters herbeiführen, indem er den Konkursverwalter zur Aufnahme des Prozesses und zur Verhandlung der Hauptsache ladet[34]). Erscheint der Konkursverwalter und erklärt die Aufnahme, so geht das Verfahren weiter, lehnt er die Aufnahme ab, so giebt er damit zu erkennen, daß er den Gegenstand für die Masse aufgeben will, es kann mithin der Prozeß zwischen dem Gemeinschuldner und dem Dritten seinen Fortgang nehmen, jeder kann die Aufnahme durch Zustellung eines Schriftsatzes erklären und gleichzeitig zur Fortsetzung der mündlichen Verhandlung laden.

Erscheint der Konkursverwalter auf die Ladung des Gegners in dem zur Aufnahme und zur Fortsetzung der mündlichen Verhandlung bestimmten Termine nicht, so wird auf Antrag des erschienenen Gegners gegen den Konkursverwalter angenommen, daß das Verfahren von demselben aufgenommen sei, und es wird sofort zur Hauptsache verhandelt[35]).

5. Besondere Bestimmungen gelten für den Fall, wenn bei Eröffnung des Konkursverfahrens über das Vermögen eines Schuldners ein Anfechtungsprozeß zwischen einem Gläubiger und einem Dritten wegen einer nach § 3 des Anfechtungsgesetzes i. d. F. d. B. v. 20. Mai 1898 anfechtbaren Rechtshandlung schwebt.

In diesem Anfechtungsrechte verfolgt ein Gläubiger seinen Anspruch auf Befriedigung aus dem Vermögen des Schuldners in besonderer Weise. Es ist von dem Gegner das,

---

[32]) Das kann auch bei einer gegen den Gemeinschuldner erhobenen negativen Feststellungsklage oder bei einer gegen den Gemeinschuldner erhobenen Klage auf Berichtigung des Grundbuchs durch Löschung eines für den Gemeinschuldner eingetragenen Rechts zutreffen.

[33]) KO. § 10. [34]) KO. § 10 Abs. 1.

[35]) KO. § 10, CPO. § 239.

was durch die anfechtbare Handlung aus dem Vermögen des Schuldners veräußert, weggegeben oder aufgegeben ist, als noch zu demselben gehörig zurückzugewähren, soweit es zur Befriedigung des Gläubigers erforderlich ist[36]).

Ist nun der anfechtende Gläubiger ein Konkursgläubiger, so würde dieser Gläubiger, falls sein Anfechtungsanspruch durch das Konkursverfahren unberührt bliebe, den übrigen Gläubigern gegenüber ein dem Prinzipe des § 2 der KO. widerstreitendes Vorzugsrecht an den vom Gegner des Anfechtungsberechtigten zurückzugewährenden Gegenständen, welche vom Augenblicke der Zurückgewährung an als zum Vermögen des Gemeinschuldners gehörig anzusehen sind, also event. in die Konkursmasse fallen, zustehen. Es gewährt deshalb das Gesetz[37]) der Eröffnung des Konkursverfahrens einen gewissen Einfluß auf das Anfechtungsrecht des einzelnen Konkursgläubigers. Dabei ist zu beachten, wie weit der Anfechtungsberechtigte in der Durchführung seines Anspruchs fortgeschritten ist.

Soweit der Gläubiger durch Ausübung des Anfechtungsrechts nicht befriedigt, steht prinzipiell die weitere Verfolgung des Anfechtungsrechtes dem Konkursverwalter zu.

Ist der Rechtsstreit zwischen dem anfechtenden Gläubiger und dessen Gegner noch rechtshängig, so wird das Verfahren durch die Eröffnung des Konkurses über das Vermögen des Schuldners, dessen Vermögen durch die anfechtbare Handlung geschmälert worden, unterbrochen und kann nach der Beendigung des Konkursverfahrens, falls es infolge der Aufnahme während des Konkursverfahrens noch nicht beendet ist, fortgesetzt werden. Den unterbrochenen Rechtsstreit kann der Konkursverwalter aufnehmen, er ist dazu berechtigt, nicht verpflichtet. Der Gegner kann den Konkursverwalter zur Abgabe einer Erklärung in der bereits oben besprochenen Weise veranlassen[38]).

Tritt der Konkursverwalter in den Rechtsstreit ein, so ist er in dem Prozesse Nachfolger in derjenigen Lage, in welcher sich derselbe zur Zeit der Unterbrechung befand, ist aber zugleich bezüglich des Anfechtungsrechtes, nicht bezüglich der Forderung, für welche es aus-

---

36) Anf.-G. §§ 1, 7.

37) Anf.-G. § 13.

38) Anf.-Ges. § 13.

geübt wurde und von welcher es losgelöst ist, Rechtsnachfolger[39]) des Gläubigers geworden.

Ist der Rechtsstreit vom Konkursverwalter aufgenommen, so kann sich das Anfechtungsrecht in der Hand des Konkursverwalters anders gestalten als bisher, es dient jetzt der Konstituierung der Teilungsmasse, erweitert sich also, wenn es früher wegen seiner accessorischen Natur beschränkt war[40]). Andererseits kann der Gegner, wenn er infolge der anfechtbaren Rechtshandlung eine Gegenleistung an den Schuldner gemacht hat, und diese in die Konkursmasse gekommen ist oder die Konkursmasse durch dieselbe noch bereichert ist, solche jetzt vom Konkursverwalter zurückfordern, während er das dem einzelnen Gläubiger gegenüber nicht konnte.

Lehnt der Verwalter die Aufnahme des Rechtsstreits ab, so kann der Streit vor Beendigung des Verfahrens von den Parteien in der Hauptsache nicht aufgenommen werden, wohl aber hinsichtlich der Kosten des Rechtsstreits[41]).

Dritter Titel.

Prozeßrechtliche Parteilasten.

§ 34.

Prozeßkosten.

Planck § 69 — **Hellmann** § 57 — **Fitting** § 130 — **Schmidt** §§ 160 u. 165.

Das unter den Parteien bestehende prozessuale Streitverhältnis ergreift die Prozeßkosten in der Weise, daß mit der Begründung dieses Streitverhältnisses für die Parteien im Verhältnisse zu einander die bedingte Verpflichtung entsteht, solche Kosten zu tragen resp. dem Gegner zu erstatten. Über die Verpflichtung zur Tragung der Prozeßkosten entscheidet das Gericht auch ohne Antrag[1]). Die Kostenlast.

---

[39]) Vgl. hierzu RG. Bd. 30 S. 70.

[40]) Anf.-Ges. § 13 Abs. 2, Satz 3.

[41]) Anf.-Ges. § 13 Abs. 2.

[1]) CPO. § 308 Abs. 2.

Entscheidung über die Kosten.

Die Entscheidung erfolgt regelmäßig mit derjenigen Entscheidung in der Hauptsache, durch welche das Streitverhältnis beendigt wird, also in dem Endurteile, nicht in den Zwischenurteilen oder Teilurteilen; denn auch die letzteren erledigen den Prozeß noch nicht vollständig.

Entsteht im Prozesse ein Zwischenstreit zwischen der Partei und einem Dritten, so ist dieser auch hinsichtlich der Kosten als selbständiger Rechtsstreit anzusehen. Das Zwischenurteil, welches einen solchen Zwischenstreit entscheidet, entscheidet also auch über die Kosten dieses Zwischenstreits.

Die Anfechtung der Entscheidung über den Kostenpunkt ist unzulässig, wenn nicht gegen die Entscheidung in der Hauptsache ein Rechtsmittel eingelegt wird; ist jedoch die Hauptsache durch eine auf Grund eines Anerkenntnisses ausgesprochene Verurteilung erledigt, so kann die Entscheidung über den Kostenpunkt selbständig angefochten werden. Ist eine Entscheidung in der Hauptsache nicht ergangen, so findet gegen die Entscheidung über den Kostenpunkt sofortige Beschwerde statt[2]).

Endigt der Rechtsstreit durch Vergleich, so sind die Kosten des Rechtsstreits, soweit über dieselben nicht bereits rechtskräftig erkannt ist, als gegen einander aufgehoben anzusehen, wenn nicht die Parteien ein anderes vereinbart haben. Dasselbe gilt von den Kosten des abgeschlossenen Vergleichs[3]).

Die Kosten des Rechtsstreits umfassen die Gebühren und Auslagen des Gerichts, des Gerichtsvollziehers und der Rechtsanwälte, sowie die eigenen Auslagen der Parteien, z. B. Porto, Reisekosten, Zeitversäumnis[4]).

Jede Partei hat zunächst solche Kosten im Laufe des Verfahrens selbst aufzuwenden, die Gerichtskosten insbesondere insoweit als sie dafür vorschußpflichtig ist.

Die Partei, welcher die Kosten auferlegt sind, hat nicht nur die selbstaufgewendeten Kosten allein zu tragen, sondern auch die dem Gegner erwachsenen Kosten zu erstatten, die letzteren jedoch nur insoweit, als sie nach freiem Ermessen des Gerichts zur zweckent-

---

[2]) CPO. § 99. Vor der Entscheidung ist der Gegner zu hören.

[3]) CPO. § 98. [4]) CPO. § 91 Abs. 1 Satz 2.

sprechenden Rechtsverfolgung oder Rechtsverteidigung notwendig waren[5]).

Dieses freie richterliche Ermessen wird durch die Bestimmung beschränkt, daß die Gebühren und Auslagen des Rechtsanwalts der obsiegenden Partei in allen Prozessen zu erstatten sind[6]), die Kosten mehrerer Rechtsanwälte jedoch nur insoweit, als sie die Kosten eines Rechtsanwalts nicht übersteigen, oder als in der Person des Rechtsanwalts ein Wechsel eintreten müßte[7]).

Im Verfahren vor den Amtsgerichten kann der Betrag der zu erstattenden Kosten, wenn er sofort zu ermitteln ist, in dem Urteile festgesetzt werden. Gegen diese Festsetzung findet ausschließlich die sofortige Beschwerde statt[8]).

Im übrigen erfolgt die Festsetzung der zu erstattenden Prozeßkosten im besonderen Verfahren nach Maßgabe der folgenden Bestimmungen[9]). Kostenfestsetzungsverfahren.

1. Der Anspruch auf Erstattung der Prozeßkosten kann nur auf Grund eines zur Zwangsvollstreckung geeigneten Titels geltend gemacht werden. Das Gesuch um Festsetzung des zu erstattenden Betrages ist bei dem Gericht erster Instanz anzubringen; es kann vor dem Gerichtsschreiber zu Protokoll erklärt werden. Die Kostenberechnung, die zur Mitteilung an den Gegner bestimmte Abschrift derselben und die zur Rechtfertigung der einzelnen Ansätze dienenden Belege sind beizufügen.

---

[5]) CPO. § 91 Abs. 1.

[6]) Reisekosten eines auswärtigen Rechtsanwalts sind nur insoweit zu erstatten, als die Zuziehung eines solchen Rechtsanwalts nach dem Ermessen des Gerichts zur zweckentsprechenden Rechtsverfolgung oder Rechtsverteidigung notwendig war (CPO. § 91 Abs. 2). Die Mehrkosten, welche bei der Vertretung einer Partei vor einem Kollegialgerichte durch einen bei demselben zugelassenen Rechtsanwalt dadurch entstehen, daß letzterer seinen Wohnsitz nicht am Orte des Gerichts hat, ist die Gegenpartei zu erstatten nicht verpflichtet (RAO. § 18 Abs. 5). Dasselbe gilt von den Mehrkosten, welche bei der Vertretung einer armen Partei durch den ihr beigeordneten Rechtsanwalt dadurch entstehen, daß der letztere seinen Wohnsitz nicht am Orte des Gerichts hat (RAO. § 37).

[7]) CPO. § 91 Abs. 2.

[8]) CPO. § 103 Abs. 1, dazu CPO. § 568 Abs. 3.

[9]) CPO. §§ 103 Abs. 2, 104—107 und dazu §§ 567 Abs. 2, 568 Abs. 3.

2. Die Entscheidung über das Festsetzungsgesuch kann ohne vorgängige mündliche Verhandlung erfolgen. Das Gericht kann sich bei Prüfung des Gesuchs der Hülfe des Gerichtsschreibers bedienen. Zur Berücksichtigung eines Antrags genügt, daß derselbe glaubhaft gemacht ist. Gegen den Festsetzungsbeschluß findet sofortige Beschwerde statt.

3. Sind die Prozeßkosten ganz oder teilweise nach Quoten verteilt, so hat die Partei den Gegner vor Anbringung des Festsetzungsgesuchs aufzufordern, die Berechnung seiner Kosten binnen einer einwöchigen Frist bei dem Gerichte einzureichen. Nach fruchtlosem Ablaufe der Frist erfolgt die Entscheidung ohne Rücksicht auf die Kosten des Gegners unbeschadet des Rechts des letzteren, den Anspruch auf Erstattung nachträglich geltend zu machen. Der Gegner haftet für die Mehrkosten, welche durch das nachträgliche Verfahren entstehen.

4. Ergeht nach der Kostenfestsetzung eine Entscheidung, durch welche der Wert des Streitgegenstandes festgesetzt wird, so ist, falls diese Entscheidung von der Wertsberechnung abweicht, welche der Kostenfestsetzung zu Grunde liegt, auf Antrag die Kostenfestsetzung entsprechend abzuändern. Über den Antrag entscheidet das Gericht erster Instanz. Der Antrag ist binnen der Frist von einem Monat bei dem Gericht anzubringen; er kann von dem Gerichtsschreiber zu Protokoll erklärt werden. Die Frist beginnt mit der Zustellung und, wenn es einer solchen nicht bedarf, mit der Verkündung des den Wert des Streitgegenstandes festsetzenden Beschlusses. Die Entscheidung kann ohne vorgängige mündliche Verhandlung erfolgen. Gegen die Entscheidung findet sofortige Beschwerde statt.

Die für die Auferlegung der Prozeßkosten maßgebenden Grundsätze.

Im Verhältnisse der Parteien zu einander trifft die gesamte Kostenlast regelmäßig die unterliegende Partei[10]). Wenn jede Partei teils obsiegt, teils unterliegt, so sind die Kosten gegen einander aufzuheben oder verhältnismäßig zu teilen; das Gericht kann jedoch in diesem Falle der einen Partei die gesamten Prozeßkosten auferlegen, wenn die Zuvielforderung der anderen Partei eine verhältnismäßig geringe war und keine besondere Kosten veranlaßt hat, oder wenn der Betrag der Forderung der anderen Partei von der Festsetzung durch

---

10) CPO. § 91 Abs. 1.

richterliches Ermessen, von der Ausmittlung durch Sachverständige oder von einer gegenseitigen Berechnung abhängig war[11]).

Ausnahmsweise können dem Kläger, auch wenn er obsiegt, die gesamten Kosten des Rechtsstreits auferlegt werden, und zwar in zwei Fällen:

a) wenn der Beklagte nicht durch sein Verhalten zur Erhebung der Klage Veranlassung gegeben hat und den Anspruch sofort anerkennt[12]);

b) wenn der Kläger einen sei es durch Rechtsgeschäft unter Lebenden oder durch Erwerb von Todeswegen auf ihn übergegangenen Anspruch geltend macht, ohne daß er vor der Erhebung der Klage dem Beklagten den Übergang mitgeteilt und auf Verlangen nachgewiesen hat, und der Beklagte nur durch die Unterlassung der Mitteilung oder des Nachweises veranlaßt ist, den Anspruch zu bestreiten[13]).

Die Regel, daß die gesamten Kosten des Rechtsstreits der unterliegenden Partei zur Last fallen, hat Ausnahmen, indem unter bestimmten Voraussetzungen einzelne Kosten ausgeschieden und der obsiegenden Partei auferlegt werden können oder müssen[14]), oder doch einer Partei ohne Rücksicht auf den Ausgang des Rechtsstreits gesondert aufzuerlegen sind. Ausscheidung einzelner Kosten.

a) Der obsiegenden Partei[15]) können zur Last gelegt werden

α) die Kosten eines von ihr benutzten ohne Erfolg gebliebenen Angriffs- oder Verteidigungsmittels[16]);

β) die Prozeßkosten ganz oder teilweise, wenn durch das nachträgliche Vorbringen von Angriffs- oder Verteidigungs-

---

11) CPO. § 92. 12) CPO. § 93.

13) CPO. § 94. 14) CPO. §§ 94—97.

15) Ob die Partei vollständig oder teilweise obsiegt, ist für diese Fälle (a u. b) gleichgültig.

16) CPO. § 96. Unter Angriffs- und Verteidigungsmittel im Sinne dieser Bestimmung ist Alles zu verstehen, was eine Partei zum Zwecke ihres Obsiegens vorbringt, mag es materieller oder prozessualer Natur sein (RG. Bd. 13 S. 413), folglich auch Beweismittel und Beweiseinreden.

mitteln, von Beweismitteln oder Beweiseinreden die Erledigung des Rechtsstreits verzögert ist und die obsiegende Partei nach freier richterlicher Überzeugung imstande war, das nachträgliche Vorbringen zeitiger geltend zu machen[17]);

γ) die Kosten der Berufungsinstanz ganz oder teilweise, wenn die Partei auf Grund eines neuen Vorbringens obsiegt, welches sie nach freiem Ermessen des Gerichts in erster Instanz geltend machen konnte[18]).

b) Der obsiegenden Partei sind aufzuerlegen

α) die durch ihre Versäumnis verursachten Kosten, wenn sie infolge des Einspruchs gegen ein in gesetzlicher Weise erlassenes Versäumnisurteil die Aufhebung des Urteils erreicht, soweit solche Kosten nicht durch einen unbegründeten Widerspruch des Gegners entstanden sind[19]);

β) im Falle der Not. 13 (S. 177 unter b) die Prozeßkosten, insoweit sie dadurch entstanden sind, daß der Beklagte durch die Unterlassung der Mitteilung oder des Nachweises veranlaßt ist, den Anspruch zu bestreiten[20]).

c) Ohne Rücksicht auf den Ausgang des Prozesses sind aufzuerlegen

α) die Kosten der Versäumung und Verzögerung, welche dadurch entstanden sind, daß die Partei einen Termin oder eine Frist versäumt oder die Verlegung eines Termines, die Vertagung einer Verhandlung, die Anberaumung eines Termins zur Fortsetzung der Verhandlung oder die Verlängerung einer Frist durch ihr Verschulden veranlaßt, dieser Partei[21]);

β) die Kosten der Wiedereinsetzung in den vorigen Stand, soweit sie nicht durch einen unbegründeten Widerspruch des Gegners entstanden sind, dem Antragsteller[22]);

---

[17]) CPO. 278 Abs. 2, § 283 Abs. 2. Beweismittel und Beweiseinreden sind hier besonders genannt, weil CPO. § 278 nicht vom Beweisverfahren handelt, wie sich aus CPO. § 282 Abs. 2 ergiebt.

[18]) CPO. § 97 Abs. 2. [19]) CPO. § 344.

[20]) CPO. § 94. [21]) CPO. § 95. GKG. § 48.

[22]) CPO. § 238 Abs. 3.

γ) die Kosten eines ohne Erfolg eingelegten Rechtsmittels der Partei, welche dasselbe eingelegt hat[23]).

In den Fällen unter a u. b erfolgt die Ausscheidung der Kosten im Endurteil und nur dann, wenn die Partei, welche diese Kosten zu tragen hat, ganz oder teilweise obsiegt. Das kann auch stattfinden in den Fällen unter c α u. β; jedoch kann in diesen Fällen abgesonderte Entscheidung über die Kosten durch Zwischenurteil ergehen. Im Falle unter c, γ ergeht die Entscheidung zugleich mit der Entscheidung über das Rechtsmittel.

Besondere Bestimmung gilt für die Kosten der Revisionsinstanz in Rechtsstreitigkeiten, für welche die Landgerichte ohne Rücksicht auf den Wert des Streitgegenstandes ausschließlich zuständig sind[24]). Diese Kosten hat die Reichs- oder die Staatskasse auch im Falle des Obsiegens zu tragen, wenn der Wert des Streitgegenstandes die Summe von dreihundert Mark nicht übersteigt und der Vertreter des Reichs oder des Staats die Revision eingelegt hat[25]).

Der Nebenintervenient verfolgt sein eigenes Interesse im Prozesse, er ist nicht Partei im eigentlichen, sondern im weiteren Sinne[26]), es ist deshalb billig, daß die Kostenlast wie im Verhältnisse der Parteien zu einander so auch im Verhältnisse des Nebenintervenienten zu dem Gegner der unterstützten Partei geregelt wird. Soweit also der Gegner der unterstützten Partei nach den vorstehenden Bestimmungen Kosten zu tragen hat, treffen ihn auch die durch die Nebenintervention verursachten Kosten. Diese Kosten sind dem Gegner in der betreffenden Entscheidung aufzuerlegen. Hat der Gegner in einem Vergleiche die Kosten des Rechtsstreits übernommen, so treffen ihn auch die durch die Nebenintervention verursachten Kosten, wenn der Vergleich solche nicht ausnimmt. Soweit dem Gegner der unterstützten Partei Kosten nicht auferlegt sind, sind die durch die Nebenintervention verursachten Kosten dem Nebenintervenienten, also nicht der unterstützten Partei aufzuerlegen, insoweit ist also auch der Nebenintervenient dem Gegner gegenüber zur Erstattung der dem Gegner durch die Nebenintervention erwachsenen Kosten verpflichtet. Dasselbe gilt, wenn die unterstützte Partei in einem Vergleiche die Kosten

---

[23]) CPO. § 97 Abs. 1.

[24]) S. oben S. 66 Anm. 5.

[25]) CPO. § 97 Abs. 3.

[26]) S. oben S. 112.

des Rechtsstreits übernommen hat und die durch die Nebenintervention verursachten Kosten nicht ausgenommen sind [27]).

Soweit Vergleich und Entscheidung vollstreckbar sind, sind sie im Kostenpunkte auch unmittelbar für und gegen den Nebenintervenienten vollstreckbar.

Gilt der Nebenintervenient als Streitgenosse [28]) der unterstützten Partei, so finden die für die Kostenlast der Streitgenossen im Verhältnisse zu der Gegenpartei geltenden Vorschriften Anwendung [29]). Diese Vorschriften (CPO. § 100) sollen unten in der Lehre von der Streitgenossenschaft (§ 50) dargestellt werden.

Ebenso bleiben den besonderen Materien vorbehalten die besonderen Bestimmungen über die Kosten im Mahnverfahren [30]), im Zwangsvollstreckungsverfahren [31]), im Aufgebots- [32]) Entmündigungsverfahren [33]) und im Ehenichtigkeitsprozesse [34]).

Soweit Gerichtsschreiber, Gerichtsvollzieher, Rechtsanwälte und andere Bevollmächtigte durch grobes Verschulden Kosten veranlaßt haben, können sie durch das Prozeßgericht zur Tragung solcher Kosten verurteilt werden [35]). Die Entscheidung kann ohne mündliche Verhandlung erfolgen. Vor der Entscheidung ist der Beteiligte zu hören. Gegen die Entscheidung findet sofortige Beschwerde statt [36]).

Renitente Zeugen und Sachverständige sind in die durch ihr Ausbleiben oder ihre grundlose Weigerung verursachten Kosten zu verurteilen [37]). Gegen den Beschluß findet Beschwerde mit aufschiebender Wirkung statt [38]).

Soweit dritte Personen in Kosten verurteilt sind, sind die Beschlüsse auch für die Parteien vollstreckbar.

Gegen den Richter findet ein solches Kostenbelastungsverfahren nicht statt. Hier bewendet es bei der Bestimmung des § 6 des Gerichtskostengesetzes.

---

[27]) CPO. § 101 Abs. 1.

[28]) S. oben S. 145 § 30.

[29]) CPO. § 101 Abs. 2.

[30]) CPO. §§ 692, 698.

[31]) CPO. §§ 788, 867, 874, 887.

[32]) CPO. § 971.

[33]) CPO. §§ 658, 673, 677, 682.

[34]) CPO. § 637.

[35]) CPO. § 102 Abs. 1.

[36]) CPO. § 102 Abs. 2 u. 3.

[37]) CPO. §§ 380, 390, 409.

[38]) CPO. § 572 Abs. 1. Vgl. zu diesem Falle und den Fällen der Anm. 39 u. 40 unten § 43 letzter Absatz.

§ 35.

Sicherheitsleistung.

Planck § 67 — Hellmann § 57 — Fitting § 131 — Schmidt § 166.

Aus dem unter den Parteien bestehenden prozessualen Streitverhältnisse entsteht für den Kläger, wenn auch nicht allgemein, so doch unter bestimmten Voraussetzungen die Pflicht, dem Beklagten für die ihm aus der Prozeßführung entstehenden Nachteile Sicherheit zu leisten. Man spricht in diesem Falle von einer prozessualischen Sicherheitsleistung im Gegensatze zu der materiellrechtlichen Sicherheitsleistung, welche unabhängig von der Prozeßführung die Erfüllung eines schon nach Maßgabe des materiellen Rechts bestehenden Anspruchs sichern oder die Besorgnis vor künftiger vom materiellen Rechte mißbilligter Vermögensbenachteiligung abwenden soll.

Die Nachteile, welche dem Beklagten aus der Prozeßführung erwachsen, sind für ihn unvermeidlich, weil er genötigt ist, gegen einen unberechtigten Angriff sich zu verteidigen, den Prozeß aufzunehmen, Zeit und Geld (Prozeßkosten) aufzuwenden, um den Angriff abzuwehren. Aber die Aufwendung von Prozeßkosten ist nicht der alleinige Nachteil, der den Beklagten durch die Prozeßführung des Klägers treffen kann. Erleidet der Beklagte durch den Prozeß oder durch den Gebrauch außerordentlicher Maßregeln einen weiteren Vermögensnachteil und ist der Kläger verpflichtet, im Falle des Unterliegens diesen Nachteil zu ersetzen, so gewährt die Prozeßordnung dem Beklagten das Recht, von dem Kläger Sicherheit für den drohenden Nachteil zu fordern.

Fälle der Verpflichtung eines Klägers zur Sicherheitsleistung.

Darnach giebt es folgende Fälle der Verpflichtung des Klägers, dem Beklagten eine prozessualische Sicherheit zu leisten, nämlich

1. die Verpflichtung zur Leistung einer Sicherheit für die Prozeßkosten[1]). Die Prozeßordnung legt diese Verpflichtung nur dem Ausländer, der als Kläger auftritt, auf. Die Voraussetzungen und das Verfahren sind gesetzlich geregelt. Darüber wird im folgenden Paragraphen besonders gesprochen werden.

---

[1]) CPO. §§ 110—113.

2. die Verpflichtung des Aktionärs, welcher einen Beschluß der Generalversammlung im Wege der Klage anfechtet (HGB. § 271), der verklagten Gesellschaft wegen der ihr drohenden Nachteile (HGB. § 273 Abs. 2) Sicherheit zu leisten[2]). Art und Höhe der Sicherheit bestimmt das Gericht nach freiem Ermessen. Die Vorschriften der Prozeßordnung über die Festsetzung einer Frist zur Sicherheitsleistung und über die Folgen der Versäumung der Frist[3]) finden Anwendung.

In beiden Fällen erfolgt die Anordnung der Sicherheitsleistung nur auf Verlangen des Gegners.

Sonstige Fälle einer prozessualen Sicherheitsleistung.

In bestimmten Fällen kann sich eine Partei zur Sicherheitsleistung erbieten, oder es kann das Gericht die Erkennung von außerordentlichen Maßregeln von einer Sicherheitsleistung abhängig machen. Dies trifft zu, wenn ein Urteil für vorläufig vollstreckbar erklärt[4]), eine einstweilige Anordnung wegen Einstellung oder Fortsetzung der Zwangsvollstreckung erlassen[5]) oder endlich ein Arrest erkannt oder der erkannte Arrest beseitigt, abgeändert oder aufgehoben werden soll[6]).

Endlich gehört hierher der bereits oben S. 128 erwähnte Fall der Zulassung eines unbeauftragten Geschäftsführers oder eines Beauftragten, der eine Vollmacht nicht vorlegen kann[7]).

Die Mittel der prozessualen Sicherheitsleistung.

Die Bestellung einer jeden prozessualischen Sicherheit ist, sofern nicht die Parteien ein Anderes vereinbart haben oder eine nach freiem Ermessen des Gerichts zu bestimmende Sicherheit zugelassen ist[8]), durch Hinterlegung von Geld oder solchen Wertpapieren zu beschaffen, welche auf den Inhaber lauten[9]), einen Kurswert haben[10]) und einer Gattung angehören, in der Mündelgeld angelegt werden kann[11]), oder nach richterlichem Ermessen eine genügende Deckung gewähren. Mit den Wertpapieren sind die Zins-, Renten-, Gewinnanteil- und Erneuerungsscheine zu hinterlegen. Wer durch Hinterlegung von

---

[2]) HGB. § 272 Abs. 3. [3]) CPO. § 113.

[4]) CPO. §§ 710, 713.

[5]) CPO. §§ 732, 738, 742, 744, 745, 749, 769, 770, 771 Abs. 3, 772 bis 774, 785, 786.

[6]) CPO. §§ 921, 925 Abs. 2, 927, 939. [7]) CPO. § 89.

[8]) HGB. § 272 Abs. 3 (oben Anm. 2), CPO. §§ 921, 927 (oben Anm. 6).

[9]) Den Inhaberpapieren stehen Ordrepapiere gleich, die mit Blankoindossament versehen sind BGB. § 234 Abs. 1 Satz 2.

[10]) Mit Wertpapieren kann Sicherheit nur in Höhe von drei Vierteilen des Kurswertes geleistet werden.

[11]) BGB. § 1807, EG. z. BGB. Art. 212.

Geld oder von Wertpapieren Sicherheit geleistet hat, ist berechtigt, das hinterlegte Geld gegen geeignete Wertpapiere, die hinterlegten Wertpapiere gegen andere geeignete Wertpapiere oder gegen Geld umzutauschen[12]).

Ist für die Sicherheitsbestellung das freie richterliche Ermessen entscheidend (Anm. 8), so kann die Sicherheitsleistung in jeder Art, in welcher sie nach bürgerlichem Rechte zulässig ist[13]), angeordnet werden, insbesondere also auch durch Pfand oder Bürgschaft.

Höhe der Sicherheit.

In welcher Höhe die prozessuale Sicherheitsleistung anzuordnen ist, muß der einzelne Fall ergeben. Maßgebend ist dabei die mutmaßliche Höhe des Anspruchs, der durch die Leistung sicher gestellt werden soll. Ist die Höhe nicht feststehend[14]), so hat der Richter nach seinem Ermessen die Höhe festzustellen. Ist der Fall des Eintritts der Verbindlichkeit, zu deren Sicherung die Leistung dienen soll, unwahrscheinlich, so wird gegebenen Falls von der Anordnung der Sicherheitsleistung ganz abzusehen sein, falls nicht die Sicherheitsleistung auf Verlangen des Gegners angeordnet werden muß[15]).

Die Rückgabe der bestellten Sicherheit.

Ist die Veranlassung für eine Sicherheitsleistung weggefallen, so muß dieselbe zurückgewährt werden, wenn nicht Ansprüche, zu deren Sicherung sie geleistet ist, bestehen[16]). Es hat deshalb das Gericht, welches die Bestellung der Sicherheit angeordnet oder zugelassen hat, auf Antrag eine Frist zu bestimmen, binnen welcher ihm die Partei, zu deren Gunsten die Sicherheit geleistet ist, die Einwilligung in die Rückgabe der Sicherheit zu erklären oder die Erhebung der Klage wegen ihrer Ansprüche nachzuweisen hat. Nach Ablauf der Frist hat das Gericht auf Antrag die Rückgabe anzuordnen, wenn nicht inzwischen die Erhebung der Klage nachgewiesen ist.

Die Anträge und die Einwilligung in die Rückgabe können vor dem Gerichtsschreiber zu Protokoll erklärt werden.

Die Entscheidungen können ohne vorgängige mündliche Verhandlung erfolgen. Gegen den Beschluß, durch welchen der Antrag auf Bestimmung einer Frist abgelehnt wird, steht dem Antragsteller, gegen den Beschluß, durch welchen nach Ablauf der Frist über den

---

[12]) CPO. § 108, BGB. §§ 234, 235. [13]) BGB. § 232.

[14]) Wie in den Fällen des § 273 Abs. 2 des HGB. und des § 945 CPO.

[15]) Wie im Falle der Sicherheitsleistung für die Prozeßkosten.

[16]) CPO. § 109. Wegen der Rückgabe einer nach §§ 710, 713 CPO. (oben Anm. 4) bestellten Sicherheit gilt besondere Bestimmung (s. CPO. § 715).

Antrag auf Rückgabe der Sicherheit entschieden wird, steht beiden Teilen die sofortige Beschwerde mit aufschiebender Wirkung zu[17]).

Ist die Sicherheit durch Pfand oder Bürgschaft bestellt, so findet ein solches Verfahren nicht statt. Entstehen die Ansprüche, zu deren Sicherung Pfand oder Bürgschaft dienen sollen, nicht, oder sind dieselben durch rechtskräftiges Urteil beseitigt, so gilt für diese Fälle nichts anderes als für sonstige Verpfändungen oder Bürgschaften.

§ 36.

Sicherheitsleistung für die Prozeßkosten.

Pflicht zur Sicherheitsleistung.

Ausländer, welche als Kläger auftreten, haben dem Beklagten auf dessen Verlangen[1]) wegen der Prozeßkosten Sicherheit zu leisten.

Diese Verpflichtung tritt nicht ein

Ausnahmen.

1. wenn nach den Gesetzen des Staates, welchem der Kläger angehört, ein Deutscher in gleichem Falle zur Sicherheitsleistung nicht verpflichtet ist[2]);
2. im Urkunden= oder Wechselprozesse;
3. bei Widerklagen;
4. bei Klagen, welche infolge einer öffentlichen Aufforderung angestellt werden;
5. bei Klagen aus Rechten, welche im Grundbuche eingetragen sind.

Der Beklagte kann auch dann Sicherheitsleistung verlangen, wenn im Laufe des Rechtsstreits der Kläger die Eigenschaft eines Deutschen verliert oder die Voraussetzung, unter welcher der Ausländer von der Sicherheitsleistung befreit war, wegfällt und nicht ein zur Deckung ausreichender Teil des erhobenen Anspruchs unbestritten ist[3]).

Höhe der Sicherheit.

Die Höhe der zu leistenden Sicherheit wird von dem Gerichte nach freiem Ermessen festgesetzt. Dabei ist derjenige Betrag der

[17]) CPO. §§ 109 Abs. 4, 572 Abs. 1.

[1]) Das Verlangen ist als prozeßhindernde Einrede geltend zu machen, CPO. § 274[5].

[2]) Nach Art. 11 des Abkommens zur Regelung von Fragen des internationalen Privatrechts vom 14. Nov. 1896 (RGBl. 1899 S. 285 o. S. 19 f.) sind von dieser Verpflichtung die Angehörigen der diesem Abkommen beigetretenen Staaten befreit.

[3]) CPO. §§ 110, 111.

Prozeßkosten zu Grunde zu legen, welchen der Beklagte wahrscheinlich aufzuwenden haben wird. Die Kosten einer etwaigen Widerklage bleiben unberücksichtigt[4]).

Ergiebt sich im Laufe des Rechtsstreites, daß die geleistete Sicherheit nicht hinreicht, so kann der Beklagte die Leistung einer weiteren Sicherheit verlangen, sofern nicht ein zur Deckung ausreichender Teil des erhobenen Anspruchs unbestritten ist[5]).

Wird die Einrede der mangelnden Sicherheit für die Prozeßkosten vorgeschützt und für begründet erachtet, so ist die Klage nicht sofort abzuweisen, sondern die Bestellung durch Zwischenurteil, in welchem dem Kläger eine Frist zu bestimmen ist, binnen welcher die Sicherheit zu leisten sei, anzuordnen. Nach Ablauf der Frist ist auf Antrag des Beklagten, wenn die Sicherheit weder innerhalb der Frist noch nach Ablauf derselben bis zur Entscheidung geleistet ist, die Klage durch Endurteil für zurückgenommen zu erklären, oder, wenn über ein Rechtsmittel des Klägers zu verhandeln ist, dasselbe zu verwerfen[6]).

§ 37.

Armenrecht.

Planck § 38 — Hellmann § 46 — Fitting § 132 — Schmidt § 166 II.

Die Verfolgung und Verteidigung der rechtlich geschützten Interessen vor den Gerichten ist mit Aufwand von Geld verknüpft. Die Partei ist verpflichtet, Vorschüsse auf Gerichtskosten und bare Auslagen an Rechtsanwälte und Gerichtsvollzieher zu machen. Ist eine Partei arm und nicht im stande, solche Kosten zu tragen, so geht sie des richterlichen Schutzes verlustig, wenn nicht dafür gesorgt wird, daß ihr Befreiung von solchen Kosten zu teil wird. Die Prozeßordnung gewährt deshalb der Partei die Möglichkeit solcher Befreiung in dem Institute des Armenrechts.

Das Armenrecht wird der Partei vom Prozeßgericht bewilligt und zwar für jede Instanz besonders, für die erste Instanz einschließlich der Zwangsvollstreckung.

---

[4]) CPO. § 112 Abs. 1 u. 2. [5]) CPO. § 112 Abs. 3.
[6]) CPO. § 113.

Voraussetzungen für die Bewilligung des Armenrechts.

Die Partei hat einen Anspruch auf die Bewilligung gegenüber dem Gerichte, wenn sie außer stande ist, ohne Beeinträchtigung des für sie und ihre Familie notwendigen Unterhalts die Kosten des Prozesses zu bestreiten, und wenn die beabsichtigte Rechtsverfolgung oder Rechtsverteidigung nicht mutwillig oder aussichtslos erscheint[1]).

Rechtsfolgen der Bewilligung.

Durch die Bewilligung des Armenrechts erlangt die Partei[2]):

1. die einstweilige Befreiung von der Berichtigung der rückständigen und künftig erwachsenden Gerichtskosten, einschließlich der Gebühren der Beamten, der den Zeugen und den Sachverständigen zu gewährenden Vergütung und der sonstigen baren Auslagen, sowie der Stempelsteuer;

2. die Befreiung von der Sicherheitsleistung für die Prozeßkosten;

3. das Recht, daß ihr zur vorläufig unentgeltlichen Bewirkung von Zustellungen und von Vollstreckungshandlungen ein Gerichtsvollzieher, und, insoweit eine Vertretung durch Anwälte geboten ist, also im Anwaltsprozesse[3]), zur vorläufig unentgeltlichen Wahrnehmung ihrer Rechte ein Rechtsanwalt beigeordnet werde.

Soweit eine Vertretung durch Anwälte nicht geboten ist, also im Parteiprozesse, kann der armen Partei von dem Prozeßgerichte ein Rechtsanwalt aus der Zahl der bei dem Gerichte zugelassenen Rechtsanwälte beigeordnet werden[4]). Ist das nicht geschehen, so kann der armen Partei, welche nicht im Bezirke des Prozeßgerichts wohnt, zur unentgeltlichen Wahrnehmung ihrer Rechte in der mündlichen Verhandlung ein Justizbeamter, der nicht als Richter angestellt ist, oder ein Rechtskundiger, der die vorgeschriebene erste Prüfung für den Justizdienst bestanden hat, auf Antrag beigeordnet werden[5]).

Die Bewilligung des Armenrechts für den Kläger, den Berufungskläger und den Revisionskläger hat zugleich für den Gegner die

---

[1]) CPO. § 114. Ausländer haben auf das Armenrecht nur insoweit Anspruch, als die Gegenseitigkeit verbürgt ist. Nach Art. 14 des internationalen Abkommens vom 14. Nov. 1896 (RGBl. 1899 S. 285) sind die Angehörigen der dem Abkommen beigetretenen Staaten (s. S. 19 f.) den Inländern in der Gewährung des Armenrechts gleichgestellt.

[2]) CPO. §§ 115, 116. [3]) CPO. § 115, RAO. § 44 u. o. S. 138 Anm. 40.

[4]) RAO. §§ 34, 36.

[5]) CPO. § 116. Die infolgedessen erwachsenen baren Auslagen werden von der Staatskasse bestritten und als Gerichtskosten in Ansatz gebracht.

einstweilige Befreiung von den unter 1 bezeichneten Kosten zur Folge[6]).

Das Gesuch um Bewilligung des Armenrechts ist bei dem Prozeßgerichte anzubringen. In dem Gesuche ist das Streitverhältnis unter Angabe der Beweismittel anzugeben. Ist der Rechtsstreit bereits anhängig, so genügt regelmäßig eine Bezugnahme auf den Inhalt der Prozeßakten. Dem Gesuche ist ein den gesetzlichen Erfordernissen entsprechendes Armutszeugnis anzuschließen[7]).

In der höheren Instanz bedarf es des Nachweises des Unvermögens nicht, wenn das Armenrecht in der vorherigen Instanz bewilligt war. Hat der Gegner das Rechtsmittel eingelegt, so ist in der höheren Instanz nicht zu prüfen, ob die Rechtsverfolgung oder Rechtsverteidigung der Partei mutwillig oder aussichtslos erscheint[8]).

Entziehung des Armenrechts.

Das Armenrecht kann zu jeder Zeit entzogen werden, wenn sich ergiebt, daß eine Voraussetzung für die Bewilligung nicht vorhanden war oder nicht mehr vorhanden ist[9]).

Nachzahlungspflicht.

Kraft des Armenrechts ist die Partei nicht für immer, sondern nur einstweilen von der Bezahlung von Gerichtskosten ꝛc. befreit. Sobald sich ergiebt, daß die Partei ohne Beeinträchtigung des für sie und ihre Familie notwendigen Unterhalts zur Bezahlung der Gerichtskosten ꝛc. im stande ist, ist sie zur Nachzahlung solcher Beträge verpflichtet. Dasselbe gilt in betreff derjenigen Beträge, von deren Berichtigung der Gegner einstweilen befreit war, soweit die arme Partei in die Prozeßkosten verurteilt ist[10]).

Verfahren.

Über das Gesuch um Bewilligung des Armenrechts, über die Entziehung desselben und über die Verpflichtung zur Nachzahlung der Beträge, von deren Bezahlung die zum Armenrecht zugelassene Partei einstweilen befreit ist, kann ohne vorgängige mündliche Verhandlung entschieden werden[11]). Gegen den Beschluß, durch welchen das Armenrecht bewilligt wird, findet kein Rechtsmittel; gegen den Beschluß, durch welchen das Armenrecht verweigert, entzogen oder die Nachzahlung von Kosten angeordnet wird, findet die Beschwerde statt[12]).

Rechtsmittel.

Das Armenrecht ist ein persönliches Ausnahmerecht, es kann nur einer natürlichen, ihre eigenen Interessen verfolgenden

---

6) CPO. § 120.
7) CPO. § 118.
8) CPO. § 119 Abs. 2.
9) CPO. § 121.
10) CPO. § 125.
11) CPO. § 126.
12) CPO. § 127.

Das Armenrecht als persönliches Parteirecht.

Person, nicht einer juristischen Person oder einem parteifähigen Vereine, einer Gesellschaft erteilt werden, es geht nicht auf die Erben über[13]), auch nicht auf einen sonstigen Nachfolger im Prozesse.

Das Armenrecht steht der Partei für ein bestimmtes Streitverhältnis zu. Partei ist hier in dem weiteren Sinne (s. oben S. 112) zu nehmen, so daß es auch dem Nebenintervenienten zusteht, soweit ihn Kosten treffen. Welcher Art das Streitverhältnis ist, ist gleichgültig, auch für das Mahnverfahren, das Aufgebotsverfahren kann das Armenrecht begehrt werden.

Einfluß de Armenrechts auf das Kostenverhältnis der Parteien.

Die Erteilung des Armenrechts hat keinen Einfluß auf das Kostenverhältnis unter den Parteien (s. oben § 34). Soweit die arme Partei in die Kosten verurteilt wird, wird ihre Verpflichtung, dem Gegner die Kosten des Rechtsstreits zu erstatten, von dem Armenrecht nicht berührt[14]).

Ist der Gegner der Partei, welche zum Armenrecht zugelassen ist, in die Kosten rechtskräftig verurteilt, so sind die für die arme Partei bestellten Gerichtsvollzieher und Rechtsanwälte berechtigt, ihre Gebühren und Auslagen von dem Verurteilten beizutreiben. Eine Einrede aus der Person der armen Partei ist nur insoweit zulässig, als die Aufrechnung von Kosten verlangt wird, welche nach der in demselben Rechtsstreite über die Kosten erlassenen Entscheidung von der armen Partei zu erstatten sind[15]).

Die Gerichtskosten, von deren Berichtigung die arme Partei einstweilen befreit ist, können von dem in die Prozeßkosten rechtskräftig[16]) verurteilten Gegner nach Maßgabe der für die Beitreibung rückständigen Gerichtskosten geltenden Vorschriften eingezogen werden[17]).

Die Gerichtskosten, von deren Berichtigung der Gegner der armen Partei einstweilen befreit ist, sind von demselben einzuziehen, soweit er in die Prozeßkosten verurteilt oder der Rechtsstreit ohne Urteil über die Kosten beendigt ist[18]).

---

13) CPO. § 122.
14) CPO. § 117.
15) CPO. § 124.
16) RG. Bd. 23 S. 355.
17) CPO. § 123 Abs. 1.
18) CPO. § 123 Abs. 3.

Zweites Buch.

Das Verfahren.

Erster Abschnitt.

Das Erkenntnisverfahren.

Erster Unterabschnitt.

Das Erkenntnisverfahren im eigentlichen Parteienprozesse.

Erster Titel.

Die Grundregeln.

§ 38.

Form des Verfahrens.

Planck § 41.

Ziel und Zweck des Erkenntnisverfahrens ist die Feststellung der konkreten Privatrechtsordnung durch das richterliche Urteil.

Dazu bedarf es zweierlei, zunächst der Erforschung des wahren Inhalts des zwischen den Beteiligten bestehenden Streitverhältnisses und sodann der Anwendung des (objektiven) Rechtes auf den festgestellten Thatbestand.

An sich sind zwei Wege, auf welchen dieses Ziel erreicht werden kann, denkbar. Man bürdet entweder dem Gerichte die alleinige Verantwortung für die Erforschung des Thatbestandes und für die Aburteilung auf, so daß der Richter das alleinige Subjekt des Verfahrens ist, der, wenn er auch die Beteiligten zu hören hat, doch weder hinsichtlich des Umfanges seiner Thätigkeit noch hinsichtlich der Freiheit seines Urteils durch die Mitwirkung der Beteiligten beschränkt ist, oder man räumt den Beteiligten eine maßgebende

Stellung im Verfahren ein, indem man davon ausgeht, daß der Staat auf dem Gebiete des Privatrechts kein weiteres Interesse an der Herstellung der Rechtsordnung hat, als die Beteiligten es selbst haben. Die Beteiligten werden in diesem Falle neben dem Richter als Subjekte des Verfahrens anerkannt, und es werden ihnen zur Wahrnehmung ihrer Interessen bestimmte Befugnisse eingeräumt. In dieser ihrer Stellung heißen die Beteiligten „Parteien". Je nachdem das Verfahren in dieser oder jener Form verläuft, spricht man vom Parteienprozesse oder vom amtlichen Untersuchungsprozesse.

Das Erkenntnisverfahren der Prozeßordnung verläuft im Parteienprozesse, es vereinigt die Thätigkeit der Parteien mit derjenigen des Gerichts, um dasselbe Ziel zu erreichen, und jeder, sowohl das Gericht wie die Parteien, ist für das erreichte Ziel nach Maßgabe der ihm obliegenden Thätigkeit mitverantwortlich.

Wenn somit im Parteienprozesse die Parteien dem Gerichte mit bestimmten Befugnissen (den ihren Parteipflichten entsprechenden Parteirechten) gegenübertreten, so vernotwendigt sich, das Verhältnis der Parteithätigkeit zur Gerichtsthätigkeit zu bestimmen.

Um für die Thätigkeit der Parteien im Verhältnisse zu der Thätigkeit des Gerichtes eine bestimmte Richtschnur zu gewinnen, hat man aus den einzelnen Bestimmungen der Prozeßordnung Grundregeln zu entwickeln, welche nicht nur die Grenze richtig ziehen, sondern auch die Bedeutung der Thätigkeit der Parteien gegenüber der Thätigkeit des Gerichtes richtig würdigen.

Diese Grundregeln sind die Verhandlungsmaxime, die Untersuchungsmaxime, sowie der Grundsatz des wechselseitigen Gehörs.

§ 39.

Verhandlungsmaxime und Untersuchungsmaxime.

Planck § 41 — Schmidt § 72 — Fitting § 27.

Verhandlungsmaxime.

Unter Verhandlungsmaxime[1]) haben wir die Summe derjenigen Prozeßregeln zu begreifen, durch welche der richterlichen Amtsthätigkeit

[1]) In der gemeinrechtlichen Theorie stellte man ein Verhandlungsprinzip als Grundregel für das gesamte civilprozessuale Verfahren auf und formulierte das in einzelnen Sätzen („nemo judex sine actore" — „ne procedat judex

ein wichtiger Teil der zur Erreichung des Prozeßzweckes im Erkenntnisverfahren erforderlichen Thätigkeit entzogen und auf die Parteien übertragen wird, so daß für das Resultat dieses Verfahrens (das Urteil) auch die Parteien mitverantwortlich sind.

Die Verhandlungsmaxime geht davon aus, daß den Parteien gegenüber dem Gerichte eine Verhandlungspflicht obliegt. Darnach haben die Parteien die Streitsache dem Gerichte vorzutragen, d. h. die sachdienlichen Anträge zu stellen, zu begründen und die Beweismittel zu benennen. Das Gericht hat den thatsächlichen Inhalt des Streitverhältnisses nicht selbständig zu erforschen, entnimmt denselben vielmehr der Parteiverhandlung. Das Gericht steht jedoch der Parteiverhandlung nicht machtlos und unthätig gegenüber, vielmehr gebührt ihm die Leitung der Verhandlung und damit ein erheblicher Einfluß auf die Gestaltung derselben.

Im einzelnen gestaltet sich die Sache wie folgt:

1. Die richterliche Thätigkeit ist durch die ihr vorangehende Parteithätigkeit bedingt. Ohne Parteiantrag kein Verfahren, ohne Parteiverhandlung keine Entscheidung. Wird der Akt, durch dessen Vornahme die richterliche Entscheidung bedingt ist, zurückgenommen, so ist das Verfahren einzustellen. Das Verfahren ruht, wenn die Parteien das wollen. Auch die Verkürzung und Verlängerung der Fristen sowie die Aufhebung der Termine unterliegen regelmäßig der freien Vereinbarung der Parteien.

2. Der Inhalt der Parteiverhandlungen bindet den Richter nach folgenden Richtungen:

a) der Richter darf der Partei nicht zusprechen, was sie nicht beantragt hat;

---

ex officio" — „ne eat judex ultra petita partium" — „quod non in actis non in mundo" — „judex secundum allegata et probata judicare debet non secundum conscientiam"). Die aus diesen Sätzen gezogenen Folgen verurteilten den Richter gegenüber dem Parteivorbringen zu einer fast vollständigen Unthätigkeit und Machtlosigkeit, so daß sich die Gesetzgebung (Preuß. Allgem. Ger.-Ord. v. 6. Juli 1793) zu dem entgegengesetzten Prinzipe, dem Untersuchungsprinzipe drängen ließ. Die Civilprozeßordnung beruht auf der Verhandlungsmaxime; diese Maxime hat jedoch ein wesentlich anderes Aussehen als die des gemeinrechtlichen Prozesses, es erscheint deshalb angemessen, die Grundregeln, nach welcher das Gesetz die Parteiverhandlung gegenüber der richterlichen Amtsthätigkeit gestaltet, selbständig zu entwickeln und sich von der gemeinrechtlichen Theorie frei zu machen.

b) Thatsachen und regelmäßig auch Beweismittel darf der Richter nur benützen, wenn sie von den Parteien zum Gegenstande der Verhandlung gemacht oder benannt sind;

c) was unter den Parteien streitlos ist, ist es auch für den Richter; die sog. prozessualen Verfügungsakte (s. unten § 64 Anm. 4 ff.) binden auch den Richter.

3. Die Parteien sind die Subjekte des Verfahrens, domini litis, sie sind zu hören, nicht als Auskunftspersonen zu vernehmen.

4. Die Verhandlung der Parteien findet unmittelbar vor dem Gerichte unter Leitung desselben statt, dem Gerichte steht ein erheblicher Einfluß auf die Gestaltung derselben zu, indem es zur Erläuterung und Vervollständigung des ungenügend Vorgebrachten ein Fragerecht, sowie zur Aufklärung des Sach- und Streitverhältnisses ein umfassendes Anordnungsrecht hat. Insoweit ist das Gericht für das Resultat der Parteiverhandlung mitverantwortlich.

Untersuchungsmaxime

Den Gegensatz der Verhandlungsmaxime bildet die Untersuchungsmaxime[2]); sie gewährt der richterlichen Amtsthätigkeit gegenüber der Parteiverhandlung eine freiere und unabhängige Entfaltung[3]).

---

[2]) Abzuweisen ist die Behauptung, daß die Untersuchungsmaxime dem Wesen und Zwecke des Civilprozesses widerstreite. Dem unmittelbaren Prozeßzwecke — Bewährung des objektiven Rechts — entspricht die selbständige Erforschung des Thatbestandes durch den Richter. Es ist dabei nur fraglich, ob dieser Weg nicht gegenüber einem von der Verhandlungsmaxime beherrschten Verfahren der unpraktischere weil zeitraubende und unsichere ist. Diese Frage ist unbedenklich zu bejahen. Das Zweiparteienverhältnis mit der den Parteien obliegenden Pflicht selbst zu handeln läßt eine bessere Beleuchtung und eine ausgiebigere Ausnutzung und Aufdeckung aller Umstände, welche für die Entscheidung der Sache von Bedeutung sind, erwarten, als wenn die Parteien dadurch, daß dem Richter die Verantwortung für die Erforschung eines Verhältnisses, dem er bei weitem ferner steht als die Parteien, aufgebürdet wird, zur Unthätigkeit verdammt werden. Es ist deshalb der von der Preuß. Allgem. Gem.-O. v. 6./7. 1793 gemachte Versuch, die Untersuchungsmaxime als Grundregel des Verfahrens zu verwenden, als unpraktisch wieder aufgegeben, indem man im Jahre 1833 zur Verhandlungsmaxime zurückgekehrt ist.

[3]) Die Untersuchungsmaxime ist nicht mit der Untersuchungsform zu verwechseln. Hier ist nur von der Untersuchungsmaxime im Parteienprozesse die Rede, um an ihr das Verhältnis der Parteithätigkeit zu der richterlichen Amtsthätigkeit zu erkennen. Da die richterliche Amtsthätigkeit hier der Parteithätigkeit vorgeht, so spricht man in solchen Fällen wohl von einem Offizialverfahren (so z. B. Birkmeyer in d. Z. f. d. CP. Bd. 7, S. 155, 375).

Die Untersuchungsmaxime greift in denjenigen Streitsachen, an deren Ausgange ein öffentliches Interesse besteht, also in Ehesachen, in Familienstandssachen und in Entmündigungssachen, Platz.

Freilich tritt auch in diesen Sachen die richterliche Thätigkeit nur in Aktion, wenn dies dem Willen der Parteien entspricht[4]), auch ist der Richter an den Inhalt eines Parteiantrages gebunden (s. o. S. 193 unter 1 und 2a), dagegen ist der sonstige Inhalt der Parteiverhandlung für das richterliche Urteil nicht unbedingt maßgebend, insbesondere bleiben die oben unter 2b u. c aufgestellten Grundsätze außer Anwendung, auch werden die Parteien nicht nur gehört, sondern auch vernommen.

Das Erkenntnisverfahren verläuft auch in den Fällen, für welche die Untersuchungsmaxime gilt, regelmäßig in der Form des Parteienprozesses[5]), nur in einem Falle, nämlich im Entmündigungsbeschlußverfahren verläuft das Verfahren in der Form des amtlichen Untersuchungsverfahrens.

Aber auch in dem von der Verhandlungsmaxime beherrschten Parteienprozeß kommt ausnahmsweise auch die Untersuchungsmaxime zur Anwendung, nämlich bezüglich aller von Amtswegen zu prüfenden oder zu berücksichtigenden Thatsachen und Punkte.

Von Amtswegen sind zu berücksichtigen der Mangel einer sog. Prozeßaussetzung (s. u. § 57, CPO. § 56 Abs. 1) sowie der Mangel der Vollmacht im Parteiprozesse, in Ehesachen und in Familienstandssachen (CPO. §§ 88 Abs. 1, 613, 640 und 641 u. o. S. 128 Anm. 13).

Von Amtswegen sind zu prüfen die prozessuale Zulässigkeit des Einspruchs, eines Rechtsmittels und der Restitutions- oder Nichtigkeitsklage (CPO. §§ 341, 535, 566, 574, 589).

---

[4]) Das öffentliche Interesse an der Verfolgung und Durchführung des Prozesses wird hier dadurch gewahrt, daß dem Staatsanwalte eine Parteistellung eingeräumt wird (s. CPO. §§ 632, 664 Abs. 2, 679 Abs. 2). Der Staatsanwalt hat die Klage im öffentlichen Interesse durchzuführen, für ihn gilt Offizialmaxime, keine Dispositionsmaxime, d. h. er verfügt nicht, wie die Privatpersonen, nach Willkür über den geltend gemachten Anspruch, sondern nach pflichtgemäßem Ermessen (s. o. S. 139).

[5]) Wir bezeichnen den von der Untersuchungsmaxime beherrschten Parteienprozeß als formellen Parteienprozeß und den von der Verhandlungsmaxime beherrschten Prozeß als eigentlichen Parteienprozeß.

Ist ein Mangel von Amtswegen zu berücksichtigen, so ist es nicht die Aufgabe des Richters, das thatsächliche Material von Amtswegen zu erforschen, er hat den Nachweis, daß der Mangel nicht vorhanden oder beseitigt ist, den Parteien zu überlassen, er ist jedoch weder an die übereinstimmenden Erklärungen beider Parteien noch an die unbestritten gebliebenen Erklärungen der einen Partei gebunden.

Ist ein Punkt von Amtswegen zu prüfen, so finden die Grundsätze der Untersuchungsmaxime vollständig Anwendung, der Richter hat also den Thatbestand selbständig zu erforschen und festzustellen.

§ 40.

Der Grundsatz des wechselseitigen Gehörs.

Hellmann § 59 — Fitting § 27.

„Audiatur et altera pars“ ist das erste und vornehmste Gebot der Rechtsprechung.

Anerkannt wird dieser Grundsatz dadurch, daß der Richter das Urteil nur nach vorgängiger mündlicher Verhandlung unter den Parteien fällen darf. Zu der mündlichen Verhandlung hat der Kläger den Beklagten durch Zustellung der Klagschrift zu laden, und es darf der Richter den nicht erschienenen Beklagten nur verurteilen, wenn nachgewiesen wird, daß der Beklagte rechtzeitig unter Mitteilung der Klagthatsachen und des Klagantrages geladen war.

Eine Ausnahme macht nur das Mahnverfahren. Der Zahlungsbefehl wird ohne Gehör des Beklagten erlassen, der Beklagte kann aber durch rechtzeitigen Widerspruch die Wirkung des Zahlungsbefehls insofern beseitigen, als der Kläger im Falle des Widerspruchs genötigt ist, den ordentlichen Rechtsweg zu beschreiten.

Über prozessuale Hilfsanträge kann der Richter dann, wenn nach dem Gesetze die Entscheidung ohne vorgängige mündliche Verhandlung zulässig ist, abgesehen von wenigen Ausnahmen ohne Gehör der Gegenpartei entscheiden.

In einigen besonderen Fällen, nämlich wenn ein Arrest oder eine einstweilige Verfügung ohne vorgängige mündliche Verhandlung angeordnet ist, kann sich die angegriffene Partei nachträglich durch Erhebung eines Widerspruchs Gehör verschaffen (CPO. §§ 924, 925, 936).

Dem Grundsatze des wechselseitigen Gehörs ist schon dann genügt, wenn das Gericht der angegriffenen Partei Gelegenheit giebt, gehört zu werden. Macht sie von dieser Gelegenheit keinen Gebrauch, versäumt sie diese Gelegenheit, so nimmt das Gesetz an, daß sie auf Gehör verzichtet, es findet das Versäumnisverfahren statt.

Dem Grundsatze des wechselseitigen Gehörs ist nur genügt, wenn die Partei mit allem, was sie vorbringt, gehört wird. Im Interesse einer schleunigen Rechtspflege wird dieser Grundsatz im summarischen Verfahren[1]) durchbrochen, indem entweder eine vorläufige Verurteilung der angegriffenen Partei unter Verweisung von illiquidem Vorbringen in ein Nachverfahren erfolgt, oder indem die vorläufige Vollstreckbarkeit des noch nicht rechtskräftigen Urteils angeordnet wird.

Zweiter Titel.

Gegenstand des Verfahrens.

§ 41.

Das prozessuale Streitverhältnis.

Gegenstand des Erkenntnisverfahrens ist der unter den Parteien bestehende Rechtsstreit in dem Umfange, wie er von der angreifenden Partei der richterlichen Entscheidung unterbreitet wird.

Wenn der Kläger den Rechtsstreit vor den Richter bringt, so tritt das unter den Parteien bestehende Streitverhältnis in das Stadium des prozessualen Streitverhältnisses mit besonderen prozeßrechtlichen Folgen; dieselben treten entweder sofort mit der Entstehung des prozessualen Streitverhältnisses ein oder entwickeln sich im weiteren Verlaufe desselben.

Solche prozeßrechtlichen Folgen sind

1. die Rechtshängigkeit. Dieselbe hat folgende Wirkungen[1]):

---

[1]) S. unten Titel IX.

[1]) CPO. §§ 263, 264. Die Vorschriften des bürgerlichen Rechts über die sonstigen Wirkungen der Rechtshängigkeit bleiben unberührt (CPO. § 267). Dahin gehören die Bestimmungen der §§ 291, 292, 818 Abs. 4, 987—989, 994 Abs. 2, 996, 1613 des Bürgerlichen Gesetzbuches und des Art. 152 des Einf.-Gesetzes zum BGB.

a) wenn während der Dauer der Rechtshängigkeit von einer Partei die Streitsache anderweit anhängig gemacht wird, so kann der Gegner die Einrede der Rechtshängigkeit erheben;

b) die Zuständigkeit des Prozeßgerichts wird durch eine Vereinbarung der sie begründenden Umstände nicht berührt;

c) die Änderung der Klage ist nach der Rechtshängigkeit nur unter besonderen Umständen zulässig.

2. die Rechtskraft des im Streitverhältnisse ergehenden Sachurteils;

3. die gegenseitige Verpflichtung, die Kosten des Rechtsstreits zu tragen resp. zu erstatten und die prozeßrechtlichen Sicherheiten zu bestellen.

Beginn des Streitverhältnisses. Das prozessuale Streitverhältnis beginnt, sowie der Rechtsstreit bei einem bestimmten Gerichte anhängig gemacht ist. Die sich an den Beginn knüpfende Wirkung der Rechtshängigkeit und der damit verbundenen Gebundenheit der Partei ist jedoch zunächst nur einseitiger Natur, indem diese Wirkung bis zur Aufnahme des Rechtsstreits durch die angegriffene Partei durch Zurücknahme des Angriffs wieder beseitigt werden kann; erst mit solcher Aufnahme ist das Streitverhältnis ein vollkommen gegenseitiges.

Unübertragbarkeit. Das Streitverhältnis ist nicht einseitig übertragbar, es geht jedoch unter bestimmten Voraussetzungen auf den Rechtsnachfolger einer Partei (§ 33) über.

Gegenstand, Rechtsstreit und Zwischenstreit. Gegenstand des Streitverhältnisses ist der bei dem Akte der Anhängigmachung fixierte Rechtsstreit, jedoch können im Laufe des Streitverhältnisses aus der Ausübung der Parteibefugnisse und hinsichtlich der Frage nach dem Umfange einer zu übernehmenden Parteilast neue Streitpunkte entstehen. Solche sog. Zwischenstreite (s. u. § 45) gehören dem Streitverhältnisse an, die Parteipflichten erstrecken sich auch hierauf.

Veranderung, Erweiterung, Beschränkung. Das Streitverhältnis ergreift zunächst einen bestimmten Rechtsstreit, jedoch ist nicht ausgeschlossen, daß der Rechtsstreit durch Veränderung, Erweiterung oder Beschränkung eine Änderung erleidet, ohne daß es der Begründung eines neuen Streitverhältnisses bedarf (§ 46). Klagenhäufung Inzidentklage Widerklage. Auch kann das Streitverhältnis durch sog. objektive Klagenhäufung (§ 47), infolge der Erhebung einer Inzidentklage (§ 48) oder Widerklage (§ 49) auf mehrere Rechtsstreite derselben Parteien erstreckt werden.

Das Streitverhältnis besteht zwischen zwei Personen, einem Kläger und einem Beklagten, jedoch giebt es auch gemeinschaftliche Streitverhältnisse wie im Falle der Streitgenossenschaft (§§ 50f.) und der Hauptintervention (§ 52). Streitgenossenschaft.

Endlich kommt es vor, daß mehrere Streitverhältnisse, in welchem dieselben Personen oder verschiedene Personen bereits stehen, zu einem gemeinschaftlichen Verfahren verbunden werden, ohne daß dadurch das Streitverhältnis ein einheitliches oder ein gemeinschaftliches wird (§ 53). In diesem Falle behält jedes Streitverhältnis auch nach der Verbindung seine selbständige Bedeutung und findet seine selbständige Lösung[2]), während in allen Fällen, wo das einheitliche oder gemeinschaftliche Streitverhältnis mehrere Rechtsstreite umfaßt, das Urteil über einen Rechtsstreit nur Teilurteil[3]) ist, das Streitverhältnis selbst aber bezüglich des noch nicht entschiedenen Teils fortdauert und erst durch dasjenige Endurteil beendigt wird, welches den letzten Teil des Streitverhältnisses erledigt. Erst jetzt kann die Entscheidung über die Kosten des Rechtsstreits ergehen, da sich erst jetzt übersehen läßt, inwieweit jede Partei obgesiegt hat oder unterlegen ist. Verbindung von Streitverhältnissen.

§ 42.

Entstehung des Streitverhältnisses. Klagebefugnis und Klageveranlassung.

Wach § 2 — Planck § 86 — Schmidt § 4 — Hellmann § 67.

Das Streitverhältnis entsteht, wenn der zwischen den Parteien bestehende Rechtsstreit von einer Partei (dem Kläger) bei dem Gerichte in der Weise anhängig gemacht wird, daß diese Partei richterlichen Schutz dahin begehrt, daß der Richter den Rechtsstreit zu ihren Gunsten entscheide. Das geschieht durch Erhebung der Klage.

Während über die Formvorschriften, welche für die Erhebung der Klage bestehen, unten gesprochen werden soll, sind hier die Fragen nach der prozeßrechtlichen Klagbefugnis und Klagveranlassung zu besprechen.

I. Klagbefugt vom Standpunkte des Prozeßrechts ist

Klagbefugnis.

1. jeder, der eine gegenwärtige Rechtsverletzung erleidet, welche ihm einen nach Maßgabe der Rechtsordnung im Wege des Civil-

---

[2]) CPO. § 300 Abs. 2. [3]) CPO. § 301.

prozesses zu verfolgenden Anspruch auf Beseitigung der Verletzung, auf Herstellung des Zustandes, wie er von Rechtswegen sein soll, verschafft[1]). Eine Rechtsverletzung liegt vor, wenn thatsächlich ein anderer Zustand besteht, als er von Rechtswegen bestehen soll, also z. B. auch schon dann, wenn ein Schuldner die von ihm geschuldete, fällige Leistung nicht bewirkt. Inhaltlich gehen diese Klagen entweder

Leistungsklagen. a) auf Beseitigung der Rechtsverletzung durch Verurteilung des Beklagten zu einer Leistung (Thun, Dulden oder Unterlassen[2]) oder

Herstellungsklagen. b) auf Beseitigung der Rechtsverletzung durch Herstellung der Rechtsordnung unmittelbar durch den Richterspruch[3]).

Die Befugnis zu einer Leistungsklage setzt regelmäßig eine

---

[1]) Daß Klagebefugnis in diesem Falle besteht, davon geht die Civilprozeßordnung aus; denn diese Klagbefugnis entspricht dem Wesen und nächsten Zwecke des Prozeßrechts, sie folgt aus der Aufgabe des Staates, das Recht zu schützen, ohne weiteres; einer positiven Satzung bedarf es nach dieser Richtung nicht, die bezüglichen Bestimmungen der Prozeßordnung (CPO. § 253 und die im Texte unter b angeführten Stellen) geben diesen Klagen nur ihre besondere Richtung an.

[2]) Ist Grund der Klage eine gegenwärtige Rechtsverletzung, so erfolgt die Verurteilung zur sofortigen Leistung. Eine Leistungsfrist ist im Urteile nicht zu bestimmen. Nur wenn auf Räumung einer Wohnung erkannt wird, kann das Gericht auf den vor Schluß der mündlichen Verhandlung vom Beklagten gestellten Antrag eine den Umständen nach angemessene Frist zur Räumung gewähren (CPO. § 721).

[3]) Hierher gehören die Ehenichtigkeits- und Anfechtungsklage (BGB. §§ 1329, 1341), die Klagen auf Aufhebung der ehelichen Gemeinschaft und auf Scheidung (BGB. §§ 1564—1576), auf Aufhebung der Verwaltung und Nutznießung des Mannes (BGB. § 1418), auf Aufhebung der Gütergemeinschaft (BGB. §§ 1468—1470, 1495, 1542, 1549), die Klage auf Anfechtung der Ehelichkeit eines Kindes (BGB. § 1596), die Anfechtungs- und die Wiederaufhebungsklagen im Entmündigungsverfahren (CPO. §§ 664, 679, 684, 686), die Widerspruchs- und Einwendungenklagen in der Zwangsvollstreckungsinstanz (CPO. §§ 771—774, 878, 767, 768; KO. § 164, Genossensch.-Ges. i. d. F. d. B. v. 20. Mai 1898 § 111), die Klage auf Feststellung aus § 146 KO, die Anfechtungsklagen nach HGB. §§ 271—273, 325⁴, Genoss.-Ges. § 51, die Klage auf Entziehung der Befugnis zur Notenausgabe (Reichsbankges. v. 14./3. 1875 Art. 50), die Klagen auf Nichtigerklärung einer Aktiengesellschaft, einer Genossenschaft, auf Auflösung oder Nichtigerklärung einer Gesellschaft mit beschränkter Haftpflicht (HGB. § 309, Gen.-Ges. § 96, Ges. betr. die Gesellsch. m. beschr. Haftpfl. (§§ 61 f.), die Anfechtungsklagen im Aufgebots- und Schiedsverfahren u. a.

gegenwärtige Rechtsverletzung voraus, ausnahmsweise kann auch auf Verurteilung zu künftigen Leistungen geklagt werden[4]), und zwar in folgenden Fällen:

Klagen auf künftige Leistungen.

a) Wenn die Geltendmachung einer nicht von einer Gegenleistung abhängigen Geldforderung (z. B. aus Darlehn) oder die Geltendmachung des Anspruchs auf Räumung eines Grundstücks, eines Wohnraums oder eines anderen Raumes an den Eintritt eines Kalendertages geknüpft ist, so kann schon vor dem Kalendertage auf künftige Zahlung oder Räumung geklagt werden[5]).

b) Bei wiederkehrenden Leistungen kann auch wegen der erst nach Erlassung des Urteils fällig werdenden Leistungen Klage auf künftige Entrichtung erhoben werden[6]).

c) Außer den Fällen unter a u. b kann eine Klage auf künftige Leistungen erhoben werden, wenn den Umständen nach die Besorgnis gerechtfertigt ist, daß der Schuldner sich der rechtzeitigen Leistung entziehen werde[7]). Diese Besorgnis wird hauptsächlich dann vorhanden sein, wenn der Schuldner die Verbindlichkeit schon, bevor sie fällig ist, bestreitet.

Die Klagen auf Verurteilung zu einer künftigen Leistung verschaffen dem Kläger die Möglichkeit, einer ihm drohenden künftigen Rechtsverletzung dadurch rechtzeitig vorzubeugen, daß er sich jetzt schon einen vollstreckbaren Titel verschafft, auf Grund dessen er die Bewirkung der Leistung bei Eintritt ihrer Fälligkeit sofort erzwingen kann. Daß die Rechtsverletzung dem Kläger droht, ist im Falle c vom Kläger darzuthun, in den Fällen a u. b wird dies vom Gesetz ohne weiteres angenommen.

Feststellungsklagen.

2. Das Gesetz beschränkt den civilprozessualen Rechtsschutz nicht auf die Fälle einer gegenwärtigen oder einer drohenden künftigen Rechtsverletzung, um durch das ergehende Urteil die Rechtsordnung herzustellen, sondern gewährt diesen Schutz auch ohne Rücksicht auf eine eingetretene oder erwartete Rechtsverletzung zu

---

[4]) Die Civilprozeßordnung folgt darin der Praxis des gemeinrechtlichen Prozesses, welche bei Ansprüchen auf wiederkehrende Leistungen — Alimenten, Renten — solche Klagen zuließ (Wetzell § 47 Anm. 103), und der preußischen Gesetzgebung, welche dieselbe Befugnis in der sog. Kündigungsklage (Allgem. Ger. Ordn. I, 28 §§ 4, 16) gewährte. S. auch Haftpflichtges. v. 7./6. 1871 § 7.

[5]) CPO. § 257. [6]) CPO. § 258.

[7]) CPO. § 259.

dem Zwecke, um im Falle einer bestehenden Ungewißheit, eines Zweifels über die wirklich vorhandene Rechtslage diese festzustellen.

Diese Klagebefugnis besteht jedoch nicht, wie im Falle einer gegenwärtigen Rechtsverletzung, ohne weitere Voraussetzung, sondern nur dann, wenn sich im einzelnen Falle ergiebt, daß der Kläger ein gegenwärtiges rechtliches Interesse an solcher Feststellung hat [8]). Es genügt nicht, daß unter den Parteien ein Streit über die wirkliche Rechtslage herrscht, daß Kläger Rechte behauptet oder verneint, welche der Beklagte verneint oder behauptet, sondern es muß ein besonderes Interesse an der alsbaldigen Schlichtung dieses Streites beim Kläger obwalten. Ob das der Fall ist, hat das Gericht in jedem einzelnen Falle von Amtswegen zu berücksichtigen.

Im allgemeinen wird man sagen können, daß ein solches Interesse dann vorliegt, wenn der Kläger durch die alsbaldige Hebung der Unsicherheit, der zweifelhaften Rechtslage in seinen vermögensrechtlichen Dispositionen, in seinen persönlichen und familienrechtlichen Beziehungen die im einzelnen Falle erforderliche Klarheit und Sicherheit für seine Privatrechtsverhältnisse [9]) gewinnt.

Ist solche Klarheit und Sicherheit schon im allgemeinen von unschätzbarem Werte, so kann die Erreichung derselben im einzelnen Falle für den Kläger mit Rücksicht auf seine besonderen Verhältnisse, seine geschäftlichen Dispositionen noch von besonderem Interesse sein [10]).

Feststellungsklagen sind in verschiedener Richtung zulässig, sie sind entweder Klagen auf Feststellung des Bestehens oder Nichtbestehens eines Rechtsverhältnisses oder auf Feststellung der Echtheit oder Unechtheit einer Urkunde.

Klagen auf Feststellung des Bestehens oder Nichtbestehens eines Rechtsverhältnisses.

a) In den Klagen auf Feststellung des Bestehens oder Nichtbestehens eines Rechtsverhältnisses ist Gegenstand des Rechts-

---

[8]) CPO § 256.

[9]) Weiter noch geht das Reichsgericht in E. Bd. 16 S. 390, wo es ein Interesse „strafprozeßrechtlicher" Art als genügend annimmt. Dagegen Wach, Feststellungsanspruch S. 55.

[10]) „Auch das ökonomische Interesse, zu wissen, woran man in Ansehung eines gewissen Rechtsverhältnisses ist, um sein Verhalten darnach einzurichten, ist ein rechtliches Interesse im Sinne des § 256 CPO. zu nennen." RG. Bd. 35, S. 393, anders Bd. 10 S. 368 f.

streites das streitige Rechtsverhältnis als solches[11]) und zwar entweder in seinem objektiven Bestande oder in seinen subjektiven Beziehungen. Das Rechtsverhältnis muß ein bestimmtes, individualisiertes sein. Die Individualisierung erfolgt durch den Kläger durch Angabe der Entstehungsthatsachen.

Die Klagen auf Feststellung des Bestehens eines Rechtsverhältnisses nennt man positive, die Klagen auf Feststellung des Nichtbestehens negative Feststellungsklagen.

aa) Positive Feststellungsklagen können zunächst ein zwischen den Parteien bestehendes Rechtsverhältnis zum Gegenstande haben. Sie werden von dem Berechtigten gegen den Verpflichteten erhoben und bezwecken entweder den objektiven Bestand, also die Frage, ob dieses Rechtsverhältnis überhaupt entstanden ist, oder ob es noch besteht, gegen Anfechtung zu sichern, oder die Frage, ob dieses Rechtsverhältnis für den Kläger oder nicht vielmehr für einen Dritten besteht, so daß abgesehen von dem objektiven Bestande die subjektive Beziehung zum Kläger bestritten ist[12]). Während die Frage nach dem objektiven Positive Feststellungsklagen.

[11]) Kein Gegenstand des Rechtsstreites ist das Interesse des Klägers an der Feststellung. Dieses ist nur Bedingung der Klagbefugnis, entfällt dieselbe, so wird die Klage ohne Entscheidung in der Sache abgewiesen.

[12]) Beide Fragen, sowohl die Frage nach dem objektiven Bestande als die Frage nach der subjektiven Beziehung (legitimatio ad causam) bedürfen auch in den Klagen auf Herstellung der Rechtsordnung gegenüber einer gegenwärtigen oder zukünftigen Rechtsverletzung der Feststellung; denn ohne Feststellung der Rechtsordnung kann die Herstellung derselben nicht erfolgen. Besteht deshalb für den Kläger ein Anspruch auf Herstellung der Rechtsordnung, so ist die Feststellungsklage nur möglich, wenn neben dem Herstellungsinteresse noch ein besonderes Feststellungsinteresse besteht. Erhebt jedoch in solchem Falle der Kläger die Feststellungsklage, so nimmt er sich die Möglichkeit, die Herstellungsklage vor Erledigung der Feststellungsklage anzustellen; denn ihm würde in solchem Falle die Einrede der Rechtshängigkeit entgegenstehen. Besteht das Interesse des Klägers an der Erhebung der Klage vor Verletzung der Rechtsordnung lediglich in der für die Zukunft drohenden Rechtsverletzung, so kann er nicht auf Feststellung, sondern auf Verurteilung zukünftiger Leistung klagen. Durch die Zulässigkeit dieser Klagen (o. S. 201 unter a—c) ist das Gebiet der positiven Feststellungsklage erheblich eingeschränkt.

Bestande eines bestimmten zwischen zwei Personen bestehenden Rechtsverhältnisses lediglich in einem Rechtsstreite unter diesen Personen erledigt werden kann, kann die Frage nach den subjektiven Beziehungen auch zwischen dem Berechtigten und einem Dritten zum Austrage gebracht werden, so daß positive Feststellungsklagen aus absoluten, d. h. nicht lediglich in einer persönlichen Beziehung zwischen zwei Personen bestehenden Rechten sich gegen jeden Bestreitenden richten, während die Klage auf Feststellung eines persönlichen Rechts nur dann gegen den Dritten geht, wenn dieser das in seinem objektiven Bestande vom Dritten nicht beanstandete Recht für sich in Anspruch nimmt (Prätendentenstreit).

Negative Feststellungsklagen.

bb) Negative Feststellungsklagen sind genau in demselben Umfange und in derselben Richtung zulässig, wie die positiven Feststellungsklagen. Sie verfolgen denselben Zweck wie diese, sie haben nur den entgegengesetzten Ausgangspunkt [13]). Derjenige, gegen den gegebenen Falls eine positive Feststellungsklage gerichtet werden kann, kann auch, wenn das Interesse auf seiner Seite ist, dieselbe Klage als negative anstellen [14]).

Klagen auf Anerkennung einer Urkunde und auf Feststellung der Unechtheit derselben.

b) Die Klagen auf Feststellung der Echtheit oder Unechtheit einer Urkunde unterscheiden sich von den unter a besprochenen Feststellungsklagen dadurch, daß Gegenstand des Rechtsstreits nicht ein Rechtsverhältnis, sondern eine Thatsache ist.

---

[13]) RG. Bd. 29 S. 346.

[14]) Dadurch wird dem angeblich Verpflichteten gegenüber dem vermeintlich Berechtigten ein Klagrecht auf Feststellung des Nichtrechtes gegeben. In dieser Richtung ersetzt die negative Feststellungsklage die gemeinrechtliche provocatio ex lege diffamari (Wetzell § 13 Anm. 27 ff.), durch die man denjenigen, welcher sich eines ihm gegenüber dem Gegner zustehenden Klaganspruchs vor Dritten oder in sonst bedrohlicher oder benachteiligenden Weise berühmte, zur Klaganstellung bei Vermeidung der Auferlegung ewigen Stillschweigens gerichtlich nötigte. Ein zweiter Fall des Provokationsprozesses „provocatio en lege si contendat" gewährte dem Mitbürgen, welcher besorgen mußte, durch längere Hinausschiebung der Klage des Gläubigers die Einrede der Teilung wegen eintretender Insolvenz des Mitbürgen zu verlieren, dieselbe Befugnis. Nachdem das Bürgerliche Gesetzbuch die Einrede der Teilung beseitigt hat, hat dieser Fall überhaupt keine Bedeutung mehr.

Die Prozeßordnung spricht freilich nicht von Klagen auf Feststellung der Echtheit, sondern von Klagen auf Anerkennung der Echtheit einer Urkunde. Das Urteil ergeht jedoch nicht auf die Verpflichtung zur Anerkennung sondern unmittelbar auf die Feststellung der Echtheit; aber aus der Fassung des Gesetzes erhellt, daß diese Feststellung nur dann begehrt werden kann, wenn der Beklagte dem Kläger gegenüber verpflichtet ist, den Inhalt der Urkunde anzuerkennen. Dies ist aber dann der Fall, wenn die Urkunde rechtliche Beziehungen des Klägers regelt, also einen rechtsgeschäftlichen Inhalt hat und die in diesem Rechtsgeschäfte enthaltene Willenserklärung für den Kläger und gegen den Beklagten wirksam ist. Besteht in diesem Falle Zweifel oder Streit über die Echtheit der Urkunde, und hat der Kläger ein besonderes Interesse an der alsbaldigen Hebung dieser Ungewißheit, so beschränkt sich das Klagebedürfnis auf die Feststellung der Echtheit.

Denselben Zweck verfolgt die Klage auf die Unechtheit der Urkunde nur vom entgegengesetzten Standpunkte aus.

Damit schließt sich der Kreis der Klagen, das Gebiet der prozessualen Klagebefugnis. Ob eine solche vorliegt, ist eine in jedem Falle von Amtswegen zu berücksichtigende Frage.

II. Klageveranlassung liegt vor, wenn der Beklagte durch sein Verhalten dem Kläger hinreichenden Anlaß zur Ausübung der Klagebefugnis gegeben hat. Ob dies der Fall ist, ist für die Ausübung der Klagbefugnis an sich ebenso gleichgültig wie für die Entscheidung in der Sache, wohl aber kommt das in Betracht für die Entscheidung über die Kosten des Rechtsstreits und auch nur in ganz bestimmten Fällen. Diese Fälle (CPO. §§ 93 und 94) sind bereits oben S. 177 besprochen, es kann deshalb hier darauf verwiesen werden.

§ 43.

Der Rechtsstreit und seine Elemente.

Wach § 23 unter IV — Planck § 71 unter III — Hellmann § 62 unter V — Fitting § 37 unter II.

Gegenstand des im Streitverhältnisse verhandelten Rechtsstreits im engeren Sinne, der materiellen Streitsache, ist immer ein Rechtsverhältnis. Der Streit dreht sich entweder um das Bestehen dieses Rechtsverhältnisses, dessen Wirksamkeit oder um einen aus demselben hergeleiteten Anspruch. Die Elemente des Rechtsstreites sind also diejenigen dem Gebiete des materiellen Rechts angehörenden juristischen Thatsachen, aus welchen sich das Bestehen oder Nichtbestehen des streitigen Rechtsverhältnisses, seine Wirksamkeit oder Unwirksamkeit ergiebt, oder welche für oder gegen den aus dem Rechtsverhältnisse hergeleiteten Anspruch sprechen. Man bezeichnet solche juristischen Thatsachen als Angriffs- und Verteidigungsmittel[1]).

Angriffs- und Verteidigungsmittel sind von selbständiger Bedeutung, soweit sie für sich imstande sind, das Klagbegehren ganz oder teilweise als begründet oder als unbegründet erscheinen zu lassen. Selbständige materiellrechtliche Angriffs- und Verteidigungsmittel sind die Klaggründe, die Einreden und Gegeneinreden.

Klaggrund. 1. Unter Klaggrund versteht man die Gesamtheit derjenigen Thatsachen, welche das Klagbegehren an sich rechtfertigen[2]).

Ist das Klagbegehren auf Feststellung des Bestehens eines bestimmten Rechtsverhältnisses gerichtet, so gehören dem Klaggrunde diejenigen Thatsachen an, welche in ihrer Gesamtheit an und für sich betrachtet geeignet sind, ein solches Rechtsverhältnis für den Kläger zu erzeugen; ist das Klagbegehren auf Herstellung der

---

[1]) Dieser Ausdruck wird in der Prozeßordnung (§§ 67, 68, 96, 100, 146, 278, 289, 303, 350, 354, 461, 529) nicht immer in gleicher Bedeutung gebraucht. Im weitesten Sinne sind darunter zu verstehen alle Mittel, welche einer Partei zum Siege verhelfen können (CPO. §§ 96, 100, 529), also auch Beweismittel, Beweiseinreden, prozessuale Einreden, Einwendungen und Erinnerungen.

[2]) Klaggrund in der Klage auf Rückzahlung eines Gelddarlehens ist, daß der Beklagte vom Kläger Geld in der beanspruchten Höhe als Darlehn empfangen hat. Darin liegt dreierlei: der Beklagte muß das Geld empfangen haben, er muß es vom Kläger empfangen haben, und er muß es als Darlehn empfangen haben. Jede dieser Thatsachen gehört zum Klaggrund, ist aber für sich kein selbständiges, sondern ein unselbständiges Angriffsmittel. Nur, wenn alle drei Thatsachen zutreffen, ist das Begehren auf Rückzahlung der empfangenen Summe an sich begründet, die Klage also nach Maßgabe des materiellen Rechts schlüssig; denn diese Thatsachen als Untersatz unter den Rechtssatz (BGB. § 607 Abs. 1) gebracht, rechtfertigen das Klagbegehren auf Verurteilung zur Rückzahlung der empfangenen Summe.

dem Rechtsverhältnisse entsprechenden konkreten Rechtsordnung gerichtet, so gehören dem Klaggrunde weiter diejenigen Thatsachen an, welche im Zusammenhange mit jenen Thatsachen geeignet sind, den aus dem Rechtsverhältnisse für den Kläger hergeleiteten Anspruch gegenüber dem Beklagten zur Entstehung zu bringen[3]).

Ist das Klagbegehren auf Feststellung des Nichtbestehens eines Rechtsverhältnisses gerichtet, so gehört dem Klaggrund alles dasjenige an, was gegenüber der entgegengesetzten positiven Feststellungsklage Grund der Verteidigung sein würde.

2. Die Verteidigungsgründe des Beklagten bezeichnet man im allgemeinen als Einwendungen[4]). Solche Einwendungen können sich

a) darauf beschränken, daß der Beklagte die klagbegründenden Thatsachen leugnet und zwar entweder unmittelbar, indem er die Wahrheit derselben ausdrücklich bestreitet oder andere Thatsachen behauptet, aus welchen sich der Wille des Beklagten, die Behauptungen des Klägers bestreiten zu wollen, ergiebt[5]). Durch solches Verhalten wird dem Rechtsstreite kein neues selbständiges Element einverleibt, vielmehr bleibt alleiniges Element der Klaggrund.

b) Auf das Gebiet der selbständigen Verteidigung begiebt sich die angegriffene Partei, wenn sie Einreden vorschützt. Zu den Einreden in diesem prozessualischen Sinne gehören alle Einreden.

---

[3]) Es gehört also die sog. legitimatio ad causam activa et passiva, d. h die Frage, ob die Entstehungsthatsachen das Rechtsverhältnis genau für den Kläger begründen würden, oder ob das aus diesem Rechtsverhältnisse entspringende subjektive Recht und damit das Rechtsverhälnis (d. h. die Beziehung des subjektiven Rechts zur Außenwelt), nach Maßgabe der Klagbehauptungen auf den Kläger übergegagen sein würde, zum Klaggrunde, nicht minder wie die Frage, ob aus den Klagbehauptungen zu folgern ist, daß ein solcher Anspruch, wie er aus dem Rechtsverhältnisse entstehen würde, gerade gegenüber dem Beklagten entstanden sein würde.

[4]) Einwendungen im weitesten Sinne kann man jedes Vorbringen einer Partei nennen, welches gegen prozessuale Handlungen der Gegenpartei, eines Dritten oder einer Gerichtsperson gerichtet ist (s. z. B. CPO. §§ 162, 452, 766). Im engeren Sinne versteht man darunter alles, was die angegriffene Partei, der Beklagte, zur Abwendung des Angriffs vorbringt (Verteidigungsmittel s. Anm. 1).

[5]) CPO. § 138 Abs. 2. Man spricht in letzterem Falle von einem indirekten Leugnen, s. unten § 64 Anm. 4.

selbständigen Einwendungen[6]) des Beklagten, deren Inhalt vom Standpunkte des materiellen Rechts aus das Klagbegehren trotz der Richtigkeit des Klaggrundes als unbegründet erscheinen läßt. Dahin gehören also nicht nur die Behauptung von rechtsvernichtenden[7]) oder rechtsaufhebenden[8]) Thatsachen, sondern auch die Behauptung von solchen Thatsachen, welche die dem Klaggrunde regelmäßig zukommende Wirkung wegen einer Ausnahmebestimmung ausschließen[9]),

---

[6]) Diesen Ausdruck gebraucht das BGB. von allen Einreden in prozessualischem Sinne, s. z. B. § 774.

[7]) z. B. die Behauptung der Richtigkeit derjenigen Willenserklärung, welche dem Klaggrunde angehört, BGB. §§ 105, 116—118, 142.

[8]) z. B. die Behauptung, daß der Beklagte als Schuldner befreit sei (BGB. §§ 378, 776), daß das Schuldverhältnis erloschen sei (BGB. §§ 362, 389, 397), daß das streitige Rechtsverhältnis oder Recht untergegangen sei (z. B. durch Vereinigung von Recht und Pflicht in Einer Person, Verzicht, Übertragung, Ablauf einer Ausschlußfrist u. dgl.).

[9]) Hierher gehört die Behauptung, daß die Willenserklärung, welche zum Klaggrunde gehört, wegen beschränkter Geschäftsfähigkeit des Erklärenden (BGB. §§ 106—114), wegen einer beigefügten Bedingung oder Zeitbestimmung unwirksam sei (BGB. §§ 158, Abs. 1, 163; so im Gegensatze zu der gemeinen Meinung, welche in solcher Behauptung ein indirektes Leugnen des Klaggrundes erblickt, mit Recht Fitting in der Z. f. d. CP. Bd. 13 S. 1 ff., Staub, Kommentar z. HGB. 6. Aufl. S. 23 Anm. 57) oder unwirksam geworden se (BGB. §§ 158 Abs. 2, 163), oder deshalb, weil diese Willenserklärung innerhalb einer Vertretungsmacht im Namen eines Dritten abgegeben ist, gegen den Erklärenden unwirksam sei (BGB. § 164).

Hierher gehört weiter die Behauptung, daß die gesetzlichen Folgen eines Rechtsgeschäfts (naturalia negotii) im vorliegenden Falle durch Vereinbarung ausgeschlossen sind (accidentalia negotii, vgl. z. B. BGB. §§ 101, 103, 244, 246, 276, 426, 430 u. a.). Auch die Behauptung, daß die kraft einer gesetzlichen Vermutung anzunehmende Auslegung einer Willenserklärung nicht zutrifft, weil im vorliegenden Falle etwas anderes gewollt sei (s. z. B. BGB. §§ 271, Abs. 2, 315 Abs. 1, 317 Abs. 1, 330, 336 Abs. 2, 361, 391 Abs. 2, 453, 455, 658 Abs. 2, 706 Abs. 2, 709 Abs. 2, 1625, 2049—2054, 2066—2076 u. a.) ist prozessualisch einer Einrede gleich zu achten, wenn die kraft der gesetzlichen Vermutung anzunehmende Willenserklärung zum Klaggrunde gehört (s. auch unten § 88 Anm. 2).

Hierher gehört endlich die Behauptung, daß die sich an einen gesetzlichen Thatbestand regelmäßig anschließenden Folgen deshalb im vorliegenden Falle

und endlich die Einreden im engeren Sinne, d. h. Einreden, welche einem Anspruchsverpflichteten das Ausnahmerecht verschaffen, dem an sich bestehenden Anspruche nicht zu genügen, die Erfüllung der dem Anspruche entsprechenden Pflicht abzulehnen [10]).

Solche Einreden im engeren Sinne beruhen auf einem besonderen Abwehrrechte, dessen Wirkung den ihm gegenüber stehenden Anspruch nicht nur wirtschaftlich, sondern auch prozessualisch in derselben Weise beeinflußt wie eine das Recht oder den Anspruch verneinende oder ausschließende Thatsache [11]); sie unterscheiden sich jedoch von den auf rechtsverneinenden oder ausschließenden Thatsachen gegründeten Einreden dadurch, daß sie im Prozesse wie ein jedes Recht geltend gemacht werden müssen [12]). Es genügt also nicht, daß die Thatsachen, welche das Abwehrrecht begründen, behauptet, bewiesen oder zugestanden werden, sondern der Beklagte muß das Abwehrrecht vorschützen, so daß erkennbar ist, daß die Geltendmachung erfolgt, um dadurch die Abweisung des Anspruches zu erreichen. Nur in diesem Falle kann der Richter auf das Abwehrrecht erkennen, während er rechtsverneinende und ausschließende Thatsachen

---

nicht eingetreten sind, weil ein gesetzlicher Ausnahmefall vorliegt (s. z. B. BGB. §§ 814, 815, 817, 818 Abs. 3, 827, 831, 832, 834, 836, 839 Abs. 3, 861 Abs. 2, 862 Abs. 2, „die Ersatzpflicht, Verantwortlichkeit tritt nicht ein" „der Anspruch ist ausgeschlossen").

[10]) Diese Einreden gehören zu den sog. „negativen Rechten" (vgl. Becker, System, Bd. I § 28), deren Wesen darin besteht, daß ihre Wirkung sich darauf beschränkt, die Wirkungen anderer positiver Rechte zu brechen und zwar entweder nur zu hemmen oder dauernd auszuschließen. Begrifflich sind solche Einreden immer nur denkbar gegenüber einem Anspruche auf Herstellung der Rechtsordnung, nicht gegenüber einer Klage auf Feststellung eines Rechtsverhältnisses, sie können deshalb auch nicht den Grund einer negativen Feststellungsklage bilden.

[11]) In diesem Sinne heißt es im römischen Rechte: „nihil interest, ipso jure quis actionem non habeat an per exceptionem infirmetur" (L. 112 D. de reg. jur. 50, 17).

[12]) Nur in diesem Sinne kann man von einer „rechtsverfolgenden Einrede" (Schmidt, Lehrbuch S. 438 unter 1) sprechen. Jede prozessualische Einrede (und zu diesen gehört auch die Einrede im engeren Sinne) bezweckt Abweisung der Klage, nichts weiter. Wer sein Recht positiv verfolgen will, muß zur Klage schreiten, falls ihm das Prozeßrecht Klagbefugnis gewährt.

berücksichtigt, wenn sie im Prozesse von einer Partei (gleichgültig ob vom Beklagten oder vom Kläger) vorgebracht werden.

Die Einreden im engeren Sinne sind entweder von nur aufschiebender Wirkung, oder sie schließen die Geltendmachung des Anspruchs dauernd aus.

Aufschiebende Einreden sind

1. die Einrede des Zurückbehaltungsrechts (BGB. §§ 273, 1000); ihr verwandt ist die Einrede der nicht erfolgten Vorlegung des Hypothekenbriefs (BGB. §§ 1160 f.);

2. die Einrede des nicht erfüllten Vertrags (BGB. § 320[13]);

3. die Einrede der mangelnden Sicherheitsleistung in den Fällen BGB. §§ 258, 321, 867, 1005, 2217 Abs. 2, CPO. § 838;

4. die dem Bürgen als solchem zustehenden Einreden der Anfechtbarkeit oder Aufrechenbarkeit der Hauptschuld und der Vorausklage (BGB. §§ 770, 771);

5. die aufschiebenden Einreden aus §§ 2014, 2015 des Bürgerlichen Gesetzbuches[14]);

6. die Einrede, daß der Beklagte kraft einer Vereinbarung mit dem Schuldner befugt sei, die geforderte Leistung für eine bestimmte Zeit zu verweigern[15]);

7. die Einrede des Besitzers gegenüber dem Anspruche auf Herausgabe der Sache aus einem dem Besitzer gegenüber dem Kläger zustehenden zeitlich beschränkten Rechte zum Besitze (BGB. §§ 986, 1017 Abs. 2, 1065).

Einreden, welche die Geltendmachung des Anspruchs dauernd ausschließen[16]), sind

---

[13]) In den Fällen unter 1 u. 2 hat die Einrede nur die Wirkung, daß der Beklagte zur Leistung Zug um Zug oder zur Leistung gegen Vorlegung des Briefes verurteilt wird (BGB. §§ 274, 322, Protokolle der zweiten Lesung S. 4619).

[14]) Dieselben hindern nicht die Verurteilung des Beklagten „unter dem Vorbehalte der beschränkten Haftung" (CPO. § 305 u. unten § 67 Anm. 4, CPO. § 782 u. unten § 135).

[15]) Eine solche Befugnis des Schuldners ist anzunehmen, wenn ihre Stundung seitens des Gläubigers gewährt ist; denn eine andere Bedeutung kann solche Gewährung nicht haben (s. auch BGB. § 202).

[16]) Der Vollständigkeit halber soll hier auf die Bestimmungen BGB. §§ 813, 886, 1169, 1254 verwiesen werden, nach welchen diesen Einreden außer

1. die Einrede der Verjährung (BGB. § 222);

2. die dem Rechte eines Schuldners auf Befreiung von einer Verbindlichkeit entsprechende Befugnis, die vom Kläger begehrte Erfüllung dieser Verbindlichkeit zu verweigern. Ein solches Recht auf Befreiung und folglich auch auf Verweigerung der Erfüllung haben

a) der Käufer, falls er zur Wandelung oder Minderung berechtigt ist (BGB. §§ 462 ff., 487 ff.),

b) wer ohne rechtlichen Grund eine Verbindlichkeit eingegangen ist (BGB. § 812)[17],

c) wer aus einer von einem Anderen begangenen unerlaubten Handlung Schuldner des Anderen geworden ist (BGB. §§ 823 ff.).

Soweit in den Fällen unter a—c das Recht auf Befreiung wegen Verjährung nicht mehr geltend gemacht werden kann, besteht doch das Recht als negatives (als Einrede) noch fort (BGB. §§ 478, 490 Abs. 3, 821, 853);

3. die Befugnis des durch eine anfechtbare letztwillige Verfügung Beschwerten, die Erfüllung zu verweigern, mag die Anfechtung noch zulässig sein oder nicht mehr zulässig sein (BGB. § 2083);

4. die Befugnis zum Begehr der Anrechnung von Ersparungen im Falle BGB. §§ 552, 615—617;

5. die Rechtswohlthat der Kompetenz gegenüber dem Anspruche auf Erfüllung eines Schenkungsversprechens (BGB. § 519) sowie gegenüber dem außerordentlichen Schadensersatzanspruche aus BGB. § 829;

6. die Befugnis des persönlichen Schuldners zur Verweigerung der Deckung des Ausfalls des Gläubigers im Zwangsversteigerungsverfahren im Falle BGB. § 1166;

7. die Rechtswohlthat der beschränkten Haftung (s. unt. § 135);

8. die Befugnis des Erben, unter bestimmten Voraussetzungen die Erfüllung eines Vermächtnisses oder eines Pflichtteilsanspruches zu verweigern (BGB. §§ 2318, 2319, 2322, 2328);

---

der Bedeutung von negativen Rechten auch positive Wirkungen beigelegt sind; die Einrede der Verjährung steht jedoch unter besonderem Rechte (BGB. §§ 222 Abs. 2, 223, 390, 813).

[17]) Ebenso liegt die Sache im Falle BGB. § 528, wenn die Schenkung durch Begründung eines Forderungsrechtes des Beschenkten gegen den Schenker vollzogen ist.

9. die Befugnis des Besitzers, gegenüber dem Anspruche auf Herausgabe der Sache die Herausgabe auf Grund eines dem Besitzer zustehenden zeitlich nicht beschränkten Rechtes zum Besitze zu verweigern (BGB. §§ 986, 1017 Abs. 2, 1065).

Gegeneinreden. Den Einreden können Gegeneinreden (Repliken) und diesen wiederum neue Gegeneinreden (Dupliken) entgegengesetzt werden. Es finden die für Einreden geltenden Grundsätze entsprechende Anwendung[18]).

§ 44.

Die Aufrechnung als Element des Rechtsstreites.

Schmidt § 155 — Fitting § 50.

Macht der Beklagte durch Aufrechnung eine Gegenforderung geltend, so liegt darin der Gebrauch einer prozessualischen Einrede des Inhalts, daß die Klagforderung durch Aufrechnung erloschen sei. Das ist nicht nur der Fall, wenn nach der Behauptung des Beklagten die Aufrechnung bereits erfolgt ist, sondern auch dann, wenn die Aufrechnungserklärung erst im Prozesse abgegeben wird. Auch macht es im letzteren Falle keinen Unterschied, ob die Erklärung ohne Vorbehalt oder unter dem Vorbehalte, daß die Klagforderung bestehe oder nicht durch andere Einreden des Beklagten entkräftet sei, abgegeben wird[1]).

Durch die Geltendmachung der Aufrechnung wird weder das Streitverhältnis über seinen ursprünglichen Umfang erweitert noch entsteht ein neuer Rechtsstreit unter den Parteien, vielmehr gehört

---

[18]) So erscheint gegenüber der Behauptung des Beklagten, daß das Forderungsrecht durch Aufrechnung erloschen sei, die Gegenbehauptung, daß der aufgerechneten Forderung eine Einrede entgegensteht (BGB. § 390) als Gegeneinrede, ebenso die Einrede aus der beschränkten Haftung gegenüber der Behauptung, daß der Erbe im vorliegenden Falle unbeschränkt hafte (BGB. §§ 2005, 2006), ebenso der Einrede der Vorausklage des Bürgen gegenüber die Behauptung, daß solche Einrede im vorliegenden Falle ausgeschlossen ist (BGB. § 773).

[1]) Sog. Eventualaufrechnung. Dieselbe ist zulässig trotz § 388 BGB., weil der Vorbehalt keine Bedingung im Sinne des Gesetzes (BGB. § 158) enthält; denn der Vorbehalt hat weder aufschiebende noch auflösende Bedeutung, sondern enthält nur eine Verwahrung gegen die aus der Aufrechnungserklärung etwa zu folgernde Anerkennung des Bestehens oder der Wirkung der Klagforderung.

der Streit über das Bestehen der Gegenforderung, mit welcher aufgerechnet ist, dem bereits bestehenden Streitverhältnisse an, ist ein Element desselben[2]), so daß die Entscheidung hierüber Entscheidungsgrund für das Urteil in dem bereits bestehenden Streitverhältnisse ist[3]).

Steht die Gegenforderung, mit welcher aufgerechnet wird, mit der Klagforderung nicht im rechtlichen Zusammenhange, so kann das Gericht

1. anordnen, daß über die Klage und über die Aufrechnung getrennt verhandelt werde[4]). Ist die Verhandlung über den Klaganspruch früher spruchreif, als die Verhandlung über die Aufrechnung, so ergeht, falls der Klaganspruch begründet ist, ein Vorbehaltsurteil gegen den Beklagten[5]);

2. oder es kann, soweit eine solche Anordnung vor der Spruchreife über den Klaganspruch nicht erfolgt ist, die Ausscheidung durch Urteil vornehmen, indem es den Beklagten unter Vorbehalt der Aufrechnung verurteilt[6]).

Da durch die Aufrechnung kein neuer Rechtsstreit entsteht, so wird auch die Gegenforderung, mit welcher aufgerechnet ist oder wird, durch die Geltendmachung der Einrede nicht rechtshängig. Der Beklagte kann also die Gegenforderung anderweit im Wege der Klage geltend machen, was namentlich dann von praktischer Bedeutung ist, wenn die Aufrechnungserklärung unter Vorbehalt abgegeben ist.

§ 45.

Der Zwischenstreit.

In der Entwicklung des prozessualen Streitverhältnisses können sich aus der Ausübung der den Parteien zustehenden prozessualen Befugnisse im Verhältnisse der Parteien zu einander besondere prozessuale Streitigkeiten ergeben.

---

[2]) Anders Schollmeyer, Die Kompensationseinrede, Schmidt § 115 u. die dort citierten Schriftsteller. Dagegen Stölzel, Schulung II 2. Aufl. S. 141 ff. u. RG. Bd. 6 S. 420, Bd. 16 S. 375, Bd. 31 S. 1 ff.

[3]) Darüber, daß dieser Entscheidungsgrund unter Umständen in Rechtskraft übergehen kann, s. unten § 106.

[4]) CPO. § 145 Abs. 3. [5]) s. u. § 116.

[6]) CPO. § 302 Abs. 1 und unten § 116.

Man nennt einen solchen Streit mit einem technischen Ausdrucke Zwischenstreit[1]). Solche Zwischenstreite können im Verfahren in mannigfacher Weise entstehen[2]).

Der Zwischenstreit hat für die Erledigung des Rechtsstreits keine selbständige Bedeutung, wohl aber dient er der Partei zum Schutze ihrer prozessualen Stellung im Streitverhältnisse. Durch die Erhebung eines Zwischenstreits will die Partei sich gegen die unberechtigte Ausübung einer Prozeßhandlung der Gegenpartei schützen und wehren, ihre eigene prozessuale Stellung im Erkenntnisverfahren stützen und stärken[3]).

Der Zwischenstreit gehört dem Streitverhältnisse, dem Rechtsstreite an, er findet deshalb seine Erledigung in der mündlichen Verhandlung, unbeschadet der Befugnis des Gerichts, in bestimmten Fällen die gesonderte Verhandlung über den Zwischenstreit herbeizuführen[4]), sowie unbeschadet der Vorschrift, daß unter bestimmten

---

[1]) Vgl. z. B. CPO. §§ 132, 501, Schollmeyer, Der Zwischenstreit.

[2]) Hierher gehören beispielsweise der durch die Vorschützung einer prozeßhindernden Einrede entstehende Streit, der Streit über die Verpflichtung des Rechtsnachfolgers zur Aufnahme des Prozesses, über das Recht einer Partei auf Entlassung aus dem Rechtsstreite (CPO. § 75), der Streit über die Zulässigkeit eines Rechtsmittels, einer Restitutions- oder Nichtigkeitsklage, eines Einspruchs, des Antrags auf Wiedereinsetzung in den vorigen Stand, der Streit über die Pflicht zur Urkundenedition, über die Zulässigkeit der Zuschiebung oder Zurückschiebung eines Eides, über die Zulässigkeit des Widerrufs eines Geständnisses, einer Erklärung über die Annahme oder Zurückschiebung eines Eides, über die Beeidigung eines von der Gegenpartei benannten Zeugen, der Streit über die Zulässigkeit einer Inzidentklage, einer Widerklage, einer Streitgenossenschaft, einer Klagänderung, Klagerweiterung, Klagzurücknahme, Klagenhäufung ꝛc.

[3]) Streitigkeiten, welche nicht den im Text hervorgehobenen Zweck verfolgen, vielmehr selbständige neben dem Prozeßzwecke des Erkenntnisverfahrens für sich bestehende Zwecke verfolgen, wie das Arrestverfahren, das Verfahren zur Sicherung des Beweises, das Vollstreckungsverfahren, gehören ebensowenig zu den Zwischenstreiten wie das Verfahren auf Anträge, welche das Prozessieren erst ermöglichen sollen, wie das Verfahren zum Zwecke der Bestimmung des zuständigen Gerichtes, das Verfahren bei Ablehnung von Gerichtspersonen, bei Erteilung des Armenrechts. Ebenso wenig gehören zu den Zwischenstreiten diejenigen Fälle, in welchen die Partei sich nicht gegen die unberechtigte Ausübung einer Prozeßhandlung der Gegenpartei, sondern des Gerichts schützen will, wie z. B. in der Ablehnung eines vom Gerichte ernannten Sachverständigen.

[4]) CPO. §§ 238 Abs. 1, 590 Abs. 1, 504 Abs. 3, 528.

Voraussetzungen abgesonderte Verhandlung und Entscheidung stattzufinden hat[5]). In solcher abgesonderten Verhandlung findet keine Abtrennung des Zwischenstreites von dem Rechtsstreite statt, vielmehr wird auch in diesen Fällen in dem Zwischenstreite immer der Rechtsstreit selbst verhandelt.

Anders in dem Falle des zur Erledigung eines im Beweisaufnahmeverfahren vor einem beauftragten oder ersuchten Richter entstandenen Zwischenstreites[6]).

In diesem Falle ist der zur Verhandlung über den Zwischenstreit vor dem Prozeßgerichte stattfindende Termin nur zur Verhandlung über den Zwischenstreit bestimmt, so daß die letztere Verhandlung von der Verhandlung über den Rechtsstreit getrennt bleibt.

In keinem anderen Falle findet eine solche Trennung der Verhandlung statt[7]), wohl aber kann das Gericht die Trennung dadurch herbeiführen, daß es abgesondert über einen Zwischenstreit entscheidet.

Die abgesonderte Entscheidung über den Zwischenstreit erfolgt durch Zwischenurteil[8]), es sei denn, daß nach Maßgabe des Inhalts der Entscheidung auch der Rechtsstreit beendet ist, wie in den Fällen, wo eine prozeßhindernde Einrede für begründet erklärt, die Klage wegen eines prozessualen Mangels in dem Erhebungsakte abgewiesen, die Berufung, Revision, der Einspruch, die Wiederaufnahme des Verfahrens als prozessualisch unzulässig verworfen wird, im Falle der Zurückweisung des Aufnahmebegehrens gegen eine als Rechtsnachfolger der Partei bezeichnete neue Partei[9]), der Entlassung einer Partei aus dem Rechtsstreite[10]). In diesen Fällen ist die Entscheidung Endurteil, weil das beantragte Prozeßbegehren überhaupt oder doch in seiner Richtung gegenüber der verfolgten Partei zurückgewiesen wird.

Die Entscheidung über einen Zwischenstreit kann nur durch Urteil, nie durch Beschluß erfolgen. Das über den Zwischenstreit ergehende

---

5) CPO. § 275 Abs. 1.

6) CPO. § 366. In diesem Falle findet auch ein besonderes Versäumnisverfahren statt, s. unten § 79.

7) Die Fälle, in welchen eine Trennung der mündlichen Verhandlung zulässig ist, sind unten § 78 erörtert.

8) CPO. § 303 u. unten § 67. 9) CPO. § 239 u. o. S. 167 Anm. 18.

10) CPO. § 75 u. o. S. 159.

Zwischenurteil ist — abgesehen von dem Falle daß es über prozeßhindernde Einreden ergeht — nicht selbständig durch ein Rechtsmittel anfechtbar.

Sogenannter Zwischenstreit zwischen den Parteien und Dritten.

Aus Veranlassung eines Rechtsstreites können auch Streitigkeiten zwischen den Parteien einerseits und dritten Personen, welchen nach der Prozeßordnung im Verhältnisse zu den Parteien bestimmte Rechte zustehen (oder bestimmte Pflichten obliegen), entstehen. Zu diesen Streitigkeiten gehört der Streit über die Zulässigkeit einer Nebenintervention [11]), der Streit über die Verpflichtung eines Zeugen und Sachverständigen zur Aussage [12]), der Streit über die Verpflichtung eines Rechtsanwalts zur Rückgabe einer ihm von Hand zu Hand mitgeteilten Urkunde [13]).

Die Entscheidung erfolgt in diesen Fällen immer durch besonderes Zwischenurteil. Das Zwischenurteil ist mit der sofortigen Beschwerde anfechtbar. Im übrigen bestehen für das Verfahren in den einzelnen Fällen allgemeine, für alle Fälle gleichmäßig zutreffende Vorschriften nicht.

§ 46.

Veränderung, Erweiterung und Beschränkung des Streitverhältnisses.

Planck § 137 — Hellmann § 69 — Schmidt § 153.

Der Gegenstand des Streitverhältnisses, der (materielle) Rechtsstreit, kann im Laufe des Verfahrens Veränderungen erfahren, indem die Fundamente desselben, der Klaganspruch oder der Klagantrag, geändert werden. Freilich ist dem Kläger nicht gestattet, in beliebiger Weise von den Klagefundamenten abzugehen, jedoch sind Änderungen in gewissem Umfange gestattet. Man muß in dieser Richtung die Klagänderung von der Erweiterung und Beschränkung des Klagantrags unterscheiden.

Klagänderung.

1. Eine **Klagänderung** liegt vor, wenn der Gegenstand des Rechtsstreits, der Klaganspruch, wie er bei Erhebung der Klage nach dem Grunde und Gegenstande individualisiert ist, durch den Kläger in der mündlichen Verhandlung geändert wird. Jede Änderung des Klaggrundes oder des Gegenstandes des Anspruchs ist Klagänderung [1]).

---

[11]) CPO. § 71 u. o. S. 147.

[12]) CPO. §§ 386—389, 402.

[13]) CPO. § 135.

[1]) RG. Bd. 14 S. 428.

Ist nun Klaggrund die Gesamtheit der juristischen Thatsachen, welche den Anspruch in seiner Richtung gegen den Beklagten nach Maßgabe des objektiven Rechts zur Entstehung bringen, so liegt keine Klagänderung, sondern eine zulässige Klagverbesserung vor, wenn der Kläger die einzelnen thatsächlichen Behauptungen oder Rechtsausführungen berichtigt oder ergänzt, ohne damit den Grund des Anspruchs, d. h. die klagbegründenden Thatsachen in ihrem zusammenschließenden Rechtsgebilde zu verändern[2]). Klagverbesserung.

Beansprucht der Kläger nach der Rechtshängigkeit einen anderen Gegenstand, so kommt es darauf an, ob darin nur eine zulässige Erweiterung oder Beschränkung des Klagantrags (s. unten unter 2 und 3) zu erblicken ist. Ist das nicht der Fall, so liegt Klagänderung vor.

Eine Klagänderung nach dem Eintritt der Rechtshängigkeit ist prinzipiell unzulässig, jedoch ist sie zuzulassen, wenn der Beklagte einwilligt[3]), oder, wenn nach dem Ermessen des Gerichts durch die Änderung die Verteidigung des Beklagten nicht wesentlich erschwert wird[4]). Entsteht über die Frage, ob eine Klagänderung vorliegt oder doch zuzulassen ist, ein Zwischenstreit, so ist darüber vom Gerichte durch Zwischenurteil oder im Endurteil zu entscheiden. Wird die Klagänderung für unzulässig erklärt, so ist die Entscheidung durch Berufung gegen das Endurteil anfechtbar, dagegen findet eine Anfechtung der Entscheidung, daß eine Änderung der Klage nicht vorliege, oder daß die Änderung zuzulassen sei, nicht statt.

Wird die Klage in zulässiger Weise — also entweder mit Einwilligung des Beklagten oder kraft unanfechtbarer Entscheidung des Gerichts — geändert, so ergreift das Streitverhältnis nunmehr den veränderten Anspruch als alleinigen Gegenstand des Rechtsstreits. Erhebt dagegen der Kläger neben dem ursprünglichen Anspruche auf Grund anderer Thatsachen einen neuen Anspruch, so liegt nicht eine Klagänderung, sondern eine Klagenhäufung vor; diese ist jedoch, abgesehen von der Zulässigkeit einer Inzidentklage (s. den flg. Paragraphen) nur durch Klagenverbindung gestattet, nicht durch nach-

---

[2]) CPO. § 268[1].

[3]) Die Einwilligung ist anzunehmen, wenn der Beklagte, ohne der Änderung zu widersprechen, sich in einer mündlichen Verhandlung auf die abgeänderte Klage eingelassen hat (CPO. § 269).

[4]) CPO. § 264.

trägliche Erhebung einer zweiten Klage in der mündlichen Verhandlung, selbst nicht mit Einwilligung des Beklagten.

Klagerweiterung. 2. Eine Erweiterung des Streitverhältnisses kann, abgesehen von der Erhebung einer Inzidentklage oder einer Widerklage, worüber in den folgenden Paragraphen gesprochen werden soll, in doppelter Weise vorkommen, nämlich

a) wenn der Kläger ohne Änderung des Klaggrundes den Klagantrag in der Hauptsache oder in Bezug auf Nebenforderungen erweitert, also z. B., wenn in der Klage aus einem Anspruche auf wiederkehrende Leistungen nur die fällige Rate gefordert, in der mündlichen Verhandlung aber die nach der Rechtshängigkeit fällig gewordenen Raten oder wenn Zinsen oder andere Nebenforderungen, welche bei Erhebung der Klage nicht beansprucht sind, nachgefordert werden[5]);

b) wenn der Kläger ohne Änderung des Klaggrundes statt des ursprünglich geforderten Gegenstandes wegen einer später eingetretenen Veränderung einen anderen Gegenstand oder das Interesse fordert[6]).

Gegenstand des Streitverhältnisses ist nunmehr der erweiterte Rechtsstreit. Der Grund des Anspruchs ist derselbe geblieben, das Streitverhältnis mit seinen Wirkungen ergreift jedoch ohne weiteres den erweiterten Rechtsstreit.

Klagbeschränkung. 3. Eine Beschränkung des Streitverhältnisses tritt ein, wenn der Klagantrag in der Hauptsache oder in Bezug auf Nebenforderungen beschränkt wird, oder wenn in dem Falle unter 2b der nunmehr geforderte Gegenstand minderwertig ist[7]). Auf die Zulässigkeit und die Wirkung einer solchen Beschränkung findet das unter 2 Ausgeführte entsprechende Anwendung.

Die Beschränkung kann den Hauptanspruch vollständig ergreifen, wenn z. B. der Beklagte nach der Klagerhebung den Kläger befriedigt hat, oder die Hauptsache durch den Tod einer Partei erledigt ist[8]).

[5]) CPO. § 268². Beschränkt sich die Klage auf den Zinsanspruch aus einem Zinsversprechen, so ist es unzulässig, den Klagantrag auf Zahlung des etwa im Laufe des Rechtsstreits fällig gewordenen Kapitals zu erhöhen, es würde dies eine unzulässige nachträgliche Klagenhäufung sein, weil der Kapitalanspruch einen anderen Klaggrund hat als der Zinsanspruch.

[6]) CPO. § 268³. [7]) CPO. § 268 ² u. ³.

[8]) Vgl. CPO. § 628.

Das Streitverhältnis besteht dann nur noch bezüglich der Kostenlast fort.

Die Beschränkung des Streitverhältnisses ist wohl zu unterscheiden von der Zurücknahme der Klage[9]) und von dem Verzicht auf den Anspruch[10]), jene beseitigt die Wirkungen der Rechtshängigkeit, diese führt zu einem der Rechtskraft fähigen Endurteile in der Sache. Wird dagegen der Klagantrag wegen später eingetretener vollständiger oder teilweiser Erledigung der Sache beschränkt, so scheidet der erledigte Teil aus dem Streitverhältnisse aus, es ergeht darüber kein Urteil, es bleiben aber die Wirkungen der Rechtshängigkeit auch bezüglich des erledigten Teils von Bestand, und bei der Entscheidung über die Kosten des Rechtsstreits ist auch der erledigte Teil insoweit zu berücksichtigen, als in Erwägung zu ziehen ist, welche Partei bezüglich dieses Teils als die unterliegende anzusehen ist.

Die Klagerweiterung und Klagbeschränkung haben auf die sachliche Zuständigkeit[11]) des Gerichts keinen Einfluß[12]). Das hat im Verfahren vor dem Landgerichte keine Beschränkung. Für den Amtsgerichtsprozeß ist jedoch für den Fall, daß durch Erweiterung des Klagantrags der nun verfolgte Anspruch ein solcher ist, welcher zur Zuständigkeit des Landgerichts gehört, bestimmt[13]), daß das Amtsgericht, sofern eine Partei vor weiterer Verhandlung zur Hauptsache darauf anträgt, durch Beschluß seine Unzuständigkeit auszusprechen und den Rechtsstreit an das Landgericht zu verweisen hat. Eine Anfechtung des Beschlusses, durch welchen dem Antrag entsprochen wird, findet nicht statt, mit der Verkündung des Beschlusses gilt der Rechtsstreit als beim Landgericht anhängig. Die im Verfahren vor dem Amtsgerichte erwachsenen Kosten werden als Teil der beim Landgerichte erwachsenden Kosten behandelt.

Diese Bestimmung hat an sich mit der Frage nach der Zuständigkeit des Gerichts nichts zu thun, sie will vielmehr beiden Parteien die Befugnis gewähren, das gesamte Streitverhältnis, wenn der erweiterte Anspruch ein solcher ist, für welchen das Landgericht an

[9]) CPO. § 271. [10]) CPO. § 306.

[11]) Daß die örtliche Zuständigkeit dadurch nicht berührt wird, ist selbstverständlich, da der Grund des Anspruchs derselbe geblieben ist.

[12]) S. oben S. 64 und für den Fall des § 268 ^{3} auch CPO. § 235 ^{2}.

[13]) CPO. § 506.

sich sachlich zuständig ist, an das Landgericht zu bringen. Daraus folgt:

1. War im gegebenen Falle das Landgericht ohne Rücksicht auf den Wert des Streitgegenstandes ausschließlich zuständig, so hat das Amtsgericht die Klage auch ohne Antrag abzuweisen. Ein Verweisungsantrag ist in diesem Falle nur nach § 505 CPO. zulässig, § 506 findet keine Anwendung.

2. Die Erweiterung des Klagantrags für sich allein giebt dem Beklagten niemals das Recht, die Einrede der sachlichen Unzuständigkeit des Gerichts zu erheben[14]), wie dies für den Fall, daß die Sache beim Landgerichte anhängig ist und die Klage beschränkt wird, unzweifelhaft nicht zulässig ist.

3. Der Antrag, nunmehr die Unzuständigkeit auszusprechen, kann niemals ohne den Verweisungsantrag gestellt werden.

4. War für den ursprünglichen Anspruch das Gericht (sei es Amtsgericht oder Landgericht) sachlich nicht zuständig, so wird es durch Erweiterung oder Beschränkung des Klagantrags auch hinterher nicht zuständig. Hatte der Beklagte die Einrede der sachlichen Unzuständigkeit noch nicht verloren, so kann er dieselbe auch nach der Erweiterung oder Beschränkung vorschützen. Die Verweisung an das sachlich zuständige Gericht erfolgt in diesem Falle nach CPO. §§ 276, 505, nicht nach § 506 CPO.

Der praktische Unterschied liegt im Kostenpunkt. Wird die Klage wegen sachlicher Unzuständigkeit des Gerichts abgewiesen, so treffen den Kläger die Kosten des Verfahrens vor dem unzuständigen Gericht. Erklärt sich dagegen das Amtsgericht nach § 506 CPO. für unzuständig, so bilden die Kosten des bisherigen Verfahrens nur einen Teil der Kosten des Rechtsstreits. Ein weiterer Unterschied liegt darin, daß im ersteren Falle die Entscheidung durch Urteil, im anderen Falle durch Beschluß erfolgt.

---

[14]) S. oben S. 64. Auch findet eine Zusammenrechnung im Falle des § 268[2] nicht statt, da § 5 CPO. auf diesen Fall nicht anwendbar ist.

§ 47.

Klagenhäufung.

Schmidt § 152.

Hat jemand mehrere Ansprüche gegen dieselbe Partei, so kann er dieselben, auch wenn sie auf verschiedenen Gründen beruhen, in einer Klage verbinden [1]). Das prozessuale Streitverhältnis erstreckt sich dann einheitlich auf die mehreren Ansprüche [2]). Verbindung mehrerer Ansprüche desselben Klägers gegen denselben Beklagten in der Klage.

Darauf, ob die verbundenen Ansprüche in Zusammenhang mit einander stehen, kommt es ebensowenig an, wie darauf, ob die Verbindung eine kumulative oder eventuelle ist. Erreicht im letzteren Falle der Kläger mit dem in erster Linie erhobenen Anspruch seinen Zweck, d. h. die Verurteilung des Beklagten in demselben Umfange, wie er sie auch nur mit dem in eventum erhobenen Anspruche erzielen würde, so ist über den letzteren Anspruch nicht zu entscheiden, da dieser nur für den entgegengesetzten Fall geltend gemacht ist. In dieser Weise können auch die Besitzklage und die Klage aus dem Rechte, wenn sie auf dasselbe gehen, mit einander verbunden werden, auch ist derjenige, welcher ein Recht an der Sache hat und gleichzeitig Besitzer der Sache ist, nicht gehindert, beide Ansprüche, soweit sie auf verschiedene Leistungen gehen, neben einander geltend zu machen [3]). Dasselbe gilt von den rekuperatorischen und exhibitorischen Besitzklagen [4]) und den entsprechenden Klagen desjenigen, welcher ein Recht an der Sache hat [5]). Zusammenhang der Ansprüche nicht erforderlich.

Wenn das Gesetz somit dem Kläger die objektive Klagenhäufung im weitesten Umfange gestattet, so soll doch der Kläger durch die Verbindung Die Verbindung hat keinen Einfluß auf die Zuständigkeit und die Prozeßart.

---

[1]) CPO. § 260.

[2]) Keine objektive (sondern subjektive) Klagenhäufung liegt vor, wenn z. B. ein Konkursverwalter Ansprüche, welche zur Konkursmasse gehören, und Ansprüche, welche ihm persönlich zustehen, in derselben Klage verbindet; denn wenn es auch dieselbe Person ist, welche diese und jene Ansprüche geltend macht, so ist es doch nicht dieselbe Partei nicht derselbe Kläger, welcher sämtliche verbundenen Ansprüche erhebt. Ob also eine solche Klagenverbindung zulässig ist, darüber entscheiden die Grundsätze über die Streitgenossenschaft (s. unten § 50), nicht die Grundsätze über die objektive Klagenhäufung.

[3]) BGB. § 862 und §§ 985, 1006, 1007, 1065, 1227. CPO. § 260 hat die entgegenstehende Bestimmung der CPO. v. 1877 (§ 232 Abs. 2) beseitigt.

[4]) BGB. §§ 861, 867. [5]) BGB. §§ 985 ff., 1006, 1007, 1065, 1227.

prozessuale Vorteile in Ansehung der Zuständigkeit des Gerichts und der Prozeßart nicht haben[6]).

Durch die Verbindung wird das für einen der verbundenen Ansprüche an sich unzuständige Gericht nicht zuständig, es sei denn, daß durch die im § 5 CPO. vorgeschriebene Zusammenrechnung die sachliche Zuständigkeit des Landgerichts begründet wird, obgleich sie für die einzelnen Ansprüche nicht besteht[7]).

Ist die gewählte Prozeßart (z. B. der Urkundenprozeß) für einen der verbundenen Ansprüche unzulässig, so ist die Verbindung von Amtswegen für unzulässig zu erklären und die Klage insoweit als in der gewählten Prozeßart unstatthaft abzuweisen[8]). Wird dadurch das Gericht sachlich unzuständig, so ist auf Einwand des Beklagten die Klage vollständig abzuweisen.

Einheitlichkeit des Streitverhältnisses trotz der Verbindung. Trotz der Klagenhäufung bleibt das Streitverhältnis unter den Parteien ein einheitliches[9]). Es wird durch denselben Akt begründet und endet auch dann, wenn bereits über einen Anspruch ein Teilurteil ergangen ist, erst mit dem Endurteile[10]). Erst jetzt kann über die Kosten des Rechtsstreits Entscheidung ergehen, weil sich erst jetzt übersehen läßt, wer die unterliegende Partei ist, resp. wie weit jede Partei gesiegt hat oder unterlegen ist. Daher kann im Falle der Klagenhäufung auch dann, wenn nur einzelne aber noch nicht alle von den verbundenen Ansprüchen zur Entscheidung reif sind, die Erlassung eines Teilurteils unterbleiben[11]).

Richterliches Trennungsrecht. Das Gericht kann anordnen, daß die verbundenen Ansprüche in getrennten Prozessen verhandelt werden. Mit dieser Anordnung

---

[6]) CPO. § 260. Eine weiter gehende Bedeutung kann der Bestimmung dieses Paragraphen nicht beigelegt werden. Jedenfalls hat das Gericht auch in diesem Fall die Frage, ob es für alle einzelne Ansprüche an sich zuständig ist, nicht im weiteren Umfange von Amtswegen zu beachten, als sonst. Anscheinend weiter gehen das Reichsgericht (Entsch. Bd. V S. 166 unter 1) und die Kommentare.

[7]) Ein Anspruch, für welchen das Amtsgericht oder Landgericht ohne Rücksicht auf den Wert des Streitgegenstandes zuständig ist, wird dabei nicht mitgerechnet.

[8]) CPO. § 597 Abs. 2.

[9]) Dadurch unterscheidet sich die objektive Klagenhäufung von der Streitgenossenschaft, in welcher eine Verbindung mehrerer Streitverhältnisse in demselben Verfahren stattfindet, s. darüber unten § 50.

[10]) CPO. § 301 und oben S. 199. [11]) CPO. § 301 Abs. 2.

spaltet sich das Streitverhältnis in zwei oder mehrere selbständige Streitverhältnisse, welche in verschiedenen Prozessen verhandelt und entschieden werden, soweit nicht diese Anordnung später wieder aufgehoben wird[12]).

§ 48.

Inzidentklage.

Planck § 137 — Hellmann § 63 — Schmidt § 155.

Inzidentklage ist eine Klage, welche nach der Rechtshängigkeit in der mündlichen Verhandlung vom Kläger durch Erweiterung des Klageantrags vom Beklagten durch Erhebung einer Widerklage erhoben wird[1]). Begriff.

Die Inzidentklage ist immer Feststellungsklage.

Die Erhebung der Inzidentklage ist an folgende prozessuale Voraussetzungen geknüpft: Voraussetzungen.

1. das Rechtsverhältnis, dessen Bestehen oder Nichtbestehen festgestellt werden soll, muß für die Entscheidung des bereits anhängigen Rechtsstreits präjudizierlich sein;

2. es muß sich aus der Verhandlung der Parteien im Prozesse als ein streitiges ergeben haben;

3. es muß der Rechtsweg zulässig und darf ein anderes Gericht für die Feststellung nicht ausschließlich zuständig sein.

Ob diese Voraussetzungen vorliegen, hat das Gericht von Amtswegen zu beachten.

Durch die Erhebung der Inzidentklage wird ein neuer Rechtsstreit anhängig gemacht[2]), so daß die Frage, ob das Prozeßgericht auch für diesen neuen Rechtsstreit zuständig ist, selbständig zu prüfen ist.

Ob es einen besonderen örtlichen Gerichtsstand des Zu-

[12]) CPO. § 145 Abs. 1 und § 150.

[1]) CPO. § 280.

[2]) CPO. § 281. Dadurch unterscheidet sich die Erhebung der Inzidentklage von der bloßen Klagerweiterung nach § 268[2 u. 3] CPO. (s. oben S. 218), in welcher es sich nur um eine weitere Entfaltung desselben Anspruchs, nicht um die Geltendmachung eines prinzipiell neuen Anspruchs handelt.

sammenhangs für die Inzidentklage giebt, ist äußerst bestritten [3]). Die Frage ist zu verneinen, da kein genügender Anhalt für die Annahme spricht, daß CPO. § 280 eine Zuständigkeitsnorm hat geben wollen [4]), und nicht anzunehmen ist, daß das Gesetz nur so beiläufig seine sonstigen Zuständigkeitsnormen, namentlich diejenigen über die ausschließliche Zuständigkeit für diesen Fall hat beseitigen wollen [5]). Ist also das Prozeßgericht für die Inzidentklage örtlich unzuständig, so ist auf rechtzeitigen Einwand des Beklagten event. von Amtswegen die Inzidentfeststellungsklage durch Urteil abzuweisen.

Anders bezüglich der *sachlichen Zuständigkeit*; diese erstreckt sich auch auf die Inzidentklage. Dies entspricht der Bedeutung, welche das Gesetz der sachlichen Zuständigkeit beilegt und ist indirekt zu folgern aus der Spezialbestimmung von CPO. § 506.

Ist der Rechtsstreit beim Landgericht anhängig und dieses für den bereits geltend gemachten Anspruch sachlich an sich zuständig oder durch Vereinbarung zuständig geworden, so entfällt jedes Interesse des Beklagten, die Einrede der sachlichen Unzuständigkeit zu erheben, wenn der Wert des neu erhobenen Anspruchs den Betrag von dreihundert Mark nicht übersteigt.

Anders liegt die Sache, wenn der Prozeß beim Amtsgericht anhängig ist. Freilich kann auch hier dem Kläger, wenn der Wert des Inzidentklaganspruches den Betrag von dreihundert Mark übersteigt, nicht die Einrede der sachlichen Unzuständigkeit des Gerichts entgegengesetzt werden, wohl aber hat jede Partei das Recht [6]), zu begehren, daß das *gesamte* Streitverhältnis in der Lage, wie dasselbe liegt, an das Landgericht devolvirt wird. Das Verfahren ist das bereits oben S. 219f. geschilderte.

Wird in einem bei einer Kammer für Handelssachen anhängigen Prozesse eine Inzidentklage erhoben, deren Gegenstand vor die Civilkammer gehört, so findet auf Antrag des Gegners und unter gewissen Beschränkungen auch von Amtswegen Verweisung statt [7]).

---

[3]) Dagegen u. a. *Wach*, S. 488, dafür u. a. *Hellmann*, S. 144ff.

[4]) *Hellmanns* Polemik verkennt den in Anm. 2 hervorgehobenen Unterschied.

[5]) Würde Hellmanns Ansicht richtig sein, sowürden wir zu dem sonderbaren Resultate kommen, daß die Vorschrift CPO. § 33 Abs. 2 für die Inzidentfeststellungswiderklage beseitigt wäre.

[6]) CPO. § 506 und oben S. 219. [7]) GVG. § 105 und oben S. 54.

§ 49.

Widerklage.

Wach § 40 — Planck § 19 — Hellmann § 26 — Fitting § 50 — Schmidt § 154.

Widerklage ist eine vom Beklagten in der mündlichen Verhandlung (über die Vorklage) gegen den Kläger erhobene Klage. Begriff der Widerklage.

Prozessuale Voraussetzung der Widerklage ist, daß der Gegenanspruch mit dem in der Klage geltend gemachten Anspruche oder mit den gegen dieselben vorgebrachten Verteidigungsmitteln in Zusammenhang steht[1]). Daß dieser Zusammenhang ein rechtlicher sein muß, ist bereits in der Lehre von der örtlichen Zuständigkeit besprochen[2]). Voraussetzung für die Zulässigkeit.

Die Widerklage kann auch vom Widerbeklagten (reconventio reconventionis) erhoben werden[3]).

Über die Inzidentfeststellungswiderklage des Beklagten gelten die Vorschriften für die Inzidentklage[4]).

Für die Widerklage ist das Prozeßgericht der Vorklage örtlich und sachlich zuständig, es sei denn, daß für den in der Widerklage erhobenen Anspruch ein anderes Gericht ausschließlich zuständig ist[5]). Ist jedoch der Rechtsstreit bei einem Amtsgericht anhängig und wird in der Widerklage ein Anspruch erhoben, für den das Landgericht sachlich zuständig ist, so ist auf Antrag der Rechtsstreit an das Landgericht zu verweisen; es finden die für die Klageverweisung geltenden Grundsätze auch in diesem Falle gleichmäßige Anwendung[6]). Eine Zusammenrechnung des Gegenstandes der Klage und Widerklage findet nicht statt[7]). Über die Verweisung des Rechtsstreits von der Handelskammer an die Civilkammer und umgekehrt gelten besondere Bestimmungen[8]). Zuständigkeit des Gerichts der Vorklage.

[1]) Es ist trotz des Widerspruchs von Löning in Z. f. d. C., Bd. IV S. 17 die gemeine Meinung geblieben, daß in § 33 CPO. die Voraussetzungen für die Zulässigkeit einer Widerklage überhaupt, nicht nur die Voraussetzungen für den Gerichtsstand der Widerklage geregelt sind, s. oben S. 77 Anm. 37, auch RG. Bd. 11 S. 423.

[2]) S. oben S. 78 Anm. 38.

[3]) Bestritten, dafür Wach a. a. O. S. 485 unter 3.

[4]) S. oben § 48.

[5]) CPO. § 33 und oben S. 79 Anm. 39.

[6]) CPO. § 506 u. oben S. 219 f.

[7]) CPO. § 5, anders Ger.-Kostenges. § 11 Abs. 1.

[8]) GVG. §§ 103—105 u. oben S. 54.

Erhebung der Widerklage.

Die Widerklage wird in der mündlichen Verhandlung erhoben, mit der Erhebung wird der Anspruch, welcher durch die Widerklage geltend gemacht wird, rechtshängig[9]).

Die Widerklage kann bis zum Schlusse der mündlichen Verhandlung, auf welche das Urteil ergeht, erhoben werden[10]), daher kann auch der Klaggrund einer bereits rechtshängigen Widerklage in beliebiger Weise geändert werden.

Erweiterung des Streitverhältnisses.

Durch die zulässige Erhebung einer Widerklage erweitert sich das Streitverhältnis. Gegenstand desselben ist nunmehr auch der durch die Widerklage anhängig gewordene neue Rechtsstreit. Über beide Rechtsstreite ergeht Ein Urteil. Ist jedoch nur die Klage oder nur die Widerklage zur Endentscheidung reif, so hat das Gericht diese Entscheidung durch Teilurteil zu erlassen, es sei denn, daß es die Erlassung eines Teilurteils nach Lage der Sache für nicht angemessen hält[11]).

Teilurteil über Klage oder Widerklage.

Über die Kosten kann erst Entscheidung ergehen, wenn durch Endurteil das ganze Streitverhältnis gelöst wird.

Anordnung der Trennung beider Rechtsstreite.

Das Gericht ist befugt, die durch Klage und Widerklage zu einem Streitverhältnisse verbundenen Rechtsstreite dadurch zu trennen, daß es anordnet, daß die Rechtsstreite in getrennten Prozessen verhandelt werden. Diese Anordnung ist jedoch nur zulässig, wenn der in der Widerklage erhobene Anspruch mit dem in der Klage geltend gemachten Anspruche nicht im rechtlichen Zusammenhange steht[12]). Wird die Anordnung getroffen, so entstehen zwei selbständige Streitverhältnisse, von denen jedes für sich selbständig lösbar ist, soweit nicht vor der Lösung des einen Streitverhältnisses die Anordnung über die Trennung wieder aufgehoben wird[13]).

Wiederverbindung der getrennten Rechtsstreite.

---

9) CPO. § 281. 10) CPO. § 278.

11) CPO. § 301.

12) CPO. § 145 Abs. 2. Zusammenhang des Widerklaganspruchs mit den Verteidigungsmitteln des Beklagten steht also der Trennungsanordnung nicht entgegen.

13) CPO. § 150.

§ 50.

Streitgenossenschaft.

Wach § 42 — Planck § 42 — Hellmann § 50 — Fittig § 75 — Schmidt § 156.

Eine Streitgenossenschaft liegt vor, wenn mehrere Personen gemeinschaftlich klagen oder verklagt werden, oder wenn mehrere Rechtsnachfolger einer Partei in ein anhängiges Streitverhältnis eintreten, oder wenn die Verbindung der Prozesse verschiedener Parteien kraft zwingender Gesetzesvorschrift erfolgt ist[1]). Begriff.

Zulässig ist die Begründung der Streitgenossenschaft durch gemeinschaftliches Klagen oder Verklagtwerden, wenn die Streitgenossen in Ansehung des Streitgegenstandes in Rechtsgemeinschaft stehen, oder wenn sie aus demselben thatsächlichen und rechtlichen Grunde berechtigt oder verpflichtet sind, oder wenn gleichartige und auf einem im wesentlichen gleichartigen thatsächlichen und rechtlichen Grunde beruhende Ansprüche oder Verpflichtungen den Gegenstand des Rechtsstreits bilden[2]). Zulässigkeit.

Unzulässig ist es, einem bereits anhängigen Streitverhältnisse als Streitgenosse beizutreten[3]). Der Beitritt ist nur in Form der Nebenintervention möglich. Wer so beitritt, gilt unter bestimmten Voraussetzungen als Streitgenosse der Hauptpartei, ist es aber nicht[4]).

Man unterscheidet die zufällige und die notwendige Streitgenossenschaft, je nachdem die Streitgenossen durch einen bloß zufälligen Umstand oder durch die Natur des streitigen Rechtsverhältnisses zur Streitgenossenschaft geführt sind. Im ersteren Falle ist der Zweck der Streitgenossenschaft lediglich der, Arbeit, Zeit und

---

[1]) Dies ist der Fall, wenn mehrere Aktionäre oder mehrere Genossenschafter einen Beschluß der Generalversammlung einzeln im Wege der Klage angefochten haben (HGB. §§ 272, 325⁴, Genossensch.-Ges. i. d. F. d. B. v. 20. Mai 1898 § 51) oder die Klage auf Nichtigkeitserklärung der Gesellschaft oder der Genossenschaft erhoben haben (HGB. § 309, Genossensch.-Ges. § 96). Das gleiche trifft zu, wenn das in dem Aufgebotsverfahren zum Zwecke der Todeserklärung ergangene Ausschlußurteil von mehreren Personen im Wege der Klage angefochten wird (CPO. § 976 Abs. 2).

[2]) CPO. §§ 59, 60.

[3]) Eine Ausnahme enthält CPO. § 856 Abs. 2.

[4]) CPO. §§ 69, 666 Abs. 3 und oben S. 155 unter 2.

Geld zu sparen, also prozeßökonomischer Art, im anderen Falle gebietet, nötigt die Natur des streitigen Rechtsverhältnisses zur Streitgenossenschaft.

Hier haben wir es zuerst mit den allgemeinen Grundsätzen, welche für die Streitgenossenschaft überhaupt gelten, zu thun. Diese Grundsätze finden auch auf die notwendige Streitgenossenschaft Anwendung, soweit sich nicht aus der Darstellung des folgenden Paragraphen etwas anderes ergiebt.

Durch die Streitgenossenschaft wird ein Streitverhältnis besonderer Art begründet. Das Streitverhältnis, in welchem die Streitgenossen mit dem Gegner stehen, ist für die Streitgenossen ein gemeinschaftliches, jeder der Streitgenossen ist an demselben mit einem seinem Interesse entsprechenden Anteile beteiligt. Gegenstand dieses Streitverhältnisses sind die von den einzelnen Streitgenossen geltend gemachten Ansprüche und die mit der Rechtshängigkeit dieser Ansprüche entstehenden Rechtsstreite. Ein Streitverhältnis, mehrere Rechtsstreite ist die Signatur der Streitgenossenschaft.

Abgesehen von den Fällen der Anm. 1 hängt die Begründung einer Streitgenossenschaft auf der aktiven Seite lediglich von dem Willen der Kläger[5]) oder derjenigen, welche als Rechtsnachfolger eines Klägers den Rechtsstreit aufnehmen, ab, während die Beklagten oder diejenigen, gegen welche der Streit aufgenommen wird, gegen ihren Willen in die Streitgenossenschaft versetzt werden; denn auch für die gemeinschaftlich Beklagten beginnt die Streitgenossenschaft mit der Rechtshängigkeit[6]).

Prozessuale Bedeutung der Streitgenossenschaft.

Alle Rechtsstreite des genossenschaftlichen Streitverhältnisses haben denselben Ausgangspunkt, aber nicht notwendig denselben Verlauf, vielmehr kann das Gericht anordnen, daß die Ansprüche der Streitgenossen in getrennten Prozessen verhandelt werden[7]). So lange diese Anordnung nicht getroffen ist, werden sämtliche Rechtsstreite in demselben Verfahren verhandelt und entschieden.

Ist jedoch der Anspruch eines Streitgenossen zur Endentscheidung reif, während über die übrigen noch zu verhandeln ist, so hat das

[5]) Es giebt keine exceptio plurium litis consortium im prozeßrechtlichen Sinne, Wetzell § 63 Anm. 33 ff.

[6]) A. A. Wachenfeld, Die notw. Streitgen. S. 57.

[7]) CPO. § 145 Abs. 1. Dieses Recht fällt selbstverständlich weg, wenn die Streitgenossenschaft eine notwendige ist.

Gericht dieselbe durch ein Teilurteil [8]) zu erlassen. Es scheidet dann dieser Rechtsstreit aus dem Streitverhältnisse aus, dasselbe behält im übrigen Bestand, über die Kosten des Rechtsstreits kann also noch keine Entscheidung ergehen.

Jeder Streitgenosse führt seinen Rechtsstreit selbständig, kein Streitgenosse ist ohne besondere Vollmacht befugt, für den andern Prozeßhandlungen vorzunehmen. Rechtsstellung der Streitgenossen.

Die Prozeßhandlungen des einzelnen Streitgenossen haben Wirkung nur für und gegen den Handelnden selbst, nicht für und gegen die übrigen Streitgenossen, soweit sich nicht aus den Vorschriften des bürgerlichen Rechts [9]) oder aus den Vorschriften des Prozeßrechts [10]) etwas anderes ergiebt.

Die Streitgenossen stehen jedoch in einem gemeinschaftlichen Streitverhältnisse. Das erfordert freilich nicht. daß sie immer gemeinschaftlich handeln, vielmehr kann jeder Streitgenosse den Prozeß selbständig betreiben, er soll ihn jedoch nicht hinter dem Rücken des Streitgenossen betreiben, muß vielmehr, wenn er seinen Gegner ladet, auch seine Streitgenossen laden [11]). Auf den Gegner der Streitgenossen findet das keine Anwendung, dieser kann den Rechtsstreit gegen den einen Streitgenossen betreiben und gegen den anderen ruhen lassen.

Einen gesetzlichen Gerichtsstand der Streitgenossenschaft giebt es, abgesehen von dem besonderen Gerichtsstande des Zusammenhangs im Wechselprozesse [12]), nicht, wohl aber kann beim Mangel eines gemeinschaftlichen besonderen Gerichtsstands ein solcher für alle Streitgenossen durch Delegation bestimmt werden [13]). Gerichtsstand.

---

[8]) CPO. § 301. Die Erlassung eines Teilurteils kann unterbleiben, wenn das Gericht sie nach Lage der Sache nicht für angemessen erachtet. Sie muß unterbleiben in den Fällen der sog. notwendigen Streitgenossenschaft, s. auch Art. 51 Abs. 2 des internationalen Übereinkommens über den Eisenbahnfrachtverkehr, o. S. 20.

[9]) Erklärungen und Handlungen, welche auch, abgesehen vom Prozesse, Wirkung für einen Anderen haben, äußern ihre gleiche Wirkung, wenn sie im Prozesse vorgenommen werden, und dieser Andere Streitgenosse des Handelnden ist (vgl. z. B. BGB. §§ 422, 423, 429 Abs. 3).

[10]) Diese Fälle liegen auf dem Gebiete der notwendigen Streitgenossenschaft. Darüber wird im folgenden Paragraphen gesprochen werden.

[11]) CPO. § 63.

[12]) CPO. § 603 u. oben S. 79 Anm. 41.

[13]) CPO. § 36 3 und oben S. 79 Anm. 42.

Sachliche Zuständigkeit. Die sachliche Zuständigkeit bestimmt sich für jeden einzelnen Rechtsstreit nach allgemeinen Regeln. Insoweit jedoch die Zuständigkeit für die einzelnen Rechtsstreite nach dem Werte des Streitgegenstandes bestimmt wird, werden die in einer Klage geltend gemachten Ansprüche zusammengerechnet [14].

Kostenlast. Die Kostenlast ist im gemeinschaftlichen Streitverhältnisse eine einheitliche, insofern als nach § 9 des Gerichtskostengesetzes und § 10 der Gebührenordnung für Rechtsanwälte auch hier die Berechnung des Wertes des Streitgegenstandes nach dem Gesamtwerte der verbundenen Ansprüche erfolgt [15]. Die Haftung der einzelnen Streitgenossen gegenüber dem Staate ist, soweit nicht eine andere gerichtliche Entscheidung über die Kostenlast ergangen ist, Kopfteilhaftung [16], während der einzelne Streitgenosse dem gemeinschaftlich bestellten Anwalte für denjenigen Betrag an Gebühren und Auslagen haftet, welcher bei abgesonderter Ausführung seines Auftrags entstanden sein würde, und die Mitverhaftung der anderen Streitgenossen dem Rechtsanwalte gegenüber nicht geltend gemacht werden kann [17].

Unterliegen die Streitgenossen [18], so haften sie für die Kostenerstattung nach Kopfteilen; es kann jedoch bei einer erheblichen Verschiedenheit der Beteiligung am Streitverhältnisse nach dem Ermessen des Gerichts die Beteiligung zum Maßstabe genommen werden.

Hat ein Streitgenosse ein besonderes Angriffs- oder Verteidigungsmittel geltend gemacht, so sind die übrigen Streitgenossen für die durch dasselbe veranlaßten Kosten nicht verhaftet.

Werden mehrere Beklagte als Gesamtschuldner verurteilt, so haften sie auch für die Kostenerstattung als Gesamtschuldner. Für die im letzten Absatze erwähnten besonderen Kosten haftet jedoch der Streitgenosse, welcher dieselben nicht veranlaßt hat, auch in diesem Falle regelmäßig nicht, es sei denn, daß ihn eine solche Haftung nach den Vorschriften des bürgerlichen Rechts trifft [19].

---

[14] CPO. § 5.

[15] Eine Erhöhung der Gebühr tritt infolge nachträglichen Beitritts eines Streitgenossen ein, s. GO. f. RA. § 51.

[16] GKG. § 91. [17] GO. f. RA. § 3.

[18] CPO. § 100. [19] S. z. B. BGB. § 767 Abs. 2.

§ 51.

Notwendige Streitgenossenschaft.

Notwendige Streitgenossenschaft ist eine solche Streitgenossenschaft, in welcher ein gemeinsames Prozessieren der Genossen erforderlich ist[1]) und zwar deshalb erforderlich ist, weil das Streitverhältnis allen Streitgenossen gegenüber nur einheitlich festgestellt werden kann, oder weil die Streitgenossenschaft aus einem sonstigen Grunde eine notwendige ist[2]). Begriff.

Darnach giebt es zwei Fälle der sogenannten notwendigen Streitgenossenschaft.

1. Der erste Fall liegt vor, wenn das Streitverhältnis allen Streitgenossen gegenüber nur einheitlich festgestellt werden kann. Dies trifft zu, wenn das streitige Rechtsverhältnis, in welchem die Streitgenossen zu dem Gegner stehen, für alle dasselbe ist. Diese Fälle sind oben in der Lehre von der parteigenossenschaftlichen Nebenintervention besprochen. Klagen also die dort (s. o. S. 155) aufgeführten mehreren Berechtigten als Streitgenossen oder werden die mehreren Verpflichteten als Streitgenossen verklagt, so ist die Streitgenossenschaft eine notwendige.

2. Aus „sonstigem Grunde" ist die Streitgenossenschaft notwendig, wenn entweder das streitige Rechtsverhältnis für alle Streitgenossen ein derart gemeinschaftliches ist, daß eine wirksame Rechtsverfolgung nur durch gemeinschaftliche Klage aller Gemeinschafter oder gegen alle Gemeinschafter möglich ist, oder wenn die Streitgenossenschaft kraft besonderer Gesetzvorschrift unvermeidlich ist, oder wenn die Prozeßordnung die derselben Parteirolle stehenden Personen als Streitgenossen im Sinne des § 62 CPO. bezeichnet.

---

[1]) Da es einen prozessualen Zwang zum gemeinschaftlichen Klagen oder Verklagen nicht giebt, so bezeichnet der Ausdruck notwendige Streitgenossenschaft nur eine besondere Eigenschaft einer thatsächlich vorliegenden Streitgenossenschaft. Fitting (8. Aufl. § 26) bezeichnet diese Streitgenossenschaft als „unzertrennbar". Der Ausdruck ist bezeichnend, jedoch nicht eingebürgert und von Fitting selbst in der 9. Auflage wieder aufgegeben.

[2]) CPO. § 62. Einen besonderen Fall der notwendigen Streitgenossenschaft enthält der Art. 51 des internationalen Übereinkommens über den Eisenbahnfrachtverkehr, s. o. § 50 Anm. 8.

a) Der erste von diesen drei Fällen liegt vor, wenn die Streitgenossen in einer **Gemeinschaft** zur gesamten Hand stehen[3]) und im Rechtsstreite ein zum gemeinschaftlichen Vermögen gehörendes Recht oder eine den Gemeinschaftern insgesamt obliegende Verpflichtung verfolgt wird.

Gegenstand der Rechtsgemeinschaft zur gesamten Hand ist ein von dem übrigen Vermögen der Gemeinschafter abgesondertes Vermögen, das sog. Gesamtvermögen der Gemeinschafter, welches sich in eigener Weise verändert und vermehrt.

Das Gesamtvermögen ist dem Rechte nach ungeteilt, der Anteil des einzelnen Gemeinschafters an dem Gesamtvermögen ist kein seiner Verfügung unterliegendes Teilrecht, kein Individualrecht an der Substanz des Vermögensgegenstandes, keine Rechtsquote, sondern eine Wertquote, nach welcher er an dem Genusse während bestehender Gemeinschaft und an der Teilung nach der Auflösung teilnimmt. Dieser Anteil ist dem Zugriffe derjenigen Gläubiger, welchen die Gemeinschafter nicht insgesamt haften, entzogen. Gehört eine Forderung zum Gesamtvermögen, so ist der Schuldner nicht befugt, mit dem aufzurechnen, was ihm der einzelne Gemeinschafter schuldet.

Die Verwaltung des Gemeinschaftsvermögens und die Verfügung über die zum Gemeinschaftsvermögen gehörenden Gegenstände erfolgen regelmäßig durch die von sämtlichen Gemeinschaftern mit gesamter Hand vorgenommenen Rechtshandlungen. Sind einzelne Gesellschafter von der Geschäftsführung durch Vertrag ausgeschlossen, so sind die zur Geschäfts-

---

[3]) Hierher gehören die Rechtsgemeinschaft, in welcher der Gesellschafter (BGB. §§ 705—730) — welcher Vereine, welche nicht rechtsfähig sind, gleichstehen (BGB. § 54) es sei denn, daß sie in dem Prozesse Parteifähigkeit haben (s. o. S. 117 unter 4) — die Ehegatten resp. der überlebende Ehegatte und die Abkömmlinge nach Auflösung der Gütergemeinschaft resp. fortgesetzten Gütergemeinschaft stehen (BGB. §§ 1471—1473, 1497, 1546, 1549), die Erbengemeinschaft (BGB. §§ 2032 ff.) und die Schiffsrhederei (HGB. § 489).

Nicht hierher gehört das Rechtsverhältnis während bestehender Gütergemeinschaft, da die zum Gesamtgute gehörenden Rechte und die dem Gesamtgute obliegenden Pflichten von dem Ehemann resp. dem überlebenden Ehegatten allein und gegen ihn allein geltend gemacht werden. Ebensowenig gehören hierher die offene Handelsgesellschaft, die Kommanditgesellschaft und die Kommanditgesellschaft auf Aktien, da diese selbst Parteifähigkeit haben (s. o. S. 116 unter 3).

führung befugten Gesellschafter im Zweifel ermächtigt, die anderen Gesellschafter zu vertreten.

Daraus ergiebt sich für die Parteistellung der Gemeinschafter bezüglich der zum Gemeinschaftsvermögen gehörenden im Streite befangenen Rechte und Pflichten, daß die Geltendmachung dieser Rechte und Pflichten im Rechtswege wirksam nur von allen Gemeinschaftern insgesamt und gegen alle insgesamt erfolgen kann. In diesem Sinne ist die Streitgenossenschaft der Gemeinschafter eine notwendige, indem dann, wenn alle oder mehrere aus einem solchen Rechte oder einer solchen Pflicht klagen oder verklagt werden, es sich im Prozesse zunächst für alle immer um dasselbe Interesse der Gesamtheit, nicht um die besonderen Interessen der Einzelnen handelt.

Trifft dieser Gesichtspunkt nicht zu, wie es z. B. der Fall sein kann, wenn die in der Erbengemeinschaft stehenden Erben insgesamt aus der beschränkten Haftung und daneben ein einzelner Miterbe als unbeschränkt haftend (s. BGB. § 2063 Abs. 1), oder wenn mehrere Mitrheder als *persönliche* Schuldner (HGB. § 507) für ihre Anteile in Anspruch genommen und zusammen verklagt werden, so bestehen verschiedene Interessen im Rechtsstreite, die Streitgenossenschaft ist insoweit keine notwendige.

b) *Unvermeidlich kraft zwingender Rechtsvorschrift* ist *die Streitgenossenschaft* in den oben S. 227 Anm. 1 bezeichneten Fällen. Die für notwendige Streitgenossen geltenden Vorschriften finden also Anwendung, mögen die mehreren anfechtungsberechtigten Kläger einzeln oder gemeinschaftlich klagen, da im ersteren Fall durch Verbindung der Prozesse die Streitgenossenschaft hergestellt werden *muß*.

c) *Im Sinne des Gesetzes* (CPO. § 62) *sind notwendige Streitgenossen* der Antragsteller und die Hauptpartei, wenn jener dem vom Staatsanwalte als Kläger oder gegen den Staatsanwalt geführten Prozesse auf Anfechtung des Entmündigungsbeschlusses oder auf Wiederaufhebung der Entmündigung beitritt (CPO. §§ 666 Abs. 3, 679 Abs. 4).

Für die Fälle der notwendigen Streitgenossenschaft sind zur Vermeidung widersprechender Urteile besondere Vorschriften gegeben. Vorschriften für die Fälle der notwendigen Streitgenossenschaft.

1. Versäumen einzelne Streitgenossen einen Termin, so werden die säumigen Streitgenossen als durch die nicht säumigen vertreten angesehen, sind aber in dem späteren Verfahren zuzuziehen. Die praktische Bedeutung dieser Bestimmung liegt darin, daß den säumigen Streitgenossen die Folgen der Versäumnis nicht treffen, wenn sein Streitgenosse verhandelt. Darauf beschränkt sich diese Vertretung, keineswegs erhält dadurch der nicht säumige Streitgenosse die Befugnis, den säumigen mit der Wirkung zu vertreten, daß er Prozeßhandlungen, insbesondere prozessuale Verfügungsakte (s. unten § 64) oder gar rechtsgeschäftliche Verfügungen für den andern Streitgenossen vornehmen kann. Hat z. B. der nicht säumige Streitgenosse thatsächliche Behauptungen zugestanden, so verbleibt dem säumigen die Befugnis, solche später zu bestreiten, das Gericht entscheidet nach freiem Ermessen, was aus dem widerstreitenden Prozeßverhalten der Streitgenossen für die Wahrheit oder Nichtwahrheit der Behauptung des Gegners zu folgern ist.

2. Gleiches muß gelten, wenn die Streitgenossen gleichzeitig verhandeln und sich in ihren Prozeßhandlungen, insbesondere in ihren Erklärungen auf das gegnerische Vorbringen, widersprechen.

3. Versäumt der eine Streitgenosse eine Frist, so gereicht ihm die von dem anderen Streitgenossen innerhalb der Frist vorgenommene Prozeßhandlung insoweit zum Vorteil, als diese Prozeßhandlung auch für ihn wirkt. War z. B. die Frist eine Notfrist, so ist das innerhalb derselben von nicht säumigen Streitgenossen eingelegte Rechtsmittel als auch vom säumigen Streitgenossen eingelegt anzusehen.

4. Über den Beweis durch Parteieid gelten die besonderen Vorschriften der §§ 472 u. 476 CPO. Darüber soll unten in der Lehre vom Parteieid besonders gesprochen werden.

§ 52.

Hauptintervention.

Planck § 42 — Hellmann § 48 — Fitting § 78 — Schmidt § 158.

Begriff. Wer die Sache oder das Recht, worüber zwischen anderen Personen ein Rechtsstreit anhängig geworden ist, ganz oder teilweise für sich in Anspruch nimmt, kann seinen Anspruch durch eine gegen beide Parteien gerichtete Klage bis zur rechtskräftigen Entscheidung des anhängigen Rechtsstreits beim Prozeßgerichte erster Instanz geltend machen (Hauptintervention[1]).

Voraussetzung ist

1. daß über die Sache oder über das Recht, welches der Intervenient in Anspruch nimmt, bereits ein Rechtsstreit zwischen zwei anderen Personen anhängig ist; Voraussetzung

2. daß dieser Rechtsstreit noch anhängig, insbesondere noch nicht durch rechtskräftiges Urteil entschieden ist. Im Wiederaufnahmeverfahren nach rechtskräftigem Urteil kann also die Interventionsklage nicht erhoben werden, ebensowenig in der Zwangsvollstreckungsinstanz, wenn der Vollstreckungstitel ein rechtskräftiges Urteil ist. Der Umstand, daß ein vorläufig vollstreckbares, nicht rechtskräftiges Urteil ergangen ist, hindert die Interventionsklage nicht;

3. daß nicht ein anderes Gericht für den Anspruch, welcher in der Interventionsklage erhoben wird, ausschließlich zuständig ist. Abgesehen von diesem Falle ist das Prozeßgericht erster Instanz örtlich und sachlich ohne Rücksicht auf den Wert des in der Interventionsklage erhobenen Anspruchs zuständig.

In der Interventionsklage nimmt der Intervenient die Sache oder das Recht, über welches der Rechtsstreit zwischen den Parteien anhängig ist, für sich in Anspruch. Der Anspruch richtet sich also gegen den Beklagten im anhängigen Rechtsstreite (Erstprozeß). Die nächste Veranlassung zu intervenieren, d. h. in den Prozeß hemmend einzugreifen, ist für den Intervenienten die Sicherung der Verfolgung seines Anspruchs, der weiter gehende Zweck ist aber, seinen Anspruch auch gegenüber dem Kläger im Erstprozesse zur Anerkennung zu bringen[2]). Dieser letzte Gesichtspunkt ist heute der ausschlaggebende.

Erreicht wird der Zweck dadurch, daß neben dem Erstbeklagten auch dem Kläger im Erstprozesse die Rolle des Beklagten im Interventionsprozesse eingeräumt wird. Wir haben es hier also mit einer besonderen Prozeßfigur zu thun, einem Streitverhältnisse zwischen drei Personen, in welchem einer die Rolle des Klägers, die

---

[1]) CPO. § 64. [2]) Wetzell § 64 unter 1.

beiden anderen die Rolle des Beklagten einnehmen, obgleich nur ein Rechtsstreit über einen und denselben Anspruch des Klägers Gegenstand dieses Streitverhältnisses ist.

Die gemeine Meinung sieht hierin einen Fall der Streitgenossenschaft[3]), obgleich das Gesetz im § 62 diesen Ausdruck absichtlich vermeidet. Bei jeder Streitgenossenschaft handelt es sich entweder um eine Mehrheit von streitigen Verhältnissen oder um ein gemeinschaftliches Streitverhältnis, in welchem die Streitgenossen stehen; davon ist hier keine Rede. Man nimmt allerdings gewöhnlich an, daß der Intervenient zwei Ansprüche verfolge, nämlich den Anspruch gegen den Erstbeklagten, in welchem er die Sache oder das Recht, über welches der Erstprozeß anhängig ist, verfolgt, und daneben einen Feststellungsanspruch gegen den Erstkläger, aber dieser Auffassung kann man nicht beitreten. Gegenstand des Rechtsstreits im Interventionsprozesse ist der Anspruch des Intervenienten gegen den Erstbeklagten. Dieser Anspruch ist, wenn der Intervenient die Sache[4]) in Anspruch nimmt, immer ein Leistungsanspruch, wenn er das Recht[5]) in Anspruch nimmt, Leistungsanspruch oder Feststellungsanspruch. Die Prozeßordnung gewährt nun dem Intervenienten die Befugnis, durch die Interventionsklage diesen Anspruch auch in der Richtung gegen den Erstkläger zu

---

[3]) So auch Weißmann, Hauptintervention S. 99, dessen Resultate im übrigen zu billigen sind. Weißmann betrachtet freilich als wesentliches Merkmal der Streitgenossenschaft nur: „Mehrheit von Personen derselben Parteistellung in einem formell einheitlichen Verfahren", während die Streitgenossenschaft der Prozeßordnung doch noch etwas Anderes ist. Die Verwendung der Streitgenossenschaft für den Fall der Hauptintervention verdanken wir einer unüberlegten Äußerung der Motive, das Gesetz selbst weiß davon nichts, und es ist anzunehmen, daß die Prozeßordnung nach dem Vorgange der hannoverischen Kommission (s. Weißmann a. a. O. Anm. 3) die Gestaltung des Verhältnisses der Interventionsbeklagten der Wissenschaft hat überlassen wollen.

[4]) Auf Grund eines anderen Rechts als des vom Erstkläger geltend gemachten Rechts. Ob dieses Recht dinglicher oder persönlicher Art ist, ist gleichgiltig, nur muß es solcher Art sein, daß es auch Wirkung gegen den Erstkläger hat, wenn dieser in den Besitz der Sache kommt, das Recht der Intervention muß also im Verhältnis zum Erstkläger (relativ) besser sein, als das Recht des Erstklägers.

[5]) Auf Grund desselben (absoluten) Rechts. Es besteht Streit darüber, ob Intervenient oder Erstkläger Subjekt dieses Rechts (z. B. Eigentum, Erbrecht) ist.

verfolgen, sodaß die Wirkungen, welche das Streitverhältnis ausübt, sich auch auf den Erstkläger erstrecken. Zu diesen Wirkungen gehört vorzüglich die Rechtskraft des Urteils. Soweit also das Urteil über diesen Anspruch des Interventionsklägers, sei es bejahend oder verneinend, entscheidet, wirkt die Rechtskraft des Urteils auch gegen und für den Erstkläger gegenüber dem Interventionskläger.

Auch auf das Verhältnis des Erstklägers zu dem Erstbeklagten wirkt das verurteilende Erkenntnis, indem im Falle der Intervention um Recht die Aktivlegitimation des Erstklägers gegenüber dem Erstbeklagten und im Falle der Intervention um die Sache die Passivlegitimation des Erstbeklagten gegenüber dem Erstkläger verneint wird.

Auch die übrigen Wirkungen des Streitverhältnisses erstrecken sich auf alle drei Parteien. Der Intervenient erreicht nur dann ein obsiegendes Urteil, wenn er gegenüber beiden Beklagten obsiegt. Unterliegt er auch nur einem gegenüber, so ist die Interventionsklage abzuweisen. Er muß den Prozeß gegen beide Beklagte betreiben, und, wo es einer Ladung bedarf, beide laden; Rechtsmittel muß er gegen beide Beklagte verfolgen. Hat freilich der eine Beklagte den Anspruch anerkannt, so bedarf es eines weiteren Prozessierens gegen diesen nicht, ein Anerkenntnisurteil kann aber nur ergehen, wenn beide anerkannt haben. Eine vom Intervenienten behauptete Thatsache bedarf noch des Beweises, wenn auch der eine Beklagte dieselbe zugestanden hat, während der andere sie bestreitet; ob und inwieweit das gerichtliche Geständnis des einen Beklagten einen Beweisgrund liefert, darüber entscheidet der Richter nach freiem Ermessen.

Ein Versäumnisurteil gegen die Beklagten kann nur ergehen, wenn beide Beklagten die mündliche Verhandlung versäumen. Erscheint und verhandelt nur einer, so erfolgt die Entscheidung auf Grund dieser Verhandlung auch gegen den ausgebliebenen Beklagten. Soweit die mündliche Verhandlung noch fortgesetzt oder wieder eröffnet wird, ist auch der früher Ausgebliebene noch zu hören, und soweit es einer Ladung oder Benachrichtigung seitens des Klägers oder des Gerichts bedarf, ist auch er zu laden und zu benachrichtigen.

Jeder der Beklagten übt die Parteirolle des Beklagten in vollem Umfange aus, er kann alle Einreden und Einwendungen, welche dem vom Intervenienten erhobenen Anspruche entgegenstehen, mögen sie in seiner Person oder in der Person des anderen Beklagten entstanden sein, entgegensetzen. Den Interventionskläger trifft die Erklärungspflicht in gleicher Weise, mag die Behauptung von diesem oder jenem Beklagten aufgestellt sein.

Soweit die Eideszuschiebung beiden Beklagten gegenüber zulässig ist, gilt der von dem Intervenienten über eine von ihm behauptete Thatsache zugeschobene Eid als beiden Beklagten zugeschoben. Verweigert der eine die Erklärung, während der andere Beklagte den Eid annimmt oder in zulässiger Weise zurückschiebt, so hat die Verweigerung nicht die ihr sonst zukommende prozessuale Bedeutung, weil sie durch die prozessuale Handlung des anderen Beklagten aufgehoben wird.

Nimmt der eine Beklagte den Eid an und schiebt der andere in zulässiger Weise zurück, so hat jene Erklärung vor dieser den Vorzug. Wird die Ableistung des Eides von dem Annehmenden verweigert, so treten auch hier die sonst daran sich knüpfenden prozessualen Folgen noch nicht ein, es bedarf vielmehr jetzt noch der Ableistung des zurückgeschobenen Eides. Haben beide Beklagte den zugeschobenen Eid angenommen, so ist der Eid beiden nur alternativ aufzuerlegen. Hat der eine den Eid geleistet, so bedarf es der Eidesleistung durch den andern nicht mehr.

Da beide Beklagte die Parteirechte eines Beklagten im Interventionsprozesse solidarisch ausüben, so hat der Intervenient sich über die Behauptungen beider zu erklären, Verteidigungs- und Beweismittel des einen finden dieselbe Berücksichtigung wie die des anderen. Rechtsmittel kann jeder selbständig verfolgen, die Entscheidungen ergehen trotzdem für oder gegen beide.

Für die Kosten des Rechtsstreits gelten die für Streitgenossen geltenden Vorschriften [6]).

Die beiden Beklagten im Interventionsprozesse stehen untereinander in keinem besonderen Streitverhältnisse, der eine hat gegenüber dem anderen keine prozessualen Befugnisse und Pflichten.

Aus dieser Darstellung erkennen wir in der Hauptintervention ein typisches Streitverhältnis, in welchem ein Kläger gegen zwei gleichmäßig (solidarisch) befugte Beklagte denselben Rechtsstreit führt.

---

[6]) S. o. S. 230 u. CPO. § 100.

Dieselbe prozessuale Figur begegnet uns wieder im Verfahren in Ehesachen, wenn der Staatsanwalt oder ein Dritter die Ehenichtigkeitsklage erhebt[7]), oder wenn der Staatsanwalt in einem anhängigen Ehenichtigkeitsprozesse als Partei interveniert[8]). Ihm stehen im ersteren Falle beide Ehegatten, im anderen Falle alle Privatparteien (Ehegatten und dritter Kläger) als Beklagte gegenüber[9]).

Da der Ausgang des Interventionsprozesses auch für die Entscheidung im Erstprozesse unter Umständen maßgebend ist, so kann das Prozeßgericht auf Antrag einer Partei (sei es des Interventionsklägers oder des Klägers oder des Beklagten im Erstprozesse) den Erstprozeß bis zur rechtskräftigen Entscheidung über die Hauptintervention aussetzen[10]). Geschieht das nicht, so gehen beide Prozesse selbständig nebeneinander her[11]). Siegt der Kläger im Erstprozesse und hat der Beklagte infolgedessen den in Anspruch genommenen Gegenstand an den Erstkläger geleistet, so wird der Erstkläger im Interventionsprozesse, falls der Interventionskläger mit seinem Anspruche durchdringt, zur Herausgabe des Empfangenen an den Interventionskläger verurteilt. Verhältnis des Interventionsprozesses zum Erstprozeße.

Die Vertreter der Parteien im Erstprozesse bedürfen zur Aufnahme des Interventionsprozesses keiner neuen Vollmacht[12]).

§ 53.
Verbindung von mehreren Streitverhältnissen zu Einem Verfahren.

Planck §§ 71, 98 — Hellmann § 62.

Die Verbindung mehrerer Streitverhältnisse zur gleichzeitigen Verhandlung und Entscheidung erfolgt durch richterliche Anordnung[1]).

Voraussetzung der Zulässigkeit ist, daß die mehreren Prozesse bei demselben Gerichte, wenn auch bei verschiedenen Abteilungen[2]) anhängig sind. Voraussetzungen.

Im übrigen muß man unterscheiden, ob die Prozesse von den-

---

[7]) CPO. § 632 Abs. 2. [8]) CPO. §§ 634, 636.

[9]) S. unten § 120. [10]) CPO. § 65.

[11]) Selbstverständlich kann eine Verbindung beider Prozesse zur gleichzeitigen Verhandlung und Entscheidung angeordnet werden. Es gelten auch für diesen Fall die Grundsätze des folgenden Paragraphen.

[12]) CPO. § 82. [1]) CPO. § 147.

[2]) Jedoch ist die Verbindung des bei einer Civilkammer anhängigen Rechtsstreites mit einem bei einer Handelskammer anhängigen Rechtsstreite unzulässig, soweit eine Verweisung unzulässig sein würde, GVG. §§ 103—106.

selben Parteien oder von verschiedenen Parteien geführt werden, und im ersteren Falle weiter unterscheiden, ob die Parteien in den Prozessen dieselbe Parteistellung einnehmen oder nicht.

Die Prozesse verschiedener Parteien können mit einander verbunden werden, wenn die Voraussetzungen der Streitgenossenschaft vorliegen[3]). Die Prozesse derselben Parteien, welche in den einzelnen Streitverhältnissen die gleiche Parteirolle einnehmen, können verbunden werden, wenn die Voraussetzungen der objektiven Klagenhäufung vorliegen[4]), und die Prozesse derselben Parteien, welche in den einzelnen Streitverhältnissen die entgegengesetzte Parteirolle einnehmen (Prozeß „A Kläger gegen B Beklagten“ und Prozeß „B Kläger gegen A Beklagten“) können verbunden werden, wenn die Voraussetzungen der Widerklage vorliegen[5]).

Wirkung.

Durch die Verbindung erweitert sich nicht etwa das Streitverhältnis in der Weise, daß von jetzt ab die Grundsätze der Streitgenossenschaft, der objektiven Klagenhäufung, der Widerklage zur Anwendung kommen (denn diese prozessualen Stellungen können den Parteien, abgesehen von den oben § 50 Anm. 1 erwähnten Fällen, vom Gerichte nicht aufgedrungen werden), vielmehr ist die einzige Folge der Verbindung, daß die verschiedenen Streitverhältnisse in demselben Verfahren zur gleichzeitigen Verhandlung und Entscheidung gelangen. In dem formell vereinigten Verfahren wird jeder Rechtsstreit selbständig verhandelt und, sobald er zur Entscheidung reif ist, durch Endurteil auch hinsichtlich der Kosten entschieden[6]).

Eine Zusammenrechnung der Werte der verschiedenen Rechtsstreite findet nicht statt, so daß die sachliche Zuständigkeit durch die Verbindung unberührt bleibt.

Wenn das Endurteil über sämtliche verbundenen Ansprüche ergeht, so liegen — trotz der formellen Einheit des Urteils — materiell so viele Endurteile (nicht Teilurteile) vor, als Streitverhältnisse durch das Urteil erledigt werden[7]). Wird Revision eingelegt, und richtet

---

3) CPO. §§ 147, 59. 4) CPO. §§ 147, 260.

5) CPO. §§ 147, 33. 6) CPO. § 300 Abs. 2.

7) Sind die Streitverhältnisse mehrerer Personen verbunden und werden diese gleichzeitig verurteilt, so findet § 100 CPO. keine Anwendung; denn der unterliegende Teil besteht nicht aus mehreren Personen, vielmehr unterliegt jede Partei nur in ihrem Streitverhältnisse, für welches auch nach der Verbindung die Kosten selbständig zu berechnen und zu erheben sind.

sich diese gegen die Entscheidung, soweit dadurch nicht nur eins der verbundenen Streitverhältnisse, sondern mehrere betroffen werden, so findet eine Zusammenrechnung nicht statt, da, wenn auch formell ein gleichzeitiges Revisionsverfahren stattfindet, in Wahrheit doch mehrere selbständige Revisionen vorliegen[8]).

Die Verbindung erfolgt durch Beschluß des Gerichts, der Beschluß ist prozeßleitende Verfügung, unterliegt einer selbständigen Anfechtung nicht.

Die Verbindung kann jederzeit durch Beschluß des Gerichts wieder aufgehoben werden[9]). Dann werden die einzelnen Streitverhältnisse wieder getrennt verhandelt und entschieden.

In den Fällen, in welchen die Verbindung kraft zwingender Rechtsvorschrift erfolgt ist (s. o. S. 227 Anm. 1), entsteht durch die Verbindung eine notwendige Streitgenossenschaft, es finden also die für diese geltenden Vorschriften Anwendung.

Dritter Titel.

Eröffnung des Verfahrens.

§ 54.

Erhebung der Klage.

Planck § 85 — Hellmann § 66 — Fitting § 47.

Das Erkenntnisverfahren wird mit der Erhebung der Klage eröffnet, diese erfolgt durch Zustellung eines Schriftsatzes, der Klagschrift[1]).

Die Klagschrift ist ein unentbehrlicher, notwendiger Schriftsatz und muß als solcher enthalten: *Notwendiger Inhalt der Klagschrift.*

1. die Bezeichnung der Parteien und des Gerichts;

2. die bestimmte Angabe des Gegenstandes und des Grundes des erhobenen Anspruchs;

---

[8]) U. A. d. RG. Bd. 5 S. 354, Bd. 6 S. 416.

[9]) CPO. § 150.

[1]) CPO. § 253.

Wird mit Klage auf Rechnungslegung, auf Vorlegung eines Vermögensverzeichnisses oder auf Leistung des Offenbarungseides[2]) die Klage auf Herausgabe desjenigen verbunden, was der Beklagte aus dem zu Grunde liegenden Rechtsverhältnisse schuldet, und ist der Kläger nicht in der Lage, bezüglich des letzteren Anspruchs jetzt schon den Gegenstand desselben zu bezeichnen, so kann die bestimmte Angabe der beanspruchten Leistungen vorbehalten werden, bis die Rechnung mitgeteilt, das Vermögensverzeichnis vorgelegt oder der Offenbarungseid geleistet ist[3]).

3. einen bestimmten Antrag.

Hat der Kläger für den Fall, daß der Beklagte vor dem Ablauf einer ihm zu bestimmenden Frist den erhobenen Anspruch nicht befriedigt, das Recht, Schadensersatz wegen Nichterfüllung zu fordern oder Aufhebung eines Vertrags herbeizuführen[4]), so kann der Kläger verlangen, daß die Frist im Urteile bestimmt wird.

Das gleiche gilt, wenn dem Kläger das Recht, die Anordnung einer Verwaltung zu verlangen, für den Fall zusteht, daß der Beklagte vor Ablauf einer ihm zu bestimmenden Frist die beanspruchte Sicherheit nicht leistet[5]), sowie im Falle des § 2193 Abs. 2 des BGB. für die Bestimmung einer Frist zur Vollziehung der Auflage[6]).

4. die Ladung des Beklagten vor das Prozeßgericht zur mündlichen Verhandlung des Rechtsstreits.

In der Klageschrift soll ferner der Wert des nicht in einer bestimmten Geldsumme bestehenden Streitgegenstandes angegeben werden, wenn die Zuständigkeit des Gerichts von diesem Werte abhängt.

Die Klageschrift ist auch zugleich vorbereitender Schriftsatz, es finden deshalb die Bestimmungen über vorbereitende Schriftsätze auch auf die Klagschrift Anwendung.

---

[2]) BGB. §§ 259, 260, 1890ff., 2027, 2028.

[3]) CPO. § 254. Erfolgt die Rechnungslegung rc. nicht im Laufe des Rechtsstreites durch den Beklagten, so muß zunächst über den Prinzipalanspruch ein Teilurteil erlassen werden (CPO. § 301 Abs. 1) und erst die Prinzipalleistung im Vollstreckungsverfahren erzwungen werden.

[4]) BGB. §§ 283, 325 Abs. 2, 326, 634.

[5]) BGB. §§ 1052, 2128 Abs. 2.

[6]) CPO. § 255.

Die Klageschrift hat der Kläger zum Zwecke der Bestimmung des Termins zur mündlichen Verhandlung bei dem Gerichtsschreiber des Prozeßgerichts einzureichen.

Der Vorsitzende des Prozeßgerichts bestimmt[7]) den Termin durch einen auf die Klageschrift zu setzenden Vermerk, er soll den Termin nur soweit hinausrücken, als es zur Wahrung der Einlassungsfrist geboten erscheint. Die Einlassungsfrist beträgt in landgerichtlichen Sachen zwei Wochen, in amtsgerichtlichen Sachen drei Tage resp. eine Woche, in Meß- und Marktsachen vierundzwanzig Stunden[8]). Dem Vorsitzenden steht bei der Terminsbestimmung eine sachliche Prüfung der Klage nicht zu, ebensowenig darüber, ob die allgemeinen Prozeßvoraussetzungen hinsichtlich der Zulässigkeit des Rechtswegs, der Zuständigkeit des Gerichts oder der Fähigkeit der Parteien oder Vertreter vorliegen; er hat nur zu prüfen, ob den formellen Vorschriften hinsichtlich des Inhalts der Klagschrift, der Ladung[9]) und des Anwaltszwanges[10]) genügt ist. Fehlt es hieran, so ist die Klagschrift zur Verbesserung zurückzugeben.

Ist der Termin bestimmt, so hat Kläger für die Zustellung der Klagschrift zu sorgen, soweit das nicht dem Gerichtsschreiber obliegt[11]). Mit solcher Zustellung entsteht das prozessuale Streitverhältnis unter den Parteien.

§ 55.

Einlassung des Beklagten.

Zur Begründung des Streitverhältnisses unter den Parteien bedarf es nach heutigem Recht der Mitwirkung des Beklagten nicht[1]). Während nach früherer Auffassung schon das Ansehen der Gerichts-

---

[7]) Binnen 24 Stunden s. CPO. § 216 Abs. 2.

[8]) CPO. §§ 261, 262, 498. Ist die Zustellung im Auslande vorzunehmen, so wird die Entlassungsfrist vom Vorsitzenden bei Festsetzung des Termins bestimmt.

[9]) CPO. §§ 214, 215. [10]) CPO. § 78.

[11]) CPO. §§ 261 Abs. 3, 497.

[1]) Das ältere Recht verlangt solche Mitwirkung, wenn auch nicht ausnahmslos. Die Zwangsmittel waren missio in bona, Acht, Exkommunikation. Der Jüngste Reichsabschied § 36 hat solche Zwangsmittel beseitigt.

gewalt (imperium) es erforderte, daß der Beklagte Rede und Antwort gab, verschwindet diese Auffassung in dem heutigen Prozeßrecht vollständig.

Die Nötigung des Beklagten, zu verhandeln und sich über die Klagthatsachen zu erklären, ist nicht der Ausfluß einer besonderen Einlassungspflicht, sondern ist eine allgemeine Parteilast, welche bei dem Beklagten kein anderes Fundament hat, als beim Kläger.

Prozessuale Bedeutung der Einlassung.

Trotzdem ist die Frage, ob der Beklagte den ihm angebotenen Rechtsstreit aufgenommen, sich auf die Klage eingelassen hat, nicht gleichgültig. Auch die Einlassung des Beklagten hat prozessuale Wirkungen, indem

1. der Kläger nach der Einlassung das prozessuale Streitverhältnis nicht mehr durch einseitige Erklärung[2]) wieder aufheben kann;

2. der Beklagte nach der Einlassung das Streitverhältnis nicht mehr durch (verzichtbare) prozeßhindernde Einrede beseitigen kann[3]);

3. ein an sich unzuständiges Gericht mit der Einlassung zuständig wird, wenn die Zuständigkeit durch Vereinbarung begründet werden kann und die Einrede der Unzuständigkeit nicht vor der Einlassung geltend gemacht ist[4]).

Form der Einlassung.

Die Einlassung ist Verhandlung zur Hauptsache, Stellungnahme zum Klaganspruche; sie erfolgt in der mündlichen Verhandlung. Die Stellung des Antrags auf Abweisung der Klage[5]) enthält noch keine Verhandlung zur Hauptsache, es ist die weitere Erklärung des Beklagten abzuwarten. Ergiebt sich aus derselben, daß Beklagter zunächst nur prozessuale Mängel geltend macht, insbesondere prozeßhindernde Einreden vorbringt, so liegt keine Verhandlung zur Hauptsache vor.

Verweigerung der Einlassung.

Unter bestimmten Voraussetzungen hat der Beklagte das Recht, die Einlassung zunächst zu verweigern und damit die sich aus dem Streitverhältnisse ergebende Verpflichtung zur Verhandlung und Erklärung in der Hauptsache solange abzulehnen, als das Weigerungsrecht besteht.

---

[2]) Zurücknahme der Klage s. u. § 56.

[3]) CPO. § 274 u. u. § 58. Ähnliche Bestimmung gilt für die Klagänderung, CPO. §§ 269, 264.

[4]) CPO. § 39. [5]) CPO. § 137 Abs. 1.

Dies findet im landgerichtlichen Verfahren statt, wenn der Beklagte vor der Einlassung prozeßhindernde Einreden vorschützt [6]). Ein anderer Fall ist der der Benennung des Besitz- oder Rechtsherrn [7]).

Was von der Einlassung auf die Klage gesagt ist, findet entsprechende Anwendung auf die Inzidentklage, Widerklage und Hauptintervention.

§ 56.

Zurücknahme der Klage.

Planck § 59 — Hellmann § 70.

Die Zurücknahme der Klage kann bis zur Einlassung des Beklagten einseitig durch den Kläger, nach der Einlassung nur mit Einwilligung des Beklagten erfolgen, im letzteren Falle also in jedem Stadium des Prozesses, also auch noch in der Berufungsinstanz [1]). Voraussetzung der Zurücknahme.

Die Zurücknahme der Klage [2]) kann in der mündlichen Verhandlung erklärt werden. Abgesehen hiervon erfolgt sie durch Zustellung eines Schriftsatzes. Abschrift desselben ist nach erfolgter Zustellung auf der Gerichtsschreiberei niederzulegen. Form.

Die Zurücknahme der Klage hat zur Folge, daß der Rechtsstreit als nicht anhängig geworden anzusehen ist. Damit ist das Streitverhältnis rückwärts wieder aufgehoben, und die prozessualen Wirkungen desselben sind beseitigt [3]). Wirkung.

---

[6]) CPO. § 275 u. u. § 57. [7]) CPO. §§ 76 u. 77 u. o. S. 158 f.

[1]) Nicht dagegen RG. Bd. 5 S. 353, wo offenbar nur von der einseitigen Klagzurücknahme die Rede ist. Diese kann in der Berufungsinstanz nur vorkommen, wenn das erste Urteil nur über prozeßhindernde Einreden ergangen ist. Wenn Kohler (Prozeß als Rechtsverhältnis S. 76) die Zurücknahme der Klage in der Berufungsinstanz deshalb für unzulässig hält, weil es nicht in der Macht der Parteien steht, ein Urteil seiner Urteilsnatur zu entkleiden und das Gericht zu zwingen, eine Sache zum zweitenmale zu entscheiden, so trifft das Argument nicht zu. Diese Macht haben die Parteien auch ohne ausdrückliche Zurücknahme der Klage, da der Beklagte die Einrede der Rechtshängigkeit nicht vorzuschützen braucht, auf dieselbe verzichten kann.

[2]) CPO. § 271.

[3]) Ob und inwieweit die materiellen Wirkungen, welche sich an die Erhebung der Klage knüpfen, bestehen bleiben, ist eine Frage des bürgerlichen Rechts. Für die Verjährung bestimmt § 212 Abs. 1 des BGB., daß die Unterbrechung der Verjährung durch Klagerhebung als nicht erfolgt gilt, wenn die Klage zurückgenommen wird.

ostenpflicht.

Die Klagezurücknahme verpflichtet den Kläger, die Kosten des Rechtsstreits zu tragen, sofern nicht über dieselben rechtskräftig erkannt ist, oder die Parteien etwas anderes vereinbart haben[4]). Die gesetzliche Verpflichtung zur Kostentragung ist auf Antrag des Beklagten durch Urteil auszusprechen.

rneute Anellung der Klagen.

Wird die Klage von neuem angestellt, so kann der Beklagte die Einlassung verweigern, bis die Kostenerstattung erfolgt ist[5]).

Eine im Laufe des Rechtsstreits erhobene Inzidentklage, Widerklage bleibt von der Zurücknahme der Klage an sich unberührt, es bleibt deshalb das Streitverhältnis bezüglich des nicht erledigten Teils desselben bestehen und kann in diesem Falle die Entscheidung über die gesetzliche Kostenpflicht des Klägers erst im Endurteile erfolgen. Dasselbe findet im Falle der objektiven oder subjektiven Klagenhäufung entsprechende Anwendung, wenn nur eine oder einzelne Klagen zurückgenommen werden, das Streitverhältnis aber fortgesetzt wird.

Was von der Zurücknahme der Klage gesagt ist, findet entsprechende Anwendung auf die Zurücknahme einer Inzidentklage, einer Widerklage, einer Hauptintervention.

Vierter Titel.

Voraussetzungen und Mängel des Verfahrens.

§ 57.

Prozeßvoraussetzungen.

Schmidt § 142 ff.

Bedeutung r Prozeßvoraussetzung.

Das Gesetz stellt gewisse Erfordernisse auf, welche vorhanden sein müssen, damit Prozeß sein kann. Fehlt es an einem dieser Erfordernisse, so leidet der Prozeß als solcher an einem inneren Mangel, welcher die Nichtigkeit des ganzen Verfahrens mit sich bringt. Diese Nichtigkeit bedarf aber der Deklaration durch ein richterliches Urteil, welches das Prozeßbegehren (nicht den Anspruch) zurückweist. Ergeht ein solches das Prozeßbegehren verweigerndes Urteil nicht, wird vielmehr der Prozeß trotz des Mangels eines solchen Erfordernisses bis zum rechtskräftigen Urteile durchgeführt, so ist die Nichtigkeit

---

[4]) Das letztere sagt CPO. § 271 freilich nicht, versteht sich aber von selbst.

[5]) Armenrecht des Klägers befreit von dieser Verpflichtung nicht, s. CPO. § 117 u. o. S. 188.

geheilt, in dem auch ein solches Urteil die einem Urteile als solchem zukommende materielle Rechtskraft äußert, jedoch gewährt das Gesetz in einem Falle noch die Nichtigkeitsklage nach rechtskräftigem Urteile und damit unter Umständen eine Beseitigung des ganzen Verfahrens [1]). Solche Erfordernisse des Prozesses nennt man Prozeßvoraussetzungen [2]). Was Prozeßvoraussetzung ist, wird im Gesetze nicht ausdrücklich bestimmt, das muß vielmehr aus dem Wesen und dem Zwecke des Prozesses erkannt werden.

Der Prozeß soll ein zwischen zwei bestimmten Parteien bestehendes Streitverhältnis durch die gemeinsame Thätigkeit von Gericht und Parteien lösen und so den Rechtsfrieden oder die Rechtsordnung bezüglich des konkreten Prozeßrechtsstreites, welcher Gegenstand des Streitverhältnisses ist, herstellen.

Darnach liegen die Voraussetzungen für den Prozeß zunächst subjektiv in den handelnden Personen, Gericht und Parteien, objektiv in der verhandelten Sache.

Prozeß ist also nur möglich

Fälle.

1. zwischen Subjekten, welche prozessualisch rechtsfähig, d. h. parteifähig sind;

2. zwischen Parteien, welche prozessualisch handlungsfähig, also prozeßfähig sind oder, wenn sie prozeßunfähig sind, doch im Prozesse nach Vorschrift der Gesetze vertreten werden;

3. vor einem Gerichte, welches für die Verhandlung und Entscheidung des gegebenen Rechtsstreits zuständig ist;

4. über eine Streitsache, für welche der Rechtsweg nicht unzulässig ist;

Allgemeine und besondere Prozeßvoraussetzungen.

Damit ist der Kreis der allgemeinen Prozeßvoraussetzungen, d. h. derjenigen Prozeßvoraussetzungen, welche für eine jede Art von Civilprozeß gegeben sein müssen, erschöpft. Daneben stellt das Gesetz für die außerordentlichen Verfahrensarten, den Urkunden- und Wechselprozeß, das Mahnverfahren, das Zwangsvollstreckungsverfahren, das Aufgebotsverfahren noch besondere Voraussetzungen auf, deren Aufzählung der Darstellung der betreffenden Materien vorbehalten bleiben muß.

Amtliche Prüfung des Gerichts.

Ob die Prozeßvoraussetzungen vorliegen, hat das Gericht in jedem Stadium des Prozesses zu prüfen, ohne etwaige Einwendungen

[1]) CPO. § 579 Nr. 4 u. u. § 110.

[2]) S. Bülow, Prozeßvoraussetzungen, S. 5.

der Parteien abzuwarten oder durch die übereinstimmenden Erklärungen der Parteien gebunden zu sein.

Bezüglich der der Person der Partei zu entnehmenden Voraussetzungen (Parteifähigkeit, Prozeßfähigkeit, Befugnis und Ermächtigung zur Prozeßführung) ist dies im Gesetze besonders ausgesprochen[3]). Bezüglich der Zulässigkeit des Rechtswegs und der Zuständigkeit des Gerichts ergiebt sich dies aus den öffentlichrechtlichen Schranken, welche dem Rechtswege überhaupt oder der Kompetenz des Gerichts gezogen sind[4]).

Stellung der Parteien zu den Prozeßvoraussetzungen.

Auch die Parteien haben ein begreifliches Interesse daran, daß ein durch das Fehlen einer Prozeßvoraussetzung entstehender wesentlicher Fehler vermieden wird. Der Kläger hat also bei der Erhebung der Klage zu prüfen, ob alle Voraussetzungen des Prozesses vorliegen. Stellt sich bis zur Einlassung der Beklagten heraus, daß es an einer Prozeßvoraussetzung fehlt, so muß er die Klage zurücknehmen; thut er das nicht, so hat er zu gewärtigen, daß das Klagebegehren (nicht der Anspruch) durch Urteil zurückgewiesen wird. Der Beklagte begegnet einem Mangel in den Prozeßvoraussetzungen im Wege einer prozeßhindernden Einrede[5]). Darüber soll im folgenden Paragraphen besonders gesprochen werden.

Späterer Wegfall einer Prozeßvoraussetzung.

Sind die Prozeßvoraussetzungen zur Zeit des Beginnens des Streitverhältnisses gegeben, fällt aber eine Voraussetzung später weg, wird z. B. eine Partei prozeßunfähig, so entsteht ein Mangel im weiteren Verfahren, ohne daß der Prozeß als solcher dadurch berührt wird. Darüber wird im § 59 gesprochen werden.

War eine prozeßunfähige Partei bei Beginn des Verfahrens nicht nach Vorschrift der Gesetze vertreten, so kann dieser Mangel im Laufe des Verfahrens oder später dadurch heilen, daß die Partei

---

[3]) CPO. § 56.

[4]) Das trifft auch prinzipiell für die Zuständigkeit des Gerichts zu. Eine Ausnahme liegt auch nicht in dem Satze, daß das Gericht nach der Einlassung des Beklagten regelmäßig (d. h. abgesehen von dem Falle einer ausschließlichen Zuständigkeit) die Zuständigkeit nur zu prüfen hat, wenn die Einrede der Unzuständigkeit vor der Einlassung erhoben ist, da durch die Einlassung das Gericht zuständig wird.

[5]) Es erscheint als ein Mangel im Gesetze, daß der Kläger, wenn Beklagter eine prozeßhindernde Einrede vorgeschützt und gleichzeitig zur Hauptsache verhindert hat, die Klage nicht einseitig zurücknehmen darf.

prozeßfähig wird und das Verfahren fortsetzt, oder dadurch, daß der gesetzliche Vertreter oder die Partei selbst das Verfahren ausdrücklich oder in anderer Weise stillschweigend genehmigt[6]).

§ 58.

Prozeßhindernde Einreden.

Wach § 3 — Planck § 91 — Hellmann § 72 — Fitting § 49 — Schmidt § 145.

Prozeßhindernde Einreden sind diejenigen Einreden des Beklagten, durch welche dem Kläger das Recht auf Prozeßbegehr streitig gemacht wird. Wir haben zwei Arten von prozeßhindernden Einreden zu unterscheiden. Dieselben stützen sich entweder auf einen Mangel der Prozeßvoraussetzungen oder auf besondere Gründe, welchen vom Gesetze diese besondere Wirkung beigelegt ist. Zu den ersteren gehören[1]) Begriff.

1. die Einrede der Unzuständigkeit des Gerichts;
2. die Einrede der Unzulässigkeit des Rechtswegs;
3. die Einrede der mangelnden Parteifähigkeit, der mangelnden Prozeßfähigkeit oder der mangelnden gesetzlichen Vertretung.

Zu den letzteren gehören[2])

4. die Einrede, daß die Entscheidung des Rechtsstreits durch Schiedsrichter zu erfolgen habe;
5. die Einrede der Rechtshängigkeit;
6. die Einrede der mangelnden Sicherheit für die Prozeßkosten;
7. die Einrede, daß die zur Erneuerung des Rechtsstreits erforderliche Erstattung der Kosten des früheren Verfahrens noch nicht erfolgt sei[3]).

Es würde mit dem Wesen der prozeßhindernden Einreden, durch welche Beklagter dem Kläger das Recht auf Prozeßbegehr bestreitet, in Widerspruch stehen, wenn der Beklagte zunächst den ihm angebotenen Rechtsstreit durch Einlassung aufnimmt und nachher noch dem Kläger das Recht auf Prozeßbegehr bestreiten wollte. Der Beklagte kann deshalb, nachdem er begonnen hat, zur Hauptsache zu verhandeln, prozeßhindernde Einreden nur geltend machen, wenn die-

[6]) CPO. §§ 551 Nr. 5, 579 Nr. 4.

[1]) CPO. § 274 Abs. 2 Nr. 1, 2 u. 7. [2]) CPO. § 274 Abs. 2 Nr. 3—6.

[3]) s. CPO. § 271 Abs. 4.

selben entweder solche sind, auf welche er wirksam nicht verzichten kann, oder wenn er glaubhaft macht, daß er ohne sein Verschulden nicht im stande gewesen sei, die Einreden vor der Verhandlung zur Hauptsache geltend zu machen.

Unverzichtbare Einreden. Zu den Einreden, auf welche der Beklagte wirksam nicht verzichten kann, gehören nach den Ausführungen im vorigen Paragraphen die oben unter 2 u. 3 bezeichneten sowie die unter 1 bezeichnete Einrede dann, wenn für die Streitsache ein anderes Gericht als das Prozeßgericht ausschließlich zuständig ist.

Verzichtbare Einreden. Auf die unter 4—7 aufgeführten Einreden kann der Beklagte wirksam verzichten, ebenso abgesehen von dem soeben aufgeführten Ausnahmefall auf die Einrede der Unzuständigkeit des Gerichts.

Abgesehen von den unverzichtbaren Einreden und abgesehen von dem Falle der Restitution gegen den Ausschluß mit verzichtbaren Einreden sind die prozeßhindernden Einreden nicht nur vor der Verhandlung zur Hauptsache, sondern auch gleichzeitig vorzubringen, so daß es dem Beklagten nicht gestattet ist, nach Schluß der Verhandlung über die vorgebrachten prozeßhindernden Einreden noch neue vorzubringen[4]).

Für das Vorbringen der prozeßhindernden Einreden gilt also nicht das für Verteidigungsmittel geltende allgemeine Prinzip der Einheitlichkeit der mündlichen Verhandlung, sondern die sog. Eventualmaxime.

Vollkommen durchgeführt ist dies jedoch nur für das landgerichtliche Verfahren, für den Amtsgerichtsprozeß gilt dieser Grundsatz nur insoweit, als die Einrede der Unzuständigkeit des Gerichts vor der Verhandlung zur Hauptsache geltend zu machen ist[5]).

Nicht nur für das Vorbringen von prozeßhindernden Einreden, sondern auch für die Verhandlung und Entscheidung über dieselben gilt Sonderrecht, indem über prozeßhindernde Einreden besonders zu verhandeln und durch Urteil zu entscheiden ist, wenn der Beklagte auf Grund derselben die Verhandlung zur Hauptsache verweigert,

---

[4]) CPO. § 274 Abs. 1. Die Bestimmung des Abs. 2 muß übrigens auch für den Fall einer zwar vor Beginn der mündlichen Verhandlung zur Hauptsache, aber nicht gleichzeitig sondern verspätet vorgebrachten Einrede gelten.

[5]) CPO. § 504 Abs. 1. Ist das Amtsgericht sachlich unzuständig, so hat es vor der Verhandlung des Beklagten zur Hauptsache denselben auf die Unzuständigkeit aufmerksam zu machen. CPO. § 504 Abs. 2.

oder wenn das Gericht auf Antrag oder von Amtswegen die abgesonderte Verhandlung anordnet[6]).

Im amtsgerichtlichen Prozesse[7]) ist der Beklagte nicht befugt, auf Grund prozeßhindernder Einrede Verhandlung zur Hauptsache zu verweigern, das Gericht kann jedoch die abgesonderte Verhandlung über solche Einreden auf Antrag und auch von Amtswegen anordnen.

Das Urteil, durch welches die prozeßhindernde Einrede verworfen wird, ist ein Zwischenurteil, das jedoch in Betracht der Rechtsmittel als Endurteil anzusehen ist; das Gericht kann jedoch auf Antrag anordnen, daß zur Hauptsache zu verhandeln sei[8]). Wird eine solche Anordnung getroffen, so kann auf Grund der fortgeführten kontradiktorischen Verhandlung ein Endurteil in der Sache erst erlassen werden, wenn über die prozeßhindernde Einrede rechtskräftig erkannt ist[9]). Wird gegen das Zwischenurteil ein Rechtsmittel eingelegt und durch Endurteil die prozeßhindernde Einrede rechtskräftig für begründet erklärt, so ist der Prozeß beendigt und die Verhandlung einzustellen.

Erscheint in der fortgeführten mündlichen Verhandlung eine Partei nicht und ergeht ein Versäumnisurteil, so ist auch das Zwischenurteil damit zunächst beseitigt, bis es infolge eines Einspruchs zu einer neuen kontradiktorischen Verhandlung kommt[10]).

§ 59.

Mängel im Verfahren.

Schmidt § 144 — Fitting § 46.

Ein Mangel im Verfahren liegt vor, wenn eine für das Verfahren, insbesondere für die Form einer Prozeßhandlung gegebene Vorschrift verletzt ist[1]). Begriff.

---

[6]) CPO. § 275 Abs. 1. [7]) CPO. § 504 Abs. 3.

[8]) CPO. § 275 Abs. 2.

[9]) Das Gesetz läßt wohl zu, daß nach Erlaß des der Rechtskraft fähigen Zwischenurteils zur Hauptsache verhandelt werden kann; ob aber auf Grund dieser Verhandlung das Endurteil ergehen kann, muß nach § 300 selbständig geprüft werden. Anders RG. Bd. 5 S. 426, Bd. 15 S. 349.

[10]) So auch RG. Bd. 14 S. 344 ff.

[1]) Diese Vorschriften sind von den Erfordernissen des Prozesses als solchen den Prozeßvoraussetzungen zu unterscheiden. Die letzteren bedingen den Prozeß, liegen außerhalb des Prozesses, die Verfahrensvorschriften bestehen für die Art und Weise des Prozessierens, haben ihr Gebiet im Rahmen des Prozesses.

Unter den für das Verfahren gegebenen Vorschriften sind nun aber nicht nur die für das Verfahren im engeren Sinne, also für den Prozeßbeginn, den Prozeßbetrieb, die Prozeßleitung, die Stoffsammlung und die Urteilsthätigkeit bestehenden Vorschriften begriffen, sondern im weiteren Sinne auch diejenigen Erfordernisse, welche an die im Prozesse handelnden Personen gestellt werden. Es gehören also insbesondere auch hierher die Vorschriften über die Besetzung des Gerichts, über die Fähigkeit der Gerichtspersonen (Richter, Gerichtsschreiber, Gerichtsvollzieher) zur Ausübung der ihnen obliegenden Funktionen im gegebenen Falle, die Vorschriften über die Vertretung der Parteien, den Anwaltszwang, über die Prozeßfähigkeit der Parteien, wenn die Prozeßunfähigkeit erst im Laufe des Verfahrens eintritt.

Wesentlicher Mangel.

Die Verletzung einer solchen Vorschrift kann einen wesentlichen Mangel im Verfahren hervorrufen.

Die Frage, ob eine Verletzung einer Verfahrensvorschrift wesentlich ist, entscheidet sich nicht nach der Eigenschaft der verletzten Vorschrift, ob dieselbe z. B. zwingender Art ist, oder etwa nur eine im Interesse der Parteien gegebene Ordnungsvorschrift ist, auf deren Befolgung die Parteien verzichten können; vielmehr muß man den Satz aufstellen, daß die Verletzung einer jeden Prozeßvorschrift ohne Ausnahme wesentlich sein kann; ob sie es aber im gegebenen Falle ist, kann nur nach Lage der Sache im einzelnen Falle beurteilt werden und zwar nach dem Maßstabe der Kausalität, der zwischen der Verletzung der Prozeßvorschrift und dem Ausgange des Prozesses bestanden hat. Besteht ein solcher Zusammenhang — und ob er besteht, darüber kann nur der Richter im einzelnen Falle entscheiden —, so liegt ein wesentlicher Mangel vor, sonst nicht.

Es ergiebt sich dies aus dem Wesen, dem Zwecke des Prozesses und seiner Gestaltung.

Die einzelnen Prozeßhandlungen haben ihre Bedeutung nicht in sich, alle verfolgen dasselbe Ziel, die Entscheidung des Rechtsstreits herbeizuführen. Dabei ist das Verfahren von der Rechtshängigkeit bis zum Urteile ein einheitliches, so daß die Prüfung der einzelnen Akte des Verfahrens erst vom Urteile aus Wert und Bedeutung gewinnt. Ist eine Prozeßhandlung für das Zustandekommen des Urteils nicht kausal, so ist es gleichgültig, ob sie selbst einen Mangel in sich trägt oder nicht, der Mangel ist unwesentlich. Das Urteil unterliegt aus diesem Grunde einer Anfechtung nicht.

Dieser Grundsatz erleidet nach zwei Richtungen hin Ausnahmen; das Gesetz verleiht einmal bestimmten Vorschriften solche Bedeutung und Wichtigkeit, daß sie auch dann, wenn die Verletzung desselben für das Zustandekommen des konkreten Urteils nicht kausal gewesen ist, gerügt werden können[2]), andrerseits findet bei Verletzung bestimmter Rechtsnormen schon vor dem Endurteil ein selbständiges Beschwerderecht statt, so daß die Frage, ob ein Mangel vorliegt oder nicht, einer selbständigen Prüfung unterzogen werden kann und, falls der Mangel überhaupt gerügt werden soll, auch unterzogen werden muß[3]).

Heilbare Mängel.

Für die Bedeutung eines Mangels im Verfahren kommt weiter in Betracht, ob derselbe heilbar ist. Heilbar im Sinne des Gesetzes ist ein Mangel, welcher durch Unterlassung einer Parteirüge unanfechtbar wird.

Rügerecht.

Es ist in dieser Beziehung von Bedeutung, ob der Mangel auf einer Norm, auf deren Befolgung die Parteien wirksam nicht verzichten können, beruht. Ein Mangel, der auf der Verletzung einer Norm, auf deren Befolgung die Parteien wirksam nicht verzichten können, beruht, ist unheilbar im obigen Sinne, d. h. es kann mit einem ordentlichen Rechtsmittel (Beschwerde, Berufung oder Revision) Abhülfe begehrt werden, mag der Mangel im Verfahren gerügt sein oder nicht[4]). Ein Mangel dagegen, der auf der Verletzung einer Norm beruht, auf deren Befolgung die Parteien verzichten können, kann im Verfahren nicht gerügt werden, wenn die Partei auf die Befolgung der Vorschrift verzichtet, oder wenn sie bei der nächsten mündlichen Verhandlung, welche auf Grund des mangelhaften Verfahrens stattgefunden hat oder in welcher auf dasselbe Bezug genommen ist, den Mangel nicht gerügt hat, obgleich sie erschienen und ihr der Mangel bekannt war oder bekannt sein mußte[5]). Hat die Partei nach diesen Grundsätzen das Klagerecht bereits in dem Verfahren, in welchem der Mangel vorgekommen ist, verloren, so kann sie den Mangel auch in der Rechtsmittelinstanz nicht mehr rügen[6]).

Ausschluß des Rügerechts.

---

[2]) CPO. § 551 u. unten § 109.
[3]) s. unten § 67.
[4]) CPO. § 295 Abs. 2.
[5]) CPO. § 295 Abs. 1.
[6]) CPO. §§ 530, 558.

Ob eine Vorschrift eine solche ist, auf welche die Partei wirksam verzichten kann oder nicht, muß aus dem Inhalte der Vorschrift, ihrem Wesen und ihrer Bedeutung insbesondere daraus entnommen werden, ob die Vorschrift im öffentlichen Interesse der Rechtspflege überhaupt gegeben oder nur eine im Interesse der Parteien bestehende Ordnungsvorschrift ist.

Wirkung des wesentlichen Mangels. Unheilbare oder durch Ausübung des Rügerechts nicht geheilte wesentliche Mängel vernichten das Verfahren, welches auf ihnen beruht, sowie die auf diesem Verfahren beruhende Entscheidung. Diese Wirkung tritt niemals von selbst ein, es bedarf vielmehr eines gerichtlichen Ausspruchs. Geltend gemacht wird diese Nichtigkeit, soweit die Beschwerde zulässig ist, mit dieser, sonst mit der Berufung[7]) oder Revision[8]), in besonderen Fällen noch mit der Nichtigkeitsklage[9]).

Fünfter Titel.

Unterbrechung und Aussetzung des Verfahrens.

§ 60.

Allgemeine Grundsätze.

Planck § 84 — Hellmann §§ 65, 101 — Fitting § 51 — Schmidt § 147.

Unterbrechung. Das mit der Rechtshängigkeit entstehende Streitverhältnis besteht als dauerndes bis zur Rechtskraft des Urteils, nur ausnahmsweise erleidet es eine Unterbrechung in der Weise, daß die Partei gesetzlich gehindert ist, die sich aus dem Streitverhältnisse ergebenden Befugnisse gegenüber der anderen Partei während der Dauer der Unterbrechung auszuüben.

Solche Unterbrechungen beruhen entweder darauf, daß im Laufe des Verfahrens eine Prozeßvoraussetzung wegfällt[1]) oder ein wesentliches Hindernis für die Fortsetzung des Verfahrens eintritt[2]), oder darin, daß die Rechtsstellung, welche die Parteistellung bedingt, auf eine andere Person übergegangen ist[3]), oder eine andere Person berechtigt ist, die Parteistellung der bisherigen Partei zu übernehmen[4]).

---

[7]) CPO. § 539. [8]) CPO. § 564 Abs. 2. [9]) CPO. § 579.
[1]) CPO. § 241. [2]) CPO. §§ 244, 245.
[3]) CPO. §§ 239, 242, 243. [4]) CPO. §§ 240, 243.

Die Unterbrechung tritt nicht in allen diesen Fällen ohne weiteres ein, vielmehr bedarf es in mehreren Fällen dann, wenn für die Wahrnahme der Parteirechte gesorgt ist[5]), zunächst eines gerichtlichen Beschlusses, daß das Verfahren auszusetzen ist. Solche Aussetzung kann auch weiter noch im Falle einer notwendigen Abwesenheit einer Partei in derem Interesse angeordnet werden[6]), oder aus sonstigen Gründen geboten erscheinen[7]). Aussetzung.

Das Gesetz ordnet in allen diesen Fällen die Unterbrechung oder Aussetzung an, um die Partei, welche an der Wahrnahme ihrer Parteirechte gehindert ist, zu schützen. Wirkung der Unterbrechung und Aussetzung.

Es ist deshalb bestimmt, daß die Unterbrechung und Aussetzung die Wirkung hat, daß der Lauf einer jeden Frist aufhört und nach Beendigung der Unterbrechung und Aussetzung die volle Frist von neuem zu laufen beginnt, sowie daß die während der Unterbrechung oder Aussetzung von einer Partei in Ansehung der Hauptsache vorgenommenen Prozeßhandlungen der anderen Partei gegenüber ohne rechtliche Wirkung sind[8]). Daß das auch von den gerichtlichen Handlungen (Beweiserhebungen, Entscheidungen) gilt, ist im Gesetze nicht ausdrücklich gesagt, weil es selbstverständlich ist und aus der Natur der Unterbrechung und Aussetzung folgt[9]); jedoch ist bestimmt, daß durch die nach dem Schlusse einer mündlichen Verhandlung eintretende Unterbrechung die Verkündung der auf Grund dieser Verhandlung zu erlassenden Entscheidung nicht gehindert wird[10]). Für den Fall der Aussetzung ist darüber nichts bestimmt, weil das Gericht es in der Hand hat, die Verkündung der erlassenen Entscheidung vor der Verkündung des Aussetzungsbeschlusses vorzunehmen.

Der durch die Unterbrechung oder Aussetzung des Verfahrens herbeigeführte Stillstand des Verfahrens ist nur ein vorübergehender.

---

[5]) CPO. § 246. [6]) CPO. § 247.

[7]) s. z. B. EG. z. CPO. § 15 unter 1.

[8]) CPO. § 249 Abs. 1 u. 2.

[9]) Gerichtliche Entscheidungen, welche während der Dauer der Unterbrechung und Aussetzung erfolgen, äußern selbstverständlich auch hier ihre Wirkungen, solange bis sie durch Einspruch, Rechtsmittel oder im Wiederaufnahmeverfahren beseitigt sind. Parteihandlungen können wirksam werden durch Verlust des Rügerechts. s. a. RG. Bd. 10 S. 69, S. 401, Bd. 14 S. 334.

[10]) CPO. § 249 Abs. 3.

In einzelnen Fällen endigt der Stillstand von selber, d. h. unmittelbar mit dem Eintritt des im Gesetze bestimmten Zeitpunktes [11]. Mit diesem Zeitpunkte hören also die Wirkungen der Unterbrechung auf, es beginnt der Fristenlauf von neuem.

In anderen Fällen hört der Stillstand erst auf, wenn der Prozeß durch Parteierklärung aufgenommen ist [12], oder wenn die Beseitigung des Hindernisses oder die Absicht, den Prozeß fortzusetzen, nach solcher Beseitigung dem Gegner angezeigt ist [13]. Die Aufnahme des Verfahrens und die Anzeigen erfolgen durch Zustellung eines Schriftsatzes [14].

§ 61.

Unterbrechung.

Fälle. Das Verfahren wird unterbrochen

1. durch den Tod einer Partei. Die Unterbrechung dauert, bis der Rechtsstreit durch die Rechtsnachfolger aufgenommen wird. Wird die Aufnahme verzögert, so kann die andere Partei den Prozeß gegen die Rechtsnachfolger betreiben; jedoch ist der Erbe von der Annahme der Erbschaft zur Fortsetzung des Rechtsstreits nicht verpflichtet [1].

Wird während der Dauer der Unterbrechung ein Nachlaßpfleger bestellt (BGB. §§ 1960, 1961), oder ist ein zur Führung des Rechtsstreits berechtigter Testamentsvollstrecker (BGB. §§ 2212, 2213) vorhanden, so dauert die Unterbrechung, bis der Nachlaßpfleger oder Testamentsvollstrecker von seiner Bestellung dem Gegner Anzeige macht, oder bis der Gegner seine Absicht, das Verfahren fortzusetzen, dem Nachlaßpfleger oder Testamentsvollstrecker anzeigt [2].

Wird während der Dauer der Unterbrechung Konkurs über den Nachlaß eröffnet, so kommen in betreff der Aufnahme des Verfahrens die Vorschriften der Konkursordnung (s. unter 3) zur Anwendung [3].

---

[11]) CPO. § 240 „Aufhebung des Konkursverfahrens", CPO. § 245 „Beendigung des Krieges", CPO. § 247 „Beendigung des Kriegsdienstes".

[12]) CPO. §§ 239, 242, 246 Abs. 2, 240, 243, KO. §§ 10, 11.

[13]) CPO. §§ 241, 243, 244, 246 Abs. 2. [14]) CPO. § 250.

[1]) CPO. § 239. BGB. § 1958. Über das gegen den Rechtsnachfolger stattfindende Aufnahmeverfahren („reassumtio litis") ist bereits oben S. 167 ff. gesprochen.

[2]) CPO. § 243 (241). [3]) CPO. § 243 (240).

2. wenn während des Rechtsstreits zwischen einem Vorerben und einem Dritten über einen der Nacherbfolge unterliegenden Gegenstand, über den der Vorerbe ohne Zustimmung des Nacherben verfügen kann (BGB. § 2112), der Fall der Nacherbfolge eintritt[4]). Die Unterbrechung dauert, bis der Nacherbe den Prozeß aufnimmt. Verzögert er die Aufnahme, so findet dasselbe Verfahren statt, wie wenn der Erbe der Partei die Aufnahme verzögert[5]).

3. durch die Eröffnung des Konkurses über das Vermögen einer Partei, wenn der Rechtsstreit die Konkursmasse oder die Anfechtung einer nach dem Gesetze vom 17. Mai 1898 anfechtbaren Rechtshandlung des Gemeinschuldners betrifft[6]). Die Unterbrechung dauert, bis das Verfahren nach den für den Konkurs geltenden Bestimmungen aufgenommen oder — falls eine Aufnahme nicht stattgefunden hat — bis das Konkursverfahren aufgehoben wird[7]).

4. wenn eine Partei die Prozeßfähigkeit verliert, wenn der gesetzliche Vertreter einer Partei stirbt, oder wenn die Vertretungsbefugnis desselben aufhört, ohne daß die Partei prozeßfähig geworden ist.

Die Unterbrechung dauert, bis der gesetzliche Vertreter oder der neue gesetzliche Vertreter von seiner Bestellung dem Gegner Anzeige macht, oder bis der Gegner seine Absicht, das Verfahren fortzusetzen, dem Vertreter anzeigt[8]).

5. wenn während eines Rechtsstreits zwischen dem Erben und einem Dritten eine Nachlaßverwaltung angeordnet wird. Die Unterbrechung dauert, bis der Nachlaßverwalter dem Gegner von seiner Bestellung Anzeige macht oder bis der Gegner seine Absicht, das Verfahren fortzusetzen, dem Nachlaßverwalter anzeigt[9]).

---

[4]) CPO. § 242 u. o. S. 169. [5]) CPO. § 242 (§ 239).

[6]) CPO. § 240, Anf.-Ges. v. 17. Mai 1898 § 13 Abs. 2.

[7]) KO. §§ 10, 11. Anf.-Ges. § 13 Abs. 2. Über den Eintritt des Konkursverwalters in den Rechtsstreit ist bereits oben S. 169f. gesprochen.

[8]) CPO. § 241 Abs. 1.

[9]) CPO. § 241 Abs. 2. BGB. §§ 1975—1988. Die Nachlaßverwaltung bezweckt die Befriedigung der Nachlaßgläubiger, sie entzieht dem Erben die Befugnis, den Nachlaß zu verwalten und über die Nachlaßgegenstände zu verfügen.

6. wenn in Anwaltsprozessen der Anwalt einer Partei stirbt oder unfähig wird, die Vertretung einer Partei fortzuführen[10]).

Die Unterbrechung dauert, bis der bestellte neue Anwalt von seiner Bestellung dem Gegner Anzeige macht. Wird diese Anzeige verzögert, so kann die Partei selbst zur Verhandlung der Hauptsache geladen oder zur Bestellung eines neuen Anwalts binnen einer vom Vorsitzenden zu bestimmenden Frist aufgefordert werden. Wählt die Partei den ersten Weg, so hört mit der Zustellung der Ladung die Unterbrechung auf. Wählt die Partei den zweiten Weg — was dann geschehen muß, wenn in dem Stadium des Verfahrens zu einer Ladung keine Veranlassung ist —, so ist das Verfahren mit dem fruchtlosen Ablaufe der Frist als aufgenommen anzusehen[11]).

7. wenn infolge eines Krieges oder eines anderen Ereignisses die Thätigkeit des Gerichts aufhört (Justitium). Die Unterbrechung dauert solange dieser Zustand dauert[12]).

Überblicken wir die Fälle der Unterbrechung, so macht sich, abgesehen von dem Falle unter 7, in welchem eine thatsächliche Unmöglichkeit des Prozessierens vorliegt, ein doppelter Gesichtspunkt geltend. Während in dem Falle unter 3 die Unterbrechung im Interesse der Konkursgläubiger vorgeschrieben ist, damit der Konkursverwalter zunächst Zeit gewinnt, um sich über die Frage, ob er den Prozeß aufnehmen will oder nicht, schlüssig zu machen, verfolgt die Unter-

---

Der Erbe wird insoweit durch den Nachlaßverwalter vertreten, ohne selbst prozeßunfähig zu werden. Der Nachlaßverwalter ist nicht gesetzlicher Vertreter einer geschäftsunfähigen oder in der Geschäftsfähigkeit beschränkten Person, er hat vielmehr die Stellung eines Pflegers. Der Erbe wird erst prozeßunfähig, wenn der Nachlaßverwalter den Prozeß an seiner Stelle führt (CPO. § 53 u. o. S. 162, 168). Darnach würde an sich der Erbe befugt sein, trotz der Anordnung der Nachlaßverwaltung den begonnenen Prozeß fortzuführen. Damit wäre aber dem Interesse der Nachlaßgläubiger nicht gedient. Es ordnet deshalb das Gesetz die Unterbrechung des Verfahrens an, sodaß die Fortsetzung des Verfahrens nur gegen den Nachlaßverwalter zulässig ist und nur von diesem betrieben werden kann.

[10]) CPO. § 87 u. o. S. 131.

[11]) CPO. § 244. In beiden Fällen erfolgen unter bestimmten Voraussetzungen bis zur nachträglichen Anzeige der Bestellung eines neuen Anwalts die Zustellungen an die Partei durch Aufgabe zur Post, s. u. § 72 Anm. 40.

[12]) CPO. § 245.

brechung in den Fällen unter 1, 2, 4, 5, 6 lediglich das Interesse des Rechtsnachfolgers der Partei resp. der einer ordnungsmäßigen Vertretung entbehrenden Partei, in dem diese durch den ununterbrochenen Fortgang des Verfahrens Nachteile erleiden kann. Ist deshalb, wie es in den Fällen 1, 2, 4 und 5 möglich ist, für die Wahrnehmung des Interesses der Partei durch einen Prozeßbevollmächtigten gesorgt[13]), so tritt keine Unterbrechung ein, wohl aber ist das Verfahren auf Antrag auszusetzen[14]).

§ 62.

Aussetzung.

Die Gründe, aus welchen das Verfahren auszusetzen ist, sind verschiedener Art, sie sind absoluter oder relativer Art, d. h. sie beruhen entweder auf allgemeinen Gründen, oder sie sind aus der Beschaffenheit der verhandelten Streitsache und ihren Beziehungen zu anderen Verhältnissen zu entnehmen. Allgemeine Aussetzungsgründe.

1. Aus allgemeinen Gründen ist das Verfahren auszusetzen:

a) wenn in den Fällen des § 61, 1, 2, 4 u. 5 eine Vertretung durch einen Prozeßbevollmächtigten stattfindet und deshalb eine Unterbrechung des Verfahrens nicht eintritt[1]).

Die Aussetzung wird auf Antrag vom Gericht angeordnet. Antragsberechtigt ist der Prozeßbevollmächtigte, in den Fällen 1 u. 2 auch der Gegner.

Über die Dauer der Aussetzung und die Aufnahme des Verfahrens gelten die für die Unterbrechung in solchen Fällen geltenden Vorschriften. In den Fällen 1 u. 2 ist der die Ladung des Rechtsnachfolgers resp. Nacherben zur Aufnahme des Rechtsstreits enthaltende Schriftsatz (CPO. § 239 Abs. 2 und 3) nicht nur dem Rechtsnachfolger oder Nacherben, sondern auch dem Bevollmächtigten zuzustellen[2]);

---

[13]) Die Vollmacht erlischt in solchen Fällen nicht, s. CPO. § 86 und o. S. 129.

[14]) CPO. § 246, s. u. § 62 unter 1.

[1]) CPO. § 246. [2]) CPO. § 246 Abs. 2.

b) wenn sich eine Partei zu Kriegszeiten im Militärdienste befindet oder sich an einem Orte aufhält, welcher durch obrigkeitliche Anordnung oder durch Krieg oder durch andere Zufälle von dem Verkehr mit dem Prozeßgerichte abgeschnitten ist. Die Aussetzung kann auf Antrag oder von Amtswegen angeordnet werden[3]).

Das Gesuch um Aussetzung ist bei dem Prozeßgerichte anzubringen, es kann vor dem Gerichtsschreiber zu Protokoll erklärt werden. Die Entscheidung kann ohne vorgängige mündliche Verhandlung erfolgen[4]).

Gegen die Entscheidung, durch welche die Aussetzung angeordnet oder abgelehnt wird, findet Beschwerde, im Falle der Ablehnung sofortige Beschwerde statt[5]).

Besondere Aussetzungsgründe.

2. Aus besonderen in der Sache und in deren Verhältnis zu anderen Sachen liegenden Gründen kann das Verfahren ausgesetzt werden

a) wenn eine Hauptintervention erhoben ist, bis zur rechtskräftigen Entscheidung über die Hauptintervention (CPO. § 64 und oben S. 239);
b) wenn im Falle einer Klage auf Herstellung des ehelichen Lebens eine Aussöhnung der Parteien nicht unwahrscheinlich ist;
c) wenn die Entscheidung des Rechtsstreits davon abhängt, ob eine Ehe nichtig ist, und die Nichtigkeit nur im Wege der Nichtigkeitsklage geltend gemacht werden kann[6]);
d) wenn die Entscheidung des Rechtsstreits davon abhängt, ob eine im Wege der Anfechtungsklage angefochtene Ehe anfechtbar ist[7]);
e) wenn die Entscheidung des Rechtsstreits davon abhängt, ob ein Kind, dessen Ehe im Wege der Anfechtungsklage angefochten worden ist[8]), unehelich ist.

---

[3]) CPO. § 247. [4]) CPO. § 248.

[5]) CPO. § 252.

[6]) CPO. § 151, BGB. § 1329 und dazu meine Einführung i. d. BGB. Bd. III § 8 unter II.

[7]) CPO. § 152, BGB. § 1343 Abs. 2, meine Einf. a. a. O. § 9 II, 3.

[8]) CPO. § 153, BGB. § 1596 Abs. 1, 3, meine Einf. a. a. O. § 28 unter 5.

Ist die Nichtigkeitsklage oder die Anfechtungsklage erledigt, so ist die Aufnahme des ausgesetzten Verfahrens zulässig. Wird die Betreibung des Rechtsstreits, welcher die Nichtigkeit oder die Anfechtung zum Gegenstande hat, verzögert, so kann das Gericht auf Antrag die Anordnung, durch welche das Verfahren ausgesetzt ist, aufheben[9]).

Ist im Falle unter c die Nichtigkeitsklage noch nicht erhoben, so ist mit der Anordnung der Aussetzung eine Frist zur Erhebung dieser Klage zu bestimmen. Wird die Klage nicht vor dem Ablaufe der bestimmten Frist erhoben, so ist die Aufnahme des ausgesetzten Verfahrens zulässig[10]).

Macht das Prozeßgericht von der Befugnis, die Aussetzungsanordnung wieder aufzuheben, Gebrauch, so kann in dem aufgenommenen Verfahren das Vorbringen, welches zu der Aussetzung Anlaß gegeben hat, nicht mehr berücksichtigt werden, da das Prozeßgericht nicht befugt ist, über dieses Vorbringen (Behauptung der Nichtigkeit) zu entscheiden. Es ist also Sache der Partei, deren Obsieg von solchem Vorbringen abhängig ist, den Rechtsstreit, welcher zur Anordnung der Aussetzung die Veranlassung gegeben hat, zu betreiben.

3. Auf Antrag hat das Gericht das Verfahren weiter auszusetzen, wenn im Laufe des Prozesses streitig wird[11]):

a) ob zwischen den Parteien eine Ehe bestehe oder nicht bestehe,
b) ob zwischen den Parteien ein Eltern- und Kindesverhältnis bestehe oder nicht bestehe,
c) ob der einen Partei die elterliche Gewalt über die andere Partei zustehe oder nicht zustehe,

und von der Entscheidung dieser Fragen die Entscheidung des Rechtsstreits abhängt. Die Aussetzung erfolgt, bis die Entscheidung über die für die Entscheidung des Rechtsstreits maßgebende Streitfrage im Wege der Feststellungsklage erledigt ist.

Eine Aufhebung dieser Anordnung ist nicht zulässig. Die Partei, welche an der Aufnahme des ausgesetzten Verfahrens Interesse hat, muß also zunächst die Feststellungsklage bis zur rechtskräftigen Entscheidung betreiben. Das Gesetz erachtet diese durchgreifende

---

[9]) CPO. §§ 151—153, 155.
[10]) CPO. § 151.
[11]) CPO. § 154.

Maßregel für erforderlich, um die einheitliche Regelung aller durch das Bestehen oder Nichtbestehen eines der unter a—c bezeichneten Rechtsverhältnisse unter den Parteien zu sichern.

4. Das Verfahren ist weiter auszusetzen:

a) wenn in dem Verfahren über eine Scheidungsklage der Kläger die Aussetzung beantragt, und wenn, falls die Scheidung auf Grund des § 1568 des Bürgerlichen Gesetzbuches beantragt ist, die Aussicht auf Aussöhnung der Parteien nicht ausgeschlossen erscheint; es darf jedoch die Aussetzung im Laufe des Rechtsstreits nur einmal und höchstens auf zwei Jahre angeordnet werden (CPO. § 620);

b) wenn ein Kompetenzkonflikt erhoben wird und die Landesgesetzgebung für solchen Fall die Aussetzung anordnet (EG. z. CPO. § 15).

Verfahren. Das Verfahren wird im Falle 4b, abgesehen von dem Beschwerderecht, durch Landesgesetz geregelt.

Für die übrigen Fälle (2—4) gilt die Regel, daß über das Gesuch nur nach vorgängiger mündlicher Verhandlung entschieden werden kann, da die besondere Bestimmung des § 248 der Civilprozeßordnung (oben Anm. 4) auf die Fälle, in welchen der Grund der Aussetzung nicht allgemeiner Natur ist, sondern in der verhandelten Streitsache liegt, keine Anwendung leidet[12]).

Über das Beschwerderecht gegen den die Aussetzung ablehnenden oder anordnenden Beschluß gilt die Bestimmung des § 252 der CPO. (s. o. Anm. 5).

---

[12]) s. auch RG. Bd. 40 S. 373ff.

Sechster Titel.

Gestaltung des Verfahrens.

Erstes Kapitel.

Prozeßhandlungen.

§ 63.

Von den Prozeßhandlungen im allgemeinen.

Schmidt §§ 50 ff.

Der Prozeß verläuft in einer Reihe von ineinandergreifenden Handlungen des Gerichts und der Parteien. Alle diese Handlungen dienen dem Prozeßzwecke entweder unmittelbar oder nur mittelbar.

Von nur mittelbarer Bedeutung sind alle diejenigen Handlungen, welche den Prozeß einleiten, vorbereiten, fortsetzen, insbesondere Ort und Zeit für die Vornahme der eigentlichen Prozeßhandlungen, für die Ausübung der eigentlichen Parteienthätigkeit und der gerichtlichen Thätigkeit bestimmen, diese selbst veranlassen sollen. Das sind die sog. Prozeßbetriebshandlungen, es wird über dieselben im zweiten Kapitel dieses Titels noch besonders gesprochen werden.

Hier soll von dem Wesen und der Bedeutung derjenigen Prozeßhandlungen, welche dem Prozeßzwecke unmittelbar dienen, gesprochen werden, und zwar zunächst von den Parteihandlungen und darauf von den gerichtlichen Handlungen im allgemeinen. Im dritten Kapitel wird von der Verhandlung des Rechtsstreits und im vierten Kapitel von dem Beweisverfahren besonders gehandelt.

§ 64.
Von den Parteihandlungen.

Planck §§ 70—73 — Hellmann § 60.

Im Parteienprozesse dominieren die Parteien, die gerichtliche Thätigkeit folgt der Parteithätigkeit, sie ist in ihrer Entfaltung beschränkt durch die Freiheit der parteilichen Verhandlungsthätigkeit.

Die Parteien verhandeln den Rechtsstreit vor dem Gerichte, sie sind dem Gerichte gegenüber insofern verhandlungspflichtig, als sie dem Gerichte das thatsächliche Material für die beantragte Herstellung der konkreten Rechtsordnung, den Entscheidungsstoff zu liefern haben.

Verhandlungspflicht der Parteien.

Diese Verhandlungspflicht ist eine allgemeine Parteipflicht, sie trifft beide Parteien gegenüber dem Gerichte, indem jede Partei dem Gerichte dasjenige thatsächliche Material, welches geeignet ist, ihr zum Obsiege zu verhelfen, zu unterbreiten hat.

Diese Parteipflicht ist wie jede Parteipflicht keine erzwingbare Pflicht, sondern gestaltet sich zu einer öffentlichrechtlichen Befugnis, deren Nichtausübung den Nachteil des Ausschlusses mit sich bringt, indem das Gericht vermöge der Verhandlungsmaxime nur dasjenige thatsächliche Material, welches ihm die Parteien bringen, berücksichtigt. Inhaltlich ist die Parteithätigkeit Behauptung oder Erklärung auf eine Behauptung des Gegners.

Soweit das Verfahren auf dem Prinzipe der parteilichen Verhandlung beruht und nicht von dem Prinzipe der amtlichen Untersuchung beherrscht wird, ist für den Richter jede Parteibehauptung, wenn sie für die Entscheidung der Sache erheblich ist, beachtlich und für die Entscheidung zu verwerten, solange sie nicht vom Gegner bestritten ist[1]).

Aus dieser Sachlage folgt die Erklärungspflicht der Parteien; sie gestaltet sich zu der prozessualen Befugnis einer Partei, eine Behauptung, welche nach ihrer Ansicht nicht wahr ist, zu bestreiten.

---

[1]) Daß dieses Prinzip dem Prozeßrechte zu Grunde liegt, ist den Bestimmungen der CPO. §§ 138, 288, 331, 439 zu entnehmen. Daraus ergiebt sich aber weiter, daß eine prozeßrechtliche Verhandlungspflicht im eigentlichen Sinne für die Partei nur im Verhältnisse zum Gericht, nicht im Verhältnisse zur Gegenpartei besteht.

Die Unterlassung der Ausübung dieser Befugnis hat den Nachteil des Ausschlusses mit solcher Erklärung zur Folge. Dieser Nachteil verschafft der Behauptung des Gegners den erwähnten prozessualen Vorzug.

Die Verhandlung beginnt von seiten der angreifenden Partei, des Klägers, indem dieser den Klaggrund zu behaupten hat. Der Klaggrund kann positive oder negative Thatsachen enthalten. Gehören negative Thatsachen zum Klaggrunde (z. B. die Behauptung, daß der Beklagte grundlos bereichert sei, indem Kläger eine Nichtschuld bezahlt, daß Beklagter sein Recht von einem Nichtberechtigten erworben habe, daß das Ereignis, von dessen Nichteintritt die Verpflichtung der Beklagten abhängt, nicht eingetreten sei, daß der Umfang der für eine Leistung versprochenen Gegenleistung nicht bestimmt sei, und deshalb die nach billigem Ermessen bestimmte Leistung (BGB. §§ 316, 315) gefordert wird), so sind auch diese negativen Thatsachen vom Kläger zu behaupten.

Die Erklärungspflicht derjenigen Partei, gegen welche der Angriff gerichtet ist, des Beklagten beginnt erst, nachdem die angreifende Partei verhandelt hat. Die Erklärung kann bejahend oder verneinend, ein Gestehen oder ein Bestreiten sein. Das Bestreiten kann ein ausdrückliches sein oder aus den übrigen Erklärungen der Parteien hervorgehen (CPO. § 138 Abs. 2). Das letztere trifft zu bei dem sog. indirekten Leugnen. Ein indirektes Leugnen liegt vor, wenn die erklärende Partei nur scheinbar einräumt, in Wahrheit aber eine andere Behauptung aufstellt, welche mit der Behauptung der behauptenden Partei nicht vereinbar ist[2]), z. B. wenn der Kläger im Falle des § 316 BGB. der Forderung des angemessenen Preises die Behauptung, daß ein geringerer Preis vereinbart sei, entgegensetzt. Hier bestreitet der Beklagte indirekt, daß die Gegenleistung nicht bestimmt sei.

Dem Bestreiten gegenüber, mag dasselbe ein direktes oder indirektes sein, besteht keine neue Erklärungspflicht; denn wenn auch das Bestreiten in Form einer unselbständigen Gegenbehauptung auftritt, so steht dieser Gegenbehauptung doch schon die frühere Behauptung des Gegners gegenüber, sie hat damit ihre prozessuale

---

[2]) Man spricht in solchen Fällen von einem sog. *qualifizierten Geständnisse*.

Erledigung gefunden. Ob der Gegner in solchem Falle ausdrücklich erklärt, er verbleibe bei seinen Behauptungen, oder erklärt, er habe auf die Erklärung des Gegners nichts zu erwidern, ist prozessualisch gleichwertig.

Die Verhandlungspflicht setzt sich fort, wenn die Partei, gegen welche sich der Angriff richtet (der Beklagte), selbständige Verteidigungsmittel (Einwendungen oder Einreden im engeren Sinne) geltend macht, ebenso wenn diesen Verteidigungsmitteln wieder neue selbständige Gegenverteidigungsmittel seitens der angreifenden Partei (Repliken) entgegengesetzt werden.

Diese Parteihandlungen (Behaupten und Bestreiten) haben ihre wesentliche Bedeutung in der Stärkung der prozessualen Parteistellung, man nennt sie deshalb Angriffs- und Verteidigungsmittel. Jedes Angriffs- und Verteidigungsmittel ist, wenn es an sich für die Entscheidung von Erheblichkeit ist, geeignet, die prozessuale Stellung der Partei zu stützen, und gereicht insoweit der Partei, welche sich desselben bedient, zum Vorteil.

Dispositionsmaxime. Der Partei als Privatperson steht es frei, von ihrer Befugnis zum prozessualen Handeln in beliebiger Weise Gebrauch zu machen; wie sie niemand gegenüber zur Ausübung solcher Befugnis verpflichtet ist, so ist sie auch regelmäßig niemand dafür verantwortlich, als sich allein. Kraft solcher freien Verfügung kann eine Partei prozessuale Handlungen auch zu ihrem Nachteile ausüben, insbesondere durch ihre Erklärungen der Gegenpartei Vorteile einräumen (Dispositionsmaxime).[3] In solcher Richtung gewinnen die Parteihandlungen eine besondere Bedeutung, wir bezeichnen solche Handlungen als prozessuale Verfügungsakte. Prozessuale Verfügungsakte. Zu solchen prozessualen Verfügungsakten gehören insbesondere das gerichtliche Geständnis[4], die Eideszuschiebung, die Annahme oder Zurückschiebung eines zugeschobenen Eides[5], die Erlassung eines Parteieides[6], der Verzicht auf

---

[3] Die sog. „Dispositionsmaxime" hat mit der Verhandlungsmaxime an sich nichts zu thun; sie gilt im formellen Parteienprozesse ebenso wie im eigentlichen Parteienprozesse, es haben jedoch die Verfügungsakte hier eine andere Bedeutung als dort; hier binden sie das Gericht, dort nicht. Eine andere Stellung hat der Staatsanwalt als Partei; sein Handeln ist nicht Ausfluß einer Privatwillkür, wird vielmehr von seinem „officium" geleitet, für ihn gilt „Offizialmaxime".

[4] CPO. §§ 288—290.

[5] CPO. §§ 445, 456, 458, 470, 471.

[6] CPO. § 464 Abs. 1.

die Beeidigung von Auskunftspersonen[7]). Diese Parteihandlungen sind geschäftlicher Art, indem das Gesetz an die Vornahme derselben bestimmte prozessuale Folgen knüpft[8]) und damit eine bestimmte prozessuale Lage eintritt, welche durch einen Widerruf solcher Erklärungen ohne weiteres nicht beseitigt werden kann.

Prozessuale Verfügungen können auch durch Unterlassung erfolgen, wenn das Gesetz an solche Unterlassung bestimmte prozeßrechtliche Folgen knüpft, so im Falle der Unterlassung oder Verweigerung einer Erklärung auf gegnerische Behauptungen[9]), Beweismittel (Urkunden, Eid)[10]), Editionsanträge[11]).

Auch solche Unterlassungen sind mit prozessualen Nachteilen für den Verfügenden verknüpft, solche Nachteile können aber regelmäßig durch Nachholung des Versäumten oder Verweigerten beseitigt werden.

§ 65.

Versäumung von Parteihandlungen.

Planck § 83 — Hellmann § 65 — Fitting § 37.

Die Vornahme der Prozeßhandlungen seitens der Parteien ist an eine bestimmte Zeit gebunden, die Partei muß die ihr obliegenden Prozeßhandlungen entweder in einem zu solchem Zwecke vom Gerichte bestimmten Termine vor dem Gerichte oder binnen einer bestimmten Frist gegenüber dem Gerichte oder der Gegenpartei vornehmen. Eine Prozeßhandlung ist versäumt[1]), wenn sie innerhalb

---

[7]) CPO. §§ 391 Abs. 2, 402.

[8]) Von den Prozeßrechtsgeschäften (s. o. S. 8) unterscheiden sich die prozessualen Verfügungsakte dadurch, daß sie Handlungen sind, deren Wirksamkeit sich lediglich nach Prozeßrecht, niemals nach materiellem Rechte bestimmt. Während die Wirksamkeit eines Prozeßrechtsgeschäftes von dem Willen des Handelnden abhängig ist und die Folgen von solchem Willen insbesondere von Willensmängeln beeinflußt werden, ist das bei den prozessualen Handlungen geschäftlicher Art nur dann der Fall, wenn das Prozeßrecht selbst dies bestimmt (s. z. B. CPO. § 290, § 470 Abs. 1).

[9]) CPO. § 138. [10]) CPO. §§ 439, 452.

[11]) CPO. §§ 425—427.

[1]) Von der Versäumung einer Prozeßhandlung muß die Versäumung der mündlichen Verhandlung unterschieden werden. Letztere ist Totalversäumnis, Versäumnis des Prozesses, sie hat ein besonderes Versäumnisverfahren (s. u. § 79) zur Folge. Hier haben wir es nur mit der Versäumung einzelner Prozeßhandlungen zu thun.

der für die Vornahme derselben bestimmten Zeit nicht vorgenommen ist. Die Zeiten für die Vornahme von Prozeßhandlungen sind Termine und Fristen.

Ist eine Prozeßhandlung versäumt, so kann sie regelmäßig nicht mehr nachgeholt werden[2]). Jedoch ist darauf hinzuweisen, daß, abgesehen von den Notfristen die Fristen durch Vereinbarung verlängert werden können, daß also die Nachholung der Prozeßhandlung, falls der Gegner nicht widerspricht, zulässig ist, da in der Unterlassung des Widerspruchs eine stillschweigende Gewährung der Verlängerung der Frist zu erblicken ist.

Ist eine Prozeßhandlung in einem bestimmten Termine vorzunehmen, so ist sie versäumt, wenn sie bis zum Schlusse des Termins nicht vorgenommen ist. Der Termin selbst und damit alles, was in diesem Termine verhandelt werden soll, ist versäumt, wenn die Partei nicht bis zum Schlusse des Termins verhandelt[3]).

Ist eine bei einer terminlichen Verhandlung beteiligte Person zur Aufrechterhaltung der Ordnung von dem Orte der Verhandlung entfernt worden (GVG. § 178), so kann auf Antrag gegen sie in derselben Weise verfahren werden, als wenn sie sich freiwillig entfernt hätte. Dasselbe gilt, wenn der Partei oder ihrem Vertreter bereits in einer früheren Verhandlung wegen mangelnder Fähigkeit zum geeigneten Vortrage der weitere Vortrag untersagt war, und die Person, welcher der Vortrag untersagt war, in einem folgenden Termine wieder zur Verhandlung kommt[4]).

Die Versäumung einer Prozeßhandlung hat zur allgemeinen Folge, daß die Partei mit der Vornahme der Handlung ausgeschlossen wird[5]).

Gemildert wird diese Folge dadurch, daß die wichtigsten Prozeßhandlungen in der auf den Prinzipien der Einheitlichkeit beruhenden mündlichen Verhandlung bis zum Schlusse derjenigen Verhandlung, auf welche das Urteil ergeht, vorgenommen werden können, soweit nicht bestimmte gesetzliche Ausnahmen bestehen[6]), sowie weiter dadurch, daß regelmäßig der Partei freisteht, Prozeßhandlungen, welche sie in

---

[2]) In diesem Sinne sind die Fristen peremtorische; Ausnahmen: CPO. §§ 113, 699, 926, 942.

[3]) CPO. § 220 Abs. 2.

[4]) CPO. § 158.

[5]) CPO. § 430.

[6]) CPO. §§ 274, 295, 354, 367, 389 Abs. 3, §§ 279, 374, 433.

einer Instanz versäumt hat, in der höheren Instanz nachzuholen, soweit diese Instanz für solche Verhandlung Raum bietet[7]). Jedoch giebt es auch hiervon Ausnahmen[8]).

Eine Androhung der gesetzlichen Folgen der Versäumung bedarf es nicht, weder seitens des Gerichts noch seitens der Gegenpartei[9]); wohl aber treten die Folgen der Versäumung zuweilen erst unter der Voraussetzung ein, daß die Partei vorher vom Gericht zur Abgabe einer Erklärung aufgefordert ist[10]). Ebensowenig bedarf es zu dem Eintritte der gesetzlichen Folgen der Versäumung eines Antrags der Partei (accusatio contumaciae) und eines auf diesen Antrag ergehenden richterlichen Ausspruchs über den Eintritt dieser Folgen (declaratio contumaciae), vielmehr treten diese Folgen von selbst ein, es sei denn, daß die Prozeßordnung einen auf Verwirklichung des Rechtsnachteils gerichteten Antrag erfordert; in diesem Falle kann die versäumte Prozeßhandlung nachgeholt werden, so lange nicht der Antrag gestellt und, soweit mündliche Verhandlung erforderlich ist, die mündliche Verhandlung über denselben geschlossen ist, resp. die ohne vorgängige mündliche Verhandlung zu erlassende Entscheidung ergangen ist[11]).

§ 66.

Aufhebung der Folgen einer Versäumung. Wiedereinsetzung in den vorigen Stand.

Hellmann § 122 — Fitting § 37.

Die Beseitigung eines durch Versäumung einer Prozeßhandlung eingetretenen Nachteils findet nur ausnahmsweise statt. War die Prozeßhandlung innerhalb einer bestimmten Frist vorzunehmen und war die Frist in der Weise peremtorisch, daß die Partei mit Ablauf der Frist ohne weiteres mit der Prozeßhandlung ausgeschlossen

---

7) CPO. §§ 531, 557, 570. 8) CPO. §§ 528—530, 558.

9) CPO. § 231 Abs. 1. Ausnahmen bestehen für das Mahnverfahren (§ 692), im Aufgebotsverfahren (CPO. §§ 947 unter 3, 1008).

10) CPO. §§ 354 Abs. 1, 455, 507.

11) CPO. § 231. Abgesehen von der Totalversäumnis findet solche Ausnahme statt in den Fällen CPO. §§ 113, 239 Abs. 4, 465, 699, 926 Abs. 2, 942 Abs. 3, 952.

ist, so ist der Ausschluß ein definitiver; nur ausnahmsweise, nämlich im Falle der Nichteinhaltung einer Notfrist, wird eine Wiedereinsetzung in den vorigen Stand gewährt. Darüber wird am Schlusse dieses Paragraphen gesprochen werden.

Ist die Prozeßhandlung in der mündlichen Verhandlung vorzunehmen, so findet in den Fällen, in welchen die Partei kraft Gesetzes oder der Natur der Sache nach schon vor Schluß der mündlichen Verhandlung, auf welche das Urteil ergeht, mit der Vornahme einer Prozeßhandlung ausgeschlossen ist[1]), eine Aufhebung der Folgen der Versäumung insoweit statt, als der Partei unter bestimmten gesetzlichen Voraussetzungen noch im Laufe der mündlichen Verhandlung nachträglich die Nachholung versäumter Prozeßhandlungen zu gewähren ist[2]).

In allen Fällen, in welchen die Aufhebung der Folgen einer Versäumung sei es im Wege eines besonderen Wiedereinsetzungsverfahrens oder ohne solches stattfindet, und die Aufhebung davon abhängt, daß die Versäumung seitens der Partei nicht verschuldet ist[3]), wird eine Versäumung, welche in der Verschuldung eines Vertreters ihren Grund hat, als eine unverschuldete nicht angesehen[4]). Auch findet auf Grund der den Minderjährigen und den ihnen gleichgestellten Personen als solchen zustehenden Rechte die Aufhebung der Folgen einer Versäumung nicht statt[5]).

Wiedeinsetzung i den vorigewstand im Fal der Nichtehaltung ner Notfit.

Die Wiedereinsetzung in den vorigen Stand gegen einen Nachteil, welchen die Partei dadurch erleidet, daß eine von ihr binnen einer bestimmten Frist vorzunehmende Prozeßhandlung nicht vorgenommen ist, kennt die Prozeßordnung nur für den Fall, daß diese Frist eine Notfrist ist.

Notfnen.

Notfristen[6]) sind folgende gesetzliche Fristen

1. die Einspruchsfrist (CPO. § 339);

2. die Frist für den Antrag des Schwurpflichtigen, der den zur Eidesleistung bestimmten Termin versäumt hat, ihm nachträglich den Eid abzunehmen (CPO. § 466);

---

[1]) s. d. Fälle u. § 78 a. E.

[2]) Besondere Vorschriften gelten für die Versäumung des Schwurtermins, CPO. §§ 466—468.

[3]) s. die Fälle der Anm. 1, außerdem CPO. § 233 Abs. 2 u. Anm. 8.

[4]) CPO. § 232 Abs. 2.

[5]) CPO. § 232 Abs. 1.

[6]) CPO. § 223 Abs. 3.

3. die Rechtsmittelfristen (Berufung CPO. § 516, Revision CPO. § 552, sofortige Beschwerde CPO. § 577);

4. die Frist für die Wiederaufnahme des Verfahrens durch Nichtigkeits- oder Restitutionsklage (CPO. 586);

5. die Fristen zur Erhebung der Anfechtungsklagen im Aufgebotsverfahren (CPO. § 958) und im Schiedsverfahren (CPO. § 1044).

Die Wiedereinsetzung in den vorigen Stand wird der Partei nur gewährt, wenn die Versäumung der Notfrist auf einem gesetzlichen Wiedereinsetzungsgrunde beruht. Gründe.

Gründe der Wiedereinsetzung sind

1. unabwendbare Zufälle, insbesondere Naturereignisse (casus fortuiti), welche die Partei verhindert haben, die Notfrist einzuhalten[7]);

2. unverschuldete Unkenntnis von der Zustellung eines Versäumnisurteils, wenn die Partei aus solchem Grunde die Einspruchsfrist versäumt hat[8]);

3. von der Partei nicht verschuldete Fehler in den Zustellungsakten in zwei Fällen:

a) wenn die Zustellung des zur Wahrung der Notfrist bestimmten Schriftsatzes deshalb unwirksam ist, weil die Zustellung nicht an den wirklichen Prozeßbevollmächtigten, sondern an den in dem angefochtenen Urteile unrichtig bezeichneten Prozeßbevollmächtigten erfolgt ist, die Partei also durch solche Bezeichnung in Irrtum über die Person des Prozeßbevollmächtigten versetzt ist[9]);

b) wenn die Zustellung erst nach Ablauf der Notfrist erfolgt ist, obgleich der zur Wahrung der Notfrist bestimmte Schriftsatz dem Gerichtsvollzieher oder, sofern die Zustellung unter Vermittlung des Gerichtsschreibers erfolgen soll, dem Gerichtsschreiber spätestens am dritten Tage vor Ablauf der Notfrist übergeben ist[10]).

---

[7]) CPO. § 233 Abs. 1.

[8]) CPO. § 233 Abs. 2.

[9]) CPO. § 235 Abs. 2.

[10]) CPO. § 235 Abs. 1, vergl. hierzu CPO. §§ 166 ff., 207 Abs. 2, durch welche letztere Bestimmung das Anwendungsgebiet dieses Restitutionsgrundes

Es wird hier angenommen, daß die Partei, welche spätestens am dritten Tage vor Ablauf der Notfrist das Ihrige gethan hat, um die Zustellung rechtzeitig zu bewirken, schuldlos ist und deshalb den trotzdem eingetretenen Nachteil nicht erleiden soll.

Frist. Die Wiedereinsetzung muß innerhalb einer gesetzlichen Frist beantragt werden und kann nach Ablauf eines Jahres, von dem Ende der versäumten Notfrist an gerechnet, nicht mehr beantragt werden[11]).

Die Frist beträgt in den Fällen 1, 2 u. 3a zwei Wochen, sie beginnt mit dem Tage, an welchem das Hindernis (der unabwendbare Zufall, die Unkenntnis, der Irrtum) gehoben ist, und kann durch Vereinbarung unter den Parteien nicht verlängert werden.

Im Falle 3b beträgt die Frist einen Monat nach Ablauf der versäumten Notfrist.

Antrag. Die Wiedereinsetzung wird durch Zustellung eines Schriftsatzes beantragt. Derselbe muß enthalten:

1. die Angabe der die Wiedereinsetzung begründenden Thatsachen;
2. die Angabe der Mittel für deren Glaubhaftmachung;
3. die Nachholung der versäumten Prozeßhandlung oder, wenn diese bereits nachgeholt ist, die Bezugnahme hierauf;
4. im Falle der Versäumung der oben S. 270 unter 2 bezeichneten Notfrist auch die Ladung des Gegners zur Eidesleistung und zur weiteren mündlichen Verhandlung. Selbstverständlich bedarf es daneben eines besonderen Antrages auf Abnahme des Eides gemäß CPO. § 466 nicht.

Ist die Einlegung der sofortigen Beschwerde versäumt worden, so wird der Antrag auf Wiedereinsetzung durch Einreichung des Schriftsatzes bei Gericht gestellt. Die Einreichung kann sowohl bei dem Gerichte, von welchem die angefochtene Entscheidung erlassen ist, als bei dem Beschwerdegerichte erfolgen.

Im Falle unter 3b (S. 271) kann die Wiedereinsetzung auch in dem für die mündliche Verhandlung über das verspätet eingelegte Rechts-

---

vermindert wird, insofern als eine Verspätung in der unter Vermittlung des Gerichtsschreibers erfolgten Zustellung dann ohne Belang ist, wenn die Zustellung binnen 2 Wochen nach der Einreichung des Schriftsatzes beim Gerichtsschreiber erfolgt ist.

11) CPO. §§ 234, 235 Abs. 3. Über die Bedeutung dieser Fristen s. u. § 69.

behelf (Einspruch, Rechtsmittel 2c.) bestimmten Termine ohne vorgängige Zustellung eines Schriftsatzes beantragt werden, wenn die Zustellung der Ladung zu dem Termin innerhalb der einmonatigen Frist nach Ablauf der versäumten Notfrist erfolgt ist.

Über den Antrag auf Wiedereinsetzung entscheidet das Gericht, welchem die Entscheidung über die nachgeholte Prozeßhandlung (Einspruch, Rechtsmittel 2c.) zusteht[12]). Das Verfahren über den Antrag auf Wiedereinsetzung (judicium rescindens)[13]) ist mit dem Verfahren über die nachgeholte Prozeßhandlung (judicium rescissorum) zu verbinden. Das Gericht kann jedoch das Verfahren zunächst auf die Verhandlung und die Entscheidung über den Antrag beschränken. Verfahren.

Ist für das Verfahren über die nachgeholte Prozeßhandlung mündliche Verhandlung vorgeschrieben, so wird in dieser mündlichen Verhandlung auch über den Antrag entschieden. Soweit für das Verfahren über die nachgeholte Prozeßhandlung mündliche Verhandlung nicht vorgeschrieben ist, wie für den Fall der Beschwerde, erfolgt auch die Entscheidung über den Antrag in derselben Weise wie über die Beschwerde. Darnach ergeht die Entscheidung über die Wiedereinsetzung regelmäßig in und mit der Entscheidung über die nachgeholte Prozeßhandlung. Ist also z. B. die Notfrist zur Einlegung der Berufung versäumt, so ist mit dem Antrage auf Wiedereinsetzung die Nachholung der Berufung zu verbinden. Das Berufungsgericht entscheidet nach vorgängiger mündlicher Verhandlung. Erachtet es den Antrag für unbegründet, so wird die Wiedereinsetzung und damit die Berufung als prozessualisch unzulässig zurückgewiesen. Erachtet das Berufungsgericht den Antrag auf Wiedereinsetzung begründet, so kann es hierüber durch Zwischenurteil entscheiden, kann aber auch ohne Zwischenurteil die Verhandlung über die Berufung einleiten und demnächst mit dem Endurteil über die Berufung den Antrag auf Wiedereinsetzung für zulässig erklären.

Das Gesuch um Wiedereinsetzung hat keine aufschiebende Wirkung. Ist das Urteil durch Ablauf der Notfrist vollstreckbar geworden, so wird die Zwangsvollstreckung durch das Gesuch und durch die Nachholung des Rechtsmittels nicht gehemmt, es kann jedoch das Gericht auf Antrag anordnen, daß die Zwangsvollstreckung gegen oder ohne Sicherheitsleistung eingestellt werde oder nur gegen Sicherheitsleistung

---

[12]) CPO. § 237. [13]) CPO. § 238.

stattfinde, und daß die erfolgten Vollstreckungsmaßregeln gegen Sicherheitsleistung aufzuheben seien. Die Einstellung der Zwangsvollstreckung ohne Sicherheitsleistung ist nur zulässig, wenn glaubhaft gemacht wird, daß die Vollstreckung einen nicht zu ersetzenden Nachteil bringen würde[14]).

Eine Anfechtung der Entscheidung über die Zulässigkeit des Antrags findet in derselben Weise statt, wie die Anfechtung der Entscheidung über die nachgeholte Prozeßhandlung. Ergeht jedoch gegen die Partei, welche den Antrag auf Wiedereinsetzung gestellt hat, ein Versäumnisurteil, so ist dieses mit dem Einspruch nicht anfechtbar[15]).

Kosten. Die Kosten der Wiedereinsetzung fallen dem Antragsteller zur Last, soweit sie nicht durch einen unbegründeten Widerspruch des Gegners entstanden sind[16]).

§ 67.

Von den gerichtlichen Handlungen, insbesondere von den Entscheidungen und deren Anfechtung durch Beschwerde.

Planck §§ 74—81, 153—158 — Hellmann §§ 61—63, 116 — Fitting §§ 32, 84 — Schmidt §§ 91—96, 104.

Die richterliche Thätigkeit im Erkenntnisverfahren ist gegenüber der Parteiverhandlung leitender oder entscheidender Art.

Leitung der mündlichen Verhandlung durch den Richter. Die Verhandlung der Streitsache durch die Parteien findet unmittelbar vor dem Gerichte unter Leitung desselben statt. Kraft seines Prozeßleitungsamtes hat der Richter nicht nur dafür zu sorgen, daß sich die Parteithätigkeit vor Gericht frei entfalten kann, daß den Parteien ausreichend Gehör gewährt wird, Licht und Schatten gleichmäßig verteilt werden, sondern auch gegenüber der Freiheit der Parteien in der Verhandlung des Rechtsstreits darauf zu achten, daß die Verhandlung in klarer, übersichtlicher Weise geführt wird, Dunkelheiten aufgeklärt werden, unvollständige Erklärungen vervollständigt werden, daß in ökonomischer Weise ohne übermäßigen Aufwand von Mühe, Zeit und Kosten verfahren wird[1]).

---

[14]) CPO. § 707. Die Entscheidung kann ohne vorgängige mündliche Verhandlung erfolgen. Eine Anfechtung des Beschlusses findet nicht statt.

[15]) s. u. § 79. [16]) CPO. § 238 Abs. 3.

[1]) Das Einzelne bleibt der Darstellung des dritten Kapitels dieses Titels vorbehalten.

Das Gericht ist bei der Ausübung dieser Thätigkeit nicht an Anträge der Parteien gebunden, übt vielmehr das ihm gegenüber der Parteiverhandlung zustehende Frage- und Anordnungsrecht spontan nach seinem Ermessen aus. Inwieweit das Gericht dabei den Anregungen einer Partei folgen will, steht ganz in seinem Ermessen.

Soweit das Gericht sich bei der Ausübung des Prozeßleitungsamtes innerhalb der gesetzlichen Schranken hält, ist das Verfahren unanfechtbar, der Partei steht ein Beschwerderecht nicht zu.

Die entscheidende Thätigkeit des Gerichts ist entweder eine urteilende oder eine verfügende. Entscheidungen.

I. Ein Urteil liegt vor, wenn das Gericht einen unter den Parteien oder einen zwischen den Parteien einerseits und einem Dritten bestehenden Streit entscheidet. Das Urteil ist entweder Endurteil oder Zwischenurteil, je nachdem es das Streitverhältnis selbst (Endurteil) oder nur einzelne Elemente des Rechtsstreites oder einen Zwischenstreit erledigt (Zwischenurteil). Urteile.

1. Das Endurteil ist entweder Vollurteil oder Teilurteil, jenes erledigt das Streitverhältnis oder eines von mehreren zur gleichzeitigen Verhandlung und Entscheidung verbundenen Streitverhältnissen vollständig, dieses erledigt nur einen Teil des Streitverhältnisses und zwar entweder einen von mehreren in Einer Klage geltend gemachten Ansprüchen (objektive Klagenhäufung, Streitgenossenschaft) oder einen Bruchteil eines geltend gemachten Anspruches oder bei erhobener Widerklage nur den in der Klage oder den in der Widerklage geltend gemachten Anspruch. Endurteil. Teilurteil.

Das Endurteil ist zu erlassen, sobald der Rechtsstreit zur Endentscheidung reif ist. Dasselbe gilt, wenn von mehreren zum Zwecke gleichzeitiger Verhandlung oder Entscheidung verbundenen Prozessen nur der eine zur Entscheidung reif ist. Der Prozeß ist zur Endentscheidung reif, wenn feststeht, daß der Prozeß zu versagen ist, die Klage also wegen des Fehlens einer Prozeßvoraussetzung oder wegen fehlender prozessualer Klagbefugnis abzuweisen ist, oder wenn im entgegengesetzten Falle über den Anspruch und über die Kosten die Entscheidung ergehen kann[2]).

---

[2]) CPO. § 300. Hat der Beklagte den Klaggrund geleugnet, jedoch die Aufrechnung einer Gegenforderung für den Fall, daß die Klagforderung an sich

Ist von mehreren in einer Klage geltend gemachten Ansprüchen nur der eine, oder ist nur ein Teil eines Anspruchs oder bei erhobener Widerklage nur die Klage oder die Widerklage zur Endentscheidung auf, so hat das Gericht das Teilurteil zu erlassen, es sei denn, daß das Gericht die Erlassung eines Teilurteils nach Lage der Sache nicht für angemessen erachtet[3]).

Macht der Beklagte eine verzögerliche Einrede aus BGB. §§ 2014, 2015 geltend, so wird die Erlassung des Endurteils dadurch nicht ausgeschlossen. Da die bezeichneten verzögerlichen Einreden nur dem Beklagten zustehen, welcher das Recht der beschränkten Haftung noch nicht verloren hat, so erfolgt die Verurteilung unter Vorbehalt der beschränkten Haftung des Beklagten[4]).

Vorbehaltsurteile. Endurteile besonderer Art sind diejenigen Urteile, welche den Rechtsstreit unter Vorbehalt eines Nachverfahrens, in welchem es zur Wiederaufhebung des Vorbehaltsurteils kommen kann, erledigen (s. u. § 116).

Zwischenurteile. 2. Zwischenurteile erledigen entweder einen Zwischenstreit zwischen den Parteien und dritten Personen (s. o. § 45 Anm. 11—13, S. 216), oder sie ergehen in dem Rechtsstreite unter den Parteien.

Die im Rechtsstreite unter den Parteien ergehenden Zwischenurteile erledigen entweder einen (prozessualen) Zwischenstreit[5]) oder sie ergreifen den materiellen Prozeßstoff. Hierher gehören:

---

besteht, geltend gemacht (sog. Eventualaufrechnung), Kläger aber die Gegenforderung anerkannt, so ist die Endentscheidung über den Hauptanspruch, nicht auch über die Kosten reif. Der Hauptanspruch besteht für keinen Fall, denn er ist entweder überhaupt nicht entstanden, oder er ist nunmehr durch Aufrechnung untergegangen. Die Entscheidung über die Kosten kann jedoch noch nicht ergehen. Die Kosten sind dem Kläger nur dann aufzuerlegen, wenn er bezüglich seines Anspruches sachfällig wird; im anderen Falle treffen den Beklagten die Kosten des Rechtsstreits in derselben Weise wie den Beklagten, welcher bei hinreichender Klagveranlassung den Kläger nach erhobener Klage in der Hauptsache befriedigt. Hatte der Beklagte schon vor der Klagerhebung für den Fall des Bestehens der Klagforderung aufgerechnet, dann treffen den Kläger die Kosten für alle Fälle, da er dann keine Veranlassung zur Leistungsklage hatte, vielmehr seinerseits unter Annahme der Aufrechnung nur auf Feststellung des Nichtbestehens der Forderung des Beklagten klagen konnte.

[3]) CPO. § 301. Bei teilweisem Anerkenntnis muß immer ein Teilurteil ergehen, CPO. § 307.

[4]) CPO. §§ 305 und 782 u. unten § 135.

[5]) CPO. § 303 u. oben § 45.

a) die Zwischenurteile über einzelne selbständige Angriffs- oder Verteidigungsmittel[6]);

b) das Urteil, welches über den Grund eines Anspruchs, welcher nach Grund und Betrag streitig ist, vorab entscheidet[7]).

Die Urteile können unbedingt oder bedingt ergehen. Bedingt ist das Urteil, wenn durch dasselbe auf Leistung eines Parteieides erkannt ist. Es folgt dann dem Urteile das Eidesleistungsverfahren, welches mit dem endgültigen Urteile, dem sog. Läuterungsurteile, welches die im bedingten Urteile gezogenen Folgen der Leistung und Nichtleistung der Eide ausspricht, abschließt[8]). Bedingte Urteile. Läuterungsurteil.

Die Urteile sind, wenn sie auf Grund der einseitigen Behauptung einer Partei gegen die andere in der Verhandlung nicht erschienene Partei ergehen, Versäumnisurteile[9]). Versäumnisurteil.

Jedes Urteil muß enthalten[10]): Inhalt des Urteils.

1. die Bezeichnung der Parteien, ihrer gesetzlichen Vertreter und der Prozeßbevollmächtigten nach Namen, Stand oder Gewerbe, Wohnort und Parteistellung;

2. die Bezeichnung des Gerichts und die Namen der Richter, welche bei der Entscheidung mitgewirkt haben;

3. den Thatbestand, d. h. eine gedrängte Darstellung des Sach- und Streitstandes auf Grundlage der mündlichen Vorträge der Parteien unter Hervorhebung der gestellten Anträge;

4. die Entscheidungsgründe;

5. die von der Darstellung des Thatbestandes und der Entscheidungsgründe äußerlich zu sondernde Urteilsformel.

Bei der Darstellung des Thatbestandes ist eine Bezugnahme auf den Inhalt der vorbereitenden Schriftsätze und auf die zum Sitzungsprotokolle erfolgten Feststellungen, im Berufungsurteile auch eine Bezugnahme auf das Urteil der vorigen Instanz nicht ausgeschlossen[11]).

Das Gericht ist an die Entscheidung, welche in den von ihm er- Unwiderruflichkeit der Urteile.

---

6) CPO. § 303 u. oben § 43. 7) CPO. § 304.

8) CPO. §§ 460—462, 477 Abs. 3.

9) CPO. §§ 330—347. Findet Eremodizialverfahren (S. 332f., Anm. 3) statt, wie im Falle CPO. § 618, so ist das Urteil kein Versäumnisurteil.

10) CPO. § 313. 11) CPO. §§ 313 Abs. 2, 543.

lassenen Urteilen enthalten ist, gebunden[12]), unbeschadet der Befugnis zur Berichtigung und Ergänzung des Inhaltes.

Berichtigung des Urteils. Die Berichtigung des Urteils ist in zwei Fällen zulässig, indem

a) Schreibfehler, Rechnungsfehler und ähnliche offenbare Unrichtigkeiten, welche in dem Urteile vorkommen, jederzeit von dem Gerichte auch von Amtswegen zu berichtigen sind[13]).

b) Enthält der Thatbestand eines Urteils Unrichtigkeiten, welche nicht unter die Bestimmung unter a fallen, Auslassungen, Dunkelheiten oder Widersprüche, so kann die Berichtigung binnen einer gesetzlichen Frist von einer Woche durch Zustellung eines Schriftsatzes, welcher den Antrag auf Berichtigung und die Ladung des Gegners zur mündlichen Verhandlung enthalten muß, beantragt werden[14]).

Das Gericht entscheidet ohne vorgängige Beweisaufnahme. Bei der Entscheidung wirken nur diejenigen Richter mit, welche bei dem Urteile mitgewirkt haben. Ist ein Richter verhindert, so giebt bei Stimmengleichheit die Stimme des Vorsitzenden und bei dessen Verhinderung die Stimme des ältesten Richters den Ausschlag. Eine Anfechtung des Beschlusses findet nicht statt. Der Berichtigungsbeschluß wird auf dem Urteile und den Ausfertigungen bemerkt. Die Berichtigung des Thatbestandes hat eine Änderung des übrigen Teils des Urteils, also der Urteilsformel und der Entscheidungsgründe nicht zur Folge[15]).

Ergänzung des Urteils. Ergänzung des Urteils durch nachträgliche Entscheidung ist auf Antrag zulässig

a) wenn ein nach dem ursprünglich festgestellten oder nachträglich berichtigten Thatbestande von einer Partei geltend gemachter

---

[12]) CPO. § 318.

[13]) CPO. § 319. Mündliche Verhandlung ist nicht erforderlich. Der Berichtigungsbeschluß wird auf dem Urteile und dessen Ausfertigungen bemerkt. Gegen den Berichtigungsbeschluß ist die sofortige Beschwerde zulässig. Gegen den Beschluß, durch welchen ein Antrag auf Berichtigung zurückgewiesen wird, findet kein Rechtsmittel statt.

[14]) CPO. § 320 Abs. 1 und 3. Die Frist beginnt mit dem Tage des Aushangs des Verzeichnisses, in welches das Urteil eingetragen ist, falls jedoch das Urteil innerhalb zweier Monate seit diesem Tage zugestellt wird, mit der Zustellung des Urteils. Der Antrag kann schon vor dem Beginn der Frist zugestellt werden (CPO. §§ 320 Abs. 2, 316 u. unten § 73 Anm. 5).

[15]) CPO. § 320 Abs. 4 u. 5.

Haupt- oder Nebenanspruch, oder wenn der Kostenpunkt bei der Endentscheidung ganz oder teilweise übergangen ist[16]);

b) wenn in Fällen, wo ein Vorbehaltsurteil zu erlassen war, das Urteil ohne Vorbehalt erlassen ist[17]);

c) wenn in Fällen, in welchen ein Urteil für vorläufig vollstreckbar zu erklären ist, das Urteil nicht für vorläufig vollstreckbar erklärt ist[18]);

d) wenn in dem Prozeß über die Verpflichtung zur Räumung einer Wohnung der Antrag des Beklagten, im Urteile eine Frist zur Räumung zu bestimmen, übergangen ist[19]).

Die nachträgliche Entscheidung muß binnen einer gesetzlichen Frist von Einer Woche, welche mit der Zustellung des Urteils beginnt, durch Zustellung eines Schriftsatzes, welcher den Antrag auf Ergänzung und die Ladung des Gegners zur mündlichen Verhandlung enthalten muß, beantragt werden. Die mündliche Verhandlung erstreckt sich nur auf den nicht erledigten Gegenstand des Rechtsstreits[20]).

II. Dem Gerichte steht die Handhabung der Ordnung im Prozesse zu. Kraft dieser Befugnis entscheidet das Gericht über Anträge und Gesuche der Parteien auf Gewährung bestimmter prozessualer Rechtsbehelfe, gewährt der Partei Schutz gegenüber dem Mißbrauche solcher Rechtsbehelfe und übt den zur Durchführung des Prozeßzweckes erforderlichen Zwang aus. Andere Entscheidungen.

Im weiteren Sinne gehört auch diese Thätigkeit der Prozeßleitung an, sie ist jedoch nicht rein leitender, anordnender, sondern auch entscheidender Art. Die Entscheidung erledigt aber keinen Streit unter den Parteien, sondern bestimmt darüber, ob und in welchem Umfange der Partei vom Gerichte Hülfe und Schutz nicht im Verhältnisse zur Gegenpartei, sondern in ihrer Parteistellung überhaupt, d. h. gegenüber der öffentlichen Gewalt zu gewähren oder zu versagen ist[21]).

---

16) CPO. § 321 Abs. 1.

17) CPO. §§ 302 Abs. 2, 540 Abs. 2, 599 Abs. 2.

18) CPO. § 716. 19) CPO. § 721 Abs. 2 (716) u. o. S. 200 Anm. 2.

20) CPO. § 321 Abs. 2—4.

21) Hierher gehören die Entscheidungen über das Armenrecht, über die Bestimmung des zuständigen Gerichts, über den Antrag auf Erlaß eines Versäumnisurteils, über die Zulässigkeit einer in der mündlichen Verhandlung gestellten Frage, über Aussetzung des Verfahrens, weiter Beweisbeschlüsse, Zurück-

Solche Entscheidungen prozeßleitender Art ergehen vom Gerichte als Beschlüsse, vom Vorsitzenden oder vom beauftragten oder ersuchten Richter als Verfügungen [22]).

Die in solchen Beschlüssen oder Verfügungen ergehenden Entscheidungen binden das Gericht, welches die Entscheidungen erlassen hat, regelmäßig nicht, vielmehr kann auf ein erneuertes Gesuch resp. auf Beschwerde Abänderung erfolgen. Nur dann, wenn ein solcher Beschluß der sofortigen Beschwerde unterliegt, kann er vom Gerichte, abgesehen von einzelnen Ausnahmen, nicht zurückgenommen oder abgeändert werden [23]).

Verfügungen des beauftragten oder ersuchten Richters oder des Gerichtsschreibers unterliegen auf Antrag der Änderung durch das Prozeßgericht [24]). In gewissem Umfange findet das auch bei Verfügungen und Anordnungen des Vorsitzenden statt [25]).

Die entscheidende und verfügende Thätigkeit des Gerichts unterliegen einer Nachprüfung durch das höhere Gericht, wenn die Partei, welche sich durch diese Thätigkeit in ihren materiellen Rechten oder in ihren prozeßrechtlichen Befugnissen verletzt glaubt, das Urteil oder den Beschluß, welcher die Verletzung enthält, anficht. Solche Mittel der Anfechtung nennt man Rechtsmittel.

Rechtsmittel. Rechtsmittel giebt es drei, die Berufung, die Revision und die Beschwerde; jene beiden richten sich gegen die Endurteile und diejenigen Zwischenurteile, welche hinsichtlich der Rechtsmittel als Endurteile anzusehen sind [26]), und führen zu einer Nachprüfung des gesamten Erkenntnisverfahrens, indem auch alle diejenigen Entscheidungen, welche dem angegriffenen Urteile vorangehen, der Be-

---

weisung nachträglich vorgebrachter Verteidigungsmittel, Beweismittel und Beweiseinreden, Entscheidungen im Kostenfestsetzungsverfahren, im Beschwerdeverfahren, sowie die gesamte richterliche Thätigkeit im Verfahren zur Sicherung des Beweises, im Arrestverfahren, Zwangsvollstreckungs- und Konkursverfahren, Aufgebots- und Schiedsverfahren, soweit in diesen Verfahrensarten nicht Streitigkeiten unter den Parteien entstehen, welche durch Urteil zu entscheiden sind.

22) CPO. § 329 Abs. 2. 23) CPO. § 577 Abs. 3.

24) CPO. § 576.

25) GVG. § 202 Abs. 3, CPO. § 140 u. o. S. 86 f.

26) Über diese beiden Rechtsmittel wird unten (§§ 107—109) in einem anderen Zusammenhange gesprochen werden.

urteilung des Berufungs- und Revisionsgerichts unterliegen, es sei denn, daß diese Entscheidungen unanfechtbar oder mit dem Rechtsmittel der Beschwerde anfechtbar sind [27]).

Mit der Beschwerde werden einzelne gerichtliche Entscheidungen, durch welche eine Partei in ihrer prozessualen Stellung verletzt ist, selbständig angefochten. Beschwerde.

Die Beschwerde ist keineswegs gegen alle solche gerichtliche Verfügungen und Entscheidungen zulässig, vielmehr ist solche Zulässigkeit die Ausnahme. Die Zulässigkeit der Beschwerde hängt davon ab [28]), daß Prozessuale Zulässigkeit.

a) entweder das Gesetz die Beschwerde in den betreffenden Fällen für zulässig erklärt [29]), oder

---

[27]) CPO. §§ 512, 548. [28]) CPO. § 567 Abs. 1.

[29]) Solche Fälle sind:

1. Zurückweisung von Ablehnungsgesuchen (CPO. §§ 46, 49, 406);
2. Zwischenurteile über einen Zwischenstreit zwischen den Parteien und dritten Personen (CPO. §§ 71, 135, 387, 402 u. o. S. 216);
3. Entscheidungen über Auferlegung von Kosten an dritte Personen (CPO. § 102) und im Kostenfestsetzungsverfahren (CPO. §§ 103, 105, 107), sowie über die Rückgabe einer prozessualischen Sicherheit (CPO. § 109);
4. Entscheidungen, durch welche das Armenrecht verweigert, entzogen oder die Nachzahlung von Kosten angeordnet wird (CPO. § 127);
5. Entscheidungen, durch welche die Aussetzung des Verfahrens angeordnet oder abgelehnt wird (CPO. § 252 u. o. S. 260);
6. Beschlüsse, durch welche die Berichtigung von Schreibfehlern, Rechenfehlern und ähnlichen Unrichtigkeiten eines Urteils ausgesprochen wird (CPO. § 319 u. o. S. 278);
7. Zurückweisung des Antrags auf Erlaß eines Versäumnisurteils (CPO. § 336);
8. Strafverfügungen und Zwangsmaßregeln gegen Auskunftspersonen und gegen Parteien (CPO. §§ 380, 390, 409, 619, 640, 641);
9. Beschlüsse, durch welche die Entmündigung abgelehnt wird (CPO. §§ 663, 680), oder durch welche eine wegen Geisteskrankheit oder wegen Geistesschwäche erfolgte Entmündigung aufgehoben wird (CPO. § 678 Abs. 2), sowie Beschlüsse, durch welche die Unterbringung des zu Entmündigenden in eine Heilanstalt angeordnet wird (CPO. § 656);

Andere Fälle kommen vor im Mahnverfahren (CPO. § 699), im Zwangsvollstreckungsverfahren (CPO. § 793, G. über die Zwangsversteigerung und Zwangsverwaltung §§ 95—104), im Arrestverfahren (CPO. §§ 934, 936), im Aufgebotsverfahren (CPO. §§ 952, 1022), im schiedsrichterlichen Verfahren (CPO § 1045), im Konkursverfahren

b) durch die betreffende Verfügung oder Entscheidung ein das Verfahren betreffendes Gesuch, über welches ohne vorgängige mündliche Verhandlung entschieden werden kann, zurückgewiesen ist, es sei denn, daß die Zulässigkeit durch das Gesetz ausgeschlossen ist[30]). Vorausgesetzt ist also

aa) daß über das Gesuch ohne vorgängige mündliche Verhandlung entschieden werden kann. Gehört das Gesuch in die mündliche Verhandlung, so findet eine selbständige Anfechtung einer zurückweisenden Verfügung nicht statt, es sei denn, daß das Gesetz dies für zulässig erklärt (s. Anm. 29 Nr. 2, 7 u. 8);

bb) daß die Verfügung das Gesuch zurückweist. Gewährende Beschlüsse sind nur dann selbständig anfechtbar, wenn das Gesetz dies für zulässig erklärt (s. Anm. 29, Nr. 2, 3, 5, 6).

Die Beschwerde ist ein Rechtsmittel, über welches das im Instanzenzuge zunächst höhere Gericht entscheidet[31]).

Es giebt deshalb keine Beschwerde gegen die Entscheidungen der höchsten Gerichte (Reichsgericht und oberstes Landesgericht); dagegen ist die Beschwerde gegen die Entscheidungen der höheren Gerichte zulässig; gegen die in betreff der Prozeßkosten und gegen die auf dem Gebiete des Gerichtskostengesetzes und der Gebührenordnungen ergangenen Entscheidungen der Oberlandesgerichte jedoch nur dann, wenn die Beschwerdesumme den Betrag von einhundert Mark übersteigt[32]).

Beschwerdesumme.

(KO. §§ 73, 189), nach dem Genossenschaftsgesetze (Gen.-Ges. i. d. F. d. B. vom 23. Mai 1898 §§ 80, 112, 129), in Gewerbestreitigkeiten (G. v. 29. Juli 1890, § 55), nach dem Gerichtskostengesetze §§ 4, 16 (Geb.-O. f. Rechtsanwälte § 12), 47, 48, nach den Geb.-Ordnungen f. Gerichtsvollzieher § 22, für Zeugen und Sachverständige § 17, nach der Rechtsanw.-O. §§ 35, 36, nach dem Gerichtsverfassungsgesetze §§ 160, 175, 183.

30) s. CPO. § 225 Abs. 3.

31) CPO. § 568 Abs. 1. Die Beschwerde hat Devolutiveffekt.

32) CPO. § 567 Abs. 2, GKG. i. d. F. d. B. vom 23. Mai 1898 § 4 Abs. 2, § 16 Abs. 2 (Geb.-O. f. R.-A. i. d. F. d. B. v. 23. Mai 1898 § 12), § 47 Abs. 2, § 48 Abs. 2, Geb.-O. f. Z. u. S. i. d. F. d. B. v. 23. Mai 1898 § 17 Abs. 3. Beschwerdesumme ist der Betrag des durch die Beschwerde geltend gemachten Anfechtungsinteresse, also z. B. im Kostenfestsetzungsverfahren der Betrag, um den die Erhöhung oder Abminderung des Kostenfestsetzungsbeschlusses im Wege der Beschwerde begehrt wird.

Weitere Beschwerde.

Gegen die Entscheidung des Beschwerdegerichts ist eine weitere Beschwerde nicht zulässig, es sei denn, daß die Entscheidung des Beschwerdegerichts selbst wiederum einen neuen selbständigen Beschwerdegrund enthält[33]). In der Entscheidung des Beschwerdegerichts wird zunächst über die (prozessuale) Zulässigkeit des Rechtsmittels, sodann über das Gesuch, über welches bereits von dem niederen Richter entschieden ist, entschieden. Wird die Beschwerde für prozessualisch unzulässig erklärt, so liegt darin ein neuer gesetzlicher Beschwerdegrund, weil über die Beschwerde ohne vorgängige mündliche Verhandlung entschieden werden kann, und in der Beschwerdeentscheidung ein das Verfahren betreffendes Gesuch zurückgewiesen ist. Wird die Beschwerde ganz oder teilweise für begründet erklärt, so wird darin regelmäßig für den Gegner des Beschwerdeführers ein neuer selbständiger Beschwerdegrund liegen, jedoch nur dann, wenn die Entscheidung sich jetzt als solche darstellt, gegen welche die Beschwerde an sich prozessualisch zulässig ist, also eine der Voraussetzungen von CPO. § 567 Abs. 1 (Anm. 28) vorliegt[34]).

Die weitere Beschwerde ist jedoch in betreff der Prozeßkosten und auf dem Gebiete des Gerichtskostenwesens und der Gebührenordnungen (s. o. Anm. 33) dadurch beschränkt, daß solche Entscheidungen der Landgerichte einer weiteren Beschwerde nur unterliegen, wenn die Beschwerdesumme den Betrag von fünfzig Mark übersteigt, und daß auf die weitere Beschwerde gegen solche Entscheidungen der Oberlandesgerichte die Vorschrift CPO. § 567 Abs. 2 (Anm. 32) entsprechende Anwendung findet[35]).

Eine weitere Beschwerde gegen die Entscheidung auf die weitere Beschwerde giebt es nicht, so daß eine Entscheidung des Oberlandesgerichts über das Rechtsmittel der weiteren Beschwerde mit einem Rechtsmittel nicht angefochten werden kann[36]).

---

[33]) Wird also die erste Entscheidung in der Beschwerdeinstanz bestätigt (liegen duae conformes vor), und die Beschwerde aus solchem Grunde zurückgewiesen, so ist eine weitere Beschwerde nicht zulässig, auch wenn die Bestätigung aus anderen Gründen erfolgt; denn die weitere Beschwerde würde keinen neuen selbständigen Beschwerdegrund haben.

[34]) CPO. § 568 Abs. 2.

[35]) CPO. § 568 Abs. 3.

[36]) CPO. § 568 Abs. 4.

Die Beschwerde ist entweder einfache oder sofortige Beschwerde[37]); die einfache Beschwerde ist an keine Frist gebunden. Wird sie bei dem Gerichte, welches die erste Entscheidung erlassen hat, eingelegt, so hat sie zunächst die Bedeutung einer Gegenvorstellung. Das Gericht oder der Vorsitzende, dessen Entscheidung angefochten wird, haben, falls sie die Beschwerde für begründet erachten, derselben abzuhelfen, andernfalls vor Ablauf einer Woche dem Beschwerdegericht vorzulegen[38]).

---

[37]) Sofortige Beschwerde findet in folgenden Fällen statt:

1. gegen zurückweisende Entscheidungen über Ablehnungsgesuche (CPO. §§ 46, 49, 406 Abs. 1);
2. gegen Kostenfestsetzungs- und Kostenauferlegungsbeschlüsse (CPO. §§ 102, 103, 105, 107);
3. gegen die Entscheidungen im Verfahren betr. die Rückgabe einer prozessualischen Sicherheit (CPO. § 109);
4. gegen die Entscheidung, durch welche das Gesuch um Aussetzung des Verfahrens abgelehnt wird (CPO. § 252);
5. gegen den Beschluß, welcher die Berichtigung eines Urteils vor Schreibfehlern 2c. ausspricht (CPO. § 319);
6. gegen den Beschluß, durch welchen der Antrag auf Erlaß des Versäumnisurteils oder der Antrag auf Erlaß des Vollstreckungsbefehls abgelehnt wird (CPO. §§ 336, 699 Abs. 2);
7. gegen Zwischenurteile über einen Zwischenstreit zwischen den Parteien und dritten Personen (CPO. §§ 71, 135, 387 u. 402);
8. gegen die der Beschwerde unterliegenden Beschlüsse im Entmündigungsverfahren (CPO. §§ 656, 663, 678, 680 und Anm. 29 Nr. 9);
9. gegen die der Beschwerde unterliegenden Entscheidungen im Zwangsvollstreckungsverfahren (CPO. § 793, G. über die Zwangsversteigerung und Zwangsverwaltung §§ 95—104) und im Konkursverfahren (KO. § 66, 174);
10. gegen die Entscheidung, durch welche ein Arrest oder eine einstweilige Verfügung aufgehoben wird (CPO. §§ 934, 936);
11. gegen die Entscheidung, durch welche der Antrag auf Erlaß des Ausschlußurteils im Aufgebotsverfahren zurückgewiesen wird, und gegen Beschränkungen und Vorbehalte im Ausschlußurteile (CPO. § 952), sowie gegen den Beschluß, durch welchen die Zahlungssperre aufgehoben wird (CPO. § 1022 Abs. 3);
12. gegen die der Beschwerde unterliegenden Entscheidungen im schiedsrichterlichen Verfahren (CPO. § 1045 Abs. 3);
13. gegen die in Maßgabe des Genossenschaftsgesetzes i. d. F. d. B. vom 23. Mai 1898 §§ 80, 112, 129 ergehenden Entscheidungen.

[38]) CPO. § 571.

Die sofortige Beschwerde ist binnen einer Notfrist von zwei Wochen, welche mit der Zustellung, in den Fällen CPO. § 336 (Anm. 37 Nr. 6) und § 952 (Anm. 37 Nr. 11) mit der Verkündung der Entscheidung beginnt. Liegen dic Erfordernisse der Nichtigkeits- oder der Restitutionsklage vor, so kann die Beschwerde auch nach Ablauf der Beschwerdefrist innerhalb der für diese Klagen geltenden Notfristen erhoben werden[39]). Sofortige Beschwerde.

Eine Entscheidung, welche der sofortigen Beschwerde unterliegt, kann das Gericht weder vor noch nach Einlegung der Beschwerde zurücknehmen oder ändern. Hiervon sind ausgenommen Kostenfeststellungsentscheidungen, welche in Maßgabe von CPO. §§ 103 Abs. 1 und 105 Abs. 4 ergehen. Diese Entscheidungen kann das Gericht nach Einlegung der Beschwerde selbst abändern; zu einer weiteren Abänderung der einmal abgeänderten Entscheidung ist jedoch das Gericht nicht befugt[40]).

Wird die Änderung der Entscheidung eines beauftragten oder ersuchten Richters oder des Gerichtsschreibers verlangt, so ist die Entscheidung des Prozeßgerichts nachzusuchen[41]). Die Beschwerde findet gegen die Entscheidung des Prozeßgerichts statt. Unterliegt die betreffende Entscheidung, falls sie als Entscheidung des Prozeßgerichts ergangen wäre, der sofortigen Beschwerde, so muß die Entscheidung des Prozeßgerichts auf dem für die Einlegung der Beschwerde vorgeschriebenen Wege[42]) binnen der Notfrist nachgesucht werden, und hat das Prozeßgericht das Gesuch, falls es demselben nicht entsprechen will, dem Beschwerdegerichte vorzulegen[43]).

Für beide Fälle (einfache und sofortige Beschwerde) gelten folgende Verfahrensvorschriften: Verfahren.

1. Die Beschwerde wird bei dem Gerichte eingelegt, von welchem oder von dessen Vorsitzenden die angefochtene Verfügung erlassen ist

---

[39]) CPO. § 577 Abs. 1 u. 2. Die Einlegung bei dem Beschwerdegerichte genügt zur Wahrung der Notfrist auch dann, wenn der Fall für dringlich nicht erachtet wird.

[40]) CPO. § 577 Abs. 3.

[41]) CPO. § 576 Abs. 1. Diese Bestimmung gilt auch für das Reichsgericht, CPO. § 576 Abs. 3.

[42]) Das Gesuch wird in diesem Falle als eventuelle Beschwerde angesehen.

[43]) CPO. §§ 576 Abs. 2, 577 Abs. 4.

(judex a quo), sie kann in dringenden Fällen auch beim Beschwerdegerichte (judex ad quem) eingelegt werden[44]).

Die Einlegung erfolgt durch Einreichung einer Beschwerdeschrift, sie kann auch durch Erklärung zum Protokolle des Gerichtsschreibers erfolgen, wenn der Rechtsstreit bei einem Amtsgericht anhängig ist oder anhängig war, wenn die Beschwerde das Armenrecht betrifft oder von einem Zeugen oder Sachverständigen erhoben wird[45]).

Die Beschwerde kann auf neue Thatsachen und Beweise gestützt werden[46]).

Die Beschwerde hat regelmäßig keine aufschiebende Wirkung, so daß die Einlegung der Beschwerde die Geltung oder die Vollziehung der angefochtenen Entscheidung nicht hindert. Ausnahmsweise ist das der Fall[47]), auch kann das Gericht oder der Vorsitzende in den nicht ausgenommenen Fällen anordnen, daß die Vollziehung auszusetzen sei; ebenso kann das Beschwerdegericht vor der Entscheidung eine einstweilige Anordnung erlassen, insbesondere anordnen, daß die Vollziehung auszusetzen sei[48]).

Die Entscheidung über die Beschwerde kann ohne vorgängige mündliche Verhandlung erfolgen. Ordnet das Gericht eine schriftliche Erklärung an, so kann auch den in Fällen, in welchen Anwaltszwang besteht (Anm. 45), die Abgabe der Erklärung durch einen Anwalt erfolgen, der bei dem judicium a quo zugelassen ist. In den Fällen, in welchen die Beschwerde zum Protokolle des Gerichtsschreibers eingelegt werden darf, kann auch diese Erklärung zum Protokolle des Gerichtsschreibers abgegeben werden[49]).

Das Beschwerdegericht hat zunächst die prozessuale Zulässigkeit und weiter zu prüfen, ob die Beschwerde in der gesetzlichen Form und Frist eingelegt sei. Mangelt es an einem dieser Erfordernisse, so ist die Beschwerde als unzulässig zu verwerfen[50]).

---

[44]) CPO. § 569 Abs. 1.

[45]) CPO. § 549 Abs. 2. Abgesehen von diesen Ausnahmefällen besteht also Anwaltszwang.

[46]) CPO. § 570.

[47]) Aufschiebende Wirkung hat die Beschwerde in den Fällen CPO. § 109 (Anm. 29 Nr. 3), §§ 380, 390, 409, 619 (Anm. 29 Nr. 8), s. a. CPO. §§ 640, 641 f., §§ 656, 678 Anm. 29 Nr. 9).

[48]) CPO. § 572. [49]) CPO. § 573.

[50]) CPO. § 574.

Erachtet das Beschwerdegericht die Beschwerde für begründet, so kann es dem judicium a quo die erforderliche Anordnung übertragen oder, soweit dies angemessen ist, selbst die sachlich erforderliche Anordnung treffen[51]).

Zweites Kapitel.

Prozeßbetrieb.

§ 68.

Parteibetrieb und amtlicher Betrieb.

Planck § 70 — Schmidt § 54.

Dem Prozeßbetriebe gehören alle diejenigen Prozeßhandlungen an, welche dem Prozeßzwecke nur mittelbar dienen, welche den Prozeß in die Wege leiten und weiter führen.

Während im schriftlichen Verfahren des gemeinen Prozesses die Betriebsthätigkeit eine amtliche war, ein unmittelbarer Verkehr von Partei zu Partei nicht stattfand, vielmehr die Ladungen durch das Gericht ergingen, die Zustellung der Urteile von Amtswegen erfolgte, steht die Prozeßordnung auf anderem Boden, indem sie den Parteien den Prozeßbetrieb in gewissem Umfange überläßt.

Dem Vorgange des französischen Rechts entsprechend, kennt die Prozeßordnung eigene gerichtliche Beamte (Gerichtsvollzieher), zu deren Amtsthätigkeit es gehört, die Mitteilungen von Partei zu Partei resp. von Gericht zu Partei (Ladungen, Zustellungen), soweit solche nicht unmittelbar vor Gericht in der mündlichen Verhandlung erfolgen, zu vermitteln.

Der Prozeßbetrieb liegt jedoch nicht ausschließlich in Händen der Partei, es findet vielmehr auch ein amtlicher Betrieb durch das Gericht statt, man hat deshalb das System der Prozeßordnung ein System des modifizierten Parteibetriebs genannt.

Parteibetrieb findet statt, soweit es sich um die Eröffnung des Verfahrens (Erhebung der Klage, Beschreitung einer neuen Instanz, Parteibetrieb.

---

[51]) CPO. § 575.

Einlegung der Berufung, Revision), Wiederaufnahme eines durch Urteil beendigten Verfahrens in derselben Instanz (Einspruch, Restitutions-, Nichtigkeitsklage) handelt.

Das gleiche gilt dann, wenn es sich um die Berichtigung[1]) oder die Ergänzung eines Urteils, um Erledigung der Bedingung (der Eidesleistung), des Vorbehaltes (der weiteren Verteidigung) in einem Urteile, um die Fortsetzung des Verfahrens, wenn ein der Rechtskraft fähiges Zwischenurteil ergangen ist, handelt.

Das gleiche gilt von dem Beitritt zu einem Prozesse (Nebenintervention) sowie von der Streitverkündung.

Parteibetrieb findet weiter statt, wenn das Verfahren kraft gesetzlicher Vorschrift unterbrochen, durch richterliche Anordnung ausgesetzt oder aus irgend einem sonstigen Grunde in Stillstand geraten ist, für die Aufnahme und Fortsetzung des Verfahrens. Ebenso, wenn der Rechtsstreit von dem Prozeßgerichte an ein anderes Gericht (vom Amtsgericht an das Landgericht oder umgekehrt) verwiesen ist.

Auch die Vorbereitung der mündlichen Verhandlung findet im Parteibetriebe statt.

Amtlicher Betrieb.

Die mündliche Verhandlung selbst findet unter Leitung des Gerichts statt, sie wird von dem Prinzipe der Einheitlichkeit beherrscht; der Vorsitzende hat dafür zu sorgen, daß dieselbe bis zum Endurteile durchgeführt wird. Insoweit findet also amtlicher Betrieb statt, indem das Gericht nach Eröffnung der mündlichen Verhandlung alle prozeßleitenden Verfügungen von Amtswegen erläßt und den Parteien bekannt macht. Das gilt namentlich auch von der Vertagung der Verhandlung, der Verlegung der Termine und der Bestimmung der Termine zur Fortsetzung der mündlichen Verhandlung[2]), auch dann, wenn die mündliche Verhandlung dadurch abgebrochen ist, daß ein vorbereitendes Verfahren oder eine Beweiserhebung vor einem beauftragten oder ersuchten Richter angeordnet ist[3]).

Das Gleiche gilt für den Fall der Verweisung des Rechtsstreits von der Civilkammer an die Kammer für Handelssachen und umgekehrt (GVG. § 107).

---

[1]) Abgesehen von dem Falle des § 319 CPO.

[2]) CPO. § 228. Unbeschadet der Befugnis der Parteien, die Aufhebung eines Termins, die Verlängerung und Abkürzung von Fristen oder das Ruhen des Verfahrens zu vereinbaren (CPO. §§ 227, 224, 251).

[3]) CPO. §§ 352, 370 Abs. 2.

Amtlicher Betrieb findet weiter statt im Verfahren ohne obligatorische mündliche Verhandlung [4]).

§ 69.

Termine und Fristen.

Planck § 83 — Fitting §§ 35, 36 — Hellmann § 65 — Schmidt § 62.

Termine sind die vor dem Gerichte stattfindenden, zur Vornahme derjenigen Prozeßhandlungen, welche von den Parteien unmittelbar vor dem Gerichte vorgenommen werden sollen, bestimmten Tagfahrten (gerichtliche Termine). Gerichtliche Termine finden weiter statt zum Zwecke der Beweiserhebung sowie zur Verkündung der gerichtlichen Entscheidungen. Gerichtliche Termine.

Die Termine werden an der Gerichtsstelle abgehalten, sofern nicht die Einnahme des Augenscheines an Ort und Stelle, die Verhandlung mit einer am Erscheinen vor Gericht verhinderten Person oder eine sonstige Handlung erforderlich ist, welche an der Gerichtsstelle nicht vorgenommen werden kann [1]). Terminsort.

Die Landesherren und die Mitglieder der Landesherrlichen Familien sowie die Mitglieder der Fürstlichen Familie Hohenzollern sind nicht verpflichtet, persönlich an der Gerichtsstelle zu erscheinen. Das gleiche gilt in Ansehung der Mitglieder des vormaligen Hannoverschen Königshauses, des vormaligen Kurhessischen und des vormaligen Herzoglich Nassauischen Fürstenhauses [2]).

Der Termin beginnt mit dem Aufrufe der Sache, er ist von der Partei versäumt, wenn sie bis zum Schlusse desselben nicht verhandelt [3]).

Die Parteien können die Aufhebung eines Termins vereinbaren [4]), das Gericht kann die Aufhebung eines Termins, die Vertagung der (noch nicht begonnenen) Verhandlung, sowie die Anberaumung eines Termins zur Fortsetzung der (bereits begonnenen) Verhandlung auch von Amtswegen anordnen [5]). Aufhebung u. Verlegung eines Termins.

---

[4]) s. unten § 81.

[1]) CPO. § 219 Abs. 1. [2]) CPO. § 219 Abs. 2. [3]) CPO. § 220.

[4]) CPO. § 227 Abs. 1. [5]) CPO. § 228.

Auf einseitigen Antrag einer Partei kann das Gericht einen bereits bestimmten Termin verlegen, wenn erhebliche Gründe glaubhaft gemacht werden. Über das Gesuch kann ohne vorgängige mündliche Verhandlung entschieden werden. Die wiederholte Verlegung darf nur nach vorgängigem Gehör des Gegners bewilligt werden. Eine Anfechtung des Beschlusses, durch welchen das Gesuch um Verlegung des Termins zurückgewiesen wird, findet nicht statt[6]).

Bestimmung des Terminstages.

Die Bestimmung der Tagfahrt erfolgt ausschließlich durch den Vorsitzenden, weder das Gericht noch die Parteien haben hierauf einen Einfluß. Das gilt sowohl für den Fall, daß der Termin auf Veranlassung der Partei (Ladung) bestimmt wird, als für den Fall, daß infolge einer Vereinbarung unter den Parteien oder infolge eines Gerichtsbeschlusses die Vertagung der Verhandlung oder die Verlegung des Termins beschlossen ist[7]).

Auf Sonntage oder allgemeine Feiertage sind Termine nur in Notfällen anzuberaumen[8]).

Bei Bestimmung des Terminstages sind die Vorschriften über Einhaltung der Ladungs- und Einlassungsfristen zu beachten[9]), so daß der Termin soweit hinauszuschieben ist, daß diese Fristen zwischen der Verkündung des Termins, resp. der Zustellung der Terminsladung und dem Terminstage frei bleiben. Auch soll im Anwaltsprozesse der auf die Einreichung der Klagschrift (Berufungsschrift, Revisionsschrift) zu bestimmende Termin nicht weiter hinausgerückt werden, als es zur Wahrung der Einlassungsfrist geboten erscheint[10]). Diese letztere Vorschrift gilt im Verfahren vor den Amtsgerichten nicht[11]).

Frist.

Frist ist ein zur Vornahme einer Parteihandlung bestimmter Zeitraum. Anfang und Ende dieses Zeitraums bestimmen sich nach dem Laufe der Frist, Beginn und Dauer der Frist hängen davon ab.

Fristenlauf.

Der Lauf der Frist bestimmt sich entweder unmittelbar nach gesetzlicher Vorschrift, oder er beruht im einzelnen Falle auf einer richterlichen Anordnung. Darnach unterscheidet man gesetzliche und richterliche Fristen.

---

[6]) CPO. §§ 227 Abs. 2, 224 Abs. 2, 225.
[7]) CPO. § 216 und § 136 Abs. 3. [8]) CPO. § 216 Abs. 3.
[9]) CPO. §§ 217, 261 Abs. 2, 262, 498, 520, 555, 604 Abs. 2.
[10]) CPO. § 261 Abs. 2. [11]) CPO. § 508.

Der Lauf einer richterlichen Frist beginnt, sofern nicht bei Festsetzung derselben ein anderes bestimmt wird, mit der Zustellung des Schriftstückes, in welchem die Frist festgesetzt ist, und, wenn es einer solchen Zustellung nicht bedarf, mit der Verkündung der Frist[12].

Der Lauf einer gesetzlichen oder richterlichen Frist, deren Beginn von einer Zustellung abhängig ist, beginnt mit dieser auch gegen diejenige Partei, welche die Zustellung hat bewirken lassen[13]. Für die Berechnung der Fristen gelten folgende Vorschriften[14]: Berechnung der Fristen.

a) Eine nach Tagen berechnete Frist endigt mit dem Ablaufe des letzten Tages der Frist; bei der Berechnung einer solchen Frist wird der Tag nicht mitgerechnet, in welchen der Zeitpunkt fällt, welcher für den Anfang dieser Frist maßgebend ist[15].

b) Eine Frist, welche nach Wochen, nach Monaten oder nach einem mehrere Monate umfassenden Zeitraume — Jahr, halbes Jahr, Vierteljahr — bestimmt ist, endigt mit dem Ablaufe desjenigen Tages der letzten Woche oder des letzten Monates, welcher durch seine Benennung oder seine Zahl dem Tage entspricht, in den der für den Anfang der Frist maßgebende Zeitpunkt fällt. Fehlt dieser Tag in dem letzten Monate, so endigt die Frist mit dem Ablaufe des letzten Tages dieses Monates[16].

c) Fällt das Ende einer Frist auf einen Sonntag oder allgemeinen Feiertag, so endigt die Frist mit dem Ablaufe des nächstfolgenden Werktages[17].

---

[12]) CPO. § 221 Abs. 1.

[13]) CPO. § 221 Abs. 2. Hat also z. B. der Kläger ein in erster Instanz ergangenes Endurteil zustellen lassen, so läuft die Frist zur Einlegung der Berufung (CPO. § 516 Abs. 1) von der Zustellung des Urteils an den Beklagten nicht nur gegen den Beklagten, sondern auch gegen den Kläger. Diese Vorschrift will die Einheitlichkeit im Laufe der Fristen herstellen, welche ohne solche Vorschrift wegen der Bestimmungen über den Parteibetrieb nicht zu erreichen wäre.

[14]) s. CPO. § 222 und BGB. §§ 186—193. Diese Bestimmungen des BGB. geben nur Auslegungsregeln, sie finden also keine Anwendung, wenn in einer richterlichen Anordnung über den Endpunkt einer Frist etwas anderes bestimmt ist.

[15]) BGB. § 188 Abs. 1, § 187 Abs. 1. [16]) BGB. § 188 Abs. 2 u. 3.

[17]) CPO. § 222 Abs. 2. Hierfür bedurfte es einer besonderen Vorschrift in der Prozeßordnung, da BGB. § 193 nur für solche Fälle gilt, in denen es sich um eine Willenserklärung oder Leistung handelt.

d) Bei der Berechnung einer Frist, welche nach Stunden bestimmt ist, werden Sonntage und allgemeine Feiertage nicht mitgerechnet[18]).

Hemmung, Unterbrechung des Fristenlaufes.

Der Lauf einer Frist kann gehemmt oder unterbrochen werden. Im Falle der Unterbrechung beginnt nach dem Aufhören der Unterbrechung die volle Frist von neuem zu laufen, im Falle der Hemmung läuft der noch übrige Teil der Frist mit der Beendigung der Hemmung fort. Unterbrechung findet statt in allen Fällen der Unterbrechung und Aussetzung des Verfahrens[19]), eine Hemmung tritt durch die Gerichtsferien ein. Fällt der Anfang der Frist in die Hemmungszeit, so beginnt der Lauf der Frist mit dem Ende derselben[20]). Die Vorschriften über die Hemmung des Laufs der Fristen durch die Gerichtsferien finden keine Anwendung auf Notfristen und Fristen in Feriensachen[21]).

Verlängerung u. Abkürzung von Fristen.

Gesetzliche und richterliche Fristen mit Ausnahme der Notfristen können durch Vereinbarung unter den Parteien abgekürzt oder verlängert werden[22]), jedoch ist die Verlängerung der gesetzlichen Frist für den Antrag auf Wiedereinsetzung in den vorigen Stand durch positive Vorschrift ausgeschlossen[23]).

Die Verlängerung einer richterlichen oder gesetzlichen Frist kann außerdem auf Antrag einer Partei durch Gerichtsbeschluß angeordnet werden, wenn erhebliche Gründe glaubhaft gemacht sind, bei gesetzlichen Fristen ist dies jedoch nur in den besonders bestimmten Fällen zulässig[24]). Im Falle der Verlängerung wird die neue Frist von dem Ablaufe der vorigen Frist an berechnet, wenn nicht im einzelnen Falle ein Anderes bestimmt ist[25]).

Über das Gesuch um Abkürzung oder Verlängerung einer Frist kann ohne vorgängige mündliche Verhandlung entschieden werden. Die Abkürzung oder wiederholte Verlängerung darf nur nach vorgängigem Gehör des Gegners bewilligt werden. Eine Anfechtung

---

18) CPO. § 222 Abs. 3.

19) CPO. §§ 151—155 §§ 239—248, § 249 Abs. 1.

20) CPO. § 123 Abs. 1.

21) CPO. § 223 Abs. 2.

22) CPO. § 224 Abs. 1.

23) CPO. § 234 Abs. 2.

24) CPO. § 224 Abs. 2. Vgl. dazu CPO. §§ 134 Abs. 2 u. 226.

25) CPO. § 225.

des Beschlusses, durch welchen das Gesuch um Verlängerung einer Frist zurückgewiesen ist, findet nicht statt[25]).

Gesetzliche Fristen besonderer Art sind:

Notfristen.

a) die Notfristen, d. h. diejenigen Fristen, welche im Gesetze als Notfristen bezeichnet sind[26]). Sie unterscheiden sich von den übrigen gesetzlichen Fristen dadurch, daß deren Lauf durch die Gerichtsferien nicht gehemmt wird[27]), daß sie auch durch Vereinbarung der Parteien weder verlängert, noch abgekürzt werden können[28]), und daß gegen deren Versäumung unter bestimmter Voraussetzung Wiedereinsetzung in den vorigen Stand zulässig ist[29]);

Zwischenfristen.

b) die sog. Zwischenfristen, wozu die Einlassungsfristen, die Ladungsfristen sowie die Fristen für die Zustellung vorbereitender Schriftsätze gehören. Das Gesetz erfordert von der die Eröffnung des Verfahrens, die Fortsetzung des anhängigen Verfahrens sowie die Vorbereitung der mündlichen Verhandlung betreibenden Partei die Beobachtung dieser Fristen insoferne, als die Partei dafür zu sorgen hat, daß die Zustellung des Schriftsatzes, der Ladung so früh erfolgt, daß zwischen dem Tage der Zustellung und dem Terminstage die gesetzliche Frist freibleibt. In solchem Sinne sind die Zwischenfristen gesetzliche Mindestfristen, welche im Interesse des Gegners der betreibenden Partei bestimmt sind[30]). Es finden nun auf diese Fristen, die für die gesetzlichen Fristen geltenden Vorschriften, soweit sie gemäß der Natur dieser Fristen als Mindestfristen von praktischer Bedeutung sind[31]), gleichfalls Anwendung, dagegen gilt für die Abkürzung dieser

---

[26]) CPO. § 223 Abs. 3. Das Verzeichnis der Notfristen s. o. S. 270f.

[27]) CPO. § 223 Abs. 2 und o. Anm. 21.

[28]) CPO. § 224 Abs. 1 und o. Anm. 22.

[29]) CPO. §§ 223ff. und o. S. 270f.

[30]) Es paßt deshalb auf diese Fristen die am Eingange dieses Paragraphen gegebene Begriffsbestimmung nicht.

[31]) Von keiner praktischen Bedeutung für die Zwischenfristen sind — wie sich aus der Natur der Sache ergiebt — die Vorschriften über die Verlängerung der Fristen.

Fristen die besondere Bestimmung, daß solche auf Antrag zulässig ist und dadurch nicht ausgeschlossen wird, daß infolge der Abkürzung der Einlassungs- oder Ladungsfrist die mündliche Verhandlung durch Schriftsätze nicht vorbereitet werden kann[32]). Der Vorsitzende kann bei Bestimmung des Termins die Abkürzung ohne vorgängiges Gehör des Gegners und des sonst Beteiligten verfügen. Diese Verfügung ist den Beteiligten mitzuteilen[33]).

Es giebt auch gesetzliche Fristen für die Vornahme gewisser richterlicher Handlungen[34]). Auf diese sog. Ordnungsfristen finden die obigen Bestimmungen keine unmittelbare Anwendung.

§ 70.

Ladungen.

Planck 70, 72 — Fitting § 34 — Schmidt § 78.

Ladung im eigentlichen Sinne ist die formale Aufforderung an eine am Prozesse beteiligte Person, in einem bestimmten gerichtlichen Termine zu dem in der Aufforderung angegebenen Zwecke zu erscheinen (Formalladung).

Im weiteren Sinne kann man von einer Ladung auch da sprechen, wo den Beteiligten von der Anberaumung des Termins unter Angabe des Zweckes desselben Kenntnis gegeben wird, ohne daß dabei eine ausdrückliche Aufforderung, in dem Termine zu erscheinen, ergeht. Die Aufforderung ist in der Mitteilung insofern enthalten, als die Beteiligten dann, wenn sie die Befugnisse, zu deren Ausübung der Termin bestimmt ist, ausüben wollen, indirekt veranlaßt werden, in dem Termine zu erscheinen[1]).

[32]) CPO. § 226 Abs. 1 u. 2. Einer Glaubhaftmachung der angegebenen Gründe bedarf es hier nicht.

[33]) CPO. § 226 Abs. 3. [34]) s. z. B. CPO. §§ 216, Abs. 2, 310, 315.

[1]) Die Ausdrucksweise des Gesetzes ist nicht immer klar und hat deshalb zu Mißverständnissen geführt. Wenn das Gesetz positiv eine Ladung vorschreibt (s. z. B. CPO. §§ 335, 340 [3]), so ist damit eine Formalladung gemeint. Wenn das Gesetz eine Ladung für überflüssig erklärt oder sagt, daß Ladung nicht stattfindet (CPO. §§ 218, 336), so ist damit jede Ladung, auch die indirekte, gemeint.

Die Frage, in welcher Weise und durch wen die Aufforderung zum Erscheinen in einem Termine ergeht, ist verschieden zu beantworten; man muß unterscheiden zwischen der Ladung der Parteien und der Ladung der Auskunftspersonen (Zeugen und Sachverständigen). Über die Ladung der Auskunftspersonen wird im vierten Kapitel gesprochen werden. Hier beschränkt sich die Darstellung auf die Ladung der Parteien.

Soweit die mündliche Verhandlung notwendig ist und der Betrieb des Prozesses durch die Partei erfolgt, hat die betreibende Partei den Gegner zu dem Verhandlungstermin zu laden [2]). Diese Ladung ist immer Formalladung, sie erfolgt durch Zustellung einer schriftlichen Aufforderung, in dem Termine zu erscheinen. Ist mit der Ladung zugleich eine Klagschrift oder ein anderer Schriftsatz zuzustellen, so ist die Ladung in den Schriftsatz aufzunehmen [3]). In Anwaltsprozessen muß die Ladung, sofern die Zustellung nicht an einen Rechtsanwalt erfolgt, die Aufforderung an den Gegner enthalten, einen bei dem Prozeßgerichte zugelassenen Anwalt zu bestellen [4]).

Da die Terminsbestimmung immer durch den Vorsitzenden des Prozeßgerichts erfolgt, so ist die Ladung zum Zwecke solcher Terminsbestimmung bei dem Gerichtsschreiber einzureichen. Die Bestimmung des Termins hat binnen vierundzwanzig Stunden zu erfolgen. Sodann erfolgt die Ladung durch Zustellung der mit der Terminsbestimmung versehenen schriftlichen Aufforderung resp. durch Zustellung des Schriftsatzes, welcher die Ladung enthält.

Einer solchen formellen schriftlichen Ladung bedarf es jedoch, wie bereits hervorgehoben ist, nur insoweit, als mündliche Verhandlung erforderlich ist, und als der Prozeß nur auf Betreiben der Partei vor sich geht, also dann, wenn das Verfahren erst eröffnet, eine neue Instanz beschritten werden soll, ein unterbrochenes Verfahren aufgenommen werden soll, sowie in den übrigen oben S. 288 hervorgehobenen Fällen.

Soweit der Prozeßbetrieb ein amtlicher ist, also dann, wenn die obligatorische mündliche Verhandlung bereits begonnen hat, findet eine Formalladung durch die Partei nicht statt. Die Termine zur

---

2) CPO. § 214. 3) CPO. § 214.
4) CPO. § 215.

Fortsetzung der mündlichen Verhandlung werden von Amtswegen verkündet. Zu diesen Terminen bedarf es weder einer Formalladung der Partei, noch werden dieselben der Partei, welche der Verkündung nicht beigewohnt hat, durch amtliche Zustellung mitgeteilt[5]). Das gilt auch, abgesehen von den gleich zu erwähnenden Ausnahmefällen, wenn in Abwesenheit einer Partei auf Antrag der erschienenen Partei die Verhandlung durch verkündeten Beschluß vertagt ist[6]).

Von dieser Regel giebt es Ausnahmen für einige Fälle, in denen eine Verhandlung in Abwesenheit einer Partei stattgefunden hat und die Verhandlung auf einen neuen Termin vertagt ist. Die Fälle kommen vor

a) im vorbereitenden Verfahren (CPO. § 351);
b) im Verfahren in Ehesachen, Familienstandssachen und Entmündigungssachen (CPO. §§ 618 Abs. 3, 640, 641, 670, 679 Abs. 4, 684 Abs. 4, 686 Abs. 4);
c) im Versäumnisverfahren[7]), wenn das Gericht die Verhandlung über den Antrag auf Erlaß des Versäumnisurteils vertagt (CPO. § 337).

In diesen Fällen ist die Partei, in deren Abwesenheit verhandelt ist, zu dem neuen Verhandlungstermine zu laden. Die Ladung erfolgt im Parteibetriebe[8]), indem die betreibende Partei den Beschluß über die Anberaumung des neuen Termins mit der Formalladung zustellen läßt.

Ist die mündliche Verhandlung dadurch abgebrochen, daß ein vorbereitendes Verfahren oder eine Beweiserhebung von einem beauftragten oder ersuchten Richter angeordnet ist, so hat das Gericht nach Erledigung eines solchen Verfahrens den Termin zur Fortsetzung der mündlichen Verhandlung von Amtswegen zu bestimmen und den Parteien bekannt zu machen. Einer Formalladung im Parteibetriebe bedarf es daneben nicht[9]).

---

[5]) CPO. § 218. Vgl. auch CPO. §§ 312 u. 329 u. u. § 76.

[6]) RG. Bd. 41 S. 357f.

[7]) Über den besonderen Fall von CPO. § 336 s. u. § 79 Anm. 19.

[8]) CPO. § 214.

[9]) CPO. §§ 352, 370 Abs. 2. Ebenso im Falle GVG. § 107 (oben S. 288 a. E.). Über die besondere Bestimmung von CPO. § 364 s. u. § 94 Anm. 15.

Entsteht im Beweisaufnahmeverfahren vor einem beauftragten oder ersuchten Richter ein Zwischenstreit über die Zeugnispflicht des Zeugen, so sind zu dem sich daran schließenden Nachverfahren vor dem Prozeßgerichte die Parteien und die Zeugen von Amtswegen zu laden[10]).

§ 71.

Anträge, Schriftsätze und Gesuche.

Planck §§ 70, 72 — Schmidt § 75.

Die gerichtliche Thätigkeit im Verfahren ist bedingt durch die Stellung von Anträgen seitens der Parteien.

Soweit über einen Antrag nur nach vorgängiger mündlicher Verhandlung entschieden werden kann, muß der Antrag in dem Termine zur mündlichen Verhandlung gestellt werden. Der Antragsteller ist aber weiter verpflichtet, diesen Antrag mit seiner thatsächlichen Begründung bereits in dem Schriftsatze, durch dessen Zustellung die Ladung zu dem Termine erfolgt, aufzunehmen, um dadurch den Gegner in den Stand zu setzen, seine Verteidigung gegen den Antrag in der mündlichen Verhandlung genügend vorzubereiten. Insoweit ist jede mündliche Verhandlung durch Schriftsätze einzuleiten oder doch vorzubereiten.

Diese Schriftsätze sind teils notwendige (bestimmende), teils nur vorbereitende[1]).

Notwendig sind die Schriftsätze, durch welche ein Verfahren begonnen oder in eine neue Instanz gebracht wird[2]), durch welche ein bereits durch gerichtliche Entscheidung geschlossenes Verfahren in derselben Instanz wiedereröffnet[3]), oder durch welche ein unter-

---

[10]) CPO. § 389 Abs. 2 u. u. § 97 Anm. 11. Dasselbe Verfahren findet beim Beweise durch Sachverständige statt, CPO. § 402.

[1]) Über die vorbereitenden Schriftsätze wird unter § 76 im anderen Zusammenhange gesprochen werden.

[2]) Klagschrift, Berufungsfrist, Revisionsschrift (CPO. §§ 253, 518, 553).

[3]) Einspruch (CPO. § 340), Antrag auf Berichtigung oder Ergänzung des Urteils (CPO. §§ 320, 321), Wiederaufnahme des Verfahrens (CPO. §§ 585, 587), Wiedereinsetzung in den vorigen Stand (CPO. § 236), Widerspruch gegen Arrestbeschluß (CPO. §§ 924, 936, 937 Abs. 2).

brochenes oder ausgesetztes Verfahren fortgesetzt wird[4]), oder durch welche der Beitritt oder Eintritt in einen anhängigen Prozeß erfolgt[5]), oder endlich die Einleitung eines Verfahrens zurückgenommen wird, soweit nicht die Zurücknahme in der mündlichen Verhandlung erklärt wird[6]).

Soweit die notwendigen Schriftsätze ein Verfahren einleiten, dienen sie gleichzeitig zur Vorbereitung der für dieses Verfahren bestimmten mündlichen Verhandlung, insoweit sind sie also nicht nur notwendige, sondern auch vorbereitende Schriftsätze[7]).

Während im Anwaltsprozesse auch der Schriftenwechsel unter den Parteien dem Anwaltszwange unterliegt, können im Parteiprozesse alle Schriftsätze zum Protokolle des Gerichtsschreibers angebracht werden[8]).

Die Mitteilung der Schriftsätze erfolgt durch Zustellung von Partei zu Partei[9]).

Anträge und Gesuche, über welche ohne vorgängige mündliche Verhandlung zu entscheiden ist, sind bei dem Gerichte in Schriftform einzureichen. Soweit dieselben zu Protokoll des Gerichtsschreibers erfolgen können[10]), besteht auch im Verfahren vor den Kollegialgerichten kein Anwaltszwang.

---

[4]) CPO. § 250.

[5]) CPO. §§ 70, 74, 75. — Auch die Streitverkündung erfolgt durch Schriftsatz.

[6]) CPO. §§ 271 Abs. 2, 515 Abs. 2, 566 und 346.

[7]) CPO. §§ 70 Abs. 2, 253 Abs. 3, 340 Abs. 2, 519, 554, 588.

[8]) CPO. §§ 496, 501, 502.

[9]) s. den folgenden Paragraphen. Besondere Bestimmung für den Amtsgerichtsprozeß CPO. § 502 Abs. 2.

[10]) Fälle: Ablehnungsgesuche (CPO. §§ 44, 49, 406), Kostenfestsetzungsgesuche (CPO. §§ 104, 107), Anträge auf Rückgabe einer Sicherheit und Einwilligung in solche Rückgabe (CPO. §§ 109, 715), Gesuch um Bewilligung des Armenrechts (CPO. § 118), um Aussetzung des Verfahrens (CPO. § 248), Anzeigen, Gesuche und Erklärungen der Zeugen und Sachverständigen bezüglich der Zeugnißpflicht (CPO. §§ 381, 386, 402), Gesuch eines Schwurpflichtigen um nachträgliche Abnahme des Eides (CPO. § 466), Gesuch um Sicherung des Beweises (CPO. § 486), Einlegung der Beschwerde und Abgabe von Erklärungen in der Beschwerdeinstanz in bestimmten Fällen (CPO. §§ 569, 573), Anträge auf Entmündigung oder auf Wiederaufhebung derselben (CPO. §§ 647, 676 Abs. 3), Arrestgesuche (CPO. § 920 Abs. 3), Aufgebotsanträge (CPO. § 947).

§ 72.

Zustellungen.

Planck § 70 — Hellmann § 37 — Fitting § 33 — Schmidt § 79

Zustellung ist der Akt, durch welchen die im Prozesse vorkommenden Mitteilungen von Partei zu Partei und von Gericht zu Partei in verbindlicher Weise erfolgen. Wenn an eine solche Mitteilung eine prozessuale Wirkung sich knüpft (z. B. der Lauf einer Frist), so muß diese Mitteilung in der Form der Zustellung erfolgen. Für die Mitteilungen von Gericht zu Partei giebt es noch eine andere Form, die Verkündung. Von dieser und der amtlichen Zustellung soll im folgenden Paragraphen gesprochen werden. Die Darstellung dieses Paragraphen beschränkt sich auf die Zustellungen im Parteibetriebe. Wesen der Zustellung. Zustellungen im Parteibetriebe.

Wir unterscheiden drei verschiedene Arten der Zustellung, nämlich die Zustellung im Inlande, die Zustellung im Auslande und die öffentliche Zustellung.

I. Die Zustellung im Inlande erfolgt durch den Gerichtsvollzieher und zwar entweder unmittelbar oder mittelbar durch Hülfe der Post; sie kann auch unmittelbar von Anwalt zu Anwalt erfolgen. Zustellung im Inlande.

Für diese Zustellung gelten die folgenden Vorschriften:

1. Der Gerichtsvollzieher wird von der Partei unmittelbar beauftragt. Beauftragung des Zustellungsbamten.

In dem Verfahren vor den Amtsgerichten[1]) kann die Partei den Gerichtsvollzieher unter Vermittlung des Gerichtsschreibers des Prozeßgerichts mit der Zustellung beauftragen. Das Gleiche gilt für Anwaltsprozesse in Ansehung der Zustellungen, durch welche eine Notfrist gewahrt werden soll[2]).

Wird ein Schriftsatz, dessen Zustellung unter Vermittlung des Gerichtsschreibers erfolgen soll, innerhalb einer Frist von zwei Wochen nach der Einreichung bei dem Gerichtsschreiber zugestellt, so tritt,

[1]) Das Gleiche gilt für das vorbereitende Verfahren, s. CPO. § 350 Abs. 2.

[2]) CPO. § 166 Abs. 2. Soweit eine Zustellung unter Vermittlung des Gerichtsschreibers zulässig ist, kann der Gerichtsschreiber die Post unmittelbar (unter Übergehung des Gerichtsvollziehers) um die Bewirkung der Zustellung ersuchen, s. u. Anm. 39.

sofern durch die Zustellung eine Notfrist gewahrt wird, die Wirkung der Zustellung bereits mit der Einreichung ein[3]).

Die mündliche Erklärung einer Partei genügt, um den Gerichtsvollzieher zur Vornahme der Zustellung, den Gerichtsschreiber zur Beauftragung eines Gerichtsvollziehers mit der Zustellung zu ermächtigen. Ist eine Zustellung durch einen Gerichtsvollzieher bewirkt, so wird bis zum Beweise des Gegenteils angenommen, daß dieselbe im Auftrage der Partei erfolgt sei[4]).

Insoweit eine Zustellung unter Vermittlung des Gerichtsschreibers zulässig ist, hat dieser einen Gerichtsvollzieher mit der erforderlichen Zustellung zu beauftragen, sofern nicht die Partei erklärt hat, daß sie selbst einen Gerichtsvollzieher beauftragen wolle; in Anwaltsprozessen ist diese Erklärung nur dann zu berücksichtigen, wenn sie in dem zuzustellenden Schriftsatz enthalten ist[5]).

Bei Erteilung des Auftrages hat die Partei neben der Urschrift des zuzustellenden Schriftstückes eine der Anzahl der Personen, welchen zuzustellen ist, entsprechende Anzahl von Abschriften zu übergeben. Die Zeit der Übergabe ist auf der Urschrift und den Abschriften zu vermerken und der Partei auf Verlangen zu bescheinigen[6]).

Zustellungsakt. 2. Der Zustellungsakt besteht in der Übergabe einer beglaubigten Abschrift des zuzustellenden Schriftstücks an den Zustellungsempfänger (s. unter 3). Ist der Zustellungsempfänger Vertreter mehrerer Beteiligter oder wird einem von mehreren Vertretern desselben Beteiligten zugestellt, so genügt die Übergabe von nur einer Abschrift. Ist der Zustellungsempfänger Zustellungsbevollmächtigter mehrerer Beteiligten, so sind so viele Abschriften zu übergeben, als Beteiligte vorhanden sind[7]).

Zustellungsempfänger. 3. Zustellungsempfänger ist die Partei, welcher zugestellt werden soll. Ist die Partei prozeßunfähig, so erfolgt die Zustellung an den gesetzlichen Vertreter. Bei Behörden, Gemeinden, Körperschaften und parteifähigen Vereinen genügt die Zu-

---

[3]) CPO. § 207 Abs. 2, s. o. S. 271 Anm. 10.

[4]) CPO. § 167. [5]) CPO. § 168.

[6]) CPO. § 169.

[7]) CPO. §§ 170 u. 189. Die Beglaubigung der Abschriften erfolgt durch den Gerichtsvollzieher, bei den auf Betreiben von Rechtsanwälten oder in Anwaltsprozessen zuzustellenden Schriftstücken durch den Anwalt (CPO. § 170 Abs. 2).

stellung an die Vorsteher. Bei mehreren gesetzlichen Vertretern sowie bei mehreren Vorstehern genügt die Zustellung an einen derselben[8]).

Ist die Partei, welcher zugestellt werden soll, ein Unteroffizier oder ein Gemeiner des aktiven Heeres oder der aktiven Marine, so erfolgt die Zustellung an den Chef der zunächst vorgesetzten Kommandobehörde (Chef der Compagnie, Eskadron, Batterie ꝛc.[9]).

Hat die Partei, welcher zugestellt werden soll, einen Generalbevollmächtigten zur Verwaltung aller ihrer Vermögensangelegenheiten bestellt[10]), so erfolgt die Zustellung an diesen mit gleicher Wirkung wie an die Partei. Dasselbe gilt für den Prokuristen in den durch den Betrieb eines Handelsgewerbes hervorgerufenen Rechtsstreitigkeiten[11]).

Wohnt eine Partei, welcher zugestellt werden soll, weder am Orte des Prozeßgerichts noch im Bezirke des Amtsgerichts, in welchem das Prozeßgericht seinen Sitz hat, so ist sie verpflichtet, falls sie nicht einen in diesem Orte oder Bezirke wohnhaften Prozeßbevollmächtigten bestellt hat, eine daselbst wohnhafte Person zum Empfange von Zustellungen zu bevollmächtigen (Zustellungsbevollmächtigter), und zwar, wenn die Partei nicht im Deutschen Reiche wohnt, ohne vorgängige Anordnung des Gerichts, sonst nur, wenn das Gericht auf Antrag solche Anordnung getroffen hat[12]). Zustellungsbevollmächtigter als Zustellungsempfänger.

Der Zustellungsbevollmächtigte ist bei der nächsten gerichtlichen Verhandlung oder, wenn die Partei, welche zur Benennung verpflichtet ist, vorher dem Gegner einen Schriftsatz zustellen läßt, in diesem zu benennen. Geschieht dies nicht, so können alle späteren Zustellungen bis zur nachträglichen Benennung durch Aufgabe zur Post bewirkt werden[13]).

---

8) CPO. 171. 9) CPO. 172.

10) CPO. 173. Der Korrespondentrheder ist nicht Generalbevollmächtigter im Sinne dieses Paragraphen (Seuffert Bd. 36 Nr. 79).

11) CPO. § 173. Vgl. auch G. v. 12./7. 1887 betr. die Unfallversicherung der Seeleute § 17 Abs. 2, Patentges. v. 7. April 1891, § 32, Gebrauchsmusterges. v. 1. Juni 1891, § 13, Ges. betr. Warenbezeichnungen v. 12. Mai 1894, § 23.

12) CPO. § 174. Die Anordnung kann ohne vorgängige mündliche Verhandlung erfolgen. Eine Anfechtung des Beschlusses — mag die Anordnung getroffen sein oder der Antrag abgelehnt sein — findet nicht statt.

13) CPO. § 175, s. unt. 8 (S. 308).

Der Prozeßbevollmächtigte als Zustellungsempfänger.

Zustellungen, welche in einem anhängigen Rechtsstreite geschehen sollen, erfolgen, wenn für die Partei, welcher zugestellt werden soll, ein Prozeßbevollmächtigter bestellt ist, nicht an die Partei oder deren gesetzlichen Vertreter, Vorsteher, Generalbevollmächtigten oder Prokuristen, sondern an den für die Instanz bestellten Bevollmächtigten[14]).

Die Zustellung eines Schriftsatzes, durch welchen der Rechtsstreit an eine höhere Instanz gebracht, also die Berufung oder Revision eingelegt wird, erfolgt an den Prozeßbevollmächtigten derjenigen Instanz, deren Entscheidung angefochten wird, in Ermangelung eines solchen an den Prozeßbevollmächtigten erster Instanz. Ist von dem Gegner bereits ein Prozeßbevollmächtigter für die Rechtsmittelinstanz bestellt, so kann die Zustellung auch an diesen Prozeßbevollmächtigten erfolgen.

Ist ein Prozeßbevollmächtigter, welchem nach Maßgabe dieser Bestimmungen zugestellt werden kann, nicht vorhanden, so erfolgt die Zustellung an den von dem Gegner, wenngleich nur für die erste Instanz bestellten Zustellungsbevollmächtigten; in Ermangelung eines solchen an den Gegner selbst, und zwar an diesen durch Aufgabe zur Post, wenn er einen Zustellungsbevollmächtigten zu bestellen hatte, die Bestellung aber unterlassen hat[15]).

Ist der Aufenthalt eines Prozeßbevollmächtigten, welchem zuzustellen ist, unbekannt, so hat das Prozeßgericht auf Antrag die Zustellung an den Zustellungsbevollmächtigten, in Ermangelung eines solchen, an den Gegner selbst zu bewilligen[16]).

---

[14]) CPO. § 176. Die Instanz beginnt mit der Rechtshängigkeit und endet mit dem unbedingten, vorbehaltslosen Schlußurteil mit Einschluß der Zustellung desselben (RG. Bd. 19 S. 397). Insbesondere gehört also auch das Ergänzungs- und Berichtigungsverfahren zu der Instanz. Als zur Instanz gehörig im Sinne obiger Bestimmung sind auch diejenigen Prozeßhandlungen anzusehen, welche das Verfahren vor dem Instanzgerichte infolge eines Einspruchs, einer Aufhebung des Urteils des Instanzgerichts (CPO. §§ 538, 539, 565), einer Wiederaufnahme des Verfahrens oder eines neuen Vorbringens in der Zwangsvollstreckungsinstanz (CPO. §§ 767—769 785) zum Gegenstande haben. Das Verfahren vor dem Vollstreckungsgerichte ist als zur ersten Instanz gehörig anzusehen (CPO. § 178). Das Gleiche muß auch vom Kostenfestsetzungsverfahren gelten (CPO. § 104 Abs. 2, RG. Bd. 9 S. 329, 392).

[15]) CPO. § 179 Abs. 1 u. 2.

[16]) CPO. §§ 177, 179 Abs. 3. Die Entscheidung kann ohne vorgängige

4. Zeit der Zustellung. Zustellungen können zu jeder Zeit erfolgen, insbesondere auch in den Ferien. Zur Nachtzeit sowie an Sonntagen und allgemeinen Feiertagen darf eine Zustellung, sofern sie nicht durch Aufgabe zur Post bewirkt wird, nur mit richterlicher Erlaubnis erfolgen. Die Erlaubnis wird von dem Vorsitzenden des Prozeßgerichts erteilt; sie kann auch von dem Amtsrichter, in dessen Bezirke die Zustellung erfolgen soll, und in Angelegenheiten, welche durch einen beauftragten oder ersuchten Richter zu erledigen sind, von diesem erteilt werden. Die Verfügung, durch welche die Erlaubnis erteilt wird, ist bei der Zustellung abschriftlich mitzuteilen[17]). Zeit der Zustellung.

5. Zustellungen können an jedem Orte, wo der Zustellungsempfänger angetroffen wird, erfolgen. Hat jedoch der Zustellungsempfänger an diesem Orte eine Wohnung oder ein Geschäftslokal, so soll die Zustellung in der Wohnung oder dem Geschäftslokale erfolgen; eine außerhalb der Wohnung oder des Geschäftslokals versuchte Zustellung kann zurückgewiesen werden, sie ist aber gültig, wenn die Annahme nicht verweigert wird[18]). Ort der Zustellung. Ersatzzustellung.

Bei strikter Durchführung dieser Regel würde die Zustellung dadurch hintertrieben werden können, daß die Partei sich in ihrer Wohnung oder ihrem Geschäftslokale nicht auffinden läßt; denn Zwangsmaßregeln zur Beschreitung der Wohnung oder Durchsuchung derselben stehen dem Gerichtsvollzieher nicht zu. Es ist deshalb für Fälle, in welchen der Zustellungsempfänger in seiner Wohnung oder seinem Geschäftslokale nicht angetroffen wird, eine Ersatzzustellung für zulässig erklärt. Darüber gelten folgende Vorschriften:

a) Man muß zunächst unterscheiden die Ersatzzustellung in der Wohnung[19]) und die Ersatzzustellung in dem Geschäftslokale[20] des Zustellungsempfängers.

---

mündliche Verhandlung erfolgen. Eine Anfechtung der die Zustellung bewilligenden Entscheidung findet nicht statt (CPO. § 177 Abs. 2).

[17]) CPO. § 188. Sind diese Vorschriften nicht beachtet, so ist die Zustellung nur gültig, wenn die Annahme nicht verweigert wird.

[18]) CPO. § 180.

[19]) Wohnung ist nicht gleich Wohnsitz. Ob jemand an einem Orte eine Wohnung hat, ist reine Thatfrage.

[20]) RG. Bd. 16 S. 349.

Ersatzzustellung in der Wohnung.

aa) Wird der Zustellungsempfänger in der Wohnung nicht angetroffen, so findet die Zustellung entweder an Ersatzpersonen oder durch Niederlegung statt [21]).

Ersatzpersonen sind in erster Linie die zur Familie gehörenden erwachsenen Hausgenossen oder die in der Familie dienenden erwachsenen Personen, und wenn eine solche Person nicht angetroffen wird, der in demselben Hause wohnende Hauswirt oder Vermieter, diese jedoch nur dann, wenn sie zur Annahme des Schriftstücks bereit sind.

Ist die Zustellung an solche Ersatzpersonen nicht ausführbar, so kann sie durch Niederlegung des zu übergebenden Schriftstücks erfolgen. Die Niederlegung erfolgt auf der Gerichtsschreiberei des Amtsgerichts, in dessen Bezirke der Ort der Zustellung gelegen ist, oder an diesem Orte bei der Postanstalt oder dem Gemeindevorsteher oder dem Polizeivorsteher. Die Niederlegung muß sowohl durch eine an der Thür der Wohnung zu befestigende schriftliche Anzeige als auch, soweit thunlich, durch mündliche Mitteilung an zwei in der Nachbarschaft wohnende Personen bekannt gemacht werden.

Ersatzzustellung im Geschäftslokale

bb) Ist der Zustellungsempfänger ein Gewerbetreibender, welcher ein besonderes Geschäftslokal hat, so kann die Zustellung, wenn der Zustellungsempfänger in dem Geschäftslokale nicht angetroffen wird, an einen dort anwesenden Gewerbegehülfen erfolgen [22]);

cc) Ist der Zustellungsempfänger ein Rechtsanwalt, ein Notar oder ein Gerichtsvollzieher, so kann, wenn derselbe in seinem Geschäftslokale nicht angetroffen wird, die Zustellung an einen dort anwesenden Gehülfen oder Schreiber erfolgen [23]);

dd) In den Fällen bb und cc kann die Zustellung sowohl in dem Geschäftslokale als in der Wohnung des Zustellungsempfängers erfolgen, und gelten für den letzteren Fall gleichfalls die unter aa für die Ersatzzustellung in der Wohnung dargestellten Vorschriften.

---

[21]) CPO. §§ 181, 182.

[22]) CPO. § 183 Abs. 1.

[23]) CPO. § 183 Abs. 2.

ee) Ist der Zustellungsempfänger ein gesetzlicher Vertreter oder Vorsteher einer Behörde, einer Gemeinde, einer Korporation oder eines Vereins, so soll die Zustellung während der gewöhnlichen Geschäftsstunden in dem Geschäftslokale stattfinden.

Wird derselbe zu solcher Zeit dort nicht angetroffen, oder ist er — obgleich er angetroffen wird — an der Annahme verhindert, so kann die Zustellung an einen anderen im Geschäftslokale anwesenden Beamten oder Bediensteten bewirkt werden[24]).

Neben der Zustellung in dem Geschäftslokale ist auch in diesem Falle die Zustellung in der Wohnung des Zustellungsempfängers zulässig, als Ersatzzustellung jedoch nur dann, wenn ein besonderes Geschäftslokal nicht vorhanden ist[25]).

b) Ist in den unter a bezeichneten Fällen die Ersatzperson als Gegner der Partei, an welche die Zustellung erfolgen soll, an dem Rechtsstreit beteiligt, so muß die Zustellung unterbleiben[26]).

c) Wird die Annahme der Zustellung, sei es vom Zustellungsempfänger oder von einer Ersatzperson ohne gesetzlichen Grund verweigert, so ist das zu übergebende Schriftstück am Orte der Zustellung zurückzulassen[27]).

d) In den unter a—c hervorgehobenen Fällen hängt die Wirkung der Zustellung nicht davon ab, ob das übergebene oder zurückgelassene Schriftstück in die Hände des Zustellungsempfängers gelangt ist, andererseits ist und bleibt der Zustellungsakt nach den allgemeinen Regeln[28]) auch in diesen Fällen unwirksam, wenn die Zustellung unter Verletzung der unter a—c aufgestellten Vorschriften erfolgt, das Schriftstück aber dennoch in die Hände des Zustellungsempfängers gekommen ist. In letzterer Beziehung besteht für Ladungen eine Ausnahme[29]), indem dann, wenn die Ladung nach den Erklärungen der zu ladenden Partei in deren Hände gelangt ist, die Zustellung der Ladung

---

[24]) CPO. § 184 Abs. 1. [25]) CPO. § 184 Abs. 2.

[26]) CPO. § 185.

[27]) CPO. § 186. Auch in diesem Falle liegt eine Art Ersatzzustellung vor.

[28]) s. o. S. 252 f. [29]) CPO. § 187.

als mit dem Zeitpunkte bewirkt gelten soll, in welcher die Partei zufolge ihrer Erklärungen die Ladung erhalten hat [30]).

Zustellungsurkunde.

6. Über die Zustellung ist eine Urkunde aufzunehmen. Die Urkunde ist auf die Urschrift des zuzustellenden Schriftstücks oder auf einen mit derselben zu verbindenden Bogen zu setzen. Eine durch den Gerichtsvollzieher beglaubigte Abschrift der Urkunde ist auf das bei der Zustellung zu übergebende Schriftstück oder auf einen mit demselben zu verbindenden Bogen zu setzen. Die Urkunde ist der Partei, für welche die Zustellung erfolgt, zu übermitteln [31]).

Die Zustellungsurkunde muß enthalten [32]):

a) Ort und Zeit der Zustellung;

b) die Bezeichnung der Person, für welche zugestellt werden soll;

c) die Bezeichnung der Person, an welche zugestellt werden soll (Zustellungsempfänger);

d) die Bezeichnung der Person, an welche zugestellt ist; ist an eine Ersatzperson zugestellt, so ist der Grund anzugeben, durch welchen die Zustellung an diese Person gerechtfertigt ist; ist durch Niederlegung zugestellt, die Bemerkung, wie die dafür gegebenen Vorschriften (CPO. § 182) befolgt sind;

e) im Falle der Verweigerung der Annahme die Erwähnung, daß die Annahme verweigert und das Schriftstück am Orte der Zustellung zurückgelassen ist;

f) die Bemerkung, daß eine beglaubigte Abschrift des zuzustellenden Schriftstücks und daß eine beglaubigte Abschrift der Zustellungsurkunde übergeben ist;

g) die Unterschrift des die Zustellung vollziehenden Beamten.

Die Zustellungsurkunde ist eine öffentliche Beweisurkunde, auf welche die Vorschriften CPO. §§ 418, 419 Anwendung finden.

Die Aufnahme der Zustellungsurkunde ist kein Formalakt, welcher zur Zustellung gehört und diese erst solennisiert. Fehler und Mängel in der Urkunde mindern die Beweiskraft, die Wirksamkeit

---

[30]) Die Zulassung einer Beweisaufnahme ist ausgeschlossen. Die Erklärung kann in der mündlichen Verhandlung oder in einem Schriftsatze abgegeben sein.

[31]) CPO. § 190. [32]) CPO. § 191.

des sonst gültig vorgenommenen Zustellungsaktes wird dadurch nicht berührt[33]).

7. Der Zustellungsakt kann auch durch Vermittlung der Post erfolgen. Man nennt das Zustellung durch die Post[34]). Zustellung durch die Post.

Wird durch die Post zugestellt, so hat der Gerichtsvollzieher einen durch sein Dienstsiegel verschlossenen, mit der Adresse des Zustellungsempfängers versehenen und mit einer Geschäftsnummer bezeichneten Briefumschlag, in welchem die zu übergebende Abschrift des zuzustellenden Schriftstücks enthalten ist, der Post mit dem Ersuchen zu übergeben, die Zustellung einem Postboten des Bestimmungsortes aufzutragen. Der Gerichtsvollzieher hat auf dem bei der Zustellung zu übergebenden Schriftstücke zu vermerken, für welche Person er dasselbe übergiebt, und auf der Urschrift des zuzustellenden Schriftstücks oder auf einem mit derselben zu verbindenden Bogen zu bezeugen, daß die Übergabe in der beschriebenen Art und für wen sie geschehen ist[35]).

Die Zustellung durch den Postboten erfolgt nach Maßgabe der Bestimmungen unter 5. Über die Zustellung hat der Postbote eine Urkunde aufzunehmen, welche den Bestimmungen unter 6 a, c—e entsprechen und außerdem die Übergabe des seinem Verschlusse, seiner Adresse und seiner Geschäftsnummer nach bezeichneten Briefumschlags sowie der Abschrift der Zustellungsurkunde bezeugen muß. Die Urkunde ist von dem Postboten der Postanstalt und von dieser dem Gerichtsvollzieher zu überliefern, welcher sie dem Auftraggeber zu übermitteln hat[36]).

Insoweit eine Zustellung durch Vermittlung des Gerichtsschreibers zulässig ist (s. CPO. § 166 Abs. 2 u. o. S. 299), kann derselbe unmittelbar die Post um Bewirkung der Zustellung ersuchen. In diesem Falle finden die obigen Vorschriften (Anm. 35 u. 36) auf den Gerichtsschreiber entsprechende Anwendung; die erforderliche Beglaubigung erfolgt durch den Gerichtsschreiber[37]).

---

[33]) E. d. RG. bei Seuffert Bd. 38 Nr. 66.

[34]) CPO. 193. Ist eine Zustellung durch einen Gerichtsvollzieher unmittelbar bewirkt, obgleich sie durch die Post hätte erfolgen können, so hat die zur Erstattung der Prozeßkosten verurteilte Partei die Mehrkosten nicht zu tragen (CPO § 197).

[35]) CPO. § 194. [36]) CPO. § 195.

[37]) CPO. § 196.

Zustellung durch Aufgabe zur Post.

8. Verschieden von der Zustellung durch die Post ist die Zustellung durch Aufgabe zur Post[38]).

Diese Zustellung wird dadurch bewirkt, daß der Gerichtsvollzieher das zu übergebende Schriftstück unter der Adresse des Zustellungsempfängers nach dem Wohnorte desselben zur Post giebt. Die Zustellung wird mit der Aufgabe zur Post als bewirkt angesehen, selbst wenn die Sendung als unbestellbar zurückkommt[39]). Die Postanstalt des Aufgabeortes ist also als Zustellungsbevollmächtigter für den Zustellungsempfänger anzusehen.

Die Zustellung durch Aufgabe zur Post kann auch zur Nachtzeit sowie an Sonntagen und allgemeinen Feiertagen bewirkt werden[40]).

Die Zustellungsurkunde muß die Person des Auftraggebers, des Zustellungsempfängers sowie weiter angeben, zu welcher Zeit, unter welcher Adresse und bei welcher Postanstalt die Aufgabe geschehen ist, auch die Unterschrift des Zustellungsbeamten tragen[41]).

Zustellung von Anwalt zu Anwalt.

9. Sind die Parteien durch Anwälte vertreten, so kann die Zustellung von Anwalt zu Anwalt erfolgen. Zum Nachweise der Zustellung genügt das mit Datum und Unterschrift versehene schriftliche Empfangsbekenntnis des Anwalts, welchem zugestellt worden ist. Der Anwalt, welcher zustellt, hat dem anderen Anwalt auf Verlangen eine Bescheinigung über die Zustellung zu erteilen[42]). Wohnt der bei dem Prozeßgerichte zugelassene Rechtsanwalt nicht an dem Orte

---

[38]) Die Zustellung durch Aufgabe zur Post ist im civilprozessualen Verfahren (anders im Konkursverfahren s. KO. § 77) nur ausnahmsweise zulässig, hauptsächlich dann, wenn an eine Mehrheit von Personen zuzustellen ist (so im Aufgebotsverfahren CPO. § 994) und wenn der Zustellungsempfänger im Auslande (CPO. §§ 829 Abs. 2, 835 Abs. 3) oder doch nicht am Orte des Prozeßgerichts oder in dem Amtsgerichtsbezirke, zu welchem dieser Ort gehört, wohnt und seiner Verpflichtung zur Bestellung eines geeigneten Vertreters nicht nachkommt (CPO. §§ 175 Abs. 1, 179 Abs. 2, 244 Abs. 2). Ein anderer Fall ist nach der RAO. § 19 Abs. 3, wenn ein bei dem Prozeßgericht zugelassener Rechtsanwalt an dem Orte des Gerichts nicht wohnhaft ist und die Zustellung an seinen Zustellungsbevollmächtigten am Orte des Gerichts nicht ausführbar ist.

[39]) CPO. § 175. Die Postsendungen sind mit der Bezeichnung „Einschreiben" zu versehen, wenn der Zustellungsempfänger es verlangt und zur Zahlung der Mehrkosten sich bereit erklärt.

[40]) CPO. § 188 Abs. 1.

[41]) CPO. § 192.

[42]) CPO. § 198.

des Gerichts, so kann solche Zustellung an seinen Zustellungsbevollmächtigten wie an ihn selbst erfolgen[43]).

Zustellung im Auslande.

II. Eine im Auslande zu bewirkende Zustellung[44]) erfolgt mittels Ersuchens der zuständigen Behörde des fremden Staates oder des in diesem Staate residierenden Konsuls oder Gesandten des Reichs[45]).

Zustellungen an Deutsche, welche im Auslande das Recht der Exterritorialität genießen, erfolgen, wenn dieselben zur Mission des Deutschen Reichs gehören, mittels Ersuchens des Reichskanzlers; wenn dieselben zur Mission eines Bundesstaates gehören, mittels Ersuchens des Ministers der Auswärtigen Angelegenheiten dieses Bundesstaates. Zustellungen an die Vorsteher der Reichskonsulate erfolgen mittels Ersuchens des Reichskanzlers[46]).

Zustellungen an Personen, welche zu einem im Auslande befindlichen oder zu einem mobilen Truppenteile oder zur Besatzung eines in Dienst gestellten Kriegsfahrzeuges gehören, können mittels Ersuchens der vorgesetzten Kommandobehörde erfolgen[47]).

Die erforderlichen Ersuchungsschreiben werden von dem Vorsitzenden des Prozeßgerichts erlassen[48]).

Die Zustellung wird durch das schriftliche Zeugnis der ersuchten Behörde oder des ersuchten Beamten, daß die Zustellung erfolgt sei, nachgewiesen[49]).

Öffentliche Zustellung.

III. Ist der Aufenthalt einer Partei unbekannt, so kann die Zustellung durch öffentliche Bekanntmachung erfolgen (öffentliche Zustellung)[50]).

Die öffentliche Zustellung ist auch dann zuläſsig, wenn bei einer im Auslande zu bewirkenden Zustellung die Befolgung der für sie bestehenden Vorschriften unausführbar ist oder keinen Erfolg verspricht, sowie dann, wenn die Zustellung aus dem Grunde nicht bewirkt werden kann, weil die Wohnung eines im Inlande das Recht der Exterritorialität Genießenden[51]) der Ort der Zustellung ist und

---

[43]) RAO. § 19 Abs. 2.

[44]) An Stelle der Zustellung im Auslande tritt in den Fällen CPO. §§ 829, 835 (s. o. Anm. 38) Zustellung durch Aufgabe zur Post.

[45]) CPO. § 199 und dazu Art. 1—4 des Abkommens betr. das internationale Recht v. 14. Nov. 1896 o. S. 19.

[46]) CPO. § 200.

[47]) CPO. § 201.

[48]) CPO. § 202 Abs. 1.

[49]) CPO. § 202 Abs. 2.

[50]) CPO. § 203 Abs. 1.

[51]) GVG. §§ 18, 19 o. S. 31.

deshalb nach völkerrechtlichen Grundsätzen zum Zwecke der Zustellung nicht betreten werden darf[52]).

Die öffentliche Zustellung muß zunächst auf Gesuch der betreibenden Partei vom Gericht bewilligt werden und wird dann durch den Gerichtsschreiber von Amtswegen besorgt[53]); sie erfolgt durch Anheftung einer beglaubigten Abschrift des zuzustellenden Schriftstücks an die Gerichtstafel. Enthält das Schriftstück eine Ladung, so ist außerdem die zweimalige Einrückung eines Auszugs des Schriftstücks in dasjenige Blatt, welches für den Sitz des Prozeßgerichts zur Veröffentlichung der amtlichen Bekanntmachungen bestimmt ist, sowie die einmalige Einrückung in den Deutschen Reichsanzeiger erforderlich. Das Prozeßgericht kann anordnen, daß der Auszug noch in andere Blätter und zu mehreren Malen eingerückt werde[54]). In dem Auszuge des Schriftstücks müssen das Prozeßgericht, die Parteien, der Gegenstand des Prozesses, der Antrag, der Zweck der Ladung und die Zeit, in welcher der Geladene erscheinen soll, bezeichnet werden[55]).

Das eine Ladung enthaltende Schriftstück gilt als an dem Tage zugestellt, an welchem seit der letzten Einrückung des Auszugs in die öffentlichen Blätter ein Monat verstrichen ist. Das Prozeßgericht kann bei Bewilligung der öffentlichen Zustellung den Ablauf einer längeren Frist für erforderlich erklären[56]).

Enthält das Schriftstück keine Ladung, so ist dasselbe als zugestellt anzusehen, wenn seit der Anheftung des Schriftstücks an die Gerichtstafel zwei Wochen verstrichen sind. Auf die Giltigkeit der Zustellung hat es keinen Einfluß, wenn das anzuheftende Schriftstück von dem Orte der Anheftung zu früh entfernt wird[57]).

IV. Für die Zustellung im Auslande sowie für die öffentliche Zustellung gelten folgende gemeinsame Vorschriften:

1. Wird auf ein Gesuch, welches die Zustellung eines demselben beigefügten Schriftstücks mittels Ersuchens anderer Behörden oder Beamten oder mittelst öffentlicher Bekanntmachung betrifft, die Zu-

---

[52]) CPO. § 203 Abs. 2 u. 3.

[53]) CPO. § 204 Abs. 1. Die Entscheidung über das Gesuch kann ohne vorgängige mündliche Verhandlung erfolgen.

[54]) CPO. § 204 Abs. 2 u. 3.

[55]) CPO. § 205.

[56]) CPO. § 206 Abs. 1.

[57]) CPO. § 206 Abs. 2 u. 3.

stellung demnächst bewirkt, so treten, insoweit durch die Zustellung eine Frist gewahrt und der Lauf der Verjährung unterbrochen wird, die Wirkungen der Zustellung bereits mit der Überreichung des Gesuchs ein[58]).

2. Beide Arten von Zustellungen sind im Mahnverfahren unzulässig[59]).

3. In bestimmten Fällen unterbleibt die Zustellung überhaupt, wenn sie in einer der bezeichneten Arten vorgenommen werden müßte[60]).

§ 73.

Abfassung und Bekanntmachung der gerichtlichen Entscheidungen.

Planck § 78 — Schmidt § 79.

Die gerichtlichen Entscheidungen, welche an die im Prozesse beteiligten Personen ergehen, müssen in bestimmter Form abgefaßt und den Beteiligten mitgeteilt werden. Abfassung der Urteile und Beschlüsse.

I. Vorschriften über die Abfassung bestehen nur für die Urteile des Gerichts, nicht für die Beschlüsse des Gerichts und die Verfügungen des Vorsitzenden oder eines Richterkommissars.

1. Die Urteile werden schriftlich abgefaßt, sie haben einen gesetzlich vorgeschriebenen abgegliederten Inhalt (Bezeichnung der Parteien, des Gerichts, Urteilsformel, Entscheidungsgründe und Thatbestand), sie werden von den Richtern, welche bei der Entscheidung mitgewirkt haben, unterschrieben[1]).

Das verkündete und unterschriebene Urteil wird dem Gerichtsschreiber übergeben, dieser hat auf dem Urteile den Tag der Verkündung zu bemerken und diese Bemerkung zu unterschreiben[2]).

---

[58]) CPO. § 207 Abs. 1. [59]) CPO. § 688 Abs. 2.

[60]) CPO. §§ 841, 844 Abs. 2, 875, KO. § 105 Abs. 3.

[1]) CPO. § 315 Abs. 1. Ist ein Richter verhindert, seine Unterschrift beizufügen, so wird dies unter Angabe des Verhinderungsgrundes von dem Vorsitzenden und bei dessen Verhinderung von dem ältesten beisitzenden Richter unter dem Urteile vermerkt.

[2]) CPO. § 315 Abs. 3. Ob der betreffende Gerichtsschreiber der Verkündung beigewohnt hat, ist gleichgültig. Ist das Urteil bei der Verkündung noch nicht in vollständiger Form abgefaßt, so ist es vor Ablauf einer Woche, vom Tage der Verkündung an gerechnet, in vollständiger Abfassung dem Gerichtsschreiber zu übergeben. CPO. § 315 Abs. 2.

Der Gerichtsschreiber hat die verkündeten und unterschriebenen Urteile in ein Verzeichnis zu bringen. Das Verzeichnis wird an bestimmten, von dem Vorsitzenden im voraus festzusetzenden Wochentagen mindestens auf die Dauer einer Woche in der Gerichtsschreiberei ausgehängt. Der Gerichtsschreiber hat auf dem Urteile den Tag des Aushangs zu bemerken und diese Bemerkung zu unterschreiben[3]).

2. Beschlüsse und Verfügungen können formlos gefaßt werden, es genügt, wenn der Inhalt durch das Protokoll beurkundet wird[4]). Beschlüsse, welche nicht verkündet, sondern zugestellt werden, müssen schriftlich abgefaßt und zu den Akten gelegt werden. Auch hier genügt, wenn der Inhalt erkenntlich und wenn ersichtlich ist, welche Richter an der Beschlußfassung teilgenommen haben.

Bekanntmachung der gerichtlichen Entscheidungen.

II. Die Bekanntmachung der gerichtlichen Entscheidungen erfolgt in verschiedener Weise.

1. Die Bekanntmachung der Urteile erfolgt durch Verkündung. Darüber gelten folgende Vorschriften:

Verkündung der Urteile.

a) die Verkündung erfolgt durch das Gericht, welches das Urteil gesprochen hat[5]), in dem Termine, in welchem die mündliche Verhandlung geschlossen wird, oder in einem sofort anzuberaumenden Termine, welcher nicht über eine Woche hinaus angesetzt werden soll[6]).

b) Die Verkündung erfolgt durch Verlesung der Urteilsformel. Versäumnisurteile, Urteile, welche auf Grund eines Anerkenntnisses erlassen werden, sowie Urteile, welche die Folge der Zurücknahme der Klage oder des Verzichts auf den Klaganspruch aussprechen, sowie Läuterungsurteile können verkündet werden, auch wenn die Urteilsformel noch nicht schriftlich abgefaßt ist[7]).

c) Die Verkündung der Entscheidungsgründe fordert des Gesetz nicht; wird sie vom Gericht für angemessen erachtet, so werden die Gründe vorgelesen oder ihrem wesentlichen Inhalte nach mündlich mitgeteilt[8]).

---

[3]) CPO. § 316. [4]) CPO. § 160 unter 5.

[5]) Nicht notwendig ist, daß das Gericht mit denselben Richtern, welche das Urteil gefällt haben (CPO. § 309) besetzt ist.

[6]) CPO. § 310. [7]) CPO. § 311 Abs. 1.

[8]) CPO. § 311 Abs. 2.

d) Die Wirksamkeit der Verkündung ist von der Anwesenheit der Parteien nicht abhängig. Die Verkündung gilt auch derjenigen Partei gegenüber als bewirkt, welche den Termin versäumt hat[9]).

2. Die Bekanntmachung der Beschlüsse des Gerichts erfolgt entweder durch Verkündung oder durch amtliche Zustellung. Verkündung oder amtliche Zustellung der Beschlüsse.

a) Die auf Grund einer mündlichen Verhandlung ergehenden Beschlüsse müssen verkündet werden. Es gelten darüber die oben unter 1 a u. d aufgestellten Grundsätze[10]). Eine wörtliche Vorlesung des Beschlusses ist nicht erforderlich, vielmehr genügt es, wenn die Parteien mit dem Inhalte bekannt gemacht werden.

b) Nicht verkündete Beschlüsse des Gerichts sind den Parteien von Amtswegen zuzustellen[11]). Die Zustellung erfolgt an beide Parteien, es sei denn, daß durch den Beschluß ein Gesuch, über welches ohne Anhörung des Gegners entschieden wird, abgewiesen wird, oder daß es überhaupt noch an einem Gegner fehlt, wie bei Gesuchen um Bestimmung des zuständigen Gerichts (CPO. § 37).

Für die Bewirkung der Zustellung hat der Gerichtsschreiber, durch welchen auch die Beglaubigung der bei der Zustellung zu übergebenden Abschrift erfolgt, Sorge zu tragen[12]). Zustellung von Amtswegen.

Der Zustellungsakt besteht in der Übergabe einer von dem Gerichtsschreiber zu unterschreibenden und mit dem Gerichtssiegel zu versehenden Ausfertigung (CPO. § 317 Abs. 3) des Beschlusses[13]).

Die Übergabe erfolgt nicht durch den Gerichtsvollzieher, sondern durch den Gerichtsdiener oder die Post. Zu dem Zwecke hat der Gerichtsschreiber das zu übergebende Schriftstück in einem durch das Gerichtssiegel verschlossenen, mit der Adresse des Zustellungsempfängers versehenen und mit einer Geschäftsnummer bezeichneten Briefumschlag einem Gerichtsdiener oder der Post zur Zustellung auszuhändigen. Auf dem Briefumschlag ist der Vermerk zu setzen: „Vereinfachte Zustellung".

---

9) CPO. § 312. 10) CPO. 329 Abs. 1 u. 2.

11) CPO. § 329 Abs. 3. Besondere Vorschriften gelten im Mahnverfahren, im Zwangsvollstreckungsverfahren (CPO. § 829 Abs. 2), im Sicherungsverfahren (CPO. §§ 491, 922 Abs. 2, 936).

12) CPO. §§ 209, 210. 13) CPO. § 170 Abs. 1.

Die auf dem Briefumschlag angegebene Geschäftsnummer ist zu den Akten zu vermerken[14]).

Im übrigen gelten für die amtliche Zustellung die oben § 72 dargestellten Vorschriften[15]). Dies gilt namentlich für die Zustellung im Auslande, sowie für die öffentliche Zustellung. Für die Zustellung im Inlande kommen hier in Betracht die daselbst unter I, 3, 4, 5 7 u. 8 gegebenen Erörterungen; jedoch ist zu bemerken, daß, wenn durch die Post zugestellt wird, die Vorschrift CPO. § 194 Abs. 2 (s. o. S. 307 Anm. 35) keine Anwendung findet[16]).

Die Beurkundung der amtlichen Zustellung durch den Gerichtsdiener oder den Postboten erfolgt durch Aufnahme einer Zustellungsurkunde, welche Ort und Zeit der Zustellung, die Bezeichnung des Auftraggebers (Gericht), des Zustellungsempfängers und der Person, welcher zugestellt ist, sowie im Falle der Ersatzzustellung die Angabe des Grundes, aus welchem solche erfolgt ist, und endlich die Unterschrift des Gerichtsdieners oder des Postboten enthält, und außerdem die Übergabe des seinem Verschlusse, seiner Adresse und seiner Geschäftsnummer nach bezeichneten Briefumschlags bezeugen muß. Eine Abschrift der Zustellungsurkunde wird nicht übergeben, jedoch wird der Tag der Zustellung auf dem Briefumschlage vermerkt[17]).

Die Zustellungsurkunde ist dem Gerichtsschreiber zu überliefern[18]).

Ist die Zustellung durch Aufgabe zur Post erfolgt, so hat der Gerichtsschreiber zu den Akten zu vermerken, zu welcher Zeit und unter welcher Adresse die Aufgabe geschehen ist. Der Aufnahme einer Zustellungsurkunde bedarf es nicht[19]).

Bekanntmachung von Verfügungen des Vorsitzenden, des beauftragten oder ersuchten Richters.

3. Die Bekanntmachung der Verfügungen des Vorsitzenden oder eines beauftragten oder ersuchten Richters erfolgen, wenn sie nicht verkündet werden, durch amtliche Zustellung.

Ergehen Verfügungen des Vorsitzenden in der mündlichen Verhandlung, so werden sie verkündet. Die Wirksamkeit der Verkündung hängt auch in diesem Falle nicht von der Anwesenheit der Parteien oder sonst beteiligten Person ab[20]).

---

14) CPO. § 211 Abs. 1 u. 2.
15) CPO. § 208.
16) CPO. § 211 Abs. 3.
17) CPO. § 2.2 Abs. 1.
18) CPO. § 212 Abs. 2.
19) CPO. § 213.
20) CPO. § 329.

4. Die Befugnis einer Partei, auf Grund einer verkündeten Entscheidung das Verfahren fortzusetzen oder von der Entscheidung in anderer Weise Gebrauch zu machen, ist von der Zustellung an den Gegner nicht abhängig, soweit nicht das Gesetz ein Anderes bestimmt [21]).

Soll eine verkündete Entscheidung zugestellt werden, so erfolgt die Zustellung auf Betreiben der Partei. Der Partei ist zu solchem Zwecke eine Ausfertigung der Entscheidung auf ihren Antrag zu erteilen [22]).

§ 74.
Prozeßakten.

Fitting § 43 — Hellmann § 36.

Obgleich die Prozeßordnung keine Bestimmung über die Anlegung und Führung von Prozeßakten giebt, so setzt sie doch in einer Reihe von Bestimmungen voraus, daß solche über jeden Rechtsstreit geführt werden.

Unter Prozeßakten versteht man sämtliche sich auf einen bestimmten Rechtsstreit beziehenden Schriftstücke, sie sind teils Gerichtsakten, teils Parteiakten. Zu den ersteren gehören die Abschriften der von den Parteien zu den Gerichtsakten eingereichten Schriftsätze, die gerichtlichen Protokolle mit den dazu gehörigen Entscheidungen, die Gesuche der Parteien und die darauf ergehenden Entscheidungen mit den Zustellungsurkunden derselben, sowie die Abschriften der Urteile der höheren Instanz [1]). Zu den Parteiakten gehören die Urschriften und Abschriften der im Parteibetriebe zugestellten Schriftsätze mit den dazu gehörigen Zustellungsurkunden, die zugestellten oder erteilten Abschriften, Auszüge und Ausfertigungen aus den Gerichts-

---

[21]) CPO. §§ 312 Abs. 3, 329 Abs. 2. Ein Anderes ist bestimmt für die Beschreitung der Rechtsmittelinstanz (CPO. §§ 516 Abs. 2, 552 Abs. 2), der Zwangsvollstreckungsinstanz (CPO. § 750 Abs. 1).

[22]) CPO. §§ 317, 329 Abs. 2. Ausnahmen im Verfahren in Ehesachen und Familienstandssachen (CPO. §§ 625, 640, 641). Besondere Bestimmungen über die Bekanntmachung der Entscheidungen gelten für das Entmündigungsbeschlußverfahren und für das Schiedsverfahren (CPO. §§ 659, 660, 674, 678, 687, 1039).

[1]) Die Prozeßordnung setzt voraus, daß in jeder Instanz besondere Prozeßakten geführt werden, CPO. §§ 544, 566.

akten, sowie die sich auf den Prozeß beziehenden Schriftstücke, Briefe, Aufzeichnungen, sonstige Urkunden. Man nennt diese Parteiakten Handakten. Über die Führung von Handakten giebt es keine Vorschriften, das eigene Interesse der Partei und ihrer Anwälte ist hierfür maßgebend [2]). Über die Führung der Gerichtsakten bestehen in den einzelnen Bundesstaaten reglementare Vorschriften und Gebräuche.

Die Prozeßordnung gewährt den Parteien bezüglich der Gerichtsakten und andererseits auch dem Gerichte bezüglich der Parteiakten bestimmte Befugnisse.

1. Die Parteien [3]) können von den Gerichtsakten Einsicht nehmen und sich aus denselben durch den Gerichtsschreiber Ausfertigungen, Auszüge und Abschriften erteilen lassen.

Dritten Personen kann der Vorstand des Gerichts ohne Einwilligung der Parteien die Einsicht der Akten nur gestatten, wenn ein rechtliches Interesse glaubhaft gemacht wird.

Die Entwürfe zu Urteilen, Beschlüssen und Verfügungen, die zur Vorbereitung derselben gelieferten Arbeiten, sowie die Schriftstücke, welche Abstimmungen oder Strafverfügungen betreffen, werden weder vorgelegt noch abschriftlich mitgeteilt.

Solange eine gerichtliche Entscheidung nicht verkündet ist, dürfen Ausfertigungen, Auszüge und Abschriften derselben nicht erteilt werden.

Die Ausfertigungen und Auszüge der Entscheidungen sind von dem Gerichtsschreiber zu unterschreiben und mit dem Gerichtssiegel zu versehen.

2. Das Gericht kann anordnen, daß die Parteien die in ihrem Besitze befindlichen Akten vorlegen, soweit dieselben aus Schriftstücken bestehen, welche die Verhandlung und Entscheidung der Sache betreffen [4]). Dahin gehören also die Schriftsätze, die Ausfertigungen der Entscheidungen, die Zustellungsurkunden, die Abschriften der Protokolle, nicht aber die Korrespondenz und die sonstigen Privaturkunden.

Die Gerichtsakten einer Instanz dienen auch der höheren Instanz, indem der Gerichtsschreiber des Berufungsgerichts resp. des Revisions-

---

[2]) Für Rechtsanwälte ist bestimmt, daß die Pflicht zur Aufbewahrung der Handakten mit Ablauf bestimmter Frist erlischt (RAO. § 32 Abs. 2 o. S. 138 Anm. 38).

[3]) CPO. §§ 299, 317 und 324 Abs. 2 und 3.

[4]) CPO. § 143.

gerichts innerhalb 24 Stunden, nachdem die Berufungs- resp. Revisionsschrift zum Zwecke der Terminsbestimmung eingereicht ist, von dem Gerichtsschreiber des Gerichts der vorigen Instanz die Prozeßakten einzufordern hat. Nach Erledigung der Berufung oder Revision gehen die eingeforderten Akten mit einer beglaubigten Abschrift des Urteiles der höheren Instanz an die vorige Instanz zurück[5]).

Drittes Kapitel.

Verhandlung des Rechtsstreits.

§ 75.

Prinzip der Mündlichkeit.

Planck § 40 — Hellmann § 41 — Fitting § 28 — Schmidt § 74.

Den Parteien bieten sich zur Genügung ihrer Verhandlungspflicht an sich zwei Mittel dar, die Rede und die Schrift. Soweit nun das Gesetz die Parteien auf diesen oder jenen Weg verweist, spricht man von mündlicher oder schriftlicher Verhandlung. Da im ersteren Falle der erkennende Richter das Verhandelte unmittelbar durch den mündlichen Vortrag der Parteien erfährt, so pflegt man das Prinzip der Mündlichkeit des Verfahrens auch das Prinzip der Unmittelbarkeit der Verhandlung vor dem erkennenden Richter zu nennen.

Von diesem Gesichtspunkte aus betrachtet ist die Mündlichkeit zunächst nur die Form, in welcher der Rechtsstreit vor dem erkennenden Gerichte geführt wird.

Diese Form ist aber nach der Auffassung des Gesetzes in der Weise wesentlich, daß sie das ganze Verfahren beherrscht, so daß nicht bloß die Parteien sondern auch das erkennende Gericht in der Weise daran gebunden sind, daß das Gericht Parteivorbringen nur berücksichtigen darf, wenn es ihm in dieser Form vorgebracht ist, die Parteien also gehalten sind, sich dieser Form zu bedienen.

---

[5]) CPO. §§ 544, 566.

Insoweit kann man sagen, daß das Verfahren nicht nur ein formell mündliches ist, sondern von dem Prinzipe der Mündlichkeit in zwingender Weise so beherrscht wird[1]), daß ein Verstoß gegen das Prinzip der Mündlichkeit das Verfahren nichtig macht.

Dieses Prinzip ist freilich nirgends ausdrücklich im Gesetze ausgesprochen, es ist zu folgern

1. aus den gesetzlichen Vorschriften über die Gestaltung der mündlichen Verhandlung (s. u. § 78),

2. aus den über die Fällung der gerichtlichen Entscheidungen erlassenen Bestimmungen, wonach Urteile und solche Beschlüsse, welche auf Grund einer mündlichen Verhandlung ergehen, nur von denjenigen Richtern gefällt werden können, welche der den Urteilen und Beschlüssen zu Grunde liegenden Verhandlung beigewohnt haben[2]).

Inwieweit das Prinzip der Mündlichkeit durchgeführt ist, ergiebt sich zunächst aus CPO. § 128, welcher lautet:

„die Verhandlung der Parteien über den Rechtsstreit vor dem erkennenden Gerichte ist eine mündliche."

Es muß also

1. eine Verhandlung über den Rechtsstreit stattfinden. Der Rechtsstreit umfaßt aber, wie bereits oben S. 198 ausgeführt ist, nicht nur die materielle Streitsache, sondern auch die Zwischenstreite unter den Parteien und die Zwischenstreite unter den Parteien und Dritten. Für die letzteren folgt das Prinzip der Mündlichkeit jedoch nicht aus § 128. Für Zwischenstreite zwischen den Parteien und Dritten ist die mündliche Verhandlung also nur insoweit notwendig, als sie im Gesetze besonders vorgeschrieben ist[3]).

2. Die Verhandlung der Parteien muß vor dem erkennenden Gerichte stattfinden. Soweit also die Parteien vor einem beauftragten Richter verhandeln, können dieselben auch statt der Form der mündlichen Erklärung Oralrezesse überreichen[4]). Da-

---

[1]) Wäre die Mündlichkeit nur eine Formvorschrift, im Interesse der Parteien gegeben, etwa um ihnen das Verhandeln zu erleichtern, so würden die Parteien davon abweichen können, und dem Richter in der Verhandlung einen „recessus scriptus loco oralis" überreichen dürfen.

[2]) CPO. §§ 309, 329 Abs. 2.

[3]) s. CPO. § 71 und § 135 Abs. 2; nicht vorgeschrieben ist die mündliche Verhandlung im Falle CPO. § 387.

[4]) So im vorbereitenden Verfahren in Rechnungssachen, s. u. § 82.

gegen kann das Prozeßgericht das Ergebnis eines solchen Verfahrens nur dann als Stoff für das Urteil benutzen, wenn es in mündlicher Verhandlung von den Parteien vorgetragen ist. Insoweit gilt also auch hier das Mündlichkeitsprinzip.

Die mündliche Verhandlung ist aber nicht nur zur Verhandlung der Parteien über den Rechtsstreit bestimmt, sondern in dieser mündlichen Verhandlung findet auch regelmäßig die Beweisaufnahme statt, soweit nicht im einzelnen Falle solche vor einen beauftragten oder ersuchten Richter verwiesen ist[5]). Soweit die Beweisaufnahme nicht in der mündlichen Verhandlung vor dem Prozeßgerichte stattgefunden hat, haben die Parteien das Ergebnis derselben in mündlicher Verhandlung dem Prozeßgerichte vorzutragen, und wird auch insoweit das Prinzip der Mündlichkeit beachtet[6]).

Ausnahmen von diesem Prinzipe werden im Gesetze dadurch zugelassen, daß gesagt wird: „die Entscheidung kann ohne vorgängige mündliche Verhandlung erfolgen".

Im Erkenntnisverfahren ist das in folgenden Fällen für zulässig erklärt:

1. bei der Bestimmung des zuständigen Gerichts (CPO. §§ 36 f.),

2. bei der Ablehnung von Gerichtspersonen und von Sachverständigen (CPO. §§ 46, 49, 406 Abs. 4),

3. im Armenrechtsbewilligungs- und Entziehungsverfahren (CPO. § 126),

4. im Verfahren über Auferlegung der Kosten an Dritte sowie im Kostenfestsetzungsverfahren; (CPO. §§ 102, 105),

5. bei den für Zustellungen und Ladungen sich vernotwendigenden Entscheidungen (CPO. §§ 174, 177, 204, 339 Abs. 2),

6. bei Entscheidungen über Abkürzung oder Verlängerung einer Frist, auf Verlegung von Terminen (CPO. §§ 225—227),

7. bei Entscheidungen über Anträge auf Aussetzung des Verfahrens (CPO. § 248),

8. bei Entscheidungen über Anträge auf Berichtigung von Schreibfehlern pp. (CPO. § 319),

9. in der Beschwerdeinstanz (CPO. § 573),

---

[5]) CPO. §§ 355, 361 ff.

[6]) CPO. § 285 Abs. 2.

10. im Rechtshilfeverfahren (GVG. § 160).

Über das in diesen Fällen zu beobachtende Verfahren wird unten (§ 81) besonders gesprochen werden.

§ 76.

Vorbereitung der mündlichen Verhandlung.

Soll die mündliche Verhandlung ihrem Zwecke, dem Richter ein eindrucksvolles Bild von der Streitsache, wie sie sich in der Verhandlung der Parteien gestaltet, zu verschaffen, genügen, so muß sie sich als ein einheitliches Gesamtbild darstellen. Das ist aber nur möglich, wenn die Parteien in der mündlichen Verhandlung so vorbereitet erscheinen, daß sie die materielle Grundlage der Streitsache vollständig beherrschen. Das wird regelmäßig dann der Fall sein, wenn die Partei ihre Sache selbst vor dem Gerichte führt. Soweit eine Partei sich aber im Prozesse vertreten läßt oder vertreten lassen muß, wird sich eine Vertagung der mündlichen Verhandlung resp. eine Unterbrechung derselben vernotwendigen, wenn der Vertreter nicht rechtzeitig vor der mündlichen Verhandlung erfährt, was sein Gegner vorbringen wird.

Um die sich aus der Unterbrechung der mündlichen Verhandlung und der damit verbundenen Zerreißung des Gesamtbildes ergebenden Unzuträglichkeiten zu vermeiden, schreibt die Prozeßordnung vor, daß die mündliche Verhandlung in Anwaltsprozessen durch Schriftsätze vorbereitet werden soll, in anderen Prozessen vorbereitet werden kann [1]).

Dabei gilt im Verfahren vor den Landgerichten die Vorschrift, daß jede Partei dem Gegner solche thatsächliche Behauptungen, Beweismittel und Anträge, auf welche derselbe voraussichtlich ohne vorherige Erkundigung keine Erklärung abgeben kann, vor der mündlichen Verhandlung mittels vorbereitenden Schriftsatzes so zeitig mitzuteilen hat, daß der Gegner die erforderliche Erkundigung einzuziehen vermag. Tritt eine Vertagung der mündlichen Verhandlung ein, so kann das Gericht die Fristen bestimmen, binnen welchen die noch erforderlichen vorbereitenden Schriftsätze mitzuteilen sind [2]).

Im amtsgerichtlichen Prozesse können der Partei solche Anträge und Erklärungen durch Zustellung eines Protokolls des Gerichtsschreibers

---

[1]) CPO. § 129. [2]) CPO. § 272.

mitgeteilt werden, auch kann solche Mitteilung unmittelbar und ohne besondere Form (z. B. im Brief) geschehen[3]).

Auch da, wo die Vorbereitung durch Schriftsätze erfolgen soll, liegt nur eine Ordnungsvorschrift vor, deren Nichtbefolgung Nachteile in der Sache nicht zur Folge hat[4]), jedoch hat die Partei, welche diese Ordnungsvorschrift verletzt und dadurch die Vertagung einer Verhandlung oder die Anberaumung eines Termins zur Fortsetzung der Verhandlung schuldvoll veranlaßt hat, die dadurch verursachten Kosten zu tragen[5]).

Im übrigen gelten für die vorbereitenden Schriftsätze folgende Vorschriften[6]):

1. Die vorbereitenden Schriftsätze sollen enthalten

a) die Bezeichnung der Parteien und ihrer gesetzlichen Vertreter nach Namen, Stand oder Gewerbe, Wohnort und Parteistellung; die Bezeichnung des Gerichts und des Streitgegenstandes; die Zahl der Anlagen;

b) die Anträge, welche die Partei in der Sitzung zu stellen beabsichtigt;

c) die Angabe der zur Begründung der Anträge dienenden thatsächlichen Verhältnisse;

d) die Erklärung über die thatsächlichen Behauptungen des Gegners;

e) die Bezeichnung der Beweismittel, welcher sich die Partei zum Nachweise oder zur Widerlegung thatsächlicher Behauptungen bedienen will, sowie die Erklärung über die vom Gegner bezeichneten Beweismittel;

f) in Anwaltsprozessen die Unterschrift des Anwalts, in anderen Prozessen die Unterschrift der Partei selbst oder desjenigen, welcher für dieselbe als Bevollmächtigter oder als Geschäftsführer ohne Auftrag handelt.

2. Dem vorbereitenden Schriftsatze sind die Urkunden, auf welche Bezug genommen wird, in Urschrift oder in Abschrift beizufügen. Kommt nicht der ganze Inhalt der Urkunde in Betracht, so genügt ein Auszug aus derselben, welcher den Eingang, die relevante Stelle, den Schluß, das Datum und die Unterschrift enthält. Sind die Urkunden dem Gegner bereits bekannt oder von bedeutendem Umfange,

---

[3]) CPO. § 502.
[4]) CPO. § 129 Abs. 1.
[5]) CPO. § 95.
[6]) CPO. §§ 130—132.

so genügt die genaue Bezeichnung derselben mit dem Erbieten, Einsicht zu gewähren.

3. Der vorbereitende Schriftsatz, welcher neue Thatsachen oder ein anderes neues Vorbringen enthält, ist mindestens eine Woche, wenn er einen Zwischenstreit betrifft, mindestens drei Tage vor der mündlichen Verhandlung zuzustellen. Enthält der Schriftsatz eine Gegenerklärung auf neues Vorbringen, so beträgt die Frist mindestens drei Tage. Handelt es sich um einen Zwischenstreit, so ist die Zustellung einer schriftlichen Gegenerklärung nicht erforderlich.

Sind Schriftsätze gewechselt, so bieten dieselben dem Richter eine wesentliche Stütze seines Gedächtnisses, woran er sich des Verhandelten besser und genauer zu erinnern vermag, auch wird der Vorsitzende, wenn er den Inhalt der vorbereitenden Schriftsätze kennt, in der Lage sein, die mündliche Verhandlung sicherer und zweckdienlicher zu leiten. Deshalb bestimmt das Gesetz[7]), daß die Parteien eine für das Prozeßgericht bestimmte Abschrift ihrer vorbereitenden Schriftsätze und der Anlagen auf der Gerichtsschreiberei niederzulegen haben. Diese Niederlegung erfolgt zugleich mit der Überreichung der Urschrift, wenn eine Terminsbestimmung oder wenn die Zustellung unter Vermittlung des Gerichtsschreibers erwirkt werden soll[8]), andernfalls sofort nach erfolgter Zustellung des Schriftstücks.

Weitere Vorschriften bezüglich der Vorbereitung der mündlichen Verhandlung bestehen bezüglich der Urkunden, auf welche eine Partei in einem vorbereitenden Schriftsatze Bezug genommen hat[9]).

Die Partei, welche auf solche Urkunden Bezug genommen hat, ist, wenn sie rechtzeitig aufgefordert wird, verpflichtet, die in ihren Händen befindlichen Urkunden vor der mündlichen Verhandlung auf der Gerichtsschreiberei niederzulegen und den Gegner von der Niederlegung zu benachrichtigen. Die Niederlegung geschieht, um dem Gegner die Möglichkeit, die Urkunden einzusehen, zu verschaffen und ihn dadurch in den Stand zu setzen, seinen Vertreter bezüglich der Abgabe einer Erklärung auf die demnächst in der mündlichen Verhandlung vorgelegte Urkunde zu instruieren. Kommt die Partei dieser Pflicht nicht nach, so hat sie die durch Verletzung dieser Pflicht etwa

---

[7]) CPO. § 133.

[8]) CPO. §§ 497, 501.

[9]) CPO. §§ 134, 135.

entstehenden besonderen Kosten der Vertagung oder Unterbrechung der mündlichen Verhandlung zu tragen [10]).

Der Gegner hat zur Einsicht der Urkunden eine Frist von drei Tagen. Die Frist kann auf Antrag von dem Vorsitzenden verlängert oder abgekürzt werden.

Den Rechtsanwälten steht es frei, die Mitteilung von Urkunden von Hand zu Hand gegen Empfangsbescheinigung zu bewirken.

Giebt ein Rechtsanwalt die ihm eingehändigte Urkunde nicht binnen der bestimmten Frist zurück, so ist er auf Antrag nach vorgängiger mündlicher Verhandlung zur unverzüglichen Zurückgabe zu verurteilen.

Gegen das Zwischenurteil findet sofortige Beschwerde statt.

§ 77.

Die mündliche Verhandlung.

Hellmann §§ 171ff. — Planck § 102.

Die mündliche Verhandlung ist der Rahmen, welcher das gesamte Erkenntnisverfahren, nachdem es durch die Zustellung der Klagschrift eröffnet worden ist, umfaßt.

In ihr entwickelt sich das Streitverhältnis, in ihr wird der Rechtsstreit bis zu seinem Ende durchgeführt.

Die mündliche Verhandlung ist vom Gesetze als eine einheitlich fortlaufende gedacht. Finden Unterbrechungen statt, welche nicht einen Stillstand des Verfahrens zur Folge haben [1]), so hat der Vorsitzende sofort für die Anberaumung eines neuen Termins zur Fortsetzung der unterbrochenen Verhandlung zu sorgen [2]).

1. Leiter der mündlichen Verhandlung ist der Vorsitzende [3]). Sachleitung des Vorsitzenden.

Er eröffnet dieselbe, er erteilt das Wort und entzieht es dem, der seinen Anordnungen nicht Folge leistet.

Er hat den Parteien Gehör zu verschaffen und Sorge zu tragen, daß die Sache erschöpfend verhandelt und daß die Verhandlung, soweit möglich, ohne Unterbrechung zu Ende geführt wird.

Er hat durch Fragen darauf hinzuwirken, daß unklare Anträge erläutert, ungenügende Angaben der geltend gemachten Thatsachen

---

10) CPO. § 95.

1) s. o. § 60.

2) CPO. § 136 Abs. 3.

3) CPO. § 136 Abs. 1—3, § 139.

ergänzt und die Beweismittel bezeichnet, überhaupt alle für die Feststellung des Sachverhältnisses erheblichen Erklärungen abgegeben werden.

Er hat auf die Bedenken aufmerksam zu machen, welche in Ansehung der von Amtswegen zu berücksichtigenden Punkte obwalten[4]).

Er hat jedem Mitgliede des Gerichts auf Verlangen zu gestatten, Fragen zu stellen.

Wird eine auf die Sachleitung bezügliche Anordnung des Vorsitzenden oder eine von dem Vorsitzenden oder einem Gerichtsmitgliede gestellte Frage von einer bei der Verhandlung beteiligten Person als unzulässig beanstandet, so entscheidet das Gericht[5]).

Verhandlung der Parteien. 2. Die Verhandlung der Parteien[6]) beginnt mit der Stellung ihrer Anträge.

Im Verfahren vor den Landgerichten müssen die Anträge aus den vorbereitenden Schriftsätzen verlesen werden. Soweit vorbereitende Schriftsätze nicht mitgeteilt oder die Anträge in solchen nicht enthalten sind, muß die Verlesung aus einem dem Sitzungsprotokolle als Anlage beizufügenden Schriftsatze erfolgen. Dasselbe gilt von Anträgen, welche von früher verlesenen in wesentlichen Punkten abweichen. Sind diese Vorschriften bei Stellung eines Antrags nicht beobachtet, so wird der Antrag nicht berücksichtigt[7]).

Im amtsgerichtlichen Verfahren, für welches die Vorschrift des vorigen Absatzes nicht besteht[8]), hat das Gericht dahin zu wirken, daß die Parteien die sachdienlichen, d. h. die der Sachlage entsprechenden Anträge stellen[9]).

Die Vorträge der Parteien sind in freier Rede zu halten; sie haben das Streitverhältnis in thatsächlicher und rechtlicher Beziehung zu umfassen. Eine Bezugnahme auf Schriftstücke statt mündlicher Verhandlung, also die Übergabe eines recessus scriptus loco oralis, ist unzulässig. Die Verlesung von Schriftstücken findet nur insoweit statt, als es auf den wörtlichen Inhalt derselben ankommt.

In Anwaltsprozessen ist neben dem Anwalt auch der Partei selbst auf Antrag das Wort zu gestatten.

Das Gericht kann Parteien, Bevollmächtigten, Beiständen, denen die Fähigkeit zum geeigneten Vortrag mangelt, den weiteren Vor-

---

[4]) s. o. S. 195.
[5]) CPO. § 140.
[6]) CPO. §§ 137, 138.
[7]) CPO. § 297.
[8]) CPO. § 508.
[9]) CPO. § 503.

trag untersagen, sowie Bevollmächtigte und Beistände, welche das mündliche Verhandeln vor Gericht geschäftsmäßig betreiben, zurückweisen. Eine Anfechtung einer solchen Anordnung findet nicht statt. Auf Rechtsanwälte und deren amtlich bestellte oder im Vorbereitungsdienste stehende Vertreter findet diese Befugnis des Gerichts keine Anwendung. Personen, denen das mündliche Verhandeln vor Gericht durch eine seitens der Justizverwaltung getroffene Anordnung gestattet ist, können deshalb, weil sie das mündliche Verhandeln vor Gericht geschäftsmäßig betreiben, nicht zurückgewiesen werden [10]).

Behauptungen und Beweismittel können nur in der mündlichen Verhandlung vorgebracht, benannt werden. Erklärungen auf dieselben müssen in der mündlichen Verhandlung erfolgen. Dabei gilt, daß Thatsachen, welche nicht ausdrücklich bestritten werden, als zugestanden anzusehen sind, wenn nicht die Absicht, sie bestreiten zu wollen, aus den übrigen Erklärungen der Partei hervorgeht.

Eine Erklärung mit Nichtwissen ist nur über Thatsachen zulässig, welche weder eigene Handlungen der Partei noch Gegenstand ihrer eigenen Wahrnehmung gewesen sind. Im amtsgerichtlichen Verfahren hat das Gericht dahin zu wirken, daß die Parteien sich über alle erheblichen Thatsachen vollständig erklären [11]).

In gleicher Weise muß sich auch jede Partei über die vom Gegner vorgelegten Privaturkunden erklären, widrigenfalls die Urkunde als anerkannt anzusehen ist, wenn nicht die Absicht, die Echtheit bestreiten zu wollen, aus den übrigen Erklärungen der Partei hervorgeht [12]). Im amtsgerichtlichen Verfahren tritt dieser Nachteil nur ein, wenn die Partei durch das Gericht zur Erklärung über die Echtheit der Urkunde aufgefordert ist [13]).

Erklärt eine Partei sich auf eine Eideszuschiebung nicht, so ist sie auch im landgerichtlichen Verfahren vom Gerichte ausdrücklich zur Erklärung aufzufordern. Nur wenn dies geschehen ist, kann der Eid wegen unterbliebener Erklärung als verweigert angesehen werden [14]).

3. Dem Gerichte steht die Befugnis zu, zur Aufklärung des Sachverhältnisses und damit zur Ausübung der ihm obliegenden Erkenntnisthätigkeit anzuordnen [15]),

---

[10]) CPO. § 157, RAO. § 25 Abs. 3.
[11]) CPO. § 503.
[12]) CPO. § 439.
[13]) CPO. § 507.
[14]) CPO. § 455.
[15]) CPO. §§ 141—144, § 143 s. o. S. 316 Anm. 4.

a) daß die Parteien persönlich vor dem Gerichte erscheinen;

b) daß eine Partei die in ihren Händen befindlichen Urkunden, auf welche sie sich bezogen hat, sowie Stammbäume, Pläne, Risse und sonstige Zeichnungen vorlege, und daß die vorgelegten Schriftstücke während einer vom Gerichte zu bestimmenden Zeit auf der Gerichtsschreiberei verbleiben;

c) daß von den in fremder Sprache abgefaßten Urkunden eine durch einen beeidigten Dolmetscher angefertigte Übersetzung beigebracht werde;

d) daß eine Partei ihre Handelsbücher vorzulegen hat [16]);

e) daß die Einnahme eines Augenscheins oder die Begutachtung durch Sachverständige zu erfolgen habe [17]).

Mittel, die Befolgung dieser Anordnungen zu erzwingen oder auch nur, soweit zur Durchführung derselben eine Mitwirkung der Partei, z. B. die Vorlegung des in Augenschein zu nehmenden Gegenstandes, des zur Begutachtung dienenden Materials, erforderlich ist, solche Mitwirkung zu erzwingen, stehen dem Gerichte nicht zu Gebote. Ob und welche Folgerungen aus dem Ungehorsam der Partei, deren Handlung oder Mitwirkung begehrt wird, zu ziehen sind, namentlich, ob und inwieweit das Gericht in der Erkenntnis derjenigen Thatsache, zu deren Klarstellung die Anordnung getroffen ist, diesen Ungehorsam zu verwerten hat, hat das Gericht nach Lage des einzelnen Falles zu prüfen. Die freie richterliche Beweiswürdigung giebt den Maßstab für diese Prüfung ab. Kommt das Gericht zu der Überzeugung, daß die Partei durch ihren Ungehorsam bestrebt ist, das der Aufklärung bedürftige Sachverhältnis zu verdunkeln, so wird der Richter dazu gedrängt werden, der Darstellung des Sachverhältnisses, wie sie durch die Gegenpartei erfolgt ist, mehr Glauben zu schenken als der Darstellung der ungehorsamen Partei.

---

[16]) HGB. Art. 45 Abs. 1. Ob und wieweit eine Partei der anderen Partei gegenüber zur Vorlegung ihrer Handelsbücher im Prozesse verpflichtet ist, richtet sich nach den prozessualen Pflichten über die Urkundeneditionspflicht (HGB. Art. 45 Abs. 2). Werden Handelsbücher im Prozeß vorgelegt, so ist nach HGB. Art. 46 zu verfahren.

[17]) Das Verfahren richtet sich nach den Vorschriften, welche eine auf Antrag angeordnete Einnahme des Augenscheins oder Begutachtung durch Sachverständige zum Gegenstande haben (CPO. § 144 Abs. 2).

Ist nach Ansicht des Gerichts die Sache vollständig erörtert, so schließt der Vorsitzende die Verhandlung und verkündet die auf Grund der Verhandlung erlassenen Urteile und Beschlüsse[18]). Schluß der Verhandlung.

Ergeht nicht das Endurteil, sondern nur ein Zwischenurteil, so ist die mündliche Verhandlung über den unerledigt gebliebenen Teil fortzusetzen. Vernotwendigt sich ein besonderes Beweisverfahren, so ist dieses durch Beweisbeschluß anzuordnen[19]). Das Beweisverfahren findet regelmäßig in der mündlichen Verhandlung statt und ist in diesem Falle der Beweistermin zugleich zur Fortsetzung der mündlichen Verhandlung bestimmt[20]). Hat die Beweiserhebung nicht in der mündlichen Verhandlung stattgefunden, so wird der Termin zur Fortsetzung der mündlichen Verhandlung nach Erledigung des Beweisverfahrens von Amtswegen bestimmt, wenn solches nicht bereits vorher geschehen ist[21]).

Das Gericht kann die Wiedereröffnung einer bereits geschlossenen Verhandlung anordnen[22]). Wiedereröffnung der Verhandlung.

§ 78.

Einheitlichkeit der mündlichen Verhandlung, Aussetzung und Trennung der Verhandlung.

Die mündliche Verhandlung ist eine einheitliche, wenn auch nicht zeitlich, so doch inhaltlich[1]).

Das Prinzip der Einheitlichkeit der mündlichen Verhandlung macht sich nach folgenden Richtungen geltend:

---

[18]) CPO. § 136 Abs. 4. [19]) CPO. § 358.
[20]) CPO. § 370 Abs. 1. [21]) CPO. § 370 Abs. 2.
[22]) CPO. § 156.

[1]) Das Prinzip der Einheitlichkeit hat weder die Bedeutung, daß die Verhandlung ohne zeitliche Unterbrechung zu Ende zu führen, noch daß in jedem Termine zur Fortsetzung der mündlichen Verhandlung der früher vorgebrachte Prozeßstoff wiederholt werden müßte. Ist freilich das Gericht später anders besetzt als früher, oder fehlt dem Gerichte wegen der zeitlich weit auseinanderliegenden Termine die Erinnerung an das früher Verhandelte, so ist das früher Verhandelte zu wiederholen. Dies folgt aus dem Prinzip der Mündlichkeit, hat mit dem Prinzipe der Einheitlichkeit der mündlichen Verhandlung nichts zu thun.

1. Die mündliche Verhandlung ist, auch wenn sie in einem Termine nicht beendigt wird, vom Gerichte von Amtswegen durchzuführen.

2. Jeder Termin zur mündlichen Verhandlung des Rechtsstreits ist als zur Verhandlung der Streitsache in ihrer Gesamtheit bestimmt anzusehen, es sei denn daß er nur zur Verhandlung über einen bestimmten Zwischenstreit angesetzt ist.

3. Die mündliche Verhandlung zerfällt ihrem Inhalte nach nicht in verschiedene Abschnitte, welche durch ein der Rechtskraft fähiges Zwischenurteil getrennt werden, und von denen jeder Abschnitt einen besonderen Teil der Verhandlung ergreift.

4. Ebensowenig giebt es eine bestimmte Reihenfolge der Verhandlung und ein darauf gebautes Eventualprinzip[2]).

Das Prinzip der Einheitlichkeit bedarf jedoch nach allen vier Richtungen hin der näheren Beleuchtung und Beschränkung.

---

[2]) Anders das schriftliche Verfahren des gemeinrechtlichen Prozesses. Dasselbe zerfiel in das Behauptungsverfahren und das Beweisverfahren. Jeder Abschnitt entwickelte sich stufenweise. Der erste Abschnitt verlief in den sog. vier Schriftsätzen (Klage, Vernehmlassung, Replik, Duplik). Jeder Schriftsatz war nicht nur bestimmt zur Aufnahme derjenigen Elemente des Rechtsstreits, nach welchen er benannt war, sondern auch zur Erklärung über den Inhalt des voraufgehenden Schriftsatzes des Gegners, so daß z. B. der Beklagte sich in seiner Vernehmlassung über alle Behauptungen der Klagschrift zu erklären und alle ihm zu Gebote stehenden Einwendungen in eventum und gleichzeitig vorschützen mußte. War das Behauptungsverfahren abgeschlossen, d. h. waren im letzten Schriftsatze neue Thatsachen, über welche eine Erklärung des Gegners erforderlich war, nicht aufgestellt, so erging, falls nicht die Sache zur Endentscheidung reif war, das der Rechtskraft fähige Beweiszwischenurteil (Beweisinterlokut). Mit der Rechtskraft desselben begann der zweite Abschnitt, das Beweisverfahren. Auch dieses entwickelte sich stufenweise in der Beweisantretung, den Beweiseinreden und Gegenbeweisführung, Beweiserhebung, Beweisausführung und Gegenausführung.

Nach dem Eventualprinzip mußte jede Handlung, welche einer bestimmten Stufe des Verfahrens angehörte, auch auf dieser Stufe vorgenommen werden, widrigenfalls die Partei solches später ohne prozessualische Restitution nicht mehr nachholen konnte. Da auch ungleichartige Handlungen (z. B. das Leugnen einer Klagthatsache und das Vorbringen von Einreden) mit einander verbunden werden mußten, so erfolgte die Verbindung nur in eventum, d. h. nur für den Fall, daß die andere Behauptung oder Handlung erfolglos sei. Daher die Bezeichnung Eventualprinzip.

ad 1. Die Einheitlichkeit der Verhandlung wird dadurch gestört, daß das Verfahren einen Stillstand erleidet oder die Verhandlung ausgesetzt wird.

Einen Stillstand erleidet das Verfahren, wenn es unterbrochen oder ausgesetzt wird [3]), außerdem, wenn beide Parteien diesen Stillstand vereinbaren, oder in einem Termine zur mündlichen Verhandlung nicht erscheinen. In diesem Falle ruht das Verfahren, bis eine Partei eine neue Ladung zustellen läßt (CPO. § 251). Stillstand des Verfahrens.

Die Aussetzung der Verhandlung kann von Amtswegen angeordnet werden Aussetzung der Verhandlung.

a) wenn die Entscheidung des Rechtsstreits ganz oder zum Teil von dem Bestehen oder Nichtbestehen eines Rechtsverhältnisses abhängt, welches den Gegenstand eines anderen anhängigen Rechtsstreites bildet oder von einer Verwaltungsbehörde festzustellen ist;

b) wenn sich im Laufe des Rechtsstreits der Verdacht einer strafbaren Handlung ergiebt, deren Ermittlung auf die Entscheidung von Einfluß ist.

Das Gericht kann die Anordnung — sei es auf Antrag oder von Amtswegen — jederzeit wieder aufheben.

Die Anordnung der Aussetzung hat nur die Unterbrechung der mündlichen Verhandlung für die Zeit, für welche die Aussetzung angeordnet ist, zur Folge, im übrigen wird das Verfahren von der Aussetzung nicht berührt, insbesondere geht das Verfahren, soweit es einen vor der Aussetzung durch selbständig anfechtbares Zwischenurteil erledigten Abschnitt des Verfahrens betrifft, trotz der Anordnung der Aussetzung der Verhandlung weiter; denn es ist nicht das Verfahren (der Prozeß), sondern es ist nur die mündliche Verhandlung ausgesetzt, das Verfahren also nur insoweit, als sich die mündliche Verhandlung noch auf dasselbe erstreckt.

ad 2. Das Prinzip der Einheitlichkeit der mündlichen Verhandlung erleidet in dieser Richtung eine Begrenzung durch das dem Gerichte zustehende Recht der Trennung, Absonderung und Beschränkung der Verhandlung.

---

[3]) Die Fälle sind bereits §§ 60 ff., S. 254 ff. besprochen.

Trennung der Verhandlung.

Trennung der Verhandlung ist zulässig

a) im Falle der objektiven Klagenhäufung, der nicht notwendigen Streitgenossenschaft und der nicht konnexen Widerklage (CPO. § 145 Abs. 1 u. 2); es entstehen im Falle der Anordnung der Trennung mehrere selbständige von einander unabhängige Streitverhältnisse;

b) durch Erlaß eines Teilurteils (CPO. § 301), es scheidet der durch das Urteil betroffene Teil des Streitverhältnisses aus demselben aus;

c) wenn über einen präjudizierlichen Zwischenstreit abgesonderte Verhandlung stattfinden muß (CPO. § 336 Abs. 2, o. S. 215) oder ein Zwischenstreit durch Zwischenurteil erledigt wird (CPO. § 303).

Absonderung von Verhandlungsstoff.

Absonderung der Verhandlung ist zulässig

a) durch Anordnung, daß über die Klage und über die vom Beklagten geltend gemachte Aufrechnung einer nicht konnexen Gegenforderung getrennt verhandelt werde (CPO. § 145 Abs. 3); es wird nur ein Element des Rechtsstreits abgesondert, im übrigen geht der Rechtsstreit in der Weise fort, daß über den Rechtsstreit (abgesehen von der Aufrechnung) und über die Aufrechnung abgesondert verhandelt wird (o. S. 213);

b) durch Erlaß eines Vorbehaltsurteils (unten § 116) oder eines Zwischenurteils über ein selbständiges Angriffs- und Verteidigungsmittel (CPO. § 303);

c) im Falle der Vorabentscheidung über den Grund des Anspruchs durch Zwischenurteil (CPO. § 304).

Beschränkung der Verhandlung.

Beschränkung der Verhandlung ist zulässig

a) durch die Anordnung, daß die Verhandlung auf eins oder einige der selbständigen Angriffs- oder Verteidigungsmittel zu beschränken sei (CPO. § 146);

b) im Falle der abgesonderten Verhandlung über prozeßhindernde Einreden (CPO. § 275).

Während in den Fällen der Trennung vollständige Ausscheidung von Prozeßstoff aus dem Streitverhältnisse stattfindet, ist dies in den Fällen der Absonderung nicht der Fall. In der Verhandlung über den abgesonderten oder den nach der Absonderung verbleibenden Prozeßstoff wird der Rechtsstreit als sicher verhandelt, was sich daraus ergiebt, daß auch diese Verhandlung zu einem das Streitverhältnis erledigenden Endurteile führen kann. Dasselbe trifft zu, wenn die Verhandlung auf ein einzelnes selbständiges Angriffs= oder Verteidigungsmittel beschränkt ist.

Zurückweisung von Verhandlungsstoff.

ad 3. Das Prinzip, daß Angriffs= und Verteidigungsmittel, Beweismittel und Beweiseinreden bis zum Schlusse der mündlichen Verhandlung, auf welche das Urteil ergeht, geltend gemacht werden können[4]), besteht unbeschadet der dem Gerichte beigelegten Befugnis, Prozeßhandlungen, welche eine Partei hätte füher vornehmen können, auf Antrag zurückzuweisen, wenn durch das verspätete Vorbringen die Erledigung des Rechtsstreites verzögert wird und das Gericht die Überzeugung gewinnt, daß die Partei in der Absicht, den Prozeß zu verschleppen, oder aus grober Nachlässigkeit das Verspätete nicht früher vorgebracht hat. Dies ist zulässig,

1. wenn der Beklagte nachträglich Verteidigungsmittel vorbringt[5]),

2. wenn eine Partei nach Erlaß eines Beweisbeschlusses über die in demselben bezeichneten Thatsachen neue Zeugen benennt oder einen Urkundenbeweis in Gemäßheit von CPO. §§ 428, 432 antritt[6]).

Prinzip der Reihenfolge.

ad 4. Das Prinzip der inhaltlichen Einheitlichkeit der mündlichen Verhandlung hat in dieser Richtung Ausnahmen, indem für einzelne Prozeßhandlungen eine bestimmte Reihenfolge im Interesse der Rechtspflege positiv verordnet ist. Eine solche Reihenfolge besteht

a) für die verzichtbaren prozeßhindernden Einreden im landgerichtlichen Verfahren schlechthin, im amtsgerichtlichen Verfahren für die Einrede der Unzuständigkeit des Gerichts (CPO. §§ 274 Abs. 2, 504 Abs. 1),

---

[4]) CPO. §§ 278 Abs. 1, 282 Abs. 1. Entstehen dadurch Prozeßverschleppungen, so können der Partei, welche die Verschleppung verursacht hat, auch im Falle ihres Obsiegens die Kosten ganz oder teilweise auferlegt werden (CPO. §§ 278 Abs. 1, 282 Abs. 2 u. o. S. 178 Anm. 17).

[5]) CPO. 279. Ob das Verteidigungsmittel materiellrechtlicher oder prozeßrechtlicher Art ist, ist gleich, jedoch fallen Beweiseinreden nicht unter diese Bestimmung, da § 279 eine Ausnahme von § 278 Abs. 1 giebt, und beide Bestimmungen sich nicht auf die Beweisführung beziehen, wie sich aus CPO. § 282 ergiebt. Die Widerklage ist kein Verteidigungs- sondern ein Angriffsmittel, auf sie bezieht sich CPO. § 279 nicht, vielmehr gilt für die Widerklage die Regel von CPO. § 278 Abs. 1 und daneben die besondere Bestimmung von § 278 Abs. 2. Werden Verteidigungsmittel in der Berufungsinstanz zurückgewiesen, dann ergeht ein Vorbehaltsurteil (CPO. § 540).

[6]) CPO. §§ 374, 433.

b) für diejenigen Erklärungen und Parteihandlungen, welche im vorbereitenden Verfahren vor den beauftragten Richter gehören (CPO. § 354 u. u. § 82),

c) für diejenigen Erklärungen und Parteihandlungen, welche in dem vor einem beauftragten oder ersuchten Richter erhobenen Zwischenstreite über die Zeugnisverweigerung vor dem Richterkommissar abzugeben sind (CPO. § 389 Abs. 3 u. u. § 97 a. E.).

Auch die Ausübung des prozessualen Rügerechts (CPO. § 245) und des Ablehnungsrechtes (CPO. §§ 43 u. 406) ist der Natur der Sache an ein bestimmtes Stadium verwiesen, nicht minder der Widerspruch gegen eine Klagänderung (CPO. § 269), gegen die Zulassung des Nebenintervention (o. S. 147).

§ 79.

Versäumung der mündlichen Verhandlung. Versäumnisurteil. Einspruch.

Hellmann §§ 99 ff. — Fitting §§ 73 ff. — Planck §§ 130 ff. Schmidt § 77.

Versäumnis. Versäumung der mündlichen Verhandlung ist Versäumung des Prozesses, Totalversäumnis, Versäumnis im technischen Sinne.

Vermöge des Prinzipes der Einheitlichkeit der mündlichen Verhandlung liegt solche Versäumnis vor, wenn eine Partei auch nur einen Termin zur mündlichen Verhandlung — mag es der erste oder ein folgender sein[1]) — versäumt, d. h. entweder nicht erscheint oder, wenn erschienen, doch bis zum Schlusse des Termins nicht verhandelt[2]).

Folgen der Versäumnis. Wer die mündliche Verhandlung versäumt, von dem nimmt das Gesetz an, daß er verzichtet, und zwar, wenn es der Kläger ist, daß er auf den geltend gemachten Anspruch, und wenn es der Beklagte ist, daß er auf die Verteidigung gegen den Anspruch verzichtet[3]).

---

[1]) CPO. § 332.

[2]) CPO. §§ 330—333, 220 Abs. 2. Verhandelt eine Partei, erklärt sich jedoch über einzelne Thatsachen, Urkunden u. s. w. nicht, so liegt nicht Versäumnis im technischen Sinne, sondern eine Versäumung einzelner Prozeßhandlungen vor, worüber die allgemeinen Grundsätze gelten, CPO. § 334 u. o. § 65 S. 267 ff.

[3]) Wie die Folgen der Totalversäumnis zu gestalten sind, ist ein Problem, an dem das Recht sich in seiner Entwicklung in wechselnden Anschauungen ver-

Für den Kläger trifft das besonders auch dann zu, wenn schon zu seinen Gunsten ein Vorbehaltsurteil ergangen ist und der Rechtsstreit im Nachverfahren nur noch bezüglich der vorbehaltenen Verteidigungsmittel des Beklagten fortgesetzt wird, oder wenn über den Grund des Anspruchs vorab entschieden ist, so daß in der fortgesetzten Verhandlung nur noch über den Betrag verhandelt wird[4]), und überhaupt für beide Parteien in allen Fällen, in welchen eine Absonderung oder eine Beschränkung der Verhandlung stattgefunden hat und die Verhandlung nur über den abgesonderten oder beschränkten Prozeßstoff stattfindet (oben S. 330 f.).

---

sucht hat. Das frühere Recht machte in der Gestaltung der Folgen der Versäumnis (contumacia) einen wesentlichen Unterschied, indem sich die Folgen verschieden gestalteten, je nachdem der Beklagte sich bereits auf den Streit eingelassen hatte (post litem contestatam) oder noch nicht eingelassen hatte (ante litem contestatam). Um die Litiskontestatio, die Streiteinlassung zu erzwingen, ließ das ältere Recht indirekte Zwangsmaßregeln (Acht, missio in bona) zu, während das spätere Recht im Falle des Ausbleibens des Beklagten auf die Ladung zur Streitbefestigung die Litiskontestation als geschehen fingierte (Prinzip der sog. negativen Litiskontestation). Die Folge dieses Prinzips war das sog. „Eremodizialverfahren", d. h. der Kläger wurde zur einseitigen Verhandlung und zum Beweise seines Anspruchs (in eremodicio) zugelassen. Nach der Litiskontestation wurde dies auch auf den Beklagten angewendet, wenn der Kläger contumax wurde, während die contumacia des Klägers vor der Litiskontestation dem Beklagten außerdem das Recht verlieh, die absolutio ab instantia zu begehren. Den contumax traf außerdem die poena praeclusi, d. h. er wurde mit seinen Angriffs- und Verteidigungsmitteln ausgeschlossen. Unter dem Einflusse des sächsischen Rechts ist die Folge der contumacia des Beklagten verschärft, indem man an die Stelle des Prinzips der negativen Litiskontestation die Fiktion des Geständnisses der Klagthatsachen setzte. Unter dem weiteren Einflusse des französischen Prozesses, welcher für den Fall der Unthätigkeit einer Partei bis zum ersten Verhandlungstermin ohne vorgängige Beweisaufnahme ein Urteil gegen die unthätige Partei ergehen ließ, welches jedoch durch einen bloß formellen Widerspruch (Opposition) wieder beseitigt werden konnte, hat sich das Versäumnisverfahren der Reichscivilprozeßordnung in seiner jetzigen Gestalt herausgebildet.

[4]) CPO. § 347 Abs. 1, § 600 Abs. 3, §§ 541, 542 Abs. 1. Für den Fall CPO. § 302 ist dies nicht ausdrücklich gesagt, dieser Fall ist jedoch ebenso zu behandeln, denn es ist kein Grund ersichtlich, warum in diesem Falle eine abweichende Behandlung stattfinden sollte. Ebenso liegt die Sache im Falle CPO. § 529 Abs. 3.

Ist durch Teilurteil ein Teil des Anspruchs oder einer von mehreren Ansprüchen erledigt, so tritt diese Folge nur bezüglich des nicht erledigten Teiles des Streitverhältnisses ein.

Ist der Termin zur mündlichen Verhandlung lediglich zur Verhandlung über einen Zwischenstreit bestimmt, so beschränkt sich diese Folge lediglich auf den Zwischenstreit[5]). Die Partei, welche den Zwischenstreit erhoben hat, hat im Versäumnisverfahren die Klägerrolle.

Die Folgen der Versäumnis treten nicht von selber ein, sondern erst mit dem auf Antrag der in der mündlichen Verhandlung erschienenen Partei erlassenen Urteil, welches, soweit es gegen die versäumende Partei die Folgen des Verzichtes ausspricht, Versäumnisurteil ist[6]).

Versäumnisurteil.

Das Versäumnisurteil ist Endurteil in der Sache, es unterscheidet sich insoweit nicht von einem auf Verhandlung beider Parteien ergehenden Endurteile, dagegen unterscheidet es sich von dem letzteren Urteile dadurch, daß es von der Partei, gegen welche es ergangen ist, mit einem ordentlichen Rechtsmittel nicht angefochten werden kann[7]).

Versäumnis des Klägers.

Erscheint der Kläger in dem Termine zur mündlichen Verhandlung des Rechtsstreites nicht, so ist auf Antrag das Versäumnisurteil dahin zu erlassen, daß der Kläger mit der Klage abzuweisen sei[8]). Einer Verhandlung zur Sache bedarf es für diesen Fall nicht, da — selbst wenn in einem früheren Termine die Sache noch nicht verhandelt ist — das Gericht aus den Akten weiß, welche Klage erhoben ist.

---

[5]) CPO. § 347 Abs. 2. Im Zwischenstreite zwischen den Parteien und Dritten findet kein Versäumnisverfahren statt.

[6]) Ergeht das Urteil nicht auf Grund des anzunehmenden Verzichtes gegen die nicht erschienene Partei, so ist es nicht Versäumnisurteil. Versäumt z. B. der Kläger und ergiebt sich, daß die Klage wegen einer fehlenden Prozeßvoraussetzung abzuweisen ist, so kann kein Versäumnisurteil in der Sache ergehen, vielmehr ist das die Klage abweisende Urteil ein gewöhnliches Endurteil, unterliegt also nicht dem Einspruche, sondern den ordentlichen Rechtsmitteln.

[7]) „contumax non appellat" CPO. §§ 513, 566.

[8]) CPO. § 330. Ist der Termin auf die Ladung einer Partei angesetzt, so muß der Antragsteller nachweisen, daß er den Gegner geladen hat, resp. daß der Gegner ihn geladen hat.

Das gleiche findet statt, wenn Widerklage erhoben ist und der Widerkläger in einem späteren Termine zur mündlichen Verhandlung des Rechtsstreits nicht erscheint[9]).

Versäumt der Beklagte die mündliche Verhandlung, so hat der Kläger, wenn er beantragt, das Versäumnisurteil gegen den Beklagten zu erlassen, den Klaggrund und den Klagantrag vorzutragen. Da angenommen wird, daß der Beklagte auf das Vorbringen des Klägers keine Erklärung abgeben und auf seine Einwendungen verzichten will, so ist das thatsächliche mündliche Vorbringen des Klägers als zugestanden anzunehmen[10]) und auf Grund desselben das Urteil zu erlassen. Versäumnis de Beklaten.

Soweit das Vorbringen den Klagantrag rechtfertigt, ist nach dem Antrage zu erkennen; soweit das nicht der Fall ist, ist die Klage abzuweisen[11]). Dieses Urteil ist, insoweit es gegen den Beklagten ergeht, Versäumnisurteil, im übrigen ist es ein gewöhnliches Endurteil. Das Gericht ist bei Fällung dieses Endurteils an die früher über den Klaggrund bereits erlassenen Zwischenurteile, mögen dieselben über einen einzelnen selbständigen Klaggrund (CPO. § 303) über den Grund des Anspruchs (CPO. § 304) ergangen sein, gebunden. Auch ist das Urteil, insoweit es nicht als Versäumnisurteil anzusehen ist, wie ein gewöhnliches Endurteil anfechtbar.

Das gleiche gilt, wenn der Beklagte als Widerkläger gegen den versäumenden Widerbeklagten das Versäumnisurteil beantragt[12]).

Der Antrag auf Erlassung eines Versäumnisurteils ist zurückzuweisen, unbeschadet des Rechts der erschienenen Partei, die Vertagung der mündlichen Verhandlung zu beantragen[13]), Antrag auf Erlassung des Versäumnisurteil.

---

[9]) CPO. § 347. [10]) CPO. § 331 Abs. 1 u. o. S. 264 Anm. 1.

[11]) CPO. § 331 Abs. 2.

[12]) CPO. § 347 Abs. 1. Bestritten ist, ob der Beklagte eine Widerklage in Abwesenheit des Klägers erheben und sofort das Versäumnisurteil beantragen kann. Das Erstere ist entschieden zu bejahen (s. RG. Bd. 28, S. 407 ff.). Daraus folgt aber auch die Bejahung des zweiten Punktes, wobei allerdings vorausgesetzt wird, daß die Widerklage und der Antrag rechtzeitig durch Schriftsatz mitgeteilt sind (CPO. § 335 [3]).

[13]) Das Gericht kann von Amtswegen die Verhandlung über den Antrag auf Erlassung des Versäumnisurteils vertagen, wenn es dafür hält, daß die von dem Vorsitzenden bestimmte Einlassungs- oder Ladungsfrist zu kurz bemessen, oder daß die Partei durch Naturereignisse oder durch andere unabwendbare Zufälle am Erscheinen behindert worden ist. Wird die Verhandlung auf Antrag oder von Amtswegen vertagt, so ist die nicht erschienene Partei zu dem neuen Termine zu laden (CPO. §§ 337, 335 Abs. 2 u. o. S. 296).

1. wenn die erschienene Partei die vom Gerichte wegen eines von Amtswegen zu berücksichtigenden Umstandes erforderte Nachweisung nicht zu beschaffen vermag[14]);

2. wenn die nicht erschienene Partei nicht ordnungsmäßig, insbesondere nicht rechtzeitig geladen war[15]);

3. wenn der nicht erschienenen Partei ein thatsächliches mündliches Vorbringen oder ein Antrag nicht rechtzeitig mittels Schriftsatzes mitgeteilt war[16]).

Gegen den Beschluß, durch welchen der Antrag auf Erlassung des Versäumnisurteils zurückgewiesen wird, findet sofortige Beschwerde statt. Wird der Beschluß aufgehoben, so ist die nicht erschienene Partei zu dem neuen Termine nicht zu laden[17]). Erscheint sie ohne Ladung in diesem Termine, so ist sie zur Verhandlung zuzulassen, und ist damit die Erlassung des Versäumnisurteils ausgeschlossen (CPO. § 231 Abs. 2).

Da das Versäumnisurteil auf der Annahme des Verzichtes der versäumenden Partei beruht, so wird dieser Partei freigestellt, diese Annahme durch nachträglichen Protest zu beseitigen. Dieser Protest erfolgt in formeller Weise durch Einlegung des Einspruchs gegen das Versäumnisurteil[18]).

Der Einspruch. Der Einspruch ist kein Rechtsmittel, er hat aber die gleiche aufschiebende Wirkung wie ein Rechtsmittel, indem die Einlegung des Einspruchs den Eintritt der Rechtskraft des Versäumnisurteils hemmt (CPO. § 705).

Durch den Einspruch verschafft sich die Partei, welche ohne Gehör oder doch ohne Beachtung des von ihr bereits in einem früheren Termine Vorgebrachten lediglich auf Grund der Annahme des Verzichts verurteilt ist, wiederum Gehör. Es wird also der Prozeß, wenn der Einspruch zulässig ist, in die Lage zurückversetzt, in welcher er sich vor Eintritt der Versäumnis befand[19]), d. h. es wird die mündliche Verhandlung über den Rechtsstreit oder über den Zwischenstreit wieder eröffnet, dagegen wird durch den Einspruch

---

[14]) CPO. § 335[1]. Ergiebt sich bereits aus den Akten oder aus der Verhandlung, daß es an einer Prozeßvoraussetzung mangelt, so ergeht ein prozeßversagendes Urteil (s. o. Anm. 6).

[15]) CPO. § 335[2]. [16]) CPO. § 335[3].

[17]) CPO. § 336. [18]) CPO. § 338.

[19]) CPO. § 342.

das Versäumnisurteil zunächst noch nicht beseitigt, vielmehr behält es Bestand[20]), bis auf Grund der neuen Verhandlung ein neues Urteil ergeht. Insoweit die Entscheidung, welche auf Grund der neuen Verhandlung zu erlassen ist, mit der im Versäumnisurteil enthaltenden Entscheidung übereinstimmt, ist auszusprechen, daß diese Entscheidung aufrecht zu erhalten sei. Insoweit diese Voraussetzung nicht zutrifft, wird das Versäumnisurteil in dem neuen Urteile aufgehoben[21]).

Das neue Urteil kann wiederum Versäumnisurteil entweder gegen dieselbe Partei oder gegen den Gegner sein. Auch gegen das zweite und fernere gegen dieselbe Partei ergangene Versäumnisurteil[22]) steht der Einspruch zu, es sei denn daß die neue Versäumnis einer früheren Versäumnis unmittelbar also ohne dazwischen liegende Verhandlung der Partei, welche säumig gewesen ist, folgt. Das trifft zu, wenn die Partei, die den Einspruch eingelegt hat, in der zur mündlichen Verhandlung bestimmten Sitzung oder in derjenigen Sitzung, auf welche die Verhandlung vertagt ist, nicht erscheint oder nicht zur Hauptsache verhandelt. In diesem Falle steht der wiederum versäumenden Partei gegen das Versäumnisurteil, durch welches ihr Einspruch verworfen wird, ein weiterer Einspruch nicht zu, wohl aber die Berufung oder Revision insoweit, als dieselbe darauf gestützt wird, daß der Fall der Versäumung nicht vorgelegen habe[23]).

Dasselbe gilt, wenn im Wiedereinsetzungsverfahren die Partei, welche den Antrag auf Wiedereinsetzung gestellt hat, einen Verhandlungstermin versäumt und gegen sie Versäumnisurteil ergangen ist[24]).

Ist ein Versäumnisurteil in gesetzlicher Weise ergangen, so sind die durch die Versäumnis veranlaßten Kosten, soweit sie nicht durch

---

[20]) Praktische Bedeutung hat dies, wenn der Einspruch zurückgenommen wird oder für prozessualisch unzulässig erklärt wird.

[21]) CPO. § 343.

[22]) Ein zweites oder ferneres in derselben Instanz gegen dieselbe Partei zur Hauptsache erlassenes Versäumnisurteil ist auch ohne Antrag für vorläufig vollstreckbar zu erklären, CPO. § 708[3].

[23]) CPO. §§ 345, 513, 566.

[24]) CPO. §§ 238 Abs. 2, 513, 566 u. o. S. 274.

einen unbegründeten Widerspruch des Gegners entstanden sind, der säumigen Partei auch dann aufzuerlegen, wenn infolge des Einspruchs eine abändernde Entscheidung erlassen wird[25]).

Die Partei kann nach Erlassung des Versäumnisurteils auf den Einspruch einseitig wirksam verzichten und nach Einlegung des Einspruchs denselben zurücknehmen; es gelten für diese Erklärungen und Handlungen auch hinsichtlich der Form und Bedeutung derselben die Vorschriften, welche für die gleichartigen Erklärungen und Handlungen hinsichtlich der Berufung gelten[26]). Auf diese Darstellung ist hier zu verweisen.

Notfrist. Der Einspruch ist an eine Notfrist von zwei Wochen, welche mit der Zustellung des Versäumnisurteils beginnt, gebunden[27]).

Form der Einlegung. Die Einlegung des Einspruchs erfolgt durch Zustellung eines Schriftsatzes. Derselbe muß enthalten

1. die Bezeichnung des Urteils, gegen welches der Einspruch gerichtet wird;

2. die Erklärung, daß gegen dieses Urteil Einspruch eingelegt werde;

3. die Ladung des Gegners zur mündlichen Verhandlung über die Hauptsache.

Der Schriftsatz soll zugleich dasjenige enthalten, was zur Vorbereitung der Verhandlung über die Hauptsache erforderlich ist[28]).

Das Gericht hat von Amtswegen zu prüfen, ob der Einspruch an sich statthaft ist, d. h. also ob das Urteil, gegen welches er gerichtet ist, ein Versäumnisurteil ist, ob es gegen die Partei, welche den Einspruch einlegt, ergangen ist, und ob es ein Versäumnisurteil ist, gegen welches der Einspruch an sich statthaft ist, und weiter zu prüfen, ob der Einspruch in der gesetzlichen Form und Frist eingelegt ist. Fehlt es an einem dieser Erfordernisse, so ist der Einspruch als unzulässig zu verwerfen[29]).

---

[25]) CPO. § 344. [26]) CPO. § 346 u. u. § 107.

[27]) CPO. § 339. Muß die Zustellung im Auslande oder durch öffentliche Bekanntmachung erfolgen, so hat das Gericht die Einspruchsfrist im Versäumnisurteile oder nachträglich durch besonderen Beschluß, welcher ohne vorgängige mündliche Verhandlung erlassen werden kann, zu bestimmen.

[28]) CPO. § 340. Zustellung des Versäumnisurteils vor Einlegung des Einspruches oder gleichzeitig mit der Einlegung ist keine Bedingung der Wirksamkeit des Einspruchs.

[29]) CPO. § 341. Das den Einspruch verwerfende Urteil ist ein das Versäumnisurteil aufrecht erhaltendes Endurteil.

§ 80.

Beurkundung der Verhandlung.

Planck § 32 — Hellmann § 41 — Fitting § 43 — Schmidt § 55.

Über die mündliche Verhandlung vor dem Gerichte ist ein Protokoll aufzunehmen. Das Protokoll wird vom Gerichtsschreiber unter Leitung des Vorsitzenden geführt, vom Vorsitzenden und dem Gerichtsschreiber unterschrieben. Ist der Vorsitzende verhindert, so unterschreibt für ihn der älteste beisitzende Richter. Im Falle der Verhinderung des Amtsrichters genügt die Unterschrift des Gerichtsschreibers [1]). Sitzungsprotokoll.

Das Protokoll enthält [2]) Notwendiger Inhalt des Protokolls.

1. den Ort und den Tag der Verhandlung;

2. die Namen der Richter, des Gerichtsschreibers und des etwa zugezogenen Dolmetschers;

3. die Bezeichnung des Rechtsstreits;

4. die Namen der erschienenen Parteien, gesetzlichen Vertreter, Bevollmächtigten und Beistände;

5. die Angabe, daß öffentlich verhandelt oder die Öffentlichkeit ausgeschlossen ist.

Der Gang der Verhandlung ist nur im allgemeinen anzugeben; es sind jedoch durch Aufnahme in das Protokoll festzustellen

1. die Anerkenntnisse [3]), Verzichtleistungen [4]) und Vergleiche [5]), durch welche der geltend gemachte Anspruch ganz oder teilweise erledigt wird;

2. die Anträge und Erklärungen, deren Feststellung vorgeschrieben ist. Dies ist

a) im Anwaltsprozesse bezüglich der von den Parteien gestellten Anträge der Fall. Da für die Stellung der Anträge die Formvorschrift CPO. § 297 gilt [6]), und die Beobachtung dieser Form nur durch das Protokoll nachgewiesen werden kann [7]),

---

[1]) CPO. §§ 159 Abs. 1, 163.
[2]) CPO. §§ 159 Abs. 2, 161.
[3]) CPO. § 207 u. u. § 105.
[4]) CPO. § 306 u. u. § 105.
[5]) s. u. § 104.
[6]) s. o. S. 324 Anm. 7.
[7]) CPO. § 164.

so muß aus dem Protokolle ersichtlich sein, welche Anträge in der mündlichen Verhandlung gestellt sind.

b) Soweit es sich nicht um Anträge handelt, sind im Anwaltsprozesse wesentliche Erklärungen, welche in vorbereitenden Schriftsätzen nicht enthalten sind, oder wesentliche Abweichungen von dem Inhalte solcher Schriftsätze, mögen die Abweichungen in Zusätzen, Weglassungen oder sonstigen Änderungen bestehen, auf Antrag durch Schriftsätze, welche dem Protokolle als Anlagen beigefügt sind, festzustellen[8]).

c) In der unter b beschriebenen Weise sind im Anwaltsprozesse auch Geständnisse sowie die Erklärungen über Annahme oder Zurückschiebung zugeschobener Eide festzustellen[9]).

d) Im amtsgerichtlichen Prozesse, für welchen die Bestimmung unter a nicht gilt, bestehen bezüglich der Feststellung von Anträgen und Erklärungen folgende besondere Bestimmungen[10]):

α) Anträge sowie Erklärungen über Annahme oder Zurückschiebung zugeschobener Eide sind von Amtswegen auch ohne Parteiantrag durch das Sitzungsprotokoll festzustellen; anstatt der Feststellung genügt die Bezugnahme auf den Inhalt eines vorbereitenden Schriftsatzes.

β) Sonstige Erklärungen einer Partei, insbesondere Geständnisse sind durch das Protokoll insoweit festzustellen, als das Gericht bei dem Schlusse der mündlichen Verhandlung die Feststellung für angemessen erachtet.

γ) Bezüglich der Geständnisse gilt daneben die oben unter c bezielte Vorschrift[11]).

3. die Aussagen der Zeugen und Sachverständigen, sofern dieselben früher nicht abgehört waren oder von ihrer früheren Aussage abweichen; die Feststellung kann unterbleiben, wenn die Vernehmung vor dem Prozeßgerichte erfolgt und das Endurteil der Berufung nicht unterliegt. In diesem Falle ist in dem Protokolle nur zu bemerken, daß die Vernehmung stattgefunden habe;

4. das Ergebnis eines Augenscheins;

5. die Entscheidungen (Urteile, Beschlüsse, Verfügungen) des Gerichts, sofern sie nicht dem Protokolle schriftlich beigefügt sind;

---

[8]) CPO. § 298 Abs. 1. [9]) CPO. § 298 Abs. 2.
[10]) CPO. §§ 508, 509. [11]) CPO. § 495.

6. die Verkündung der Entscheidungen.

Der Aufnahme in das Protokoll steht die Aufnahme in eine Schrift gleich, welche dem Protokolle als Anlage beigefügt und als solche in demselben bezeichnet ist.

Verlesung des Protokolls.

Das Protokoll ist, insoweit es die Nr. 1—4 betrifft, den Beteiligten vorzulesen oder zur Durchsicht vorzulegen. In dem Protokolle ist zu bemerken, daß dies geschehen und die Genehmigung erfolgt sei, oder welche Einwendungen erhoben sind.

Bedeutung des Protokolls.

Das Protokoll ist eine öffentliche Urkunde, deren formelle Beweiskraft sich nach allgemeinen Grundsätzen regelt[12]; jedoch gilt bezüglich der Beweiskraft die besondere Bestimmung, daß die Beobachtung der für die mündliche Verhandlung vorgeschriebenen Förmlichkeiten nur durch das Protokoll bewiesen werden kann, und daß gegen den diese Förmlichkeiten betreffenden Inhalt des Protokolls nur der Nachweis der Fälschung zulässig ist[13].

Das mündliche Parteivorbringen (Nr. 1 u. 2) wird weiter durch das im Thatbestand des Urteils niedergelegte Zeugnis des Richters über das Resultat der mündlichen Verhandlung bewiesen. Dieses amtliche Zeugnis hat jedoch im Verhältnisse zu dem Sitzungsprotokolle insoweit keine Beweiskraft, als das Sitzungsprotokoll vom Thatbestande des Urteils abweicht; denn das Sitzungsprotokoll beurkundet sozusagen aus erster Hand die Anträge und Erklärungen der Parteien, während der Thatbestand des Urteils nur ein Zeugnis des Richters über seine eigenen Wahrnehmungen enthält. Daher kommt dem Sitzungsprotokolle im Verhältnisse zum Thatbestande des Urteils, soweit das mündliche Parteivorbringen in Frage steht, eine bessere Beweiskraft zu[14].

Protokollierung der außerhalb der Sitzung stattfindenden Verhandlungen.

Zu den Verhandlungen, welche außerhalb der Sitzung vor dem Amtsrichter (z. B. im Entmündigungsverfahren) oder vor beauftragten und ersuchten Richtern stattfinden, ist der Gerichtsschreiber gleichfalls zuzuziehen. Es finden also die vorstehenden Vorschriften über das Sitzungsprotokoll auf die Beurkundung dieser Verhandlungen entsprechende Anwendung, namentlich diejenigen über den notwendigen

---

[12]) Es finden also die Vorschriften CPO. §§ 415, 418, 419 auch auf das Sitzungsprotokoll im allgemeinen Anwendung.

[13]) CPO. § 164. Über die Bedeutung dieser Vorschrift s. u. S. 379.

[14]) CPO. §§ 313 unt. 3, 314 u. u. S. 379.

Inhalt des Sitzungsprotokolls. Über die Beweiskraft dieser Protokolle gelten nur die allgemeinen Vorschriften, die besondere Bestimmung über die ausschließliche und bevorzugte Beweiskraft des Sitzungsprotokolls, soweit es die Förmlichkeiten der mündlichen Verhandlung betrifft (CPO. § 146), findet hier keine Anwendung.

§ 81.

Verfahren ohne mündliche Verhandlung. Sog. informatorische Verhandlung.

Hellmann § 103 — Fitting § 44.

Der Schwerpunkt des Erkenntnisverfahrens liegt in der mündlichen Verhandlung. Die Entscheidung des Rechtsstreits sowie der im Prozesse auftauchenden Zwischenstreite findet auf Grund mündlicher Verhandlung statt. Im Erkenntnisverfahren giebt es nur wenige Fälle, in denen „ohne vorgängige mündliche Verhandlung" entschieden wird. Es handelt sich in solchen Ausnahmefällen meistens um sog. prozessuale Hilfsmittel, welche das Prozessieren ermöglichen, fördern oder sichern sollen, mit der Rechtsverfolgung an sich unmittelbar nichts zu thun haben.

Das Verfahren ohne mündliche Verhandlung hat sein Hauptgebiet nicht im Erkenntnisverfahren, sondern abgesehen von demselben, es findet, abgesehen von dem oben S. 319f. hervorgehobenen Fällen statt

1. vor den Entscheidungen in der Zwangsvollstreckungsinstanz[1]), soweit nicht die Beteiligten auf den Weg der Klage verwiesen sind;

2. vor den Entscheidungen im Konkursverfahren[2]), soweit es sich nicht um die Prüfung und Feststellung der Konkursforderungen handelt;

3. im Arrestentscheidungsverfahren[3]), soweit nicht durch Urteil zu erkennen ist;

4. vor der Entscheidung über die Einleitung des Aufgebotsverfahrens[4]);

---

[1]) CPO. §§ 707, 719, 732, 764, 769, 771, 781, 797, 805 Abs. 4, 887—891.

[2]) KO. § 73. [3]) CPO. §§ 921 Abs. 2, 934 Abs. 3, 937 Abs. 2, 942 Abs. 4.

[4]) CPO. § 947.

5. vor der Entscheidung über das Gesuch um Beweisaufnahme zur Sicherung des Beweises[5]);

6. vor der Entscheidung der ordentlichen Gerichte im Schiedsverfahren[6]), soweit es sich nicht um die Aufhebung des Schiedsspruchs im ordentlichen Rechtswege handelt.

Wer eine Entscheidung über einen Antrag, über welchen ohne vorgängige mündliche Verhandlung entschieden werden kann, begehrt, hat ein Gesuch an das Gericht zu richten.

Im Weiteren ist zu unterscheiden, ob über das Gesuch nur nach Gehör des Gegners entschieden werden kann[7]), oder ob solches Gehör nicht erforderlich ist.

Soweit der Gegner gehört werden muß, oder das Gericht solches Gehör vor der Entscheidung für zweckmäßig erachtet, kann das Gericht entweder dem Gegner das Gesuch unter Bestimmung einer Frist zur schriftlichen Erklärung mitteilen oder einen Termin zur Verhandlung über das Gesuch ansetzen und denselben beiden Parteien bekannt machen[8]). Den letzteren Weg wird das Gericht hauptsächlich dann wählen, wenn es auch vom Antragsteller weitere Aufklärung begehrt.

Wird vom Gerichte ein Termin zur Verhandlung über das Gesuch bestimmt, so gilt für diese Verhandlung freilich **die Form der Mündlichkeit**, **nicht aber das Prinzip der Mündlichkeit**. Die Form ist aber nicht wesentlich, das Gericht kann davon abgehen und statt des mündlichen Vortrages eine schriftliche Erklärung entgegennehmen[9]).

Erscheinen beide Parteien im Termine nicht, so ruht das Verfahren nicht, vielmehr hat das Gericht auf Grund der Akten zu entscheiden. Erscheint nur eine Partei so findet kein Versäumnisverfahren, vielmehr einseitige Verhandlung mit der erschienenen Partei statt. Auf Grund dieser und der Akten ergeht die Entscheidung. Erscheinen beide Parteien, so wird unter Leitung des Gerichtes über das Gesuch verhandelt. Eine Pflicht der Partei zur Erklärung über die Behauptungen des Gegners (CPO. § 138) besteht hier nicht.

---

[5]) CPO. § 490. [6]) CPO. § 1045.

[7]) s. CPO. § 102, § 225 Abs. 2, § 227 Abs. 2, § 891.

[8]) Eine Ladung zum Termine seitens der Partei findet nicht statt, arg. CPO. § 214. In Fällen des GVG. § 160 darf mündliche Verhandlung nicht angeordnet werden. [9]) o. S. 318 Anm. 1.

Das Gericht hat in jedem Falle zu prüfen, was aus dem Fernbleiben von der Verhandlung, aus dem Umstande, daß eine Partei sich nicht erklärt oder eine geforderte Erklärung verweigert, zu schließen ist.

Ordnet das Gericht schriftliche Erklärung des Gegners an, so hat es demselben das Gesuch in Abschrift mitzuteilen und eine Frist zur Abgabe der Erklärung zu bestimmen. Der Ablauf der Frist ist von Amtswegen zu beachten und nach Ablauf derselben, soweit nicht etwa noch eine Gegenerklärung des Gesuchstellers vom Gerichte eingefordert wird, auf Grund der Akten zu entscheiden.

§ 82.

Vorbereitendes Verfahren.

Hellmann § 102 — Fitting § 52 — Schmidt § 74 unter 4, § 61 unter III, c.

Zulässigkeit des Verfahrens. Im landgerichtlichen Verfahren kann das Gericht nach Erledigung der prozeßhindernden Einreden in Prozessen, welche die Richtigkeit einer Rechnung, eine Vermögensauseinandersetzung oder ähnliche Verhältnisse zum Gegenstande haben, unter Vertagung der mündlichen Verhandlung ein vorbereitendes Verfahren vor einem beauftragten Richter anordnen, wenn sich eine erhebliche Zahl von streitigen Ansprüchen oder von streitigen Erinnerungen gegen eine Rechnung oder ein Inventar herausstellt[1]).

Bei der Verkündung des Beschlusses, durch welchen das vorbereitende Verfahren angeordnet wird, ist durch den Vorsitzenden der beauftragte Richter zu bezeichnen und der Termin zur Erledigung des Beschlusses zu bestimmen. Ist die Terminsbestimmung unterblieben, so erfolgt sie durch den beauftragten Richter, wird dieser verhindert, den Auftrag zu vollziehen, so ernennt der Vorsitzende ein anderes Mitglied[2]).

Zweck des Verfahrens. Der Zweck des Verfahrens ist die Vorbereitung der mündlichen Verhandlung in der Weise, daß der gesamte Prozeßstoff zunächst gesammelt und gesichtet wird, und zwar mit der Wirkung, daß regelmäßig nur das im vorbereitenden Ver-

[1]) CPO. §§ 277, 348, 508. [2]) CPO. § 349.

fahren festgestellte Parteivorbringen demnächst in der mündlichen Verhandlung vorgebracht werden darf, und thatsächliche Behauptungen, Erklärungen und Beweismittel, welche im vorbereitenden Verfahren nicht festgestellt sind, nur unter besonderen Voraussetzungen hier nachgeholt werden können[3]).

Gestaltung des Verfahrens.

Das Verfahren richtet sich nach den Vorschriften, welche zur Anwendung kommen würden, wenn der Rechtsstreit bei einem Amtsgerichte anhängig wäre[4]).

Es können also die Parteien selbst verhandeln, es besteht kein Anwaltszwang, auch hat der Richter in der Leitung der Verhandlung gegenüber den Parteien dieselben Befugnisse und Pflichten wie im amtsgerichtlichen Verfahren[5]).

In dem Verfahren ist zu Protokoll festzustellen[6]),

1. welche Ansprüche erhoben und welche Angriffs- und Verteidigungsmittel geltend gemacht werden;

2. welche Ansprüche und welche Angriffs- und Verteidigungsmittel streitig oder unstreitig sind;

3. in Ansehung der bestrittenen Ansprüche und der bestrittenen Angriffs- und Verteidigungsmittel das Sachverhältnis nebst den von den Parteien bezeichneten Beweismitteln, den geltend gemachten Beweiseinreden, den abgegebenen Erklärungen über Beweismittel und den gestellten Anträgen.

Erscheinen beide Parteien in einem Termine nicht, so muß das Verfahren ruhen, bis eine Partei die Anberaumung eines anderen Termins beantragt. Dieser wird von dem beauftragten Richter bestimmt und den Parteien von Amtswegen bekannt gemacht[7]). Einer Ladung seitens der Partei bedarf es nicht.

Erscheint eine Partei in einem Termine nicht, so hat das Gericht das Vorbringen der erschienenen Partei, soweit es in diesem Verfahren festzustellen ist, zu Protokoll festzustellen, und einen neuen Termin anzuberaumen, zu welchem die nicht erschienene Partei unter Mitteilung einer Abschrift des Protokolls zu laden ist[8]).

[3]) CPO. § 354.
[4]) CPO. § 350 Abs. 2.
[5]) s. o. S. 324 f.
[6]) CPO. § 350 Abs. 1.
[7]) arg. CPO. § 349.
[8]) CPO. § 351 Abs. 1. Die Ladung erfolgt durch die erschienene Partei unter Vermittlung des Gerichtsschreibers s. CPO. § 501.

Erscheint die Partei auch in dem neuen Termine nicht, so gelten die in dem zugestellten Protokolle enthaltenen thatsächlichen Behauptungen des Gegners als zugestanden, und ist das vorbereitende Verfahren bezüglich derselben nicht weiter fortzusetzen[9]).

Das Verfahren ist fortzusetzen, bis der Rechtsstreit selbst oder ein Zwischenstreit zur Erlassung eines Urteils oder eines Beweisbeschlusses reif erscheint[10]).

Mündliche Verhandlung nach Schluß des vorbereitenden Verfahrens.

Nach dem Schlusse des vorbereitenden Verfahrens findet die mündliche Verhandlung des Rechtsstreits vor dem Prozeßgerichte statt. Der Termin dazu wird von Amtswegen bestimmt und den Parteien bekannt gemacht[11]).

In der mündlichen Verhandlung haben die Parteien das Ergebnis des vorbereitenden Verfahrens auf Grund des Protokolles vorzutragen[12]). Es wird also durch das vorbereitende Verfahren das Prinzip der Mündlichkeit nicht beseitigt, vielmehr gilt auch hier der Satz, daß das Gericht den Entscheidungsstoff nur dem Ergebnisse der mündlichen Verhandlung entnehmen darf. Was also von den Parteien in der mündlichen Verhandlung nicht vorgetragen wird, darf das Gericht im Urteile nicht berücksichtigen, insbesondere darf das Gericht nicht unmittelbar oder auf Grund eines Referates eines Gerichtsmitgliedes das im vorbereitenden Verfahren festgestellte Sachverhältnis seiner Entscheidung zu Grunde legen.

Dagegen nötigt die Anordnung dieses Verfahrens die Parteien, alle das Sachverhältnis betreffenden Behauptungen und Erklärungen bereits im vorbereitenden Verfahren abzugeben, indem das Gesetz bestimmt[13]),

1. daß eine vor dem beauftragten Richter unterbliebene oder verweigerte Erklärung über Thatsachen, Urkunden oder Eideszuschiebungen in der mündlichen Verhandlung nicht mehr nachgeholt werden kann, wobei jedoch zu beachten ist, daß Erklärungen einer vor dem beauftragten Richter erschienenen Partei nur insoweit als unterblieben anzusehen sind, als die Partei von dem Richter zur Abgabe einer Erklärung aufgefordert ist;

2. daß Ansprüche, Angriffs- und Verteidigungsmittel, Beweismittel und Beweiseinreden, welche zum Protokolle des beauftragten

---

9) CPO. § 351 Abs. 2.
10) CPO. § 350 Abs. 2.
11) CPO. § 352.
12) CPO. § 353 Abs. 1.
13) CPO. § 354.

Richters nicht festgestellt sind, in der mündlichen Verhandlung nur geltend gemacht werden können, wenn glaubhaft gemacht wird, daß dieselben erst später entstanden oder der Partei bekannt geworden seien.

Das vorbereitende Verfahren hat darnach den wesentlichen Zweck, der mündlichen Verhandlung eine feste und sichere Grundlage zu geben. Nur nach der zu Protokoll erfolgten Feststellung des status causae et controversiae erscheint dem Gesetze die mündliche Verhandlung ersprießlich. Es kann deshalb den Parteien nicht freistehen, in gegenseitiger Konnivenz von diesen Bestimmungen abzugehen, weil die obigen Bestimmungen im öffentlichen Interesse, im Interesse der Rechtspflege getroffen sind, also zwingendes Recht enthalten. Daraus ist aber weiter zu folgern, daß das Gericht von Amtswegen auf diese Vorschriften zu achten hat, also Erklärungen und Behauptungen, welche in der mündlichen Verhandlung entgegen den obigen Bestimmungen vorgebracht werden, nicht berücksichtigen darf.

Erscheint in der mündlichen Verhandlung eine Partei nicht, so tritt das Versäumnisverfahren ein[14]), jedoch mit der Beschränkung, daß, wenn der Beklagte (Widerbeklagte) nicht erscheint, Ansprüche, welche sich im vorbereitenden Verfahren als unstreitig ergeben haben, nicht durch Versäumnisurteil, sondern auf Antrag durch Teilanerkenntnisurteil zu erledigen sind.

Durch das vorbereitende Verfahren wird der Prozeß nicht in zwei selbständige Abschnitte, ein Behauptungs- und ein Beweisverfahren resp. Rechtsausführungsverfahren geteilt, so daß das erste Verfahren ein schriftliches Verfahren mit Eventualmaxime[15]), und nur das zweite Verfahren ein mündliches wäre, vielmehr dient das Verfahren vor dem beauftragten Richter nur der Vorbereitung des Hauptverfahrens, dieses selbst wird vollständig von dem Prinzipe der Mündlichkeit beherrscht. Die Vorbereitung ist aber in diesem Falle eine wesentliche Grundlage des Hauptverfahrens, sodaß sich das Hauptverfahren innerhalb der Grenzen des im vorbereitenden Verfahren festgestellten Thatbestandes zu halten hat, sodaß der Inhalt der mündlichen Verhandlung durch das zu Protokoll festgestellte Ergebnis des vorbereitenden Verfahrens beschränkt und geregelt wird. Diese

---

[14]) CPO. § 353 Abs. 2.

[15]) Diese das Gesetz mißverstehende Auffassung ist in den Motiven vertreten. Anscheinend ebenso Hellmann und Schmidt a. a. O. Dagegen Fitting a. a. O. Anm. 2.

Beschränkung gilt jedoch nur für die Instanz, in welcher das vorbereitende Verfahren stattgefunden hat, nicht für die Rechtsmittelinstanz, wenn hier im ersten Verfahren unterbliebene Erklärungen nachgeholt werden, Ansprüche, Angriffs- und Verteidigungsmittel, Beweismittel und Beweiseinreden neu geltend gemacht werden können.

Viertes Kapitel.

Beweisverfahren.

I.
Der Beweis.

§ 83.
Beweis und Glaubhaftmachung.

Planck §§ 66, 106 — Hellmann §§ 77, 78 — Fitting §§ 53, 54 Schmidt §§ 80 ff., 82, IV.

Die Feststellung der konkreten Rechtsordnung im richterlichen Urteile erfolgt durch Anwendung des objektiven Rechts auf den Thatbestand. Zunächst ist der Thatbestand festzustellen. Den Feststellungsstoff entnimmt der Richter dem Resultate der Parteiverhandlung, ihn trifft keine Verantwortung, wenn Thatsachen, welche für solche Feststellung von Erheblichkeit sind, von den Parteien nicht zum Gegenstande der Verhandlung gemacht und deshalb unberücksichtigt bleiben, oder wenn Thatsachen von den Parteien übereinstimmend falsch dargestellt werden. Herrscht jedoch unter den Parteien bezüglich ihrer thatsächlichen Behauptungen Streit, so tritt an den Richter die Verpflichtung heran, diejenigen streitigen Behauptungen, welche für die Entscheidung des Rechtsstreites von Erheblichkeit sind, auf ihre Wahrheit zu prüfen, insbesondere unter Benutzung der dem Richter zu Gebote stehenden Erkenntnisquellen zunächst die Thatfrage festzustellen, denn solche Erkenntnis ist im Civilprozesse richterliche Amtspflicht, eine Mitwirkung von Geschworenen findet dabei nicht statt.

Der richterlichen Amtspflicht sind jedoch auch hier dem Wesen des Parteienprozesses entsprechende Grenzen gesteckt, sowohl in der Benutzung von Erkenntnisquellen, als in der Verwertung derselben.

Ziel des Beweisverfahrens ist die Ermittlung der Wahrheit.

Aufgabe und Ziel desjenigen Teils des Erkenntnisverfahrens, welcher der Feststellung der Thatfrage dient, ist und bleibt die Ermittlung der Wahrheit. „Es giebt aber nur Eine Wahrheit, und diese ist die Übereinstimmung der Vorstellung mit der Wirklichkeit.“ Wahr ist also eine behauptete Thatsache, wenn die Vorstellung, welche der Behauptende von der Thatsache hat, mit der Wirklichkeit übereinstimmt.

Der Prüfstein für die Wahrheit ist nach der Prozeßordnung die Überzeugung des Richters, wie sie sich im Verfahren, also auf Grund der Verhandlung des Rechtsstreites und des Ergebnisses eines etwaigen Beweisverfahrens frei von gesetzlichen Beweisregeln gebildet hat. Beweisregeln, d. h. solche Regeln, nach welchen der Richter unter bestimmten Voraussetzungen eine Thatsache für wahr zu halten hat, kennt das Gesetz nur im Beweisverfahren durch Urkunden und durch Parteieid. In allen anderen Fällen gilt das Prinzip der freien Beweiswürdigung [1]).

Die richterliche Überzeugung ist keine bloß subjektive Anschauung und Meinung, gebildet aus beliebigen Erkenntnisquellen, sondern eine in dem Verfahren gewonnene, aus den Ergebnissen des Verfahrens und den im Verfahren zulässigen Erkenntnisquellen geschöpfte Überzeugung.

Der Richter hat in dem Urteile die Gründe anzugeben, welche für seine Überzeugung leitend gewesen sind, sodaß das Urteil nach dieser Richtung hin kontrollierbar, und der Richter der höheren Instanz in der Lage ist, zu beurteilen, ob der erkennende Richter seine Überzeugung auf dem richtigen Wege gewonnen hat.

Der Grundsatz, daß der Richter die Thatfrage frei zu würdigen hat, beschränkt sich nicht auf das Ergebnis des Beweisverfahrens, sondern ist auf den gesamten Inhalt der Verhandlung des Rechtsstreites ausgedehnt worden. Diese Ausdehnung hat die besondere Bedeutung, daß der Richter auch ohne Beweisaufnahme aus den Erklärungen der Parteien so wichtige Indizien für die Wahrheit oder Unwahrheit einer bestrittenen Parteibehauptung gewinnen kann,

---

1) CPO. § 286.

daß es einer weiteren Beweiserhebung zur Bestärkung dieser Überzeugung nicht bedarf[2]).

Erkenntnisquellen des Richters.

Darnach sind die Erkenntnisquellen des Richters

1. der gesamte Inhalt der Verhandlungen. Hier kommt insbesondere in Betracht die dem Gerichte in der mündlichen Verhandlung gewährte Befugnis, zur Aufklärung des Sachverhältnisses von Amtswegen Fragen zu stellen, Anordnungen zu treffen[3]). Aus dem Verhalten der Parteien gegenüber der Ausübung dieses Frage- und Anordnungsrechtes werden sich häufig Schlüsse auf die Wahrheit oder Unwahrheit einer Parteibehauptung ziehen lassen.

Von besonderer Wichtigkeit ist in dieser Beziehung die Befugnis des Gerichts, von Amtswegen die Einnahme des Augenscheins und die Begutachtung durch Sachverständige anzuordnen. Ein Resultat wird diese amtliche Anordnung freilich nur dann haben, wenn die Partei den Gegenstand, welcher in Augenschein genommen, auf den sich das Gutachten erstrecken soll, dem Gerichte zur Verfügung stellt. Dem Gerichte steht kein Beschlagnahmerecht wie im Strafprozesse zu, vielmehr muß abgewartet werden, ob die Partei, gegen welche die Anordnung ergangen ist, die Augenscheinseinnahme durch Vorzeige des Gegenstandes ermöglicht. Versagt die Partei ihre Mitwirkung zur Ausnützung dieser Erkenntnisquellen, so unterliegt wieder die Frage, was daraus für die Wahrheit oder Unwahrheit derjenigen thatsächlichen Behauptung, welche durch diese Anordnung aufgeklärt werden sollte, zu folgern ist, der freien Beweiswürdigung des Gerichts.

Ob das Gericht eine Anordnung auf Einnahme eines Augenscheins oder auf Begutachtung durch Sachverständige von Amtswegen erlassen will, steht regelmäßig zum freien Ermessen des Gerichts. Der Partei steht ein Beschwerderecht wegen Unterlassung solcher Anordnung umsoweniger zu, als diese Erkenntnisquellen auch der Partei als von ihr zu benennende Beweismittel zur Verfügung stehen. Nur

[2]) Über die Frage, ob der Richter auch ein von den Parteien beantragtes Beweisverfahren, welches zur Entkräftung dieser Überzeugung dienen soll, ablehnen darf, wird unten gesprochen werden.

[3]) CPO. §§ 139—144.

ausnahmsweise ist das richterliche Ermessen beschränkt, indem das Gericht in bestimmten Fällen Sachverständige hören muß[4]).

2. Weitere Erkenntnisquelle ist dem Richter das Ergebnis einer etwaigen Beweisaufnahme, d. h. dasjenige Ergebnis, welches die Beweismittel erbracht haben. Beweismittel giebt es im weiteren und im engeren Sinne. Im engeren Sinne sind Beweismittel solche Erkenntnisquellen, welche die Partei dem Gerichte in gesetzlich vorgeschriebener Weise zu benennen hat, und deren Benutzung im Verfahren gesetzlich geregelt ist. Solche Beweismittel sind Augenscheinsobjekte, Urkunden, Zeugen, Sachverständige, Parteieid. Im weiteren Sinne kann man alle richterliche Erkenntnismittel, mag ihr Gebrauch gesetzlich geregelt sein oder nicht, mögen sie vom Richter von Amtswegen oder nur auf Antrag zu benützen sein, Beweismittel nennen. Erkenntnismittel, welche nur auf Antrag benutzt und deren Benützung gesetzlich nicht geregelt ist, sind z. B. die Einforderung amtlicher Auskunft, schriftlicher Erklärung von Auskunftspersonen, Gutachten von Fachbehörden, fachmännischen Vereinen u. dergl.[5]).

Bewiesen ist darnach eine Thatsache, wenn sich der Richter auf Grund der gesetzlichen Erkenntnisquellen im Prozesse die Überzeugung von der Wahrheit derselben verschafft hat. Die Thatsache ist dann für den Prozeß wahr, formell wahr, mag die richterliche Überzeugung mit der Wirklichkeit übereinstimmen oder nicht, die Thatsache also materiell wahr sein oder nicht. Voller Beweis.

Hat der Richter in derselben Weise die Überzeugung gewonnen, daß die thatsächliche Behauptung nicht wahr sei, so ist die Behauptung widerlegt, die Thatsache ist für den Prozeß unwahr, formell unwahr.

Hat der Richter weder die Überzeugung von der Wahrheit noch von der Unwahrheit der Thatsache gewonnen, so ist das Resultat ein „non liquet“. Dann bleibt als letztes Mittel, eine volle Wahrheit herzustellen, dem Richter die Auferlegung eines Eides an die eine

---

[4]) CPO. §§ 623, 654, 655, 676 Abs. 3, 671, 679 Abs. 4. — HGB. §§ 552, 709—712, 719.

[5]) Im Falle CPO. § 437 Abs. 2 kann eine amtliche Auskunft auch von Amtswegen eingeholt werden. Soweit keine Verhandlungsmaxime, sondern amtliches Einschreiten stattfindet, können solche Auskunftsmittel auch von Amtswegen benutzt werden und haben hier ihre besondere praktische Bedeutung.

oder die andere Partei, der Partei das Beweismittel der Eideszuschiebung.

Nicht immer entscheidet über die Beweisfrage die freie richterliche Überzeugung, gegenüber einzelnen Erkenntnismitteln (Urkunden und Parteieid) ist der Richter an das Ergebnis des Beweismittels gesetzlich gebunden.

Muß sich somit das Prozeßrecht prinzipiell mit formeller Wahrheit begnügen, so ist damit doch noch nicht gesagt, daß die materielle Wahrheit im Prozesse nicht zu erstreben sei, vielmehr wird es Aufgabe einer jeden Prozeßordnung sein, solche Einrichtungen zu treffen, daß die Erreichung dieses Ziels nicht nur möglich ist, sondern auch thatsächlich stattfindet.

Die Civilprozeßordnung sucht dieses Ziel zu erreichen, indem sie die Thätigkeit des Gerichts und der Parteien zur Erreichung dieses Ziels in Anspruch nimmt, und zwar in folgender Abgrenzung:

Beweispflicht der Partei gegenüber dem Gericht.

1. Den Parteien liegt im Verhältnisse zum Gerichte die Beweispflicht ob, d. h. der Richter fordert von den Parteien den Beweis ihrer Erklärungen, die Parteien haben zu beweisen („probatio fit judici"). Wer behauptet, muß die Wahrheit, wer die Behauptung des Gegners bestreitet, muß die Unwahrheit der Behauptung beweisen. Diese Beweispflicht gestaltet sich als allgemeine Parteipflicht zu einer prozessualen Befugnis, kraft welcher die Parteien dem Gerichte ihre Beweismittel benennen und zur Verfügung stellen dürfen und müssen; denn die Parteien wissen am besten, welche Beweismittel vorhanden sind, und das Zweiparteienverhältnis, in welchem die Parteien in feindlichen Parteirollen einander gegenüber stehen, giebt sichere Gewähr dafür, daß alle für und gegen eine Parteibehauptung sprechenden Beweismittel benannt werden.

Die Beweiserhebung ist richterliche Amtspflicht.

2. Die Erhebung der Beweise, die Verschaffung der Gründe für die richterliche Überzeugung (Beweisgründe), ist dagegen richterliche Amtspflicht. Die Beweisgründe verschafft sich der Richter aus den von den Parteien benannten Beweismitteln, sowie aus den ihm sonst zur Verfügung gestellten Erkenntnismitteln, er entnimmt sie jedoch nicht seinem eigenen privaten Wissen, nicht seiner eigenen praktischen Erfahrung. Das eigene Wissen und die eigene Erfahrung können freilich bestimmend auf das richterliche Urteil sein, niemals aber sind sie Erkenntnisquellen. An der Hand seines Wissens und seiner Erfahrung beurteilt der Richter den Wert eines Erkenntnismittels,

es darf jedoch der Richter im Urteil sein privates Wissen regelmäßig nicht als Zeugnis, seine eigene Erfahrung nicht als Gutachten zur Feststellung der Wahrheit oder Unwahrheit einer Parteibehauptung verwenden[6]).

Die Prozeßordnung verlangt also nicht vom Richter, daß er gegen sein eigenes besseres Wissen, seine eigene für ihn bessere Erfahrung überzeugt sein soll, verbietet ihm aber, sein eigenes Wissen und seine eigene Erfahrung als Erkenntnisquelle der Wahrheit oder Unwahrheit einer Behauptung zu verwenden[7]).

Was vom Richter gilt, gilt auch von den Parteien. Auch die (unbeeidigten) Aussagen der Parteien sind als solche noch keine Erkenntnisquelle für den Richter, das Verhalten der Partei, ihre Erklärungen vor Gericht können dem Richter Beweisgründe (Indizien) liefern, niemals als solche aber eine unmittelbare Erkenntnisquelle im Verfahren sein[8]).

Besondere Beweisgrundsätze in Schadensersatzprozessen.

3. Umfassender gestaltet sich die richterliche Amtspflicht in der Beweisfrage, wenn in einem Prozesse unter den Parteien streitig ist,

[6]) Es ist etwas Anderes, wenn der Richter im Urteile sagt: „was die Partei sagt, ist wahr; denn ich habe es selbst gesehen", als wenn der Richter sagt, „was die Partei oder die Auskunftsperson vorgebracht hat, überzeugt mich nicht; denn ich habe selbst andere Beobachtungen, andere Erfahrungen gemacht". Im ersteren Falle zeugt der Richter in unzulässiger Weise für die Partei, im anderen Falle urteilt er in zulässiger Weise über das Ergebnis der Verhandlung resp. des Beweisverfahrens, im ersteren Falle stellt er sich unzulässiger Weise als Beweismittel in den Dienst der Partei, im anderen Falle beurteilt er auf Grund seines eigenen Wissens und seiner eigenen Erfahrung in zulässiger Weise jenes Ergebnis. Daraus ergiebt sich die praktische Folge, daß das Gericht nicht allein auf Grund seines eigenen Wissens und seiner eigenen Erfahrung die Wahrheit oder Unwahrheit einer Behauptung feststellen soll.

[7]) Der letzte Satz hat Ausnahmen. Es giebt Fälle, in welchen der Richter auch seine eigene Erfahrung, seine Sachkunde im Prozesse als Erkenntnisquelle verwenden kann oder soll. Diese Fälle (CPO. §§ 3, 142 Abs. 3, RG. Bd. 9 S. 436f., §§ 287, 442, GVG. § 118) werden in anderem Zusammenhange besprochen werden.

[8]) Erkenntnisquelle sind die Parteierklärungen nur in der Form des Parteieides; die Parteien als solche können nicht als Zeugen oder Sachverständige vernommen werden. Der Richter, welcher sein Urteil über die Wahrheit oder Unwahrheit einer Thatsache lediglich damit begründen würde, daß er erklärt, er glaube der einen Partei mehr als der anderen, würde seine unparteiische Richterstellung verleugnen.

ob ein Schaden entstanden und wie hoch sich der Schaden oder das zu ersetzende Interesse belaufe[9]). Über diesen Beweis gelten besondere Regeln; insoferne als

a) das Gericht bei der Würdigung des Beweises nicht nur das Ergebnis der mündlichen Verhandlung, sondern alle in Betracht kommenden Umstände, also auch sein eigenes Wissen und seine eigene Erfahrung zu berücksichtigen hat;

b) das Gericht nach seinem Ermessen zu bestimmen hat, ob eine beantragte Beweisaufnahme oder eine Begutachtung durch Sachverständige anzuordnen sei. Das Besondere liegt, abgesehen davon, daß das Gericht selbst auf Grund seiner Erfahrung in sachkundiger Weise die Frage begutachten darf, hauptsächlich darin, daß daß Gericht nicht nur eine Beweiserhebung zur Bestärkung seiner Überzeugung, sondern auch Beweisanträge zur Entkräftung derselben ablehnen darf;

c) daß die Grundsätze über die Auferlegung eines richterlichen Eides insofern keine Anwendung finden, als der Richter diesen Eid nicht nur zur Vervollständigung der Beweisführung, sondern auch ohne jedes Beweisergebnis dem Beweisführer als Schätzungseid auferlegen kann. In diesem Falle hat das

---

[9]) CPO. § 287. Der Anspruch auf Ersatz eines Schadens oder auf Leistung des Interesse setzt zweierlei voraus, 1. daß jemand durch ein bestimmtes Ereignis einen Schaden in bestimmter Höhe erleidet, 2. daß der Fall, für welchen das Gesetz der in Anspruch genommenen Partei die Haftung für diesen Schaden auferlegt (s. z. B. BGB. §§ 122, 160, 179, 276, 282, 286, 304, 307, 374, 384, 391, 447, 463, 498, 523, 538, 571, 600, 618, 628, 635, 671, 676, 678f., 682, 694, 701ff., 795, 823ff., 867, 904, 951, 989—992, 1220, 1243, 1298f., 1455, 1833) vorliegt oder doch der Fall, für welchen das Gesetz ihn von dieser Haftung befreit (s. z. B. BGB. §§ 254, 694, 832, 834, 836, 839), nicht vorliegt. Für den Beweis dieser Fälle gelten die allgemeinen Beweisregeln, während für den Beweis der Frage, ob man durch diesen Fall den beanspruchten Schaden erlitten hat, besondere Bestimmungen gelten. Dabei ist zu erwähnen, daß diese Frage nicht in ihrem Gesamtumfange streitig zu sein braucht. Die in Anspruch genommene Partei kann z. B. einräumen, daß sie schadensersatzpflichtig ist, so daß nur ein Streit über die Höhe des Schadens besteht, umgekehrt kann diese Partei für den Fall, daß bewiesen wird, daß der Schaden durch den behaupteten Fall eingetreten ist, den behaupteten Umfang des Schadens zugeben.

Gericht zugleich den Betrag zu bestimmen, welchen die eidliche Schätzung nicht übersteigen darf[10]).

4. Nicht immer fordert das Gesetz, daß dem Richter die volle Überzeugung von der Wahrheit der zu beweisenden Thatsachen verschafft wird (voller Beweis); in bestimmten Fällen genügt, daß ihm die Sache glaubhaft gemacht wird, d. h. daß er sich von der Wahrscheinlichkeit der Behauptung, nicht von ihrer Wahrheit überzeugt. Auch hier entscheidet regelmäßig die freie richterliche Überzeugung darüber, ob eine thatsächliche Behauptung glaubhaft gemacht ist oder nicht. Glaubhaftmachung.

Wer eine thatsächliche Behauptung glaubhaft zu machen hat, kann sich aller Beweismittel, mit Ausnahme der Eideszuschiebung, bedienen, auch zur Versicherung an Eidesstatt zugelassen werden. Eine Beweisaufnahme, welche nicht sofort erfolgen kann, ist unstatthaft[11]). Darnach sind die Mittel der Glaubhaftmachung im wesentlichen Urkunden und eidesstattliche Versicherung.

Die Glaubhaftmachung genügt für die thatsächliche Begründung eines Gesuches resp. einer Prozeßhandlung in folgenden Fällen

a) bei Ablehnung von Gerichtspersonen (CPO. §§ 44 ff., 49);
b) Zulassung eines Nebenintervenienten (CPO. § 71);
c) im Kostenfestsetzungsverfahren (CPO. §§ 104 ff.);
d) Fristverlängerung, Terminsverlegung (CPO. §§ 224—227);
e) Wiedereinsetzung in d. v. St. (CPO. § 237);
f) nachträgliche Zulassung versäumter Prozeßhandlungen (CPO. §§ 274 Abs. 3, 354 Abs. 2, 367 Abs. 2, 528, 529, 1043);
g) Zeugnisverweigerung (CPO. §§ 386, 402);
h) Ablehnung von Sachverständigen (CPO. § 406);
i) Urkundeneditionspflicht (CPO. §§ 424[5], 430, 441);
k) Befreiung von der Verpflichtung zur Vorlegung der Urschrift einer Urkunde (CPO. § 435);
l) Zulässigkeit des Widerrufs einer Eideszuschiebung oder Zurückschiebung (CPO. §§ 457, 470);
m) Sicherung des Beweises (CPO. §§ 487, 493, 494);

---

[10]) Die Vorschriften des bürgerlichen Rechts über den Schätzungseid sind aufgehoben (CPO. § 287 Abs. 2), wobei zu bemerken ist, daß das Bürgerliche Gesetzbuch darüber keine Bestimmungen hat.

[11]) CPO. § 294.

n) Feststellung des Wertes des Beschwerdegegenstandes in der Revisionsinstanz (CPO. § 546);
o) Berücksichtigung von Nebenforderungen im Wechselprozeß (CPO. § 605);
p) bei Einstellungsgesuchen und Gesuchen um Anordnung der Hinterlegung in der Zwangsvollstreckungsinstanz (CPO. §§ 707, 719, 769, 805, 815);
q) bei Anträgen auf Erklärung der vorläufigen Vollstreckbarkeit und Gegenanträgen (CPO. §§ 710, 712);
r) im Verfahren betreffend die Leistung des Offenbarungseides (CPO. §§ 807, 903);
s) im Arrestverfahren (CPO. §§ 920, 936);
t) im Aufgebotsverfahren (CPO. §§ 963, 980, 986, 996 1007).

§ 84.

Gegenstand des Beweises.

Gegenstand des Beweises sind die thatsächlichen Behauptungen der Parteien, nicht die Sätze des objektiven Rechts. Das Recht kennt der Richter (jura novit curia), oder er hat sich doch diese Kenntnis von Amtswegen zu verschaffen. Dies gilt von dem einheimischen Gesetzesrecht ohne Ausnahme.

Das in einem anderen Staate geltende Recht, die Gewohnheitsrechte und Statuten bedürfen dagegen des Beweises insofern, als sie dem Gerichte unbekannt sind. Soweit also der Richter dieses Recht kennt, hat er es anzuwenden[1]. Soweit dies nicht der Fall ist, kann der Richter von der Partei den Beweis eines von ihr behaupteten Rechtssatzes in derselben Weise fordern, wie im Falle einer streitigen thatsächlichen Behauptung[2]. Der Richter ist jedoch in dem Gebrauche von Erkenntnismitteln durch das Parteivorbringen nicht beschränkt, er ist befugt, auch andere Erkenntnisquellen, als die ihm von den Parteien gebotenen, zu benutzen und zum Zwecke einer solchen Benutzung das Erforderliche anzuordnen[3].

---

[1] RG. Bd. 10 Nr. 46 a. E. S. 172.

[2] CPO. § 293. Die Beweislast trifft diejenige Partei, welche aus der Anwendung des behaupteten Rechts Vorteil begehrt, RG. Bd. 21 S. 177.

[3] CPO. § 293.

Über die Auswahl der zu benutzenden Erkenntnisquellen hat lediglich der Richter zu bestimmen[4]). Handelt es sich um ausländisches Gesetzesrecht oder um geschriebenes Statutarrecht, so hat der Richter sich die Kenntnis des Rechts durch die Benutzung der Rechtsquellen zu verschaffen.

Abgesehen hiervon sind nur thatsächliche Behauptungen Gegenstand des Beweises. Thatsächliche Behauptungen können zum Inhalt haben historische Thatsachen (Geschehnisse), d. h. Handlungen und andere Ereignisse, welche der Vergangenheit angehören, die besonderen Umstände dieser Ereignisse (das „wann", „wie" und „wo"), gegenwärtige und vergangene Zustände, Eigenschaften von Personen und Sachen, wie geistige, innere Vorgänge und Zustände (Kennen, Wissen, Irrtum, Unwissenheit, Bewußtlosigkeit), kurz alle Thatsachen von irgend einer rechtlichen Erheblichkeit, juristische Thatsachen.

In einem bestimmten Rechtsstreite sind nur diejenigen thatsächlichen Behauptungen Gegenstand des Beweises, welche für die Entscheidung des Rechtsstreites oder eines Zwischenstreites von Erheblichkeit sind, und zwar in der Weise, daß die Entscheidung von der Wahrheit der Behauptungen abhängt. Dabei ist es gleichgültig, ob dies unmittelbar oder nur mittelbar (als Indizium) der Fall ist.

Die erheblichen thatsächlichen Behauptungen sind aber dann Gegenstand eines Beweisverfahrens, wenn sie bestritten und bestreitungsfähig sind[5]).

Gilt die thatsächliche Behauptung einer Partei wegen Versäumung der Erklärung durch den Gegner als zugestanden, so hat der Richter, soweit das Verfahren von der Verhandlungsmaxime beherrscht wird[6]), solche Behauptung seiner Entscheidung grundleglich zu machen, insoweit die Folge der Versäumung nicht durch nachträgliches Handeln wieder beseitigt ist.

---

[4]) Von Auferlegung eines richterlichen Eides kann natürlich insoweit, als es sich nicht um Feststellung thatsächlicher Behauptungen handelt, nicht die Rede sein.

[5]) Bestreitungsunfähig ist die notorische Thatsache sowie diejenige Thatsache, auf deren Bestreitung die Partei vor Gericht durch Geständnis verzichtet hat. Darüber in den folgenden Paragraphen.

[6]) Anders, wenn im Verfahren amtliche Untersuchung stattfindet.

§ 85.
Das Geständnis.

Planck § 62 — Hellmann § 56 — Fitting § 55 — Schmidt § 84.

Das Geständnis als Beweisgrund.

Ein Geständnis liegt vor, wenn eine Partei das für wahr erklärt oder erklärt hat, was ihr zum Nachteile gereicht. Der Gestehende legt Zeugnis gegen sich selbst ab. Insofern kann das Geständnis ein Grund für die Bildung der richterlichen Überzeugung von der Wahrheit der zugestandenen Thatsache (Beweisgrund) sein [1]). Dies gilt sowohl von dem gerichtlichen wie von dem außergerichtlichen Geständnisse. Ist das Geständnis kein gerichtliches, so bedarf es selbst — falls seine Existenz bestritten wird — zunächst des Beweises. Urkunden, Zeugen, Parteieid sind die dazu geeigneten Beweismittel.

Das gerichtliche Geständnis als prozessuale Verfügungshandlung.

Das gerichtliche Geständnis [2]) ist mehr als Beweisgrund, es ist eine prozessuale Verfügungshandlung (s. o. S. 266), durch welche die gestehende Partei auf ihre Befugnis, eine ihr zum Nachteile gereichende Thatsache im Prozesse zu bestreiten, verzichtet.

Wirkung des gerichtlichen Geständnisses.

Das gerichtliche Geständnis macht die zugestandene Thatsache bestreitungsunfähig, es bedarf also die zugestandene thatsächliche Behauptung nicht des Beweises [3]).

Diese Bedeutung kommt jedoch dem gerichtlichen Geständnisse nur dann zu, wenn nud insoweit im Verfahren das Gericht vermöge der Verhandlungsmaxime an die prozessualen Verfügungsakte der Partei gebunden ist, soweit dies nicht der Fall ist, hat auch das

---

[1]) Auch dieser Beweis untersteht der Regel der freien richterlichen Beweiswürdigung.

[2]) Ein Geständnis ist nur dann ein gerichtliches, wenn es in der mündlichen Verhandlung vor dem erkennenden Gerichte oder zu Protokoll eines beauftragten oder ersuchten Richters (also beim Sühneversuch, im vorbereitenden Verfahren oder im Beweiserhebungsverfahren vor einem Richterkommissar) abgegeben ist. Geständnisse in Schriftsätzen, zu Protokoll des Gerichtsschreibers abgegeben, sind außergerichtliche Geständnisse (CPO. § 288 Abs. 1). Geständnisse, welche in der mündlichen Verhandlung abgegeben sind, sollen zu Protokoll genommen werden (CPO. §§ 160, 2, 298, 2 und 509 Abs. 2).

[3]) CPO. § 288 Abs. 1.

gerichtliche Geständnis nur die dem Wesen des Geständnisses entsprechende Bedeutung eines Beweisgrundes.

Zur Wirksamkeit des gerichtlichen Geständnisses ist dessen Annahme nicht erforderlich[4]; daher ist auch unwesentlich, ob das Geständnis der entsprechenden Behauptung des Gegners folgt oder vorangeht.

Die Wirksamkeit des Geständnisses wird dadurch nicht beeinträchtigt, daß demselben eine Behauptung hinzugefügt wird, welche ein selbständiges Angriffs- oder Verteidigungsmittel enthält, z. B. dem Geständnisse des empfangenen Darlehns die Einrede der wucherischen Ausbeutung hinzugefügt wird[5].

Inwiefern eine vor Gericht erfolgte einräumende Erklärung ungeachtet anderer zusätzlicher oder einschränkender Behauptungen als ein Geständnis anzusehen ist, bestimmt sich nach der Beschaffenheit des einzelnen Falles[6].

Die Wirksamkeit des gerichtlichen Geständnisses bindet die Partei für das Streitverhältnis endgiltig, nicht nur für die Instanz, in welcher es abgegeben ist[7]. Der Widerruf ist einflußlos, jedoch gewährt das Gesetz Restitution, wenn der Widerrufende beweist, daß das Geständnis der Wahrheit nicht entspricht und durch einen Irrtum veranlaßt ist. In diesem Falle verliert das Geständnis seine Wirksamkeit[8].

Gegenstand eines Geständnisses ist alles, was Gegenstand des Beweises ist, also Thatsachen, nicht das Dasein von Rechtsverhältnissen. Behauptet eine Partei für sich ein bestimmtes Rechtsverhältnis und erklärt die andere Partei bei Unterlassung der Erklärung über die rechtsbegründenden Thatsachen, daß das behauptete Rechtsverhältnis besteht, so wird darin, namentlich dann, wenn das zugestandene Rechtsverhältnis kein einfaches, klares ist, nur ein zustimmendes Urteil über das Bestehen des behaupteten Rechtsverhält-

---

[4]) CPO. § 288 Abs. 2. [5]) CPO. § 289 Abs. 1.

[6]) CPO. § 289 Abs. 2. In diesem Falle liegt häufig nur scheinbar ein Geständnis (sog. qualifiziertes Geständnis), in Wahrheit ein indirektes Leugnen vor (s. Wetzell § 19 Anm. 10 u. 11 u. o. S. 265).

[7]) CPO. § 532.

[8]) CPO. § 290, anders Österreichische Prozeßordnung v. 1./8. 1895 § 266 Abs. 2 „Inwiefern ein Widerruf Einfluß auf die Wirksamkeit des Geständnisses hat, ist vom Gerichte nach freiem Ermessen zu beurteilen."

nisses liegen. Dieses Urteil ist frei widerruflich und bindet den Richter in seinem Urteile nicht[9]). Handelt es sich dagegen um einfache und gemeinverständliche Rechtsbegriffe in einer Behauptung, so muß in der Anerkennung des Rechtsverhältnisses (z. B. in der Anerkennung des Beklagten, daß er die beanspruchte Sache dem Kläger verkauft habe) ein gerichtliches Geständnis der das Rechtsverhältnis begründenden Thatsachen gefunden werden. Ob aber in der zustimmenden Erklärung der Partei nur eine widerrufliche, falsche Schlußfolgerung oder ein Thatsachengeständnis zu erblicken ist, hat der Richter im einzelnen Falle zu ermessen.

Enthält die zustimmende Erklärung der Partei die Anerkennung eines im Rechtsstreit geltend gemachten Anspruchs, so liegt ein im Prozesse erklärtes materielles Rechtsgeschäft vor, welches zunächst nach Maßgabe des materiellen Rechts zu beurteilen ist, und nur deshalb, weil es im Prozesse vorgenommen ist, auch prozessuale Wirkungen zeigt.

§ 86.

Notorietät.

Planck § 75 — Hellmann § 61 — Fitting § 55 — Schmidt § 72, IV.

Notorisch im vulgären Sinne ist, was allgemein in Stadt und Land bekannt ist, was jedermann weiß und deshalb niemand bestreitet.

Im prozeßrechtlichen Sinne ist der Begriff der Notorietät[1]) enger, er beschränkt sich auf Thatsachen, welche bei Gericht offenkundig sind[2]). Darin liegt also dreierlei:

1. Nur auf Thatsachen erstreckt sich der Begriff der Notorietät, also auf rein thatsächliche Zustände, Verhältnisse, Ereignisse (Geschehnisse).

---

[9]) RG. Bd. 10 S. 364, Bd. 32 S. 409.

[1]) Es ist das Verdienst von Stein, den Begriff der Notorietät von alten Irrtümern gereinigt zu haben, s. Stein, Das private Wissen des Richters, Leipzig 1893.

[2]) CPO. § 291.

2. Die Thatsache muß **offenkundig** sein. Offenkundig ist eine Thatsache dann, wenn sie allgemein wahrgenommen ist oder wird, oder wenn sie so allgemein ohne ernstlichen Widerspruch verbreitet wird, daß auch der verständige und erfahrene Mensch von der Wahrheit überzeugt ist. Die Offenkundigkeit beschränkt sich regelmäßig auf die Thatsache in ihrer Allgemeinheit (z. B. daß während des letzten Pfingstmarktes ein großes Feuer gewesen, daß der Blitz gezündet hat, daß bei einem Rennen eine Tribüne eingestürzt ist), während über die Einzelheiten, ja schon über Zeit und Stunde, Veranlassung und Verlauf erhebliche Differenzen bestehen können.

3. Die dritte Voraussetzung ist, daß die Thatsache **bei Gericht** offenkundig ist. Das trifft in zwei Fällen zu, nämlich

a) wenn eine Thatsache, welche auch abgesehen vom Prozesse im obigen Sinne allgemein bekannt ist, auch dem erkennenden Richter (der Majorität des Richterkollegiums) aus gleichem Grunde bekannt ist oder glaubwürdig erscheint [3]);

b) wenn eine Thatsache **vom Gerichte** aus in das Publikum dringt und in dieser Weise offenkundig werden kann, und der erkennende Richter diese Thatsache in amtlicher Eigenschaft entweder selbst wahrgenommen hat oder doch gerade deshalb weiß, weil sie ihren Ausgangspunkt bei dem erkennenden Gerichte hat. Solche Thatsachen nennt man **gerichtskundig**, sie sind **beim Gericht** offenkundig, wenn sie auch noch nicht beim großen Publikum bekannt sind, ihrer Natur nach aber doch früher oder später allgemein bekannt werden. Dahin gehören beispielsweise Vormundschaftsbestellungen, Entmündigungen, Strafurteile, Konkurseröffnung, Erb- und Besitzfolge [4]), Ernennung eines Testamentsvollstreckers, Anordnung einer Nachlaßverwaltung, Auspfändungen, häufiges Verklagtwerden und dgl. Soweit es sich dagegen nicht um Thatsachen von so allgemeiner Bedeutung handelt, darf man Gerichtskundigkeit auch dann

---

[3]) Ob dies der Fall ist, kann nur der Richter (im Urteil) bezeugen. Es ist nicht ausgeschlossen, daß der Richter nicht weiß, was allen bekannt ist, daß er (Ev. Lucae 24, 18) allein unter den Fremdlingen in Jerusalem ist, der nicht weiß, was darin geschehen ist.

[4]) d. h. solche, welche bei diesem Gerichte im Prozesse unter den Parteien oder durch Erteilung eines Erbscheins festgestellt ist. CPO. § 727.

nicht annehmen, wenn der Richter z. B. aus eigener amtlicher Wahrnehmung weiß, welche bestimmte Erklärungen eine Partei, ein Zeuge in einem anderen Prozesse abgegeben hat; denn hier ist der Irrtum möglich. Kommt es auf die Feststellung dieser Erklärungen durch den Richter an, so ist der Richter Zeuge und nicht mehr Richter.

Das Charakteristische der notorischen Thatsache ist, daß sie bestreitungsunfähig ist und aus diesem Grunde nicht des Beweises bedarf [5]). Die Notorietät bringt der Richter mit in den Prozeß, er verschafft sich die Kunde nicht durch die Mittel des Prozesses [6]). Der Richter allein bezeugt im Urteil, ob eine Thatsache beim Gericht offenkundig, insbesondere gerichtskundig ist. Es ist nicht ausgeschlossen, daß dem Berufungsrichter nicht offenkundig oder gerichtskundig ist, was es dem ersten Richter war. Wieweit das Zeugnis des ersten Richters die richterliche Überzeugung von der Wahrheit der betreffenden Thatsache beeinflußt, hat der Berufungsrichter zu ermessen; ihm ist die Thatsache zu beweisen, weil sie für ihn nicht notorisch ist. Inwieweit die Bezeugung der Notorietät durch den ersten Richter dem Richter der höheren Instanz als Beweisgrund dient, hat dieser frei zu ermessen.

Ist aber die notorische Thatsache unbestreitbar, so kann auch das Gegenteil derselben nicht mit irgend einem prozeßrechtlichen Erfolge behauptet werden; kann aber das Gegenteil der notorischen Thatsache nicht behauptet werden, so ist die Richterklärung über eine solche Behauptung ohne Bedeutung, ebenso das gerichtliche Geständnis einer solchen prozessualisch unmöglichen Behauptung.

Aus gleichem Grunde ist auch das Geständnis einer notorisch unwahren Behauptung (z. B. daß der letzte Geburtstag des Fürsten Bismarck auf einen Sonnabend gefallen, während er in Wahrheit

---

[5]) CPO. § 291.

[6]) Nicht ausgeschlossen ist, daß der Richter sich von der Gerichtskundigkeit und der Offenkundigkeit erst im Laufe des Prozesses — nicht im Verfahren selbst — überzeugt, z. B. Register und Akten einsieht, den offenkundigen Ereignissen nachforscht. Es geschieht dies alles ohne Mitwirkung der Partei; es wäre die höhere Pedanterie, wenn das Gericht von den Parteien begehren müßte, ihm Auszüge aus seinen eigenen Akten und Registern über unbestreitbare Vorgänge vorzulegen.

auf einen Freitag gefallen ist) ohne prozeßrechtliche Folgen, so daß die Offenkundigkeit dem Geständnisse vorgeht[7]).

Aus diesen Erörterungen folgt, daß die Frage, ob eine Thatsache beim erkennenden Gericht offenkundig ist oder nicht ist, niemals Gegenstand eines Beweisverfahrens sein kann. Dagegen kann die Frage, ob eine Thatsache, welche bei Gericht nicht offenkundig ist, dennoch notorisch im vulgären Sinne ist, Gegenstand eines Beweisverfahrens sein. Inwieweit z. B. die Aussage eines Zeugen, daß etwas notorisch sei, die richterliche Überzeugung von der Wahrheit dieser Thatsache erbringt, steht zum richterlichen Ermessen.

Ist auch die Thatsache, welche beim Gerichte offenkundig ist, nicht Gegenstand eines Beweisverfahrens, so kann der Richter doch notorische Thatsachen nicht aus eigener Initiative in den Prozeß einführen, soweit dies der Verhandlungsmaxime widerstreiten würde, aber nur insoweit nicht[8]).

Die Bedeutung der notorischen Thatsachen für den Prozeß liegt nicht so sehr auf Gebiete der sachlichen Verhandlung des Rechtsstreits, als auf dem Gebiete der Beweiswürdigung[9]). Als Beweisgründe aber sind die notorischen Thatsachen auch dann zu verwenden, wenn sie nicht durch den Mund der Parteien gegangen sind, insoweit findet also der Satz in Anm. 8 keine Anwendung.

§ 87.

Beweispflicht. Beweislast.

Planck §§ 107, 108 — Hellmann §§ 78, 79 — Fitting § 55 — Schmidt § 83.

Beweispflicht und Beweislast sind verschiedene Begriffe. Jene, die Beweispflicht, hängt zusammen mit der Verteilung der

---

[7]) Die Frage ist sehr bestritten. A. A. Langenbach, Z. f. d. CPO. Bd. 4 S. 493, Hellmann S. 297. Wie hier: Fitting (8. Aufl.), § 61 Anm. 18, Stein a. a. O. S. 167 f., Planck I. S. 447, Schmidt S. 421.

[8]) „notoria egent probatione non egent prolatione". Dieser Satz gilt also nicht, soweit im Verfahren amtliche Untersuchung stattfindet.

[9]) Daß eine notorische Thatsache zum Thatbestande eines selbständigen sachlichen Angriffs- oder Verteidigungsmittels gehört, dürfte äußerst selten der Fall sein, weit häufiger dagegen dürfte es vorkommen, daß gerichtskundige Thatsachen, welche z. B. die Glaubwürdigkeit eines Zeugen beeinflussen, oder welche als Indizien, somit als Beweisgründe (z. B. die Thatsache, daß jemand viel verklagt ist, fruchtlos gepfändet ist) verwertbar sind, im Prozesse eine Rolle spielen.

prozessualen Thätigkeit zwischen Partei und Gericht. Die Beweispflicht trifft die Partei im Verhältnisse zum Gericht als eine allgemeine Parteilast; die Beweislast besteht im Verhältnisse der Parteien zu einander. Die Regeln über die Beweislast entscheiden die Frage, wie sich die Ausübung der Parteipflicht bezüglich der im Prozeß aufgestellten Behauptungen unter beide Parteien verteilt, bezüglich welcher thatsächlichen Behauptungen eine Partei im Verhältnisse zu ihrem Gegner dem Gerichte beweispflichtig ist.

Beweispflicht. I. Die Beweispflicht ist eine allgemeine Parteilast[1]), sie besteht für jede Partei gleichmäßig, indem jede Partei unter Bezeichnung der Beweismittel, deren sie sich zum Nachweise oder zur Widerlegung thatsächlicher Behauptungen bedienen will, den Beweis anzutreten hat[2]).

Beweisführer. In der Ausübung dieser Pflicht heißt die den Beweis antretende Partei der Beweisführer, mag die Beweisführung zum Nachweise oder zur Widerlegung thatsächlicher Behauptungen dienen. Die Unterlassung der Ausübung dieser Pflicht durch den Beweisführer zieht zunächst nur die allgemeine Folge der Versäumung einer Prozeßhandlung (Ausschluß) nach sich.

Den Gegner des Beweisführers nötigt die Ausübung dieser Pflicht zu einer Abwehrhandlung, er hat sich über die Beweis-

[1]) Das ist der springende Punkt, an dem die gemeinrechtliche Beweislehre von der heutigen abweicht. Im gemeinrechtlichen Prozesse gab es keine allgemeine Beweispflicht, vielmehr wurde die Beweispflicht im rechtskräftigen Beweisinterlokute normiert, indem das Gericht der einen oder der anderen Partei oder beiden Beweise auferlegte. Der Beweis der darnach beweispflichtigen Partei war der Hauptbeweis (Beweis des Klaggrundes, der Einreden, der Repliken u. s. w.). Dem Gegner des Hauptbeweisführers war der Gegenbeweis, wenn nicht ausdrücklich, so doch stillschweigend, vorbehalten. Der Gegenbeweis hatte keine selbständige Bedeutung, er diente zur Entkräftung des Hauptbeweises und bewegte sich naturgemäß nach drei Richtungen, indem der Gegenbeweisführer unternahm, entweder die Unwahrheit des Hauptbeweissatzes unmittelbar oder mittelbar durch den Beweis des Gegenteils („direkter und indirekter Gegenbeweis") darzuthun oder die Hauptbeweisführung durch den Beweis von Beweiseinreden zu entkräften. Der Gegenbeweis unterschied sich außerdem vom Hauptbeweise, daß er keinen neuen Gegenbeweis des Hauptbeweisführers zuließ, nicht durch Eidesdelation geführt, noch durch richterlichen Eid ergänzt oder zu Fall gebracht werden konnte (Wetzell § 20 Anm. 3). Diese Lehre ist beseitigt und es ist ein wunder Punkt der Theorie, daß sie die Begriffe Haupt- und Gegenbeweis nicht beseitigt hat.

[2]) CPO. § 282.

antretung, insbesondere über die Beweismittel des Beweisführers zu erklären. Die Versäumung dieser Erklärungspflicht bringt neben der allgemeinen Folge der Versäumung noch besondere Versäumnisfolgen, wie die Anerkennung der Echtheit einer Privaturkunde, die Eidesverweigerung mit sich.

An die Ausübung der Beweispflicht sind die Parteien, an die Ausübung der Erklärungspflicht ist der Gegner des Beweisführers in bestimmten Fällen zu erinnern[3]).

Die Beweispflicht erstreckt sich auf alle thatsächlichen Behauptungen, soweit sie Gegenstand eines Beweises sind. Ausgeschlossen sind also die unerheblichen und die bestreitungsunfähigen Thatsachen.

Ob die behauptende oder die bestreitende Partei (welche das Gegenteil behauptet) die Beweislast trifft, ist für die Befugnis zur Ausübung dieser Pflicht zunächst gleichgültig. Dies verhält sich lediglich anders beim Beweismittel der Eidesdelation.

Die Beweispflicht fällt jedoch weg, wenn das Gesetz für das Vorhandensein einer Thatsache eine Vermutung aufstellt (praesumtio juris). In diesem Falle besteht die Beweispflicht nicht für das Vorhandensein der vermuteten Thatsache, sondern für das Gegenteil derselben. Jede Partei hat die Pflicht und die Befugnis, den Beweis für das Gegenteil oder zur Widerlegung des Gegenteils anzutreten, sofern nicht das Gesetz ein Anderes vorschreibt (praesumtio juris et de jure). Für diesen Beweis gilt nichts besonderes, er kann auch durch Eideszuschiebung geführt werden[4]).

II. Die Frage, wie sich die Beweispflicht im Verhältnisse der Parteien zu einander gestaltet, wie die Beweislast sich bezüglich der einzelnen Parteibehauptungen verteilt, beantwortet sich durch die Parteistellung, welche die Parteien im Prozesse einnehmen, also durch die der Partei in der Parteirolle zugewiesene Aufgabe. Parteirollen giebt es zwei, die Rolle des Angreifers, des Klägers, und die Rolle des Angegriffenen, des Beklagten. Beweislast.

Der Kläger will im Streitverhältnisse gegenüber dem Beklagten einen Vorteil erreichen; es genügt deshalb, daß er diejenigen Thatsachen, an welche das objektive Recht diesen Vorteil an sich knüpft, beweist, m. a. W. Kläger hat den Grund seiner Klage zu beweisen.

---

[3]) CPO. §§ 139 Abs. 1, 455, 507.

[4]) CPO. § 292. Das Nähere im nächsten Paragraphen.

Eine weitere Beweislast trifft den Kläger zunächst nicht, es ist nicht seine Aufgabe, zu beweisen, daß der Klaggrund auch noch jetzt fortwirkt, daß nicht andere Thatsachen vorliegen, welche die Wirkung beseitigen, entkräften.

Den Beklagten trifft eine Beweislast erst dann, wenn er sich auf das Gebiet der selbständigen Verteidigungsmittel begiebt. Zu diesen gehören die Einreden, mögen sie rechtsverneinender oder anspruchverweigernder Art sein. Diese Einreden hat der Beklagte zu beweisen, da die Verteidigung hier durch einen Gegenangriff geführt wird. Auch hier genügt es, wenn der Beklagte diejenigen Thatsachen, an welche das objektive Recht die Wirkung, nämlich die rechtsverneinende (rechtshindernde oder rechtsvernichtende) Kraft, oder das Recht der Verweigerung des Anspruchs an sich knüpft, beweist. Es ist nicht Sache des Beklagten, nachzuweisen, daß das Recht der Verweigerung noch besteht, oder daß nicht andere Thatsachen vorliegen, welche dieses Recht beseitigen oder entkräften.

Dasselbe wiederholt sich in der Person des Klägers, soweit dieser gegenüber dem selbständigen Verteidigungsmittel des Beklagten ein selbständiges Gegenverteidigungsmittel (Replik) ergreift.

So baut sich die Beweislast fort, solange von einer Partei gegenüber den selbständigen Verteidigungs- und Gegenverteidigungsmitteln ein neues selbständiges Gegenverteidigungsmittel (Duplik, Triplik u. s. w.) in die Arena geführt wird.

Die Frage nach der Verteilung der Beweislast ist somit eine vorwiegend prozeßrechtliche, da sie mit der Stellung der Parteien im Prozesse, mit der Verteilung der Parteirollen zusammenhängt.

Damit ist nicht gesagt, daß die Grundsätze des materiellen Rechts dabei unbeachtlich sind; vielmehr ist die Frage, was zum Klaggrund oder zur Einrede, zur Replik gehört, nur auf Grund des materiellen Rechts zu beantworten. Auch hat das Bürgerliche Gesetzbuch einzelne positive Bestimmungen über die Beweislast getroffen, welche jedoch keine Abweichungen von den prozessualen Regeln enthalten, sondern nur Klarheit in dieser Materie schaffen wollen [5]).

---

[5]) BGB. §§ 282, 345, 358, 363, 442, 542 Abs. 3, 636 Abs. 2, 2336 Abs. 3.

Die Beweislast besteht immer nur bezüglich der Behauptungen, niemals trifft sie die bloß bestreitende Partei („probatio incumbit ei, qui dicit, non qui negat"). Ist eine thatsächliche Behauptung, welche des Beweises bedarf, unbewiesen geblieben, so ist die behauptende Partei beweisfällig. Trifft die behauptende Partei bezüglich dieser Behauptung die Beweislast, so ist die prozessuale Folge, daß sie mit der Behauptung nicht gehört und die aus dieser Behauptung gezogenen oder zu ziehenden Folgerungen zurückgewiesen werden. Ist also der Kläger bezüglich der Klagesachen beweisfällig so ist die Klage abzuweisen („actore non probante reus absolvitur"), ist dagegen der Klaganspruch liquide und der Beklagte bezüglich seiner Einreden beweisfällig, so wird der Beklagte verurteilt („reus in excipiendo fit actor").

§ 88.

Vermutungen.

Planck § 108 — Hellmann § 78 — Schmidt § 83.

In der Beweislehre nehmen die Vermutungen, „praesumtiones", eine wichtige Rolle ein. Vermutungen sind Schlüsse, welche man aus gegebenen Thatsachen, Zuständen zieht. praesumtio facti.

Solche Vermutungen sind im Prozesse von besonderer Bedeutung, weil sie auf die richterliche Überzeugung von der Wahrheit einer zu beweisenden Thatsache von größerem oder geringerem Einflusse sein können. Insoweit sind die Vermutungen Beweisgründe für den Richter, man nennt sie „praesumtiones facti", die Thatsache, welche die Grundlage einer solchen Vermutung bildet, bezeichnet man als „indicium". Von diesen Indizien wird im § 90 gesprochen werden.

Den praesumtiones facti reihen sich an die sog. praesumtiones juris, Rechtsvermutungen. Auch hier haben wir es mit Schlußfolgerungen zu thun. Diese Schlußfolgerungen hat das Gesetz gemacht[1]), Richter und Parteien sind ihnen wie jeder anderen gesetzlichen Bestimmung unterworfen. praesumtio juris.

---

[1]) Beispiele: BGB. §§ 18, 19, 20, 484, 685, 891, 938, 1006, 1253, 1362, 1527, 1540, 1591, 1618, 1625, 2009, 2255, 2365. — HGB. § 459 Abs. 2. — CPO. §§ 167 Abs. 2, 437, 440.

Das Gemeinsame der thatsächlichen und der rechtlichen Vermutungen liegt darin, daß beide auf Regeln beruhen, welche die Lebenserfahrung aufstellt; die Überzeugung des verständigen, erfahrenen Mannes und das auf Überzeugung beruhende Urteil wird dadurch geleitet. Beide unterscheiden sich jedoch dadurch, daß die Regel, welche zu dem Schlusse führt, bei der Rechtsvermutung als eine gesetzliche, verbindliche anerkannt ist, während die Anwendung derselben in den nicht gesetzlich anerkannten Fällen dem richterlichen Ermessen „nach Gestalt und Gelegenheit der Sache" überlassen bleibt.

Die thatsächliche Behauptung, für welche nach dem Gesetze eine Vermutung streitet, bedarf des Beweises nicht. Insoweit tritt hier also derselbe Erfolg ein, wie wenn eine Thatsache notorisch oder gerichtlich zugestanden ist, aber aus einem anderen Grunde und daher auch mit verschiedener Wirkung. Die notorischen und die gerichtlich zugestandenen Thatsachen sind bestreitungsunfähig, während die thatsächlichen Behauptungen, für welche eine Rechtsvermutung spricht, bestreitungsfähig sind.

Wird die Thatsache, für welche eine gesetzliche Vermutung streitet, bestritten, so besteht die Beweispflicht für den Beweis des Gegenteils der Vermutung. Diese Beweispflicht unterscheidet sich durch nichts von der allgemeinen Beweispflicht, d. h. die bestreitende Partei hat die Beweismittel für das Nichtwahr, mag sich das Bestreiten auf die einfache Verneinung beschränken oder ein sog. indirektes Leugnen sein[2]), und die Gegenpartei die Beweismittel zur Widerlegung des Gegenteils der Vermutung zu benennen, und jede Partei hat sich über die gegnerischen Beweismittel zu erklären. Der Beweis des Gegenteils der gesetzlichen Vermutung kann auch durch Eidesdelation geführt werden[3]).

Fälle, in welchen der Beweis des Gegenteils der Vermutung durch Gesetz ausgeschlossen ist (sog. praesumtionis juris et de jure), giebt es nicht.

---

[2]) Zu den gesetzlichen Vermutungen gehört auch die gesetzlich anzunehmende Auslegung einer Willenserklärung (s. o. S. 208 Anm. 9). Wird gegenüber der im Zweifel anzunehmenden Auslegung ein positiv anderer Inhalt der Willenserklärung behauptet, so kommt eine solche Behauptung prozessualisch einer Einrede gleich, wie bereits a. a. O. ausgeführt ist.

[3]) CPO. § 294.

§ 89.

Beweismittel und Beweiseinreden.

Planck §§ 110ff. — Hellmann §§ 82ff. — Fitting §§ 57ff. — Schmidt §§ 85ff.

Wenn man als Beweismittel im weiteren Sinne alle den Richter im Verfahren zu Gebote stehenden Erkenntnismittel bezeichnen kann, so sind unter Beweismittel im engeren Sinne doch nur diejenigen Erkenntnismittel zu verstehen, deren Benutzung durch die Prozeßordnung geregelt ist.

Jedes Erkenntnismittel soll Auskunft geben über thatsächliche Behauptungen, über das, was ist oder gewesen ist; denn die konkrete Rechtsordnung gehört in ihrer Entstehung der Vergangenheit an, sie kann also nur erkannt werden aus einer Quelle, welche von der Vergangenheit redet, zeugt. Dazu sind aber an sich alle Personen und körperlichen Gegenstände dienlich (lebende und tote Zeugen der Vergangenheit).

I. Im weitesten Sinne können alle Personen, welche über die Vergangenheit berichten, Zeugen für alles, was in der Vergangenheit liegt, sein. Insofern können auch die Parteien selbst von dem zeugen, was sie, sei es aus Erfahrung oder vermöge ihrer Wahrnehmung oder von Hörensagen, wissen. Im prozessualen Sinne sind aber nur dritte Personen Zeugen. Die Parteien und diejenigen, welche als gesetzliche Vertreter an ihrer Stelle stehen, sind nicht Zeugen im prozeßrechtlichen Sinne. Wenn die Parteien dem Richter ihre in der Sache gemachten Wahrnehmungen mitteilen, so geschieht das in Ausübung ihrer Verhandlungsbefugnis und des daraus folgenden prozessualen Verfügungsrechtes. Zeugniszwang und Zeugeneid sind ausgeschlossen. Personen als Beweismittel.

Der Richter kann Zeuge in dem Rechtsstreite sein, jedoch wird er dann, wenn er als Zeuge oder Sachverständiger vernommen ist, unfähig zur ferneren Ausübung des Richteramts in der Sache, in welcher er vernommen ist[1]).

Die Auskunftspersonen sind entweder Zeugen oder Sachverständige.

[1]) CPO. § 41 unter 5.

Zeugen. 1. Der Zeuge soll über das von ihm individuell Wahrgenommene Auskunft geben. Der Wert seiner Aussage beruht nicht allein auf seiner persönlichen Glaubwürdigkeit, sondern auch auf seiner individuellen Wahrnehmungsfähigkeit und der konkreten Wahrnehmungsmöglichkeit. Alle drei Umstände hat der Richter in der Verwertung des Zeugnisses zu erwägen, an gesetzliche Beweisregeln ist das Gericht im Zeugenbeweise nicht gebunden[2]). Ob ein Zeuge mit Rücksicht auf sein Alter (z. B. als Kind oder Greis), den Zustand seiner geistigen Entwicklung, seiner geistigen Fähigkeiten überhaupt wahrnehmungsfähig ist, hat der Richter im einzelnen Falle zu ermessen, ebenso ob mit Rücksicht auf sein persönliches Verhältnis zu den Parteien und seine Stellung zur Sache oder aus sonstigen Gründen seine Glaubwürdigkeit herabgemindert ist. Hinsichtlich der Wahrnehmungsfähigkeit kann in besonderen Fällen noch in Betracht kommen, daß zur Erkennung bestimmter Thatsachen häufig eine Sachkunde, in der Anschauung, in der Beurteilung geübte Sinne (Kennerblick, Kunstverständigkeit) erforderlich sind, dann spricht man von sachkundigen Zeugen, sie sind Zeugen, deren Wahrnehmungsfähigkeit in bestimmter Richtung durch eine besondere Kenntnis und Erfahrung gehoben ist[3]). Für die konkrete Wahrnehmungsmöglichkeit der Zeugen kommt wesentlich in Berücksichtigung, ob der Zeuge den Vorgang aus der Nähe oder Ferne beobachtet, angehört hat und dergleichen besondere Umstände.

Sachkundige Zeugen.

Sachverständige. 2. Der Sachverständige soll aus gegebenen oder vorausgesetzten Thatsachen vermöge seiner Kenntnisse oder Erfahrung Schlüsse ziehen. Seine Thätigkeit ist eine beurteilende, insofern hat man ihn einen

---

[2]) Das Gemeine Recht unterschied klassische Zeugen (testes omni exceptione majores) von den unfähigen und verdächtigen Zeugen. Die Unfähigkeit war eine absolute oder relative. Jene beruhte auf der Wahrnehmungsunfähigkeit (Kinder, Wahnsinnige, Taube, Blinde u. s. w.), diese auf dem Interesse am Ausgange der Sache (Regreßpflicht), die Verdächtigkeit auf der verminderten Glaubwürdigkeit (Verwandtschaft, Bestechlichkeit, Anrüchigkeit u. a.).

[3]) Der Landwirt, welcher dem Pflügen und dem Säen zusieht, der Tierarzt, welcher ein krankes Pferd behandelt, der Maurermeister, welcher das Erbauen eines Gebäudes beobachtet, sie alle sehen mehr als der Laie, sie erkennen den Zustand, das, was geschieht, besser, ihr Zeugnis gewinnt dadurch an Wert, wobei freilich nicht ausgeschlossen ist, daß ein Laie mit praktischem Sinne nicht ebenso gut sieht und beobachtet.

Gehilfen des Richters genannt. Seine Thätigkeit ist zweifacher Art.

a) Entweder werden dem Sachverständigen bereits feststehende Thatsachen (Geschehnisse der Vergangenheit) vorgelegt, und er hat aus diesen Thatsachen vermöge einer Schlußfolgerung zu erachten, ob die zu beweisende Thatsache wahr ist. Vermöge seiner Kenntnis und Erfahrung der Sachverständige einen Obersatz giebt, unter den die feststehende Thatsache gebracht den Schluß auf die Wahrheit oder Unwahrheit der zu beweisenden Thatsache nach seiner Ansicht rechtfertigt. Die Schlußfolgerung selbst ist keine logische, mathematische, sondern eine empirische. Der Obersatz ist ein in der Ausübung einer Wissenschaft, einer Kunst, eines Berufes oder durch häufige Beobachtung gewonnener Erfahrungssatz.

b) Der Sachverständige wird aber auch häufig noch zu einem weiteren Zwecke zugezogen, indem ihm aufgegeben wird, sein Gutachten auch thatsächlich zu begründen, d. h. auf Grund eines von ihm selbst aufzunehmenden Befundes, einer Besichtigung, selbst die thatsächlichen Unterlagen für sein Gutachten zu beschaffen[4]). In diesem Falle ist der Sachverständige kraft des ihm in Grundlage des Gesetzes vom Richter erteilten öffentlichen Auftrages befugt, den Befund an Stelle des Richters aufzunehmen und in dieser Weise sein Erachten thatsächlich zu begründen[5]).

Ein anderer Fall liegt vor, wenn der Sachverständige auf Grund der bereits von ihm gemachten individuellen Wahrnehmungen Auskunft über die Thatsachen, welche die Grundlage des Gutachtens, den Untersatz, bilden, geben soll, z. B. wenn ein Tierarzt, welcher das gefallene Pferd während der

---

[4]) Die Befugnis des Gerichts, dem Sachverständigen diesen Auftrag zu erteilen, folgt aus CPO. § 144 Abs. 2, entspricht auch der Üblichkeit und Zweckmäßigkeit, da die Einnahme des richterlichen Augenscheins in solchen Fällen deshalb zwecklos ist, weil die richterliche Thätigkeit sich darauf beschränken würde, den Befund des Sachverständigen zu Protokoll zu nehmen. Positiv ist die Sache so in der neuen österreichischen Prozeßordnung vom 1./8. 1895 Art. 362 geregelt.

[5]) Die Zuverlässigkeit der thatsächlichen Begründung wird durch den Sachverständigeneid gedeckt.

Krankheit behandelt hatte, über die von ihm wahrgenommenen Krankheitserscheinungen Auskunft geben und zugleich ein Gutachten über die Todesursache abgeben soll. In diesem Falle ist die Auskunftsperson Zeuge (sachkundiger Zeuge) und Sachverständiger, ist also in beiden Eigenschaften zu beeidigen.

Entscheidet also über die Frage, inwieweit eine Auskunftsperson Zeuge oder Sachverständiger ist, lediglich der Umstand, ob sie auf Grund ihrer individuellen (zufälligen) Kenntnis über Wahrgenommenes berichten, oder ob sie aus festgestellten oder erst durch die Auskunftsperson auf Grund eines Befundes festzustellenden Thatsachen, Zuständen Schlüsse auf die zu beweisende Thatsache ziehen soll, so erscheint es gerechtfertigt, den Zeugen ein individuelles, den Sachverständigen ein fungibeles Beweismittel zu nennen; denn die Aufgabe des Zeugen kann nur auf Grund der in seiner Person zufällig zutreffenden Umstände, welche ihm und vielleicht noch bestimmten Anderen die Wahrnehmung ermöglichten, gelöst werden, während die Aufgabe des Sachverständigen jede erfahrene und kundige Person, dieser oder jener, lösen kann, wenn auch dieser vielleicht besser als jener.

Der Wert des Sachverständigenerachtens beruht auf der persönlichen Glaubwürdigkeit des Sachverständigen, seiner Kenntnis und auf der Schlüssigkeit der Begründung des Erachtens. Alle drei Punkte hat der Richter in der Verwertung des Erachtens zu erwägen. An gesetzliche Beweisregeln ist der Richter auch in diesem Falle nicht gebunden.

Körperliche Gegenstände als Beweismittel.

II. Körperliche Gegenstände kommen in zwiefacher Richtung als Beweismittel in Betracht, als Urkunden und Augenscheinsobjekte; jene beweisen mittelbar durch ihren Inhalt, diese unmittelbar durch sich selbst, ihr Aussehen, ihre Gestalt, Beschaffenheit u. s. w. Die Thatsache, daß ein Schiff gescheitert ist, wird uns unmittelbar durch das Wrack desselben, durch die auf den Strand getriebenen Schiffstrümmer berichtet, mittelbar durch den in einer an den Strand getriebenen Flasche gefundenen Zettel, welcher den Bericht eines Augenzeugen über den Vorgang enthält.

Urkunden.

1. Urkunden. Man unterscheidet Urkunden im engeren und im weiteren Sinne. Im weiteren Sinne sind Urkunden körperliche

Gegenstände, welche bestimmt sind, durch irgend ein Zeichen das, was gegenwärtig ist, oder das, was früher geschehen ist, im Gedächtnisse der Lebenden zu erhalten, auf die Nachwelt zu bringen.

Die Prozeßordnung wendet jedoch die Bezeichnung „Urkunde" nur auf Urkunden in einem engeren Sinne an.

Im Prozeßrechte sind nur Schriftstücke („tabulae, documenta") Urkunden im eigentlichen Sinne, andere Gedächtniszeichen[6]) fallen nicht unter den Begriff der Urkunde, sondern gehören zu den Augenscheinsobjekten.

Die Urkunden sind entweder öffentliche oder Privaturkunden.

Eine Urkunde ist öffentlich, wenn sie von einer öffentlichen Behörde innerhalb der Grenzen ihrer Amtsbefugnisse[7]) oder von einer mit öffentlichem Glauben versehenen Person[8]) innerhalb des ihr zugewiesenen Geschäftskreises in der vorgeschriebenen Form[9]) aufgenommen ist[10]). Liegt eins dieser Erfordernisse nicht vor, so ist die Urkunde Privaturkunde.

Der Beweiswert einer Urkunde hängt von zwei Momenten ab, einem äußeren, der Echtheit der Urkunde, und einem inneren, der Wahrheit ihres Inhaltes.

Echt ist, was ist, was es sein soll, für das es ausgegeben wird, gilt. Echtheit der Urkunden.

In einer Urkunde redet, berichtet eine bestimmte Person, der Verfasser, der Aussteller der Urkunde. Wer der Verfasser ist, ist regelmäßig, wenn auch nicht immer, aus der Urkunde erkennbar.

---

[6]) Dahin gehören Denkmäler, Gedächtnissäulen, Grabsteine, Kreuze, Denkmünzen, Bilder, Karten, Grenzsteine, Kerbhölzer u. a. Enthalten diese Gegenstände Inschriften, so gelten sie insoweit als Urkunden; denn auf das Material, welches die Unterlage der Schrift bildet, kommt es nicht an.

[7]) Ob diese Voraussetzungen vorliegen, entscheidet sich nach dem Rechte desjenigen Ortes (Inland oder Ausland), an welchem die Behörde ihren Sitz hat.

[8]) Nach deutschem Reichs- resp. Landesrecht gehören zu diesen Personen Notare, Gerichtsschreiber, Gerichtsvollzieher, Postboten (Postges. v. 28./10. 1871 § 47), Reichskonsuln (Ges. v. 8./11. 1867 §§ 14—19), Standesbeamte (Ges. v. 6./2. 1875 §§ 1 ff.).

[9]) s. z. B. D. Wechsel-O. Art. 88, CPO. §§ 145, 190—192, 195, 313, 315, 317 Abs. 3. — Civilstandsges. v. 6./2. 1875 §§ 13—15.

[10]) CPO § 415.

Eine Urkunde ist echt, wenn sie von dem, welchen sie selbst als ihren Verfasser nennt, oder welcher als ihr Verfasser ausgegeben wird, ausgestellt ist (veritas instrumenti).

Die Echtheit im weiteren Sinne umfaßt auch die Unverfälschtheit (bonitas instrumenti); denn die Urkunde ist nur dann echt, wenn sie so, wie sie lautet, von dem Verfasser ausgestellt ist[11]).

Die Echtheit der Urkunde ist die erste Bedingung für die Tüchtigkeit des Beweismittels. Bestehen Zweifel über die Echtheit, so sind diese zunächst zu lösen. In dieser Beziehung muß man zwischen öffentlichen und Privaturkunden unterscheiden.

Urkunden, welche nach Form und Inhalt als von einer öffentlichen Behörde oder von einer mit öffentlichem Glauben versehenen Person errichtet sich darstellen, haben, wenn sie im Inlande errichtet sind, die Vermutung der Echtheit für sich[12]).

Stellt sich eine solche Urkunde als von einer ausländischen Behörde oder von einer mit öffentlichem Glauben versehenen Person des Auslandes errichtet dar, so hat das Gericht nach den Umständen des Falles zu ermessen, ob die Urkunde ohne näheren Nachweis als echt anzusehen ist. Zur Annahme der Echtheit genügt die Legalisation durch einen Konsul oder Gesandten des Reichs[13]).

Über die Echtheit einer Privaturkunde hat sich der Gegner des Beweisführers wie über andere thatsächliche Behauptungen des Gegners in prozeßordnungsmäßiger Weise zu erklären. Erfolgt die Erklärung nicht, so ist die Urkunde als anerkannt anzusehen, wenn nicht die Absicht, die Echtheit bestreiten zu wollen, aus den übrigen Erklärungen der Partei hervorgeht[14]).

---

[11]) Freilich ist möglich, daß die Fälschung sich nur auf einen solchen Teil der Urkunde bezieht, welcher für die Entscheidung nicht in Betracht kommt. Dann ist die Fälschung ohne Bedeutung.

[12]) Einer Legalisation bedarf eine solche Urkunde auch nicht, wenn sie in einem anderen Gliedstaate des Deutschen Reichs errichtet ist (vgl. Ges. v. 1./5. 1878 § 1 RGBl. S. 89). Das Gericht kann jedoch, wenn es die Echtheit für zweifelhaft hält, in jedem Falle von Amtswegen die Behörde oder die Person, von welcher die Urkunde errichtet sein soll, zu einer Erklärung über die Echtheit veranlassen, CPO. § 437.

[13]) CPO. § 438. Ges. v. 1./5. 1878 § 2 (s. Anm. 12).

[14]) CPO. § 439. Befindet sich unter der Urkunde eine Namensunterschrift, so ist die Erklärung auf die Echtheit dieser zu richten. — Urkunden, deren Echtheit bestritten ist oder deren Inhalt verändert sein soll, werden bis zur Er-

Die Echtheit einer nicht anerkannten Privaturkunde ist zu beweisen. Steht die Echtheit der Namensunterschrift fest, oder ist das unter einer Urkunde befindliche Handzeichen gerichtlich oder notariell beglaubigt, so hat die über der Unterschrift oder dem Handzeichen stehende Schrift die Vermutung der Echtheit für sich[15]).

Der Beweis der Echtheit oder Unechtheit kann auch durch Schriftvergleichung geführt werden[16]). Über das Ergebnis der Schriftvergleichung hat das Gericht nach freier Überzeugung geeignetenfalls nach Anhörung von Sachverständigen zu entscheiden[17]).

Die zweite Voraussetzung der Beweistüchtigkeit einer Urkunde ist, daß der Inhalt der Urkunde wahr ist. Wahrheit des Inhalts der Urkunde.

Das Gesetz giebt in dieser Beziehung bestimmte gesetzliche Beweisregeln und geht bei Aufstellung derselben von der Erwägung aus, daß die urkundliche Niederlegung von Erklärungen gerade deshalb erfolgt, um diese Erklärungen für die Zukunft unbestreitbar zu

---

ledigung des Rechtsstreits auf der Gerichtsschreiberei verwahrt, sofern nicht ihre Auslieferung an eine andere Behörde im Interesse der öffentlichen Ordnung erforderlich ist (CPO. § 443).

[15]) CPO. § 440. Der Aussteller, welcher die Echtheit des Textes bestreitet, muß, wenn die Echtheit der Unterschrift feststeht, beweisen, daß der Text nicht von ihm herrührt, also ohne seine Mitwirkung entweder nachträglich vorgetragen oder geändert ist. Soweit dies bewiesen wird, liegt keine Urkunde des Unterzeichners vor. Besonders praktisch wird das, wenn ein sog. Blankett (z. B. ein Formular eines Versicherungsantrages) mit der Namensunterschrift des Antragstellers versehen und dem Agenten zur Ausfüllung überlassen wird. Wird das Formular nachträglich vom Agenten ohne Mitwirkung des Antragstellers ausgefüllt, so liegt insoweit keine Urkunde des Antragstellers, sondern des Agenten vor. Ob das Formular den Angaben des Antragstellers entsprechend ausgefüllt ist, ist für diese Frage gleichgültig, da es sich hier nicht um den Beweis handelt, ob der Antrag so, wie die Urkunde lautet, gestellt ist, sondern um den Beweis der Echtheit der Urkunde. Solange dieser Beweis aber nicht geführt ist, kann von dem Beweise der Wahrheit des Urkundeninhalts nicht die Rede sein. Der Beweis, daß der Antrag so, wie er in der Urkunde enthalten ist, gestellt ist, kann dann nicht durch die Urkunde und deren Inhalt, sondern muß in anderer Weise geführt werden. Der Urkundeninhalt bildet in diesem Falle für den Richter ein seiner freien Würdigung unterliegendes Indiz.

[16]) CPO. § 441. Die Vergleichungsschriften muß der Beweisführer (der Echtheit oder Unechtheit) vorlegen, jedoch besteht auch eine Editionspflicht für den Gegner (CPO. § 441 Abs. 2—4).

[17]) CPO. § 442.

machen, so daß sie eines weiteren Beweises als durch den in der Urkunde bezeugten Inhalt nicht bedürfen. Daher erbringt die Urkunde kraft gesetzlicher Vorschrift vollen Beweis ihres Inhaltes. Dies trifft nur zu, wenn die Urkunde den vom Gesetze in dieser Beziehung aufgestellten Erfordernissen entspricht. Das Gesetz unterscheidet auch in dieser Beziehung zwischen öffentlichen und Privaturkunden.

Formelle Beweiskraft der Privaturkunden.

Privaturkunden begründen, sofern sie von dem Aussteller unterschrieben oder mittels gerichtlich oder notariell beglaubigten Handzeichens unterzeichnet sind, vollen Beweis dafür, daß die in denselben enthaltenen Erklärungen von den Ausstellern abgegeben sind [18]).

Die formelle Beweiskraft erstreckt sich nur auf den Inhalt der vom Aussteller abgegebenen Erklärung, nicht auf Ort und Zeit der Ausstellung [19]). Daß aber der Aussteller eine Erklärung dieses Inhalts abgegeben hat, ist, falls zunächst die Echtheit festgestellt ist, unwiderlegliche Thatsache. Darauf, ob der Aussteller auch diese Erklärung hat abgeben wollen, kommt es für diese lediglich prozeßrechtliche Frage nicht an, so daß auch die Behauptung, daß der Aussteller die Urkunde in Unkenntnis ihres Inhaltes unterschrieben hat, für die formelle Beweisfrage unbeachtlich ist [20]).

Privaturkunden ohne Unterschrift und ohne beglaubigtes Handzeichen statt der Unterschrift haben keine formelle Beweiskraft, der Richter ist also in der Würdigung ihres Beweiswertes nicht durch gesetzliche Regeln gebunden [21]).

Formelle Beweiskraft der öffentlichen Urkunden.

Die formelle Beweiskraft öffentlicher Urkunden [22]) bestimmt sich

---

[18]) CPO. § 416. Der notariellen Beglaubigung steht die Beglaubigung durch einen Reichskonsul gleich, G. v. 8./11. 1867 § 16. — Die zu Gunsten der Prozeßvollmacht im § 80 Abs. 2 gewährte Erleichterung ist hier nicht anwendbar.

[19]) RG. Bd. 16, S. 438, Bd. 31 S. 337. Erfahrungsmäß'g werden Privaturkunden oft falsch datiert.

[20]) Eine andere Frage ist, ob die Partei als Aussteller der Urkunde ihre in der Urkunde etwa niedergelegte rechtsgeschäftliche Willenserklärung anfechten kann, oder ob diese Willenserklärung nichtig oder unwirksam ist. Diese Frage gehört dem materiellen Rechte an (BGB. §§ 116—144).

[21]) Dahin gehören Eintragungen in die Handelsbücher, Geschäfts- und Wirtschaftsbücher, Notizen, Entwürfe u. dgl.

[22]) Diese formelle Beweiskraft kommt nicht nur der Urschrift zu, sondern auch einer beglaubigten Abschrift, welche hinsichtlich der Beglaubigung die Erfordernisse einer öffentlichen Urkunde an sich trägt. Das Gericht kann jedoch,

verschieden nach ihrem Inhalte. Hier kommen folgende Fälle in Betracht:

a) Die von einer Behörde ausgestellten, eine amtliche Anordnung, Verfügung oder Entscheidung enthaltenden öffentlichen Urkunden begründen vollen Beweis ihres Inhalts, d. h. es ist unwiderleglich bewiesen, daß die betr. Behörde die in der Urkunde enthaltene Anordnung, Verfügung, Entscheidung unter den in der Urkunde angegebenen Umständen erlassen hat. Ergiebt der Inhalt also, welche Personen die Entscheidung erlassen haben, ob sie öffentlich oder nicht öffentlich erlassen ist, zu welcher Zeit sie erlassen ist, so werden auch diese Umstände durch die Urkunde voll bewiesen[23]).

b) Öffentliche Urkunden, welche über eine vor der Behörde oder der Urkundsperson abgegebene Erklärung errichtet sind, begründen vollen Beweis des durch die Behörde oder die Urkundsperson beurkundeten Vorganges, jedoch ist der Beweis, daß der Vorgang unrichtig beurkundet sei, daß also z. B. nicht die in der Urkunde genannte, sondern eine untergeschobene Person die Erklärung abgegeben, oder daß die bezeichnete Person eine Erklärung mit anderem als dem beurkundeten Inhalte abgegeben habe, daß Ort und Zeit falsch angegeben sind, zulässig[24]).

c) Öffentliche Urkunden, welche einen anderen als den unter a und b bezeichneten Inhalt haben, begründen vollen Beweis der darin bezeugten Thatsachen, jedoch ist ein Beweis der Unrichtigkeit der bezeugten Thatsachen zulässig, sofern nicht die Landesgesetze diesen Beweis ausschließen oder beschränken[25]).

---

wenn eine solche Abschrift statt der Urschrift vorgelegt wird, anordnen, daß der Beweisführer die Urschrift vorlegen oder die Thatsachen angebe und glaubhaft mache, welche ihn an der Vorlegung der Urschrift verhindern. Bleibt die Anordnung erfolglos, so entscheidet das Gericht nach freier Überzeugung, welche Beweiskraft der beglaubigten Abschrift beizulegen sei (CPO. § 435).

[23]) CPO. § 417.

[24]) CPO. § 415. Der Beweis der unrichtigen Beurkundung kann in jeder Richtung und durch jedes Beweismittel geführt werden.

[25]) CPO. § 418 Abs. 1 u. 2.

Die formelle Beweiskraft dieser Urkunden ist also davon abhängig, daß sie ein Zeugnis über eine von der Behörde, dem Beamten oder der mit öffentlichem Glauben versehenen Urkundsperson wahrgenommenen Thatsache[26]) oder eine von ihr selbst vorgenommene Handlung enthält[27]).

Durch die Urkunde wird der bezeugte Vorgang voll bewiesen. Soweit es sich nicht um eigene Handlungen des beurkundenden Beamten, sondern um ein Zeugnis über eine wahrgenommene, fremde Thatsache handelt, wird erfordert, daß die Urkundsperson auf Grund eigener Wahrnehmung beurkundet, soweit sich nicht aus den Landesgesetzen ergiebt, daß die Beweiskraft des Zeugnisses von der eignen Wahrnehmung unabhängig ist[28]).

Zu den Urkunden, welche ein amtliches Zeugnis enthalten, gehören auch die Standesamtsregister und die auf Grund derselben erteilten Auszüge. Die Beweiskraft derselben ist besonders geregelt[29]).

Beweiskraft des Urteils und des Sitzungsprotokolles.

Eine öffentliche Urkunde kann ihrem Inhalte nach mehreren der vorbezeichneten drei Kategorien von Urkunden angehören. Dahin gehören das im Rechtsstreite ergehende Urteil und das Sitzungsprotokoll.

Das gerichtliche Urteil fällt zunächst unter den unter a besprochenen Fall, der Thatbestand des Urteils enthält jedoch auch ein amtliches Zeugnis des Gerichts über das mündliche Parteivorbringen,

---

[26]) Selbstverständlich ist, daß nicht nur die Wahrnehmung, sondern auch die Beurkundung der Wahrnehmung zu den Amtsbefugnissen gehören muß. Der Bericht eines Polizeibeamten über eine in Ausübung seines Amtes wahrgenommene Thatsache enthält freilich ein amtliches Zeugnis, die diesen Bericht enthaltende Urkunde ist aber keine öffentliche, da die Beurkundung des Vorfalls nicht zu seinen Amtsbefugnissen gehört.

[27]) Zu solchen Urkunden gehören z. B. die Zustellungsurkunden, amtliche Zeugnisse aus Akten (Beispiel: CPO. § 706), aus den Grundbüchern, aus öffentlichen Registern, Beglaubigung von Unterschriften (BGB. § 129), von Abschriften, Kündigungsdokumente der Notare, Protesturkunden, Vollstreckungsprotokolle der Gerichtsvollzieher u. s. w.

[28]) CPO. § 418 Abs. 3. Gedacht ist dabei an die Einträge in die Kirchenbücher und die Auszüge aus denselben.

[29]) G. v. 6./2. 1875 § 15 u. EG. z. CPO. § 13 Abs. 1.

das Zeugnis fällt insoweit also auch unter den unter c besprochenen Fall. Der Beweis, daß unrichtig beurkundet sei, kann jedoch in diesem Fall nur durch das Sitzungsprotokoll, nicht durch andere Beweismittel geführt werden[30]).

Das Sitzungsprotokoll kann zu allen Fällen (a—c) gehören. Soweit es eine Entscheidung, Anordnung enthält, gehört es zu a, soweit es die Beurkundung einer in der Verhandlung abgegebenen Erklärung enthält, gehört es zu b, und soweit es ein Zeugnis über die Art und Weise, wie verhandelt ist, insbesondere über die Förmlichkeiten des Verfahrens enthält, fällt es unter c. Soweit das Protokoll unter a fällt, ist sein Inhalt unwiderleglich, soweit es unter b fällt, ist der Beweis, daß der Vorgang unrichtig beurkundet sei, zulässig, nur kann dieser Beweis nicht durch den Thatbestand des Urteils geführt werden. Soweit das Sitzungsprotokoll unter c fällt, ist seine Beweiskraft dann, wenn es sich um die Frage handelt, ob die Förmlichkeiten des Verfahrens in der mündlichen Verhandlung beobachtet sind, eine vorzugsweise und nur in besonderer Weise widerlegbare. Darüber ist bereits oben S. 341 gesprochen worden.

Einfluß äußerer Mängel auf die Beweiskraft.

Enthält eine Urkunde Durchstreichungen, Radierungen, Einschaltungen oder sonstige äußere Mängel, so entscheidet das Gericht nach freier Überzeugung, ob die Beweiskraft derselben dadurch ganz oder teilweise aufgehoben oder gemindert wird[31]).

2. Augenscheinsobjekte können an sich alle körperlichen Gegenstände sein, soweit sie nicht zu den Urkunden im prozeßrechtlichen Sinne gehören. Der Beweiswert hängt ab von der Identität des vom Richter in Augenschein genommenen mit dem von der Partei bezeichneten Gegenstande[32]) und von der konkreten Erkennbarkeit derjenigen Beschaffenheit, Eigenschaft, desjenigen Zustandes, der für den Beweis von Erheblichkeit ist.

Gesetzliche Beweisregeln giebt es hier nicht.

Der Parteieneid als Beweismittel.

III. Ein Beweismittel besonderer Art ist der Parteieneid; er ist entweder richterlicher Eid oder zugeschobener Eid. Mit Rücksicht auf die Subsidiarität dieses Beweismittels erscheint es angemessen, dasselbe unten (§§ 91—93) besonders zu besprechen.

---

30) CPO. § 314. 31) CPO. § 419.

32) Diese Identität ist im Bestreitungsfalle von dem Beweisführer zu beweisen.

Soweit den Beweismitteln eine gesetzliche Beweiskraft nicht zukommt, ist die Prüfung der Zuverlässigkeit derselben und damit die Abschätzung ihres Wertes richterliche Amtspflicht. Der Richter hat sich insbesondere bei der Vernehmung des Zeugen oder Sachverständigen durch geeignete Fragen ein Urteil über die Glaubwürdigkeit, die Wahrnehmungsfähigkeit, die Erfahrung und Kenntnis der Auskunftspersonen zu verschaffen. Immerhin ist möglich, daß dem Richter Dinge, welche gegen die Zuverlässigkeit der Auskunftsperson sprechen, verborgen sind. In solchem Falle bleibt dem Gegner des Beweisführers unbenommen, seine Einwendungen in dieser Richtung in gleicher Weise, wie thatsächliche zur Sache gehörige Behauptungen zum Gegenstande der Verhandlung zu machen. Man nennt solche Einwendungen Beweiseinreden.

Beweiseinreden.

Besondere Bedeutung haben die Beweiseinreden da, wo formelles Beweisrecht gilt, also im Urkundenbeweisverfahren. Wird durch eine Urkunde der formelle Beweis der Wahrheit ihres Inhaltes erbracht, so sind Einreden, durch welche dieser Beweis entkräftet werden soll, nur insoweit zuläſſig, als das Prozeßrecht solche zuläßt, also nur in den Fällen CPO. §§ 415, 418, nicht in den Fällen der §§ 416, 417.

Soweit im Urkundenbeweisverfahren freie Beweiswürdigung stattfindet, also wenn der Fall CPO. § 419 vorliegt, kann der Gegner des Beweisführers alle Umstände, welche gegen die Wahrheit des Urkundeninhalts sprechen, geltend machen.

§ 90.

Beweissatz und Beweisgrund. Indizien.

Planck § 106 — Hellmann §§ 78, 80 — Schmidt § 53.

Der Wert eines jeden Beweismittels als richterlicher Erkenntnisquelle beruht neben seiner durch die Wahrheit seines Ergebnisses bedingten Zuverlässigkeit weiter auf seiner Verwendbarkeit im Prozesse, d. h. darauf, ob es einen Beweisgrund für den Beweissatz hergiebt.

Ist der Inhalt des Beweismittels für den Beweissatz nicht verwendbar, dann ist das Mittel als Erkenntnisquelle untauglich, der Richter ist der Mühe, die Zuverlässigkeit zu prüfen, überhoben.

Den **Beweissatz** entnimmt der Richter den Parteibehauptungen. Die Formulierung der Beweissätze erfolgt, soweit ein besonderes Beweisverfahren eingeleitet wird, im Beweisbeschlusse oder in der Feststellung der Eidesnorm im bedingten Endurteile, soweit ein besonderes Beweisverfahren sich nicht vernotwendigt, in den Entscheidungsgründen des Urteils. Beweissatz.

Der Beweissatz kann für die Entscheidung von verschiedener Bedeutung sein, er kann entweder eine Thatsache, welche für die Entscheidung in der Sache wesentlich ist, also ein selbständiges Angriffs- oder Verteidigungsmittel enthält oder doch zum Thatbestande eines solchen gehört, zum Inhalte haben oder nur eine sogen. Hilfsthatsache enthalten.

Solche Hilfsthatsachen sind Thatsachen, welche für die Entscheidung in der Sache nur von mittelbarem Einflusse sind, und zwar in doppelter Richtung. Sie kommen entweder nur für die Entscheidung über ein prozessuales Hilfsmittel (prozeßrechtliche Voraussetzungen und Einreden, Wiedereinsetzung in den vorigen Stand, Einspruch, Rechtsmittel, Beweismittel, Beweiseinreden u. s. w.) in Betracht, oder sie sind als sog. Indizien von mittelbarem Einfluß auf die Erkenntnis der Wahrheit oder Unwahrheit einer zu beweisenden Thatsache, mag diese selbst für die Entscheidung in der Sache von unmittelbarer Bedeutung sein oder ihrerseits wieder selbst eine Hilfsthatsache sein.

Ist das Ergebnis des Beweismittels (die Aussage des Zeugen, das Gutachten des Sachverständigen, das Ergebnis des Augenscheins, der Inhalt der Urkunde) von Einfluß auf die Bildung der richterlichen Überzeugung von der Wahrheit oder Unwahrheit des Beweissatzes, so liefert das Beweismittel einen Beweisgrund. Beweisgrund.

Gleichgiltig ist dabei, welche Partei das Beweismittel, welches den Beweisgrund liefert, benannt hat. Jedes Beweismittel ist zweischneidig, so daß, wenn das Ergebnis eines vom Beweisführer für die Wahrheit seiner Behauptung benannten Beweismittels einen Beweisgrund für die Unwahrheit giebt, der Richter nicht gehindert ist, dieses Ergebnis für den Beweis der Unwahrheit zu verwenden.

Auch die Beweislast spielt bei dieser Frage keine Rolle; denn dem Richter gegenüber ist jede Partei bezüglich aller von ihr aufgestellten Behauptungen, soweit sie des Beweises bedürftig sind, beweispflichtig.

Die Beweisgründe entnimmt der Richter nach freiem Ermessen aus der Verhandlung und dem Beweisverfahren.

Ein Beweisgrund ist entweder von unmittelbarer oder nur mittelbarer Wirkung. Von unmittelbarer Wirkung ist er, wenn er den Beweissatz vollkommen oder (den in seine Elemente aufgelösten Beweissatz) doch teilweise deckt, den Beweissatz als Fragesatz formuliert ganz oder teilweise direkt bejaht[1]).

Von nur mittelbarer Wirkung ist der Beweisgrund, wenn er die im Beweissatz aufgestellte Frage freilich nicht direkt bejaht, aber andere Thatsachen, Umstände ans Licht fördert, welche einen Schluß auf die Bejahung dieser Frage rechtfertigen, also ein Indiz für die Thatsache des Beweissatzes liefern.

Indizien. Die Indizien sind keine Beweismittel, sondern Beweisgründe, welche teils aus den Beweismitteln erst geschöpft und so in den Prozeß eingeführt werden, teils von den Parteien als Hilfsthatsachen in den Prozeß eingeführt werden und dann Gegenstand der Verhandlung in derselben Weise wie andere thatsächliche Behauptungen werden. Werden solche Indizien bestritten, so sind sie selbst wieder Gegenstand des Beweises, soweit sie des Beweises bedürftig sind.

Die Indizien unterscheiden sich aber wesentlich von denjenigen Thatsachen, welche dem Thatbestande der sachlichen Elemente des Rechtsstreits angehören. Während die letzteren nur dann vom Richter berücksichtigt werden, wenn sie von den Parteien als Angriffs- oder Verteidigungsmittel geltend gemacht sind, verhält sich dies mit den Indizien anders; der Richter hat dieselben, wenn sie das Ergebnis eines Beweisverfahrens sind oder dem Gerichte als notorisch bekannt sind, zu verwerten, mögen die Parteien sich darauf berufen haben oder nicht. Dies folgt aus der Natur der Beweisgründe; sie dienen dem Richter als Mittel zur Gewinnung eines Urteils über die Wahrheit oder Unwahrheit einer thatsächlichen Behauptung. Die

---

[1]) Beweissatz: „Ist es wahr, daß Beklagter im Monat Juni vom Kläger ein bares Darlehn von 100 empfangen hat?" Der Zeuge hat bekundet, daß der Beklagte den Kläger zur angegebenen Zeit um ein Darlehn gebeten hat, und daß Kläger dem Beklagten Geld gegeben hat. Die Summe kann Zeuge nicht angeben. Ist die Aussage des Zeugen wahr, so liegt in der Zeugenaussage ein unmittelbar wirkender Beweisgrund für einen Teil des Klaggrundes. Es ist nur noch zu beweisen, daß der Betrag des Darlehns 100 war.

Gewinnung dieses Urteils ist amtliche Pflicht des Richters, die Verhandlungsmaxime hat darauf keinen Einfluß.

Ein besonderes Indiz, worauf das Gesetz selbst verweist, ist die Thatsache, daß eine Urkunde von einer Partei in der Absicht, deren Benutzung dem Gegner zu entziehen, beseitigt oder zur Benutzung untauglich gemacht ist. Steht diese Thatsache fest, so können die Behauptungen des Gegners über die Beschaffenheit und den Inhalt der Urkunde als bewiesen angesehen werden[2]).

§ 91.

Beweis durch Parteieid.

Planck §§ 123ff. — Hellmann §§ 91ff. — Fitting §§ 64ff. — Schmidt §§ 85ff.

Die Prozeßordnung geht von dem Standpunkte aus, daß die Parteien in dem Rechtsstreite dem Richter zwecks Feststellung der Wahrheit nicht zeugnispflichtig sind[1]).

Dadurch wird dem Richter in den häufigen Fällen, in welchen die Parteien allein „die Wissenden" sind und nur sie allein imstande sind, Zeugnis für sich abzugeben, ein wichtiges Erkenntnis-

---

[2]) CPO. § 409.

[1]) Für die Einführung einer Zeugnispflicht der Parteien und damit für die Beseitigung des Parteieides nach Vorgang der englischen und nordamerikanischen Gesetzgebung besteht auch in der deutschen Jurisprudenz eine nicht zu unterschätzende Bewegung. Diese Bewegung, ausgehend von den Auswüchsen, welche der Beweis durch Parteieid im gemeinrechtlichen Prozesse erfahren hatte, hat ihren Einfluß bereits in der neuen österreichischen Civilprozeßordnung geltend gemacht, indem diese (s. §§ 371—381) an Stelle des Beweises durch Parteieid den Beweis „durch Vernehmung der Parteien" setzt. Man wird abwarten dürfen, welche Erfahrungen sich in Österreich aus dieser Gestaltung ergeben werden. M. E. wird durch diesen Versuch die feste Stellung, welche Parteien und Gericht im eigentlichen Parteienprozesse zu einander haben und haben müssen, erheblich ins Wanken gebracht. Jeder Teil verliert das Bewußtsein der Verantwortlichkeit für seine Thätigkeit, und das Ganze leidet darunter. Erwägt man, daß die Prozeßordnung die schädlichen Auswüchse im Eidessystem dadurch, daß sie den notwendigen Eid dem System der freien Beweiswürdigung angepaßt und den Schiedseid auf seine natürlichen Grenzen beschränkt hat, beseitigt, so wird man dem Beweise durch Parteieid als dem systemgemäßen Mittel wenigstens im eigentlichen Parteienprozesse vor dem Beweise durch Parteienvernehmung den Vorzug geben müssen.

mittel entzogen, wenn nicht gleichzeitig ein Ersatz für das Parteienzeugnis geboten wird. Diesen Ersatz gewährt die Prozeßordnung in dem Parteieide. In der Lehre vom Parteieide muß man davon ausgehen, daß jede Partei dem Richter gegenüber nicht nur beweispflichtig, sondern auch eidespflichtig ist. Die Eidespflicht ist ebenso wie die Beweispflicht eine allgemeine Parteilast. Wer eine Thatsache behauptet, muß dem Richter auf dessen Verlangen die Wahrheit der Thatsache beschwören, wer sie bestreitet, muß die Unwahrheit beschwören.

Auf diesem Prinzip beruht der sog. notwendige Eid. Dieser notwendige Eid steht im Dienste der richterlichen Beweiswürdigung, d. h. es hat der Richter im einzelnen Falle zu prüfen und zu erwägen, ob seine Überzeugung von der Wahrheit oder Unwahrheit der streitigen Behauptung durch den Eid hergestellt werden wird oder nicht.

Erst wenn der Richter von der Befugnis zur Auferlegung des Eides keinen Gebrauch macht, kann auch die Eidesleistung auf Initiative der Partei angeordnet werden, aber nicht in der Weise, daß die behauptende Partei ohne weiteres zur Beschwörung der Wahrheit ihrer Behauptung zugelassen wird, sondern nur in der Weise, daß der Eid als Schiedseid zufolge übereinstimmender Erklärung beider Parteien aufzuerlegen ist. Die Initiative dazu ergreift diejenige Partei, welche im Verhältnisse zur Gegenpartei bezüglich einer von ihr aufgestellten thatsächlichen Behauptung beweispflichtig ist, indem sie ihrem Gegner den Eid zuschiebt und es so seiner Redlichkeit und Gewissenhaftigkeit anheimgiebt, ob er die Wahrheit der Behauptung nunmehr einräumen oder die Unwahrheit beschwören will. Mit der Ausübung dieser Befugnis ist aber gleichzeitig für die zuschiebende Partei die Verpflichtung verbunden, die Wahrheit ihrer Behauptung für den Fall zu beschwören, daß der Gegner von der ihm eingeräumten Freiheit der Zurückschiebung des Eides in zulässiger Weise Gebrauch macht [2]).

Nur wenn diese Bedingungen zutreffen, ist der Parteieid im

---

[2]) Die Eidespflicht besteht auch hier in beiden Fällen gegenüber dem Gerichte; sie ist aber auch hier wie jede Parteipflicht eine prozessuale Befugnis, deren Ausübung von dem freien Willen der Partei abhängt.

Prozeß als Mittel der Feststellung der Wahrheit oder Unwahrheit einer streitigen Thatsache verwertbar[3]).

Die Eidespflicht der Partei bezieht sich immer nur auf bestimmte streitige, des Beweises bedürftige Thatsachen. Die behauptende Partei hat die Wahrheit oder ihre Überzeugung von der Wahrheit, die bestreitende Partei die Unwahrheit oder ihre Nichtüberzeugung von der Wahrheit zu beschwören, je nachdem es sich um eine Thatsache, welche in einer Handlung des Schwurpflichtigen besteht oder doch Gegenstand seiner Wahrnehmung gewesen ist, oder um andere Thatsachen handelt[4]); der Eid ist darnach Wahrheits- oder Nichtwahrheitseid (juramentum veritatis), oder er ist Überzeugungs- oder Nichtüberzeugungseid (juramentum credulitatis).

Von der Verpflichtung zur Leistung eines Wahrheitseides giebt es für den Fall, daß der Schwurpflichtige selbst die zu beschwörende Thatsache, welche in seiner Handlung besteht oder Gegenstand seiner Wahrnehmung gewesen ist, behauptet hat, keine Ausnahme; denn, wer eine solche Thatsache behauptet, muß erforderlichen Falls auch bereit sein, die Wahrheit seiner Behauptung zu beschwören, sonst soll er die Thatsache nicht behaupten. Hat jedoch der Gegner des Schwurpflichtigen eine Thatsache behauptet, welche in einer Handlung des Schwurpflichtigen besteht oder Gegenstand seiner Wahrnehmung gewesen ist, so wird dem Schwurpflichtigen, wenn ihm nach den Umständen des Falles, z. B. wegen weit zurückliegender Zeit nicht zugemutet werden kann, daß er einen Wahrheitseid leiste, also die Nichtwahrheit der von ihm bestrittenen Behauptung beschwöre, auf Antrag die Ableistung eines sog. positiven Überzeugungseides gestattet, so daß er zu schwören hat, daß er von der Unwahrheit der Behauptung des Gegners überzeugt ist[5]).

Der Parteieid hat sowohl im Falle der Leistung als der Verweigerung durch den Schwurpflichtigen formelle Beweiskraft resp.

---

[3]) In den Fällen, in welchen nicht voller Beweis sondern Glaubhaftmachung genügt, tritt an Stelle des Parteieides die Versicherung an Eidesstatt, CPO. § 294.

[4]) CPO. § 459 Abs. 1 u. 3, § 477 Abs. 1.

[5]) CPO. § 459 Abs. 2. Ein positiver Überzeugungseid, daß der Schwurpflichtige seine Überzeugung von der Wahrheit der Behauptung des Gegners beschwöre, ist undenkbar; denn die Wahrheit der Behauptung hat immer der Behauptende, niemals der bestreitende Gegner zu beschwören. Die Fassung des cit. Abs. 2 ist deshalb ungenau, „wahr oder“ kann fehlen.

Beweiswirkung, indem durch die Leistung des Eides voller Beweis der beschworenen Thatsache erbracht wird und im Falle der Verweigerung der Eidesleistung das Gegenteil der zu beschwörenden Thatsache als voll bewiesen gilt; auch hat die Erlassung des Eides von Seiten des Gegners dieselbe Wirkung wie die Leistung[6]).

Die im Falle der Leistung des Eides für die beschworene Thatsache eintretende volle Beweiskraft ist durch eine neue Beweisführung des Gegners des Schwörenden nur unter denselben Voraussetzungen widerleglich, unter welchen ein rechtskräftiges Urteil wegen Verletzung der Eidespflicht angefochten werden kann, d. h. es muß erwiesen werden, daß der Schwörende durch die Eidesleistung sich einer vorsätzlichen oder fahrlässigen Verletzung der Eidespflicht schuldig gemacht hat, und daß deswegen entweder eine rechtskräftige Verurteilung ergangen ist oder die Einleitung oder Durchführung eines Strafverfahrens aus anderen Gründen als wegen Mangels an Beweis nicht erfolgen konnte[7]).

§ 92.

Der Schiedseid.

Planck §§ 124, 125 — Hellmann § 92 — Fitting § 66 — Schmidt § 85.

Der Schiedseid beruht, wie die Bezeichnung besagt, auf einem zweiseitigen prozessualen Geschäfte, welches durch eine bindende Verfügungshandlung derjenigen Partei, welcher von dem Gegner der Schiedseid angeboten wird, zustande kommt.

Eingeleitet wird das prozessuale Geschäft durch die Zuschiebung des Eides. Die Partei, welcher der Eid zugeschoben wird, hat die Wahl, ob sie den Eid annehmen oder zurückschieben will. Mit der Ausübung des Wahlrechts kommt das prozessuale Geschäft zustande, insofern als im Falle der Annahme die Partei, welcher der Eid zugeschoben ist, die Unwahrheit der Thatsache, über welche der Eid zugeschoben ist, und im Falle der Zurückschiebung die zuschiebende Partei die Wahrheit ihrer Behauptung zu beschwören hat.

Die Zuschiebung und die Zurückschiebung sind jedoch nicht über alle thatsächlichen Behauptungen zulässig, vielmehr hat das Gesetz den Gebrauch dieses Beweismittels beschränkt, indem es davon

---

[6]) CPO. §§ 463 Abs. 1, 464. [7]) CPO. §§ 463 Abs. 2, 580 Nr. 1.

ausgeht, daß der Schiedseid nur über solche Thatsachen begehrt werden kann, über welche der Schwörende zuverlässige Wissenschaft hat oder sich doch glaubwürdige Auskunft durch sorgfältige Erkundigung verschaffen kann. Darnach sind die Zuschiebung und Zurückschiebung an folgende Voraussetzungen geknüpft:

1. Der Eid kann nur über Thatsachen zugeschoben werden, also nicht über das Dasein von Rechtsverhältnissen, z. B. daß die zuschiebende Partei Eigentümer einer bestimmten Sache sei, auch nicht über Urteile, z. B. daß die Partei das Eigentum erworben habe, daß das verkaufte Tier fehlerhaft sei, daß der Gegner etwas verschuldet habe. Es ist also Sache des Beweisführers, diejenigen Thatsachen, welche den Schluß auf das Rechtsverhältnis, auf die rechtlich relevante Folge rechtfertigen, zu behaupten und unter Beweis zu stellen. Dabei ist jedoch zu beachten, daß kein Hindernis besteht, über allgemein verständliche juristische Thatsachen oder Schlußfolgerungen den Eid zuzuschieben, z. B. über die Behauptung, daß der Gegner die Sache gekauft habe, daß die Sache bestimmte Eigenschaften habe, wenn nur im einzelnen Falle anzunehmen ist, daß der Gegner das erforderliche Verständnis thatsächlich hat.

Gleichgültig ist, ob die Thatsache eine äußerlich wahrnehmbare oder eine innere Thatsache ist (z. B. der Wille, die Absicht des Schwörenden), wenn es nur eine solche Thatsache ist, die dem Schwörenden zum Bewußtsein gekommen ist[1]).

2. Die Eideszuschiebung ist nur über solche Thatsachen zulässig, welche in Handlungen des Gegners, seiner Rechtsvorgänger oder Vertreter bestehen, oder welche Gegenstand der Wahrnehmung dieser Personen gewesen sind[2]).

3. Die Zurückschiebung ist nur insofern zulässig, als nach den Bestimmungen unter 1 und 2 die Zuschiebung zulässig sein würde; sie ist jedoch, selbst wenn diese Voraussetzungen vorliegen, dann unzulässig, wenn die Partei, welcher der Eid zugeschoben ist, nicht aber die zuschiebende Partei über ihre eigene Handlung oder Wahrnehmung zu schwören haben würde[3]).

---

[1]) s. RG. Bd. 3 S. 398, S. 430, Bd. 10 S. 323, Bd. 21 S. 402.

[2]) CPO. § 445.

[3]) CPO. § 448. Ist also der Gegner des Beweisführers besser unterrichtet als der Beweisführer, so kann er die Eidespflicht nicht durch Zurückschiebung von sich abwälzen.

4. Die Zuschiebung und Zurückschiebung erfolgt von Partei zu Partei, nicht an Dritte. An den Nebenintervenienten kann die Zuschiebung und Zurückschiebung nur erfolgen, wenn der Nebenintervenient Parteigenosse der unterstützten Partei ist, also die Stellung eines Streitgenossen der Hauptpartei einnimmt[4]).

Nur die Voraussetzung unter 1 enthält eine zwingende Rechtsvorschrift, im übrigen kann das Gericht anordnen, daß die unter 2 bis 4 bezeichneten Beschränkungen nicht zur Anwendung kommen, wenn die Parteien in betreff des zu leistenden Eides einig sind[5]).

Besondere Bestimmungen hinsichtlich des Schiedseides gelten

1. für diejenigen Fälle der notwendigen Streitgenossenschaft, in welchen das streitige Rechtsverhältnis allen Streitgenossen gegenüber nur einheitlich festgestellt werden kann[6]) (s. o. S. 231 unter 1). Handelt es sich in einem solchen Rechtsstreite um den Beweis einer Thatsache, welche für die Feststellung des streitigen Rechtsverhältnisses von Einfluß ist, so können die Streitgenossen die sich auf den Schiedseid über eine solche Thatsache beziehenden Prozeßhandlungen nur einheitlich vornehmen, andernfalls treten die an diese Handlungen sonst geknüpften Wirkungen nicht ein. Es gelten darüber folgende Bestimmungen:

a) Sind die Streitgenossen die Beweisführer, so können sie den Schiedseid nur einheitlich, d. h. durch übereinstimmende Erklärung aller zuschieben.

b) Sind die Streitgenossen die Gegner des Beweisführers, so kann der Schiedseid nur allen Streitgenossen zugeschoben werden, es sei denn, daß die Zuschiebung an einzelne unzulässig ist. Über die Annahme des Eides haben sich nur diejenigen Streitgenossen zu erklären, welchen der Eid wirksam zugeschoben ist.

c) Zu einer Zurückschiebung des Eides bedarf es einer übereinstimmenden Erklärung aller Streitgenossen, mag er allen oder nur einigen zugeschoben sein.

---

4) CPO. § 449.

5) CPO. § 450.

6) CPO. § 472.

d) Der von allen Streitgenossen zugeschobene Eid (a) muß allen Streitgenossen zurückgeschoben werden, sofern nicht die Zurückschiebung an einzelne Streitgenossen unzulässig ist.

e) Ist nach dem Ergebnisse dieser Erklärungen der Eid von allen Streitgenossen zu leisten, so tritt die gesetzliche Folge der Eidesverweigerung nur ein, wenn der Eid von allen verweigert ist.

f) Wird der Eid von denjenigen Streitgenossen, welchen er in zulässiger Weise zugeschoben oder zurückgeschoben ist, geleistet, so tritt die gesetzliche Folge der Eidesleistung ein.

g) Ist der Eid von allen oder nur von einigen Streitgenossen zu leisten und von einem oder mehreren derselben verweigert oder als verweigert anzusehen, oder ist er von einem Teile der Streitgenossen zu leisten und von allen Schwurpflichtigen verweigert oder als verweigert anzusehen, so tritt die gesetzliche Folge der Eidesverweigerung[7]) nicht ein, vielmehr entscheidet das Gericht über die Wahrheit der durch Eideszuschiebung zu beweisenden Behauptung nach freier Überzeugung.

h) Erklären einzelne Streitgenossen entweder auf die an sie erfolgte Eideszuschiebung, daß sie den Eid nicht leisten werden, oder geben sie eine solche Erklärung ab, nachdem die Eidesleistung durch sie in Maßgabe der Parteierklärungen angeordnet ist, so ist in Ansehung der übrigen Streitgenossen die Leistung des Eides nicht anzuordnen oder der Eid nicht abzunehmen, sofern das Gericht denselben für unerheblich erachtet[8]).

Besondere Bestimmungen gelten weiter

2. für den Fall, daß eine Partei nicht prozeßfähig ist[9]). In diesem Falle ist die Zuschiebung und die Zurückschiebung des Eides nur an den gesetzlichen Vertreter zulässig, jedoch kann Minderjährigen, welche das sechzehnte Lebensjahr vollendet haben, sowie Volljährigen, welche wegen Geistesschwäche, Verschwendung oder Trunksucht entmündigt sind, über Thatsachen, welche in Handlungen

---

[7]) Selbst, wenn der ganze schwurpflichtige Teil der Streitgenossen den Eid verweigert, sollen die übrigen nicht schwurpflichtigen Streitgenossen nicht ohne weiteres als der behaupteten Thatsache geständig angesehen werden.

[8]) Der Richter wird die Persönlichkeit der Streitgenossen und deren mutmaßliche Kenntnis von der Sache in Erwägung ziehen.

[9]) CPO. § 473.

derselben bestehen oder Gegenstand ihrer Wahrnehmung gewesen sind, der Eid zugeschoben oder zurückgeschoben werden, sofern dies vom Gericht auf Antrag des Gegners nach den Umständen des Falls für zulässig erklärt wird. Das Gleiche gilt von einer prozeßfähigen Partei, die in dem Rechtsstreite durch einen Pfleger vertreten wird.

Volljährige, welche nach Einleitung aber vor Beendigung des Entmündigungsverfahrens unter vorläufige Vormundschaft gestellt sind, sind beschränkt geschäftsfähig, also prozeßunfähig [10]); hinsichtlich ihrer finden auf die Zuschiebung und Zurückschiebung des Eides diejenigen Vorschriften Anwendung, welche nach Maßgabe dieser Bestimmungen bei schon eingetretener Entmündigung gelten, so daß, wenn gegen einen solchen Volljährigen die Entmündigung wegen Geisteskrankheit beantragt ist, die Ausnahmebestimmung keine Anwendung findet, vielmehr die Zuschiebung und Zurückschiebung des Eides nur an den Vormund zulässig ist.

Die Zuschiebung und Zurückschiebung des Eides an den Vertreter ist nicht bloß in demselben Umfange zulässig, in welchem sie zulässig wäre, wenn er selbst Partei wäre, sondern auch in dem Umfange, als sie zulässig wäre, wenn die vertretene Partei den Prozeß in Person führte, also auch über Handlungen und Wahrnehmungen des Vertretenen, seiner Rechtsvorgänger oder (früherer) Vertreter.

Sind mehrere gesetzliche Vertreter vorhanden, so finden die Bestimmungen unter 1 entsprechende Anwendung. Betrifft der Eid die eigenen Handlungen einiger oder eines der Vertreter, so ist er von den übrigen nicht zu leisten [11]).

Der Eideszuschiebung kann sich jede der Parteien bezüglich ihrer thatsächlichen Behauptungen, soweit sie des Beweises bedürftig sind, bedienen.

Dieses Beweismittel ist nicht subsidiär in dem Sinne, daß die Partei sich desselben erst bedienen darf, wenn sie andere ihr zu Gebote stehende Beweismittel benannt hat und dieselben erledigt sind, wohl aber ist es subsidiär in dem Sinne, daß es erst zum Zuge kommt, wenn neben demselben von dem Beweisführer oder seinem Gegner für die Wahrheit oder die Unwahrheit der durch die Eideszuschiebung festzustellenden Thatsache andere Beweismittel benannt

---

[10]) BGB. §§ 1906, 114. [11]) CPO. § 474.

sind. Es ist aber auch weiter subsidiär in dem Sinne, daß es überflüssig ist, wenn die Thatsache, über welche der Eid zugeschoben ist, bereits bewiesen ist, und unzulässig ist, wenn das Gericht das Gegenteil dieser Thatsache bereits für erwiesen erachtet[12]. Dabei ist gleichgültig, ob das Gericht zum Nachweise der Wahrheit oder Unwahrheit noch einen notwendigen Eid auferlegt oder die Wahrheit oder Unwahrheit ohne solchen Eid für erwiesen erachtet; der Schiedseid hat gegenüber der freien richterlichen Beweiswürdigung keinen Wert und keine Kraft, muß also diesem Prinzipe weichen.

Die Eideszuschiebung ist kein Beweismittel der Parteien gegenüber dem Gerichte, kein Mittel, durch welches die Partei dem Gerichte Beweisgründe, d. h. Gründe für die richterliche Überzeugung von der Wahrheit oder Unwahrheit einer streitigen thatsächlichen Behauptung verschaffen will, sondern ein Beweismittel, welches der behauptenden Partei gegenüber der bestreitenden Partei zur Herstellung lediglich formeller Wahrheit unter den Parteien bezüglich der streitigen Thatsache dient. Die Anwendung dieses Mittels ist deshalb beschränkt auf diejenigen thatsächlichen Behauptungen, bezüglich deren der Beweisführer im Verhältnisse zu seinem Gegner beweispflichtig ist. In diesem Sinne ist der Eid — entsprechend seiner Ausbildung im gemeinrechtlichen Prozesse[13] — ein Notbehelf für den Träger der Beweislast, der nicht imstande ist, den Richter von der Wahrheit seiner Behauptungen zu überzeugen. Dieser Grundsatz, daß der Eid nur von dem Träger der Beweislast über die von ihm zu beweisende Thatsache zugeschoben werden kann, ist nach der Prozeßordnung in der Weise zwingendes Recht, daß durch die Zuschiebung des Eides die nicht beweispflichtige Partei die Beweispflicht nicht übernimmt[14]; es hat also der Richter bei Auferlegung des Eides die Grundsätze über die Verteilung der Beweislast zu beachten, insbesondere also einen Schiedseid, welcher von einer Partei über eine Thatsache, bezüglich deren die zuschiebende

---

[12]) CPO. § 446. Spricht für das Gegenteil eine Rechtsvermutung, so kann diese durch Schiedseid widerlegt werden (CPO. § 292). Ist das Gegenteil kraft gesetzlicher Vorschrift durch Urkunden voll bewiesen, so kann der Beweis der unrichtigen Beurkundung, der Unrichtigkeit der bezeugten Thatsachen (CPO. §§ 415 Abs. 2, 418 Abs. 2) auch durch Schiedseid geführt werden. Anders RG. Bd. 15 S. 375.

[13]) Wetzell § 25 Anm. 8. [14]) CPO. § 447.

Partei die Beweislast nicht trifft, nicht aufzuerlegen, wenn auch die Annahme oder Zurückschiebung ohne Widerspruch des Gegners des Beweisführers erfolgt ist.

§ 93.

Der notwendige Eid.

Planck § 128 — Hellmann § 93 — Fitting § 67 — Schmidt § 85.

Der notwendige Eid kann vom Richter einer der Parteien auferlegt werden, wenn das Ergebnis der Verhandlungen und einer etwaigen Beweisaufnahme nicht ausreichend ist, um die Überzeugung des Gerichts von der Wahrheit oder Unwahrheit der zu erweisenden Thatsache zu begründen [1]).

Der notwendige Eid ist ein dem Richter zur Verfügung stehendes Erkenntnismittel zur Vervollständigung seiner Überzeugung von der Wahrheit oder Unwahrheit einer zu erweisenden Thatsache; er wird der behauptenden Partei über die Wahrheit oder über die Überzeugung von der Wahrheit einer streitigen Thatsache als Erfüllungseid (suppletorium) dem bestreitenden Gegner über die Unwahrheit oder über die Nichtüberzeugung von der Wahrheit dieser Thatsache (purgatorium) auferlegt.

Der notwendige Eid ist kein subsidiäres Erkenntnismittel, ob der Richter sich desselben erst nach Erledigung anderer von der einen oder der anderen Partei benannter Beweismittel bedienen will, hat er nach seinem Ermessen zu prüfen. In dem Urteile sind die Gründe anzugeben, welche zur Anwendung dieses Mittels geführt haben. Das richterliche Ermessen ist auch in diesem Sinne kein lediglich subjektives Glauben und Vertrauen, sondern ein objektives aus der Verhandlung oder dem Beweisverfahren gewonnenes.

Subjektiv ist das Ermessen nur insoweit, als der Richter nur derjenigen Partei den Eid auferlegt, deren eidliche Versicherung ihm zur Bildung seiner Überzeugung geeignet erscheint.

Zur Auferlegung des Eides genügt, daß nach Abschluß der Verhandlung irgend ein Beweisgrund für die Wahrheit oder Unwahrheit

---

[1]) CPO. § 475

der zu erweisenden Thatsache erbracht ist. Hat die Verhandlung und das Beweisverfahren nichts erbracht, so kann es auch nicht zur Auferlegung eines Noteides kommen.

Das richterliche Ermessen entscheidet weiter darüber, über welche streitige Thatsache der Eid aufzuerlegen ist, es braucht der Eid nicht gerade über die unmittelbar zu erweisende Thatsache, sondern er kann auch über eine Thatsache auferlegt werden, welche nur mittelbar als Beweisgrund für die zu erweisende Thatsache in Betracht kommt.

Ob die Thatsache eine solche ist, welche in einer Handlung des Schwörenden, seiner Rechtsvorgänger oder Vertreter besteht, oder Gegenstand der Wahrnehmung dieser Personen gewesen sind, ist gleichgültig, das Gericht kann, wenn es dies für angemessen erachtet, den Eid auch über ganz fremde Thatsachen auferlegen.

Stehen Streitgenossen in einer Parteirolle, oder ist eine prozeßunfähige Partei durch mehrere gesetzliche Vertreter vertreten, so kann der Eid allen, einigen oder einem derselben auferlegt werden[2]). Er kann einer prozeßunfähigen aber eidesfähigen Partei in derselben Weise wie ein Schiedseid auferlegt werden[3]).

Die Frage, ob die behauptende Partei für die Thatsache, wegen welcher der richterliche Eid auferlegt werden soll, im Verhältnis zum Gegner beweispflichtig ist, ist an sich für die Auferlegung des Eides an diese oder jene Partei gleichgültig. Eine andere Frage ist, ob es zur Auferlegung eines richterlichen Eides dann kommt, wenn die behauptende und ihrem Gegner gegenüber beweispflichtige Partei beweisfällig ist[4]), der Gegner aber bezüglich einer von ihm aufgestellten Gegenbehauptung, welcher mit der Wahrheit der von dem Beweislastträger zu erweisenden Thatsache im direkten Gegensatze steht, einigen, wenn auch nicht vollen Beweis erbracht hat. Diese Frage ist zu verneinen, denn es ist nicht anzunehmen, daß die Prozeßordnung durch die Gestaltung des notwendigen Eides die allgemeinen Grundsätze über die Verteilung der Beweislast und über die Folgen der Beweisfälligkeit auf Seiten des Beweislastträgers hat ändern oder beseitigen wollen.

---

[2]) CPO. § 476. [3]) CPO. §§ 477 Abs. 1 u. 473.

[4]) Beweisfällig ist noch nicht, wer sich des Beweismittels der Eideszuschiebung in zulässiger Weise bedient hat.

Ist dagegen für den Beweislastträger bezüglich der zu erweisenden Thatsache so viel Beweis erbracht, daß das Gericht zur Auferlegung des Noteides (purgatorium) an seinen Gegner kommt, so kann diesem insbesondere auch der Noteid über die Wahrheit der von ihm aufgestellten Gegenbehauptung auferlegt werden, da das Gesetz die Bestimmung der zu beschwörenden Thatsache dem Ermessen des Gerichts überläßt.

Besondere Fälle des notwendigen Eides sind der Schätzungseid, der Editionseid und der Offenbarungseid. Über diese Eide gelten besondere in der Darstellung der betreffenden Materien bereits besprochene oder noch zu besprechende Regeln.

II.

Das Verfahren.

§ 94.

Allgemeine Bestimmungen.

Das Beweisverfahren ist kein besonderer Abschnitt des Verfahrens, sondern gehört der mündlichen Verhandlung an. Es zerfällt in die Beweisantretung und die Beweisaufnahme, jene erfolgt durch die Parteien, diese durch das Gericht.

Beweisantretung. Die Beweisantretung hat in prozeßordnungsmäßiger Weise zu erfolgen. Im allgemeinen erfolgt sie durch Bezeichnung oder Benennung der Beweismittel sowie durch Angabe der Thatsachen, welche durch das bezeichnete Beweismittel bewiesen werden sollen.

Beweisaufnahme. Die Beweisaufnahme hat den Zweck, das Ergebnis der Beweismittel zu ermitteln, um den Richter in den Stand zu setzen, zu beurteilen, ob das Ergebnis Beweisgründe für den Beweissatz liefert oder nicht.

Die Beweisaufnahme findet regelmäßig vor dem Prozeßgerichte statt in einem gleichzeitig zur Fortsetzung der mündlichen Verhandlung bestimmten Termine[1]) und ist nur in den gesetzlich bestimmten Fällen[2])

[1]) CPO. §§ 355, 370 Abs. 1.

[2]) CPO. §§ 372, 375, 382, 402, 405, 434, 479.

einem Mitgliede des Prozeßgerichts[3]) oder einem anderen Gerichte[4]) zu übertragen[5]).

Der beauftragte oder ersuchte Richter ist ermächtigt, falls sich später Gründe ergeben, welche die Beweisaufnahme durch ein anderes Gericht angemessen erscheinen lassen, dieses Gericht um die Aufnahme des Beweises zu ersuchen. Die Parteien sind von dieser Verfügung in Kenntnis zu setzen[6]). Beweisaufnahme vor dem beauftragte oder ersuchten Richter. Zwischenstreit.

Erhebt sich vor dem Richterkommissar ein Zwischenstreit unter den Parteien oder zwischen der Partei und einer Auskunftsperson

---

[3]) Soll die Beweisaufnahme durch ein Mitglied des Prozeßgerichts erfolgen, so wird bei der Verkündung des Beweisbeschlusses durch den Vorsitzenden der beauftragte Richter bezeichnet und der Termin zur Beweisaufnahme bestimmt. Ist das letztere unterblieben, so bestimmt der beauftragte Richter den Termin; wird derselbe verhindert, den Auftrag zu vollziehen, so ernennt der Vorsitzende ein anderes Mitglied (CPO. § 361).

[4]) Soll die Beweisaufnahme durch ein anderes Gericht erfolgen, so ist das Ersuchungsschreiben von dem Vorsitzenden zu erlassen. Die auf die Beweisaufnahme sich beziehenden Verhandlungen werden in Urschrift von dem ersuchten Richter dem Gerichtsschreiber des Prozeßgerichts übersendet, welcher die Parteien von dem Eingange benachrichtigt (CPO. § 362). Soll die Beweisaufnahme im Auslande erfolgen, so hat der Vorsitzende, falls die Beweisaufnahme durch einen Reichskonsul erfolgen kann, diesen, sonst die zuständige Behörde des Auslandes (s. Art. 5—10 des Abkommens betr. das internationale Recht vom 14. Nov. 1896 o. S. 20 Anm. 15) um Aufnahme des Beweises zu ersuchen. Soll die Beweisaufnahme in einem Staate erfolgen, welcher dem internationalen Abkommen vom 14. Nov. 1896 nicht beigetreten ist, so kann das Gericht anordnen, daß der Beweisführer das Ersuchungsschreiben zu besorgen und die Erledigung des Ersuchens zu betreiben habe, oder sich auf die Anordnung beschränken, daß der Beweisführer eine den Gesetzen des fremden Staates entsprechende öffentliche Urkunde über die Beweisaufnahme beizubringen habe. In diesen beiden Fällen ist in dem Beweisbeschlusse eine Frist zu bestimmen, binnen welcher von dem Beweisführer die Urkunde auf der Gerichtsschreiberei niederzulegen ist. Nach fruchtlosem Ablaufe der Frist kann die Urkunde nur benutzt werden, wenn dadurch das Verfahren nicht verzögert wird. Der Beweisführer hat den Gegner, wenn möglich, von dem Orte und der Zeit der Beweisaufnahme so zeitig in Kenntnis zu setzen, daß derselbe seine Rechte in genügender Weise wahrzunehmen vermag. Ist die Benachrichtigung unterblieben, so hat das Gericht zu ermessen, ob und inwieweit der Beweisführer zur Benutzung der Beweisverhandlung berechtigt ist (CPO. § 364).

[5]) CPO. § 355. Eine Anfechtung des Beschlusses, durch welchen die eine oder die andere Art der Beweisaufnahme angeordnet wird, findet nicht statt.

[6]) CPO. § 365.

(s. z. B. CPO. § 389), so ist zur Entscheidung regelmäßig das Prozeßgericht berufen, nur in bestimmtem Umfange steht dem Richterkommissar die Entscheidung zu (s. CPO. §§ 400, 406 Abs. 4). Steht die Entscheidung dem Prozeßgerichte zu und ist die Fortsetzung der Beweisaufnahme von solcher Entscheidung abhängig, so sind die Prozeßakten dem Prozeßgerichte einzusenden, welches den Termin zur mündlichen Verhandlung über den Zwischenstreit von Amtswegen zu bestimmen und den Parteien bekannt zu machen hat[7]).

Parteiöffentlichkeit für die Beweisaufnahme.

Den Parteien ist es gestattet, der Beweisaufnahme beizuwohnen[8]), jedoch ist der Beweis, soweit dies nach Lage der Sache geschehen kann, auch aufzunehmen, wenn eine der Parteien oder beide nicht erscheinen. Mußte die Beweisaufnahme unterbleiben, weil sie in Abwesenheit der Partei nicht erfolgen konnte, oder ist dieselbe nur unvollständig vorgenommen, so ist eine Wiederholung der Beweisaufnahme resp. Vervollständigung derselben auf Antrag anzuordnen, wenn das Verfahren dadurch nicht verzögert wird, oder wenn die Partei glaubhaft macht, daß sie ohne ihr Verschulden außerstande gewesen sei, in den früheren Terminen zu erscheinen, und im Falle des Antrags auf Vervollständigung, daß durch ihr Nichterscheinen eine wesentliche Unvollständigkeit der Beweisaufnahme veranlaßt sei[9]).

Zeitliche Hindernisse.

Steht der Beweisaufnahme ein Hindernis von ungewisser Dauer entgegen (es ist z. B. der Aufenthalt eines Zeugen z. Zt. nicht zu ermitteln), so ist auf Antrag eine Frist zu bestimmen, nach deren fruchtlosem Ablaufe das Beweismittel nur benutzt werden darf, wenn dadurch das Verfahren nicht verzögert wird[10]).

Das Beweisaufnahmeverfahren ist von Amtswegen zu Ende zu führen. Wird ein neuer Termin zur Beweisaufnahme oder zur Fortsetzung derselben erforderlich, so ist dieser Termin, auch wenn der Beweisführer oder beide Parteien in dem früheren Termine nicht erschienen waren, von Amtswegen zu bestimmen[11]).

Die Regeln für das Beweisaufnahmeverfahren sind für die einzelnen Beweismittel verschieden, sie sind deshalb an den betreffenden Orten zu besprechen. Findet die Beweisaufnahme vor einer ausländischen Behörde statt, so entscheidet über die Gültigkeit der Be-

---

7) CPO. § 366.
8) CPO. § 357.
9) CPO. § 367.
10) CPO. § 356.
11) CPO. § 368.

weisaufnahme das Recht des betreffenden Auslandes; entspricht jedoch die Beweisaufnahme den für das Prozeßgericht geltenden Regeln, so kann daraus, daß sie nach ausländischem Rechte mangelhaft sei, kein Einwand entnommen werden[12]).

Erfolgt die Beweisaufnahme vor dem Prozeßgerichte, so ist der Beweisaufnahmetermin auch ohne besondere Anordnung zur Fortsetzung der mündlichen Verhandlung bestimmt. Über das Ergebnis der Beweisaufnahme haben die Parteien unter Darlegung des Streitverhältnisses zu verhandeln[13]).

Ist die Beweisaufnahme vor einem beauftragten oder ersuchten Richter erfolgt, so wird nach Beendigung der Beweisaufnahme der Termin zur Fortsetzung der mündlichen Verhandlung vom Prozeßgerichte von Amtswegen bestimmt und den Parteien bekannt gemacht, wenn nicht dieser Termin bereits im Beweisbeschlusse bestimmt ist[14]). Ist den Parteien die Betreibung des Ersuchens um die Beweisaufnahme im Auslande selbst überlassen, so hat der Beweisführer nach Erledigung des Ersuchens auch die Fortsetzung des Verfahrens zu betreiben[15]).

Die Parteien haben das Ergebnis des nicht vor dem Prozeßgerichte stattgehabten Beweisaufnahmeverfahrens dem Prozeßgerichte in der mündlichen Verhandlung vorzutragen[16]). Das Ergebnis kann vom Gerichte vermöge des Prinzips der Mündlichkeit nur berücksichtigt werden, soweit es vorgetragen und zwar in Übereinstimmung mit der Beweisaufnahmeverhandlung vorgetragen ist. Das Protokoll über die Beweisaufnahme dient zur Kontrolle des Parteivortrages und kraft der ihm beiwohnenden vollen Beweiskraft zur Widerlegung einer falschen Beweisausführung. Der Inhalt der Akten ist gerichtskundig und als Beweisgrund zur Widerlegung falschen Parteivorbringens von Amtswegen verwertbar.

§ 95.

Beweisanordnung.

Planck § 108 — Hellmann § 81 — Schmidt § 61, V.

Eine besondere richterliche Anordnung der Beweisaufnahme erfolgt nur dann, wenn die Beweisaufnahme ein besonderes Verfahren

---

12) CPO. § 369. 13) CPO. § 370 Abs. 1 u. § 285 Abs. 1.

14) CPO. § 370 Abs. 2. s. auch o. S. 296 Anm. 9, wo ausgeführt ist, daß es einer Ladung zu dem Termine nicht bedarf.

15) CPO. § 364. 16) CPO. § 285 Abs. 2.

erfordert, also dann nicht, wenn das in der Beweisantretung benannte oder bezeichnete Beweismittel in der mündlichen Verhandlung dem Gerichte vorgelegt oder vorgeführt wird und das Gericht sofort in der Lage ist, das Ergebnis festzustellen.

Die besondere Anordnung der Beweisaufnahme erfolgt durch Beschluß des Gerichts (Beweisbeschluß[1]).

Beweisbeschluß. Der Beweisbeschluß enthält die Bezeichnung der Beweissätze, der Beweismittel, des Beweisführers und, wenn die Abnahme eines Schiedseides angeordnet wird, die Eidesnorm[2]) sowie, falls die Beweisaufnahme im Auslande durch die Partei betrieben werden soll, die Bezeichnung der Art und Weise der Betreibung[3]).

Der Beweisbeschluß ist eine prozeßleitende Verfügung, er bindet deshalb weder Richter noch Parteien. Das Gericht kann denselben, wenn es vor Erledigung desselben zu einer anderen Rechtsauffassung kommt, oder die Sachlage sich durch neue Parteierklärungen verändert, zurücknehmen oder ändern.

Die Parteien können vor Erledigung des Beweisbeschlusses eine Änderung desselben auf Grund der früheren Verhandlungen nicht beantragen[4]), wohl aber können sie durch Verzicht auf Beweismittel, Geständnisse oder sonstige Erklärungen eine Änderung oder Zurücknahme desselben durch das Gericht veranlassen.

Der Beweisbeschluß ist am Schlusse der mündlichen Verhandlung zu erlassen, er schließt jedoch die mündliche Verhandlung nicht ab, vielmehr setzt sich dieselbe nach Erledigung der Beweisaufnahme fort. Es steht nichts entgegen, jetzt noch über denselben Beweissatz neue Beweismittel zu benennen[5]), so daß ein neuer Beweisbeschluß über denselben Beweissatz ergehen kann, auch kann neues, thatsächliches Vorbringen zu einem neuen Beweisbeschlusse führen.

Eine Beweisanordnung muß ergehen, wenn Beweis über eine erhebliche Thatsache in prozeßordnungsmäßiger Weise von einer Partei angetreten wird. Erheblich ist eine thatsächliche Behauptung dann, wenn sie für die Entscheidung des Rechtsstreits oder eines Zwischenstreits unmittelbar oder mittelbar (z. B. als Indiz) maßgebend ist.

---

[1]) CPO. § 358. [2]) CPO. § 359.

[3]) CPO. § 364 u. o. S. 395 Anm. 4. [4]) CPO. § 360.

[5]) Gewisse Beweisanträge — neue Zeugen, Urkunden — kann das Gericht unter bestimmten Voraussetzungen zurückweisen, s. o. S. 331 Anm. 6.

Gleichgiltig ist, ob dem Beweisführer auch die Beweislast trifft[6]), denn dem Gerichte sind beide Parteien gleichmäßig beweispflichtig. Das Gericht hat also auch dann Beweis anzuordnen, wenn z. B. Kläger bezüglich der von ihm zu erweisenden Klagthatsachen noch keinen Beweis angeboten hat, der Beklagte aber Beweis zur Widerlegung der Klagethatsachen oder Beweis für das Gegenteil derselben angetreten hat; denn es ist eine prozessuale Befugnis jeder Partei, den Richter von der Unwahrheit der Behauptungen des Gegners zu überzeugen. Das prozessuale Interesse des Beklagten an dieser Beweisführung liegt im gegebenen Falle darin, daß der Beklagte, falls seine Beweisführung Erfolg hat, dadurch dem dem Kläger noch eventuell zur Verfügung stehenden Beweismittel der Eideszuschiebung über die Klagthatsachen begegnet, von welchem der Kläger deshalb, weil der Gegner andere Beweismittel geltend gemacht hat, vor Erledigung dieser keinen wirksamen Gebrauch machen kann[7]).

Eine Beweisanordnung kann, auch wenn die Thatsachen erheblich sind, dann unterbleiben, wenn das Gericht bereits von der Unwahrheit oder Wahrheit der streitigen, thatsächlichen Behauptung überzeugt ist[8]) oder nach Überzeugung des Gerichts so viel oder so wenig dafür spricht, daß das Gericht die Auferlegung eines notwendigen Eides an die eine oder an die andere Partei für angemessen erachtet[9]).

Die Zurückweisung der Beweisantretung muß in solchem Falle im Urteile begründet werden. Aus der Begründung muß sich ergeben, daß und aus welchen Gründen die Beweisführung gegenüber dem Resultate der mündlichen Verhandlung wertlos, d. h. nicht imstande ist, die festgestellte Überzeugung des Gerichts oder den angenommenen Grad der Wahrscheinlichkeit zu erschüttern, selbst wenn die Beweisführung den Erfolg haben würde, den sie nach des Beweisantretung haben soll. Ungenügend ist dagegen eine Begründung, welche davon ausgeht, daß die Beweisführung vermutlich das nicht ergeben wird, was sie ergeben soll. Eine Beweisantretung durch

---

[6]) Diese Frage kommt nur bei der Beweisantretung durch Zuschiebung des Eides in Betracht, wie bereits o. S. 365 dargelegt ist.

[7]) CPO. § 454. Aus diesem Grunde kann über die Frage nach der Erheblichkeit einer Beweisantretung ein Zwischenstreit entstehen, wenn der Beweisführer über den von ihm zugeschobenen Eid eine Erklärung fordert, weil nach seiner Ansicht die vom Gegner vorgenommene Beweisantretung unerheblich ist.

[8]) CPO. § 286. [9]) CPO. § 475.

Schiedseid ist in solchem Falle immer wertlos, da die Beweiskraft dieses Beweismittels lediglich im Gesetze liegt und auf die richterliche Überzeugung ohne Einfluß ist.

§ 96.

Gerichtlicher Augenschein.

Planck § 121 — Hellmann § 89 — Fitting § 57.

Beweis-antretung. Die Antretung des Beweises durch Augenschein erfolgt durch die Bezeichnung des Gegenstandes des Augenscheins und durch die Angabe der zu beweisenden Thatsachen [1]).

Beweis-aufnahme. Die Beweisaufnahme erfolgt vor dem Prozeßgerichte, sie kann einem Mitgliede des Prozeßgerichts oder einem anderen Gerichte übertragen werden [2]). Sie besteht in der Aufnahme eines Befundes über diejenigen Merkmale, Eigenschaften des Beweismittels, worauf es nach dem Beweissatze ankommt. Nicht immer ist es das Sehorgan allein, durch welches der Befund festgestellt wird, es können auch die anderen Sinnesorgane in Betracht kommen.

Das Gericht kann anordnen, daß bei der Beweisaufnahme ein oder mehrere Sachverständige zugezogen werden. Die Sachverständigen werden vom Prozeßgerichte ernannt, die Ernennung kann dem beauftragten oder ersuchten Richter überlassen werden [3]).

Die Beweisaufnahme kann nur erfolgen, wenn dem Gerichte der Gegenstand der Augenscheinseinnahme zur Verfügung gestellt wird. Es ist Sache des Beweisführers, dies zu bewerkstelligen. Hat der Beweisführer nicht die thatsächliche Verfügung über den Gegenstand, so muß er sich solche verschaffen event. durch Anstellung der Klage auf Vorlegung des Gegenstandes durch den Inhaber [4]). Ist der Prozeßgegner der Inhaber, so steht dem Gerichte [5]) die Befugnis zu, anzuordnen, daß der Gegner den Gegenstand vorlege. Erzwingbar ist diese Anordnung nicht, insbesondere auch nicht durch Beschlagnahme des Gegenstandes.

---

[1]) CPO. § 371. [2]) CPO. § 372 Abs. 2. [3]) CPO. § 372.

[4]) BGB. §§ 809, 811. Wegen Erbittung einer Frist s. CPO. § 356 o. S. 396.

[5]) arg. CPO. § 144 u. o. S. 350.

§ 97.

Zeugenbeweis.

Planck §§ 110—112 — Hellmann §§ 82—84 — Fitting § 58.

Die Antretung des Zeugenbeweises erfolgt durch die Benennung der Zeugen und die Bezeichnung der Thatsachen [1]), über welche die Vernehmung der Zeugen stattfinden soll. Antretung des Zeugenbeweises.

Wird die Beweisaufnahme angeordnet [2]), so sind die Ladungen der Zeugen von dem Gerichtsschreiber unter Bezugnahme auf den Beweisbeschluß auszufertigen und von Amtswegen zuzustellen [3]). Die Ladung muß enthalten die Bezeichnung der Parteien, den Gegenstand der Vernehmung und die Anweisung, zur Ablegung des Zeugnisses bei Vermeidung der durch das Gesetz angedrohten Strafen [4]) in einem nach Zeit und Ort bezeichneten Termine zu erscheinen [5]). Beweisanordnung und Ladung der Zeugen.

---

[1]) CPO. § 373. Sollen öffentliche Beamte, auch wenn sie nicht mehr im Dienste sind, in Maßgabe der Beweisantretung über Umstände, welche in den Bereich ihrer amtlichen Pflicht zur Verschwiegenheit fallen, vernommen werden, so ist die Vernehmung nur mit Genehmigung ihrer vorgesetzten oder der ihnen zunächst vorgesetzt gewesenen Dienstbehörde zulässig. Die Genehmigung, welche nur versagt werden darf, wenn die Ablegung des Zeugnisses dem Wohle des Reiches oder eines Bundesstaats Nachteil bereiten würde, ist vom Prozeßgericht einzuholen und dem Zeugen bekannt zu machen. Für die höchsten Reichs- und Staatsbeamten (Reichskanzler, Minister, Mitglieder der Senate der Freien Städte) bedarf es der Genehmigung des Kaisers, des Landesherrn, der Senate (CPO. § 341). Ob ein Fall vorliegt, in welchem die Genehmigung versagt werden darf, darüber wird an zuständiger Stelle entschieden, dem Prozeßgerichte steht über diese Frage kein Entscheidungsrecht zu.

[2]) Das Gericht kann die Ladung der Zeugen davon abhängig machen, daß der Beweisführer einen Vorschuß zur Deckung der Staatskasse wegen der durch die Vernehmung des Zeugen erwachsenden Auslagen hinterlegt. Erfolgt die Hinterlegung nicht binnen der vom Richter bestimmten Frist, so unterbleibt die Ladung, wenn die Hinterlegung nicht so zeitig nachgeholt wird, daß die Vernehmung ohne Verzögerung des Verfahrens erfolgen kann. CPO. § 379.

[3]) Ist der Zeuge eine dem aktiven Heere oder der aktiven Marine angehörende Person des Soldatenstandes, so erfolgt die Ladung durch Ersuchen der Militärbehörde. CPO. § 378. Centralbl. f. d. Deutsch. R. v. 1880 Nr. 26.

[4]) Geldstrafe bis dreihundert Mark und für den Fall, daß diese nicht beigetrieben werden kann, Haftstrafe bis zu sechs Wochen. CPO. § 380 Abs. 1.

[5]) CPO. § 377.

Aufnahme des Zeugenbeweises. Die Aufnahme des Zeugenbeweises erfolgt in der Regel vor dem Prozeßgerichte, sie kann jedoch einem Mitgliede des Prozeßgerichts oder einem anderen Gerichte übertragen werden[6])

1. wenn zur Ausmittlung der Wahrheit die Vernehmung des Zeugen an Ort und Stelle dienlich erscheint;

2. wenn die Beweisaufnahme vor dem Prozeßgerichte erheblichen Schwierigkeiten unterliegen würde;

3. wenn der Zeuge verhindert ist, vor dem Prozeßgerichte zu erscheinen;

4. wenn der Zeuge in großer Entfernung von dem Sitze des Prozeßgerichtes sich aufhält.

Der Reichskanzler, die Minister eines Bundesstaates, die Mitglieder der Senate der freien Städte, die Vorstände der obersten Reichsbehörden und die Vorstände der Ministerien sind an ihrem Amtssitze oder, wenn sie sich außerhalb desselben aufhalten, an ihrem Aufenthaltsorte zu vernehmen. Die Mitglieder des Bundesrats sind während ihres Aufenthaltes am Sitze des Bundesrates an diesem Sitze, die Mitglieder einer deutschen gesetzgebenden Versammlung während der Sitzungsperiode und ihres Aufenthaltes am Orte der Versammlung an diesem Orte zu vernehmen. Zu einer Abweichung von diesen Bestimmungen bedarf es der Genehmigung des Kaisers, des Landesherrn, des Senates, des unmittelbar Vorgesetzten, inbetreff der Mitglieder einer gesetzgebenden Versammlung der Genehmigung der letzteren[7]).

Zeugniszwang. Erscheint ein ordnungsmäßig geladener Zeuge in dem Beweisaufnahmetermin nicht, so ist er, ohne daß es eines Antrages bedarf, in die durch das Ausbleiben verursachten Kosten, sowie in Strafe zu verurteilen[8]).

Im Falle wiederholten Ausbleibens ist die Strafe noch einmal zu erkennen, auch kann die zwangsweise Vorführung des Zeugen angeordnet werden[9]).

---

[6]) CPO. § 375. Die Landesherren, die Mitglieder der landesherrlichen Familien, der Fürstlichen Familien Hohenzollern, Hannover, Kurhessen, Nassau sind durch ein Mitglied des Prozeßgerichts oder durch ein anderes Gericht in ihrer Wohnung zu vernehmen.

[7]) CPO. § 382.

[8]) CPO. § 380 Abs. 1 u. o. Anm. 4.

[9]) CPO. § 380 Abs. 2.

Die Verurteilung in Strafe und Kosten sowie die Anordnung der zwangsweisen Vorführung unterbleiben, wenn das Ausbleiben des Zeugen genügend entschuldigt ist. Erfolgt nachträglich genügende Entschuldigung, so werden die gegen den Zeugen getroffenen Anordnungen wieder aufgehoben[10]).

Erscheint der Zeuge im Termin, verweigert er aber das Zeugnis oder die Ableistung des Zeugeneides ohne Angabe eines Grundes, oder nachdem der vorgeschützte Grund rechtskräftig für unerheblich erklärt ist, so ist der Zeuge, ohne daß es eines Antrages bedarf, in die durch die Weigerung verursachten Kosten sowie in Strafe zu verurteilen[11]).

Im Falle wiederholter Weigerung ist auf Antrag zur Erzwingung des Zeugnisses die Haft anzuordnen, jedoch nicht über den Zeitpunkt der Beendigung des Prozesses in der Instanz hinaus[12]).

Der mit der Beweisaufnahme betraute Richter ist ermächtigt, die vorstehend bezeichneten Maßregeln zu treffen[13]).

Gegen die gegen einen renitenten Zeugen ergehenden Beschlüsse findet die Beschwerde mit aufschiebender Wirkung statt[14]).

Ist der Zeuge eine dem aktiven Heere oder der aktiven Marine angehörende Militärperson, so erfolgt die Festsetzung und Vollstreckung der Ordnungsstrafen auf Ersuchen durch das Militärgericht, die Vorführung des unentschuldigt ausgebliebenen Zeugen durch die Militärbehörde[15]).

Die Zeugen sind — soweit nicht die Parteien auf die Beeidigung verzichten[16]) — zu beeidigen und zwar jeder Zeuge einzeln und vor seiner Vernehmung, die Beeidigung kann jedoch aus besonderen Gründen, wenn Bedenken gegen ihre Zulässigkeit obwalten, bis nach Abschluß der Vernehmung ausgesetzt werden[17]). Beeidigung der Zeugen.

---

10) CPO. § 381. 11) CPO. § 390 Abs. 1 u. o. Anm. 4.

12) CPO. § 290 Abs. 2. 13) CPO. § 400.

14) CPO. §§ 380 Abs. 3, 390 Abs. 3, 572. Falls die Beweiserhebung von einem beauftragten oder ersuchten Richter stattfindet, findet CPO. § 576 (s. o. S. 280 Anm. 24) Anwendung.

15) CPO. §§ 380 Abs. 4, 390 Abs. 4. 16) CPO. § 391 Abs. 2.

17) CPO. § 391. Der Voreid lautet „daß der Zeuge nach bestem Wissen die reine Wahrheit sagen, nichts verschweigen und nichts hinzusetzen werde". Der Nacheid lautet „daß der Zeuge nach bestem Wissen die reine Wahrheit gesagt, nichts verschwiegen und nichts hinzugesetzt habe". CPO. § 392.

Wird ein Zeuge wiederholt vor demselben Gerichte oder, nachdem er bereits von dem beauftragten oder ersuchten Richter vernommen ist, nachträglich vom Prozeßgerichte vernommen, so kann der Richter statt der nochmaligen Beeidigung den Zeugen die Richtigkeit seiner Aussage unter Berufung auf den früher abgeleisteten Eid versichern lassen [18]).

Unbeeidigt sind zu vernehmen

1. die Eidesunfähigen [19]). Eidesunfähig sind

a) Personen, welche zur Zeit der Vernehmung das sechzehnte Lebensjahr noch nicht vollendet oder wegen mangelnder Verstandesreife oder wegen Verstandesschwäche von dem Wesen und der Bedeutung des Eides keine genügende Vorstellung haben;

b) Personen, welche nach den Bestimmungen der Strafgesetze unfähig sind, als Zeugen eidlich vernommen zu werden (s. StGB. § 161);

2. die am Ausgange des Rechtsstreites unmittelbar beteiligten Personen [20]), also solche Personen, denen aus dem Ausgange des Prozesses irgend ein unmittelbarer Vorteil oder Nachteil rechtlicher Art erwächst; ob der Vorteil oder Nachteil vermögensrechtlicher Art (wie z. B. bei Mitberechtigten, Mitverpflichteten, Regreßpflichtigen) ist, darauf kommt es nicht an;

3. der Verlobte der Partei, der Ehegatte der Partei, auch wenn die Ehe nicht mehr besteht, sowie die nahen Verwandten und Verschwägerten der Partei [21]), sofern diese Personen von ihrem Rechte, das Zeugnis zu verweigern, keinen Gebrauch machen [22]);

4. Personen, welche lediglich über solche Thatsachen zu Zeugen vorgeschlagen sind, bezüglich deren sie die Auskunft über Fragen verweigern dürfen, deren Beantwortung ihnen oder einer Person, zu welcher sie in einem der unter 3 bezeichneten Verhältnisse stehen,

---

[18]) CPO. § 398 Abs. 3. [19]) CPO. § 393 Nr. 1 u. 2.

[20]) CPO. § 393 Nr. 4.

[21]) Dazu gehören diejenigen, welche mit einer Partei in gerader Linie verwandt, verschwägert oder durch Adoption verbunden oder in der Seitenlinie bis zum dritten Grade verwandt oder bis zum zweiten Grade verschwägert sind, auch wenn die Ehe, durch welche die Schwägerschaft begründet ist, nicht mehr besteht, CPO. § 383 Nr. 3.

[22]) CPO. § 393 Nr. 3.

einen unmittelbaren vermögensrechtlichen Schaden verursachen würde, oder deren Beantwortung ihnen oder einem ihrer unter 3 bezeichneten Angehörigen zur Unehre gereichen oder die Gefahr strafrechtlicher Verfolgung zuziehen würde, falls solche Zeugen von ihrem Rechte zur Zeugnisverweigerung keinen Gebrauch machen[22]).

Das Prozeßgericht kann die nachträgliche Beeidigung der unter 2—4 bezeichneten Zeugen anordnen[23]), unbeschadet der Befugnis dieser Zeugen, ihr Zeugnis, also auch die Beeidigung desselben, verweigern zu dürfen, falls sie ein solches Recht haben.

Über die Vernehmung der Zeugen gelten folgende Vorschriften:

Vernehmung der Zeugen.

1. Jeder Zeuge ist einzeln und in Abwesenheit der später abzuhörenden Zeugen zu vernehmen. Zeugen, deren Aussagen sich widersprechen, können einander gegenübergestellt werden[24]).

2. Die Vernehmung beginnt mit der Stellung der sogen. Personalfragen über Vornamen und Zunamen, Alter, Religionsbekenntnis, Stand oder Gewerbe, Wohnort des Zeugen, erforderlichenfalls auch über solche Umstände, welche die Glaubwürdigkeit des Zeugen in der vorliegenden Sache, insbesondere seine Beziehung zu den Parteien betreffen[25]).

Zur Sache ist der Zeuge zunächst zu veranlassen, dasjenige, was ihm von dem Gegenstande seiner Vernehmung, der ihm in der Ladung mitgeteilt ist, bekannt ist, im Zusammenhange anzugeben. Hat der Zeuge sich darüber ausgesprochen, so sind zur Aufklärung und zur Vervollständigung der Aussage, sowie zur Erforschung des Grundes, auf welchem die Wissenschaft des Zeugen beruht, nötigenfalls weitere Fragen zu stellen[26]).

---

[23]) CPO. § 393 Abs. 2. [24]) CPO. § 394.

[25]) CPO. § 395. Mit Rücksicht auf die Vorschriften über den Voreid und die Vorschriften über die unbeeidigte Vernehmung ist es erforderlich, bereits vor der Beeidigung durch Befragung der Parteien und des Zeugen solche Umstände, welche die Frage nach der Zulässigkeit der Beeidigung berühren, festzustellen, unbeschadet der Verpflichtung, die Fragstellung nach der Beeidigung zu wiederholen.

[26]) CPO. § 396 Abs. 1 u. 2. Die Vernehmung von Geistlichen sowie von Personen, welchen kraft ihres Amtes, Standes oder Gewerbes Thatsachen anvertraut sind, deren Geheimhaltung durch die Natur derselben oder durch gesetzliche Vorschriften geboten ist, darf sich nicht auf Thatsachen richten, in Ansehung welcher erhellt, daß ihre Verletzung der Verpflichtung zur Verschwiegenheit ein Zeugnis nicht abgelegt werden kann (CPO. § 383 Abs. 3). Dies hat für

Das Fragerecht wird vom Vorsitzenden ausgeübt, jedoch hat derselbe jedem Mitgliede des Gerichts auf Verlangen zu gestatten, Fragen zu stellen[27]).

Auch die Parteien sind berechtigt, dem Zeugen diejenigen Fragen, welche sie zur Aufklärung der Sache oder der Verhältnisse des Zeugen für dienlich erachten, vorlegen zu lassen. Den Parteien kann, ihren Anwälten muß auf Verlangen gestattet werden, an den Zeugen unmittelbar Fragen zu richten[28]).

Zweifel über die Zulässigkeit einer Frage entscheidet das Gericht. Findet die Beweisaufnahme nicht vor dem Prozeßgerichte statt, so entscheidet darüber *vorläufig* der mit der Beweisaufnahme betraute Richter[29]).

Wiederholung der Vernehmung.

3. Das Prozeßgericht kann nach seinem Ermessen die wiederholte Vernehmung eines Zeugen anordnen. Dieselbe Befugnis hat, falls die Beweiserhebung nicht vor dem Prozeßgerichte stattfindet, der mit der Beweiserhebung betraute Richter. Hat dieser eine Frage als unzulässig vorläufig zurückgewiesen, so kann das Prozeßgericht die nachträgliche Vernehmung des Zeugen über diese Frage anordnen[30]).

Verzicht auf vorgeschlagene Zeugen.

4. Die Partei kann auf einen von ihr vorgeschlagenen Zeugen verzichten; es kann jedoch der Gegner die Vernehmung des erschienenen Zeugen, und, wenn die Vernehmung bereits begonnen hat, die Fortsetzung derselben verlangen[31]).

§ 98.

Zeugnispflicht. Zeugnisverweigerung.

Die Zeugnispflicht ist eine allgemeine[1]), die Verletzung dieser Pflicht durch Nichterscheinen oder Verweigerung der Auskunft oder

---

den Fall besondere Bedeutung, wenn solche Zeugen aus Unkenntnis oder aus einem sonstigen Grunde (z. B. aus Böswilligkeit) von ihrem Weigerungsrechte keinen Gebrauch machen.

[27]) CPO. § 396 Abs. 3. [28]) CPO. § 397 Abs. 1 u. 2.

[29]) CPO. § 397 Abs. 3, 400. [30]) CPO. § 398 Abs. 1 u. 2.

[31]) CPO. § 399.

[1]) Jeder Zeuge hat nach Maßgabe der Gebührenordnung (v. 30./6. 1878) Anspruch auf Entschädigung für Zeitversäumnis und Reisekosten (CPO. § 401). Die Entschädigung gewährt die Staatskasse nach richterlicher Festsetzung. Es besteht ein Höchst- und Mindestsatz. Gegen die Festsetzung findet Beschwerde

des Zeugeneides zieht Ordnungsstrafe nach sich; das Erscheinen kann unmittelbar erzwungen werden.

Diese allgemeine Zeugnispflicht besteht gegenüber dem Gerichte und zwar dem Gerichte, vor welchem die Beweisaufnahme stattfindet, mag dieses das Prozeßgericht oder ein anderes Gericht sein, sie fällt nur dann fort, wenn der Zeuge gegenüber der Partei, welche sein Zeugnis begehrt, das Recht hat, das Zeugnis zu verweigern, und von diesem Rechte mit Erfolg Gebrauch macht. Hierüber kann nur das Prozeßgericht entscheiden.

Das Recht der Zeugnisverweigerung beruht entweder in einem nahen familienrechtlichen Verhältnisse, in welchem der Zeuge zu einer Partei steht, oder darin, daß höhere Interessen ihn zur Verschwiegenheit verpflichten, oder darin, daß die Aussage des Zeugen für ihn selbst oder seine Angehörigen von nachteiliger Wirkung sein könnte. Darnach sind zur Verweigerung des Zeugnisses berechtigt

1. von den Angehörigen der Partei der Verlobte, der Ehegatte, auch wenn die Ehe nicht mehr besteht, die nahen Verwandten und Verschwägerten (s. o. S. 404 Anm. 21), es sei denn, daß ein solcher Angehöriger Auskunft geben soll

a) über die Errichtung und den Inhalt eines Rechtsgeschäftes, bei dessen Errichtung er als Zeuge zugezogen war;

b) über Geburten, Verheiratungen oder Sterbefälle von Familienmitgliedern;

c) über Thatsachen, welche die durch das Familienverhältnis bedingten Vermögensverhältnisse betreffen;

d) über diejenigen auf das streitige Rechtsverhältnisse sich beziehenden Handlungen, welche von ihm selbst als Rechtsvorgänger oder Vertreter einer Partei vorgenommen sein sollen[2]).

Diese Angehörigen sind vor der Vernehmung über ihr Recht zur Zeugnisverweigerung zu belehren[3]);

2. wegen ihrer Verpflichtung zur Verschwiegenheit Geistliche in Ansehung dessen, was ihnen bei der Ausübung der Seelsorge anver-

---

statt. Der Anspruch auf Entschädigung verjährt binnen 3 Monaten. Wohnt der Zeuge entfernt vom Orte der Vernehmung, so hat er die höheren Gebühren zu begehren, wenn die Sätze seines Aufenthaltsortes höher sind, als die des Vernehmungsortes; er kann auch Vorschuß fordern (GVG. § 166).

[2]) CPO. §§ 383 Nr. 1—3, 385 Abs. 1. [3]) CPO. § 383 Abs. 2.

traut ist, sowie Personen, welchen kraft ihres Amtes, Standes oder Gewerbes Thatsachen anvertraut sind, deren Geheimhaltung durch die Natur derselben oder durch gesetzliche Vorschrift geboten ist, inbetreff der Thatsachen, auf welche sich die Verpflichtung zur Verschwiegenheit bezieht (s. Seuffert A. Bd. 44, Nr. 63, Bd. 49, Nr. 212 Bd. 50, Nr. 53, RG. Bd. 30, S. 382, Bd. 33, S. 362), es sei denn, daß solche Zeugen von der Verpflichtung zur Verschwiegenheit entbunden sind[4]).

3. Endlich kann das Zeugnis verweigert werden

a) über Fragen, deren Beantwortung dem Zeugen oder einem der oben unter 1 bezeichneten Angehörigen desselben einen unmittelbaren vermögensrechtlichen Schaden verursachen, es sei denn daß er über einen der oben unter 1, a—d bezeichneten Punkte Auskunft geben soll;

b) über Fragen, deren Beantwortung dem Zeugen oder einem der oben unter 1 bezeichneten Angehörigen desselben zur Unehre gereichen oder die Gefahr strafrechtlicher Verfolgung zuziehen würde;

c) über Fragen, welche der Zeuge nicht würde beantworten können, ohne ein Kunst- oder Gewerbegeheimnis zu offenbaren[5]).

Über die Ausübung des Weigerungsrechtes gelten folgende Bestimmungen.

1. Der Zeuge hat die Thatsachen, auf welche er die Weigerung stützt, anzugeben und glaubhaft zu machen[6]).

Die Erklärung kann der Zeuge in dem Beweisaufnahmetermine oder vor dem Termine schriftlich oder zu Protokoll des Gerichtsschreibers abgeben. Wählt er den letzteren Weg, so ist er nicht verpflichtet, in dem Termine zu erscheinen[7]).

Von einer vor dem Termine eingegangenen Erklärung sind die Parteien durch den Gerichtsschreiber zu benachrichtigen[8]).

---

[4]) CPO. §§ 383 Nr. 4 u. 5, 385 Abs. 2. [5]) CPO. §§ 384, 385 Abs. 1.

[6]) CPO. § 386 Abs. 1. Wird das Zeugnis wegen der Pflicht zur Verschwiegenheit von einem Geistlichen oder Beamten verweigert, so genügt die mit Berufung auf einen abgeleisteten Diensteid abgegebene Versicherung (CPO. § 386 Abs. 2).

[7]) CPO. § 386 Abs. 1 u. 3. [8]) CPO. § 386 Abs. 4.

2. Wird das Weigerungsrecht von den Parteien im Beweisaufnahmetermine anerkannt, so bedarf es einer Entscheidung nicht, die Zeugnispflicht gegenüber dem Gerichte fällt weg. Dasselbe ist der Fall, wenn der Beweisführer auf die Vernehmung des Zeugen verzichtet, und der Gegner die Vernehmung nicht begehrt oder doch nicht begehren kann, weil der Zeuge nicht erschienen ist.

Widerspricht eine Partei, welche die Vernehmung des Zeugen verlangen kann, dem Weigerungsrecht, so entsteht über die Verpflichtung zum Zeugnis zwischen der Partei und dem Zeugen ein Zwischenstreit, den in allen Fällen, mag die Weigerung vor dem Prozeßgerichte oder einem beauftragten oder ersuchten Richter stattfinden, das Prozeßgericht durch Zwischenurteil zu entscheiden hat. Gegen das Urteil steht der Partei und dem Zeugen die sofortige Beschwerde zu[9]). Die Frage nach der Zeugnispflicht bleibt während des Zwischenstreits in Schwebe, bis über das Weigerungsrecht rechtskräftig entschieden ist[10]).

3. Die Verhandlung des Zwischenstreits findet im Beweisaufnahmetermine statt. Das Verfahren ist ein formell mündliches, ohne daß es von dem Prinzipe der Mündlichkeit beherrscht wird. Wird das Weigerungsrecht in dem Termine vorgebracht, so sind die Parteien, falls sie erschienen sind, darüber zu hören. Sind die Parteien nicht erschienen, oder erklären sie sich nicht, so ergeht die Entscheidung auf Grund der Erklärung des Zeugen. Der Zeuge ist nicht verpflichtet, sich im Termine durch einen Anwalt vertreten zu lassen. Hat der Zeuge die Weigerungserklärung vor dem Termine abgegeben und ist in dem Termine nicht erschienen, so hat auf Grund der Erklärung des Zeugen ein Mitglied des Prozeßgerichts Bericht zu erstatten[11]).

4. Findet die Beweisaufnahme vor einem beauftragten oder ersuchten Richter statt, so findet eine Trennung der Verhandlung statt, indem in dem Beweisaufnahmetermine das thatsächliche Material, soweit es nicht bereits schriftlich zu den Akten eingereicht ist, zu Protokoll festzustellen ist, während die rechtliche Ausführung vor dem

---

[9]) Der Zeuge kann die Beschwerde zu Protokoll des Gerichtsschreibers einlegen, CPO. § 569 Abs. 2.

[10]) CPO. §§ 387 Abs. 1 u. 3, 390 Abs. 1.

[11]) CPO. §§ 387, 388.

Prozeßgerichte stattfindet. Zu solchem Zwecke werden die Parteien und der Zeuge von Amtswegen zur mündlichen Verhandlung vor das Prozeßgericht geladen. In der mündlichen Verhandlung wird über die von den Parteien und dem Zeugen vor dem Richterkommissar abgegebenen Erklärungen von einem Mitgliede des Prozeßgerichts Bericht erstattet. Sind der Zeuge und die Parteien erschienen, so können dieselben zur Begründung ihrer Anträge das Wort nehmen, dürfen jedoch neue Thatsachen oder Beweismittel nicht geltend machen, da für diesen Zwischenstreit Eventualmaxime gilt [12]).

§ 99.

Beweis durch Sachverständige.

Das Verfahren ist dasselbe wie beim Zeugenbeweise, soweit nicht einzelne durch die Natur dieses Beweismittels gebotene Ausnahmebestimmungen getroffen sind [1]).

Beweisantretung. Ernennung der Sachverständigen.

Die Antretung des Beweises erfolgt durch die Bezeichnung der zu begutachtenden Punkte. Einer Benennung von Sachverständigen bedarf es nicht, vielmehr steht die Auswahl der zuzuziehenden Sachverständigen und die Bestimmung ihrer Anzahl dem Prozeßgericht zu. Das Gericht kann sich auf die Ernennung eines Sachverständigen beschränken und an Stelle der zuerst ernannten Sachverständigen andere ernennen. Sind für gewisse Arten von Gutachten Sachverständige öffentlich bestellt, so sollen andere Personen nur dann gewählt werden, wenn besondere Umstände es erfordern. Das Gericht kann die Mitwirkung der Parteien zum Zwecke der Ernennung von Sachverständigen insoweit begehren, als es die Parteien auffordern kann, geeignete Personen zu bezeichnen. Einigen sich die Parteien über bestimmte Personen, so hat das Gericht dieser Einigung Folge zu geben, unbeschadet seiner Befugnis, die Wahl der Parteien auf eine bestimmte Anzahl zu beschränken [2]).

---

[12]) CPO. § 389 u. o. S. 332.

[1]) CPO. § 402.

[2]) CPO. §§ 403, 404. Für die Ladung der Sachverständigen gelten keine besonderen Vorschriften, jedoch ist die anzudrohende Ungehorsamsstrafe Geldstrafe bis zu dreihundert Mark, im Wiederholungsfalle Geldstrafe bis zu sechshundert Mark (keine Haftstrafe, auch nicht aushülflich) CPO. § 409 Abs. 1.

Die Beweisaufnahme erfolgt vor dem Prozeßgerichte, sie kann jedoch in dem oben S. 402 unter 1—4 hervorgehobenen Fällen einem Mitgliede des Prozeßgerichts oder einem anderen Gerichte mit der Befugnis zur Ernennung des Sachverständigen übertragen werden, in welchem Falle dem delegierten Richter auch die im vorigen Absatze erwähnten richterlichen Befugnisse zustehen[3]). Beweisaufnahme.

Die Vernehmung eines öffentlichen Beamten als Sachverständigen findet nicht statt, wenn die vorgesetzte Behörde des Beamten erklärt, daß die Vernehmung den dienstlichen Interessen Nachteile bereiten würde[4]).

Der Sachverständige hat, wenn nicht beide Parteien auf seine Beeidigung verzichten, vor Erstattung des Gutachtens den Eid der Sachverständigen abzuleisten. Ist er für die Erstattung von Gutachten der betreffenden Art im allgemeinen beeidigt, so genügt die Berufung auf den geleisteten Eid[5]).

Das Gericht kann statt der mündlichen Vernehmung schriftliche Begutachtung und demnächst die mündliche Erläuterung des schriftlichen Gutachtens anordnen[6]).

Erachtet das Gericht das Gutachten für ungenügend, so kann eine neue Beweisaufnahme durch dieselben oder durch andere Sachverständige angeordnet werden. Das letztere kann auch dann geschehen, wenn ein Sachverständiger nach Erstattung des Gutachtens mit Erfolg abgelehnt ist[7]).

Es besteht keine allgemeine Pflicht zur Übernahme der Funktionen des Sachverständigen, vielmehr hat der Ernannte der Ernennung nur dann Folge zu leisten, wenn er entweder Pflicht zur Erstattung des Gutachtens gegenüber dem Gerichte.

a) zur Erstattung von Gutachten der erforderten Art öffentlich bestellt ist, oder

b) wenn er die Wissenschaft, die Kunst oder das Gewerbe, deren Kenntnis Voraussetzung der Begutachtung ist, öffentlich zum Erwerbe ausübt, oder

---

[3]) CPO. §§ 402, 375 Abs. 1, 405. [4]) CPO. § 408 Abs. 2.

[5]) CPO. § 410. Der Eid geht dahin, „daß er das von ihm geforderte Gutachten unparteiisch und nach bestem Wissen und Gewissen erstatten werde".

[6]) CPO. § 411. Das vom Sachverständigen unterschriebene Gutachten ist auf der Gerichtsschreiberei niederzulegen.

[7]) CPO. § 412.

c) wenn er zur Ausübung derselben öffentlich bestellt oder ermächtigt ist (s. Gewerbeordnung Titel II unter II, 2).

Hat ein Nichtverpflichteter sich dem Gerichte gegenüber zur Erstattung des geforderten Gutachtens bereit erklärt, also z. B. den Sachverständigeneid abgeleistet, so ist er auch zur Erstattung des Gutachtens verpflichtet[8]).

Im Falle des Nichterscheinens oder der Weigerung eines zur Erstattung des Gutachtens verpflichteten Sachverständigen wird dieser zum Ersatz der Kosten und in die gesetzliche Ordnungsstrafe (s. o. Anm. 2) verurteilt. Im Fall wiederholten Ungehorsams kann die Strafe noch einmal bis zu einem höheren Maße erkannt werden. Eine Vorführung findet nicht statt[9]).

Gegen den Beschluß, durch welchen der Sachverständige verurteilt ist, steht ihm die Beschwerde mit aufschiebender Wirkung zu[10]).

Das Gericht, welches den Sachverständigen ernannt hat, kann denselben von der Verpflichtung zur Erstattung des Gutachtens entbinden, wenn es die vom Sachverständigen dafür vorgebrachten Gründe für zutreffend erachtet[11]).

Weigerungsrecht des Sachverständigen gegenüber der Partei.

Die Pflicht zur Erstattung des Gutachtens gegenüber dem Gerichte fällt weg, wenn der Sachverständige von seinem Rechte, das Gutachten zu verweigern, den Parteien gegenüber mit Erfolg Gebrauch macht.

Über die Gründe und das Verfahren gelten keine abweichenden Vorschriften[12]).

Ablehnung des Sachverständigen durch die Partei.

Wenn auch die einzelne Partei keinen maßgebenden Einfluß darauf besitzt, welche Personen zu Sachverständigen ernannt werden sollen, so hat sie doch das Recht, den ernannten Sachverständigen

---

8) CPO. § 407.

9) CPO. § 409 Abs. 1. Der Sachverständige hat nach Maßgabe der Geb.-O. (30./6. 1878) auf Entschädigung für Zeitversäumnis, auf Erstattung der ihm verursachten Kosten und außerdem auf angemessene Vergütung seiner Mühverwaltung Anspruch (CPO. § 413). Bestehen für gewisse Arten von Sachverständigen landesgesetzliche Taxen, so sind diese maßgebend (Geb.-O. § 13). Im übrigen s. o. S. 406 Anm. 1 und GVG. § 166.

10) CPO. §§ 409 Abs. 2, 572 Abs. 1. 11) CPO. § 408 Abs. 1 Satz 2.

12) CPO. § 408 Satz 1 u. o. § 98.

aus denselben Gründen abzulehnen, welche zur Ablehnung eines Richters berechtigen[13]).

Das Ablehnungsgesuch ist bei dem Gerichte oder Richter, von welchem die Ernennung erfolgt ist, vor der Vernehmung und bei schriftlicher Begutachtung vor erfolgter Einreichung des Gutachtens anzubringen. Nach diesem Zeitpunkte ist die Ablehnung nur zulässig, wenn glaubhaft gemacht wird, daß der Ablehnungsgrund vorher nicht geltend gemacht werden konnte[14]).

Der Ablehnungsgrund ist glaubhaft zu machen, zur Versicherung an Eidesstatt darf die Partei jedoch nicht zugelassen werden[15]).

Die Entscheidung, welche ohne vorgängige mündliche Verhandlung der Beteiligten ergehen kann, erläßt der Richter, bei dem das Gesuch nach Maßgabe der Bestimmung des vorletzten Absatzes angebracht ist[16]).

Gegen den Beschluß, durch welchen die Ablehnung für begründet erklärt wird, findet kein Rechtsmittel, gegen den Beschluß, durch welchen dieselbe für unbegründet erklärt wird, findet die Beschwerde statt[17]).

Die Bestimmungen über den Beweis durch Sachverständige finden dann keine Anwendung, wenn das Gericht von Fachbehörden oder fachmännischen Vereinen Auskunft über technische, kunstverständige oder ähnliche Fragen einholt[18]); denn ein Beweis durch Sachverständige im Sinne der Prozeßordnung kann nur durch physische Personen, welche persönlich für die Richtigkeit des erstatteten Gutachtens eintreten und die Glaubwürdigkeit desselben dadurch verbürgen, geführt werden.

Sollen sachkundige Personen über ihre individuelle Wahrnehmungen von Thatsachen Auskunft erteilen (s. o. S. 371 f.), so finden nicht

---

[13]) CPO. § 406 Abs. 1. Ein Ablehnungsgrund kann nicht daraus entnommen werden, daß der Sachverständige als Zeuge vernommen worden ist.

[14]) CPO. § 406 Abs. 2. Das Ablehnungsgesuch kann vor dem Gerichtsschreiber zu Protokoll erklärt werden.

[15]) CPO. § 406 Abs. 3. [16]) CPO. § 406 Abs. 4.

[17]) CPO. § 406 Abs. 5 und dazu § 576, oben S. 403 Anm. 14.

[18]) Inwieweit das Gericht dazu von Amtswegen oder nur auf Antrag befugt ist, ist bereits oben S. 351 Anm. 5 erörtert. Weiter geht die Strafprozeßordnung § 255 Abs. 1.

die besonderen Bestimmungen dieses Paragraphen, sondern die Vorschriften über den Zeugenbeweis Anwendung[19]).

§ 100.

Urkundenbeweis.

Beweisantretung.

Die Beweisantretung ist verschieden, je nachdem sich die Urkunde in Händen des Beweisführers oder nach der Behauptung des Beweisführers in Händen des Gegners oder eines Dritten befindet.

1. Befindet sich die Urkunde in den Händen des Beweisführers, so erfolgt die Beweisantretung durch Vorlegung der Urkunde[1]).

Eine Privaturkunde muß in Urschrift, eine öffentliche Urkunde kann in Urschrift oder in einer beglaubigten Abschrift, welche hinsichtlich der Beglaubigung die Erfordernisse einer öffentlichen Urkunde an sich trägt, vorgelegt werden[2]).

2. Befindet sich die Urkunde nach der Behauptung des Beweisführers in Händen des Prozeßgegners, so erfolgt die Antretung des Beweises durch den Antrag, dem Gegner die Vorlegung der Urkunde aufzugeben[3]) (Editionsantrag)[4]).

---

[19]) CPO. § 414. [1]) CPO. § 420.

[2]) CPO. § 435. Wegen der Befugnis des Gerichts die Vorlegung der Urschrift anzuordnen s. o. S. 376 Anm. 22.

[3]) CPO. § 421.

[4]) Die Prozeßordnung legt dem Gegner des Beweisführers die Verpflichtung auf, den Beweisführer durch Vorlegung gewisser in seinen Händen befindlicher Urkunden zum Beweise zu verhelfen (Editionspflicht). Diese prozessuale Pflicht besteht (CPO. §§ 422, 423),

a) wenn der Beweisführer nach den Vorschriften des bürgerlichen Rechts die Herausgabe oder die Vorlegung der Urkunde verlangen kann. Das ist aber der Fall, wenn der Beweisführer auf Grund eines Rechts an der Urkunde, (z. B. Eigentum) oder auf Grund eines persönlichen Rechtsverhältnisses (z. B. Auftrag, Geschäftsführung, Gesellschaft u. s. w.) oder auf Grund besonderer gesetzlicher Editionspflicht (BGB. § 810) einen solchen Anspruch gegen seinen Prozeßgegner auch abgesehen vom Prozesse hat;

b) bezüglich derjenigen Urkunden, auf welche der Gegner im Prozesse zur Beweisführung Bezug genommen hat, selbst wenn dies nur in einem vorbereitenden Schriftsatze geschehen ist.

Prozeßgegner ist aber die Gegenpartei selbst und derjenige, der an ihrer Stelle als gesetzlicher Vertreter die Parteirolle durchführt.

Der Editionsantrag soll enthalten

a) die Bezeichnung der Urkunde nebst der möglichst vollständigen Bezeichnung ihres Inhalts;

b) die Bezeichnung der Thatsachen, welche durch die Urkunde bewiesen werden sollen;

c) die Angabe der Umstände, auf welche sich die Behauptung stützt, daß die Urkunde sich im Besitze des Gegners befindet;

d) die Bezeichnung und Glaubhaftmachung des Grundes der Editionspflicht.

Sind die Thatsachen (b) erheblich und ist der Antrag begründet[5]), so ist das Verfahren verschieden, je nachdem der Prozeßgegner den Besitz der Urkunde bestreitet oder nicht.

Bestreitet der Gegner, daß die Urkunde sich in seinem Besitze befindet, so hat er den Editionseid zu leisten[6]). Bestreitet er solches nicht, indem er sich entweder überhaupt nicht erklärt oder zugesteht, daß die Urkunde sich in seinem Besitze befindet, so ordnet das Gericht die Vorlegung der Urkunde an[7]).

Leistet der Gegner den Editionseid nicht, oder kommt er der Anordnung, die Urkunde vorzulegen, nicht nach, so ist zu unterscheiden, ob der Beweisführer eine Abschrift der Urkunde beigebracht hat oder nicht. Im ersteren Falle ist die Abschrift als richtig anzusehen, im anderen Falle können die Behauptungen des Beweisführers über die Beschaffenheit und den Inhalt der Urkunde als bewiesen angenommen werden[8]).

---

[5]) Herrscht über diese Fragen Streit, so liegt ein Zwischenstreit über die Editionspflicht vor, über dessen Erledigung die allgemeinen Vorschriften gelten.

[6]) CPO. § 426. Der Editionseid ist ein notwendiger Eid mit dem gesetzlichen Inhalte, „daß der Schwurpflichtige nach sorgfältiger Nachforschung die Überzeugung erlangt habe, daß die Urkunde sich nicht in seinem Besitze befinde, daß er die Urkunde nicht in der Absicht abhanden gebracht habe, um deren Benutzung dem Beweisführer zu entziehen, daß er auch nicht wisse, wo die Urkunde sich befinde." (Der Eid ist somit teilweise positiver Überzeugungseid und teilweise Wahrheitseid.) Das Gericht kann eine der Lage der Sache entsprechende Änderung der Eidesnorm beschließen. Hat eine öffentliche Behörde die Urkunde vorzulegen, so wird der Eid von dem Beamten geleistet, welchem die Verwahrung der Urkunde übertragen ist. Auf die Leistung des Eides durch Streitgenossen, gesetzliche Vertreter und prozeßunfähige, aber doch eidesfähige Personen finden die allgemeinen Vorschriften (o. S. 392 ff.) Anwendung.

[7]) CPO. § 425. [8]) CPO. § 444.

3. Befindet sich die Urkunde nach der Behauptung des Beweisführers in den Händen eines Dritten, so muß unterschieden werden, ob der Dritte eine Privatperson oder eine öffentliche Behörde oder ein öffentlicher Beamter ist.

a) Ist der Dritte eine Privatperson, so erfolgt die Antretung des Beweises durch den Antrag, zur Herbeischaffung der Urkunde eine Frist zu bestimmen[9]).

Der Antrag muß enthalten[10]):

α) die Bezeichnung der Urkunde nebst der möglichst vollständigen Bezeichnung ihres Inhaltes;

β) die Bezeichnung der Thatsachen, welche durch die Urkunde bewiesen werden sollen;

γ) die Glaubhaftmachung der Behauptung, daß die Urkunde sich im Besitze des Dritten befindet;

δ) die Bezeichnung und Glaubhaftmachung des Grundes der Editionspflicht.

Sind die Thatsachen (β) erheblich und liegen die weiteren Erfordernisse vor, so hat das Gericht eine Frist zur Vorlegung der Urkunde in einem vom Beweisführer zu erwirkenden Termine zu bestimmen[11]).

b) Ist der dritte Besitzer der Urkunde eine öffentliche Behörde oder ein öffentlicher Beamter, so erfolgt die Antretung des Beweises durch den Antrag, die Behörde oder den Beamten um die Mitteilung der Urkunde zu ersuchen, wenn nicht die Parteien

---

[9]) CPO. § 428 und dazu § 433 (o. S. 331). Dritter ist jeder, der nicht selbst Partei ist oder nicht als gesetzlicher Vertreter einer Partei die Parteirolle durchführt. Der Dritte ist aus denselben Gründen wie der Gegner des Prozeßführers zur Edition der in seinen Händen befindlichen Urkunden verpflichtet, also dann, wenn er nach bürgerlichem Rechte verpflichtet ist, dem Beweisführer die Urkunde herauszugeben oder vorzulegen, oder wenn er im Prozesse (z. B. in früherer Parteistellung, als Nebenintervenient, Prozeßbevollmächtigter) auf die Urkunde zur Beweisführung Bezug genommen hat. Die Editionspflicht des Dritten kann aber nicht im Prozesse als Zwischenstreit erledigt werden, es bedarf vielmehr dazu einer besonderen Klage des Beweisführers gegen den Dritten (CPO. § 429).

[10]) CPO. § 430.

[11]) CPO. § 431. Der Gegner des Beweisführers kann die Fortsetzung des Verfahrens vor Ablauf der Frist beantragen, wenn die Klage gegen den Dritten erledigt ist, oder wenn der Beweisführer die Erhebung der Klage oder die Betreibung des Prozesses oder der Zwangsvollstreckung verzögert.

nach den gesetzlichen Vorschriften imstande sind, sich die Urkunde ohne Mitwirkung des Gerichts zu beschaffen [12]).

Verweigert die Behörde oder der Beamte die Mitteilung der Urkunde, obgleich nach Behauptung des Beweisführers ein Fall der gesetzlichen Editionspflicht (CPO. § 422 u. o. Anm. 4) vorliegt, so findet das unter a dargestellte Verfahren Anwendung [13]).

Die Vorlegung der Urkunden erfolgt vor dem Prozeßgerichte in der mündlichen Verhandlung. Stehen dem erhebliche Hindernisse entgegen oder erscheint das wegen der Wichtigkeit der Urkunde oder der Besorgnis des Verlustes oder der Beschädigung bedenklich, so kann das Prozeßgericht die Vorlegung vor einem seiner Mitlieder oder vor einem anderen Gerichte anordnen [13]). Wird die Urkunde dem Prozeßgerichte vorgelegt, so erfolgt die Beweisaufnahme dadurch, daß das Gericht von dem Inhalte der Urkunde amtliche Kenntnis nimmt. Erfolgt die Verlegung vor einem delegierten Richter, so hat dieser das Ergebnis der Beweisaufnahme, d. h. den Inhalt der Urkunde, soweit er für den Beweissatz relevant ist, zu Protokoll festzustellen.

Ist die Vorlegung der Urkunde erfolgt, so kann der Beweisführer nur mit Zustimmung des Gegners auf das Beweismittel verzichten [14]). Wird rechtswirksam verzichtet, so ist es anzusehen, als wenn der Beweis gar nicht angetreten wäre.

§ 101.

Beweis durch Parteieid.

Der Parteieid ist entweder Schiedseid oder notwendiger Eid. Die Darstellung des Verfahrens erfolgt für beide Fälle gesondert (I u. II), soweit es sich nicht um die Beweisaufnahme handelt (III), da dieses Verfahren für beide Fälle dasselbe ist.

I. Über das Beweisverfahren durch Schiedseid gelten folgende Bestimmungen: Schiedseid.

---

[12]) CPO. § 432 und dazu § 433 (o. S. 331). In dem Ausnahmefalle muß das unter a) beschriebene Verfahren zur Anwendung kommen.

[13]) CPO. § 434. [14]) CPO. § 436.

Antretung des Beweises.

1. Die Antretung des Beweises erfolgt durch die Erklärung des Beweisführers, daß er dem Gegner über die bestimmt zu bezeichnende Thatsache den Eid zuschiebe[1]).

Die Eideszuschiebung hat zunächst keine Bedeutung, wenn der Beweisführer neben ihr oder der Gegner zur Widerlegung der thatsächlichen Behauptung, insbesondere zum Beweise des Gegenteils andere Beweismittel geltend macht. Die Eideszuschiebung muß alsdann nach Aufnahme oder sonstiger Erledigung dieser Beweismittel wiederholt werden[2]).

Verhandlung über die Beweisantretung.

2. Die Partei, welcher der Eid zugeschoben ist, hat sich zu erklären, ob sie den Eid annehme oder zurückschiebe, selbst wenn sie Einwendungen in Beziehung auf die Eideszuschiebung vorbringt[3]). Werden andere Beweismittel geltend gemacht, so braucht sie sich erst auf die nach Erledigung derselben wiederholte Eideszuschiebung zu erklären[4]).

Giebt die Partei keine Erklärung ab, oder schiebt sie in einem Falle, in welchem die Zurückschiebung unzuläſsig ist (CPO. § 448) den Eid zurück, ohne denselben bedingt anzunehmen, so wird der Eid als verweigert angesehen, wegen unterbliebener Erklärung jedoch nur dann, wenn die Partei durch das Gericht zur Erklärung aufgefordert ist[5]).

Im Falle der Zurückschiebung des Eides bedarf es einer Gegenerklärung des Beweisführers nicht, da der zurückgeschobene Eid auch ohne ausdrückliche Erklärung über die Annahme als vom Beweisführer angenommen gilt[6]).

Widerruflichkeit und Unwiderruflichkeit der Erklärungen.

3. Über die Widerruflichkeit und Unwiderruflichkeit der Zuschiebungs-, Annahme- und Zurückschiebungserklärungen gelten folgende Bestimmungen:

a) Die Eideszuschiebung ist ein Beweismittel, auf welches die Partei, so lange der Eid noch nicht abgeleistet ist, beliebig verzichten kann; die Eideszuschiebung ist also bis zu diesem Zeit-

---

[1]) CPO. § 451. [2]) CPO. § 454 Abs. 1.

[3]) CPO. § 452 Abs. 1.

[4]) CPO. § 454 Abs. 1. Erledigt ist ein Beweismittel, wenn die Beweisaufnahme stattgefunden hat, wenn darauf wirksam verzichtet ist, oder wenn die Beweisantretung durch Zwischenurteil für unerheblich erklärt oder sonst zurückgewiesen ist.

[5]) CPO. §§ 452 Abs. 2, 455. [6]) CPO. § 456.

punkte frei widerruflich, also namentlich auch noch in der Berufungsinstanz. Einen vorläufigen Widerruf erblickt das Gesetz darin, daß der Beweisführer nach erfolgter Eideszuschiebung andere Beweismittel geltend macht (Anm. 4).

b) Hat der Gegner des Beweisführers eine Erklärung über die Annahme oder Zurückschiebung des Eides abgegeben, so ist diese wegen der prozeßrechtsgeschäftlichen Natur dieser Prozeßhandlung in der Regel unwiderruflich, indem die Partei einen Eid, welchen sie angenommen hat, nicht mehr zurückschieben kann, und auch die Zurückschiebung nicht widerrufen kann, selbst dann nicht, wenn sie unzulässig war[7]). Da jedoch die Eideszuschiebung neben anderen geltend gemachten Beweismitteln nur von subsidiärer Bedeutung ist, so kann die die Annahme oder die Zurückschiebung aussprechende Erklärung, wenn später andere Beweise aufgenommen sind, widerrufen werden[8]).

c) Die Zurückschiebung des Eides kann außerdem, so lange der Eid nicht geleistet ist, widerrufen werden, wenn der Schwurpflichtige nach erfolgter Zurückschiebung des Eides wegen wissentlicher Verletzung der Eidespflicht rechtskräftig verurteilt ist, oder wenn glaubhaft gemacht wird, daß der Widerrufende erst nach erfolgter Zurückschiebung von einer solchen vorher erfolgten Verurteilung Kenntnis erlangt habe[9]).

Das Gesetz nimmt an, daß die Zurückschiebung im Vertrauen auf die Redlichkeit des Beweisführers und seine Zuverlässigkeit erfolgt. Stellt sich nachträglich heraus, daß dieses Vertrauen ungerechtfertigt war, so entspricht die Gestattung des Widerrufs der Zurückschiebung der Billigkeit. Die praktische Bedeutung dieses Widerrufsrechts liegt darin, daß der Widerrufende nunmehr auch ohne Geltendmachung anderer Beweismittel seine Erklärung ändern und den zugeschobenen Eid nachträglich annehmen kann.

d) Die Ausübung des Widerrufsrechts in den unter a—c hervorgehobenen Fällen hat nur dann praktischen Vorteil für den Widerrufenden, wenn er nach Lage des Prozesses noch imstande ist,

---

[7]) CPO. § 458. [8]) CPO. § 454 Abs. 2.

[9]) CPO. § 457. Hierher gehören die Fälle StGB. §§ 153—158.

andere Beweismittel geltend zu machen oder eine andere Erklärung auf die Eideszuschiebung abzugeben. Diese Möglichkeit hört wenigstens für die Instanz dann auf, wenn der Eid durch bedingtes Endurteil auferlegt ist. Da das bedingte Endurteil für das Gericht und die Parteien bindend ist und selbst unter Zustimmung der Parteien nicht zurückgenommen werden kann, so würde der Widerruf der Zuschiebung lediglich dann von prozessualer Bedeutung sein, wenn er als Erlaß des vom Gegner angenommenen oder als Verweigerung des dem Beweisführer zurückgeschobenen Eides aufzufassen wäre, und der Widerruf der Zurückschiebung würde nur als Erlaß des Eides in Betracht zu ziehen sein. Bei solcher Sachlage gestattet die Prozeßordnung den Widerruf der Zuschiebung und den Widerruf der Zurückschiebung, falls die Voraussetzung des Falles unter c (s. Anm. 9) vorliegt, mit der Wirkung der Restitution gegen das bedingte Endurteil — mag dasselbe rechtskräftig geworden sein oder nicht, mag es Endurteil oder Zwischenurteil sein —, so daß das Gericht unter der Beseitigung des bedingten Urteils die Verhandlung wieder eröffnet und den Parteien die Möglichkeit erwächst, noch in diesem Stadium des Prozesses in der Instanz andere Beweismittel geltend zu machen, andere Erklärungen abzugeben[10]).

Selbstverständlich ist, daß auch dieses Widerrufsrecht erlischt, wenn der Eid abgeleistet ist[11]).

Eidesanordnung. 4. Die Anordnung der Beweisaufnahme kann nur ausnahmsweise durch Beweisbeschluß erfolgen, regelmäßig erfolgt sie durch bedingtes Urteil[12]).

Durch Beweisbeschluß kann sie erfolgen[13])

a) wenn die Parteien über die Erheblichkeit und die Form des Eides einverstanden sind,

b) wenn der Eid zur Erledigung eines Zwischenstreites dient,

c) wenn die Entscheidung über einzelne selbständige Angriffs- und Verteidigungsmittel von der Leistung des Eides abhängt.

Das bedingte Urteil, durch welches der Eid auferlegt wird, ist regelmäßig Endurteil, im Falle c ist es Zwischenurteil.

---

[10]) CPO. § 470.

[11]) In diesem Falle verbleibt nur die Hülfe aus CPO. § 463 Abs. 2.

[12]) CPO. § 460. [13]) CPO. § 461.

Ist der Eid durch bedingtes Endurteil auferlegt, so erfolgt die Eidesleistung erst nach Eintritt der Rechtskraft des Urteils. Ist der Eid durch bedingtes Zwischenurteil auferlegt, so erfolgt die Eidesleistung nur dann, wenn durch bedingtes Endurteil rechtskräftig erkannt ist, daß es auf dieselbe für die Endentscheidung des Rechtsstreits noch ankomme[14]).

Ist die Leistung des Eides durch Beweisbeschluß angeordnet, so erfolgt die Eidesleistung nicht, wenn vor der Leistung des Eides die Erklärung, auf welcher die Anordnung beruht (Zuschiebung, Annahme, Zurückschiebung) wirksam widerrufen wird, oder das Gericht den Beweisbeschluß zurücknimmt, wozu es nicht nur infolge anderer Erklärungen der Parteien, sondern auch dann befugt ist, wenn es zu einer anderen rechtlichen Auffassung der Sache in materieller oder prozeßrechtlicher Beziehung (z. B. über die Frage nach der Beweislast) gekommen ist. Dies trifft auch im Falle unter a zu; denn das Einverständnis der Parteien bindet das Gericht nicht, da das Gericht die Thatsache, welche die Parteien für erheblich halten, für unerheblich und die vereinbarte Norm des Eides für unzuläſſig erachten kann, darum trotz des Einverständnisses der Parteien von der Anordnung der Eidesabnahme absehen und die angeordnete Eidesabnahme zurücknehmen kann.

5. Über die Beweisantretung und die Verhandlung über dieselbe im Falle der notwendigen Streitgenossenschaft und der gesetzlichen Vertretung ist bereits oben S. 388 ff. im anderen Zusammenhange gesprochen worden.

II. Über das Verfahren im Falle der Auferlegung eines notwendigen Eides gelten folgende Bestimmungen:

1. Einer Beweisantretung, insbesondere eines Parteiantrages auf Auferlegung dieses Eides bedarf es nicht, da der notwendige Eid kein Beweismittel in der Hand der Partei, sondern eine richterliche Erkenntnisquelle ist, deren Gebrauch dem freien richterlichen Ermessen untersteht. Aus demselben Grunde ist auch keine Verhandlung über einen etwa gestellten Antrag erforderlich.

---

[14]) CPO. §§ 460 und 461 Abs. 2. In dem bedingten Urteile ist die Eidesnorm und die Folge sowohl der Leistung als der Nichtleistung des Eides so genau, als die Lage der Sache dies gestattet, festzustellen (CPO. § 462).

2. Die Anordnung der Beweisaufnahme erfolgt niemals durch Beweisbeschluß, sondern durch bedingtes Endurteil oder Zwischenurteil [15]).

3. Auf Antrag des Gegners des Schwurpflichtigen ist die Auferlegung des Eides und damit das Urteil zurückzunehmen, wenn der Schwurpflichtige wegen wissentlicher Verletzung der Eidespflicht rechtskräftig verurteilt ist, wenngleich der Gegner schon vor Auferlegung des Eides von dieser Verurteilung Kenntnis gehabt hat [16]). Der Richter hat in diesem Falle das neue Vorbringen des Antragstellers zu prüfen und eine neue Entscheidung zu erlassen. Es ist nicht ausgeschlossen, daß der Richter in der neuen Entscheidung derselben Partei denselben Eid wieder auferlegt.

Beweisaufnahme. III. Über die Beweisaufnahme, d. h. das Verfahren zur Abnahme eines Parteieides, möge derselbe Schiedseid oder notwendiger Eid sein, gelten folgende Bestimmungen:

1. Die Eidesleistung [17]) erfolgt vor dem Prozeßgerichte, dasselbe kann jedoch anordnen, daß die Eidesleistung vor einem seiner Mit-

---

[15]) CPO. §§ 477 Abs. 3, 460 Satz 2, 461 Abs. 2, 462.

[16]) CPO. § 477 Abs. 1 u. 2, §§ 457, 370, 471 Abs. 2 u. o. I, 3, d.

[17]) Für die Eidesleistung gelten folgende besondere Bestimmungen, welche nicht bloß auf den Parteieid, sondern auch auf den Eid der Zeugen und Sachverständigen Anwendung finden:

a) der Eid muß von dem Schwurpflichtigen in Person geleistet werden (CPO. § 478);

b) vor der Leistung des Eides hat der Richter den Schwurpflichtigen in angemessener Weise auf die Bedeutung des Eides hinzuweisen (CPO. § 480);

c) der Eid beginnt mit den Worten: „Ich schwöre bei Gott, dem Allmächtigen und Allwissenden" und schließt mit den Worten: „So wahr mir Gott helfe" (CPO. § 481);

d) der Eid wird mittels Nachsprechens oder Ablesens der die Eidesnorm enthaltenden Eidesformel geleistet. Der Schwörende soll bei der Eidesleistung die rechte Hand erheben. Ist die Eidesnorm von großem Umfange, so genügt die Verlesung der Eidesnorm und die Verweisung auf die letztere in der Eidesformel. Die Landesherrn, die Mitglieder der landesherrlichen und der diesen gleichgestellten fürstlichen Familien leisten den Eid mittels Unterschreibens der die Eidesnorm enthaltenden Eidesformel (CPO. § 482);

e) Stumme, welche schreiben können, leisten den Eid mittels Abschreibens und Unterschreibens der die Eidesnorm enthaltenden Eidesformel.

glieder oder vor einem anderen Gerichte erfolge, wenn der Schwurpflichtige am Erscheinen vor dem Prozeßgerichte verhindert ist oder in großer Entfernung von dem Sitze desselben sich aufhält[18]).

2. Ist der Eid durch Beweisbeschluß auferlegt, so wird, mag die Beweisaufnahme vor dem Prozeßgerichte, vor einem Mitgliede desselben oder vor einem anderen Richter stattfinden, der Termin zur Eidesleistung immer von Amtswegen bestimmt, einer Ladung zu dem Termine bedarf es nicht.

Ist der Eid durch bedingtes Urteil auferlegt, so findet Parteibetrieb statt. Jede Partei kann die andere zum Zwecke der Eidesleistung vor das Prozeßgericht laden, mag sie selbst, der Gegner oder ein Dritter schwurpflichtig sein. Ist der Eid einem Dritten oder einer prozeßunfähigen aber eidesfähigen Partei rechtswirksam zugeschoben oder auferlegt, so erfolgt die Ladung nicht an den Dritten oder an die prozeßunfähige Partei, sondern immer von Partei zu Partei, oder von der Partei an den gesetzlichen Vertreter. Sache der Partei oder des gesetzlichen Vertreters ist es, zu veranlassen, daß der Schwurpflichtige zur Eidesleistung erscheint.

In dem Termine ist zunächst zu prüfen, ob die prozessualen Voraussetzungen für die Abnahme des Eides (CPO. §§ 460, 461 Abs. 2) vorliegen.

Wird angeordnet, daß die Eidesleistung vor einem Mitgliede des Prozeßgerichts oder vor einem anderen Gerichte stattfinden soll, so tritt amtlicher Betrieb ein.

3. Erscheint der Schwurpflichtige in dem Beweisaufnahmetermin, so ist ihm der Eid auch in Abwesenheit der Parteien oder des Gegners abzunehmen (CPO. § 367 Abs. 1).

Nimmt der Schwurpflichtige frühere Behauptungen zurück oder gesteht er früher bestrittene Thatsachen zu, so kann er sich zur Leistung

---

Stumme, welche nicht schreiben können, leisten den Eid mit Hülfe eines Dolmetschers durch Zeichen (CPO. § 483);

f) der Eidesleistung wird gleichgerechnet, wenn ein Mitglied einer Religionsgesellschaft, welchem das Gesetz den Gebrauch gewisser Beteuerungsformeln an Stelle des Eides gestattet, eine Erklärung unter der Beteuerungsformel dieser Religionsgesellschaft abgiebt.

[18]) CPO. § 479. Die Eidesleistung der Landesherrn sowie der Mitglieder der landesherrlichen und diesen gleichgestellten fürstlichen Familien erfolgt in der Wohnung derselben vor einem delegierten Richter.

eines beschränkteren Eides erbieten, selbst wenn der Eid bereits durch bedingtes Urteil auferlegt ist; auch können unerhebliche Umstände, welche in die Eidesnorm aufgenommen sind, berichtigt werden [19]).

Verweigert der Schwurpflichtige ausdrücklich die Eidesleistung oder giebt er durch sein Verhalten kund, daß er den Eid nicht leisten will, so treten die Folgen der Eidesverweigerung ein, ohne daß es eines Parteiantrages auf Ausspruch dieser Folge durch gerichtliches Urteil bedarf.

Findet die Beweisaufnahme vor einem Richterkommissar statt, so muß die Weigerung zu Protokoll festgestellt werden, insbesondere muß sich aus dem Protokolle ergeben, daß die Weigerungserklärung ausdrücklich abgegeben ist, oder daß der Schwurpflichtige die bestimmte Aufforderung des Richters, den Eid zu leisten, unbeachtet gelassen hat [20]).

4. Erscheint der Schwurpflichtige in dem zur Eidesleistung bestimmten Termine nicht, so ist zu unterscheiden, ob die Beweisaufnahme vor dem Prozeßgerichte oder vor einem Richterkommissar stattfindet.

a) Findet das Beweisverfahren vor dem Prozeßgerichte statt, so ist auf Antrag der Eid als verweigert anzusehen. Während nach dem bisherigen Rechte (CPO. § 430 der alten Fassung) diese Folge auf Antrag durch Versäumnisurteil ausgesprochen wurde, bedarf es nach dem neuen Gesetze eines solchen Urteils nicht, vielmehr schließt sich an den Antrag des Gegners, die gesetzliche Folge der Eidesverweigerung anzunehmen, unmittelbar die Verhandlung der Hauptsache an, und ist diese Folge demnächst dem auf diese Verhandlung ergehenden Urteile grundleglich zu machen [21]).

Der Schwurpflichtige hat jedoch die Befugnis, die Folge der Versäumung des zur Eidesleistung bestimmten Ter-

---

[19]) CPO. § 469.

[20]) Eine Weigerung ist noch nicht darin zu erblicken, daß der Schwurpflichtige auf die Frage des Richters, ob er den Eid ableisten wolle, zunächst keine Erklärung abgiebt oder Einwendungen (z. B. aus §§ 469, 471 CPO.) erhebt, s. RG. Bd. 23 S. 390 ff.

[21]) CPO. § 465. Selbstverständlich ist, daß diese Folge nur angenommen werden kann, wenn die Partei, auf deren Seite die Schwurpflicht besteht, zum Termine ordnungsmäßig geladen war.

mins dadurch zu beseitigen, daß er nachträglich und zwar innerhalb der Notfrist von einer Woche nach dem Termine, die Abnahme des Eides bei dem Gerichte beantragt[22]).

Gilt der Eid infolge des Antrags des Gegners des Schwurpflichtigen als verweigert und ist in dem Termine verhandelt, so ist doch die auf diese Verhandlung zu erlassende Entscheidung erst in einem über eine Woche hinaus anzusetzenden Termine zu verkünden. Ist nun inzwischen die Abnahme des Eides rechtzeitig beantragt, so unterbleibt die Verkündung und der Termin ist von Gesetzeswegen zur Eidesleistung und zur weiteren mündlichen Verhandlung bestimmt[23]).

Führt die Verhandlung in dem Termine nicht zur Erlassung eines Urteils oder eines Beweisbeschlusses, wird vielmehr ein Termin zur Fortsetzung der Verhandlung anberaumt, so ist dieser Termin, falls die Abnahme des Eides inzwischen rechtzeitig beantragt ist, von Gesetzeswegen auch zur Eidesleistung bestimmt[24]).

Erscheint der Schwurpflichtige auch in dem zweiten zur Eidesleistung bestimmten Termine nicht, so ist ein nochmaliger Antrag auf Abnahme des Eides nicht zulässig[25]).

b) Findet die Beweisaufnahme vor einem Richterkommissar statt, so hat dieser abzuwarten, ob der Schwurpflichtige binnen der Notfrist die Abnahme des Eides beantragt, und falls der Antrag rechtzeitig gestellt wird, einen neuen Termin zur Eidesleistung zu bestimmen. Auch hier ist im Falle wiederholter Versäumung ein nochmaliger Antrag unzulässig[26]).

5. Ist der Eid durch bedingtes Urteil auferlegt, so sind die Parteien regelmäßig nicht mehr in der Lage, in der Instanz andere Beweismittel geltend zu machen oder andere Erklärungen hinsichtlich des Schiedseides abzugeben.

Durch diese durch die Prozeßstrenge gebotene Rechtslage würde der Parteieid als Beweismittel resp. als richterliche Erkenntnisquelle wegfallen, wenn die Abnahme des Eides z. B. wegen Todes des Schwurpflichtigen unmöglich wird. Um diesem Übelstande abzuhelfen, wird den Parteien die Befugnis gegeben, in bestimmten Fällen

---

[22]) CPO. § 466. Protokoll des Gerichtsschreibers, kein Anwaltszwang.
[23]) CPO. § 467 Abs. 1 Satz 1.
[24]) CPO. § 467 Abs. 1 Satz 2.
[25]) CPO. § 468.
[26]) CPO. § 467 Abs. 2, 468.

wegen veränderter prozessualer Gestaltung noch nach dem bedingten Endurteil in Ansehung der durch den Parteieid beabsichtigten Beweisführung alle Rechte auszuüben, welche ihnen vor dem Gebrauch dieses Eides (also vor der Zuschiebung durch den Beweisführer oder vor der Auferlegung durch den Richter) zustanden. Machen die Parteien von dieser Befugnis Gebrauch, so wird unter Aufhebung des bedingten Urteils in Grundlage der neuen Verhandlung und Beweisführung anderweit erkannt[27]).

Dies ist zulässig

a) wenn infolge der Verurteilung des Schwurpflichtigen wegen wissentlicher Verletzung der Eidespflicht die Zuschiebung oder Zurückschiebung des Eides widerrufen wird, oder der Antrag auf Rücknahme des richterlichen Eides gerechtfertigt ist[28]);

b) wenn der Schwurpflichtige stirbt oder eidesunfähig wird, oder wenn er aufhört, gesetzlicher Vertreter zu sein[29]).

Eidesunfähig kann eine Partei im doppelten Sinne sein, im natürlichen und im Rechtssinne.

Im natürlichen Sinne ist eine Partei eidesunfähig, wenn sie wegen mangelnder Verstandsreife oder wegen Verstandesschwäche von dem Wesen und der Bedeutung des Eides keine genügende Vorstellung hat[30]).

Im Sinne des Prozeßrechts ist jemand unfähig, wenn die Voraussetzung, unter welcher ein Parteieid von ihm begehrt werden kann, weggefallen ist. Die allgemeine Voraussetzung hierfür ist

---

[27]) CPO. § 471. Diese gesetzliche Restitution hat praktische Bedeutung für den im Abs. 3 des cit. § bezielten Fall, daß der Eid durch bedingtes Urteil auferlegt wird. Ist der Eid durch Beweisbeschluß auferlegt, so können bis zur Ableistung des Eides von beiden Seiten andere Beweismittel geltend gemacht werden, ohne daß es einer Restitution bedarf.

[28]) CPO. § 471 Abs. 2, §§ 470 und 477 u. o. S. 420, 422.

[29]) CPO. § 471 Abs. 2. Häufig wird es sich in diesen Fällen nur um den Antrag handeln, dem Rechtsnachfolger der Partei nunmehr den Eid aufzuerlegen, und dabei den Wahrheitseid in einen Glaubenseid zu verwandeln (s. z. B. RG. in Seuffert A. Bd. 39 Nr. 60). Ausgeschlossen ist auch nicht, daß jetzt noch Anträge aus CPO. § 450 gestellt werden, und infolge solcher Anordnungen die Eideszuschiebung oder Zurückschiebung an die frühere, inzwischen ausgeschiedene Partei wiederholt wird.

[30]) Dieses für den Zeugeneid anerkannte Prinzip (CPO. § 393 Nr. 1) muß auch für den Parteieid gelten.

aber, daß diese Person im Prozesse nicht nur Partei ist, sondern auch prozeßfähig ist[31]). Scheidet eine Partei, wie dies auch im Falle einer Einzelnachfolge stattfinden kann, aus ihrer Parteistellung aus, oder wird sie prozeßunfähig, so ist sie parteieidesunfähig, im Sinne des Prozeßrechts eidesunfähig.

§ 102.

Sicherung des Beweises.

Hellmann § 95 — Fitting § 68.

Das Verfahren zur Sicherung des Beweises[1]) kann von einer Partei einseitig vor dem Prozesse oder vor der im Prozesse angeordneten Beweisaufnahme veranlaßt werden. Es ist nicht wegen aller Beweismittel zulässig, sondern beschränkt sich auf Augenscheinsobjekte sowie auf Zeugen und Sachverständige.

Darüber gelten folgende Grundsätze:

1. Voraussetzung ist, daß das Beweismittel (Augenscheinsobjekt, Auskunftsperson) verloren geht, oder daß die Benutzung desselben (die Einnahme des Augenscheins, die Vernehmung des Zeugen oder Sachverständigen) erschwert wird[2]). Gesetzlich zulässige Fälle.

2. Auch wenn diese Voraussetzungen nicht vorliegen, kann die Beweisaufnahme auf Antrag angeordnet werden,

a) wenn der Gegner zustimmt[3]);

b) wenn Mängel einer Sache oder eines Werkes festzustellen sind, aus denen ein Recht gegen den Gegner des Beweisführers hergeleitet werden soll[4]), oder wenn der Zustand eines Gutes fest-

---

[31]) CPO. §§ 449, 475 und §§ 473, 477 Abs. 1.

[1]) Im gemeinrechtlichen Prozesse verfolgte die sog. Beweisaufnahme zum ewigen Gedächtnisse gleiche Zwecke (Wetzell § 24).

[2]) CPO. § 485.

[3]) CPO. § 489. Dies wird hauptsächlich vorkommen, wenn nur die Möglichkeit der Verwischung des Thatbestandes (z. B. beim Zusammenstoß von Schiffen, Feuersbrünsten, Überschwemmungen) besteht.

[4]) Diese Befugnis ist von besonderer Wichtigkeit gegenüber den Vorschriften des BGB., nach welchen der Erwerber einer Sache in der Lage ist, durch diesen Antrag die Verjährung der Ansprüche wegen eines Mangels der Sache zu unterbrechen (BGB. §§ 477, 493, 524 Abs. 2), sich die aus dem Mangel entspringenden Einreden zu erhalten (BGB. §§ 478, 479), oder beim Viehhandel

zustellen ist, für dessen Beweis ein Kommissionär, Spediteur, Lagerhalter oder Frachtführer zu sorgen verpflichtet ist[5]);

c) wenn der Erwerber einer Sache dem Veräußerer einen Mangel anzeigt oder die Annahme der Sache wegen Mangelhaftigkeit ablehnt, oder wenn der Besteller eines Werkes dem Unternehmer einen Mangel anzeigt oder die Abnahme des Werkes wegen Mangelhaftigkeit verweigert. Antragsberechtigt ist der Veräußerer resp. der Unternehmer[6]).

d) Einen weiteren Fall enthält der Art. 7 des internationalen Vertrages zum Schutze unterseeischer Telegraphenkabel vom 14. März 1884 (RGBl. 1888 S. 151).

Inhalt des Gesuchs. 3. Das Gesuch um Beweisaufnahme muß enthalten[7]):

a) die Bezeichnung des Gegners oder die Glaubhaftmachung, daß der Beweisführer ohne sein Verschulden außerstande sei, den Gegner zu bezeichnen[8]);

b) die Bezeichnung der Thatsachen, über welche die Beweisaufnahme erfolgen soll;

c) die Bezeichnung der Beweismittel unter Benennung der zu vernehmenden Zeugen und Sachverständigen;

d) im Falle unter 1 die Darlegung des Grundes, welcher die Besorgnis rechtfertigt, daß das Beweismittel verloren oder die Benutzung desselben erschwert werde. Dieser Grund ist glaubhaft zu machen.

In den Fällen unter 2 muß aus dem Gesuche hervorgehen, daß ein Fall vorliegt, welcher den Antrag rechtfertigt.

---

die ihm wegen eines Hauptmangels zustehenden Rechte zu wahren (BGB. § 485), sowie auch hinsichtlich der Vorschriften über die wegen des Mangels eines Werkes dem Besteller zustehenden Ansprüche (BGB. § 639).

5) CPO. § 488 Abs. 1. Nach dem HGB. § 388 hat ein Kommissionär, wenn das ihm zugesendete Gut bei der Ablieferung sich in einem beschädigten oder mangelhaften Zustande, der äußerlich erkennbar ist, befindet, für den Beweis des Zustandes zu sorgen. Diese Bestimmung findet nach §§ 407 Abs. 2 und 417 Abs. 1 auf den Spediteur und auf den Lagerhalter Anwendung. Für den Frachtführer findet sich eine solche positive Bestimmung nicht, mit Rücksicht auf die Bestimmung von HGB. § 429 hat jedoch die Bestimmung unter b) auch für den Frachtführer praktische Bedeutung.

6) CPO. § 488 Abs. 2. 7) CPO. § 487.

8) CPO. § 499 Abs. 1.

4. Die Anbringung des Gesuches erfolgt[9]), Zuständiges Gericht.

a) wenn der Rechtsstreit bereits anhängig ist, regelmäßig beim Prozeßgerichte, ausnahmsweise und zwar in dringenden Fällen auch beim Gerichte der sofortigen Hülfsbereitschaft, also bei demjenigen Amtsgerichte, in dessen Bezirke die zu vernehmenden Personen sich aufhalten oder der in Augenschein zu nehmende Gegenstand sich befindet;

b) wenn der Rechtsstreit noch nicht anhängig ist, immer bei dem Gerichte der sofortigen Hülfsbereitschaft.

5. Die Entscheidung über das Gesuch kann ohne vorgängige mündliche Verhandlung erfolgen. In dem Beschlusse, durch welchen dem Gesuche stattgegeben wird, sind der Beweissatz und die Beweismittel unter Benennung der Zeugen und Sachverständigen anzugeben. Dieser Beschluß ist unanfechtbar[10]).

6. Die Beweisaufnahme erfolgt nach den gewöhnlichen Regeln. Das Protokoll ist bei dem Gerichte aufzubewahren[11]).

Der Beweisführer ist verpflichtet, soferne es nach den Umständen des Falls geschehen kann, unter Zustellung des Beschlusses und einer Abschrift des Gesuches den Gegner zum Beweisaufnahmetermin so zeitig zu laden, daß derselbe im Termine seine Rechte wahrnehmen kann[12]).

Die Nichtbefolgung dieser Vorschrift steht der Beweisaufnahme nicht entgegen, der Beweisführer kann jedoch die Beweisverhandlung im Rechtsstreite nur benutzen, wenn er diese Vorschrift befolgt hat oder glaubhaft macht, daß ohne sein Verschulden die Ladung unterblieben oder nicht rechtzeitig erfolgt sei[13]).

Im übrigen steht jeder Partei die Benutzung der Beweisverhandlungen im Rechtsstreite frei.

Dem unbekannten Gegner kann das Gericht bei Anordnung der Beweisaufnahme zur Wahrnehmung seiner Rechte einen Vertreter bestellen[14]). Dieser ist an Stelle des Gegners vom Beweisführer zu laden.

---

9) CPO. § 486. Protokoll des Gerichtsschreibers, kein Anwaltszwang.
10) CPO. § 490. 11) CPO. § 492.
12) CPO. § 491 Abs. 1. 13) CPO. §§ 491 Abs. 2, 493.
14) CPO. § 494 Abs. 2.

Siebenter Titel.

Beendigung des Verfahrens.

§ 103.

Einleitung und Übersicht.

Das Verfahren endigt regelmäßig erst, wenn der Gegenstand desselben, das Streitverhältnis, seine Endschaft findet.

Endigung des Verfahrens ohne Beendigung des Streitverhältnisses.

Ohne Beendigung des Streitverhältnisses endigt das Verfahren, wenn entweder ein prozeßversagendes Urteil ergeht, oder wenn die Klage in zulässiger Weise zurückgenommen wird. Im letzteren Falle werden die Folgen der Zurücknahme auf Antrag durch Urteil ausgesprochen [1]).

Endigung des Streitverhältnisses a) durch Vereinigung beider Parteirollen in Einer Person;

Das Streitverhältnis endigt, wenn beide Parteirollen sich in einer Person vereinigen. Das ist der Fall

a) wenn eine Partei Gesamtnachfolger der anderen Partei wird, es sei denn, daß trotz der Nachfolge die Parteirolle auf einen selbständigen Parteirollenträger (Testamentsvollstrecker, Konkursverwalter) übergeht, in welchem Falle nur eine Unterbrechung, nicht eine Beendigung des Verfahrens eintritt. Gleiches gilt im Falle der Anordnung einer Nachlaßverwaltung. Ist die Vereinigung keine bleibende — wie z. B. dann, wenn die Erbenstellung mit Eintritt einer Nacherbfolge aufhört —, so gilt das Streitverhältnis als nicht erloschen (BGB. § 2143), der Rechtsstreit kann also wieder aufgenommen werden, indem der Nacherbe jetzt in die Parteistellung des Erblassers (nicht des Vorerben) eintritt;

b) wenn im Falle einer Einzelnachfolge eine Nachfolge in die Parteistellung eintritt (CPO. § 266). Treten infolge einer späteren Veräußerung des Grundstücks wieder verschiedene Parteirollenträger ein, so kann auch der Rechtsstreit wieder fortgesetzt werden.

---

[1]) CPO. § 271 Abs. 3.

Das Streitverhältnis endigt weiter, wenn die Parteien zur Beilegung des Rechtsstreits einen Vergleich schließen, wenn der Kläger auf den geltend gemachten Anspruch verzichtet, wenn eine Partei den gegen sie geltend gemachten Anspruch anerkennt, und wenn das Gericht den Rechtsstreit durch Urteil entscheidet und das Urteil rechtskräftig wird. b) durch Vergleich; c) durch Verzicht; d) durch Anerkenntnis; e) durch Urteil.

§ 104.

Vergleich.

Planck § 58 II — Schmidt § 68 III.

Schließen die Parteien zur Beilegung des Rechtsstreites einen Vergleich, so endigt das Streitverhältnis, soweit es nach dem Inhalte des Vergleiches endigen soll, und insoweit wird durch den Vergleich auch das Verfahren beendigt. Da es die nächste Aufgabe des Prozesses ist, den Rechtsfrieden unter den Parteien herzustellen, so kann das Gericht in jeder Lage des Rechtsstreites die gütliche Beilegung desselben oder einzelner Streitpunkte versuchen oder die Parteien zum Zwecke des Sühneversuches vor einen beauftragten oder ersuchten Richter verweisen. Zu solchem Zwecke kann das persönliche Erscheinen der Parteien angeordnet werden[1]).

Wird ein Vergleich, durch welchen der geltend gemachte Anspruch ganz oder teilweise erledigt wird, erzielt, so ist der Inhalt des Vergleichs in das Protokoll aufzunehmen[2]). Aus demselben findet die Zwangsvollstreckung statt[3]).

Die Parteien können einen solchen gerichtlichen vollstreckbaren Vergleich nicht nur vor dem Prozeßgerichte oder vor dem beauftragten oder ersuchten Richter, vor welchen das Prozeßgericht die Parteien zum Zwecke des Sühneversuchs verwiesen hat, sondern auch vor jedem (ordentlichen) deutschen Gerichte abschließen. Das von den Parteien gewählte Gericht ist als vom Prozeßgerichte ersuchtes Gericht anzusehen, kann also nur ein Amtsgericht sein[4]).

Wird der Vergleich nicht unmittelbar vor dem Prozeßgerichte abgeschlossen, so ist die Vergleichsverhandlung dem Prozeßgerichte zu übersenden.

---

[1]) CPO. § 296. [2]) CPO. § 160 Nr. 1.
[3]) CPO. § 794 Nr. 1. [4]) s. GVG. § 158.

Der Vergleich, mag er gerichtlich oder außergerichtlich abgeschlossen werden, ist ein Rechtsgeschäft des bürgerlichen Rechts. Auf ihn finden die allgemeinen Vorschriften über Rechtsgeschäfte (BGB. §§ 104—185), sowie die besonderen Vorschriften des § 779 des Bürgerlichen Gesetzbuches Anwendung.

Wird der Vergleich gerichtlich abgeschlossen, so liegt in der betreffenden Parteierklärung eine Prozeßhandlung, für deren Giltigkeit in äußerlicher formeller Hinsicht die Vorschriften des Prozeßrechts maßgebend sind [5]).

Ein Vergleich zur Beilegung des Rechtsstreits kann auch zwischen einer Partei und einem Dritten geschlossen werden. Praktische Bedeutung hat dies hauptsächlich dann, wenn der Dritte in dem Vergleiche Leistungen an die Partei übernimmt. Der Vergleich ist in diesem Falle auch gegen den Dritten vollstreckbar [6]). Ob das Streitverhältnis zwischen den Parteien durch einen solchen Vergleich beendigt wird, hängt nicht nur von dem Inhalte des Vergleichs, sondern auch davon ab, ob die nicht am Vergleiche beteiligte Partei demselben ausdrücklich oder stillschweigend beitritt.

§ 105.

Verzicht und Anerkenntnis.

Verzicht auf den geltend gemachten Anspruch und Anerkenntnis eines gegen den Anerkennenden geltend gemachten Anspruches sind,

---

[5]) Der Auffassung, daß der gerichtliche Vergleich Urteilssurrogat sei, und daß demselben die gleiche Wirkung wie dem rechtskräftigen Urteile beikomme, kann nicht beigetreten werden. Der Vergleich ist ein materielles Rechtsgeschäft, er verleugnet diese Natur auch dann nicht, wenn er gerichtlich zur Beilegung des Rechtsstreits abgeschlossen wird; er beendigt deshalb das Streitverhältnis nicht formell wie das rechtskräftige Urteil, sondern nur soweit sein Inhalt und seine materielle Kraft reichen. Ist das im Vergleiche liegende Rechtsgeschäft nach materiellem Recht anfechtbar und wird dasselbe angefochten (BGB. § 142 Abs. 2), so ist der Vergleich als nichtig anzusehen, der Rechtsstreit kann also fortgesetzt werden; ebenso, wenn der Vergleich durch Parteivereinbarung wieder aufgehoben wird. Die prozeßrechtliche Wirkung des gerichtlichen Vergleiches besteht lediglich in seiner Vollstreckbarkeit; prozeßrechtliche Rechtskraft in dem Sinne, daß er nur wie ein rechtskräftiges Urteil durch Restitutions- oder Nichtigkeitsklage beseitigt werden könnte, wohnt dem gerichtlichen Vergleiche nicht bei (A. A. Paul, Der Vergleich, Leipzig 1898, S. 22ff. ohne überzeugende Gründe).

[6]) CPO. § 794 [1].

wenn sie außerhalb des Prozesses erklärt werden, materiellrechtliche Rechtsgeschäfte, auf welche hinsichtlich der Erfordernisse des Zustandekommens und hinsichtlich ihrer Wirkungen, sowie auch hinsichtlich ihrer Anfechtbarkeit die Grundsätze des bürgerlichen Rechts Anwendung finden.

Werden die Willenserklärungen im Prozesse abgegeben, so treten sie als Prozeßhandlungen auf, deren äußere (formelle) Giltigkeit (z. B. hinsichtlich der Frage der Vornahme durch einen Vertreter) nach dem Prozeßrechte zu beurteilen ist.

Von der inneren (materiellen) Seite betrachtet, sind sie auch in diesem Falle Rechtsgeschäfte des bürgerlichen Rechts; sie unterliegen in dieser Beziehung namentlich den Grundsätzen des bürgerlichen Rechts über die Nichtigkeit und Anfechtbarkeit der Rechtsgeschäfte. Ergeht auf Grund dieser Willenserklärungen ein Urteil und wird dieses Urteil formell rechtskräftig, so treten auch die Wirkungen der Rechtskraft in vollem Umfange ein, so daß jetzt materielle Anfechtungsgründe nur in derselben Weise geltend gemacht werden können, wie gegen ein rechtskräftiges Urteil überhaupt.

Verzicht.

Verzichtet der Kläger bei der mündlichen Verhandlung[1]) auf den geltend gemachten Anspruch, so ist das Streitverhältnis gegenstandslos geworden, für den Richter ist deshalb nichts mehr zu entscheiden. Da aber das Streitverhältnis prozessual geworden und als prozessuales Streitverhältnis besondere prozeßrechtliche Folgen hat, so kann der Gegner begehren, daß diese durch Endurteil beseitigt werden. Auf Antrag des Gegners muß in solchem Falle der Kläger mit der Klage durch Endurteil abgewiesen werden[2]). Über die Kosten entscheidet das Gericht auch in diesem Falle nach den allgemeinen Grundsätzen.

Anerkenntnis.

Erkennt eine Partei den gegen sie geltend gemachten Anspruch

---

[1]) Ist der Verzicht in der mündlichen Verhandlung ausgesprochen, so ist die Thatsache des Verzichts gerichtskundig, unbestreitbar feststehend; anders, wenn der Verzicht nicht vor dem erkennenden Gerichte in der mündlichen Verhandlung erklärt ist; im letzteren Falle findet die Thatsache des Verzichtes nur Berücksichtigung, wenn sie zum Gegenstande der Verhandlung gemacht und event. bewiesen wird.

[2]) CPO. § 306. Wegen Protokollierung des Verzichts s. CPO. § 160 unter 1.

bei der mündlichen Verhandlung ganz oder zum Teil an, so ist sie auf Antrag dem Anerkenntnisse gemäß zu verurteilen[3]).

Ein Anerkenntnis im Sinne dieser Bestimmung liegt nur vor, wenn es sich auf einen im Rechtsstreite (sei es vom Kläger oder vom Beklagten im Wege der Klage oder Widerklage) geltend gemachten Anspruch bezieht, und wenn durch das Anerkenntnis das Streitverhältnis ganz oder zu einem Bruchteile erledigt wird.

Ein Anerkenntnis in solchem Sinne liegt nicht vor, wenn nur ein einzelnes Element des Rechtsstreites anerkannt wird, wenn auch damit der Rechtsstreit zur Endentscheidung reif wird. So, wenn der Kläger eine Einrede des Beklagten, z. B. die Einrede der Verjährung, anerkennt. Verzichtet der Kläger trotz dieses Anerkenntnisses nicht auf den geltend gemachten Anspruch, soweit er von der Einrede der Verjährung betroffen wird, so will er das Streitverhältnis bestehen lassen, er begehrt gerichtliche Entscheidung.

Ein solches Anerkenntnis hat nur die Bedeutung eines Thatsachengeständnisses, es enthebt den Richter nicht der Pflicht, ein den Rechtsstreit entscheidendes Urteil zu erlassen, also zu prüfen, ob die Einrede der Verjährung nach den vorgebrachten Thatsachen begründet ist.

Dasselbe ist der Fall, wenn Rechtsverhältnisse, welche nicht unmittelbar Gegenstand der Entscheidung sind, anerkannt werden. Hat z. B. Kläger als Eigentümer gegen den Beklagten auf Grund eines dem Eigentümer als solchen zustehenden Rechtes an der Sache auf Unterlassung der Störung geklagt, und erkennt Beklagter das Eigentum, aber nicht den Anspruch an, so hat auch dieses Anerkenntnis im Prozesse nur die Bedeutung eines Thatsachengeständnisses, da ohne weiteres nicht anzunehmen ist, daß diese Willenserklärung weitere Bedeutung als die eines prozessualen Verfügungsaktes haben soll.

Die auf Verzicht oder Anerkenntnis ergehenden Urteile entscheiden nicht den Rechtsstreit, ihre prozeßrechtliche Bedeutung liegt im wesentlichen darin, daß sie das Streitverhältnis auch prozessual beendigen und über die Kostenlast entscheiden.

Das Urteil ist im übrigen ein der Rechtskraft fähiges Endurteil.

---

[3]) CPO. § 307. Wegen Protokollierung des Anerkenntnisses s. CPO. § 160 unter 1.

§ 106.
Urteil.

Planck § 53 — Hellmann § 76 — Fitting § 71 — Schmidt § 97.

Das Urteil beendigt das Verfahren dann, wenn es ein Endurteil ist oder als solches anzusehen ist. Das Endurteil kann ein den Rechtsstreit entscheidendes Urteil (Sachurteil) oder ein die Entscheidung ablehnendes, versagendes Urteil sein. Im letzteren Falle — wenn z. B. die Klage wegen Fehlens einer Prozeßvoraussetzung abgewiesen wird — beendigt das Urteil das Verfahren nur formell, das materielle Streitverhältnis bleibt bestehen, es streift die Eigenschaft eines prozessualen Streitverhältnisses ab.

Beendigende Wirkung hat das Endurteil, mag es den Rechtsstreit entscheiden oder die Entscheidung ablehnen, nur dann, wenn es für die Parteien verbindlich ist.

Die verpflichtende Kraft des Urteils nennt man seine Rechtskraft. Rechtskraft.

Die Rechtskraft wohnt jedem richterlichen Urteile an sich bei; denn das Urteil ist kein bloßes Rechtsgutachten, sondern es ist der Ausspruch der Staatsgewalt darüber, was im gegebenen Falle Recht ist, in dem Urteile offenbart sich die Gerichtsbarkeit des Staates in autoritativer Weise.

Da jedoch — der historischen Entwicklung der Gerichtsbarkeit entsprechend — das Prozeßrecht eine Anfechtung der Urteile durch Rechtsmittel zuläßt, so tritt die Rechtskraft nur für diejenigen Urteile ein, welche nach Vorschrift der Prozeßordnung mit einem Rechtsmittel nicht anfechtbar sind. Bezüglich derjenigen Urteile, welche wegen ihrer besonderen Eigenschaft (Versäumnisurteil) mit einem Rechtsmittel nicht anfechtbar sind, bleibt die Rechtskraft hinausgeschoben, solange der Einspruch noch zulässig ist.

Sofort rechtskräftig sind also die vom Reichsgericht und vom obersten Landesgericht in der Revisionsinstanz, sowie die vom Landgerichte in der Berufungsinstanz gesprochenen (kontradiktorischen) Endurteile, während alle anderen Endurteile, also auch die vom Oberlandesgericht in der Berufungsinstanz gesprochenen Endurteile, vor Ablauf der für die Einlegung des zulässigen Rechtsmittels bestehenden Frist nicht rechtskräftig werden. Versäumnisurteile, gegen welche der Einspruch an sich zulässig ist, werden vor Ablauf der für die Einlegung des zulässigen Einspruchs bestimmten Frist nicht rechtskräftig. Der Eintritt der Rechtskraft wird durch rechtzeitige Einlegung des Rechtsmittels oder des Einspruchs gehemmt[1]).

Wird das Rechtsmittel oder der Einspruch eingelegt, so bleibt die Rechtskraft in Schwebe, bis das Rechtsmittel oder der Einspruch durch rechtskräftiges Endurteil zurückgewiesen oder die Partei desselben (im Falle der Zurücknahme) durch rechtskräftiges Urteil für verlustig erklärt ist.

Der Verzicht auf das Rechtsmittel oder den Einspruch schaffen für sich allein keine Rechtskraft[2]), weil die Rechtskraft dem Urteile als dem sich in dem Urteile offenbarenden Willen der Staatsgewalt innewohnt, und das Urteil die verbindliche Kraft nicht durch Parteiwillkür empfängt, auch die prozessuale Zulässigkeit des Rechtsmittels und des Einspruchs an sich durch solchen Verzicht nicht berührt wird [3]).

Ist das Urteil prozessualisch unanfechtbar, d. h. einem Rechtsmittel oder dem Einspruche überhaupt nicht oder nicht mehr unterworfen, so ist es formell rechtskräftig, es beendigt das Verfahren und beseitigt die Folge, welche sich an die Eröffnung des Verfahrens knüpft, die Rechtshängigkeit mit ihren prozeßrechtlichen Wirkungen.

Das rechtskräftige Urteil hat aber neue prozeßrechtliche Wirkungen. Diese sind die Vollstreckbarkeit und die sogen. materielle Rechtskraft[4]).

---

[1]) CPO. § 705. Es kommt nur darauf, ob das Rechtsmittel an sich, nicht auch darauf an, ob es im vorliegenden Falle zulässig ist. Ein vom Oberlandesgericht in der Berufungsinstanz gesprochenes Endurteil unterliegt an sich der Revision. Für die Frage nach der Rechtskraft ist es gleichgültig, ob die Revision wegen fehlender Revisionssumme im vorliegenden Falle unzulässig ist.

[2]) Welche Wirkung diesen Erklärungen beikommt, darüber wird unten § 107 gesprochen werden.

[3]) s. den folgenden Paragraphen.

[4]) Über die Vollstreckbarkeit der Urteile wird unten im zweiten Abschnitte dieses Buches gesprochen werden. Über die sog. materielle Rechtskraft herrschen verschiedene Anschauungen. Soll das Urteil seine Aufgabe erfüllen, so soll es den Streit nicht nur entscheiden, sondern auch in Übereinstimmung mit dem materiellen Rechte entscheiden. Als menschlicher Ausspruch unterliegt das Urteil

Vermöge seiner Rechtskraft bindet das Urteil die Parteien, soweit es über den durch die Klage oder durch die Widerklage erhobenen Anspruch entscheidet[5]), in der Weise, daß das im Urteil Zuerkannte nicht mehr bestritten, das Aberkannte nicht mehr geltend gemacht werden kann. Sog. materielle Rechtskraft.

Die Rechtskraft des Urteils ist von zwingender Art, das Gericht hat in einem neuen Rechtsstreite über denselben Anspruch den Inhalt einer früheren rechtskräftigen Entscheidung von Amtswegen zu beachten[6]). Die Partei, gegen welche das bereits Aberkannte in einem neuen Rechtsstreite geltend gemacht wird, oder der gegenüber das Zuerkannte in einem neuen Rechtsstreite bestritten wird, kann sich gegen solches Vorbringen auf den Inhalt des bereits ergangenen rechtskräftigen Urteils berufen[7]).

---

der Möglichkeit des Irrtums. Diese Möglichkeit muß in den Kauf genommen werden. Wer aber aus dieser Möglichkeit das Wesen des Urteils erfassen und ergründen will (s. Kohler, Der Prozeß als Rechtsverh. S. 112), geht sicher fehl. Der Prozeßzweck ist kein rechterzeugender, rechtschaffender, das Urteil kann weder objektives Recht oder subjektives Recht schaffen, noch beseitigen, seine Wirkungen sind lediglich prozeßrechtlicher Art.

Auch der Satz des römischen Rechts „res judicata jus facit inter partes“ steht dem nicht entgegen. Denn das jus ist allgemein verbindlich, ein jus inter partes ist kein jus, in dem Satze wird also die rechterzeugende Kraft des Urteils mehr verneint, als bejaht.

[5]) CPO. § 322 Abs. 1.

[6]) Anders die gemeine Meinung, welche die Einrede der bereits anders rechtskräftig entschiedenen Sache für eine Einrede im engeren Sinne hält, so daß das Gericht, falls die Einrede nicht vorgeschützt wird, solche nicht zu beachten und die bereits entschiedene Sache von neuem zu entscheiden habe. Dagegen in überzeugender Weise Bülow im C. A. Bd. 83 S. 1ff., wo insbesondere darauf hingewiesen wird, daß die Grundsätze der Prozeßordnung über die Wiederaufnahme des Verfahrens durch Restitutions- und Nichtigkeitsklage dieser Auffassung widerstreiten.

[7]) Ergiebt sich in dem neuen Rechtsstreite, daß das Vorbringen mit dem Inhalte eines früheren Urteils, soweit dieser Inhalt (materiell) rechtskräftig ist, in Widerspruch steht, ist das Vorbringen als prozessualisch unzulässig zurückzuweisen. Wird also derselbe Anspruch von neuem erhoben, so ist das Prozeßbegehren und aus solchem Grunde die Klage abzuweisen. Die Rechtskraft des Urteils beseitigt nicht den materiellen Anspruch, wenn er wirklich besteht und zu Unrecht aberkannt ist, sondern hindert die erneute prozessuale Geltendmachung desselben. Der zu Unrecht obsiegende Schuldner bleibt Schuldner. Hat er die Schuld freiwillig bezahlt oder anerkannt, so muß er diese seine Handlung gegen

Solche (materielle) Rechtskraft hat das Urteil nur insoweit, als über den durch Klage oder durch Widerklage erhobenen Anspruch entschieden ist. Darnach sind

1. Urteile, welche nicht in der Sache ergehen, sondern die Entscheidung in der Sache aus prozeßrechtlichen Gründen ablehnen, einer (materiellen) Rechtskraft überhaupt nicht fähig.

2. Dasselbe gilt bezüglich derjenigen Urteile, welche die Klage wegen mangelnder Klagbefugnis, z. B. eine Feststellungsklage deshalb abweisen, weil es an dem Interesse an der sofortigen Feststellung fehlt, oder die Klage auf Herstellung der Rechtsordnung abweisen, weil es an einer Rechtsverletzung fehlt, was z. B. zutrifft, wenn die Klage des Eigentümers auf Herausgabe abgewiesen wird, weil Beklagter die Sache nicht besitzt.

Durch die Beschränkung „insoweit, als durch den durch Klage oder durch Widerklage erhobenen Anspruch entschieden ist", wird ausgesprochen, daß nicht die im Urteile enthaltenen Entscheidungen über die einzelnen Elemente des Rechtsstreits, sondern nur die Entscheidung über den Rechtsstreit selbst in Rechtskraft übergeht[5]). Zwischenurteile,

---

sich gelten lassen. Würde er das Geleistete zurückfordern, so würde das Rückforderungsrecht an sich begründet sein; denn der Beklagte würde mit der Behauptung, daß der Kläger eine Schuld bezahlt habe, deshalb nicht gehört werden, weil im früheren Urteile erkannt ist, daß die Schuld nicht besteht. Leistete aber der Schuldner in Kenntnis dieses Umstandes freiwillig, so ist er aus gleichem Grunde mit der Rückforderung abzuweisen wie ein Nichtschuldner, welcher leistet, obgleich er weiß, daß er zur Leistung nicht verpflichtet ist (BGB. § 814).

[5]) Man pflegt diesen Satz auch so auszudrücken: „nur der Tenor des Urteils, nicht die Entscheidungsgründe gehen in Rechtskraft über". Der Inhalt des Urteilstenor ist aber nur aus dem Thatbestand und den Entscheidungsgründen verständlich. Der Satz will also sagen, daß die Entscheidung nur insoweit in Rechtskraft übergeht, als nach dem Inhalt des Urteils (einschließlich des Thatbestandes und der Entscheidungsgründe) über den Anspruch entschieden ist, während die Aussprüche des Urteils über die Begründetheit oder Unbegründetheit einzelner Elemente des Rechtsstreits nicht in Rechtskraft übergehen. Beispiele: 1. Hat jemand Zinsen eingeklagt, und wird der Zinsanspruch abgewiesen, weil der Richter feststellt, daß der Kapitalanspruch nicht besteht, so ist dieser Ausspruch des Richters nur Entscheidungsgrund für die Abweisung des Zinsanspruchs. — 2. Hat jemand aus einem nach BGB. § 123 anfechtbaren Rechtsgeschäfte auf Erfüllung geklagt, und ist das Rechtsgeschäft vom Verpflichteten angefochten und deshalb die Klage abgewiesen, so ist der Ausspruch des Richters, daß das Rechtsgeschäft von Anfang an als

welche nur über einzelne Elemente des Rechtsstreits ergehen, sind also niemals der (materiellen) Rechtskraft fähig, wenn sie auch, wie das über den Grund des Anspruchs vorab entscheidende Urteil selbständig anfechtbar und damit der formellen Rechtskraft fähig sind.

Vorbehaltsurteile sind der materiellen Rechtskraft fähig, jedoch unter dem Vorbehalte, daß sie im Nachverfahren nicht aufgehoben werden. Soweit dies der Fall ist, beseitigt die Rechtskraft des im Nachverfahren ergehenden Urteils die Rechtskraft des Vorbehaltsurteils.

Ausnahmsweise Rechtskraft für die Entscheidung über das Nichtbestehen einer Gegenforderung.

In einem Falle ist auch die Entscheidung über ein Element des Rechtsstreits einer selbständigen Rechtskraft fähig. Hat nämlich der Beklagte die Aufrechnung einer Gegenforderung geltend gemacht, so ist die Entscheidung, daß die Gegenforderung nicht besteht, bis zur Höhe des Betrages, für welchen die Aufrechnung geltend gemacht worden ist, der Rechtskraft fähig[9]).

Maßgebend für den Umfang der materiellen Rechtskraft ist der Klaggrund und der Klagantrag, wie sich beide im Laufe des Rechtsstreites unter Berücksichtigung der zulässigen Änderungen, Erweiterungen und Beschränkungen darstellen.

Ein anderer Klaggrund erzeugt einen anderen Anspruch, mag es sich um absolute oder persönliche Rechtsverhältnisse handeln. Die Rechtskraft des Urteils ergreift Ansprüche, welche später auf Grund eines anderen Klaggrundes erhoben werden, nicht. Ist der Klaggrund derselbe, aber der Antrag ein anderer, so wird man unter-

---

nichtig anzusehen sei (BGB. § 142 Abs. 1), ebensowenig wie die Feststellung des Richters, daß der Beklagte zur Abgabe der Willenserklärung durch arglistige Täuschung bestimmt worden ist, der Rechtskraft fähig. — 3. Ist dem Falle unter 2 der Beklagte verurteilt, weil das Gericht angenommen hat, daß das Rechtsgeschäft unanfechtbar sei, so ist der Ausspruch des Richters, daß arglistige Täuschung nicht vorliege, nicht der Rechtskraft fähig.

[9]) CPO. § 322 Abs. 2. Wird in dem Urteile die Gegenforderung als zur Zeit der Aufrechnungserklärung bestehend anerkannt und auf Grund der erfolgten Aufrechnung die Klage abgewiesen, so ist die Entscheidung über das Bestehen der Gegenforderung ebensowenig der Rechtskraft fähig, wie die Entscheidung darüber, daß die Forderung des Klägers aus irgend einem anderen Grunde getilgt sei. Ist über die Gegenforderung gar nicht erkannt, indem die Klage aus einem anderen Grunde abgewiesen ist oder indem die Aufrechnung zurückgewiesen ist, weil die Gegenforderung nicht aufrechenbar ist (BGB. §§ 393—395), so ist diese Entscheidung selbstverständlich einer selbständigen Rechtskraft nicht fähig.

scheiden müssen, ob über den späteren Antrag im früheren Urteile schon implicite entschieden ist oder nicht.

Ist z. B. die Klage auf Leistung aus einem Rechtsgeschäfte abgewiesen worden, so kann der Anspruch auf Interesse wegen unterbliebener Leistung nicht mehr geltend gemacht werden. War dagegen nur ein Bruchteil der Leistung eingeklagt, so hindert die Abweisung der Klage nicht die spätere Geltendmachung eines anderen Bruchteils. War die Zinsklage abgewiesen, so steht der Geltendmachung von später fällig gewordenen Zinsraten aus gleichem Klaggrunde nichts entgegen. Umgekehrt ist dem Beklagten im Falle seiner Verurteilung in allen drei Fällen unbenommen, die weitergehenden späteren Ansprüche wiederholt zu bestreiten.

Wenn die Parteien dem Urteile eine weiter gehende Rechtskraft verschaffen wollen, so bietet sich ihnen hierfür der Weg der Inzidentfeststellungsklage.

Ausnahme von der Rechtskraftwirkung.

Die (materielle) Rechtskraft des Urteils hat Ausnahmen in den Fällen, in welchen das Urteil Leistungen für die Zukunft normiert, indem in diesen Fällen unter bestimmten Voraussetzungen eine Abänderung des Urteils im Wege der Klage beantragt werden kann. Das ist zulässig, wenn eine Verurteilung zu künftig fällig werdenden, wiederkehrenden Leistungen (s. CPO. § 258) ergangen ist (BGB. §§ 843, 844, Ges. betr. die Verbindlichkeit zum Schadensersatz in d. F. d. EG. z. BGB. Art. 42, BGB. §§ 1602f., 1708) und später eine wesentliche Änderung derjenigen Verhältnisse eintritt, welche für die Verurteilung zur Entrichtung der Leistungen, für die Bestimmung der Höhe der Leistungen oder der Dauer ihrer Entrichtung maßgebend waren. Zur Erhebung der Klage ist jede Partei berechtigt, jedoch ist die Klage nur insoweit zulässig, als die Gründe, auf welche sie gestützt wird, erst nach dem Schlusse der mündlichen Verhandlung, in der eine Erweiterung des Klagantrages oder die Geltendmachung von Einwendungen spätestens hätte erfolgen müssen, entstanden sind oder durch Einspruch nicht mehr geltend gemacht werden können. Durch den Umstand, daß das Urteil mit einem ordentlichen Rechtsmittel anfechtbar ist, wird die Klage nicht ausgeschlossen. Die Abänderung des Urteils darf nur für die Zeit nach Erhebung der Klage erfolgen [10]).

---

[10]) CPO. § 323.

Ist jemand wegen Verletzung des Körpers oder der Gesundheit, wegen Tötung oder wegen Freiheitsentziehung auf Grund BGB. §§ 843—845 oder § 7 des Gesetzes betreffend die Verbindlichkeit zum Schadensersatze, v. 7. Juni 1871 (s. EG. z. BGB. Art. 42) oder im Ehescheidungsprozesse als allein für schuldig erklärter Teil auf Grund BGB. §§ 1578—1582 zur Leistung einer Geldrente verurteilt, so kann der Berechtigte, wenn nicht auf Sicherheitsleistung erkannt ist, gleichwohl Sicherheitsleistung verlangen, wenn sich die Vermögensverhältnisse des Verpflichteten erheblich verschlechtert haben. Ist auf Sicherheitsleistung erkannt, so kann er unter gleichen Voraussetzungen eine Erhöhung derselben verlangen [11]).

Die Rechtskraft des Urteils ist eine relative, sie wirkt zunächst nur für und gegen die Parteien, in deren Rechtsstreite das Urteil ergangen ist („res judicata jus facit inter partes")[12]).

Erweiterungen der Rechtskraft auf andere Personen kennt das Prozeßrecht und das bürgerliche Recht. Erstreckung der Rechtskraftwirkung auf andere Personen.

1. Nach dem Prozeßrechte

a) wirkt die Rechtskraft des Urteils für und gegen diejenigen Personen, welche nach dem Eintritte der Rechtshängigkeit Rechtsnachfolger einer Partei geworden sind. Rechtsnachfolger.

Gleichgiltig ist, ob die Rechtsnachfolge eine Gesamtfolge oder Sonderfolge ist. Dem Sondernachfolger steht derjenige gleich, welcher zwar ein Recht an der in Streit befangenen Sache nicht erworben, aber, wie der Pächter, Mieter, Verwahrer, den Besitz der Sache in solcher Weise erworben hat, daß eine Partei oder der Rechtsnachfolger einer Partci mittelbarer Besitzer (BGB. § 868) geworden ist [13]).

Es finden jedoch auch in diesem Falle die Vorschriften des bürgerlichen Rechts zu Gunsten derjenigen, welche Rechte von einem Nichtberechtigten ableiten (BGB. §§ 892 f., 932 ff.,

---

[11]) CPO. § 324 und § 7 Abs. 3 des G. v. 7. Juni 1871 u. d. F. d. EG. z. BGB. Art. 42.

[12]) Absolute Wirkung („für und gegen alle") haben die Urteile über die Ehenichtigkeits- und Anfechtungsklage (CPO. § 629), die Urteile in Familienstandssachen (CPO. § 643) und das Urteil über die gegen die Todeserklärung gerichtete Anfechtungsklage (CPO. § 976). Darüber wird später gesprochen werden.

[13]) CPO. § 325 Abs. 1.

1032, 1138, 1208, 1242, 2366, HGB. §§ 366 f.) entsprechende Anwendung. Soweit hiernach der gutgläubige Erwerber gegen einen Mangel im Rechte seines Vorgängers geschützt ist, braucht er auch das Urteil nicht gegen sich gelten zu lassen. Betrifft jedoch das Urteil einen Anspruch aus einer eingetragenen Reallast, Hypothek, Grundschuld oder Rentenschuld, so wirkt es im Falle einer Veräußerung des belasteten Grundstücks in Ansehung des Grundstücks gegen den Rechtsnachfolger auch dann, wenn dieser die Rechtshängigkeit nicht gekannt hat.

Ist die Veräußerung im Wege der Zwangsversteigerung erfolgt, so wirkt das Urteil gegen den Ersteher nur dann, wenn die Rechtshängigkeit spätestens im Versteigerungstermin vor der Aufforderung zur Abgabe von Geboten angemeldet ist[14]).

Nacherbe.

b) Der Nacherbe ist nicht Rechtsnachfolger des Vorerben, sondern Rechtsnachfolger des Erblassers, er wird aber prozeßrechtlich in manchen Beziehungen (s. CPO. § 242) wie ein Rechtsnachfolger des Vorerben behandelt. Es ist deshalb im Interesse des Nacherben sowie zur Vermeidung unnötiger Prozesse dem Urteile, das zwischen dem Vorerben und einem Dritten über einen gegen den Vorerben als Erben gerichteten Anspruch oder über einen der Nacherbfolge unterliegenden Gegenstand ergeht, sofern es vor dem Eintritte der Nacherbfolge rechtskräftig wird, Wirkung für den Nacherben beigelegt. Dagegen würde das Recht des Nacherben im hohen Grade gefährdet sein, wenn er ein zu Ungunsten des Vorerben ergehendes Urteil ohne weiteres gegen sich gelten lassen müßte, da der Vorerbe in solchem Falle eine indirekte Verfügungsmacht über die seiner Verfügung entzogenen Nachlaßgegenstände (BGB. §§ 2113 bis 2115), sowie die Macht erlangen würde, den Nachlaß mit Verbindlichkeiten zu belasten. Es hat deshalb ein Urteil, das zwischen einem Vorerben und einem Dritten über einen der Nacherbfolge unterliegenden Gegenstand ergeht, nur Wirksamkeit gegen den Nacherben, sofern der Vorerbe befugt ist, ohne Zustimmung des Nacherben über den Gegenstand zu verfügen[15]).

---

[14]) CPO. § 325 Abs. 2 u. 3 und dazu Zwangsverst.-Ges. v. 24. März 1897 § 54.

[15]) CPO. § 326.

c) Die Rechtskraft des Urteils wirkt auch gegen den aus der Beklagtenrolle entlassenen Besitzer, Störer, für den der Besitzherr oder Rechtsherr in den Prozeß eingetreten ist (CPO. §§ 76 u. 77). Partei-vorgänger.

2. Nach dem bürgerlichen Rechte gehören hierher die Fälle des Miteigentums und Miterbrechts. Wenn dem Miteigentümer die Befugnis beigelegt ist, die Ansprüche aus dem Eigentum oder aus einem Rechte an der Sache in Ansehung der ganzen Sache (BGB. §§ 1011, 1004, 1027) geltend zu machen, und wenn einem Miterben während bestehender Erbengemeinschaft die Befugnis zusteht, einen zum Nachlasse gehörigen Anspruch mit voller Rechtswirksamkeit allein geltend zu machen (BGB. § 2039), so muß auch das in einem solchen Rechtsstreite ergehende Urteil für und gegen die Miteigentümer oder Miterben Wirksamkeit haben. Miteigentümer und Miterbe.

3. Sowohl auf dem Gebiete des materiellen Rechts, wie auf dem Gebiete des Prozeßrechts liegen folgende Fälle:

a) Macht der Mann ein zum eingebrachten Gute der Frau gehörendes Recht im eigenen Namen gerichtlich geltend, so wirkt das Urteil, sofern der Mann über das Recht ohne Zustimmung der Frau verfügen darf, auch für und gegen die Frau[16]). Ehefrau im gesetzlichen Güterstande.

b) Das Urteil, welches in dem Rechtsstreite zwischen dem Testamentsvollstrecker und einem Dritten über ein der Verwaltung des Testamentsvollstreckers unterliegendes Recht ergeht, wirkt für und gegen den Erben. Das Gleiche gilt von einem Urteile, welches zwischen einem Testamentsvollstrecker und einem Dritten über einen gegen den Nachlaß gerichteten Anspruch ergeht, wenn der Testamentsvollstrecker zur Führung des Rechtsstreites berechtigt ist[17]). Erbe im Falle der Testamentsvollstrecker zur Führung von Rechtsstreiten befugt ist.

c) Wenn ein Schiffsgläubiger auf Grund des HGB. § 761 Abs. 2 sein Pfandrecht gegen den Schiffer im Wege der Klage verfolgt hat, so wirkt das gegen den Schiffer ergehende Urteil auch gegen den Rheder. Rheder, wenn ein Schiffsgläubiger gegen den Schiffer klagt.

d) Wenn im Konkurse Aussonderungs-, Absonderungsrechte oder Ansprüche aus gegenseitigen vom Gemeinschuldner zu erfüllenden Verträgen als Masseansprüche verfolgt werden, sowie, wenn der Verwalter Ansprüche für die Teilungsmasse gegen Dritte Gemeinschuldner im Prozesse über Gegenstände der Teilungsmasse zwischen dem Verwalter und Dritten.

---

[16]) BGB. § 1380. [17]) BGB. §§ 2212 f., CPO. § 327.

im Wege der Klage verfolgt, so ist das in solchen Prozessen ergehende Urteil auch gegen den Gemeinschuldner wirksam[18]).

Aktionär und Genossenschafter. e) Wenn ein Aktionär oder ein Genossenschafter einen Generalversammlungsbeschluß im Wege der Klage anfechtet (HGB. §§ 271—273, Gen.-Ges. i. d. F. d. G. v. 20. Mai 1898 § 51), oder ein Aktionär oder ein Genosse die Nichtigkeitserklärung der Gesellschaft (HGB. § 309) oder der Genossenschaft (Gen.-Ges. § 96) im Wege der Klage betreibt, so wirkt das Urteil für und gegen alle Aktionäre resp. gegenüber allen Genossen.

Pfändungspfandgläubiger. f) Wenn ein Pfändungspfandgläubiger nach CPO. § 856 gegen den Drittschuldner klagt, so ist die Entscheidung für und gegen die übrigen Pfändungspfandgläubiger wirksam.

In diesen Fällen verfolgt die Partei in dem Prozesse zunächst ihr eigenes Interesse. Dieses Interesse ist jedoch entweder identisch mit dem Interesse derjenigen Dritten, gegenüber denen das Urteil wirkt (wie in den Fällen unter e u. f), oder das Recht oder die Sache, welche den Gegenstand des streitigen Anspruches bilden, gehören zum Vermögen eines Dritten, während die Partei den Prozeß kraft eines ihr an diesem Vermögen oder an der Sache zustehenden selbständigen Verwaltungs- oder Verfügungsrechtes führt. Soweit das Verfügungsrecht über den Gegenstand des Rechtsstreites wirkt, wirkt auch die Rechtskraft des Urteils[19]).

Die materielle Rechtskraft gebührt den Urteilen aller deutschen Gerichte, mögen sie ordentliche oder besondere sein, im Inlande oder im Auslande ihren Sitz haben, gleichmäßig; denn in ihnen allen offenbart sich die überall gleichwertige deutsche Gerichtsbarkeit, mag sie dem Reiche oder einem Gliedstaate zustehen.

---

[18]) Gegen nicht für den Gemeinschuldner; denn der Verwalter ist nicht Vertreter des Gemeinschuldners, sondern eine selbständige Partei, dessen zur Konstituierung der Teilungsmasse vorgenommenen Handlungen im Interesse der Konkursgläubiger gegen den Gemeinschuldner gerichtet sind und insoweit auch rechtliche Wirksamkeit gegen ihn haben (s. KO. § 6). Das Nähere gehört in die Darstellung des Konkursverfahrens.

[19]) Überall wo der gleiche Gesichtspunkt zutrifft, ist auch eine analoge Anwendung dieses Prinzips gegeben. Wenn also z. B. ein akademischer Quästor kraft öffentlich rechtlicher Befugnis gestundete Honorarforderungen eintreibt, so wirkt die Rechtskraft des Urteils nicht bloß ihm gegenüber, sondern auch denjenigen Universitätslehrern gegenüber, um deren Honorarforderungen es sich in dem Prozesse handelt.

Urteile ausländischer Gerichte.

Auch die Urteile ausländischer Gerichte sind — unter Vorbehalt des etwaigen Vergeltungsrechtes (EG. z. CPO. § 8 u. o. S. 20f.) — im Inlande, ohne daß eine formelle Anerkennung der Rechtskraft seitens eines deutschen Gerichtes erforderlich ist[20]) als (materiell) rechtskräftig anzuerkennen, es sei denn

1. daß die Gerichte des Staates, dem das ausländische Gericht angehört, nach den deutschen Gesetzen nicht zuständig sind[21]) (CPO. § 328 Nr. 1);

2. daß der unterlegene Beklagte ein Deutscher ist und sich auf den Prozeß nicht eingelassen hat, sofern die den Prozeß einleitende Ladung oder Verfügung ihm weder in dem Staate des Prozeßgerichts in Person noch durch Gewährung deutscher Rechtshilfe (sei es im Inlande oder im Auslande, z. B. in einem Konsulargerichtsbezirk oder in einem Schutzgebiete) zugestellt ist (CPO. § 328 Nr. 2);

3. daß das ausländische Urteil in einer Ehesache oder in einer Streitigkeit über die eheliche Abstammung eines Kindes, über die Legitimation eines unehelichen Kindes oder über die Annahme an Kindesstatt ergangen ist, und dabei zum Nachteile der deutschen Partei abweichend von den durch die deutsche Gesetzgebung (EG. z. BGB. Art. 13 Abs. 1 (Art. 27), Art. 13 Abs. 3, 17, 18 u. 22) für maßgebend erklärten Grundsätzen des internationalen Privatrechts entschieden ist (CPO. § 328 Nr. 3 erster Fall);

4. daß in dem ausländischen Urteile zum Nachteile der Ehefrau eines im Inlande für tot erklärten Ausländers (EG. z. BGB. Art. 9 Abs. 3), welche sich wieder verheiratet hatte und bis zu ihrer Wiederverheiratung Deutsche war, auf deren Wiederverheiratung also die deutschen Gesetze Anwendung finden (EG. z. BGB. Art. 13 Abs. 2), entgegen diesen Gesetzen entschieden ist (CPO. § 328 Nr. 3, zweiter Fall);

5. daß die Anerkennung des Urteils gegen die guten Sitten oder gegen den Zweck eines deutschen Gesetzes verstoßen würde (CPO. § 328 Nr. 4, s. a. EG. z. BGB. Art. 30);

6. daß die Gegenseitigkeit nicht verbürgt ist. Betrifft das Urteil einen nicht vermögensrechtlichen Anspruch, für welchen nach den

---

[20]) Anders die Vollstreckbarkeit. Für diese bedarf es zunächst eines Vollstreckungsurteils (CPO. § 722 Abs. 1).

[21]) z. B., wenn für die Sache nach deutschem Recht ein ausschließlicher Gerichtsstand im Inlande begründet ist, oder ein Gerichtsstand im Auslande nicht besteht.

deutschen Gesetzen ein Gerichtsstand im Inlande nicht begründet ist, so steht der Umstand, daß die Gegenseitigkeit nicht verbürgt ist, der Anerkennung des ausländischen Urteils nicht entgegen (CPO. § 328 Nr. 5 u. Abs. 2). Ob die Gegenseitigkeit verbürgt ist, entscheidet sich nach den zwischen dem deutschen Reiche oder einem Gliedstaate einerseits und dem betreffenden ausländischen Staate andererseits etwa bestehenden Staatsverträgen, resp. nach den Gesetzen des Auslandes.

§ 107.

Anfechtung der Urteile durch Rechtsmittel.

Planck § 138 — Hellmann § 104 — Fitting § 81 — Schmidt § 100.

Rechtsmittel. Rechtsmittel im Sinne der Prozeßordnung sind Rechtsbehelfe, durch welche eine Partei eine ihr nachteilige gerichtliche Entscheidung bei einem höheren Gerichte anfechtet, um eine Aufhebung oder Abänderung dieser Entscheidung in einem ihr günstigen Sinne zu erreichen; es sind dies die Berufung, die Revision und die Beschwerde (s. o. S. 280).

Die Berufung und Revision richten sich gegen die Endurteile und diejenigen Zwischenurteile, welche bezüglich der Rechtsmittel als Endurteile anzusehen sind, die Beschwerde gegen andere Entscheidungen[1]).

Berufung und Revision. Die Berufung gewährt eine vollständige Nachprüfung des Rechtsstreits in thatsächlicher und rechtlicher Beziehung mit der Möglichkeit der Nachholung der in erster Verhandlung nicht vorgebrachten Thatsachen, während die Revision nur eine Nachprüfung der Rechtsfrage in der Weise zuläßt, daß das Revisionsgericht zu prüfen hat, ob das angefochtene Urteil eine Rechtsnorm verletzt.

Umfang der Nachprüfung in der Rechtsmittelinstanz. Die Nachprüfung erstreckt sich in beiden Fällen auf das gesamte Erkenntnisverfahren, welches in dem Urteile, gegen welches sich das Rechtsmittel richtet, seinen Abschluß gefunden hat, es unterliegen deshalb der Beurteilung des über das Rechtsmittel erkennenden Gerichts auch diejenigen Entscheidungen, welche dem angefochtenen Urteile vorausgegangen sind (Zwischenurteile, Beschlüsse, Anordnungen und Verfügungen), soferne dieselben nach den Vorschriften der Prozeß-

[1]) Über die Beschwerde ist bereits oben S. 281 ff. gesprochen.

ordnung nicht unanfechtbar oder mit der Beschwerde anfechtbar sind[2]). Dagegen kann die Verletzung einer das Verfahren der unteren Instanz betreffenden Vorschrift in der Rechtsmittelinstanz nicht mehr gerügt werden, wenn die Partei das Rügerecht bereits in der unteren Instanz verloren hat[3]).

Ein Versäumnisurteil kann von der Partei, gegen welche es erlassen ist, mit einem Rechtsmittel nicht angefochten werden. Ist gegen das Versäumnisurteil der Einspruch an sich nicht statthaft, so unterliegt es der Berufung oder der Revision insoweit, als das Rechtsmittel darauf gestützt wird, daß der Fall der Versäumung nicht vorgelegen habe[4]). Kein Rechtsmittel gegen Versäumnisurteil. Ausnahme.

Ein vor dem Erlaß des Urteils erklärter Verzicht auf die Berufung oder Revision ist prozeßrechtlich unwirksam, ein nach dem Erlasse des Urteils erklärter Verzicht auf die Berufung oder Revision ist dagegen ein wirksames Prozeßrechtsgeschäft, die Wirksamkeit ist nicht davon abhängig, daß der Gegner die Verzichtleistung angenommen hat[5]). Verzicht auf das Rechtsmittel.

Im übrigen finden auf die Gültigkeit des Verzichts und seine Wirksamkeit resp. Anfechtbarkeit die Grundsätze des bürgerlichen Rechts über den Abschluß und die Gültigkeit der Rechtsgeschäfte (s. BGB. §§ 104—185) Anwendung.

Durch einen wirksamen Verzicht wird das Urteil nicht formell rechtskräftig, vielmehr hat der Verzicht nur den Verlust des Rechtsmittels zur Folge, unbeschadet der Befugnis des Verzichtenden, sich auch in diesem Falle dem Rechtsmittel des Gegners anzuschließen. Wird das Rechtsmittel trotzdem eingelegt, so hat das Gericht auf Einwand des Gegners zu prüfen, ob auf das Rechtsmittel wirksam verzichtet ist, und im bejahenden Falle das Rechtsmittel durch Endurteil zurückzuweisen.

Beide Rechtsmittel sind an eine Notfrist von Einem Monat gebunden, welche mit der Zustellung des Urteils beginnt. Die Einlegung kann gleichzeitig mit der Zustellung des Urteils erfolgen, die Einlegung vor der Zustellung des Urteils ist wirkungslos[6]). Notfrist

[2]) CPO. §§ 512, 548.

[3]) CPO. §§ 530, 558, s. CPO. § 295.

[4]) CPO. §§ 513, 566 (o. S. 337). [5]) CPO. §§ 514, 566.

[6]) CPO. §§ 516, 552. Wird innerhalb der Berufungsfrist ein Urteil in Gemäßheit CPO. § 321 durch eine nachträgliche Entscheidung er-

Einlegung des Rechtsmittels.

Die Einlegung erfolgt in beiden Fällen durch Zustellung eines Schriftsatzes, welcher enthalten muß

1. die Bezeichnung des Urteils, gegen welches das Rechtsmittel gerichtet wird;

2. die Erklärung, daß gegen dieses Urteil die Berufung (Revision) eingelegt werde;

3. die Ladung des Berufungs-(Revisions-)Beklagten vor das Berufungs-(Revisions-)Gericht zur mündlichen Verhandlung über das Rechtsmittel.

Bei der Einreichung des Schriftsatzes zum Zwecke der Terminsbestimmung soll eine Ausfertigung oder beglaubigte Abschrift des Urteils, gegen welches das Rechtsmittel sich richtet, dem Berufungs-(Revisions-)gerichte vorgelegt werden[7]).

Auf den Schriftsatz finden die allgemeinen Bestimmungen über die vorbereitenden Schriftsätze Anwendung. Als vorbereitender Schriftsatz soll die Berufungs-(Revisions-)schrift enthalten

1. die Berufungs-(Revisions-)Anträge, d. h. die Erklärung, inwieweit das Urteil angefochten und dessen Abänderung oder Aufhebung beantragt werde;

2. die Begründung dieser Anträge[8]).

---

gänzt, so beginnt mit der Zustellung der nachträglichen Entscheidung der Lauf der Berufungsfrist auch für das zuerst ergangene Urteil von neuem. Wird gegen beide Urteile von derselben Partei Berufung eingelegt, so sind beide Berufungen mit einander zu verbinden, CPO. § 517. Diese Bestimmung gilt für die Revision nicht.

[7]) CPO. §§ 518, 553.

[8]) CPO. §§ 519, 554. Die Begründung der Anträge soll im Berufungsverfahren die neuen Thatsachen und Beweismittel, welche die Partei geltend zu machen beabsichtigt, enthalten und im Revisionsverfahren enthalten,

1. insoweit die Revision darauf gestützt wird, daß eine Rechtsnorm nicht oder nicht richtig angewendet sei, die Bezeichnung der Rechtsnorm;
2. insoweit die Revision darauf gestützt wird, daß das Gesetz in Bezug auf das Verfahren verletzt sei, die Bezeichnung der Thatsachen, welche den Mangel ergeben;
3. insoweit die Revision darauf gestützt wird, daß unter Verletzung des Gesetzes Thatsachen festgestellt, übergangen oder als vorgebracht angenommen seien, die Bezeichnung dieser Thatsachen.

Die Einlassungsfrist beträgt mindestens zwei Wochen, auch wenn das Urteil erster Instanz im Urkunden- und Wechselprozesse ergangen ist. In Meß- und Marktsachen beträgt die Einlassungsfrist mindestens vierundzwanzig Stunden[9]).

Durch die Einlegung des Rechtsmittels wird die Rechtskraft des Urteils seinem ganzen Inhalte nach suspendiert, also auch insoweit es gegen den Rechtsmittelbeklagten und für den Rechtsmittelkläger ergangen ist; es kann sich deshalb der erstere dem Rechtsmittel des letzteren anschließen, selbst wenn er auf das Rechtsmittel verzichtet hatte, oder die Notfrist zur Zeit der Anschlußerklärung schon verstrichen ist. Der Anschluß kann insbesondere auch allein zur Abänderung der Kostenentscheidung erfolgen[10]). Suspensiveffekt.

Die Anschließung verliert ihre Wirkung, wenn das Rechtsmittel zurückgenommen, oder für unzulässig erklärt wird; ist jedoch die Anschließung innerhalb der Notfrist erfolgt, so hat die Anschließungserklärung die Bedeutung eines selbständigen Rechtsmittels[11]).

Die Vorschriften über die Anfechtung eines Versäumnisurteils durch ein Rechtsmittel finden auch auf das Anschlußrechtsmittel Anwendung[12]).

Ergiebt sich aus den Rechtsmittelanträgen, daß nicht der ganze Inhalt des Urteils angefochten wird, so ist ein nicht oder nicht unbedingt für vorläufig vollstreckbar erklärtes Urteil der vorigen Instanz insoweit es nicht angefochten ist, auf den in der mündlichen Verhandlung gestellten Antrag von dem über das Rechtsmittel erkennenden

---

In der Revisionsschrift soll ferner der Wert des nicht in einer bestimmten Geldsumme bestehenden Beschwerdegegenstandes angegeben werden, wenn die Zulässigkeit der Revision von diesem Werte abhängt.

[9]) CPO. §§ 520, 555, 262. Ist die Zustellung im Auslande vorzunehmen, so wird die Einlassungsfrist vom Vorsitzenden bei Festsetzung des Termins bestimmt.

[10]) CPO. §§ 521 Abs. 1, 556. Die Anschließung erfolgt in der mündlichen Verhandlung dadurch, daß der Rechtsmittelbeklagte Gegenanträge auf Abänderung des Urteils zum Nachteile des Rechtsmittelklägers stellt und solche begründet; dem Revisionskläger sind jedoch die Revisionsanträge des Beklagten und deren Begründung durch vorbereitenden Schriftsatz mitzuteilen.

[11]) CPO. §§ 522, 556. [12]) CPO. §§ 521 Abs. 2, 556.

Gerichte für vorläufig vollstreckbar zu erklären. Eine Anfechtung dieser Entscheidung findet nicht statt[13]).

Zurücknahme des Rechtsmittels.

Die Zurücknahme des Rechtsmittels ist ohne Einwilligung des Gegners nur bis zum Beginn der mündlichen Verhandlung des Gegners zulässig.

Die Zurücknahme ist eine Prozeßhandlung, auf deren Gültigkeit nur die Vorschriften des Prozeßrechts, nicht diejenigen des materiellen Rechts Anwendung finden; sie erfolgt, wenn sie nicht bei der mündlichen Verhandlung erklärt wird, durch Zustellung eines Schriftsatzes, von dem sofort nach erfolgter Zustellung eine Abschrift auf der Gerichtsschreiberei niederzulegen ist.

Die Zurücknahme hat den Verlust des Rechtsmittels und die Verpflichtung zur Folge, die durch das Rechtsmittel entstandenen Kosten zu tragen. Diese Wirkungen sind auf Antrag des Gegners durch Urteil auszusprechen[14]).

Allgemeine und gemeinschaftliche Verfahrensgrundsätze.

Auf das Verfahren in der Rechtsmittelinstanz finden die in erster Instanz für das Verfahren vor den Landgerichten geltenden Vorschriften entsprechende Anwendung, soweit sich nicht in diesem oder in den beiden folgenden Paragraphen Abweichungen finden[15]).

Vertagung der mündlichen Verhandlung.

Die mündliche Verhandlung ist, wenn an dem für dieselbe bestimmten Tage die Notfrist noch nicht verstrichen ist, auf Antrag des Berufungs-(Revisions-)Beklagten bis zum Ablaufe dieser Frist, und wenn der Rechtsmittelbeklagte gegen das Urteil den Einspruch erhoben hat, auch von Amtswegen bis zur Erledigung des Einspruchs zu vertagen[16]).

Ausgangspunkt der mündlichen Verhandlung.

Die mündliche Verhandlung in der Rechtsmittelinstanz geht von dem Ergebnisse der vorigen Instanz aus. Dieses ist, nachdem die Rechtsmittelanträge gestellt sind, zunächst zum Gegenstande der mündlichen Verhandlung zu machen. In dieser Beziehung liegt den Parteien die Verhandlungspflicht ob, sie haben das durch das Rechtsmittel angefochtene Urteil, sowie die dem Urteile vorausgegangenen Entscheidungen nebst den Entscheidungsgründen und den Beweisverhandlungen insoweit vorzutragen, als dies zum Verständnisse der Rechtsmittelanträge und zur Prüfung der Richtigkeit der angefochtenen Entscheidung erforderlich ist. Im Falle der Unrichtigkeit oder Un-

---

13) CPO. §§ 534, 566, s. hierzu auch CPO. § 718 u. unten S. 487.

14) CPO. §§ 515, 566.

15) CPO. §§ 523, 557.

16) CPO. §§ 524, 566.

vollständigkeit des Vortrags hat der Vorsitzende dessen Berichtigung oder Vervollständigung, nötigenfalls unter Wiedereröffnung der Verhandlung, zu veranlassen[17]).

Prozeßhindernde Einreden. Prozeßhindernde Einreden, auf welche die Partei wirksam verzichten kann, dürfen nur geltend gemacht werden, wenn die Partei glaubhaft macht, daß sie ohne ihr Verschulden außerstande gewesen ist, dieselben in erster oder in der Berufungsinstanz vorzubringen. Das gleiche gilt, wenn bei vermögensrechtlichen Ansprüchen für die Klage ein ausschließlicher Gerichtsstand begründet ist, von der Einrede der Unzuständigkeit des Gerichts, sofern der Beklagte in erster Instanz oder in der Berufungsinstanz zur Hauptsache mündlich verhandelt hat; eine Prüfung der Zuständigkeit von Amtswegen findet in diesem Falle nicht statt.

Die Verhandlung zur Hauptsache darf auf Grund prozeßhindernder Einreden nicht verweigert werden; das Gericht kann jedoch die abgesonderte Verhandlung über solche Einreden auch von Amtswegen anordnen[18]).

Prüfung der Zulässigkeit des Rechtsmittels. Das erkennende Gericht hat von Amtswegen zu prüfen, ob das Rechtsmittel an sich statthaft und ob es in der gesetzlichen Form und Frist eingelegt sei. Mangelt es an einem dieser Erfordernisse, so ist das Rechtsmittel als unzulässig zu verwerfen[19]).

Prüfung in der Sache. Trotz des vollen Suspensiveffektes der Rechtsmittel beschränkt sich die Prüfung und Entscheidung des über das Rechtsmittel erkennenden Gerichts in der Sache auf die in der Rechtsmittelinstanz gestellten Anträge[20]). Soweit ein Urteil nicht angefochten ist, kann es auch in der Rechtsmittelinstanz nicht abgeändert werden[21]). Dabei ist selbstverständlich, daß die Anträge und Gegenanträge (im Falle einer Anschließung an das Rechtsmittel) im Laufe der Verhandlung erweitert und beschränkt werden können.

Das über das Rechtsmittel erkennende Gericht hat zunächst nicht über den in erster Instanz erhobenen Anspruch, sondern zunächst nur zu prüfen, ob richtig geurteilt ist. Insoweit das nicht der Fall ist, ist das Urteil, soweit es angefochten ist, aufzuheben. Ob auch

---

17) CPO. §§ 526, 566. 18) CPO. §§ 528, 566.
19) CPO. §§ 535, 566. 20) CPO. §§ 536, 559.
21) Dem Rechtsmittelkläger steht also, wenn keine Anschließung stattfindet, schlimmsten Falls die Zurückweisung des Rechtsmittels bevor (keine „reformatio in pejus“).

ein anderes Urteil in der Sache zu sprechen ist, oder die Sache nicht zwecks weiterer Verhandlung und Entscheidung in die vorige Instanz zurückzuverweisen ist, ist verschieden. In der Berufungsinstanz ist das nur ausnahmsweise (s. S. 454 Anm. 12 f.), in der Revisionsinstanz dagegen regelmäßig (s. S. 459 Anm. 13 f.) der Fall.

Wird das Rechtsmittel für begründet erklärt und die Sache zurückverwiesen, so hat das Urteil die Bedeutung eines das Verfahren beendigenden Urteils; denn das Rechtsmittelverfahren ist im Sinne der Prozeßordnung ein besonderes Verfahren, ein neuer Rechtsstreit über dasselbe Streitverhältnis. In diesem neuen Rechtsstreite treten die Parteien in neuer Parteirolle (Berufungs-, Revisionsklage) einander gegenüber. Gegenstand des neuen Verfahrens ist zunächst der durch die Rechtsmittelanträge neu aufgeworfene Streit, ob richtig geurteilt ist. Das diesen Streit beendigende Urteil ist ein Endurteil im Sinne der Prozeßordnung[22].

Gelangt die Sache wieder in die vorige Instanz, so wird die Verhandlung in voriger Instanz wieder in vollem Umfange eröffnet, soweit nicht bestimmter Prozeßstoff schon durch ein in Kraft gebliebenes Zwischenurteil erledigt ist.

Bei der Darstellung des Thatbestandes im Urteile des Berufungsgerichts ist eine Bezugnahme auf das Urteil der vorigen Instanz nicht ausgeschlossen[23].

Der Gerichtsschreiber des über das Rechtsmittel erkennenden Gerichts hat innerhalb vierundzwanzig Stunden, nachdem der Schriftsatz, durch welchen das Rechtsmittel eingelegt wird, zum Zwecke der Terminsbestimmung eingereicht ist, von dem Gerichtsschreiber der vorigen Instanz die Prozeßakten einzufordern und nach Erledigung des Rechtsmittels die Akten nebst einer beglaubigten Abschrift des in der Rechtsmittelinstanz erlassenen Urteils dem Gerichte der vorigen Instanz zurückzusenden[24].

---

[22]) Ergeht also ein solches Urteil beim Oberlandesgericht in der Berufungsinstanz, so ist es an sich mit der Revision anfechtbar. Ergeht es beim Landgericht in der Berufungsinstanz oder ergeht es in der Revisionsinstanz, so unterliegt es der Nichtigkeits- und Restitutionsklage (s. CPO. § 578 u. u. § 110).

[23]) CPO § 543. [24]) CPO. §§ 544, 566.

§ 108.
Berufung.

Planck §§ 139—146 — Hellmann §§ 106—111 — Fitting § 82 — Schmidt § 101.

Die Berufung ist das Rechtsmittel der zweiten Instanz, sie findet statt gegen alle durch Rechtsmittel anfechtbare in der ersten Instanz erlassene Endurteile (Teilurteile) und gegen solche Zwischenurteile, welche hinsichtlich der Rechtsmittel als Endurteile anzusehen sind [1]). Zulässigkeit.

Vor dem Berufungsgerichte wird die Sache in den durch die Berufungsanträge bestimmten Grenzen von neuem verhandelt [2]). Das Streitverhältnis ist dasselbe; Änderung der Klage ist deshalb nur mit Einwilligung des Gegners statthaft [3]), auch neue Ansprüche (Widerklagen, Inzidentklagen) dürfen nur mit Einwilligung des Gegners erhoben werden, dagegen sind Klagerweiterungen und Veränderungen des Klagantrages in derselben Weise wie in der ersten Instanz (s. CPO. § 268 unter 2 u. 3 u. o. S. 216) zulässig [4]). Neue Verhandlung des Rechtsstreites.

Macht der Beklagte die Aufrechnung einer Gegenforderung geltend, so ist die hierauf gegründete Einwendung zurückzuweisen, wenn nicht der Kläger in die Geltendmachung einwilligt oder der Beklagte glaubhaft macht, daß er ohne sein Verschulden außerstande gewesen ist, die Aufrechnung in erster Instanz geltend zu machen. Im Falle der Zurückweisung ist das gegen den Beklagten ergehende Urteil Vorbehaltsurteil [5]).

Im übrigen können Angriffs- und Verteidigungsmittel, welche in erster Instanz nicht geltend gemacht sind, insbesondere neue Thatsachen und Beweismittel vorgebracht [6]) und die in erster Instanz unterbliebenen oder verweigerten Erklärungen über Thatsachen, Urkunden und Eideszuschiebung nachgeholt werden [7]). beneficium novorum.

Von Wirksamkeit bleiben auch für die Berufungsinstanz das in erster Instanz abgelegte gerichtliche Geständnis sowie die in erster Instanz erfolgte Annahme oder Zurückschiebung eines Eides [8]).

---

[1]) CPO. § 511. [2]) CPO. § 525.
[3]) CPO. § 527. [4]) CPO. § 529 Abs. 2.
[5]) CPO. § 529 Abs. 3 u. u. § 116.
[6]) CPO. § 529 Abs. 1. Wegen der Beschränkung dieses sog. beneficii novorum hinsichtlich der prozeßhindernden Einreden und der prozessualischen Rügen s. CPO. §§ 528 u. 530 sowie o. S. 451 u. S. 253.
[7]) CPO. § 531. [8]) CPO. §§ 532, 533 Abs. 1.

Dasselbe gilt von der Leistung, von der Verweigerung der Leistung und von der Erlassung eines Eides, wenn die Entscheidung, durch welche die Leistung des Eides angeordnet ist, von dem Berufungsgerichte für gerechtfertigt erachtet wird [9]).

Devolutiveffekt. Die Berufung hat vollständigen Devolutiveffekt, indem Gegenstand der Verhandlung und Entscheidung des Berufungsgerichts alle einen zuerkannten oder aberkannten Anspruch betreffenden Streitpunkte sind, über welche in Gemäßheit der Anträge eine Verhandlung und Entscheidung erforderlich ist, selbst dann, wenn über diese Streitpunkte in erster Instanz nicht verhandelt und nicht entschieden ist [10]).

Das Berufungsgericht hat den Rechtsstreit bis zur unbedingten Entscheidung zu erledigen, so daß es ein von ihm selbst erlassenes bedingtes Endurteil auch selbst zu erledigen hat. Ist die Berufung gegen ein bedingtes Endurteil der ersten Instanz eingelegt, so kann das Berufungsgericht, falls die Berufung gegen das erste Urteil **sachlich** zurückgewiesen wird, auch das bedingte Endurteil der ersten Instanz erledigen [11]).

Zulässigkeit der Zurückverweisung. Von der Regel des vollen Devolutiveffektes giebt es Ausnahmen, indem in bestimmten Fällen die Sache, insoweit eine weitere Verhandlung derselben erforderlich ist, an das Gericht erster Instanz zurückverwiesen werden **muß**, und in einem anderen Falle zurückgewiesen werden **kann**.

Die Sache muß zurückverwiesen werden [12])

a) wenn durch das angefochtene Urteil ein Einspruch als unzulässig verworfen ist, das Berufungsurteil aber den Einspruch für zulässig erklärt;

---

[9]) CPO. § 533 Abs. 2. [10]) CPO. § 537 Satz 1.

[11]) CPO. § 537 Satz 2. Anders, wenn die Berufung gegen das bedingte Endurteil der ersten Instanz als prozessualisch unzulässig verworfen ist.

[12]) CPO. § 538. Auch das zurückweisende Urteil ist ein das Verfahren beendigendes Urteil, also Endurteil im Sinne der Prozeßordnung, s. o. S. 452 Anm. 22. Ergeht es also beim Oberlandesgericht, so unterliegt es in **allen** Fällen, in welchen die Zurückweisung erfolgt, an sich dem Rechtsmittel der Revision. Das ist nicht unbestritten. Andere halten das zurückverweisende Urteil für ein Zwischenurteil und gewähren eine selbständige Anfechtung nur in den Fällen, in welchen ein Zwischenurteil als Endurteil anzusehen ist, also in den Fällen b, c und d.

b) wenn durch das angefochtene Urteil nur über prozeßhindernde Einreden entschieden ist, mag das angefochtene Urteil ein prozeßversagendes Endurteil oder ein die Einreden verwerfendes Zwischenurteil sein, und die Berufung im ersten Falle für begründet, im anderen Falle für unbegründet erklärt wird [13]);

c) wenn im Falle eines nach Grund und Betrag streitigen Anspruches durch das angefochtene Urteil über den Grund des Anspruches vorab entschieden oder die Klage abgewiesen ist und die Berufung im ersteren Falle für unbegründet, im anderen Falle für begründet erklärt wird, so daß in beiden Fällen über den Betrag in erster Instanz zu verhandeln ist;

d) wenn das angefochtene Urteil ein im Urkunden- und Wechselprozesse ergangenes Vorbehaltsurteil ist und die Berufung zurückgewiesen wird, so daß der Vorbehalt in der ersten Instanz zu erledigen ist;

e) wenn das angefochtene Urteil ein Versäumnisurteil ist und die Berufung für begründet erklärt wird, weil der Fall der Versäumnis nicht vorgelegen habe.

Die Sache kann zurückverwiesen werden, wenn das Verfahren erster Instanz an einem wesentlichen Mangel leidet und das Berufungsurteil das angefochtene Urteil und das Verfahren, soweit das Urteil auf denselben beruht, aufhebt [14]).

Werden Verteidigungsmittel, welche vom Beklagten in der Berufungsinstanz verspätet vorgebracht werden, auf Antrag zurückgewiesen (s. CPO. § 279 u. o. S. 331), so ergeht ein Vorbehaltsurteil [15]).

Versäumt eine Partei den Termin zur mündlichen Verhandlung, so findet das Versäumnisverfahren der ersten Instanz entsprechende Anwendung [16]).

Versäumt also der Berufungskläger, so wird die Berufung auf Antrag des Berufungsbeklagten als unbegründet zurückgewiesen. **Versäumnis der mündlichen Verhandlung.**

Beantragt der Berufungskläger gegen den versäumenden Berufungsbeklagten das Versäumnisurteil, so muß man unterscheiden, ob der Berufungskläger zur Begründung der Berufung neue Thatsachen behauptet oder nicht.

---

[13]) In dem Urteile des Berufungsgerichts sind die sämtlichen prozeßhindernden Einreden zu erledigen.

[14]) CPO. § 539. [15]) CPO. §§ 540, 541 u. u. § 116.

[16]) CPO. § 542 Abs. 1.

Im letzteren Falle, in welchem nur eine Nachprüfung in der Rechtsfrage, nicht in der Thatfrage begehrt wird, hat das Gericht auf Grund des vom Berufungskläger vorzutragenden, in der ersten Instanz festgestellten Thatbestandes zu prüfen, ob die Berufung begründet ist oder nicht. In jenem Falle ergeht Versäumnisurteil, in diesem Falle gewöhnliches Endurteil (s. CPO. § 331 Abs. 2 u. o. S. 335).

Werden vom Berufungskläger neue Thatsachen vorgebracht, so muß man unterscheiden, ob dieselben die bereits festgestellten Thatsachen nur berichtigen, oder ob sie den festgestellten Thatbestand erweitern oder ergänzen, so daß durch die Thatsachen neue selbständige Angriffs- oder Vertheidigungsmittel in den Rechtsstreit eingeführt werden.

Im letzteren Falle gelten diese Thatsachen als zugestanden, das Berufungsgericht hat zu prüfen, ob solche Thatsachen die Berufungsanträge rechtfertigen. Soweit dies der Fall ist, ist die Berufung durch Versäumnisurteil für begründet zu erklären, soweit dies nicht der Fall ist, ist diese durch gewöhnliches Endurteil zurückzuweisen (CPO. § 331).

Thatsachen, welche zur Berichtigung, Widerlegung der bereits festgestellten Thatsachen vorgebracht sind, gelten nicht ohne weiteres als zugestanden. Werden keine Beweismittel dafür benannt, so sind sie unbeachtlich; wird jedoch vom Berufungskläger *in zulässiger Weise* für dieselben Beweis angetreten, so ist anzunehmen, daß die Beweismittel das in Aussicht gestellte Ergebnis gehabt haben. Auf solcher Grundlage ist zu prüfen, ob die Berufung begründet ist oder nicht (CPO. § 542 Abs. 2).

§ 109.
Revision.

Planck §§ 147—152 — *Hellmann* §§ 112—115 — *Fitting* § 83 *Schmidt* § 102.

Die Revision ist das Rechtsmittel der dritten Instanz, sie findet statt gegen die in der Berufungsinstanz von den Oberlandesgerichten [1]) erlassenen, an sich einem Rechtsmittel unterliegenden Endurteile [2]).

---

[1]) Für Rechtsstreitigkeiten, die in erster Instanz vor den Amtsgerichten, in zweiter Instanz also vor den Landgerichten verhandelt werden, giebt es keine dritte Instanz.

[2]) CPO. § 545.

Die Zulässigkeit der Revision ist in Rechtsstreitigkeiten über vermögensrechtliche Ansprüche dadurch beschränkt, daß sie durch einen den Betrag von fünfzehnhundert Mark übersteigenden Wert des Beschwerdegegenstandes bedingt ist[3]), wovon jedoch zwei Ausnahmen bestehen, indem die Revision ohne Rücksicht auf den Wert des Beschwerdegegenstandes stattfindet[4]), Beschränkungen der Zulässigkeit durch die summa gravaminis (üb. 1500 M.).

1. insoweit es sich um die Unzuständigkeit des Gerichts oder die Unzulässigkeit des Rechtswegs oder die Unzulässigkeit der Berufung handelt;

2. in den Rechtsstreitigkeiten über die Ansprüche, für welche die Landgerichte ohne Rücksicht auf den Wert des Streitgegenstandes ausschließlich zuständig sind[5]).

Alleiniger Revisionsgrund ist, daß das Berufungsurteil auf einer Gesetzesverletzung beruht. Revisionsgrund.

Darin liegt zweierlei:

1. Es muß eine Gesetzesverletzung vorliegen. Eine solche liegt vor, wenn eine Rechtsnorm nicht oder nicht richtig angewendet ist[6]). Gesetzesverletzung.

2. Die Gesetzesverletzung muß kausal für die angefochtene Entscheidung gewesen sein, d. h. die Entscheidung muß in einem ihrer Bestandteile, also entweder in der Feststellung des Thatbestandes oder in der Anwendung des Gesetzes auf diesen Thatbestand in irgend einer Richtung beeinflußt sein, so daß sie ohne die Gesetzesverletzung in irgend einem Punkte nicht so ergangen wäre, wie sie ergangen ist[7]). Kausalität der Verlegung.

Von dem zweiten Erfordernisse giebt es Ausnahmen, indem gewisse Gesetzesverletzungen von absoluter Wirkung sind, so daß, falls eine solche Verletzung vorliegt, kraft gesetzlicher Bestimmung anzu- Absolute Wirkung auch ohne Feststellung der Kausalität.

---

[3]) CPO. § 546. Inbetreff des Wertes des Beschwerdegegenstandes kommen die allgemeinen Vorschriften (CPO. §§ 3—9 u. o. S. 64) zur Anwendung. Der Revisionskläger hat diesen Wert glaubhaft zu machen; zur Versicherung an Eidesstatt darf er nicht zugelassen werden.

[4]) CPO. § 547.

[5]) s. o. S. 46 f. Anm. 4 ff. und dazu CPO. § 97 Abs. 3, o. S. 179 Anm. 25.

[6]) CPO. § 550.

[7]) CPO. § 549. Ist nur die Begründung des Berufungsurteils unrichtig, die Entscheidung selbst aber aus anderen Gründen aufrecht zu erhalten, so ist die Revision zurückzuweisen, CPO. § 563.

nehmen ist, daß die Entscheidung auf einer Gesetzesverletzung beruht. Dies ist der Fall[8]),

a) wenn das erkennende Gericht nicht vorschriftsmäßig besetzt war;

b) wenn bei der Entscheidung ein Richter mitgewirkt hat, welcher von der Ausübung des Richteramts kraft Gesetzes ausgeschlossen war, sofern nicht dieses Hindernis mittels eines Ablehnungsgesuches ohne Erfolg geltend gemacht ist;

c) wenn bei der Entscheidung ein Richter mitgewirkt hat, obgleich derselbe wegen Besorgnis der Befangenheit abgelehnt und das Ablehnungsgesuch für begründet erklärt war;

d) wenn das Gericht seine Zuständigkeit oder Unzuständigkeit mit Unrecht angenommen hat;

e) wenn eine Partei in dem Verfahren nicht nach Vorschrift der Gesetze vertreten war, sofern sie nicht die Prozeßführung ausdrücklich oder stillschweigend genehmigt hat;

f) wenn die Entscheidung auf Grund einer mündlichen Verhandlung ergangen ist, bei welcher die Vorschriften über die Öffentlichkeit des Verfahrens verletzt sind;

g) wenn die Entscheidung nicht mit Gründen versehen ist.

Beschränkung des Revisionsgrundes auf revisibeles Recht.

Das Gesetz beschränkt aber die Revision weiter dadurch, daß als Revisionsgrund nur zugelassen wird die Verletzung eines Reichsgesetzes oder eines Gesetzes, dessen Geltungsbereich sich über den Bezirk des Berufungsgerichts hinaus erstreckt[9]), soweit nicht durch kaiserliche Verordnung mit Zustimmung des Bundesrats und ohne nachträglichen Widerspruch des Reichstages oder durch Reichsgesetz bestimmt ist[10])

entweder, daß die Verletzung von Gesetzen, obgleich deren Geltungsbereich sich über den Bezirk des Berufungsgerichtes hinaus erstreckt, die Revision nicht begründe,

oder daß die Verletzung von Gesetzen, obgleich deren Geltungsbereich sich nicht über den Bezirk des Berufungsgerichtes hinaus erstreckt, die Revision begründe.

Eine neue Verhandlung der Thatfrage findet nicht statt, vielmehr sind für die Entscheidung des Revisionsgerichtes die in dem an-

[8]) CPO. § 551. [9]) CPO. § 549.

[10]) EG. z. CPO. § 6 und die dazu ergangenen oben S. 15 unter 5 aufgeführten Verordnungen und Gesetze.

gefochtenen Urteile gerichtlich festgestellten Thatsachen maßgebend. Neue Thatsachen werden nur berücksichtigt, wenn es sich um die Prüfung der prozessualen Zulässigkeit der Revision handelt oder wenn

entweder die Revision auf einen Mangel im Verfahren gestützt wird und Thatsachen bezeichnet werden, welche diesen Mangel ergeben,

oder die Revision darauf gestützt wird, daß unter Verletzung des Gesetzes Thatsachen festgestellt, übergangen oder als vorgebracht angenommen seien [11]).

Die Entscheidung des Berufungsgerichtes über das Bestehen und den Inhalt von Gesetzen, auf deren Verletzung die Revision nicht gestützt werden kann, ist auch für die auf die Revision ergehende Entscheidung maßgebend [12]).

Ist die Revision begründet, so beschränkt sich regelmäßig die Entscheidung des Revisionsgericht darauf, daß das angefochtene Urteil aufgehoben wird, und, wenn die Aufhebung des Urteils wegen eines Mangels im Verfahren erfolgt, auf die Aufhebung des Verfahrens, soweit es durch den Mangel betroffen wird [13]). Im übrigen wird die weitere Verhandlung und Entscheidung in der Sache an das Berufungsgericht zurückverwiesen. Die Zurückverweisung kann an einen anderen Senat des Berufungsgerichts erfolgen. Das Berufungsgericht hat die rechtliche Beurteilung, welche der Aufhebung zu Grunde gelegt ist, auch seiner Entscheidung zu Grunde zu legen [14]). Nur in folgenden Fällen hat das Revisionsgericht in der Sache zu entscheiden [15]),

1. wenn die Aufhebung des Urteils nur wegen Gesetzesverletzung bei Anwendung des Gesetzes auf das festgestellte Sachverhältnis erfolgt und nach letzterem die Sache zur unbedingten Entscheidung reif ist;

---

11) CPO § 561 (s. § 554 2 u. 3 u. o. S. 448).

12) CPO. § 562. Ob die Anwendung des nicht revisibelen Rechts auf den streitigen Fall auf einer Verletzung von revisibelem Rechte beruht, hat das Revisionsgericht zu entscheiden. Hat also das Berufungsgericht nicht revisibeles Recht zur Anwendung gebracht, so steht dem Revisionsgerichte die Entscheidung darüber zu, ob eine revisibele Rechtsnorm hätte angewendet werden müssen. Dasselbe gilt auch für den umgekehrten Fall, wenn revisibeles Recht angewendet ist, wo nicht revisibeles Recht anzuwenden war.

13) CPO. § 564.

14) CPO. § 565 Abs. 2 u. 3.

15) CPO § 565 Abs. 3.

2. wenn die Aufhebung des Urteils wegen Unzuständigkeit des Gerichts oder wegen Unzulässigkeit des Rechtswegs erfolgt.

Kommt jedoch in diesen beiden Fällen für die in der Sache selbst zu erlassende Entscheidung die Anwendbarkeit von nicht revisiblem Recht in Frage, so kann die Sache zur anderweitigen Verhandlung und Entscheidung an das Berufungsgericht zurückverwiesen werden[16]).

Versäumt eine Partei die mündliche Verhandlung, so finden die bezüglichen für die Berufungsinstanz geltenden Vorschriften analoge Anwendung[17]).

Achter Titel.

Wiederaufnahme des Verfahrens.

Planck §§ 159—161 — Hellmann §§ 118—121 — Fitting §§ 85, 86 — Schmidt § 103.

§ 110.

Restitutions- und Nichtigkeitsklage.

Mit der Rechtskraft des Endurteils ist das Streitverhältnis in endgiltiger Weise entschieden. Eine Wiederaufnahme des Verfahrens ist nur aus ganz besonderen Gründen gestattet. Es giebt zweierlei Gruppen solcher Gründe für die Wiederaufnahme.

Die eine Gruppe gewährt die Wiederaufnahme dann, wenn das Verfahren an einem besonderes schweren Mangel, an einer trotz der Rechtskraft noch fortwirkenden Nichtigkeit leidet. Die andere Gruppe gewährt die Wiederaufnahme aus Billigkeitsgründen und zwar in zwiefacher Richtung, indem entweder das Urteil auf einer

---

[16]) CPO. § 565 Abs. 4. Von dieser Befugnis wird das Gericht hauptsächlich dann Gebrauch machen, wenn es sich um die Anwendung zweifelhafter, kontroverser Rechtsnormen handelt, während es selbst entscheiden wird, wenn ihm das nicht revisibele Recht bekannt ist und über die Auslegung der Norm kein Zweifel besteht.

[17]) CPO. § 566 u. oben S. 455 f.

strafbaren Handlung (des Richters, der Partei, des Parteivertreters oder einer Auskunftsperson) basiert, oder wenn neue Umstände vorliegen, welche eine neue Prüfung rechtfertigen.

Die Fälle der ersteren Gruppe begreift das Gesetz unter die Nichtigkeitsklage, die Fälle der anderen Gruppe unter die Restitutionsklage[1]).

Werden beide Klagen von derselben Partei oder verschiedenen Parteien erhoben, so ist die Verhandlung und Entscheidung über die Restitutionsklage bis zur rechtskräftigen Entscheidung über die Nichtigkeitsklage auszusetzen[2]).

Die Nichtigkeitsklage findet statt[3]) Nichtigkeitsklage.

1. wenn das erkennende Gericht nicht gerichtsverfassungsmäßig besetzt war, sofern nicht diese Nichtigkeit mittels eines Rechtsmittels geltend gemacht werden konnte;

2. wenn ein Richter bei der Entscheidung mitgewirkt hat, welcher von der Ausübung des Richteramts kraft des Gesetzes ausgeschlossen war, sofern nicht dieses Hindernis mittels eines Ablehnungsgesuches oder eines Rechtsmittels ohne Erfolg geltend gemacht ist;

---

[1]) Die Prozeßordnung knüpft damit an die Fälle der sog. außerordentlichen Rechtsmittel des früheren Rechts an (s. auch EG. z. CPO. § 20). Nach dem Gemeinen Prozeßrechte konnte ein rechtskräftiges Urteil auf zwiefache Weise beseitigt werden, vermöge der in integrum restitutio (Wetzell § 53) und durch die querela nullitatis insanabilis. Nur die letztere war ein außerordentliches Rechtsmittel, indem sie an den höheren Richter führte. Nur dann, wenn das Urteil des höchsten Gerichtes auf einer solchen Nichtigkeit beruhte, konnte die querela bei diesem judex selbst erhoben werden. Die prozessualische Restitution gegen nachteilige Handlungen und Unterlassungen hatte seit dem dubium camerale des Reichskammergerichts vom 19. Mai 1786 eine ungemessene Ausdehnung genommen durch die Zulassung derselben ex culpa procuratoris. Die prozessualische Restitution unterlag der gewöhnlichen vierjährigen Verjährungsfrist und wurde erteilt von dem Richter der Instanz, in welcher das Versehen vorgekommen war, gleichgültig, ob inzwischen ein rechtskräftiges Urteil ergangen war oder nicht. Die querela nullitatis insanabilis war seit dem Jüngsten Reichsabschiede (§ 122) auf diejenigen Nullitäten, welche insanabilem defectum aus der Person des Richters, der Partei oder aus den substantialibus processus mit sich führen, beschränkt, während andere Nichtigkeiten nur mit den ordentlichen Rechtsmitteln geltend gemacht werden konnten. Die querela nullitatis insanabilis unterlag der gewöhnlichen dreißigjährigen Klagverjährung.

[2]) CPO. § 578. [3]) CPO. § 579.

3. wenn bei der Entscheidung ein Richter mitgewirkt hat, obgleich derselbe wegen Besorgnis der Befangenheit abgelehnt und das Ablehnungsgesuch für begründet erklärt war, es sei denn, daß diese Nichtigkeit mittels eines Rechtsmittels geltend gemacht werden konnte;

4. wenn eine Partei in dem Verfahren nicht nach Vorschrift der Gesetze vertreten war, sofern sie nicht die Prozeßführung ausdrücklich oder stillschweigend genehmigt hat.

Restitutionsklage.

Die Restitutionsklage findet statt

1. in folgenden Fällen, in welchen der Entscheidung eine strafbare Handlung zu Grunde liegt, nämlich

a) wenn der Gegner durch Leistung eines Parteieides, auf welche das Urteil gegründet ist, sich einer vorsätzlichen oder fahrlässigen Verletzung der Eidespflicht schuldig gemacht hat[4]);

b) wenn eine Urkunde, auf welche das Urteil gegründet ist, fälschlich angefertigt oder verfälscht war[5]);

c) wenn durch Beeidigung eines Zeugnisses oder eines Gutachtens, auf welche das Urteil gegründet ist, der Zeuge oder der Sachverständige sich einer vorsätzlichen oder fahrlässigen Verletzung der Eidespflicht schuldig gemacht hat[6]);

d) wenn das Urteil vom Vertreter der Partei oder von dem Gegner oder dessen Vertreter durch eine in Beziehung auf den Rechtsstreit verübte Handlung erwirkt ist, welche mit einer im Wege des gerichtlichen Strafverfahrens zu verhängenden öffentlichen Strafe bedroht ist[7]);

e) wenn ein Richter bei dem Urteile mitgewirkt hat, welcher sich in Beziehung auf den Rechtsstreit einer Verletzung seiner Amtspflichten gegen die Partei schuldig gemacht hat, sofern diese

---

[4]) CPO. § 580[1] u. StGB. §§ 153, 156. Gegner ist jeder, der in der Gegenparteirolle steht, also der Prozeßgegner selbst, sein gesetzlicher Vertreter, der Nebenintervenient oder der Dritte, dem der Eid nach CPO. § 450 (449) zugeschoben oder zurückgeschoben ist.

[5]) CPO. § 580[2], StGB. §§ 267—269, 271. Gleichgültig ist, ob die strafrechtliche Verantwortung die Partei oder einen Dritten trifft.

[6]) CPO. § 580[3], StGB. §§ 154, 155, 166.

[7]) CPO. § 580[4]. Welcher Art die strafbare Handlung ist, ist gleichgültig. Beispiele geben die Fälle StGB. §§ 160, 240, 263, 266, 356.

Verletzung mit einer im Wege des gerichtlichen Strafverfahrens zu verhängenden öffentlichen Strafe bedroht ist[8]).

In allen diesen Fällen findet die Restitutionsklage nur statt, wenn wegen der strafbaren Handlung eine rechtskräftige Verurteilung ergangen ist, oder wenn die Einleitung oder Durchführung eines Strafverfahrens aus anderen Gründen, als wegen Mangels an Beweis nicht erfolgen kann[9]).

2. Neue Umstände (nova et noviter reperta), welche einen Restitutionsgrund gewähren, sind vorhanden,

a) wenn ein strafrechtliches Urteil, auf welches das Urteil gegründet ist, durch ein anderes rechtskräftig gewordenes Urteil aufgehoben ist[10]);

b) wenn die Partei ein in derselben Sache erlassenes, früher rechtskräftig gewordenes Urteil oder

c) eine andere Urkunde auffindet oder zu benutzen in den Stand gesetzt wird, welche eine ihr günstigere Entscheidung herbeigeführt haben würde[11]).

Im Falle c ist jedoch die Restitution unzulässig, wenn das angefochtene Urteil darauf beruht, daß auf Grund einer Eidesleistung des Gegners die betreffende Thatsache oder deren Gegenteil für bewiesen erachtet ist[12]).

In allen Fällen ist die Restitution nur zulässig, wenn die Partei ohne ihr Verschulden außerstande war, den Restitutionsgrund in dem früheren Verfahren, insbesondere durch Einspruch oder Berufung oder mittels Anschließung an eine Berufung geltend zu machen[13]). Beschränkung der Zulässigkeit der Restitutionsklage.

---

[8]) CPO. § 580[5], StGB. §§ 334, 335, 339, 348. Daß die strafbare Handlung des Richters für das Urteil kausal war, wird nicht erfordert. Bloße Disziplinarvergehen des Richters gewähren keinen Restitutionsgrund.

[9]) CPO. § 581 Abs. 1.

[10]) CPO. § 580[6]. Wenn auch das im Strafverfahren ergehende Urteil den Civilrichter nicht bindet (EG. z. CPO. § 14[1]), so ist doch nicht ausgeschlossen, daß der Civilrichter sich eine Überzeugung auf Grund des Strafurteils gebildet hat. Ist dies der Fall, dann erfordert die Gerechtigkeit die Restitution, wenn das Strafurteil beseitigt ist.

[11]) CPO. § 580[7].

[12]) CPO. § 580 Abs. 2. In diesem Ausnahmefalle kann die Restitution nur nach 1a begehrt werden.

[13]) CPO. § 582.

Der Restitutionskläger hat deshalb nicht nur den Restitutionsgrund, sondern weiter nachzuweisen, daß er ohne sein Verschulden außer Stande war, den Grund in dem früheren Verfahren geltend zu machen [14]).

Der Beweis des Restitutionsgrundes kann nicht durch Eideszuschiebung geführt werden [15]).

§ 111.

Wiederaufnahmeverfahren.

Wiederaufnahme. Die Wiederaufnahme des Verfahrens erfolgt durch Erhebung der Nichtigkeits- oder der Restitutionsklage gegen das rechtskräftige Urteil, mag dasselbe den ganzen Prozeß, nur eine Rechtsmittelinstanz erledigen, mag es bedingt oder unbedingt, ohne oder mit Vorbehalt ergehen, mag es ein Endurteil sein oder ein solches Zwischenurteil sein, welches in Bezug auf die Rechtsmittel als Endurteil anzuzusehen ist.

Mit den Klagen können nicht nur Anfechtungsgründe, welche das angefochtene Urteil unmittelbar ergreifen, sondern auch Anfechtungsgründe, durch welche eine dem angefochtenen Urteile voraufgegangene Entscheidung derselben oder einer unteren Instanz betroffen wird, geltend gemacht werden, sofern das angefochtene Urteil auf dieser Entscheidung beruht [1]).

Zuständigkeit. Für die Klagen ist ausschließlich zuständig [2])

1. das Gericht, welches in erster Instanz erkannt hat;

2. wenn das angefochtene Urteil oder wenn auch nur eins von mehreren angefochtenen (in der ersten oder in der Berufungsinstanz) erlassenen Urteilen von dem Berufungsgerichte erlassen wurde, das Berufungsgericht [3]);

---

[14]) Eine Versäumung, welche in dem Verschulden eines Vertreters ihren Grund hat, ist als eine unverschuldete nicht anzusehen, s. CPO. § 232 Abs. 2 u. o. S. 270 Anm. 4.

[15]) CPO. § 581 Abs. 2.

[1]) CPO. § 583.

[2]) CPO. § 584.

[3]) Das kann z. B. der Fall sein, wenn gegen das Urteil erster Instanz die Berufung eingelegt aber zurückgewiesen oder für unbegründet erklärt ist, und sowohl das Urteil erster als das zweiter Instanz anfechtbar ist und beide angefochten werden. In diesem Falle hat die in der Berufungsinstanz erhobene Klage attraktive Kraft.

3. wenn ein in der Revisionsinstanz erlassenes Urteil aus einem der oben S. 462f. unter 1 a—c und unter 2 a—c angeführten Gründe angefochten wird, das Berufungsgericht[4]);

4. wenn ein in der Revisionsinstanz erlassenes Urteil mit der Nichtigkeitsklage oder mit der Restitutionsklage aus einem der oben S. 462 unter 1 d u. e angeführten Gründe angefochten wird, das Revisionsgericht[5]);

5. wenn die Klage gegen einen im Mahnverfahren erlassenen Vollstreckungsbefehl gerichtet ist, das Amtsgericht, welches den Befehl erlassen hat, und, wenn der Anspruch nicht zur Zuständigkeit der Amtsgerichte gehört, das für den Rechtsstreit über den Anspruch zuständige Gericht[6]).

Für die Erhebung der Klage gelten die allgemeinen Vorschriften über die Eröffnung des Verfahrens in erster Instanz, gleichgiltig, ob die Klage bei einem niederen, höheren oder höchsten Gerichte erhoben wird[7]). Erhebung der Klage.

Die Klagen sind vor Ablauf einer Notfrist von einem Monate zu erheben, welche regelmäßig mit dem Tage, an welchem die Partei von dem Anfechtungsgrunde Kenntnis erhalten hat, jedoch nicht vor eingetretener Rechtskraft des Urteils läuft. Nach Ablauf von fünf Jahren, von dem Tage der Rechtskraft des Urteils an gerechnet, sind die Klagen unstatthaft[8]). Notfrist. Ausschlußfrist.

Für die Nichtigkeitsklage wegen mangelnder Vertretung (oben S. 462 unter 4) gelten besondere Vorschriften, indem die Notfrist in diesem Falle von dem Tage, an welchem der Partei und bei mangelnder Prozeßfähigkeit dem gesetzlichen Vertreter das Urteil zugestellt ist, läuft und für diese Klage eine Ausschlußfrist nicht gesetzt ist[9]).

Der Schriftsatz, durch dessen Zustellung die Klage erhoben wird, ist ein notwendiger Schriftsatz und muß als solcher die Bezeichnung Notwendiger Schriftsatz.

---

[4]) Diese Restitutionsgründe veranlassen eine neue Verhandlung über die Thatfrage. Diese soll in der Berufungsinstanz, nicht in der Revisionsinstanz erfolgen.

[5]) Liegt in diesem Falle gleichzeitig ein in der Berufungsinstanz anzufechtendes Urteil (oben im Texte 2 oder 3) vor und wird auch hier die Klage erhoben, so gehen beide Klagen, die in der Revisionsinstanz und die in der Berufungsinstanz, neben einander her.

[6]) CPO. § 584 Abs. 2 und § 697.

[7]) CPO. § 585.

[8]) CPO. § 586 Abs. 1 u. 2.

[9]) CPO. § 586 Abs. 3.

des Urteils, gegen welches die Klage erhoben wird, und die Erklärung, welche der beiden Klagen erhoben wird, enthalten[10]).

Vorbereitender Schriftsatz.

Der Schriftsatz dient zugleich der Vorbereitung der mündlichen Verhandlung und soll als vorbereitender Schriftsatz enthalten[11])

1. die Bezeichnung des Anfechtungsgrundes;

2. die Angabe der Beweismittel für die Thatsachen, welche den Grund der Anfechtung und die Einhaltung der Notfrist ergeben;

3. die Erklärung, inwieweit die Beseitigung des angefochtenen Urteils begehrt und welche andere Entscheidung in der Hauptsache beantragt werde.

Dem Schriftsatze, durch welchen die Restitutionsklage erhoben wird, sind die Urkunden, auf welche dieselbe gestützt wird, in Urschrift oder in Abschrift beizufügen.

Befinden sich die Urkunden nicht in den Händen des Klägers, so hat er zu erklären, welchen Antrag er wegen Herbeischaffung derselben zu stellen beabsichtigt[12]).

Prüfung von Amtswegen.

In der mündlichen Verhandlung hat das Gericht zunächst von Amtswegen zu prüfen, ob die Klage an sich statthaft und ob sie in der gesetzlichen Form und Frist erhoben sei. Mangelt es an einem dieser Erfordernisse, so ist die Klage als unzulässig zu verwerfen[13]).

Die amtliche Prüfung der „Statthaftigkeit" umfaßt folgende Punkte,

1. ob das bezeichnete Urteil ein solches ist, welches der außerordentlichen Anfechtung unterliegt, insbesondere also, ob es rechtskräftig ist;

2. ob ein gesetzlicher Anfechtungsgrund behauptet ist;

3. in den Fällen, in welchen die Anfechtung ausgeschlossen ist, weil der Anfechtungsgrund mittels eines Rechtsmittels (CPO. § 579 Abs. 2) oder durch Einspruch, Berufung oder mittels Anschließung an eine Berufung (CPO. § 582) geltend gemacht werden konnte, die Frage, ob solches nicht zutrifft;

4. in den Fällen der Restitution wegen strafbarer Handlung die Frage, ob wegen der strafbaren Handlung eine rechtskräftige Verurteilung ergangen ist, oder doch die Einleitung oder Durchführung

---

10) CPO. § 587. 11) CPO. § 588 Abs. 1.

12) CPO. § 588 Abs. 2.

13) CPO. § 589. Die Thatsachen, welche die Einhaltung der Notfrist ergeben, sind glaubhaft zu machen.

des Strafverfahrens aus anderen Gründen als wegen Mangels an Beweis nicht erfolgen kann (CPO. § 581 Abs. 2).

Ergiebt die amtliche Prüfung, daß die Klage an sich statthaft und in der gesetzlichen Form und Frist erhoben ist, so erstreckt sich die weitere Verhandlung

1. auf die Prüfung des Anfechtungsgrundes („judicium rescindens") und

2. auf die Neuprüfung des wiederaufgenommenen Rechtsstreites, soweit derselbe von dem Anfechtungsgrunde betroffen wird („judicium rescissorium").

Für diese Verhandlung gelten die allgemeinen Grundsätze. Das gilt auch für die Frage, ob der behauptete Anfechtungsgrund zutrifft, die Klage also, wenn sie an sich statthaft ist, auch im vorliegenden Falle zulässig ist[14]).

Das Gericht kann anordnen, daß die Verhandlung und Entscheidung über Grund und Zulässigkeit der Wiederaufnahme vor der Verhandlung über die Hauptsache erfolge. Die sich in diesem Falle anschließende Verhandlung über die Hauptsache ist als Fortsetzung jener Verhandlung, also nicht als neuer selbständiger Rechtsstreit anzusehen[15]).

Die Verhandlung über die Hauptsache beschränkt sich auf denjenigen Teil, welcher von dem Anfechtungsgrunde betroffen wird[16]).

Wird das ganze Verfahren von dem Aufhebungsgrunde betroffen, so wenn schon die Erhebung der Klage an dem Nichtigkeitsgrunde

---

[14]) Es gilt also auch für das judicium rescindens das Prinzip der Parteiverhandlung, nicht das der amtlichen Untersuchung. Selbstverständlich ist, daß, soweit einzelne Fälle, z. B. die Frage, ob die Partei prozeßfähig, event. ob sie gesetzlich vertreten war, ob ein Richter kraft Gesetzes ausgeschlossen war u. a., amtlich zu prüfen waren, solche amtliche Prüfung auch im Wiederaufnahmeverfahren erfolgen muß. Im übrigen gilt — namentlich für die Restitutionsgründe — die Verhandlungspflicht und Beweispflicht nach allgemeinen Grundsätzen. Über den Ausschluß des Beweismittels der Eidesdelation für die Restitutionsgründe ist bereits oben S. 464 gesprochen. — Ist das Wiederaufnahmeverfahren beim Revisionsgerichte anhängig, so hat dieses die Verhandlung im judicium rescindens auch dann zu erledigen, wenn diese Erledigung von der Feststellung und Würdigung bestrittener Thatsachen abhängig ist (CPO. § 590 Abs. 3).

[15]) CPO. § 599 Abs. 2.

[16]) CPO. § 590 Abs. 1.

(z. B. Mangel der Vertretung CPO. § 579[4]) leidet, so ist damit auch gleich das Endurteil gegeben, d. h. die Klage wird durch das neue Urteil abgewiesen, so daß Kläger den Rechtsweg von neuem beschreiten muß. In anderen Fällen, namentlich in denen der Restitutionsklage, wird der Anfechtungsgrund häufig nur einzelne Angriffs- und Verteidigungsmittel und in der Nichtigkeitsklage nur einzelne gerichtliche Handlungen ergreifen, so daß das Verfahren auch nur, soweit das Urteil von diesen Prozeßhandlungen betroffen wird, wieder aufgenommen wird.

Die Verhandlung selbst und die Entscheidung erfolgt nach den allgemeinen für das Verfahren in der betreffenden Instanz geltenden Regeln[17]). Das gilt insbesondere auch für das Versäumnisverfahren.

Auf Grund der neuen Verhandlung ergeht ein neues Urteil. Das neue Urteil unterliegt der Anfechtung durch Rechtsmittel in demselben Umfange, wie solche gegen die Entscheidung der mit den Klagen befaßten Gerichte überhaupt zulässig sind[18]).

Die Klagen haben keinen Suspensiveffekt, so daß die Wirkungen der Rechtskraft der angefochtenen Entscheidung fortbestehen. Es kann jedoch auf Antrag des Klägers das Gericht anordnen, daß die Zwangsvollstreckung aus dem angefochtenen Urteile gegen oder ohne Sicherheitsleistung einstweilen eingestellt werde oder nur gegen Sicherheitsleistung stattfinde, und daß die erfolgten Vollstreckungsmaßregeln gegen Sicherheitsleistung aufzuheben seien. Die Einstellung ohne Sicherheitsleistung ist nur zulässig, wenn glaubhaft gemacht wird, daß die Vollstreckung einen nicht zu ersetzenden Nachteil bringen würde[19]).

---

[17]) CPO § 585.

[18]) CPO. § 591. Selbstverständlich ist, daß auch das neue Urteil mit der Nichtigkeits- und Restitutionsklage an sich anfechtbar ist.

[19]) CPO. § 707. Die Entscheidung kann ohne vorgängige mündliche Verhandlung erfolgen. Eine Anfechtung des Beschlusses findet nicht statt.

Neunter Titel.

Beschleunigtes Verfahren.

§ 112.

Einleitung und Übersicht.

Das Prozeßgericht hat, seiner historischen Enwickelung [1]) folgend, für manche Fälle eine Beschleunigung des Verfahrens zugelassen.

Die Mittel der Beschleunigung sind zwiefacher, formeller oder materieller Art, indem entweder ein den Grundsätzen des ordentlichen Verfahrens entsprechendes, nur formell abgekürztes und vereinfachtes Verfahren stattfindet, wie im amtsgerichtlichen Prozesse, oder indem ein auf schleunige vorläufige Rechtshülfe abzielendes Verfahren gewährt wird. Dahin gehören das Mahnverfahren, sowie der Urkunden- und Wechselprozeß.

---

[1]) Ein beschleunigtes, sog. summarisches Verfahren kannte das gemeine Prozeßrecht in zwiefacher Richtung, den unbestimmt und die bestimmt summarischen Prozesse.

Während im unbestimmt summarischen Prozesse es sich lediglich um formelle Beschleunigung des Verfahrens durch Zulassung mündlicher Parteivorträge statt schriftlicher Verhandlung, durch Abkürzung der Fristen und Termine, durch Ausgestaltung des richterlichen Fragerechts zwecks Aufklärung des Streitverhältnisses handelt, besteht das Wesen der bestimmt summarischen Prozesse in der materiell verkürzten Verteidigung; indem sich die richterliche Kognition auf die summa causae, d. h. auf die nächsten und unerläßlichen Voraussetzungen eines an sich begründeten Klaganspruches, mit Ausschluß aller Verteidigungsmittel des Beklagten, welche nicht in continenti liquide gestellt werden können, beschränkte jedoch unter Vorbehalt nachträglicher Geltendmachung aller, durch die Forderung schleuniger Liquidstellung in summario ausgeschlossener Verteidigungsmittel mittels eines im ordentlichen Verfahren verlaufenden Nachverfahrens („in separato"). Der Zweck der summarischen Kognition ist, den Anspruch des Klägers auf Rechtshülfe gegen die Gefahr unzuträglich verzögerter Verwirklichung infolge des Gebrauchs langwieriger Verteidigungsmittel des Beklagten sicherzustellen, dem Kläger auf Grund der prima facie liquiden Klage eine schleunige, wenn auch nur vorläufige Rechtshülfe zu gewähren. Die summarische Kognition löst den Widerspruch, welcher sich einerseits aus dem Verlangen des Klägers nach schleuniger Rechtshülfe und andrerseits aus dem Anspruche des Beklagten auf Gewährung vollständigen Gehörs ergiebt, in einer

Daneben kommen noch einzelne prozeßrechtliche Einrichtungen in Betracht, welche in ähnlicher Weise auch im regelmäßigen Verfahren den gleichen Zweck, nämlich die Gewährung einer schleunigen vorläufigen Rechtshülfe, verfolgen. Dahin gehören das Vorbehaltsurteil und die vorläufige Vollstreckbarkeit, sowie die Vollstreckbarkeit gewisser Urkunden mit exekutorischer Klausel.

Das Mahnverfahren, der Urkundenprozeß und die Vollstreckbarkeit exekutorischer Urkunden sind materiell beschränkt auf Ansprüche, welche die Zahlung einer bestimmten Geldsumme oder die Leistung einer bestimmten Quantität anderer vertretbarer Sachen oder Wertpapiere zum Gegenstande haben. Als ein Anspruch, welcher die Zahlung einer Geldsumme zum Gegenstande hat, gilt auch der Anspruch aus einer Hypothek, einer Grundschuld oder einer Rentenschuld [2]).

§ 113.

Verfahren vor den Amtsgerichten.

Planck § 103 — Hellmann § 98 — Fitting § 72 — Schmidt § 60 Anm.

Das Verfahren vor den Amtsgerichten unterscheidet sich von dem Verfahren vor den Landgerichten weder in seinen prinzipiellen Grundlagen noch in seinem Wesen und seinem Zwecke, sondern nur in seiner äußeren Gestaltung, es ist einfacher gestaltet und führt deshalb regelmäßig rascher zum Ziele.

---

den Forderungen der Gerechtigkeit entsprechenden Weise, wenn das erstere Verlangen (des Klägers) in den dazu geeigneten Fällen vorangestellt wird. Die Entwicklung hat das summarische Verfahren, wie es sich im gemeinen Prozesse schließlich im Exekutiv- und im Mandatsprozesse entwickelt hat, aus der clausula guarentigiae, dem pactum paratae executionis, entnommen, welche ursprünglich öffentlichen, später auch privaten Schuldurkunden beigefügt wurde. Die Praxis ließ die Exekutivklausel fallen und es entwickelte sich die Annahme, daß jede öffentliche und Privaturkunde stillschweigend die Exekutivklausel enthalte, so daß sich der Schuldner durch Aufstellung einer solchen Urkunde der parata executio unterwerfe. Was ursprünglich für Schuldurkunden (d. h. Urkunden über obligatorische Verträge) angenommen ist, ist später auch auf hypothekarische Ansprüche und endlich auf alle verbrieften Ansprüche ausgedehnt. Auf dieser Grundlage ist aus dem gemeinrechtlichen Exekutivprozeß der Urkundenprozeß geworden (Motive zum Entwurfe der Civilprozeßordnung).

[2]) CPO. §§ 592, 688, 794[5].

Die Abweichungen ergeben sich [1])

1. aus der Gerichtsverfassung, indem die Funktionen des Vorsitzenden und des Gerichts durch den Amtsrichter ausgeübt werden, alle aus der Trennung dieser Funktionen sich ergebenden Differenzen verschwinden, auch Beratungen und Abstimmungen nicht erforderlich sind;

2. aus dem Wegfall des Anwaltszwanges [2]);

3. aus der Stellung des Gerichtsschreibers und der demselben im Interesse der Parteien übertragenen Thätigkeit, namentlich hinsichtlich der Protokollierung von Erklärungen, Anträgen, Gesuchen [3]) und der Vermittlung der Zustellung [4]);

4. aus der Abkürzung der Einlassungs- und Ladungsfristen [5]);

5. aus der erleichterten Form der Klagerhebung und Verhandlung, indem die Parteien an ordentlichen Gerichtstagen ohne Ladung und Terminsbestimmung zur Verhandlung des Rechtsstreits vor Gericht erscheinen könne [6]);

6. aus der verantwortlichen Stellung des Richters gegenüber der Verhandlungspflicht der Parteien [7]), sowie aus der freieren Stellung des Richters hinsichtlich der Anberaumung des Verhandlungstermins [8]), und der Protokollierung der Verhandlung [9]);

7. aus dem Wegfall der Formalität in der Stellung der Anträge in der mündlichen Verhandlung [10]);

8. aus der Unzulässigkeit eines vorbereitenden Verfahrens [11]).

Abweichende Bestimmungen gelten weiter

9. für die Vorschützung von prozeßhindernden Einreden [12]);

---

[1]) CPO. § 495. [2]) s. o. S. 130ff.

[3]) CPO. §§ 496, 497, 501, 502.

[4]) CPO. § 166 Abs. 2. [5]) CPO. § 498.

[6]) CPO. §§ 499, 500. Die Erhebung der Klage erfolgt in diesem Falle durch den mündlichen Vortrag derselben.

[7]) CPO. §§ 503, 507 o. S. 324f. [8]) CPO. § 508 (261 Abs. 2).

[9]) CPO. § 509 o. S. 340. [10]) CPO. § 508 (§ 297).

[11]) CPO. § 508 (§§ 348—354). [12]) CPO. § 504 o. S. 250.

10. für die Möglichkeit der nachträglichen Verweisung des Prozesses an das Landgericht[13]).

Vor dem Amtsgerichte findet ein besonderes Sühneverfahren statt[14]). Wer eine Klage erheben will, kann unter Angabe des Gegenstandes seines Anspruches den Gegner zum Zwecke eines Sühneversuchs vor das Amtsgericht des allgemeinen Gerichtsstandes des Gegners laden. Erscheinen beide Parteien und wird ein Vergleich geschlossen, so ist derselbe zu Protokoll festzustellen. Aus demselben findet die Zwangsvollstreckung statt[15]).

Kommt ein Vergleich nicht zustande, so wird auf Antrag beider Parteien der Rechtsstreit sofort verhandelt; die Erhebung der Klage erfolgt auch in diesem Falle durch deren mündlichen Vortrag.

Ist der Gegner nicht erschienen oder der Sühneversuch erfolglos geblieben, so werden die erwachsenen Kosten als Teil der Kosten des Rechtsstreites behandelt.

§ 114.

Mahnverfahren.

Hellmann § 151 — Fitting § 88 — Schmidt § 130.

Das Mahnverfahren dient unbestrittenen, befriedigungsbedürftigen Ansprüchen, es verhilft dem Anspruchsberechtigten auf möglichst einfache Art zu einem Vollstreckungstitel gegen den Verpflichteten.

Das Verfahren ist nur zulässig für Ansprüche auf Leistung bestimmter Geldsummen oder Quantitäten vertretbarer Sachen und Wertpapiere[1]), es findet nicht statt, wenn die Geltendmachung des An-

[13]) CPO. § 506 u. o. S. 219 f. Ist das Amtsgericht von vorneherein sachlich unzuständig, so findet bezüglich der Verweisung das gleiche Verfahren statt, wie im gleichen Falle im Verfahren vor den Landgerichten (CPO. § 505 und o. S. 220).

[14]) CPO. § 510.

[15]) CPO. § 794 [2]. Auch in diesem Falle ist der Vergleich ein materielles Rechtsgeschäft, über dessen materielle Rechtswirkung Grundsätze des Bürgerlichen Rechts entscheiden (s. o. S. 431). Ist also ein solcher Vergleich anfechtbar und angefochten, oder wird er durch spätere Vereinbarung wieder aufgehoben, so können die Parteien die sich aus dieser Rechtslage ergebenden Folgen unbeschränkt geltend machen.

[1]) CPO. § 688 Abs. 1 u. o. S. 470 Anm. 2.

spruchs von einer noch nicht erfolgten Gegenleistung abhängig ist, oder wenn die Zustellung des Zahlungsbefehls im Auslande oder durch öffentliche Bekanntmachung erfolgen müßte[2]).

Für das Mahnverfahren sind sachlich die Amtsgerichte ausschließlich zuständig. Örtlich ist dasjenige Amtsgericht ausschließlich zuständig, bei welchem der allgemeine persönliche Gerichtsstand, der Gerichtsstand des Aufenthalts (CPO. § 20 u. o. S. 70), oder der dingliche Gerichtsstand für die im ordentlichen Verfahren erhobene Klage begründet sein würde, wenn die Amtsgerichte in erster Instanz sachlich unbeschränkt zuständig wären[3]).

Die Parteien im Mahnverfahren werden als Gläubiger und Schuldner bezeichnet, jener ist die angreifende, dieser die Partei, gegen welche der Angriff gerichtet wird.

Eingeleitet wird das Mahnverfahren durch ein an das Gericht zu richtendes Gesuch des Gläubigers um Erlaß des Zahlungsbefehls gegen den Schuldner. Das Gesuch kann schriftlich oder mündlich (ohne Aufnahme eines Protokolles, CPO. § 702) gestellt werden.

Das Gesuch muß enthalten[4])

1. die Bezeichnung der Parteien nach Namen, Stand oder Gewerbe, Wohnort;

2. die Bezeichnung des Gerichts;

3. die bestimmte Angabe des Betrages oder Gegenstandes und des Grundes des Anspruchs;

4. das Gesuch um Erlassung des Zahlungsbefehls.

Entspricht das Gesuch den vorstehenden Bestimmungen nicht, oder ergiebt sich aus dem Inhalte des Gesuchs, daß der Anspruch von einer noch nicht erfolgten Gegenleistung abhängig ist, oder ist das Gericht nicht zuständig, oder muß die Zustellung im Auslande oder durch öffentliche Bekanntmachung erfolgen, oder ist der geltend gemachte Anspruch nicht ein solcher, für welchen das Mahnverfahren stattfindet, so ist das Gesuch ohne sachliche Prüfung zurückzuweisen[5]).

Liegen die prozessualen Voraussetzungen vor, so ist zu prüfen, ob der Anspruch überhaupt und zur Zeit in vollem Umfange (Haupt-

---

[2]) CPO. § 688 Abs. 2. [3]) CPO. § 689.

[4]) CPO. § 690. Das Gesuch wird dem Schuldner abschriftlich nicht mitgeteilt (CPO. § 702). Wird das Gesuch von einem Vertreter gestellt, so bedarf es des Nachweises der Vollmacht nicht (CPO. § 703).

[5]) CPO. § 691 Abs. 1 (§§ 688—690).

und Nebenleistungen) begründet ist, d. h. ob der in dem Gesuche enthaltene Klaggrund den Anspruch auf Leistung des Beanspruchten an sich rechtfertigt.

Ist das auch nur zu einem Teile nicht der Fall, so ist das Gesuch zurückzuweisen[6]).

Auch in diesem Falle hat das zurückweisende Gesuch nicht die Bedeutung einer Entscheidung in der Sache, ist also nicht der Rechtskraft fähig, sondern nur die Bedeutung einer das Mahnverfahren für unzulässig erklärenden und den Gläubiger auf den ordentlichen Prozeß verweisenden Verfügung.

Eine Anfechtung der zurückweisenden Verfügung findet in keinem Falle statt[7]).

Rechtfertigt der im Gesuche angegebene Klaggrund den geltend gemachten Anspruch in vollem Umfange, so wird der Zahlungsbefehl erlassen. Derselbe enthält[8])

1. die Parteien nach Namen, Stand oder Gewerbe, Wohnort;

2. den Grund des Anspruchs sowie den Betrag und den Gegenstand desselben;

3. den Befehl an den Schuldner, binnen einer vom Tage der Zustellung laufenden Frist von einer Woche bei Vermeidung sofortiger Zwangsvollstreckung den Gläubiger wegen des Anspruchs nebst den dem Betrage nach zu bezeichnenden Kosten des Verfahrens und den geforderten Zinsen zu befriedigen oder bei dem Gerichte Widerspruch zu erheben.

Der Zahlungsbefehl ist durch Vermittelung des Gerichtsschreibers dem Schuldner zuzustellen und demnächst dem Gläubiger mit der Zustellungsurkunde zu behändigen. Eine Abschrift des Gesuches um Erlaß des Zahlungsbefehls erhält der Schuldner nicht[9]).

Der Zahlungsbefehl hat, obgleich er in sich alle Elemente eines in der Sache ergehenden Urteils enthält, für sich allein keine Urteilswirkung, diese erhält er erst, wenn er für vorläufig vollstreckbar erklärt wird, dagegen treten mit der Zustellung des Zahlungsbefehls alle Wirkungen der Rechtshängigkeit ein[10]).

Der weitere Verlauf der Sache hängt davon ab, ob von dem Schuldner gegen den Anspruch oder einen Teil desselben rechtzeitig

---

6) CPO. § 691 Abs. 1 u. 2.

7) CPO. § 691 Abs. 3.

8) CPO. § 692.

9) CPO. § 702.

10) CPO. § 693.

bei Gericht Widerspruch erhoben wird. Solchen Widerspruch kann der Schuldner oder ein Dritter für ihn[11]) in formloser Weise (mündlich oder schriftlich) erheben, solange der Vollstreckungsbefehl nicht verfügt ist[12]).

Wird rechtzeitig Widerspruch erhoben, so ist das Mahnverfahren beendet, es ist im übrigen zwecklos verlaufen, nur die Wirkungen der Rechtshängigkeit bleiben von Bestand, jedoch in verschiedener Weise, je nachdem die wegen des Anspruchs zu erhebende Klage vor die Amtsgerichte oder vor die Landgerichte gehöret[13]).

Im ersteren Falle bedarf es zur weiteren Verfolgung der Sache einer neuen Klage nicht, vielmehr ist die Klage als mit der Zustellung des Zahlungsbefehls bei dem Amtsgerichte, welches den Zahlungsbefehl erlassen hat, erhoben anzusehen, so daß jede Partei den Gegner wie in einem ruhenden Rechtsstreite zur mündlichen Verhandlung laden kann[14]).

Im anderen Falle erlöschen die Wirkungen der Rechtshängigkeit, wenn nicht von dem Gläubiger binnen einer sechsmonatigen Frist, welche von dem Tage der Benachrichtigung von der Erhebung des Widerspruchs läuft, die Klage bei dem zuständigen Gerichte erhoben wird[15]). Geschieht dies nicht, so treffen den Gläubiger die Kosten des Mahnverfahrens, während sonst die Kosten des Mahnverfahrens im Falle rechtzeitigen Widerspruchs als ein Teil der Kosten des entstehenden Rechtsstreites anzusehen sind[16]).

Ist die im Zahlungsbefehl gesetzte Frist abgelaufen, so ist auf Gesuch des Gläubigers[17]) der Zahlungsbefehl für vorläufig voll-

---

[11]) Des Nachweises einer Vollmacht bedarf es auch in diesem Falle nicht s. CPO. § 703.

[12]) CPO. § 694. Das Gericht hat den Gläubiger von dem rechtzeitig erfolgten Widerspruche ohne abschriftliche Mitteilung des Widerspruchs (CPO. § 702) in Kenntnis zu setzen und dem Schuldner auf Verlangen eine Bescheinigung darüber zu erteilen, daß er rechtzeitig Widerspruch erhoben hat. Einer Zurückweisung des nicht rechtzeitig erhobenen Widerspruchs bedarf es nicht. Wird der Widerspruch mündlich erhoben, so bedarf es nicht der Aufnahme eines Protokolles (CPO. § 702).

[13]) CPO. § 695.

[14]) CPO. § 696. Die Ladungsfrist beträgt mindestens drei Tage.

[15]) CPO. § 697. [16]) CPO. § 698.

[17]) CPO. § 699. Wird das Gesuch von einem Dritten für den Gläubiger gestellt, so bedarf es der Vorlegung der Vollmacht. Das Gesuch kann formlos

streckbar zu erklären, sofern nicht vor der Vollstreckbarkeitserklärung von dem Schuldner Widerspruch erhoben ist.

Der Gläubiger hat zu dem Zwecke den Zahlungsbefehl mit der Zustellungsurkunde dem Gerichte vorzulegen. Die Vollstreckbarkeitserklärung erfolgt durch den auf den Zahlungsbefehl zu setzenden Vollstreckungsbefehl. In den Vollstreckungsbefehl sind auch die von dem Gläubiger zu berechnenden Kosten des bisherigen Verfahrens aufzunehmen [18]).

Der Vollstreckungsbefehl steht einem für vorläufig vollstreckbar erklärten auf Versäumnis erlassenen Endurteile gleich. Gegen denselben findet der Einspruch nach den allgemeinen Vorschriften (CPO. §§ 338—346) statt [19]).

Wird Einspruch eingelegt, so ist wieder zu unterscheiden, ob der Anspruch vor die Amtsgerichte gehört oder nicht.

Nur im ersteren Falle wird über den Einspruch und die Hauptsache nach den allgemeinen Regeln verhandelt. Im letzteren Falle wird bei dem Amtsgerichte nur darüber verhandelt und entschieden, ob der Einspruch in der gesetzlichen Form und Frist eingelegt sei.

Ist dies der Fall, so wird der Vollstreckungsbefehl durch Urteil aufgehoben, in der Sache aber weder verhandelt noch entschieden. Das Urteil ist, da es das Verfahren beendet, Endurteil und deshalb selbständig mit der Berufung anfechtbar.

Ist das Urteil rechtskräftig, so wird das Verfahren in die frühere Lage zurückversetzt, d. h. es ist so anzusehen, als ob der Schuldner in und mit dem Einspruche rechtzeitig Widerspruch erhoben habe. Der Gläubiger muß also jetzt innerhalb einer sechsmonatigen Frist die Klage bei dem zuständigen Gerichte erheben (CPO. § 697 o. S. 475 Anm. 15). Die Frist beginnt in diesem Falle mit der Rechtskraft des Urteils, durch welches der Einspruch für zulässig erklärt und der Vollstreckungsbefehl aufgehoben ist [20]).

Der Vollstreckungsbefehl ist sofort vollstreckbar, er bedarf einer Vollstreckungsklausel nur, wenn die Zwangsvollstreckung für einen

---

schriftlich oder mündlich gestellt werden, der Aufnahme eines Protokolls bedarf es im letzteren Falle nicht. Eine Abschrift des Gesuches wird dem Schuldner nicht mitgeteilt, CPO. § 702.

[18]) CPO. § 699. Gegen den Beschluß, durch welchen das Gesuch des Gläubigers zurückgewiesen wird, findet sofortige Beschwerde statt.

[19]) CPO. § 700. [20]) CPO. § 700.

anderen als den im Befehle bezeichneten Gläubiger oder gegen einen anderen als den in dem Befehle bezeichneten Schuldner (CPO. §§ 727—732) erfolgen soll[21]).

Durch die Einlegung des Einspruchs wird die Zwangsvollstreckung nicht gehemmt, jedoch kann die Einstellung der Zwangsvollstreckung in derselben Weise verfügt werden, wie im Wiederaufnahmeverfahren nach rechtskräftigem Urteile[22]).

Der Vollstreckungsbefehl muß, wenn Widerspruch nicht erhoben wird, binnen einer sechsmonatigen Frist, welche mit dem Ablaufe der im Zahlungsbefehle bestimmten Frist beginnt, nachgesucht werden. Wird die Frist versäumt, so verliert der Zahlungsbefehl dergestalt seine Wirkung, daß auch die Wirkungen der Rechtshängigkeit erlöschen. Dasselbe gilt, wenn die Erlassung des Vollstreckungsbefehls rechtzeitig nachgesucht ist, das Gesuch aber zurückgewiesen wird[23]).

§ 115.

Urkunden- und Wechselprozeß.

Hellmann § 152 — Fitting § 87 — Schmidt § 129.

I. Der Urkundenprozeß will dem Berechtigten, welcher einen urkundlich verbrieften Anspruch hat, eine schleunige Rechtshülfe dadurch gewähren, daß der Beklagte im Urkundenprozesse nur mit sofort liquide gestellten Verteidigungsmitteln gehört wird, sodaß, falls der Anspruch des Klägers an sich begründet und liquide gestellt und durch sofort liquide gestellte Verteidigungsmittel nicht beseitigt wird, ein vorläufig vollstreckbares Vorbehaltsurteil gegen den Beklagten ergeht.

Gegenstand des Urkundenprozesses ist das zwischen den Parteien bestehende Streitverhältnis[1]) als solches. Über dieses materielle Streitverhältnis selbst wird im Urkundenprozesse verhandelt und ent-

[21]) CPO. § 796 Abs. 1. [22]) CPO. § 719 u. oben S. 468 Anm. 19.

[23]) CPO. § 702.

[1]) Nicht etwa nur wie im Exekutivprozesse des gemeinen Rechts die causa executiva, während die Erledigung der causa principalis (des Streitverhältnisses selbst) dem Separatverfahren, als einem besonderen Rechtsstreite vorbehalten war.

schieden, an dieses knüpfen sich die Folgen der Rechtshängigkeit und der Rechtskraft an.

Der Urkundenprozeß ist nur für Ansprüche auf Leistung bestimmter Geldsummen oder bestimmter Quantitäten fungibeler Sachen oder Wertpapiere[2]), mag der Anspruch auf Leistung schlechthin oder auf Leistung gegen Gegenleistung (Zug um Zug) gehen[3]), und nur dann zulässig, wenn die sämtlichen zur Begründung des Anspruchs erforderlichen Thatsachen durch Urkunden bewiesen werden können[4]). Die Urkunden können öffentliche oder Privaturkunden sein. Der Beweis der Echtheit einer Privaturkunde kann auch durch Eideszuschiebung geführt werden[5]).

Die Klage muß die Erklärung enthalten, daß im Urkundenprozesse geklagt werde. Die Urkunden müssen in Urschrift oder in Abschrift der Klage oder einem vorbereitenden Schriftsatze beigefügt werden. Im letzteren Falle muß zwischen der Zustellung des Schriftsatzes und dem Termin zur mündlichen Verhandlung ein der Einlassungsfrist gleicher Zeitraum liegen[6]).

Mündliche Verhandlung. Für die mündliche Verhandlung gelten die allgemeinen Regeln mit folgenden Abweichungen:

a) Auf Grund prozeßhindernder Einreden darf die Verhandlung zur Hauptsache nicht verweigert werden. Das Gericht kann jedoch die abgesonderte Verhandlung über diese Einreden auch von Amtswegen anordnen[7]);

b) Widerklagen sind nicht statthaft[8]).

Beweisverfahren. Für das Beweisverfahren gelten folgende Abweichungen:

a) Zulässige Beweismittel sind nur Urkunden und Eideszuschiebung, für die Klagethatsachen nur Urkunden, für andere Thatsachen, sowie für die Echtheit und Unechtheit der Urkunden auch die Eideszuschiebung[9]);

b) die Antretung des Urkundenbeweises erfolgt nur durch Vorlegung der Urkunde[10]);

---

[2]) CPO. § 592 u. o. S. 470 Anm. 2.

[3]) Das ist nicht allgemein anerkannt, folgt aber per arg. a. contr. aus CPO. § 688 Abs. 2.

[4]) CPO. § 592.

[5]) CPO. § 595 Abs. 2.

[6]) CPO. § 593.

[7]) CPO. § 595.

[8]) CPO. § 595 Abs. 1.

[9]) CPO. § 595 Abs. 2.

[10]) CPO. § 595 Abs. 3.

c) die Leistung eines Eides ist durch Beweisbeschluß anzuordnen[11]).

Rechtsmittelverfahren.

Für die Rechtsmittelinstanzen (Berufung und Revision) gelten neben vorstehenden Abweichungen die allgemeinen Vorschriften, jedoch finden in der Berufungsinstanz die Vorschriften, welche im Falle der Zurückweisung verspätet vorgebrachter Verteidigungsmittel des Beklagten gelten, keine Anwendung[12]).

Abstehen vom Urkundenprozesse.

Der Kläger kann, ohne daß es der Einwilligung des Beklagten bedarf, bis zum Schlusse der mündlichen Verhandlung von dem Urkundenprozesse in der Weise abstehen, daß der Rechtsstreit im ordentlichen Verfahren anhängig bleibt[13]).

Urteil.

Die Entscheidung des Rechtsstreites ergreift, wenn das Urteil nicht schon aus allgemeinen Gründen, z. B. wegen Unzulässigkeit des Rechtswegs, Unzuständigkeit des Gerichts u. ä. ein prozeßversagendes sein muß, zunächst die Frage, ob der geltend gemachte Anspruch an sich begründet ist, d. h. ob die Klagethatsachen an sich den Anspruch rechtfertigen, und, wenn das der Fall ist, ob sich der Anspruch infolge einer (sei es zugestandenen oder im Urkundenprozesse bewiesenen) Einrede des Beklagten nicht als unbegründet darstellt.

Ist der Anspruch an sich unbegründet oder durch Einrede entkräftet, so ist die Klage abzuweisen. Das Urteil ist ein der (materiellen) Rechtskraft fähiges Sachurteil[14]).

Ist der Anspruch an sich begründet und durch Einrede nicht entkräftet, so ist zu prüfen, ob für den Anspruch der Urkundenprozeß statthaft ist, insbesondere ob ein dem Kläger obliegender Beweis mit den im Urkundenprozesse zulässigen Beweismitteln angetreten und mit solchen Beweismitteln vollständig geführt ist. Fehlt es an einem solchen Erfordernisse, so ist die Klage *als im Urkundenprozesse unstatthaft* abzuweisen, selbst wenn in dem Termine zur mündlichen Verhandlung

---

[11]) CPO. § 595 Abs. 4.

[12]) CPO. § 601 (s. CPO. §§ 540, 541 u. o. S. 455). Der Beklagte ist für den Fall solcher Zurückweisung durch die Vorschrift der §§ 599, 560 (s. u. Anm. 18) gedeckt.

[13]) CPO. § 596.

[14]) CPO. § 597. Ein gleiches Urteil ergeht, wenn der Kläger in der mündlichen Verhandlung auf den geltend gemachten Anspruch verzichtet. Ist der Kläger in der mündlichen Verhandlung nicht erschienen, so ergeht auf Antrag des Beklagten, falls die gesetzlichen Voraussetzungen vorliegen, das Versäumnisurteil nach den allgemeinen Grundsätzen.

der Beklagte nicht erschienen ist oder der Klage nur auf Grund von Einwendungen widersprochen hat, welche rechtlich unbegründet oder im Urkundenprozesse unstatthaft sind[15]), es sei denn, daß der Beklagte den Anspruch in der mündlichen Verhandlung anerkennt und deshalb auf Grund seines Anerkenntnisses zu verurteilen ist.

Ist der Urkundenprozeß statthaft, ist insbesondere ein dem Kläger obliegender Beweis[16]) mit den im Urkundenprozesse zulässigen Beweismitteln vollständig geführt, und ist die Klage durch Einreden[17]) nicht entkräftet, so ergeht gegen den Beklagten, wenn er in der mündlichen Verhandlung erschienen ist und seiner Verurteilung widersprochen hat, ein Vorbehaltsurteil[18]), wenn er nicht erschienen ist oder nicht verhandelt hat, ein Versäumnisurteil ohne Vorbehalt, indem im letzteren Falle anzunehmen ist, daß er die Echtheit der vorgelegten Privaturkunden anerkenne und auf die Verteidigung gegen den Anspruch verzichte.

Jedes im Urkundenprozesse ergehende Urteil ist von Amtswegen für vorläufig vollstreckbar zu erklären[19]).

Wechselprozeß. II. Der Wechselprozeß ist ein Urkundenprozeß, in welchem Ansprüche aus Wechseln im Sinne der Wechselordnung geltend gemacht werden[20]).

---

[15]) CPO. § 597 Abs. 2.

[16]) Thatsachen, welche notorisch oder vom Gegner gerichtlich zugestanden sind, bedürfen nicht des Beweises. Es kann also das Urteil im Urkundenprozeß auch auf diese Thatsachen gestützt werden. So RG. Bd. 30 S. 405. Anders die gemeine Meinung.

[17]) Einwendungen des Beklagten sind, wenn der dem Beklagten obliegende Beweis (s. hierzu die vorige Anmerkung) nicht mit den im Urkundenprozesse zulässigen Beweismitteln angetreten oder mit solchen Beweismitteln nicht vollständig geführt ist, als im Urkundenprozesse unstatthaft zurückzuweisen (CPO. § 598).

[18]) CPO. §§ 599, 600 u. u. § 116. [19]) CPO. § 708⁴ u. u. § 117.

[20]) CPO. § 602. Ansprüche aus Wechseln im Sinne der Wechselordnung sind solche Ansprüche, welche dem legitimierten Inhaber des Wechsels oder dem Besitzer des Wechsels als solchem aus einer auf dem Wechsel befindlichen Unterschrift zustehen, mögen dieselben auf Zahlung oder auf Sicherstellung gehen. Ansprüche aus Wechseln sind nicht diejenigen Ansprüche, welche sich nur an den Wechsel anknüpfen, z. B. die Bereicherungsklage (WO. Art. 83), die Revalierungsklage des Bezogenen gegen den Aussteller (WO. Art. 23 Abs. 3), die Ansprüche auf Herausgabe eines Wechsels (s. z. B. WO. Art. 39, 68 u. 74).

Für den Wechselprozeß gelten die für den Urkundenprozeß gegebenen Bestimmungen mit folgenden Abweichungen und Zusätzen:

1. Der Wechselprozeß ist für alle Ansprüche aus Wechseln zulässig, mögen dieselben auf Zahlung oder auf eine andere Leistung, z. B. Sicherheitsleistung gehen[21]).

2. Für Wechselklagen gilt neben den allgemeinen und besonderen Gerichtsständen noch als weiterer besonderer Gerichtsstand der Gerichtsstand des Zahlungsortes des Wechsels[22]), mag die streitige Verpflichtung dort zu erfüllen sein oder nicht.

Sollen mehrere Wechselverpflichtete gemeinschaftlich verklagt werden, so ist außer dem Gerichte des Zahlungsortes jedes Gericht zuständig, bei welchem einer der Beklagten seinen allgemeinen Gerichtsstand hat[23]).

3. Die Klage muß die Erklärung enthalten, daß im Wechselprozesse geklagt werde[24]).

4. Die Einlassungsfrist beträgt[25]),

a) wenn die Klage am Sitze des Prozeßgerichts zugestellt wird, mindestens vierundzwanzig Stunden;

b) wenn sie an einem anderen Orte innerhalb des Landgerichtsbezirks, in welchem das Prozeßgericht seinen Sitz hat, zugestellt wird, mindestens drei Tage;

c) wenn sie an einem anderen deutschen Orte zugestellt wird, mindestens eine Woche.

5. Das gleiche gilt von der Ladungsfrist, wenn sie nicht schon nach den allgemeinen Bestimmungen kürzer als die Einlassungsfrist ist[26]).

6. Die Bestimmungen unter 4 u. 5 gelten auch für die Rechtsmittelinstanzen[27]).

7. Soweit es zur Erhaltung des wechselmäßigen Anspruchs der rechtzeitigen Protesterhebung nicht bedarf, ist als Beweismittel bezüglich der Präsentation des Wechsels Eideszuschiebung zulässig[28]).

[21]) CPO. § 602 u. Anm. 20. [22]) CPO. § 603 Abs. 1.
[23]) CPO. § 603 Abs. 2. s. o. S. 79 Anm. 41.
[24]) CPO. § 604 Abs. 1. [25]) CPO. § 604 Abs. 2.
[26]) CPO. § 604 Abs. 2 Satz 2. [27]) CPO. § 604 Abs. 3.
[28]) CPO. § 605 Abs. 1. Im Versäumnisverfahren gegen den Beklagten gilt die bezügliche unter Eid gestellte Behauptung für zugestanden.

8. Zur Berücksichtigung einer Nebenforderung genügt, daß sie glaubhaft gemacht ist[29]).

9. Wechselsachen sind Feriensachen[30]).

10. Urteile im Wechselprozesse sind von Amtswegen für vorläufig vollstreckbar zu erklären[31]).

§ 116.

Vorbehaltsurteil.

In den Fällen, in welchen die Verurteilung des Beklagten unter Abschneidung des vollständigen Gehörs erfolgt, darf die Verurteilung nur unter Vorbehalt der weiteren Verteidigung ergehen[1]).

Die Fälle sind:

1. Im Urkunden- und Wechselprozesse muß dem Beklagten, welcher seiner Verurteilung widersprochen hat[2]), die Ausführung seiner Rechte vorbehalten werden[3]).

2. Hat der Beklagte die Aufrechnung einer Gegenforderung, welche mit der in der Klage geltend gemachten Forderung nicht im rechtlichen Zusammenhange steht, geltend gemacht, so kann, mag über die Klagforderung und über die Aufrechnung getrennt verhandelt sein oder nicht, wenn nur die Verhandlung über die Forde-

---

[29]) CPO. § 605 Abs. 2. [30]) GVG. § 202[5].

[31]) CPO. § 708[5] u. u. § 117.

[1]) Wegen Ergänzung des ohne Vorbehalts ergangenen Urteils s. oben S. 279 Anm. 17.

[2]) Gleichgültig ist, ob der Beklagte Einwendungen vorgebracht oder ohne Vorbringung von Einwendungen unter Verzicht auf die Verteidigung im Urkundenprozesse nur seiner Verurteilung widersprochen hat. Gleichgültig ist auch im ersteren Falle, ob das Gericht die vorgebrachten Einreden als im Urkundenprozesse unstatthaft zurückgewiesen oder die Einreden als an sich unbegründet, oder weil die Unwahrheit der Einredethatsachen durch die im Urkundenprozesse zulässigen Beweismittel festgestellt ist, abgewiesen hat.

[3]) CPO. § 599 Abs. 1 und oben § 115. Der Vorbehalt ist in diesem Falle unbeschränkt, so daß dem Beklagten die volle Verteidigung im Nachverfahren freisteht, soweit nicht über einzelne Einreden schon im Vorbehaltsurteile in einer für die Instanz bindenden Weise sachlich entschieden ist.

rung zur Entscheidung reif ist, der Beklagte unter Vorbehalt der Entscheidung über die Aufrechnung verurteilt werden[4]).

3. Werden in der Berufungsinstanz verspätet vorgebrachte Verteidigungsmittel des Beklagten auf Antrag des Klägers zurückgewiesen, so ist die Geltendmachung derselben dem Beklagten, wenn er in der Berufungsinstanz verurteilt wird, oder wenn die Berufung gegen das den Beklagten verurteilende Erkenntnis zurückgewiesen wird, in dem Urteile vorzubehalten[5]).

Das gleiche ist der Fall bezüglich der erst in der Berufungsinstanz erfolgten Geltendmachung der Aufrechnung einer Gegenforderung, wenn die hierauf gegründete Einwendung des Beklagten zurückgewiesen wird[6]).

Das Vorbehaltsurteil beendigt das Streitverhältnis nicht endgültig, es bleibt vielmehr der Rechtsstreit, soweit der Vorbehalt reicht, im ordentlichen Verfahren der ersten oder der Berufungsinstanz anhängig, jede Partei kann den Gegner zur Fortsetzung der mündlichen Verhandlung laden. Die mündliche Verhandlung beschränkt sich auf die Erledigung des Vorbehalts, der Termin ist aber damit zur Verhandlung des Rechtsstreits bestimmt, so daß die Versäumung des Termins Totalversäumnis ist[7]).

An das Vorbehaltsurteil sowie an die in der Vorverhandlung ergangenen Zwischenurteile sind das Gericht und die Parteien gebunden. Gerichtliche Geständnisse, Erklärungen über Annahme oder Zurückschiebung von Eiden, Eidesleistungen, welche im Verfahren erfolgt sind, behalten auch für das Nachverfahren ihre Bedeutung und Wirkung.

Das Vorbehaltsurteil ist nicht nur bezüglich der Rechtsmittel und der Zwangsvollstreckung als Endurteil anzusehen, sondern ist auch der (materiellen) Rechtskraft fähig; denn es ist ein über den Klaganspruch ergehendes Sachurteil. Die Rechtskraft wirkt jedoch nur unter dem Vorbehalte, daß das Urteil in dem Nachverfahren nicht wieder aufgehoben wird.

Ergiebt sich in dem Nachverfahren, daß der in der Klage geltend gemachte Anspruch unbegründet war, so ist das Vorbehaltsurteil auf-

---

[4]) CPO. § 302 u. § 145 Abs. 3 (o. S. 213 Anm. 4—6).
[5]) CPO. § 540 (o. S. 455 Anm. 14) u. § 279.
[6]) CPO. § 529 Abs. 3 (o. S. 453 Anm. 5).
[7]) s. o. S. 333.

zuheben, die Klage abzuweisen und über die Kosten anderweit zu entscheiden[8]).

Ist das Vorbehaltsurteil rechtskräftig oder für vorläufig vollstreckbar erklärt, so kann es der Kläger vollstrecken lassen, er thut dies jedoch auf seine Gefahr; denn wird das Vorbehaltsurteil im Nachverfahren aufgehoben, so ist der Kläger dem Beklagten zum Ersatze des Schadens, der dem Beklagten durch die Vollstreckung des Urteils oder durch eine zur Abwendung der Vollstreckung gemachte Leistung entstanden ist, verpflichtet[9]).

Diesen Anspruch kann der Beklagte selbständig oder in dem anhängigen Rechtsstreite geltend machen. Im letzteren Falle ist der Anspruch als zur Zeit der Zahlung oder Leistung rechtshängig geworden anzusehen, so daß insbesondere auch die Wirkungen, welche das materielle Recht an die Rechtshängigkeit knüpft (s. insbesondere BGB. §§ 291, 292), schon mit diesem Zeitpunkte eintreten[10]).

Für die unter 3 erwähnten beiden Fälle ist die Ersatzpflicht des Klägers beschränkt auf die Pflicht zur Erstattung des von dem Beklagten auf Grund des Urteils Gezahlten oder Geleisteten nach den Vorschriften des bürgerlichen Rechts über die Pflicht zur Herausgabe einer ungerechtfertigten Bereicherung (BGB. §§ 818 f.). Diese Abweichung rechtfertigt sich durch den Umstand, daß lediglich das schuldhafte Verhalten des Beklagten die Ursache der Zurückweisung seiner Verteidigungsmittel und damit die Veranlassung des Vorbehaltsurteils war[11]).

---

[8]) CPO. §§ 302 Abs. 4, 541 Abs. 2 (529 Abs. 3), 600 Abs. 2.

[9]) CPO. §§ 302 Abs. 4, 600 Abs. 2. Der Anspruch auf Schadensersatz ergreift zunächst die Verpflichtung zur Wiederherstellung des Zustandes, der bestehen würde, wenn die Vollstreckung oder die zur Abwendung derselben erfolgte Leistung nicht erfolgt wäre (BGB. § 249).

[10]) Vergl. die Stellen der Anm. 9.

[11]) CPO. § 541 (529 Abs. 3). Die Wirkungen, welche das bürgerliche Recht an die Rechtshängigkeit knüpft, treten in diesem Falle für den Anspruch auf Herausgabe schon mit der Zahlung oder Leistung ein, mag der Antrag auf Herausgabe in dem anhängigen Rechtsstreite gestellt sein (s. o. Anm. 10) oder nicht. Die prozessualen Wirkungen der Rechtshängigkeit werden, falls der Antrag auf Herausgabe im Verfahren gestellt wird, auch in diesem Falle auf jenen Zeitpunkt der Zahlung oder Leistung zurückbezogen.

§ 117.
Vorläufige Vollstreckbarkeit.

Planck § 169 — Schmidt § 128 — Fitting § 93.

Die Vollstreckbarkeit eines richterlichen Urteils tritt regelmäßig erst mit der (formellen) Rechtskraft ein. In gewissen Ausnahmefällen ist jedoch auch ein Urteil, welches an sich mit einem Rechtsmittel oder dem Einspruche anfechtbar ist, durch das erkennende Gericht für vorläufig vollstreckbar zu erklären, wodurch es ohne Rücksicht auf die Frage nach der Rechtskraft vollstreckbar wird[1]).

Urteile in Ehesachen und in Familienstandssachen dürfen nicht für vorläufig vollstreckbar erklärt werden[2]).

Die vorläufige Vollstreckbarkeit ist in einzelnen Fällen auch ohne Antrag, in anderen Fällen nur auf Antrag auszusprechen.

Auch ohne Antrag sind für vorläufig vollstreckbar zu erklären[3]):

1. Anerkenntnisurteile;

2. Läuterungsurteile;

3. ein zweites oder ferneres in derselben Instanz gegen dieselbe Partei zur Hauptsache erlassenes Versäumnisurteil;

4. Urteile, welche im Urkunden- oder Wechselprozesse erlassen werden;

5. Urteile, durch welche Arreste oder einstweilige Verfügungen aufgehoben werden;

6. Urteile, welche die Verpflichtung zur Entrichtung von Alimenten oder zur Errichtung einer wegen Verletzung des Körpers oder der Gesundheit oder wegen Tötung (BGB. §§ 843, 844) geschuldeten Geldrente aussprechen, soweit die Entrichtung für die Zeit nach der Erhebung der Klage oder für das der Erhebung der Klage voraufgehende letzte Vierteljahr zu erfolgen hat.

Auf Antrag sind für vorläufig vollstreckbar zu erklären Urteile, wenn sie betreffen[4])

1. Streitigkeiten zwischen dem Vermieter und Mieter oder Untermieter von Wohnräumen oder anderen Räumen oder zwischen dem

---

[1]) CPO. § 704 Abs. 1. [2]) CPO. § 704 Abs. 2.

[3]) CPO. § 708.

[4]) CPO. § 709. S. auch CPO. §§ 534 und 560 (S. 450 Anm. 13).

Mieter und dem Untermieter solcher Räume wegen Überlassung, Benutzung oder Räumung, sowie wegen Zurückbehaltung der von dem Mieter oder dem Untermieter in die Mietsräume eingebrachten Sachen;

2. Streitigkeiten zwischen Dienstherrschaft und Gesinde, zwischen Arbeitgebern und Arbeitern hinsichtlich des Dienst- oder Arbeitsverhältnisses, sowie die im § 3 Abs. 1 des Gesetzes, betreffend die Gewerbegerichte, vom 29. Juli 1890 (Reichs-Gesetzbl. S. 141) bezeichneten Streitigkeiten, insofern dieselben während der Dauer des Dienst-, Arbeits- oder Lehrverhältnisses entstehen;

3. Streitigkeiten zwischen Reisenden und Wirten, Fuhrleuten, Schiffern, Flößern oder Auswanderungsexpedienten in den Einschiffungshäfen, welche über Wirtszechen, Fuhrlohn, Überfahrtsgelder, Beförderung der Reisenden und ihrer Habe und über Verlust und Beschädigung der letzteren, sowie Streitigkeiten zwischen Reisenden und Handwerkern, welche aus Anlaß der Reise entstanden sind;

4. andere vermögensrechtliche Ansprüche, sofern der Gegenstand der Verurteilung an Geld oder Geldeswert die Summe von dreihundert Mark nicht übersteigt[5]).

Insgemein sind Urteile auf Antrag weiter dann für vorläufig vollstreckbar zu erklären[6]), wenn glaubhaft gemacht wird, daß die Aussetzung der Vollstreckung dem Gläubiger einen schwer zu ersetzenden Nachteil bringen würde, oder wenn sich der Gläubiger erbietet, vor der Vollstreckung Sicherheit zu leisten.

Urteile der Oberlandesgerichte sind auf Antrag auch ohne Sicherheitsleistung für vorläufig vollstreckbar zu erklären, wenn die Voraussetzungen für die Zulässigkeit der Revision (CPO. §§ 546, 547) nach dem Ermessen des Gerichts unzweifelhaft nicht vorliegen[7]).

Die Erklärung der vorläufigen Vollstreckbarkeit ist ein Mittel, um dem Berechtigten zu einer schleunigen Rechtshülfe zu verhelfen, bevor dem Gegner das rechtliche Gehör vollständig gewährt ist. Dieses Mittel richtet sich deshalb naturgemäß gegen den Beklagten[8]).

---

[5]) In Betreff des Wertes des Gegenstandes kommen die allgemeinen Vorschriften (CPO. §§ 3—9 u. v. S. 64) zur Anwendung.

[6]) CPO. § 710. [7]) CPO. § 711.

[8]) Dies ergiebt sich auch daraus, daß wohl Anerkenntnisurteile (CPO. § 708 [1]), nicht aber Verzichtsurteile für vorläufig vollstreckbar zu erklären sind.

Gegen den mit der Klage abgewiesenen und in die Kosten verurteilten Kläger ist dieses Mittel nur da anwendbar, wo sich dies aus dem Gesetze unzweifelhaft ergiebt, wie in den Fällen CPO. § 708 Nr. 2—5 (o. S. 485 Nr. 2—5) und CPO. § 711 (o. S. 486 Anm. 7). Es darf deshalb ein Urteil, welches die Klage abweist und den Kläger in die Kosten des Rechtsstreits verurteilt, nach CPO. § 709⁴ (s. o. S. 486 Nr. 4) nicht deshalb für vorläufig vollstreckbar erklärt werden, weil der Betrag der Kosten den Betrag von dreihundert Mark nicht übersteigt.

Wenn auch die Voraussetzungen für die Erklärung der vorläufigen Vollstreckbarkeit vorliegen, so ist doch, wenn glaubhaft gemacht wird, daß die Vollstreckung des Urteils dem Schuldner einen nicht zu ersetzenden Nachteil bringen würde, in den Fällen, in welchen die vorläufige Vollstreckbarkeit auch ohne Antrag erklärt werden kann (s. o. S. 485 Nr. 1—6) auf Antrag auszusprechen, daß derselbe nicht vorläufig vollstreckbar sei, und in den Fällen der §§ 709 und 710 der CPO. (Anm. 4 u. 6) der etwa gestellte Antrag des Gläubigers, das Urteil für vorläufig vollstreckbar zu erklären, zurückzuweisen[9]).

Ist die Erklärung der vorläufigen Vollstreckbarkeit zulässig, so kann doch das Gericht auf Antrag die Vollstreckbarkeit von einer vorläufigen Sicherheitsleistung abhängig machen[10]).

Ist die vorläufige Vollstreckbarkeit ohne Sicherheitsleistung des Gläubigers anzuordnen, so ist auf Antrag des Schuldners diesem in dem Urteile nachzulassen, durch Sicherheitsleistung oder Hinterlegung die Vollstreckung abzuwenden. Ein solcher Antrag des Schuldners ist jedoch zurückzuweisen, wenn der Gläubiger sich erbietet, vor der Vollstreckung Sicherheit zu leisten. In diesem Falle ist im Urteile die vorläufige Vollstreckbarkeit von solcher vorgängigen Sicherheitsleistung abhängig zu machen[11]).

Die vorstehenden Bestimmungen (Anm. 9—11) finden auf die Fälle der §§ 534 und 560 (Anm. 4) keine Anwendung.

Die Verhandlung über die vorläufige Vollstreckbarkeit, möge es sich um Anträge auf Erklärung der Zulässigkeit oder der Unzulässig-

---

[9]) CPO. § 712. Auf den Fall des § 711 (Anm. 7) ist diese Bestimmung nicht anwendbar.

[10]) CPO. § 713 Abs. 1.

[11]) CPO. § 713 Abs. 2 und dazu Planck II, S. 641 unt. 3.

keit derselben, auf Anordnung einer vorgängigen Sicherheitsleistung oder um die Abwendung der Vollstreckbarkeit durch Sicherheitsleistung oder Hinterlegung handeln, gehört dem Erkenntnisverfahren an, diese Anträge sind deshalb vor Schluß der mündlichen Verhandlung, auf welche das Urteil ergeht, zu stellen [12]).

Die Entscheidung über die Anträge erfolgt in und mit dem Urteile in der Sache [13]), sie kann nur in und mit dem Urteile durch Einspruch oder durch Berufung, nicht durch Revision angefochten werden [14]).

Wird gegen ein für vorläufig vollstreckbar erklärtes Urteil der Einspruch oder ein Rechtsmittel eingelegt, so wird dadurch die Vollstreckung nicht gehemmt, es kann jedoch die Einstellung der Zwangsvollstreckung in derselben Weise angeordnet werden, wie wenn ein rechtskräftiges Urteil mit der Restitutions- oder Nichtigkeitsklage angefochten wird [15]). Ist dem Schuldner nachgelassen, durch Sicherheitsleistung oder Hinterlegung die Vollstreckung abzuwenden (CPO. § 713 Abs. 2), so ist gepfändetes Geld oder der Erlös gepfändeter Gegenstände zu hinterlegen [16]).

In der Berufungsinstanz ist, wenn auch gegen die Entscheidung in der Sache, nicht nur gegen die Entscheidung über die vorläufige Vollstreckbarkeit Berufung eingelegt ist, über die letztere auf Antrag vorab zu verhandeln und zu entscheiden. Ist an dem Termine zur mündlichen Verhandlung die Berufungsfrist noch nicht abgelaufen, so finden die Vorschriften über die Vertagung der mündlichen Verhandlung keine Anwendung [17]).

Die Erklärung der vorläufigen Vollstreckbarkeit verliert ihre Bedeutung, wenn das für vorläufig vollstreckbar erklärte Urteil in Rechtskraft übergeht. Es ist deshalb, falls ein Zeugnis über die Rechtskraft des Urteils [18]) vorgelegt wird, die Rückgabe der vom Gläubiger

---

[12]) CPO. § 714.

[13]) Ist die Entscheidung über die vorläufige Vollstreckbarkeit übergangen, so kann Ergänzung des Urteils beantragt werden (CPO. § 746 u. o. S. 279 Anm. 18). [14]) CPO. § 718 Abs. 3.

[15]) CPO. § 719 (s. CPO. § 707 u. o. S. 468 Anm. 19).

[16]) CPO. § 720.

[17]) CPO. § 719 und dazu § 707 u. o. S. 450 Anm. 16.

[18]) Zeugnisse über die Rechtskraft der Urteile sind auf Grund der Prozeßakten vom Gerichtsschreiber erster Instanz und, solange der Rechtsstreit in einer höheren Instanz anhängig ist, von dem Gerichtsschreiber dieser Instanz zu erteilen (CPO. § 706).

bestellten Sicherheit (CPO. §§ 710, 713 Abs. 1 u. o. Anm. 6 u. 10) anzuordnen. Über das Verfahren gelten die allgemeinen Vorschriften, jedoch ist die Beschwerde gegen solche Anordnung unzulässig[19]).

Die vorläufige Vollstreckbarkeit tritt mit der Verkündung eines Urteils, welches die Entscheidung in der Hauptsache oder die Vollstreckbarkeitserklärung aufhebt oder abändert, insoweit außer Kraft, als die Aufhebung oder Abänderung erfolgt[20]).

Wer ein für vorläufig vollstreckbar erklärtes Urteil vollstrecken läßt, thut dies auf seine Gefahr. Wird das Urteil aufgehoben oder abgeändert, so ist der Kläger zum Ersatze des Schadens verpflichtet, der dem Beklagten durch die Vollstreckung des Urteils oder durch eine zur Abwendung der Vollstreckung gemachte Leistung entstanden ist[21]).

Der Beklagte kann diesem Anspruch selbständig oder in dem anhängigen Rechtsstreite geltend machen. Im letzteren Falle ist der Anspruch als zur Zeit der Zahlung oder Leistung rechtshängig geworden anzusehen[22]).

§ 118.
Vollstreckbare Urkunden.
Schmidt § 132.

Eine Urkunde, die über einen Anspruch errichtet ist, welcher die Zahlung einer bestimmten Geldsumme oder die Leistung einer bestimmten Quantität anderer vertretbarer Sachen oder Wertpapiere zum Gegenstande hat[1]), ist vollstreckbar, wenn sie vor einem deutschen Gerichte oder von einem deutschen Notar innerhalb der Grenzen seiner Amtsbefugnis errichtet ist, und der Schuldner sich in der Urkunde der sofortigen Zwangsvollstreckung unterworfen hat, oder, wenn in den Fällen, in welchen zur Zwangsvollstreckung wegen einer solchen Forderung neben der Verurteilung des Schuldners zur Leistung noch die Verurteilung eines anderen zur Duldung der Vollstreckung vorausgesetzt ist (CPO. §§ 737, 739, 743, 745 Abs. 2 und 748 Abs. 2),

[19]) CPO. § 715 und dazu § 109 Abs. 3 u. o. S. 183.

[20]) CPO. § 717 Abs. 1.

[21]) CPO. § 717 Abs. 2 Satz 1 und dazu oben S. 484 Anm. 9. Auch E. d. RG. i. d. bes. Beil. z. RA. 1899 Nr. 2 S. 143ff.

[22]) CPO. § 717 Abs. 2 Satz 2 und dazu oben S. 484 Anm. 10.

[1]) s. o. S. 470 Anm. 2.

der Beteiligte die sofortige Zwangsvollstreckung in die seinem Rechte unterworfenen Gegenstände bewilligt hat[2]).

In der Errichtung einer solchen Urkunde liegt ein Prozeßrechtsgeschäft. Die von den Parteien gewollte prozeßrechtliche Wirkung ist die Vollstreckbarkeit.

Die prozeßrechtlichen Voraussetzungen sind

1. die Errichtung vor einem deutschen Gerichte[3]) oder vor einem deutschen Notar innerhalb der Grenzen seiner Amtsbefugnisse[4]);

2. der Schuldner muß sich in der Urkunde der sofortigen Zwangsvollstreckung wegen des Anspruchs unterworfen oder die sofortige Zwangsvollstreckung in die seinem Rechte unterliegenden Gegenstände bewilligt haben;

3. der Anspruch muß ein bestimmter, auf Leistung von Geld oder anderen vertretbaren Gegenständen gerichteter sein[5]).

Im übrigen bestimmt sich die Frage nach der Giltigkeit oder Anfechtbarkeit, nach der Wirksamkeit oder Unwirksamkeit nach dem bürgerlichen Rechte. Insbesondere finden auch hier die allgemeinen Grundsätze über die Rechtsgeschäfte Anwendung.

Einwendungen, welche den Anspruch selbst betreffen, können ohne Beschränkung auf die Zeit ihrer Entstehung geltend gemacht werden, so daß der Schuldner nicht gehindert ist, trotz der Bewilligung der Vollstreckbarkeit Einreden, welche zur Zeit der Aufnahme der Urkunde bestanden, aber dem Schuldner nicht bekannt waren, in diesem Verfahren geltend zu machen[6]).

Der Eigentümer kann sich in einer vollstreckbaren Urkunde in Ansehung einer Hypothek, einer Grundschuld oder Rentenschuld der sofortigen Zwangsvollstreckung in der Weise unterwerfen, daß die aus der Urkunde gegen den jeweiligen Eigentümer des Grundstücks

[2]) CPO. § 794 Abs. 1 Nr. 5 u. Abs. 2.

[3]) „Deutsches Gericht“ s. o. S. 444 a. E.

[4]) Die Grenzen der Amtsbefugnisse der Notare bestimmen sich nach Landesrecht. Das Landesrecht kann auch anderen als den ordentlichen Gerichten die Befugnis zur Aufnahme vollstreckbarer Urkunden verleihen (s. CPO. § 801).

[5]) Die Beschränkung ist dieselbe wie im Urkundenprozesse und im Mahnverfahren (s. o. S. 470 Anm. 2).

[6]) CPO. § 797 Abs. 4 (§ 767 Abs. 2) u. u. § 134 Anm. 11. Wegen der Zuständigkeit s. u. § 134 Anm. 6 u. 7.

zuläſſig ſein ſoll. Die Unterwerfung bedarf in dieſem Falle der Eintragung in das Grundbuch. Für die Klagen aus Einwendungen gegen ſolchen Anſpruch iſt das Gericht, in deſſen Bezirk das Grundſtück belegen iſt, ausſchließlich zuſtändig[7]).

Zweiter Unterabſchnitt.

Das Erkenntnisverfahren im formellen Parteienprozeſſe.

§ 119.

Das Anwendungsgebiet und die allgemeinen Grundſätze.

Der formelle Parteienprozeß findet Anwendung

1. in Eheſachen;

2. in Familienſtandsſachen;

3. im Entmündigungsverfahren;

4. im Anfechtungsprozeſſe des Aufgebotsverfahrens zum Zwecke der Todeserklärung.

Eheſachen. Eheſachen ſind Rechtsſtreitigkeiten, welche die Scheidung[1]), Nichtigkeit[2]) oder Anfechtung[3]) einer Ehe, oder die Feſtſtellung des Beſtehens oder Nichtbeſtehens einer Ehe zwiſchen den Parteien, oder die Herſtellung des ehelichen Lebens zum Gegenſtande haben[4]).

Familienſtandsſachen. Familienſtandsſachen nennen wir die Rechtsſtreitigkeiten, welche die Feſtſtellung des Beſtehens oder Nichtbeſtehens eines Eltern- und Kindesverhältniſſes zwiſchen den Parteien, oder die Feſtſtellung des

---

[7]) CPO. § 800 Abſ. 1 und 3 und § 802.

[1]) BGB. §§ 1564 ff. Im Sinne des Prozeßgeſetzes iſt unter Scheidung auch die Aufhebung der ehelichen Gemeinſchaft (BGB. § 1575) zu verſtehen, CPO. § 639.

[2]) BGB. §§ 1323 ff. [3]) BGB. §§ 1300 ff.

[4]) CPO. § 606 Abſ. 1.

Bestehens oder Nichtbestehens der elterlichen Gewalt der einen Partei über die andere zum Gegenstande haben[5]).

Als Familienstandssache wird auch angesehen der Rechtsstreit, in welchem die Ehelichkeit eines Kindes oder die Anerkennung der Ehelichkeit von dem Ehemanne der Mutter durch Erhebung der Anfechtungsklage angefochten wird[6]).

Entmündigungssachen.

Entmündigungssachen sind diejenigen Sachen, welche die Entmündigung einer Person wegen Geisteskrankheit, Geistesschwäche, Verschwendung oder Trunksucht, oder die Wiederaufhebung einer bestehenden Entmündigung zum Gegenstande haben[7]).

Das Verfahren in Entmündigungssachen verläuft zunächst nicht in der Form des Parteienprozesses, sondern in der Form des Untersuchungsprozesses; ist jedoch in diesem Verfahren die Entmündigung ausgesprochen, oder ist der Antrag auf Wiederaufhebung einer Entmündigung abgelehnt, so kann die Frage, ob die Entmündigung mit Recht ausgesprochen oder deren Fortdauer mit Recht beschlossen ist, nochmals zur Prüfung und Entscheidung im formellen Parteienprozesse (Entmündigungsprozesse) verstellt werden[8]).

Der formelle Parteienprozeß verläuft in der Form des Parteienprozesses, das Verfahren selbst wird aber nicht von der Verhandlungsmaxime, sondern von der Untersuchungsmaxime beherrscht. Die sich daraus ergebenden Grundsätze sind zwar schon im allgemeinen oben (S. 194 f.) dargestellt, es bedarf jedoch hier noch einer eingehenden Darstellung solcher Grundsätze, namentlich auch der Frage, in welchem Umfange und Maßstabe dieselben in den obenbezeichneten Sachen zur Anwendung kommen.

---

[5]) CPO. § 640. Es handelt sich also um den Familienstand im engsten Sinne, subjektiv und objektiv. Subjektiv insofern, als die Zugehörigkeit zur Familie (Eltern und Kinder) zwischen solchen Familienangehörigen streitig ist, und objektiv, als es sich nur um solche Zugehörigkeit handeln darf. Ein Streit um die Legitimität (eheliche Abstammung) einer Person mit Dritten, insbesondere entfernteren Verwandten, gehört nicht hierher, ebensowenig ein Streit, der die Feststellung des Bestehens oder Nichtbestehens der unehelichen Vaterschaft zum Gegenstande hat (CPO. § 644), anders, wenn Streit darüber herrscht, ob jemand das uneheliche Kind einer bestimmten Frau ist.

[6]) CPO. § 641 und BGB. §§ 1593, 1596 und 1599.

[7]) CPO. §§ 645, 675, 680, 685 und BGB. § 6.

[8]) CPO. §§ 664, 679, 684, 686.

Das Wesentliche der Untersuchungsmaxime besteht darin, daß das Gericht nicht — wie nach der Verhandlungsmaxime — durch das Parteivorbringen gebunden ist.

Dies kommt in folgenden Sätzen zum Ausdrucke:

1. Die Vorschriften über die Wirkung eines Anerkenntnisses kommen nicht zur Anwendung [9]).

2. Die Vorschriften über

a) die Folgen der unterbliebenen oder verweigerten Erklärung über Thatsachen oder über die Echtheit von Urkunden,

b) den Verzicht der Parteien auf die Beeidigung von Zeugen und Sachverständigen,

c) die Wirkung eines gerichtlichen Geständnisses und der Erlassung eines Eides,

d) die Eideszuschiebung und

e) den Antrag, dem Gegner die Vorlegung einer Urkunde aufzugeben

finden keine Anwendung. Dies gilt durchweg im Entmündigungsprozesse und im Anfechtungsprozesse des Aufgebotsverfahrens zum Zwecke der Todeserklärung, da hier das öffentliche Interesse stets dahin geht, daß das Urteil der wirklichen Rechtslage entsprechend ausfällt [10]).

In Ehesachen, sowie in Familienstandssachen besteht zunächst nur ein öffentliches Interesse daran, daß eine bestehende Ehe und ein bestehendes Kindesverhältnis nicht ohne Rechtsgrund gestört oder beseitigt wird; es finden deshalb diese Bestimmungen in Ehesachen nur in Ansehung solcher Thatsachen, welche die Scheidung oder die Anfechtung der Ehe, oder das Recht, die Herstellung des ehelichen Lebens zu verweigern, begründen, nicht in Ansehung der Thatsachen, welche der Aufrechterhaltung der Ehe dienen, Anwendung. In dem Rechtsstreite, in welchem die Ehelichkeit eines Kindes oder die Anerkennung der Ehelichkeit von dem Ehemanne der Mutter durch Erhebung der

---

[9]) CPO. §§ 617 Abs. 1, 640, 641, 670, 975. Nicht das Gleiche gilt von dem Verzichte des Klägers, vielmehr kommen hier die allgemeinen Grundsätze zur Anwendung. Das öffentliche Interesse an der Durchführung des Rechtsstreites wird in solchem Falle durch die dem Staatsanwalte eingeräumte Befugnis, die Klägerrolle zu übernehmen, gewahrt. Für den Staatsanwalt gilt aber nicht Dispositions- sondern Offizialmaxime (s. o. S. 266 Anm. 3).

[10]) CPO. §§ 670 (617 Abs. 3), 679, 684, 686 und CPO. § 975 (670).

Klage angefochten wird, finden diese Bestimmungen nur in Ansehung der Thatsachen, welche die Unehelichkeit des Kindes begründen, nicht in Ansehung der Thatsachen, welche seine Ehelichkeit begründen sollen, Anwendung [11]).

Anders liegt die Sache in dem Rechtsstreite, welcher die Nichtigkeit der Ehe oder die Feststellung des Bestehens oder Nichtbestehens einer Ehe, eines Eltern- und Kindesverhältnisses zwischen den Parteien, oder die Feststellung des Bestehens oder Nichtbestehens der elterlichen Gewalt der einen Partei über die andere zum Gegenstande hat.

In diesen Fällen besteht ein öffentliches Interesse, daß unter allen Umständen ein der wirklichen Rechtslage entsprechendes Urteil ergeht, und nicht im Wege des Prozesses eine nichtige Ehe für giltig, eine nicht bestehende Ehe für bestehend, ein illegitimes Kind für ein legitimes erklärt wird, es finden deshalb obige Vorschriften nicht nur in Ansehung derjenigen Thatsachen, welche die Giltigkeit der Ehe oder das Bestehen der Ehe, des Kindesverhältnisses oder der elterlichen Gewalt begründen, sondern auch in Ansehung derjenigen Thatsachen Anwendung, welche die Nichtigkeit der Ehe oder das Nichtbestehen der Ehe, des Kindesverhältnisses oder der elterlichen Gewalt begründen [12]).

3. Erscheint der Beklagte in dem Termine zur mündlichen Verhandlung nicht, so findet kein Versäumnisverfahren, sondern ein Eremodizialverfahren statt [13]). Die Verhandlung findet jedoch nicht in dem ersten auf die Klage anberaumten Termine, sondern erst in einem neuen auf Antrag des Klägers zu bestimmenden Termine statt, es sei denn, daß der Beklagte durch öffentliche Zustellung geladen und nicht erschienen ist. Diese Vorschriften finden auch auf den Widerbeklagten entsprechende Anwendung [14]).

4. Das Gericht kann Thatsachen, welche von den Parteien nicht vorgebracht sind, berücksichtigen und die Aufnahme von Beweisen von Amtswegen anordnen.

---

[11]) CPO. §§ 617 Abs. 2, 641.

[12]) CPO. §§ 617 Abs. 3, 640 Abs. 1.

[13]) Bleibt Kläger aus, so findet das Versäumnisverfahren nach den allgemeinen Vorschriften Anwendung, s. jedoch S. 501 Anm. 30, S. 503 Anm. 6.

[14]) CPO. §§ 618, 640, 641, 670, 679, 684, 686, 975. Für die Anberaumung des Termins gilt nicht die beschränkende Bestimmung des § 261 Abs. 2 der Civilprozeßordnung. Der Beklagte ist zu jedem Termine, welcher nicht in seiner Gegenwart anberaumt wurde, zu laden, es sei denn, daß er bereits durch öffentliche Zustellung geladen war und nicht erschienen ist.

Auch dies findet nur unbeschränkt in Entmündigungssachen sowie in dem Anfechtungsprozesse des Aufgebotsverfahrens zum Zwecke der Todeserklärung Anwendung [15]), während in Ehesachen und in Familienstandssachen die gleiche Unterscheidung, wie oben unter 2 erwähnt, zu treffen ist, so daß das in Ehesachen und in dem Rechtsstreite, in welchem die Ehelichkeit eines Kindes oder die Anerkennung der Ehelichkeit von dem Ehemanne der Mutter durch Erhebung der Anfechtungsklage angefochten wird, diese Bestimmung nur zum Zwecke der Aufrechterhaltung der Ehe, sowie zum Zwecke der Anerkennung der Ehelichkeit zur Anwendung kommt, während in einem Rechtsstreite, welcher die Nichtigkeit der Ehe oder die Feststellung des Bestehens oder Nichtbestehens einer Ehe, eines Eltern- und Kindesverhältnisses zwischen den Parteien oder der elterlichen Gewalt der einen Partei über die andere zum Gegenstande hat, diese Bestimmung sowohl zum Zwecke der Ermittlung, ob die Ehe nichtig ist, oder ob die Ehe oder das Kindesverhältnis oder das Gewaltverhältnis nicht besteht, als auch in Ansehung solcher Thatsachen Anwendung findet, welche die Giltigkeit oder das Bestehen der Ehe, des Eltern- und Kindesverhältnisses oder der elterlichen Gewalt begründen sollen [16]).

§ 120.

Verfahren in Ehesachen.

Hellmann § 144 — Fitting § 89.

In Ehesachen ist das Landgericht, bei welchem der Ehemann seinen allgemeinen Gerichtsstand hat, ausschließlich zuständig [1]). Gerichtsstand.

Hat der Ehemann im Inlande keinen allgemeinen Gerichtsstand, ist aber das deutsche Recht auf das eheliche Verhältnis anwendbar [2]), so kann die Klage bei dem Landgerichte erhoben werden, in dessen Bezirk der Ehemann den letzten Wohnsitz hatte, und, wenn ein solcher

---

[15]) CPO. §§ 670 (622), 679, 684, 686, 975.

[16]) CPO. §§ 617 Abs. 3, 640 Abs. 1 u. oben Anm. 12.

[1]) CPO. § 606 Abs. 1. Sind beide Ehegatten Ausländer, so kann die Scheidungsklage im Inlande nur erhoben werden, wenn das inländische Gericht auch nach den Gesetzen des Staates, dem der Ehemann angehört, zuständig ist, CPO. § 606 Abs. 4 und dazu EG. z. BGB. Art. 17 Abs. 1.

[2]) s. EG. z. BGB. Art. 14, Art. 19 Abs. 3 und Art. 26.

nicht vorhanden ist, bei dem Landgerichte der Hauptstadt des Heimatstaates [3]).

Die Nichtigkeits- und Anfechtungsklage kann von der Ehefrau, welche als Deutsche mit einem Ausländer oder mit einem Deutschen, welcher die Reichsangehörigkeit nach Eingang der Ehe verloren hat, eine Ehe eingegangen ist [4]), dann, wenn der Ehemann keinen allgemeinen Gerichtsstand im Inlande hat, auch ein Gerichtsstand nach Maßgabe der Bestimmung des vorigen Absatzes nicht besteht, bei dem Landgerichte erhoben werden, in dessen Bezirke die Ehefrau den letzten Wohnsitz im Inlande hatte, und in Ermangelung eines solchen Wohnsitzes bei dem Landgerichte der Hauptstadt ihres Heimatstaates [5]).

Mitwirkung der Staatsanwaltschaft.

In Ehesachen ist die Staatsanwaltschaft zur Mitwirkung befugt. Der Staatsanwalt kann der Verhandlung vor dem erkennenden Gerichte und vor einem beauftragten oder ersuchten Richter beiwohnen, er ist von allen Terminen von Amtswegen in Kenntnis zu setzen; er kann sich über die zu erlassene Entscheidung gutachtlich äußern und, sofern es sich um die Aufrechterhaltung einer Ehe handelt, neue Thatsachen und Beweismittel vorbringen. Im Sitzungsprotokolle ist der Name des Staatsanwalts anzugeben, auch sind in dasselbe die vom Staatsanwalte gestellten Anträge aufzunehmen [6]).

Eine selbständige Parteirolle hat der Staatsanwalt — abgesehen von der Nichtigkeitsklage — nicht, vielmehr hat er nur das Recht, gehört zu werden. Das Gericht hat das vom Staatsanwalt Vorgetragene zu würdigen, eine Erklärungspflicht der Partei besteht jedoch gegenüber dem Vorbringen des Staatsanwalts nicht.

Sühneversuch.

Der Termin zur mündlichen Verhandlung über eine Scheidungsklage oder über eine Klage auf Herstellung des ehelichen Lebens darf erst festgesetzt werden, wenn den Vorschriften über den Sühneversuch genügt ist [7]).

---

[3]) CPO. § 606 Abs. 2 und dazu § 15 Abs. 1 Satz 2 und 3 (o. S. 69).

[4]) s. EG. z. BGB. Art. 13 Abs. 1.

[5]) CPO. § 606 Abs. 3 und dazu § 15 Abs. 1 Satz 2 und 3 (Anm. 3). Praktische Bedeutung hat dieser Gerichtsstand hauptsächlich für die Fälle, in denen das ausländische Recht der Anfechtbarkeit der Ehe wegen Irrtums oder wegen arglistiger Täuschung engere Grenzen zieht, als das deutsche Recht.

[6]) CPO. § 607 u. o. S. 140.

[7]) CPO. § 608. Es sind dies folgende Bestimmungen (CPO. §§ 609, 610):

Der Kläger hat bei dem Amtsgerichte, vor welchem der Ehemann seinen allgemeinen Gerichtsstand hat, und im Falle des zweiten

Der Sühneversuch ist nicht erforderlich, wenn der Aufenthalt des Beklagten unbekannt oder im Auslande ist, wenn dem Sühneversuche ein anderes schwer zu beseitigendes, von dem Kläger nicht verschuldetes Hindernis entgegensteht, oder wenn die Erfolglosigkeit des Sühneversuchs mit Bestimmtheit vorauszusehen ist [8]).

Ein in der Geschäftsfähigkeit beschränkter Ehegatte ist prozeßfähig [9]). Prozeßfähigkeit. Gesetzliche Vertreter.

Soll die Ehe deshalb angefochten werden, weil ein Ehegatte zur Zeit der Eheschließung oder zur Zeit der Bestätigung einer von einem Geschäftsunfähigen oder Willensunfähigen geschlossenen und deshalb nichtigen Ehe (BGB. § 1325) in der Geschäftsfähigkeit beschränkt war, und die Eheschließung oder Bestätigung ohne Einwilligung des gesetzlichen Vertreters erfolgt ist, so kann die Ehe nur von dem gesetzlichen Vertreter des beschränkt geschäftsfähigen Ehegatten angefochten werden (BGB. § 1326 Abs. 2 Satz 2), es findet also die Bestimmung des vorigen Absatzes keine Anwendung [10]).

Für einen geschäftsunfähigen Ehegatten wird der Rechtsstreit durch den gesetzlichen Vertreter geführt; derselbe ist jedoch zur Klage auf Herstellung des ehelichen Lebens nicht befugt und bedarf zur Erhebung der Scheidungsklage oder der Anfechtungsklage der Genehmigung des Vormundschaftsgerichts [11]).

Der Bevollmächtigte des klagenden Ehegatten bedarf einer auf den Rechtsstreit gerichteten besonderen Vollmacht. Das Gericht Prozeßvollmacht.

Absatzes dieses Paragraphen (o. S. 496 Anm. 3), bei dem Amtsgerichte des letzten Wohnsitzes event. der Hauptstadt des Heimatsstaates die Anberaumung eines Sühnetermins zu beantragen und den Beklagten zu diesem Termin zu laden.

Die Parteien müssen in dem Sühnetermin persönlich erscheinen. Beistände können zurückgewiesen werden.

Erscheint der Kläger oder erscheinen beide Parteien im Sühnetermin nicht, so ist das Verfahren zu wiederholen (vgl. hierzu BGB. § 1571 Abs. 3).

Erscheint der Kläger, aber nicht der Beklagte, so ist der Sühneversuch als mißlungen anzusehen.

[8]) CPO. § 611. Über das Vorhandensein dieser Voraussetzungen entscheidet der Vorsitzende des Prozeßgerichts ohne vorgängiges Gehör des Beklagten.

[9]) CPO. § 612 Abs. 1. Für die Anfechtungsklage bestimmt das bürgerliche Recht (BGB. § 1336 Abs. 1) dies bereits.

[10]) CPO. § 612 Abs. 1. [11]) CPO. § 612.

hat den Mangel der Vollmacht in jedem Falle von Amtswegen zu prüfen[12]).

Klagänderung, Klagverbindung, Widerklage.

Zur Vermeidung der Häufung von Ehestreitigkeiten ist den Parteien nicht nur die Befugnis eingeräumt, andere als in der Klage vorgebrachte Klaggründe im Laufe des Rechtsstreits auch noch in der Berufungsinstanz geltend zu machen[13]), sowie die Klage auf Herstellung des ehelichen Lebens, die Scheidungsklage und die Anfechtungsklage mit einander zu verbinden und eine Widerklage solcher Art zu erheben[14]), sondern auch zur Pflicht gemacht, sämtliche Thatsachen, auf welche das Recht, die Scheidung zu verlangen oder die Ehe anzufechten, gestützt werden kann, bei Strafe des Ausschlusses in dem anhängigen Rechtsstreite über die Scheidungsklage oder über die Anfechtungsklage geltend zu machen, so daß solche Thatsachen, welche in einem früheren Scheidungs- oder Anfechtungsprozesse durch Klagänderung, Klagverbindung oder durch Widerklage geltend gemacht werden konnten, in einem späteren Rechtsstreite nicht mehr geltend gemacht werden können[15]).

Vernehmung der Parteien.

Das Gericht kann das persönliche Erscheinen der Partei anordnen und dieselbe über die von ihr, von dem Gegner oder dem Staatsanwalte behaupteten Thatsachen vernehmen, auch anordnen, daß solche Vernehmung vor einem beauftragten oder ersuchten Richter stattfinde, wenn die Partei an dem Erscheinen vor dem Prozeßgerichte

---

[12]) CPO. § 613. Eine Generalvollmacht legitimiert nicht zur Erhebung der Klage.

[13]) CPO. § 614. Für die Berufungsinstanz bedarf es also für die Klagänderung und für die Erhebung neuer Ansprüche nicht der Zustimmung des Gegners. (RG. Bd. 25 S. 339, Bd. 31 S. 9 ff.). Das neue Vorbringen und die Erhebung einer Widerklage ist von einem Sühneversuch nicht abhängig.

[14]) CPO. § 615. Die Verbindung einer anderen Klage mit den erwähnten Klagen sowie die Erhebung einer Widerklage anderer Art ist unstatthaft.

[15]) CPO. § 616. Erfolgt die Anfechtung einer Ehe durch Erklärung gegenüber dem Nachlaßgerichte (BGB. § 1342), so kann die Anfechtung nicht auf Thatsachen gestützt werden, welche bereits in einem früheren Anfechtungsprozesse geltend gemacht sind oder in der eben beschriebenen Weise geltend gemacht werden konnten. Dies ergiebt sich aus der Fassung des § 616 „das Recht, die Ehe anzufechten“.

verhindert ist oder wenn sie sich in großer Entfernung von dem Sitze desselben aufhält[16]).

Die besonderen Bestimmungen über die Aussetzung des Verfahrens über die Scheidungsklage und über die Klage auf Herstellung des ehelichen Lebens sind bereits oben in einem anderen Zusammenhange besprochen[17]). Aussetzung des Verfahrens.

Auf Scheidung wegen Geisteskrankheit darf nicht erkannt werden, bevor das Gericht einen oder mehrere Sachverständige über den Geisteszustand des Beklagten gehört hat[18]). Notwendigkeit des Sachverständigenbeweises.

Wird wegen Ehebruchs auf Scheidung erkannt und ergiebt sich aus den Verhandlungen der Mitschuldige des Beklagten, so ist dessen Person im Urteil festzustellen[19]). Feststellung der des Ehebruchs mitschuldigen Person im Urteile.

Urteile, durch welche auf Scheidung oder auf Nichtigkeit erkannt ist, sind von Amtswegen zuzustellen[20]). Amtliche Zustellung der Urteile.

Ein Vorbehaltsurteil ist nicht zulässig, da die Vorschrift über die Zurückweisung verspätet vorgebrachter Verteidigungsmittel in der Berufungsinstanz keine Anwendung findet[21]). Unzulässigkeit eines Vorbehaltsurteils.

Für den Rechtsstreit über die Scheidung, Nichtigkeit oder Anfechtung der Ehe kann das Gericht auf Antrag eines Ehegatten für die Dauer des Rechtsstreites eine einstweilige Verfügung treffen und zwar dahin, Einstweilige Verfügung.

1. daß es das Getrenntleben der Ehegatten gestattet;

2. daß es die gegenseitige Unterhaltspflicht der Ehegatten nach Maßgabe des § 1361 des Bürgerlichen Gesetzbuches ordnet;

3. daß es wegen der Sorge für die Person der gemeinschaftlichen minderjährigen Kinder, soweit es sich um die gesetzliche Vertretung handelt, Anordnungen trifft;

4. daß es die Unterhaltspflicht der Ehegatten den Kindern gegenüber im Verhältnisse der Ehegatten zueinander regelt.

Die einstweilige Verfügung ist zulässig, sobald der Termin zur mündlichen Verhandlung oder im Falle einer Scheidungsklage der

---

[16]) CPO. § 619. Das persönliche Erscheinen kann erzwungen werden, indem gegen die ausgebliebene Partei wie gegen einen Beweistermine nicht erschienenen Zeugen zu verfahren ist; auf Haft darf jedoch nicht erkannt werden (s. o. S. 402).

[17]) CPO. §§ 620, 621 u. o. S. 262 unten 4a u. S. 260 unten 2b.

[18]) CPO. § 623 u. o. S. 351 Anm. 4.

[19]) CPO. § 624 und dazu BGB. § 1312.

[20]) CPO § 625. [21]) CPO. § 626.

Termin zum Sühneversuche bestimmt oder im Wege der Widerklage die Scheidung beantragt oder die Ehe angefochten ist.

Im übrigen gelten für die einstweilige Verfügung die allgemeinen Vorschriften[22]).

Tod eines Ehegatten vor Rechtskraft des Urteils.

Stirbt im Laufe des Rechtsstreits, welcher eine Ehesache zum Gegenstande hat, einer der Ehegatten, so ist damit das Streitverhältnis beendet; denn es kann die Ehe nicht mehr geschieden oder für nichtig erklärt werden, die Herstellung des ehelichen Lebens nicht mehr angeordnet werden. Das Verfahren kann also nicht mehr in der Hauptsache, sondern nur noch der Kosten wegen von den Erben resp. gegen dieselben fortgesetzt werden[23]).

Absolute Rechtskraft des Urteils.

Das auf eine Nichtigkeitsklage oder eine Anfechtungsklage ergehende Urteil wirkt, sofern es bei Lebzeiten beider Ehegatten rechtskräftig wird, für und gegen alle[24]).

Ist die Nichtigkeitsklage auf das Bestehen einer früheren Ehe gegründet (BGB. § 1326), so wirkt das Urteil, durch welches die Klage abgewiesen wird, gegen den Dritten, mit dem die frühere Ehe geschlossen war, nur dann, wenn er an dem Rechtsstreite teilgenommen hat[25]). Es kann also dem Dritten, der an dem Rechtsstreite nicht teilgenommen hat, aber die Gültigkeit der früheren Ehe behauptet, seinerseits die Befugnis, die Nichtigkeit der neuen Ehe auf Grund des BGB. § 1326 geltend zu machen (s. CPO. § 632), nicht versagt werden.

Die vorstehenden Vorschriften gelten auch für ein Urteil, durch welches das Bestehen oder Nichtbestehen einer Ehe festgestellt wird[26]).

Mitteilung des Urteils an das Vormundschaftsgericht.

Nach dem Eintritte der Rechtskraft des Urteils hat das Prozeßgericht, wenn ein gemeinschaftliches minderjähriges Kind der Ehegatten vorhanden ist, dem Vormundschaftsgerichte Mitteilung zu machen[27]).

---

[22]) CPO. § 627 (§§ 936—944). Von der getroffenen einstweiligen Verfügung hat das Prozeßgericht, wenn ein gemeinschaftliches minderjähriges Kind der Ehegatten vorhanden ist, dem Vormundschaftsgerichte Mitteilung zu machen.

[23]) CPO. § 628. [24]) CPO. § 629 Abs. 1 Satz 1 u. o. S. 441 Anm. 12.

[25]) CPO. § 629 Abs. 1. [26]) CPO. § 629 Abs. 2.

[27]) CPO. § 630 und dazu BGB. §§ 1635, 1636, 1699 ff. Diese Mitteilung ist auch im Falle der Abweisung der Klage von Interesse, da das Vormundschaftsgericht mit Rücksicht auf eine einstweilige Verfügung des Prozeßgerichts Anordnungen getroffen haben kann, deren Wiederaufhebung sich nunmehr vernotwendigt.

Für die Ehenichtigkeitsklage und für die Klage auf Feststellung des Bestehens oder Nichtbestehens der Ehe gelten noch folgende besondere Bestimmungen:

Besondere Bestimmungen für die Ehenichtigkeitsklage und für die Klage auf Feststellung des Bestehens oder Nichtbestehens einer Ehe zwischen den Parteien.

1. Mit der Nichtigkeitsklage kann nur eine Klage auf Feststellung des Bestehens oder Nichtbestehens einer Ehe zwischen den Parteien und mit einer solchen Feststellungsklage nur eine Nichtigkeitsklage verbunden werden[28]).

2. Gegenüber einer Nichtigkeitsklage ist eine Widerklage nur statthaft, wenn sie eine Nichtigkeitsklage oder eine Klage auf Feststellung des Bestehens oder Nichtbestehens einer Ehe zwischen den Parteien ist, und gegenüber einer solchen Feststellungsklage ist eine Widerklage nur zulässig, wenn sie eine solche Feststellungsklage oder eine Nichtigkeitsklage ist[29]).

3. Versäumt der Kläger den Termin zur mündlichen Verhandlung, so ist das Versäumnisurteil gegen ihn dahin zu erlassen, daß die Klage als zurückgenommen gelte[30]).

Befugnis zur Anstellung der Ehenichtigkeitsklage.

Über die Befugnis zur Anstellung der Ehenichtigkeitsklage bestimmt das Gesetz, daß die Klage von jedem der Ehegatten sowie von dem Staatsanwalte erhoben werden kann. Wird die Nichtigkeit auf das Bestehen einer früheren Ehe gegründet (BGB. § 1326), so kann auch der Dritte, mit dem die frühere Ehe geschlossen war, die Nichtigkeitsklage erheben. Im übrigen kann die Klage von einem Dritten nur erhoben werden, wenn für ihn von der Nichtigkeit der Ehe ein Recht oder von der Gültigkeit der Ehe eine Verpflichtung abhängt, z. B. wenn Rechte oder Pflichten, die sich aus dem ehelichen Güterverhältnisse ergeben, ferner die Nachfolge in Lehen oder Fideikommisse, sowie Rechte auf den Genuß einer Stiftung u. dergl. in Frage kommen[31]).

Parteistellung im Streitverhältnisse zwischen dem Staatsanwalte oder dem Dritten einerseits und dem Ehegatten andererseits.

Die von einem Ehegatten erhobene Klage ist gegen den anderen Ehegatten, die von dem Staatsanwalte oder einem Dritten erhobene Klage gegen beide Ehegatten zu richten[32]).

Im letzteren Falle stehen beide Ehegatten mit solidarischer Befugnis in der Beklagtenrolle und es finden die Grundsätze, welche

[28]) CPO. §§ 633 Abs. 1 u. 638. [29]) CPO. §§ 633 Abs. 2 u. 638.

[30]) CPO. §§ 635 und 638 u. o. S. 494 Anm. 13.

[31]) CPO. § 632 Abs. 1 und BGB. § 1329.

[32]) CPO. § 632 Abs. 2.

für das Streitverhältnis, in welchem der Hauptintervenient zu beiden Beklagten steht, entsprechende Anwendung[33]).

Der Staatsanwalt kann, auch wenn er die Klage nicht erhoben hat, den Rechtsstreit betreiben, insbesondere selbständig Anträge stellen und Rechtsmittel einlegen[34]).

Wird ein Rechtsmittel vom Staatsanwalt oder von einer Privatpartei eingelegt, so sind im ersteren Falle die Privatparteien, im letzteren Falle die übrigen Privatparteien und der Staatsanwalt, soweit derselbe Partei ist, für das Rechtsmittelverfahren als die Gegner anzusehen. Auch hier hat jeder Gegner solidarische Parteirechte, so daß die oben Anm. 33 angeführten Regeln auch hier entsprechende Anwendung finden[35]).

In den Fällen, in welchen der Staatsanwalt als Partei unterliegt, trägt die Staatskasse die Kosten[36]).

§ 121.

Verfahren in Familienstandssachen.

Fitting § 90.

Auf das Verfahren in Familienstandssachen finden die Vorschriften für das Verfahren in Ehesachen, soweit solche Vorschriften bestehen

1. für die Mitwirkung der Staatsanwaltschaft (CPO. § 607 u. o. S. 501 Anm. 31ff.),
2. für die Prozeßvollmacht (CPO. § 613 u. o. S. 498 Anm. 13),
3. für die Vernehmung der Parteien (CPO. § 619 u. o. S. 498 Anm. 16),
4. für die amtliche Zustellung der Urteile (CPO. § 625 u. o. S. 499 Anm. 20),
5. für die Unzulässigkeit eines Vorbehaltsurteils in der Berufungsinstanz (CPO. § 626 u. o. S. 499 Anm. 21) und

33) s. o. S. 239 Anm. 9.
34) CPO. § 634.
35) CPO. § 636.
36) CPO. § 637.

6. für die Beendigung des Streitverhältnisses durch den Tod einer Partei (CPO. § 628 u. o. S. 500 Anm. 23)

entsprechende Anwendung[1]).

Die Zuständigkeit ist bei dem Landgerichte begründet, bei dem der Beklagte seinen allgemeinen Gerichtsstand hat. Der Gerichtsstand ist jedoch kein ausschließlicher, so daß ein anderer Gerichtsstand durch Vereinbarung begründet werden kann. Zuständigkeit.

Hat der Beklagte im Inlande keinen allgemeinen Gerichtsstand, sind aber auf das Streitverhältnis die deutschen Gesetze anwendbar (EG. z. BGB. Art. 18—20), so kann die Klage bei dem Landgerichte erhoben werden, in dessen Bezirk der Beklagte den letzten Wohnsitz im Inlande hatte, und in Ermangelung eines solchen bei dem Landgerichte der Hauptstadt des Heimatstaates des Beklagten[2]).

Die Rechtskraft des Urteils wirkt, sofern sie bei Lebzeiten der Partei eintritt, für und gegen alle[3]). Absolute Rechtskraft des Urteils.

Ein Urteil, welches das Bestehen des Eltern- und Kindesverhältnisses oder der elterlichen Gewalt feststellt, wirkt jedoch gegenüber einem Dritten, welcher das elterliche Verhältnis oder die elterliche Gewalt für sich in Anspruch nimmt, nur dann, wenn er an dem Rechtsstreite teilgenommen hat[4]).

Für den Rechtsstreit, der die Feststellung des Bestehens oder Nichtbestehens des Eltern- und Kindesverhältnisses oder der elterlichen Gewalt zum Gegenstande hat, gelten folgende besondere Vorschriften: Besondere Bestimmgn. für die Feststellungsklage.

1. Mit einer solchen Feststellungsklage kann eine Klage anderer Art nicht verbunden werden, eine Widerklage anderer Art ist unzulässig[5]).

2. Erscheint der Kläger im Termine zur mündlichen Verhandlung nicht, so ergeht das Versäumnisurteil gegen ihn dahin, daß die Klage als zurückgenommen gelte[6]).

Für den Rechtsstreit, in welchem die Ehelichkeit eines Kindes oder die Anerkennung der Ehelichkeit von dem Ehemann der Mutter durch Erhebung der Anfechtungsklage angefochten wird, gelten folgende besondere Bestimmungen: Besondere Bestimmgn. für die Anfechtungsklage.

---

[1]) CPO. §§ 640 Abs. 1, 641 Abs. 1.
[2]) CPO. § 642.
[3]) CPO. § 643 Satz 1.
[4]) CPO. § 643 Satz 2.
[5]) CPO. § 640 Abs. 2.
[6]) CPO. § 640 Abs. 1 (635).

1. Mit der einen Anfechtungsklage kann nur die andere Anfechtungsklage verbunden werden, eine Widerklage kann nicht erhoben werden [7]).

2. Der Ehemann ist prozeßfähig, auch wenn er in der Geschäftsfähigkeit beschränkt ist. Für einen prozeßunfähigen Ehemann wird der Rechtsstreit durch den gesetzlichen Vertreter geführt, welcher jedoch zur Erhebung der Anfechtungsklage der Genehmigung des Vormundschaftsgerichts bedarf [8]).

§ 122.

Verfahren in Entmündigungssachen.

Hellmann § 145 — Fitting § 91.

Das Verfahren zerfällt in zwei Abschnitte, das Entmündigungsbeschlußverfahren und den Entmündigungsprozeß.

Das Beschlußverfahren verläuft in der Form des Untersuchungsprozesses, es hat die Aufgabe, festzustellen, ob die Voraussetzungen, unter welchen nach dem bürgerlichen Rechte die Entmündigung erfolgen soll, vorhanden sind, resp. ob diese Voraussetzungen, wenn die Wiederaufhebung einer Entmündigung beantragt wird, noch fortdauern.

Wird in dem Beschlußverfahren endgültig festgestellt, daß diese Voraussetzungen nicht vorliegen resp. wieder weggefallen sind, so ist das Verfahren beendigt, ein Entmündigungsprozeß findet in diesem Falle nicht statt.

Wird dagegen die Entmündigung ausgesprochen oder erkannt, daß sie fortbestehen soll, so kann sich an das Beschlußverfahren der Entmündigungsprozeß anschließen, indem im Zweiparteienprozesse die Frage von neuem untersucht und entschieden wird.

Auch im Entmündigungsverfahren handelt es sich um Rechtsschutz, um die Bewährung des objektiven Rechts, freilich in eigentümlicher Form und Richtung. Den Schutz begehrt der zu Entmündigende, er begehrt ihn für die Erhaltung des Rechts der freien Selbstbestimmung über seine Person und über sein Vermögen. Der

[7]) CPO. § 641 Abs. 3.

[8]) CPO. § 641 Abs. 2 und BGB. § 1595 Abs. 1 Satz 2, Abs. 2 Satz 1.

zu Entmündigende ist Partei in dem Verfahren, sein Gegner ist der Antragsteller, der unter Bezugnahme auf die Vorschriften des objektiven Rechts die Aberkennung des Rechts der freien Selbstbestimmung begehrt.

Da nun diese freie Selbstbestimmung ein selbstwertes Rechtsgut ist, so hat das Entmündigungsverfahren auch einen Selbst-Zweck und ist nicht nur Mittel zum Zweck[1]).

Der Zweck des Verfahrens ist, festzustellen, ob die Voraussetzungen für die Entziehung des Rechts der freien Selbstbestimmung vorliegen. An dieser Feststellung ist vor allem der zu Entmündigende resp. der Entmündigte selbst interessiert, es sind aber weiter dabei interessiert seine Angehörigen, deren wirtschaftliches oder moralisches Interesse an dem Wohlergehen des Entmündigten vom Rechte in der Weise anerkannt wird, daß ihnen bestimmte prozessuale Befugnisse, vor allem das Antragsrecht eingeräumt werden.

An der Entmündigung besteht auch ein öffentliches Interesse, freilich nicht in jedem Falle, sondern nur im Falle der Entmündigung wegen Geisteskrankheit und wegen Geistesschwäche. Die Verhandlung soll in diesen Fällen, da es zweifelhaft ist, ob die Partei, also der zu Entmündigende, imstande ist, seine Parteirechte in verständiger Weise wahrzunehmen, unter Teilnahme des Staatsanwalts stattfinden, welcher darauf zu achten hat, daß alle für die Entscheidung erheblichen Momente zum Gegenstande der Verhandlung gemacht werden. Ihm liegt deshalb nicht nur ob, die Entmündigung zu betreiben, sondern auch deren Anfechtung resp. Wiederaufhebung, wenn die Entmündigung zu Unrecht ausgesprochen ist oder fortbesteht. Aus solchem Grunde ist es aber verkehrt, das Entmündigungsverfahren

---

[1]) Das ist die Auffassung von Wach (§ 6 II b), welcher das Entmündigungsverfahren lediglich auffaßt als ein Mittel zum Zwecke der Ermöglichung an Vormundschaft. Wach will deshalb das Entmündigungsverfahren der freiwilligen Gerichtsbarkeit überweisen. Er behauptet, daß die Prozeßordnung, wenn sie die Entmündigungssachen den zur Handhabung der streitigen Gerichtsbarkeit berufenen ordentlichen Gerichten überweise, diese Gerichte in den Dienst der freiwilligen Gerichtsbarkeit stelle.

Nach Wach richtet sich die Tendenz des Entmündigungsverfahrens nicht gegen den zu Entmündigenden, vielmehr sei das ganze Verfahren nur zu seinen Gunsten; nicht gegen ihn werde entschieden, sondern für ihn gesorgt.

aus dem Gesichtspunkte eines im Dienste der Obervormundschaft stehenden Verfahrens zu betrachten, vielmehr verfolgt es seine selbstständigen Zwecke und keine anderen Zwecke als das civilprozessuale Verfahren überhaupt, nämlich den des Rechtsschutzes, der Bewährung des objektiven Rechtes.

Die Prozeßordnung hat dies dadurch anerkannt, daß sie das Entmündigungsverfahren der freiwilligen Gerichtsbarkeit entzieht, insbesondere der Partei gegen die geplante Entziehung des Rechts der freien Selbstbestimmung Rechtsschutz im Wege des civilprozessualischen Verfahrens verleiht.

§ 123.

Entmündigung wegen Geisteskrankheit oder Geistesschwäche.

Sachliche Zuständigkeit. Die Entmündigung erfolgt durch Beschluß des Amtsgerichts [1]).

Antrag. Der Beschluß wird nur auf Antrag erlassen [2]). Wird also der Antrag vor Erlaß des Beschlusses zurückgenommen, so ist das Verfahren einzustellen.

Der Antrag kann gestellt werden [3])

a) von dem Ehegatten des zu Entmündigenden;

b) von dem gesetzlichen Vertreter, dem die Sorge für die Person des zu Entmündigenden zusteht;

c) von einem Verwandten, es sei denn, daß die Person, deren Entmündigung beantragt werden soll, unter elterlicher Gewalt oder unter Vormundschaft steht. Gegen eine Ehefrau kann der Antrag von einem Verwandten nur gestellt werden, wenn auf Aufhebung der ehelichen Gemeinschaft erkannt ist, oder wenn der Ehemann die Ehefrau verlassen hat, oder wenn der Ehemann zur Stellung des Antrags dauernd außerstande oder sein Aufenthalt dauernd unbekannt ist;

d) von dem Staatsanwalte beim vorgesetzten Landgerichte.

Der Antrag kann bei dem Gerichte schriftlich eingereicht oder zum Protokolle des Gerichtsschreibers angebracht werden. Er soll

---

[1]) CPO. § 645 Abs. 1. [2]) CPO. § 645 Abs. 2.
[3]) CPO. § 646.

eine Angabe der ihn begründenden Thatsachen und die Bezeichnung der Beweismittel enthalten [4]).

Für die Einleitung des Verfahrens ist das Amtsgericht, bei welchem der zu Entmündigende seinen allgemeinen Gerichtsstand hat, ausschließlich zuständig [5]). Gegen einen Deutschen, welcher im Inlande keinen allgemeinen Gerichtsstand hat, kann der Antrag bei dem Amtsgerichte gestellt werden, in dessen Bezirk der zu Entmündigende den letzten Wohnsitz im Inlande hatte; in Ermangelung eines solchen Wohnsitzes bei dem Amtsgerichte der Hauptstadt seines Heimatstaates [6]). Einleitung des Verfahrens. Örtliche Zuständigkeit.

Das Gericht kann vor der Einleitung des Verfahrens die Beibringung eines ärztlichen Zeugnisses anordnen [7]).

Nach der Einleitung des Verfahrens kann das Gericht die Verhandlung und Entscheidung dem Amtsgericht überweisen, in dessen Bezirke der zu Entmündigende sich aufhält, wenn solches mit Rücksicht auf die Verhältnisse des zu Entmündigenden erforderlich erscheint [8]). Überweisung der Verhandlung und Entscheidung an das Gericht des Aufenthaltsortes.

Das Gericht, an welches die Überweisung erfolgt ist, ist nach der Übernahme des Verfahrens unter gleichen Umständen zu einer weiteren Überweisung befugt, wenn ein Wechsel im Aufenthaltsorte des zu Entmündigenden eintritt [9]).

Eine Überweisung ist nicht mehr zulässig, wenn das Gericht den zu Entmündigenden vernommen hat. [10]).

Wird die Übernahme abgelehnt, so entscheidet das im Instanzenzuge zunächst höhere Gericht [11]).

Das Verfahren verläuft in der Form des Untersuchungsprozesses. Die am Verfahren beteiligten Personen nehmen in dem Verfahren nicht die Stellung eines selbständigen Parteirollenträgers — wie im Parteienprozesse — ein, sondern haben nur einzelne Parteibefugnisse.

---

[4]) CPO. § 647. [5]) CPO. § 648 Abs. 1 u. EG. z. BGB. Art. 8.

[6]) CPO. § 648 Abs. 2 u. § 15 Abs. 1 Satz 2 u. 3 s. o. S. 496 Anm. 3.

[7]) CPO. § 649.

[8]) CPO. § 650 Abs. 1. Dies wird namentlich dann zutreffen, wenn die persönliche Vernehmung vor dem Gerichte, welches das Verfahren eingeleitet, nicht erfolgen kann.

[9]) CPO. § 651. [10]) CPO. §§ 650 Abs. 2, 631 Abs. 2.

[11]) CPO. §§ 650 Abs. 3, 651 Abs. 2.

Die am Verfahren beteiligten Personen sind der zu Entmündigende, der Antragsteller und der Staatsanwalt.

Der zu Entmündigende ist Partei, soweit es sich um die Verteidigung seines freien Selbstbestimmungsrechtes handelt, der Antragsteller, soweit es sich um das moralische und wirtschaftliche Interesse, welches die Familienangehörigen des Entmündigten an der Fürsorge für die Person und das Vermögen des zu Entmündigenden haben, der Staatsanwalt im öffentlichen Interesse, welches regelmäßig dahin gehen wird, die Entmündigung herbeizuführen, sich also gegen den zu Entmündigenden kehrt, andererseits aber auch, falls sich ergiebt, daß die Voraussetzungen für die Entmündigung nicht vorliegen, sich gegen den Antragsteller richtet.

Die Parteibefugnisse dieser Beteiligten gestalten sich wie folgt:

1. Das Recht des Antragstellers beschränkt sich, abgesehen von der Sonderbestimmung des § 656 der CPO. (s. u. Anm. 16), auf die Befugnis, die Initiative zur Einleitung des Verfahrens zu ergreifen, den Antrag auf Entmündigung zu stellen und durch Angabe von Thatsachen und Beweismitteln zu begründen[12]).

2. Dem zu Entmündigenden ist vor der Veranstaltung der amtlichen Ermittelungen zur Feststellung seines Geisteszustandes Gelegenheit zur Bezeichnung von Beweismitteln zu geben; ebenso dem gesetzlichen Vertreter, welchem die Sorge für die Person des zu Entmündigenden zusteht, sofern er nicht die Entmündigung selbst beantragt hat[13]).

3. Umfassender sind die Befugnisse des Staatsanwalts. Er ist von der Einleitung des Verfahrens, von der Anordnung der Überweisung der Verhandlung und Entscheidung sowie von allen Terminen in Kenntnis zu setzen. Er kann den Terminen beiwohnen und das Verfahren durch Stellung von Anträgen betreiben[14]).

---

[12]) Da der Antragsteller nicht Partei ist, so finden die oben S. 113 unter 2 angegebenen Bestimmungen auf ihn keine Anwendung, er kann insbesondere als Zeuge oder Sachverständiger vernommen werden.

[13]) CPO. § 653 Abs. 1 Satz 2. Hat der gesetzliche Vertreter die Entmündigung beantragt, so bedarf es seines Gehörs nicht, da er bei der Stellung des Antrags Beweismittel benennen kann.

[14]) CPO. § 652. Dies gilt für „alle Fälle“ also auch dann, wenn der Staatsanwalt den Antrag auf Entmündigung gestellt hat.

Unter Vorbehalt der Beachtung dieser Parteibefugnisse ist die Untersuchung und Feststellung des Geisteszustandes Amtspflicht des Gerichts. Es hat unter Benutzung der im Antrage bezeichneten Beweismittel die dazu erforderlichen Ermittelungen von Amtswegen zu veranstalten und die erheblich erscheinenden Beweise aufzunehmen. Soweit es sich um die Vernehmung von Zeugen und Sachverständigen handelt, kommen dabei die allgemeinen Vorschriften zur Anwendung[15]. Amtliches Untersuchungsverfahren.

Auch der zu Entmündigende ist für das Gericht Erkenntnismittel, er ist persönlich unter Zuziehung eines oder mehrerer Sachverständigen zu vernehmen; das Gericht kann zu solchem Zweck die Vorführung des zu Entmündigenden anordnen. Die Vernehmung kann auch durch einen ersuchten Richter erfolgen, sie darf nur unterbleiben, wenn sie mit besonderen Schwierigkeiten verbunden oder nicht ohne Nachteil für den Gesundheitszustand des zu Entmündigenden ausführbar ist[16]. Vernehmung des zu Entmündigenden.

Als weiteres zwingendes Erkenntnismittel dient die Vernehmung von Sachverständigen, da das Gericht die Entmündigung nur aussprechen darf, wenn es einen oder mehrere Sachverständige über den Gesundheitszustand des zu Entmündigenden gehört hat[17]. Vernehmung von Sachverständigen.

Ist zur Feststellung des Geisteszustandes nach ärztlichem Gutachten die Aufnahme des zu Entmündigenden in eine Heilanstalt erforderlich und ohne Nachteil für den Gesundheitszustand desselben ausführbar, so kann das Gericht anordnen, daß der zu Entmündigende auf die Dauer von höchstens sechs Wochen in eine Heilanstalt gebracht werde. Unterbringung in einer Heilanstalt.

Die Anordnung kann nur mit Zustimmung des Antragstellers getroffen werden, vor der Entscheidung sind diejenigen Personen, welche im vorliegenden Falle antragsberechtigt sind, soweit thunlich zu hören.

Gegen den Beschluß, durch welchen die Unterbringung angeordnet wird, steht dem zu Entmündigenden, dem Staatsanwalte und binnen

---

[15]) CPO. § 653 und Buch II, Abschnitt 1 Titel 7 und 8. Die Anordnung der Haft zur Erzwingung des Zeugnisses (CPO. § 390 Abs. 2) kann von Amtswegen angeordnet werden. Im Verhältnisse zum Zeugen ist der zu Entmündigende Partei. Darnach bestimmt sich, in welchen Fällen ein Recht zur Verweigerung des Zeugnisses besteht.

[16]) CPO. § 654. [17]) CPO. § 655.

der für den zu Entmündigenden laufenden Frist auch einem Antragsberechtigten die sofortige Beschwerde zu[18]).

Fürsorge für die Person und das Vermögen des zu Entmündigenden.

Erachtet das Gericht die Anordnung einer Fürsorge für die Person oder das Vermögen des zu Entmündigenden für erforderlich, so hat es der Vormundschaftsbehörde zum Zwecke solcher Anordnung Mitteilung zu machen[19]).

Kosten des Verfahrens.

Die Kosten das Verfahrens tragen die Parteien, und zwar der Unterliegende, also, wenn die Entmündigung erfolgt, der Entmündigte, andernfalls die Staatskasse, soweit sie nicht dem Antragsteller, den ein Verschulden trifft, auferlegt werden[20]).

Zustellung des Beschlusses.

Der im Verfahren in der Sache ergehende Beschluß ist dem Antragsteller und dem Staatsanwalte von Amtswegen zuzustellen[21]). Wird die Entmündigung ausgesprochen, so ist der Beschluß außerdem von Amtswegen der Vormundschaftsbehörde mitzuteilen, und, wenn der Entmündigte unter elterlicher Gewalt oder unter Vormundschaft steht, auch demjenigen gesetzlichen Vertreter zuzustellen, welchem die Sorge für die Person des Entmündigten zusteht. Im Falle der Entmündigung wegen Geistesschwäche ist der Beschluß auch dem Entmündigten selbst zuzustellen[22]).

Wird die Entmündigung abgelehnt, so ist der Beschluß von Amtswegen auch demjenigen, dessen Entmündigung beantragt war, zuzustellen[23]).

Wirksamkeit des Entmündigungsbeschlusses.

Die Entmündigung wegen Geisteskrankheit tritt mit der Bestellung des Vormundes für den Entmündigten in Wirksamkeit. Steht der Entmündigte unter elterlicher Gewalt oder unter Vormundschaft, so tritt die Wirksamkeit mit der Zustellung des Beschlusses an denjenigen gesetzlichen Vertreter, welchem die Sorge für die Person des Entmündigten zusteht, in Wirksamkeit[24]).

Die Entmündigung wegen Geistesschwäche tritt mit der Zustellung des Beschlusses an den Entmündigten in Wirksamkeit[25]).

Sofortige Beschwerde.

Wird die Entmündigung durch den Beschluß abgelehnt, so steht dagegen dem Antragsteller und dem Staatsanwalte die sofortige Beschwerde zu. Das Verfahren in der Beschwerdeinstanz richtet sich

---

[18]) CPO. § 656. [19]) CPO. § 657 u. dazu BGB. §§ 1906—1908.
[20]) CPO. § 658. [21]) CPO. § 659.
[22]) CPO. § 660. [23]) CPO. § 662.
[24]) CPO. § 661 Abs. 1. [25]) CPO. 661 Abs. 2.

nach den allgemeinen Vorschriften, insbesondere trifft auch hier zu, daß die Beschwerde auf neue Thatsachen und Beweismittel gestützt werden kann.

Die Mitwirkung des Staatsanwalts findet in demselben Umfange, wie in der ersten Instanz, statt; ebenso das amtliche Ermittelungsverfahren, ob eine neue Vernehmung des zu Entmündigenden und die Vernehmung anderer Sachverständigen stattfinden soll, steht zum Ermessen des Beschwerdegerichts[26]).

Anfechtungsklage. Zuständigkeit.

Wird die Entmündigung durch den Beschluß ausgesprochen, so kann der Beschluß im Wege der Klage angefochten werden. Für die Klage ist das Landgericht, in dessen Bezirk das Amtsgericht, welches über die Entmündigung entschieden hat, seinen Sitz hat, ausschließlich zuständig[27]).

Träger der Klägerrolle.

Zur Erhebung der Klage sind befugt[28])

1. der Entmündigte selbst, dem auf seinen Antrag vom Vorsitzenden des Prozeßgerichts ein Rechtsanwalt als Vertreter beizuordnen ist[29]);

2. derjenige gesetzliche Vertreter, welchem die Sorge für die Person des Entmündigten zusteht;

3. die übrigen antragsberechtigten Personen, also auch der Staatsanwalt.

Frist.

Die Klage ist an eine Ausschlußfrist von einem Monat gebunden; die Frist beginnt im Falle der Entmündigung wegen Geisteskrankheit mit dem Zeitpunkte, in welchem die Entmündigung in Wirksamkeit getreten ist, für den Entmündigten selbst jedoch mit dem Zeitpunkte, in welchem er von der Entmündigung Kenntnis erlangt hat. Im Falle der Entmündigung wegen Geistesschwäche beginnt die Frist mit der Zustellung des Beschlusses an den Entmündigten und, wenn der Entmündigte unter elterlicher Gewalt oder unter Vormundschaft steht, für den gesetzlichen Vertreter mit dem Zeitpunkte, an welchem diesem der Beschluß zugestellt ist[30]).

---

[26]) CPO. § 693.

[27]) CPO. §§ 664 Abs. 1, 665.

[28]) CPO. § 664 Abs. 2.

[29]) CPO. § 668. Da der Entmündigte für die Anfechtungsklage prozeßfähig bleibt, so kann er auch selbst einen Rechtsanwalt und Prozeßbevollmächtigten bestellen.

[30]) CPO. § 664 Abs. 1 u. 3.

Träger der Beklagtenrolle.

Die gegebenen Beklagten sind der Antragsteller und der Staatsanwalt. Das öffentliche Interesse wird für das wichtigere gehalten, es schreibt deshalb das Gesetz vor, daß die Klage gegen den Staatsanwalt zu richten ist, und daß, wenn ein anderer als der Staatsanwalt den Antrag auf Entmündigung gestellt hat, der Kläger den Antragsteller unter Mitteilung der Klage zum Termine zur mündlichen Verhandlung zu laden hat[31]).

Wird die Klage von dem Staatsanwalt erhoben, so ist sie gegen denjenigen gesetzlichen Vertreter des Entmündigten, welchem die Sorge für die Person zusteht, zu richten; es hat jedoch auch hier der Kläger, wenn ein anderer als der Staatsanwalt oder der bezeichnete gesetzliche Vertreter den Antrag gestellt hatte, den Antragsteller in gleicher Weise zum Termin zu laden[32]).

Der Antragsteller kann auch ohne Ladung einer der Parteien, dem Kläger oder dem Beklagten, als Nebenintervenient beitreten. Im Falle des Beitritts gilt er im Sinne des Gesetzes als notwendiger Streitgenosse derjenigen Partei, welcher er beigetreten ist[33]).

Mit der Klage kann eine andere Klage nicht verbunden werden, eine Widerklage ist unzulässig[34]).

Verfahren.

Das Verfahren verläuft im formellen Parteienprozesse, es finden die oben S. 493 ff. dargestellten Grundsätze mit der Erweiterung Anwendung, daß der Parteieid als Beweismittel vollständig ausgeschlossen ist[35]).

Die Verhandlung schließt sich an das Ergebnis des Beschlußverfahrens an, dieses ist, soweit es zur Prüfung der Richtigkeit des angefochtenen Beschlusses erforderlich ist, von den Parteien vollständig vorzutragen. Im Falle der Unrichtigkeit und Unvollständigkeit des Vortrages hat der Vorsitzende dessen Berichtigung und Vervollständigung, nötigenfalls unter Wiedereröffnung der Verhandlung, zu veranlassen und dies solange fortzusetzen, bis der Vortrag richtig und vollständig ist[36]).

In der Verhandlung ist der zu Entmündigende persönlich unter Zuziehung eines Sachverständigen zu vernehmen (CPO. § 654 u. o. S. 509 Anm. 16). Die Abweisung der Klage — also die Beseitigung

---

31) CPO. § 666 Abs. 1 u. 3.

32) CPO. § 666 Abs. 2 u. 3.

33) CPO. § 666 Abs. 3.

34) CPO. § 667.

35) CPO. § 670.

36) CPO. § 669.

der Entmündigung — kann nur erfolgen, wenn auch das Prozeßgericht einen oder mehrere Sachverständige gehört hat (CPO. § 655), jedoch kann davon Abstand genommen werden, wenn das Prozeßgericht das vor dem Amtsgerichte abgegebene Gutachten für genügend erachtet[37]).

Wird die Anfechtungsklage für begründet erklärt, so ist der die Entmündigung aussprechende Beschluß durch Endurteil aufzuheben. Die Aufhebung tritt erst mit der Rechtskraft des Urteils in Wirksamkeit; es können jedoch auf Antrag zum Schutze der Person oder des Vermögens des Entmündigten einstweilige Verfügungen nach Maßgabe der allgemeinen Vorschriften getroffen werden[38]). Entscheidung.

Über die Kosten ist nach allgemeinen Grundsätzen zu entscheiden. Unterliegt der Staatsanwalt, so treffen die Kosten die Staatskasse; hat der Staatsanwalt die Klage erhoben, so hat die Staatskasse in allen Fällen die Kosten des Rechtsstreits zu tragen[39]).

§ 124.

Die Entmündigung wegen Verschwendung und wegen Trunksucht.

Die Entmündigung erfolgt durch Beschluß des Amtsgerichts[1]).

Der Beschluß wird nur auf Antrag erlassen[2]). Antragsrecht.

Der Antrag kann gestellt werden[3])

1. von dem Ehegatten des zu Entmündigenden,

2. von demjenigen gesetzlichen Vertreter desselben, welchem die Sorge für die Person zusteht;

3. von einem Verwandten unter den oben S. 506 unter c) hervorgehobenen Beschränkungen.

Ein Antragsrecht des Staatsanwalts sowie eine Mitwirkung desselben im Verfahren findet nicht statt[4]).

---

37) CPO. § 671.

38) CPO. § 672 und dazu §§ 934—944. Von jedem in der Sache ergehenden Urteile, mag es in erster Instanz oder in der Rechtsmittelinstanz ergehen, hat das Prozeßgericht dem Amtsgerichte und der Vormundschaftsbehörde Mitteilung zu machen. CPO. § 674.

39) CPO. § 673 Abs. 2.

1) CPO. § 680 Abs. 2.

2) CPO. § 690 Abs. 2. Zurücknahme des Antrags ist zulässig, s. o. S. 506.

3) CPO. § 680 Abs. 2 (646 Abs. 1).

4) CPO. § 680 Abs. 3.

Die landesgesetzlichen Vorschriften, nach welchen eine Gemeinde oder ein der Gemeinde gleichstehender Verband oder ein Armenverband antragsberechtigt ist, bleiben unberührt[5]).

Ist die Entmündigung wegen Trunksucht beantragt, so kann das Gericht die Beschlußfassung über die Entmündigung aussetzen, wenn Aussicht auf Besserung besteht[6]).

Verfahren. Die für die Entmündigung wegen Geisteskrankheit und Geistesschwäche bestehenden Vorschriften finden entsprechende Anwendung, soweit sie betreffen[7])

a) Form und Inhalt des Antrages (CPO. § 647 o. S. 506f.);

b) die örtliche Zuständigkeit (CPO. § 648 o. S. 507);

c) die amtliche Untersuchung und das Gehör des zu Entmündigenden (CPO. § 653 u. o. S. 509);

d) die Fürsorge für die Person und das Vermögen des zu Entmündigenden (CPO. § 657 u. o. S. 510).

Entscheidung. Zustellung. Der über die Entmündigung zu erlassende Beschluß ist dem Antragsteller und dem zu Entmündigenden von Amtswegen zuzustellen, und, wenn die Entmündigung ausgesprochen wird, der Vormundschaftsbehörde mitzuteilen. Der die Entmündigung aussprechende Beschluß tritt mit der Zustellung an den Entmündigten in Wirksamkeit. Die Entmündigung ist von dem Amtsgerichte öffentlich bekannt zu machen[8]).

Kosten. Die Kosten des Beschlußverfahrens trägt der Unterliegende, also, wenn die Entmündigung ausgesprochen wird, der Entmündigte, wenn sie abgelehnt wird, der Antragsteller[9])

Sofortige Beschwerde. Wird die Entmündigung abgelehnt, so kann der Beschluß durch den Antragsteller mit der sofortigen Beschwerde angefochten werden. Auf die Beschwerde finden die oben S. 510f. dargestellten Grundsätze Anwendung[10]).

Anfechtungsklage. Wird die Entmündigung ausgesprochen, so kann der Beschluß binnen der Frist eines Monats, welche mit der Zustellung des Beschlusses an den Entmündigten beginnt, von dem Entmündigten im Wege der Klage angefochten werden[11]).

---

[5]) CPO. § 680 Abs. 4.
[6]) CPO. § 681.
[7]) CPO. § 680 Abs. 3.
[8]) CPO. § 683, 687.
[9]) CPO. § 682.
[10]) CPO. § 680 Abs. 3 (§ 663 u. o. S. 511).
[11]) CPO § 684 Abs. 1 u. 2.

Die Klage ist gegen den Antragsteller und, falls dieser verstorben oder sein Aufenthalt unbekannt oder im Auslande ist, gegen den Staatsanwalt zu richten[12]).

Auf das Verfahren finden die Vorschriften der Anfechtungsklage im Falle der Entmündigung wegen Geisteskrankheit oder Geistesschwäche, soweit sie betreffen

a) die Unzulässigkeit der Klagenverbindung und der Widerklage (CPO. § 667 u. o. S. 512 Anm. 34),

b) die Pflicht der Parteien, das Ergebnis des Beschlußverfahrens vorzutragen (CPO. § 669 u. S. 512 Anm. 36),

c) die Untersuchungsmaxime, insbesondere die Unzulässigkeit des Parteieides (CPO. § 670 u. o. S. 512 Anm. 35),

d) die Fragen über den Inhalt und die Wirksamkeit des Aufhebungsurteils, den Erlaß einstweiliger Verfügungen, die Kosten des Rechtsstreits und die Mitteilung der Sachurteile an das Amtsgericht und die Vormundschaftsbehörde (CPO. §§ 672 bis 674 u. o. S. 513 Anm. 38f.)

entsprechende Anwendung[13]).

§ 125.

Die Wiederaufhebung der Entmündigung.

Die Wiederaufhebung der Entmündigung muß erfolgen, wenn nach dem Eintritt der Wirksamkeit der Entmündigung die Sachlage sich verändert hat, so daß die Voraussetzungen, unter welchen die Entmündigung nach dem bürgerlichen Rechte zuläßig ist (BGB. § 6), nicht mehr vorliegen.

Auch hier zerfällt das Verfahren in ein Beschlußverfahren und ein sich daran schließendes Prozeßverfahren.

Die Wiederaufhebung erfolgt auf Antrag des Entmündigten oder desjenigen gesetzlichen Vertreters des Entmündigten, welchem die Sorge für die Person zusteht — im Falle der Entmündigung wegen Geisteskrankheit oder Geistesschwäche auch auf Antrag des Staatsanwaltes — durch Beschluß des Amtsgerichts[1]). Antrag.

Ausschließlich zuständig ist dasjenige Amtsgericht, bei welchem der Entmündigte seinen allgemeinen Gerichtsstand hat.

[12]) CPO. § 684 Abs. 3.

[13]) CPO. § 684 Abs. 4.

[1]) CPO. §§ 625, 685.

Hat der Entmündigte im Inlande keinen allgemeinen Gerichtsstand, ist aber im Inlande entmündigt[2]), so kann die Wiederaufhebung bei dem Amtsgerichte beantragt werden, welches über die Entmündigung entschieden hat[3]).

Der Antrag kann bei dem Gerichte schriftlich eingereicht oder zu Protokoll des Gerichtsschreibers angebracht werden, er soll eine Angabe der ihn begründenden Thatsachen und die Bezeichnung der Beweismittel enthalten[4]).

Verfahren.

Bezüglich des Verfahrens ist zu unterscheiden, ob die Entmündigung wegen Geisteskrankheit oder Geistesschwäche oder wegen Verschwendung oder Trunksucht ausgesprochen ist.

Im ersteren Falle finden die für das Entmündigungsbeschlußverfahren wegen Geisteskrankheit oder Geistesschwäche geltenden Vorschriften, im anderen Falle die für das Entmündigungsbeschlußverfahren wegen Trunksucht oder Verschwendung geltenden Vorschriften entsprechende Anwendung[5]).

Kosten.

Die Kosten des Verfahrens sind vom Entmündigten und, wenn das Verfahren von dem Staatsanwalt ohne Erfolg beantragt ist, von der Staatskasse zu tragen[6]).

Zustellung des Beschlusses.

Der über die Wiederaufhebung zu erlassende Beschluß ist dem Antragsteller und im Falle Wiederaufhebung dem Entmündigten, im Verfahren wegen Geisteskrankheit oder Geistesschwäche auch dem Staatsanwalte von Amtswegen zuzustellen. Ist der Beschluß, durch welchen die Wiederaufhebung erfolgt, rechtskräftig, so ist er der Vormundschaftsbehörde mitzuteilen[7]).

Anfechtung des Wiederaufhebungsbeschlusses durch Beschwerde.

Gegen den Beschluß, durch welchen die Entmündigung wegen Trunksucht oder Verschwendung aufgehoben wird, findet kein Rechtsmittel statt, gegen den Beschluß, durch welchen die Entmündigung

---

[2]) Abgesehen von einer nach der Entmündigung vorgenommenen Verlegung des Wohnsitzes kann dies zutreffen, wenn er als Deutscher ohne allgemeinen Gerichtsstand im Inlande durch Beschluß des im § 648 Abs. 2 CPO. bestimmten Gerichts entmündigt ist.

[3]) CPO. §§ 676 Abs. 1 u. 2 und 685.

[4]) CPO. §§ 676 Abs. 3 (647) und 685 (647).

[5]) CPO. § 676 Abs. 3 (§§ 640—665 o. S. 506ff.) und 685 (653 o. S. 513ff.).

[6]) CPO. §§ 677, 685. [7]) CPO. §§ 678 Abs. 1 u. 3, 685.

wegen Geisteskrankheit oder Geistesschwäche aufgehoben wird, steht dem Staatsanwalte die sofortige Beschwerde zu[8]).

Wird der Antrag auf Wiederaufhebung abgelehnt, so kann dieselbe im Wege der Klage beantragt werden[9]). Klage auf Wiederaufhebung.

Zur Erhebung der Klage ist derjenige gesetzliche Vertreter des Entmündigten, welchem die Sorge für die Person zusteht — im Falle der Geisteskrankheit oder Geistesschwäche auch der Staatsanwalt — befugt. Will der gesetzliche Vertreter die Klage nicht erheben, so kann der Vorsitzende des Prozeßgerichts dem Entmündigten einen Rechtsanwalt als (gesetzlichen) Vertreter beiordnen[10]). Klägerolle.

Die Klage ist im Verfahren wegen Trunksucht oder Verschwendung gegen den Antragsteller und, wenn dieser gestorben, oder sein Aufenthalt unbekannt oder im Auslande ist, gegen den Staatsanwalt zu richten[11]). Beklagtenrolle.

Im Verfahren wegen Geisteskrankheit oder Geistesschwäche ist die Klage gegen den Staatsanwalt zu richten. Erhebt der Staatsanwalt die Klage, so ist die Klage gegen denjenigen gesetzlichen Vertreter des Entmündigten, welchem die Sorge für die Person zusteht, zu richten[12]).

Ausschließlich zuständig ist das Landgericht, in dessen Bezirk das Amtsgericht, welches den angefochtenen Beschluß erlassen hat, seinen Sitz hat[13]). Zuständigkeit.

Auf das Verfahren finden die Vorschriften für die Anfechtungsklage, soweit sie betreffen Verfahren.

a) die Unzulässigkeit der Klagverbindung und der Widerklage (CPO. § 667 u. o. S. 512 Anm. 34.),
b) die Pflicht der Parteien zum Vortrage des Ergebnisses des Beschlußverfahrens (CPO. § 669 u. o. S. 512 Anm. 36),
c) die Untersuchungsmaxime, insbesondere die Unzulässigkeit des Parteieides (CPO. § 670 u. o. S. 512 Anm. 35),
d) die Fragen über den Inhalt und die Wirksamkeit des Urteils, den Erlaß einstweiliger Verfügungen, die Kosten des Rechtsstreits und die Mitteilung der Sachurteile an das Amtsgericht

---

[8]) CPO. § 678 Abs. 2. [9]) CPO. §§ 679 Abs. 1, 586 Abs. 1.
[10]) CPO. §§ 679 Abs. 2 u. 3, 686 Abs. 2.
[11]) CPO. § 686 Abs. 3. [12]) CPO. § 679 Abs. 4 (666).
[13]) CPO. §§ 679 Abs. 4, 686 Abs. 4 (§ 665).

und an die Vormundschaftsbehörde (CPO. §§ 672—674 u. o. S. 513 Anm. 38 f.)

entsprechende Anwendung [14]).

Für das Verfahren im Falle von Geisteskrankheit oder Geistesschwäche ist noch vorgeschrieben

a) daß der Entmündigte persönlich unter Zuziehung eines oder mehrerer Sachverständigen zu vernehmen ist, soweit dies ausführbar ist [15]),

b) daß die Klage nicht abgewiesen werden kann, wenn nicht ein oder mehrere Sachverständige über den Geisteszustand des Entmündigten gehört sind [16]).

Bekanntmachung der Wiederaufhebung.

Die Wiederaufhebung der Entmündigung einer Person wegen Trunksucht oder wegen Verschwendung ist vom Amtsgerichte öffentlich bekannt zu machen [17]).

Dritter Unterabschnitt.

Das Aufgebotsverfahren.

Hellmann §§ 148—150 — Fitting § 133.

§ 126.

Das Verfahren im allgemeinen.

Das gerichtliche Aufgebotsverfahren findet statt, wenn nach Maßgabe des bürgerlichen Rechts eine öffentliche gerichtliche Aufforderung zur Anmeldung von Ansprüchen oder Rechten mit der Wirkung zulässig ist, daß die Unterlassung der Anmeldung einen Rechtsnachteil zur Folge hat, m. a. W. präklusivische Wirkung hat [1]).

Die Zulässigkeit kann auf den Normen des Reichsrechts oder, soweit das bürgerliche Recht der landesrechtlichen Regelung vorbehalten ist, auf den Normen des Landesrechts beruhen.

[14]) CPO. §§ 679 Abs. 4, 686 Abs. 4.

[15]) CPO. § 679 Abs. 4 (§§ 671, 654 u. o. S. 509 Anm. 16).

[16]) CPO. § 677 Abs. 4 (§§ 671, 655 u. o. S. 509 Anm. 17).

[17]) CPO. § 687.

[1]) CPO. § 946 Abs. 1.

Nach Reichsrecht ist das gerichtliche Aufgebotsverfahren zulässig:

1. zum Zwecke der Todeserklärung (BGB. § 13);

2. zum Zwecke der Kraftloserklärung von Urkunden der nachstehenden Art:

a) Wechsel und andere indossabele Wertpapiere (WO. § 57, HGB. §§ 363—365),

b) Aktien und Reichsbankanteilscheine (HGB. § 228, Reichsbankstatut § 8 s. RGBl. 1875 S. 205),

c) Schuldverschreibungen auf den Inhaber[2]) und Schuldverschreibungen auf den Namen mit Leistungsklausel auf den Inhaber[3]) (BGB. §§ 799, 808, EG. z. BGB. Art. 174, 177),

d) Schuldurkunden des Norddeutschen Bundes und des Deutschen Reiches (G. v. 15. Mai 1873 RGBl. S. 91)[4]),

e) Hypothekenbriefe und Grundschuldbriefe (BGB. §§ 1162, 1192 u. 1195 s. a. § 136 des Ges. über die Zwangsversteigerung und Zwangsverwaltung vom 24. März 1897);

3. zum Zwecke des Ausschlusses des Eigentümers eines Grundstückes, wenn sich dasselbe seit dreißig Jahren im Eigenbesitze eines anderen befindet (BGB. § 927);

4. zum Zwecke des Ausschlusses des unbekannten Hypotheken-Grundschuldgläubigers (BGB. §§ 1170, 1171, 1192), des unbekannten Berechtigten aus einem dinglichen Vorkaufsrechte (BGB. § 1104), aus einer Reallast (BGB. § 1112), aus einem Schiffspfandrechte (BGB. § 1269), aus einer im Grundbuche eingetragenen Vormerkung (BGB. § 887);

5. zum Zwecke der Ausschließung unbekannter Schiffsgläubiger im Falle der Veräußerung eines Seeschiffes oder eines der Binnen-

---

[2]) Sind solche Urkunden von einem Bundesstaate oder einer einem Bundesstaate angehörenden Körperschaft, Stiftung oder Anstalt des öffentlichen Rechts ausgestellt, so regelt sich die Zulässigkeit der Kraftloserklärung nach Landesrecht (EG. z. BGB. Art. 101).

[3]) Bestimmen die Landesgesetze für die Kraftloserklärung dieser Urkunden ein anderes Verfahren als das Aufgebotsverfahren, so bleiben solche Vorschriften unberührt, s. EG. z. BGB. Art. 102 Abs. 2.

[4]) Nach Art. 13 des Einführungsgesetzes z. CPO. sind die abweichenden Bestimmungen des im Texte bezeichneten Gesetzes über das Aufgebotsverfahren in Kraft geblieben, welche Vorschriften auch nach dem oben unter b aufgeführten Reichsbankstatut für die Kraftloserklärung von Reichsbankanteilscheinen gelten.

schiffahrt dienenden Fahrzeuges (HGB. § 765 und Binnenschiffahrtsgesetz i. d. F. d. B. vom 28. Mai 1898 § 110);

6. zum Zwecke der Ausschließung von Nachlaßgläubigern und Gesamtgutsgläubigern der fortgesetzten Gütergemeinschaft (BGB. §§ 1970 und 1489 Abs. 2).

Soweit die Landesgesetze ein gerichtliches Aufgebot auf den der Landesgesetzgebung angehörenden Gebieten für zulässig erklären, finden die Vorschriften der Prozeßordnung über das gerichtliche Aufgebotsverfahren nur insoweit Anwendung, als nicht die Landesgesetzgebung diese Anwendung ausschließt oder diese Vorschriften durch andere Vorschriften ersetzt (EG. z. CPO. § 11).

Das Aufgebot nicht legitimierter oder unbekannter Hebungsberechtigter im Verteilungsverfahren nach Maßgabe des Gesetzes über die Zwangsversteigerung und Zwangsverwaltung §§ 138, 140 (s. auch EG. zu diesem Gesetze § 12) ist hier aus der Darstellung ausgeschieden.

Das gerichtliche Aufgebotsverfahren gehört der streitigen Gerichtsbarkeit an[5]), wenn es auch zunächst den Zweck verfolgt, zweifelhafte Rechtsverhältnisse gegen künftige Anfechtung sicherzustellen. Das Gesetz gewährt diesen Vorteil der Sicherstellung nur in der Weise, daß den etwa beteiligten, zunächst unbekannten Personen ausreichende Gelegenheit, gehört zu werden, gegeben wird, so daß sie in diesem Verfahren durch Anmeldung von Ansprüchen und Widersprüchen sich vor Nachteil schützen können, indem sie dem Antragsteller den von ihm begehrten Vorteil auf unanfechtbare Feststellung des zweifelhaften Rechtsverhältnisses streitig machen.

Andererseits erreicht der Antragsteller durch die Durchführung des Verfahrens gegen die etwa thatsächlich vorhandenen aber unbekannt bleibenden Gegner das Ausschlußurteil, durch welches ihm Vorteile auf Kosten dieser unbekannten Gegner in derselben Weise wie im ordentlichen Rechtswege zugesprochen werden. Somit dient das gerichtliche Aufgebotsverfahren dem Schutze gefährdeter Privatrechtsgüter durch richterliches Urteil und ist deshalb mit Recht von der Civilprozeßordnung geregelt.

---

[5]) A. A. Wach S. 59 Anm. 49, S. 60 Anm. 53.

Sachlich zuständig sind die Amtsgerichte [6]), die örtliche Zuständigkeit wird für die verschiedenen Fälle durch das Gesetz bestimmt [7]). Zuständigkeit.

Das Verfahren zerfällt in das Vorverfahren über die Zulässigkeit des Aufgebotsverfahrens und in das Aufgebotsverfahren.

Das Vorverfahren beginnt mit dem Antrage auf Erlaß des Aufgebots, der Antrag kann schriftlich oder zum Protokolle des Gerichtsschreibers gestellt werden. Die Entscheidung kann ohne vorgängige mündliche Verhandlung erfolgen [8]). Vorverfahren über die Zulässigkeit.

Ist das Verfahren unzulässig, so ist das Gesuch zurückzuweisen. Gegen den Beschluß ist Beschwerde zulässig [9]).

Ist der Antrag zulässig, so wird das Aufgebot erlassen [10]). In dasselbe sind aufzunehmen Erlaß des Aufgebots.

a) die Bezeichnung des Antragstellers;
b) die Aufforderung, die Ansprüche und Rechte spätestens im Aufgebotstermine anzumelden;
c) die Bezeichnung der Rechtsnachteile, wenn die Anmeldung unterbleibt;
d) die Bestimmung eines Aufgebotstermines [11]).

Das Aufgebot ist öffentlich bekannt zu machen. Die Bekanntmachung erfolgt Bekanntmachung.

a) durch Anheftung an die Gerichtstafel;
b) durch Einrückung in den Deutschen Reichsanzeiger;
c) außerdem, soweit nicht für besondere Fälle besondere Bestimmungen getroffen sind, durch zweimalige Einrückung in das Amtsblatt [12]).

Auf die Giltigkeit der Bekanntmachung hat es keinen Einfluß, wenn das anzuheftende Schriftstück von dem Orte der Anheftung zu früh entfernt ist, oder wenn im Falle wiederholter Bekanntmachung die vorgeschriebenen Zwischenfristen nicht eingehalten sind [13]).

---

6) GVG. § 23. 7) CPO. § 946 Abs. 2.

8) CPO. § 947 Abs. 1. 9) CPO. § 567.

10) Liegen mehrere Anträge vor, so kann die Verbindung der Aufgebote angeordnet werden, auch wenn die Voraussetzungen des § 147 CPO. nicht vorliegen, CPO. § 959.

11) CPO. § 847 Abs. 2. 12) CPO. § 948 (204).

13) CPO. § 949.

Aufgebotsfrist. Die Aufgebotsfrist — d. h. die Frist zwischen der ersten Bekanntmachung im Reichsanzeiger und dem Termin — beträgt, soweit nicht für besondere Fälle etwas anderes bestimmt ist, mindestens sechs Wochen[14]).

Aufgebotstermin. Die Verhandlung findet im Aufgebotstermin statt.

Wird der Antrag auf Erlaß des Ausschlußurteils im Termin gestellt, oder ist ein solcher Antrag bereits vor dem Aufgebotstermin schriftlich oder zum Protokolle des Gerichtsschreibers gestellt[15]), so hat das Gericht von Amtswegen zu prüfen,

1. ob die prozeßrechtlichen Voraussetzungen für den Erlaß des Ausschlußurteils vorliegen, also namentlich, ob das Aufgebotsverfahren für den vorliegenden Fall zulässig ist[16]), ob das Aufgebot in gesetzlicher Weise von dem zuständigen Gerichte erlassen und bekannt gemacht ist und ob die Aufgebotsfrist gewahrt ist;

2. ob die materiellrechtlichen Voraussetzungen für die Vollstreckung der im Aufgebote angedrohten Rechtsnachteile vorliegen.

Vor Erlaß der Entscheidung kann das Gericht eine nähere Ermittelung insbesondere die Versicherung der Wahrheit einer Behauptung des Antragstellers an Eidesstatt anordnen[17]).

Ergiebt die Prüfung, daß entweder eine prozeßrechtliche Voraussetzung fehlt oder daß die materiellrechtlichen Voraussetzungen (vgl. z. B. BGB. §§ 927, 1170) nicht vorliegen, so ist der Antrag zurückzuweisen[18]).

Gegen den zurückweisenden Beschluß steht dem Antragsteller das Rechtsmittel der sofortigen Beschwerde zu[19]).

Etwaige Anmeldungen, welche vor Erlaß des Ausschlußurteils, wenn auch noch nach dem Schlusse des Aufgebotstermines eingegangen

---

[14]) CPO. § 950. [15]) CPO. § 952 Abs. 1 u. 2.

[16]) Der Umstand, daß dies schon bei Erlaß des Aufgebots geprüft ist, steht nicht entgegen, da der erkennende Richter an das Resultat jener Prüfung nicht gebunden ist.

[17]) CPO. § 952 Abs. 3.

[18]) Selbstverständlich ist dies auch dann der Fall, wenn sich z. B. ergiebt, daß der Verschollene noch lebt, daß die für kraftlos zu erkennende Urkunde aufgefunden ist, daß der unbekannte Berechtigte (s. d. Fälle o. S. 519 unt. 4) sich legitimiert, und in solchen Fällen — was jedoch wohl kaum vorkommen wird — der Antrag auf Erlaß des Ausschlußurteils gestellt werden sollte.

[19]) CPO. § 952 Abs. 4.

sind[20]), sind darauf zu prüfen, welchen materiell-rechtlichen Einfluß sie für den Erlaß und den Inhalt des Ausschlußurteils haben.

Im allgemeinen ist nur zu bemerken, daß, wenn durch eine Anmeldung das vom Antragsteller zur Begründung des Antrags behauptete Recht (z. B. das Recht an der für kraftlos zu erklärenden Urkunde, das Eigentum an dem Grundstücke in dem oben S. 519 unter 3 erwähnten Falle) bestritten wird, dieser Streit nicht im Aufgebotsverfahren, sondern im ordentlichen Erkenntnisverfahren zu erledigen ist. Es ist deshalb in solchem Falle das Aufgebotsverfahren bis zur endgiltigen Entscheidung über das angemeldete Recht auszusetzen, oder in dem Ausschlußurteile das angemeldete Recht vorzubehalten[21]).

Liegen die prozeßrechtlichen und materiellrechtlichen Voraussetzungen für den Ausspruch der im Aufgebote angedrohten Rechtsnachteile — wenn auch nur unter Beschränkungen oder Vorbehalten — vor, so ist das Ausschlußurteil mit einem den angedrohten Rechtsnachteilen entsprechenden Inhalte — event. unter Beschränkung oder Vorbehalt — in dem Aufgebotstermine oder in einem sofort zu bestimmenden neuen Termine in öffentlicher Sitzung zu erlassen und zu verkünden[22]).

Gegen die dem Ausschlußurteile beigefügten Beschränkungen und Vorbehalte steht dem Antragsteller das Rechtsmittel der sofortigen Beschwerde zu[23]).

Wenn der Antragsteller weder in dem Aufgebotstermine erschienen, noch vor dem Termine den Antrag auf Erlaß des Ausschlußurteils gestellt hat, so ist auf seinen Antrag, welcher jedoch nur bis zum Ablaufe einer vom Tage des Aufgebotstermins an laufenden Frist von sechs Monaten gestellt werden kann, ein neuer Termin zu bestimmen. Einer öffentlichen Bekanntmachung dieses neuen Termins bedarf es nicht[24]).

Das Gericht kann die öffentliche Bekanntmachung des wesentlichen Inhalts des Ausschlußurteils durch einmalige Einrückung in den Deutschen Reichsanzeiger anordnen[25]).

---

20) CPO. § 951.
21) CPO. § 953.
22) CPO. § 952 Abs. 1.
23) CPO. § 952 Abs. 4.
24) CPO. §§ 954, 955.
25) CPO. § 946.

Die Kosten des Verfahrens trägt der Antragsteller, soweit ein zahlungspflichtiger Gegner nicht vorhanden ist.

Gegen das Ausschlußurteil findet ein Rechtsmittel nicht statt; dasselbe kann jedoch bei dem Landgerichte, in dessen Bezirke das Aufgebotsgericht seinen Sitz hat, mittels einer gegen den Antragsteller zu richtenden Klage angefochten werden,

1. wenn ein Fall nicht vorlag, in welchem das Gesetz das Aufgebotsverfahren zuläßt;

2. wenn die öffentliche Bekanntmachung des Aufgebots oder eine gesetzlich vorgeschriebene Art der Bekanntmachung unterblieben ist;

3. wenn die vorgeschriebene Aufgebotsfrist nicht gewahrt ist;

4. wenn der erkennende Richter an der Ausübung des Richteramts kraft Gesetzes ausgeschlossen war;

5. wenn ein Anspruch oder ein Recht ungeachtet der erfolgten Anmeldung nicht dem Gesetze gemäß in dem Urteile berücksichtigt ist;

6. wenn die Voraussetzungen vorliegen, unter welchen die Restitutionsklage wegen einer strafbaren Handlung stattfindet (CPO. § 508 1–5 u. o. S. 462)[24]).

Zur Klage berechtigt ist jeder, der an der Beseitigung des Ausschlußurteils ein rechtliches Interesse hat.

Die Klage ist binnen der Notfrist Eines Monats zu erheben. Die Frist beginnt mit dem Tage, an welchem der Kläger Kenntnis von dem Ausschlußurteile erhalten hat, in den Fällen unter 4 u. 6 erst mit dem späteren Tage, an welchem der Anfechtungsgrund dem Kläger bekannt geworden ist. Nach Ablauf von zehn Jahren, von dem Tage der Verkündung des Ausschlußurteils an gerechnet, ist die Klage unstatthaft[25]).

Durch die Anstellung der Klage wird die (materielle) Rechtskraft des Ausschlußurteils nicht berührt. Ist die Klage begründet, so ist das Ausschlußurteil aufzuheben und über die Kosten des Rechtsstreites nach allgemeinen Grundsätzen zu entscheiden.

§ 127.

Aufgebot zum Zwecke der Todeserklärung.

Das Verfahren unterscheidet sich von den übrigen Fällen des Aufgebotsverfahrens in wesentlichen Punkten.

---

[24]) CPO. § 957. [25]) CPO. § 958.

Der Zweck dieses Verfahrens ist, nach Möglichkeit festzustellen, ob der Verschollene und wann derselbe verstorben ist. Zweck des Verfahrens.

Um diesen Zweck zu erreichen, ist das Verfahren dem Entmündigungsverfahren wegen Geisteskrankheit oder wegen Geistesschwäche 'nachgebildet, es verläuft zunächst in der Form des Untersuchungsverfahrens, dem sich dann ein formeller Parteienprozeß, eingeleitet durch eine Anfechtungsklage desjenigen, dem das Ausschlußurteil, mit welchem das Untersuchungsverfahren abschließt, zum Nachteil gereicht, anschließt. Gestaltung des Verfahrens.

Im einzelnen gelten folgende Bestimmungen: Örtliche Zuständigkeit.

1. Örtlich zuständig ist das Gericht, in dessen Bezirke der Verschollene den letzten inländischen Wohnsitz hatte. In Ermangelung eines solchen Wohnsitzes wird das zuständige Gericht von der Landesjustizverwaltung oder von dem Reichskanzler durch allgemeine Anordnung bestimmt, je nachdem der Verschollene einem Landesstaate angehört hat oder nicht[1]).

2. Antragsberechtigt ist der gesetzliche Vertreter des Verschollenen sowie jeder, der an der Todeserklärung ein rechtliches Interesse hat. Der gesetzliche Vertreter bedarf zu dem Antrage der Genehmigung des Vormundschaftsgerichts[2]). Antrag.

Die zur Begründung des Antrages erforderlichen Thatsachen (s. BGB. §§ 14—17) sind vor der Einleitung des Verfahrens vom Antragsteller glaubhaft zu machen[3]).

3. Das Aufgebot muß außer der Bezeichnung des Antragstellers und der Bestimmung des Aufgebotstermins enthalten Aufgebot.

a) die Aufforderung an den Verschollenen, sich spätestens im Aufgebotstermine zu melden, widrigenfalls die Todeserklärung erfolgen werde;

b) die Aufforderung an alle, welche Auskunft über Leben und Tod des Verschollenen zu erteilen vermögen, spätestens im Aufgebotstermine dem Gerichte Anzeige zu machen[4]).

---

[1]) CPO. § 961 (EG. z. BGB. Art. 9). Die Erledigung der Aufgebotsanträge kann von der Landesjustizverwaltung für mehrere Amtsgerichtsbezirke einem Amtsgericht übertragen werden; auf Verlangen des Antragstellers erfolgt jedoch die Erledigung durch das nach CPO. § 961 zuständige Gericht (CPO. § 972 Abs. 1).

[2]) CPO. § 962. [3]) CPO. § 963.

[4]) CPO. § 964.

Bekanntmachung. Die Bekanntmachung des Aufgebots erfolgt in Maßgabe der allgemeinen Vorschriften. Wird das Aufgebot durch ein anderes als das nach CPO. § 961 zuständige Gericht erlassen (s. o. S. 525 Anm. 1), so ist es auch durch Anheftung an die Gerichtstafel des letzteren Gerichts öffentlich bekannt zu machen[5]).

Die Bekanntmachung durch öffentliche Blätter kann in den Fällen der Kriegs-, See- und Unfallverschollenheit (BGB. §§ 15—17) unterbleiben, ebenso in der Altersverschollenheit, wenn seit der Geburt des Verschollenen hundert Jahre verstrichen sind[6]).

Aufgebotsfrist. Die Aufgebotsfrist beträgt mindestens sechs Monate und in den Fällen, wo eine Bekanntmachung durch öffentliche Blätter nicht erfolgt, sechs Wochen. In diesem Falle beginnt die Frist mit der Anheftung des Aufgebots an die Gerichtstafel[7]).

Eintritt eines Antragsberechtigten in das Verfahren. In das Verfahren kann jeder Antragsberechtigte neben dem Antragsteller oder statt desselben eintreten und erlangt dadurch die Parteistellung eines Antragstellers, also insbesondere Antrags- und Beschwerderechte[8]).

Verfahren. Das Gericht hat unter Benutzung der in dem Antrag angegebenen Thatsachen und Beweismittel von Amtswegen die zur Feststellung des Sachverhalts erforderlichen Ermittlungen zu veranstalten, die geeigneten Beweise aufzunehmen und darf die Todeserklärung nur aussprechen, wenn die zur Begründung derselben erforderlichen Thatsachen für erwiesen erachtet werden[9]).

Meldet sich jemand unter der Behauptung, daß er der angeblich Verschollene sei, wird er aber von dem Antragsteller nicht anerkannt, so ist das Verfahren auszusetzen[10]).

Ausschlußurteil. Wird die Todeserklärung im Ausschlußurteil ausgesprochen, so ist der Zeitpunkt des Todes, falls er ermittelt ist, andernfalls der nach dem Gesetze anzunehmende Zeitpunkt (BGB. § 18 Abs. 2) in dem Urteile festzustellen[11]).

---

5) CPO. § 972 Abs. 2. 6) CPO. § 966 Abs. 1.

7) CPO. §§ 965, 966 Abs. 2.

8) CPO. § 967. Praktische Bedeutung hat diese Bestimmung hauptsächlich dann, wenn der Antragsteller vor Erlaß des Ausschlußurteils stirbt, oder wenn er den Antrag auf Erlaß des Ausschlußurteils nicht stellt.

9) CPO. §§ 968, 970 Abs. 1. 10) CPO. § 969.

11) CPO. § 970 Abs. 2.

Die dem Antragsteller erwachsenen Kosten, welche zur zweckentsprechenden Durchführung des Verfahrens notwendig waren, fallen, wenn die Todeserklärung erfolgt, dem Nachlasse zur Last[12]). Kosten.

Während nach den allgemeinen Vorschriften ein Ausschlußurteil nur unter bestimmten, einen wesentlichen Mangel des Verfahrens begründenden Voraussetzungen angefochten werden kann (CPO. § 957 Abs. 2 u. o. S. 524), und jede sachliche Nachprüfung im Anfechtungsprozesse ausgeschlossen ist, hat die Anfechtungsklage hier ein weiteres Gebiet, sie ist auch dann statthaft, wenn die Todeserklärung mit Unrecht erfolgt oder der Zeitpunkt des Todes des Verschollenen unrichtig festgestellt ist[13]). Anfechtungsklage.

Aus solchem Grunde ist die Anfechtungsklage nur innerhalb der Frist von Einem Monate, welche mit der Erlassung des die Todeserklärung aussprechenden Urteils beginnt, zulässig[14]).

Zur Erhebung der Anfechtungsklage ist jeder berechtigt, der an der Aufhebung der Todeserklärung oder an der Berichtigung des Zeitpunktes des Todes ein rechtliches Interesse hat[15]). Klägerrolle.

Die Klage ist gegen denjenigen zu richten, welcher die Todeserklärung erwirkt hat, falls aber dieser die Klage erhebt oder falls er verstorben oder sein Aufenthalt unbekannt oder im Auslande ist, gegen den Staatsanwalt[16]). Beklagtenrolle.

Mit der Klage kann eine andere Klage nicht verbunden werden, eine Widerklage ist unzulässig[17]).

Treten mehrere Anfechtungskläger auf, so sind die verschiedenen Prozesse zum Zwecke gleichzeitiger Verhandlung und einheitlicher Entscheidung zu verbinden. Die mehreren Kläger sind dann notwendige Streitgenossen im Sinne des Gesetzes; es darf deshalb die Verhandlung nicht vor Ablauf der Frist zur Erhebung der Klage stattfinden[18]).

---

[12]) CPO. § 971. Die Kostenlast gehört zu den Nachlaßverbindlichkeiten (BGB. § 1967).

[13]) CPO. § 973.

[14]) CPO. § 976 Abs. 1. Die Frist ist in diesem Falle keine Notfrist, so daß Wiedereinsetzung in den vorigen Stand unzulässig ist.

[15]) CPO. § 974 Abs. 1.

[16]) CPO. § 974 Abs. 2. Unterliegt der Staatsanwalt, so fallen die Kosten des Rechtsstreits der Staatskasse zur Last, s. CPO. § 975 (673 Abs. 1).

[17]) CPO. §§ 975 (667 u. o. S. 512).

[18]) CPO. § 976 Abs. 2 (§ 62 u. o. S. 227 Anm. 1) und Abs. 1 Satz 3.

Verhandlung. Bei der mündlichen Verhandlung haben die Parteien das Ergebnis des Aufgebotsverfahrens, soweit es zur Prüfung der Richtigkeit des angefochtenen Ausschlußurteils erforderlich ist, vollständig vorzutragen[19]).

Für die Verhandlung sind die Grundsätze der Untersuchungsmaxime mit der Erweiterung geltend, daß der Parteieid als Beweismittel unzulässig ist[20]).

Entscheidung. Wird infolge der Klage die Todeserklärung aufgehoben oder eine andere Todeszeit festgestellt, so hat das Urteil absolute Rechtskraft[21]).

Das Gericht kann die Bekanntmachung des Urteils durch einmalige Einrückung in den Deutschen Reichsanzeiger anordnen[22]).

§ 128.

Aufgebot zum Zwecke des Ausschlusses von dinglichen Rechten.

Hierher gehören folgende Fälle:

I. Das Aufgebotsverfahren zum Zwecke der Ausschließung des Eigentümers eines Grundstücks nach § 927 des Bürgerlichen Gesetzbuches.

Zuständigkeit. Örtlich zuständig ist das Gericht, in dessen Bezirk das Grundstück belegen ist[1]).

Antrag. Antragsberechtigt ist derjenige, welcher das Grundstück seit der im § 927 des Bürgerlichen Gesetzbuches bestimmten Zeit im Eigenbesitze hat[2]).

Der Antragsteller hat die zur Begründung des Antrages erforderlichen Thatsachen vor Einleitung des Verfahrens glaubhaft zu machen[3]).

Aufgebot. Das Aufgebot enthält neben der Bezeichnung des Antragstellers und der Bestimmung des Aufgebotstermins die Aufforderung an den

[19]) CPO. § 975 (669 u. o. S. 512 Anm. 36).

[20]) CPO. § 975 (670 u. o. S. 512 Anm. 35).

[21]) CPO. § 976 Abs. 3.

[22]) CPO. § 975 (956).

[1]) CPO. § 978.

[2]) CPO. § 979.

[3]) CPO. § 980.

bisherigen Eigentümer, sein Recht spätestens im Aufgebotstermine anzumelden, widrigenfalls seine Ausschließung erfolgen werde[4]).

Bezüglich der Veröffentlichung des Aufgebots und des Ausschlußurteils sowie der Aufgebotsfrist gelten die allgemeinen Vorschriften (CPO. §§ 948, 950, 956 u. o. S. 521 f.), soweit nicht die Landesgesetze andere Bestimmungen getroffen haben[5]).

II. **Das Aufgebotsverfahren zum Zwecke der Ausschließung eines Hypotheken-, Grundschuld- oder Rentenschuldgläubigers auf Grund der §§ 1170 und 1171 des Bürgerlichen Gesetzbuches.**

Örtlich zuständig ist das Gericht, in dessen Bezirk das belastete Grundstück belegen ist[6]). Zuständigkeit.

Antragsberechtigt ist der Eigentümer des belasteten Grundstücks, im Falle des § 1170 des Bürgerlichen Gesetzbuchs auch ein im Range gleich- oder nachstehender Gläubiger, zu dessen Gunsten eine Vormerkung zur Sicherung des Anspruchs auf Löschung der Hypothek eingetragen ist (BGB. § 1179) und bei einer Gesamthypothek, Gesamtgrundschuld (BGB. § 1175 Abs. 2) auch derjenige, welcher auf Grund eines im Range gleich- oder nachstehenden Rechts Befriedigung aus einem der belasteten Grundstücke verlangen kann, sofern der Gläubiger oder sonst Berechtigte für seinen Anspruch einen vollstreckbaren Schuldtitel erlangt hat[7]). Antrag.

Der Antragsteller hat vor Einleitung des Verfahrens glaubhaft zu machen, daß der Gläubiger unbekannt ist[8]).

Im Falle des § 1170 des Bürgerlichen Gesetzbuches ist weiter glaubhaft zu machen, daß die (negativen) Voraussetzungen, an welche die Zulässigkeit des Aufgebots geknüpft sind (BGB. §§ 1170, 1188 Abs. 2) vorliegen, wofür jedoch die Versicherung des Antragstellers

---

[4]) CPO. § 981. [5]) CPO. § 1024 Abs. 1.

[6]) CPO. § 983.

[7]) CPO. § 984. Durch dieses Antragsrecht wird dem Gläubiger oder dem sonstigen Berechtigten, wenn er die Zwangsvollstreckung in das Grundstück betreiben will, die Möglichkeit eröffnet, die der wahren Rechtslage entsprechende Löschung vorhergehender oder gleichstehender Rechte, welche die Erzielung eines seine Befriedigung sichernden Gebotes erschweren oder das geringste Gebot zu seinem Nachteil erhöhen würden (vgl. Ges. über die Zwangsversteigerung und Zwangsverwaltung vom 24. März 1897 §§ 44 ff.), zu erreichen.

[8]) CPO. § 985.

an Eidesstatt — unbeschadet der Befugnis des Gerichts, darüber anderweitige Ermittelungen anzuordnen — genügt[9]).

Im Falle des § 1171 des Bürgerlichen Gesetzbuches hat der Antragsteller sich vor Einleitung des Verfahrens zur Hinterlegung des dem Gläubiger gebührenden Betrages zu erbieten[10]).

Aufgebot. Das Aufgebot[11]) enthält im Falle des § 1170 die Androhung des Rechtsnachteils, daß die Ausschließung des Gläubigers mit seinem Rechte erfolgen werde, im Falle des § 1171 die Androhung des Rechtsnachteils, daß der Gläubiger nach der Hinterlegung des ihm gebührenden Betrages seine Befriedigung statt aus dem Grundstücke nur noch aus dem hinterlegten Betrage verlangen könne und sein Recht erlösche, wenn er sich nicht vor dem Ablaufe von dreißig Jahren nach der Erlöschung des Ausschlußurteils bei der Hinterlegungsstelle melde[12]). Das Ausschlußurteil darf in diesem Falle erst erlassen werden, wenn die Hinterlegung erfolgt ist[13]).

Bezüglich der Veröffentlichung des Aufgebots und des Ausschlußurteils sowie der Aufgebotsfrist[14]) gelten die allgemeinen Vorschriften (CPO. §§ 948, 950, 956 u. o. S. 521 f.), soweit nicht die Landesgesetze andere Bestimmungen getroffen haben[15]).

III. Das Aufgebotsverfahren zum Zwecke der Ausschließung des aus einer Vormerkung (BGB. § 887), aus einem dinglichen Vorkaufsrecht (BGB. § 1104), aus einer Reallast (BGB. § 1112) Berechtigten ist nach den angezogenen Vorschriften zulässig, wenn die im § 1170 des Bürgerlichen Gesetzbuches für die Ausschließung eines Hypothekengläubigers gegebenen Voraussetzungen vorliegen. Es finden deshalb die oben unter II gegebenen Vorschriften, soweit sie sich auf den Fall des § 1170 beziehen, gleichfalls Anwendung[16]).

---

[9]) CPO. § 986 Abs. 1—3. [10]) CPO. § 987 Abs. 1.

[11]) Wird das Aufgebot auf Antrag eines Gläubigers (CPO. § 984 Abs. 2 o. Anm. 7) erlassen, so ist es dem Eigentümer des Grundstücks von Amtswegen mitzuteilen, damit dieser in der Lage ist, sein Interesse rechtzeitig zu wahren (CPO. § 986 Abs. 5).

[12]) CPO. § 986 Abs. 4 und § 987 Abs. 2. [13]) CPO. § 987 Abs. 4.

[14]) Hängt im Falle des § 1171 des Bürgerlichen Gesetzbuches die Fälligkeit der Forderung von einer Kündigung ab, so erweitert sich die Aufgebotsfrist um die Kündigungsfrist.

[15]) CPO. § 1024 Abs. 1.

[16]) CPO. § 988 Abs. 1 u. 2 und § 1024 Abs. 1.

Das Gleiche gilt von dem Aufgebotsverfahren zum Zwecke der im § 1269 des Bürgerlichen Gesetzbuches für das Pfandrecht an Schiffen bestimmten Ausschließung des Berechtigten, mit der Erweiterung, daß, da die Ausschließung in diesem Falle auch statthaft ist, wenn die Voraussetzungen des § 1171 des Bürgerlichen Gesetzbuches vorliegen, auch die für diesen Fall gegebenen Vorschriften (CPO. § 987) hier Anwendung finden, sowie mit der Beschränkung, daß nur dem Eigentümer des Schiffes das Antragsrecht zusteht, die für das Antragsrecht der Gläubiger gegebenen Vorschriften (CPO. §§ 984 Abs. 2, 986 Abs. 5) hier also keine Anwendung finden[17]).

§ 129.

Aufgebot zum Zwecke der Ausschließung von Gläubigern.

Hierher gehören folgende Fälle:

I. Das Aufgebotsverfahren zum Zwecke der Ausschließung von Nachlaßgläubigern auf Grund des § 1970 des Bürgerlichen Gesetzbuches.

Örtlich zuständig ist das Amtsgericht, dem die Verrichtungen des Nachlaßgerichts obliegen, event. das Amtsgericht, in dessem Bezirke die Nachlaßbehörde ihren Sitz hat[1]).

Antragsberechtigt ist

1. der Erbe, wenn er die Erbschaft angenommen hat, sofern er nicht für die Nachlaßverbindlichkeiten unbeschränkt haftet[2]);

2. der Testamentsvollstrecker, dem die Verwaltung des Nachlasses zusteht, wenn der Erbe die Erbschaft angenommen hat;

3. dem Nachlaßpfleger, dem die Verwaltung des Nachlasses zusteht[3]).

---

[17]) CPO. §§ 988 Abs. 1 und 1024 Abs. 1. Die Beschränkung erklärt sich dadurch, daß bei der Zwangsversteigerung eines Schiffes die Vorschriften über das geringste Gebot keine Anwendung finden.

[1]) CPO. § 990 und EG. z. BGB. Art. 147 Abs. 1.

[2]) CPO. § 991 Abs. 1 u. 2. Hat der Erbe das Recht auf Beschränkung der Haftung nicht allen Nachlaßgläubigern gegenüber (BGB. §§ 1994 Abs. 1 Satz 2, 2002 Abs. 1), sondern nur einzelnen Gläubigern gegenüber (BGB. § 2006 Abs. 3) verloren, so wird dadurch das Antragsrecht nicht berührt.

[3]) CPO. § 991 Abs. 2 und BGB. §§ 1960 und 1975.

Dem Antrage ist ein Verzeichnis der bekannten Nachlaßgläubiger mit Angabe ihres Wohnortes beizufügen[4]).

Ist die Eröffnung des Nachlaßkonkurses beantragt, so soll das Aufgebot nicht erlassen werden, ist der Nachlaßkonkurs eröffnet, so wird das Aufgebotsverfahren beendigt[5]).

Aufgebotsfrist. Die Aufgebotsfrist soll höchstens sechs Monate betragen[6]).

Aufgebot. In dem Aufgebot ist den Nachlaßgläubigern, welche sich nicht melden, als Rechtsnachteil anzudrohen, daß sie — unbeschadet des Rechts, vor den Verbindlichkeiten auf Pflichtteilsrechten, Vermächtnissen und Auflagen berücksichtigt zu werden — von dem Erben nur insoweit Befriedigung verlangen können, als sich nach Befriedigung der nicht ausgeschlossenen Gläubiger noch ein Überschuß ergiebt[7]).

Zustellung des Aufgebots. Das Aufgebot soll den Nachlaßgläubigern, welche dem Nachlaßgerichte angezeigt sind und deren Wohnort bekannt ist, von Amtswegen zugestellt werden, die Zustellung kann auch durch Aufgabe zur Post erfolgen[8]).

Anmeldung von Forderungen. Die Anmeldung einer Forderung hat die Angabe des Gegenstandes und des Grundes unter Beifügung der urkundlichen Beweisstücke (in Urschrift oder Abschrift) zu enthalten. Das Gericht hat die Einsicht der Anmeldungen jedem zu gestatten, der ein rechtliches Interesse glaubhaft macht[9]).

Besondere Bestimmungen a) für den Fall, daß mehrere Erben vorhanden sind. Sind mehrere Erben oder Erbe und Nacherbe vorhanden, so kommen der von einem Erben gestellte Antrag und das von ihm erwirkte Ausschlußurteil — unbeschadet der Vorschriften des Bürgerlichen Gesetzbuches über die unbeschränkte Haftung — auch den anderen Erben zu statten[10]).

Als Rechtsnachteil ist den Nachlaßgläubigern in diesem Falle auch anzudrohen, daß jeder Erbe nach der Teilung des Nachlasses nur für den seinen Erbteil entsprechenden Teil der Verbindlichkeit haftet[11]).

Die Erlassung eines Aufgebots mit Androhung des im vorigen Absatze bezeichneten Rechtsnachteils kann von einem Teilerben auch

---

[4]) CPO. § 992. [5]) CPO. § 993.
[6]) CPO. § 994 Abs. 1 (950). [7]) CPO. § 995.
[8]) CPO. § 994 Abs. 2. [9]) CPO. § 996.
[10]) CPO. §§ 997 Abs. 1 Satz 1, 998.
[11]) CPO. § 997 Abs. 1 Satz 2 und BGB. § 2060 Nr. 1.

dann beantragt werden, wenn er für die Nachlaßverbindlichkeiten unbeschränkt haftet[12]).

Ist eine Ehefrau die Erbin und gehört der Nachlaß zum eingebrachten Gute oder zum Gesamtgute, so kann sowohl die Ehefrau als der Ehemann das Aufgebot beantragen, ohne daß die Zustimmung des anderen Teils erforderlich ist. Das Gleiche gilt, wenn der Nachlaß zum Gesamtgute gehört, auch nach der Beendigung der Gemeinschaft. Der von einem Ehegatten gestellte Antrag und das von ihm erwirkte Ausschlußurteil kommen auch dem anderen Ehegatten zu statten[13]). b) für den Fall, daß eine Ehefrau die Erbin ist und der Nachlaß zum eingebrachten Gute oder zum Gesamtgute gehört.

Entsprechende Bestimmung wie im Falle des Aufgebots durch einen Teilerben oder durch einen Ehegatten gelten auch für den Fall des Erbschaftskaufes oder der sonstigen Veräußerung einer Erbschaft (BGB. §§ 2371, 2385)[14]). c) für den Fall des Erbschaftskaufes oder der sonstigen Veräußerung der Erbschaft.

II. Das Aufgebotsverfahren zum Zwecke der nach den §§ 1489 Abs. 2 und 1970 des Bürgerlichen Gesetzbuches zulässigen Ausschließung von Gesamtgutsgläubigern. Es finden die unter I dargestellten Vorschriften, soweit sie nicht besondere Bestimmungen für den Fall des Vorhandenseins mehrerer Erben enthalten, auch hier Anwendung[15]).

III. Das Aufgebotsverfahren zum Zwecke der Ausschließung von Schiffsgläubigern auf Grund des § 765 des Handelsgesetzbuches und des § 110 des Binnenschiffahrtsgesetzes i. d. F. d. B. vom 24. Mai 1898 (RGBl. S. 898)[16]).

Örtlich zuständig ist das Gericht des Heimatshafens resp. des Heimatsortes.

Unterliegt das Schiff der Eintragung in das Schiffsregister, so kann der Antrag erst nach der Eintragung der Veräußerung des Schiffes gestellt werden.

Der Antragsteller hat die ihm bekannten Forderungen von Schiffsgläubigern anzugeben.

---

[12]) CPO. § 997 Abs. 2.

[13]) CPO. § 999. Es trifft hier derselbe Gesichtspunkt zu, aus welchem dem Ehemann auch das Recht der Inventarerrichtung für die gleichen Fälle verliehen ist (BGB. § 2008 Abs. 1 Satz 3).

[14]) CPO. § 1000.

[15]) CPO. § 1001.

[16]) CPO. § 1002.

Die Aufgebotsfrist muß mindestens drei Monate betragen.

In dem Aufgebote ist den Schiffsgläubigern, welche sich nicht melden, als Rechtsnachteil anzudrohen, daß ihre Pfandrechte erlöschen, sofern nicht ihre Forderungen dem Antragsteller bekannt sind.

§ 130.
Aufgebot zum Zwecke der Kraftloserklärung einer Urkunde.

Die Kraftloserklärung der Urkunden findet zu Gunsten des aus einer Urkunde Berechtigten dann statt, wenn die Urkunde verloren gegangen oder vernichtet ist, soweit nach Maßgabe des Reichsrechts oder auf denjenigen Gebieten, welche in Grundlage des Einführungsgesetzes zum Bürgerlichen Gesetzbuche dem Landesrechte vorbehalten sind, nach Maßgabe der Landesgesetze solches für zulässig erklärt ist. Die reichsrechtlichen Fälle sind bereits oben Seite 519 unter 2 aufgeführt.

Ist eine andere nicht durch das Aufgebotsverfahren für kraftlos zu erklärende Urkunde, insbesondere ein Schuldschein verloren gegangen oder vernichtet, so kann der Gläubiger, welcher nicht in der Lage ist, dem Schuldner den Schuldschein zurückzugeben, vermöge der Bestimmung des § 371 des Bürgerlichen Gesetzbuches, nach welcher der Schuldner neben der Quittung des Gläubigers die Rückgabe des Schuldscheins begehren kann, in eine mißliche Lage geraten. Als Ersatz des Aufgebotsverfahrens dient hier die weitere Bestimmung des angeführten Paragraphen, daß der Schuldner, wenn der Gläubiger zur Rückgabe des Schuldscheins außerstande zu sein behauptet, das öffentlich beglaubigte Anerkenntnis, daß die Schuld erloschen sei, verlangen kann. Durch diese Bestimmung sowie durch die Vorschriften des Bürgerlichen Gesetzbuches über den Schutz des gutgläubigen Schuldners im Falle der Übertragung der Forderung (BGB. §§ 407ff.) ist der Schuldner, trotzdem ihm der Schuldschein nicht zurückgegeben worden ist, in ausreichender Weise gegen die Gefahr doppelter Zahlung geschützt.

Während für die landesgesetzlichen Aufgebotsfälle die Vorschriften der Civilprozeßordnung nur subsidiäre Bedeutung haben (s. o. S. 520), ist für die Fälle, in welchen die Kraftloserklärung von Urkunden durch Reichsrecht für zulässig erklärt ist, das gerichtliche Verfahren nunmehr auch durch die Bestimmungen der Civilprozeßordnung

(§§ 1004—1022) umfassend geregelt, nur in wenigen Fällen (CPO. §§ 1023, 1024) ist der Landesgesetzgebung Spielraum gelassen.

Besondere Erwähnung bedürfen die sog. Legitimationspapiere (BGB. § 107). Eine Kraftloserklärung derselben läßt das Bürgerliche Gesetzbuch selbst nicht zu, es bestimmt jedoch Art. 102 Abs. 1 des Einführungsgesetzes zu demselben, daß die landesgesetzlichen Vorschriften über die Kraftloserklärung und die Zahlungssperre bezüglich dieser Urkunden unberührt bleiben.

Die Vorschriften der Civilprozeßordnung über das Aufgebotsverfahren zum Zwecke der Kraftloserklärung einer Urkunde sind folgende:

Antragsberechtigt ist Antragsrecht.

1. bei Papieren, welche auf den Inhaber lauten oder welche durch Indossament übertragen werden können und mit einem Blankoindossamente versehen sind, der bisherige Inhaber des abhanden gekommenen oder vernichteten Papiers;

2. bei anderen Urkunden derjenige, welcher das Recht aus der Urkunde geltend machen kann [1]).

Örtlich zuständig ist das Gericht des Ortes, welchen die Urkunde als Erfüllungsort bezeichnet, event. das Gericht, bei welchem der Aussteller seinen allgemeinen Gerichtsstand hat, und in Ermangelung eines solchen das Gericht, bei welchem der Aussteller seinen allgemeinen Gerichtsstand zur Zeit der Ausstellung gehabt hat [2]). Zuständigkeit.

Ist die Urkunde über ein im Grundbuch eingetragenes Recht ausgestellt, so ist das Gericht der belegenen Sache ausschließlich zuständig [3]).

Die Erledigung der Anträge auf Erlassung des Aufgebots zum Zwecke der Kraftloserklärung eines auf den Inhaber lautenden Papiers kann von der Landesjustizverwaltung für mehrere Amtsgerichtsbezirke einem Amtsgericht übertragen werden, unbeschadet der Befugnis des Antragstellers die Erledigung durch das örtlich zuständige Gericht zu verlangen (CPO. § 1005 Anm. 2 u. 3) [4]).

Unberührt bleiben die landesgesetzlichen Vorschriften, durch welche für das Aufgebotsverfahren zum Zwecke der Kraftloserklärung von

---

[1]) CPO. § 1004, s. auch § 136 des Gesetzes über die Zwangsversteigerung und Zwangsverwaltung vom 24. März 1897.

[2]) CPO. § 1005 Abs. 2.

[3]) CPO. § 1005 Abs. 2.

[4]) CPO. § 1006 Abs. 1.

Schuldverschreibungen auf den Inhaber, die ein Bundesstaat oder eine ihm angehörende Körperschaft, Stiftung oder Anstalt des öffentlichen Rechts ausgestellt oder für deren Bezahlung ein Bundesstaat die Haftung übernommen hat, ein bestimmtes Amtsgericht für ausschließlich zuständig erklärt wird[5]).

Begründung des Antrages. Der Antragsteller hat zur Begründung des Antrags

1. entweder eine Abschrift der Urkunde beizufügen oder den wesentlichen Inhalt der Urkunde und alles anzugeben, was zur vollständigen Erkennbarkeit derselben erforderlich ist;

2. den Verlust der Urkunde sowie diejenigen Thatsachen glaubhaft zu machen, von welchen seine Antragsberechtigung abhängt;

3. sich zur Versicherung der Wahrheit seiner Angaben an Eidesstatt zu erbieten[6]).

Aufgebot. In dem Aufgebote ist der Inhaber der Urkunde aufzufordern, spätestens im Aufgebotstermine seine Rechte bei dem Gerichte anzumelden und die Urkunde vorzulegen. Als Rechtsnachteil ist anzudrohen, daß die Kraftloserklärung der Urkunde erfolgen werde[7]).

Öffentliche Bekanntmachung. Die öffentliche Bekanntmachung erfolgt durch Anheftung an die Gerichtstafel[8]) und in dem Lokale der Börse, wenn eine solche am Sitze des Aufgebotsgerichts besteht, sowie durch dreimalige Einrückung in das Amtsblatt und in den Deutschen Reichsanzeiger. Das Gericht kann anordnen, daß die Einrückung noch in andere Blätter und zu mehreren Malen erfolge[9]).

Betrifft das Aufgebot ein auf den Inhaber lautendes Papier und ist in der Urkunde vermerkt, oder in den Bestimmungen über die Erteilung der staatlichen Genehmigung zur Ausgabe des Papiers vorgeschrieben, daß die öffentliche Bekanntmachung durch bestimmte andere Blätter zu erfolgen habe, so muß die Bekanntmachung auch durch Einrückung in diese Blätter erfolgen. Das Gleiche gilt für Schuldverschreibungen, die von einem Bundesstaate ausgegeben sind,

---

[5]) CPO. § 1006 Abs. 3. [6]) CPO. § 1007.

[7]) CPO. § 1008.

[8]) Wird das Aufgebot durch ein anderes als das örtlich zuständige Gericht erlassen (CPO. § 1006 Abs. 1 o. Anm. 4), so ist das Aufgebot auch durch Anheftung an die Gerichtstafel des letzteren Gerichts bekannt zu machen.

[9]) CPO. § 1009 Abs. 1 u. 2.

wenn die öffentliche Bekanntmachung durch öffentliche Blätter landesgesetzlich vorgeschrieben ist [10]).

Bei Wertpapieren, für welche Zins-, Renten- oder Gewinnanteilscheine ausgegeben sind oder werden, bestehen besondere Vorschriften für die Bestimmung des Aufgebotstermins, ebenso besondere Voraussetzungen für den Erlaß des Ausschlußurteils [11]).

Ist in einer Schuldurkunde eine Verfallzeit angegeben, welche zur Zeit der ersten Einrückung des Aufgebots in den Deutschen Reichsanzeiger noch nicht eingetreten ist, und sind die Voraussetzungen des vorigen Absatzes (CPO. §§ 1010—1013) nicht vorhanden, so ist der Aufgebotstermin so zu bestimmen, daß seit dem Verfalltage sechs Monate abgelaufen sind [12]).

Die Aufgebotsfrist muß mindestens sechs Monate betragen, der Aufgebotstermin darf nicht über ein Jahr hinaus bestimmt werden, solange ein so naher Termin nicht bestimmt werden kann, ist das Aufgebot nicht zulässig [13]).

Anmeldung von Rechten unter Vorlegung der Urkunde.

Meldet der Inhaber der Urkunde vor dem Aufgebotstermine seine Rechte unter Vorlegung der Urkunde an, so hat das Gericht den Antragsteller hiervon zu benachrichtigen und ihm die Einsicht der Urkunde innerhalb einer zu bestimmenden Frist zu gestatten. Auf Antrag des Inhabers ist zur Vorlegung derselben ein Termin zu bestimmen [14]).

Ausschlußurteil.

In dem Ausschlußurteile ist die Urkunde für kraftlos zu erklären [15]).

Das Ausschlußurteil ist seinem wesentlichen Inhalte nach durch den Deutschen Reichsanzeiger bekannt zu machen und, soweit die Bekanntmachung des Aufgebots durch andere Blätter als durch den Reichsanzeiger und das Amtsblatt erfolgen mußte (CPO. § 1009 Abs. 3), auch durch diese Blätter [16]).

In gleicher Weise hat nach eingetretener Rechtskraft die Bekanntmachung des auf die Anfechtungsklage ergangenen Urteils, soweit dadurch die Kraftloserklärung aufgehoben wird, zu erfolgen [17]).

---

10) CPO. § 1009 Abs. 3.
11) CPO. §§ 1010—1013.
12) CPO. § 1014.
13) CPO. § 1015.
14) CPO. § 1016.
15) CPO. § 1017 Abs. 1.
16) CPO. § 1017 Abs. 2.
17) CPO. § 1017 Abs. 3.

Derjenige, welcher das Ausschlußurteil erwirkt hat, ist dem durch die Urkunde Verpflichteten gegenüber berechtigt, die Rechte aus der Urkunde geltend zu machen[18]).

Wird das Ausschlußurteil infolge einer Anfechtungsklage aufgehoben, so bleiben die auf Grund des Urteils von dem Verpflichteten bewirkten Leistungen auch Dritten, insbesondere dem Anfechtungskläger gegenüber wirksam, es sei denn, daß der Verpflichtete zur Zeit der Leistung die Aufhebung des Ausschlußurteils gekannt hat[19]).

Zahlungssperre.

Bezweckt das Aufgebotsverfahren die Kraftloserklärung eines auf den Inhaber lautenden Papiers, so hat das Gericht auf Antrag die Zahlungssperre anzuordnen, d. h. an den Aussteller und die Zahlstellen das Verbot zu erlassen, an den Inhaber eine Leistung zu bewirken, insbesondere neue Zins-, Renten- oder Gewinnanteilscheine oder einen Erneuerungsschein auszugeben[20]).

Die Zahlungssperre kann auch schon vor Einleitung des Verfahrens auf Antrag verfügt werden.

Über die Wirksamkeit der Zahlungssperre[21]) und die Wiederaufhebung derselben sind besondere Vorschriften gegeben[22]).

Vorbehalte für die Landesgesetzgebung a) bezüglich der sog. Legitimationsurkunden (BGB. § 808)

Auf das Aufgebotsverfahren zum Zwecke der Kraftloserklärung eines Namenspapier mit Leistungsklausel an den Inhaber (BGB. § 808) finden die obigen Vorschriften, soweit sie nicht besonders für Inhaberpapiere gegeben sind, Anwendung, wenn nicht nach Maßgabe der Landesgesetze ein anderes Verfahren für zulässig erklärt ist.

Es finden aber auf dieses Aufgebotsverfahren die vorstehenden nur für Inhaberpapiere gegebenen Vorschriften, soweit sie betreffen

1. die örtliche Zuständigkeit (CPO. § 1006 u. o. Anm. 2),
2. die Bekanntmachung des Aufgebots und des Ausschlußurteils durch andere Blätter als durch den Reichsanzeiger und das Amtsblatt (CPO. § 1009 Abs. 3 u. § 1017 Abs. 2 Satz 2 u. o. Anm. 10 u. 16),
3. die Zahlungssperre (CPO. §§ 1019—1022, o. Anm. 20ff.)

entsprechende Anwendung. Die Landesgesetzgebung kann über die Veröffentlichung des Aufgebots und der vorgeschriebenen Bekanntmachungen (CPO. §§ 1017 Abs. 2, 3, 1019, 1020, 1022) abweichende Bestimmungen treffen[23]).

---

[18]) CPO. § 1018 Abs. 1.
[19]) CPO. § 1018 Abs. 2.
[20]) CPO. § 1019 Abs. 1.
[21]) CPO. § 1020.
[22]) CPO. §§ 1022.
[23]) CPO. § 1023.

Bei Aufgeboten zum Zwecke der Kraftloserklärung eines Hypothekenbriefs, Grundschuld- oder Rentenschuldbriefes nach Maßgabe des § 1162 des Bürgerlichen Gesetzbuches können die Landesgesetze die Art der Veröffentlichung des Aufgebots, des Ausschlußurteils und des auf die Anfechtungsklage ergehenden Urteils sowie die Aufgebotsfrist abweichend von den obigen Vorschriften (CPO. §§ 1009, 1014, 1015, 1017) bestimmen[24]). b) bezüglich der Hypothekenbriefe (BGB. § 1162).

Zweiter Abschnitt.

Das Vollstreckungsverfahren.

Erster Titel.

Die allgemeinen Grundsätze.

Erstes Kapitel.

Die Zwangsvollstreckung.

§ 131.

Vollstreckung und Vollstreckungsmittel.

Zwangsvollstreckung ist diejenige Funktion des Richteramts, durch welche die Rechtsordnung thatsächlich unter Anwendung von Zwangsmitteln hergestellt wird. Das Vollstreckungsverfahren folgt dem Erkenntnisverfahren, es ist erforderlich, wenn trotz des richterlichen Urteils, trotz eines prozeßbeendenden Vergleichs das thatsächliche Unrecht fortbesteht, also dann, wenn das Urteil einer Partei sei es in der Hauptsache oder bezüglich der Kosten eine Leistung auferlegt und die Leistung freiwillig nicht erfolgt, so daß das Unrecht thatsächlich fortbesteht. Zwangsvollstreckung ist nicht erforderlich, soweit durch das Urteil selbst unmittelbar die Rechtsordnung hergestellt wird oder das Urteil ein Feststellungsurteil ist.

---

[24]) CPO. § 1024.

Parteien in der Vollstreckung.

Die bei der Vollstreckung beteiligten Personen sind der Gläubiger, d. h. derjenige, dem eine Leistung gebührt, zu dessen Gunsten die Entscheidung ergangen ist, der einen vollstreckbaren auf Herstellung der Rechtsordnung, auf Befriedigung gerichteten Anspruch erlangt hat, und der Schuldner, d. h. derjenige, gegen den dieser Anspruch besteht.

Zwangsvollstreckungsinstanz.

Mit der Entstehung der Vollstreckbarkeit dieses Anspruchs (Vollstreckungstitel s. u. § 132) beginnt die Zwangsvollstreckungsinstanz, sie währt so lange, bis der Gläubiger thatsächlich befriedigt ist, die Rechtsordnung so hergestellt ist, wie sie nach Inhalt des Titels herzustellen ist[1]).

Das Verfahren in der Zwangsvollstreckungsinstanz zerfällt in zwei Abschnitte. Im ersten Abschnitte handelt es sich um die Feststellung der Vollstreckbarkeit des im Titel festgestellten Anspruchs (Erteilung der Vollstreckungsklausel), im zweiten um das eigentliche Vollstreckungsverfahren, d. h. um die thatsächliche Herstellung der Rechtsordnung durch Gebrauch der Vollstreckungsmittel.

Entscheidung von Streitigkeiten.

Entstehen in der Zwangsvollstreckungsinstanz Streitigkeiten, so entscheidet darüber das Gericht und zwar dann, wenn für die Erhebung des Streites der Weg der Klage vorgeschrieben ist (s. z. B. CPO. §§ 767, 768, 771—774, 805, 879) im Erkenntnisverfahren durch Urteil, andernfalls durch Beschluß. Kann die Entscheidung ohne vorgängige mündliche Verhandlung erfolgen, so findet sofortige Beschwerde statt[2]).

Beschaffung von Legitimationspapieren des Schuldners durch den Gläubiger.

Bedarf der Gläubiger zum Zwecke der Zwangsvollstreckung eines Erbscheins oder einer anderen Urkunde, die dem Schuldner auf Antrag von einer Behörde, einem Beamten oder einem Notar zu erteilen ist, so kann er die Erteilung an Stelle des Schuldners verlangen[3]).

Ausschließlichkeit der Gerichtsstände.

Die in der Zwangsvollstreckungsinstanz angeordneten Gerichtsstände sind ausschließliche[4]).

---

[1]) Wegen des Armenrechts s. CPO. § 119 u. o. S. 185, wegen der Prozeßvollmacht s. CPO. § 81 u. o. S. 127.

[2]) CPO. § 793.

[3]) CPO. § 792 (s. z. B. ZVG. § 17, BGB. § 2356).

[4]) CPO. § 802.

Vollstreckungsmittel.

Die Mittel der Zwangsvollstreckung sind verschieden, sie werden dem Zwecke, welchen das Zwangsvollstreckungsverfahren erreichen soll, also der Befriedigung des Gläubigers durch den Schuldner angepaßt.

An und für sich sind die Mittel in zwiefacher Richtung denkbar, indem entweder dem Schuldner durch das Gericht ein Übel angedroht wird, so daß derselbe, um das Übel zu vermeiden, sich entschließt, die Befriedigung selbst herbeizuführen, oder es wird dem Schuldner aus seinem Vermögen etwas entnommen und daraus dem Gläubiger Befriedigung verschafft. Von diesen Gesichtspunkten aus betrachtet wirkt das Mittel, der Zwang, im ersteren Falle indirekt, mittelbar, im anderen Falle direkt und unmittelbar. Vom Gesichtspunkte des Erfolges aus betrachtet, wirkt das Mittel im ersteren Falle unmittelbar, indem es dem Gläubiger die Befriedigung durch den Schuldner verschafft im anderen Falle mittelbar, indem der Gläubiger seine Befriedigung nicht durch den Schuldner, sondern nur mittelbar aus dessen Vermögen erhält, jene Vollstreckung ist eine Personalvollstreckung, diese eine Realvollstreckung.

Die gerichtliche Zwangsvollstreckung bedient sich beider Mittel, der Personalvollstreckung hauptsächlich da, wo der Gläubiger einen Anspruch auf eine Individualleistung seitens des Schuldners hat, der Realvollstreckung da, wo es sich um vertretbare Leistungen handelt. Dabei kommen Übergänge und Ersatzmittel in mannigfaltiger Weise vor.

Die gerichtliche Zwangsvollstreckung dient nur der Herstellung der Rechtsordnung auf dem Gebiete der Privatrechtsordnung, sie hat zur Voraussetzung, daß ein gesetzlich anerkannter Vollstreckungstitel vorliegt. Darüber wird im folgenden Paragraphen gesprochen werden[5]).

Die Landesgesetzgebung ist nicht gehindert, auf Grund anderer als der von der Prozeßordnung anerkannter Vollstreckungstitel die gerichtliche Zwangsvollstreckung zuzulassen und insoweit abweichende Vorschriften für das gerichtliche Vollstreckungsverfahren zu treffen[6]).

Unberührt bleiben die landesgesetzlichen Vorschriften über die Zwangsvollstreckung wegen Geldforderungen gegen den Fiskus, eine Körperschaft, Stiftung oder Anstalt des öffentlichen Rechts oder eine

[5]) Vgl. hierzu noch Gesetz über die Gewerbegerichte § 73.

[6]) CPO. § 801.

unter der Verwaltung einer öffentlichen Behörde stehende Körperschaft oder Stiftung, soweit nicht dingliche Rechte verfolgt werden, sowie die landesgesetzlichen Vorschriften, nach welchen auf die Zwangsvollstreckung gegen einen Rechtsnachfolger des Schuldners, soweit sie in das zu einem Lehen, mit Einschluß eines allodifizierten Lehens, zu einem Stammgute, Familienfideikommiß oder Anerbengute gehörende Vermögen stattfinden soll, die Vorschriften über die Zwangsvollstreckung gegen einen Erben des Schuldners entsprechende Anwendung finden[7]).

§ 132.

Vollstreckungstitel.

Die gerichtliche Zwangsvollstreckung findet nur statt, wenn der Gläubiger einen von der Prozeßordnung anerkannten vollstreckbaren Schuldtitel erlangt hat[1]).

Solche Vollstreckungstitel sind entweder gerichtliche Entscheidungen oder sie sind rechtsgeschäftlicher Art, wie die vor Gericht abgeschlossenen Vergleiche und die vollstreckbaren Urkunden, oder sie sind gemischter Art.

Gerichtliche Entscheidungen als Vollstreckungstitel.

Von den gerichtlichen Entscheidungen sind vollstreckbar

1. die Endurteile und Vorbehaltsurteile[2]); Urteile sind nur

---

[7]) EG. z. CPO. § 15 Nr. 3 u. 4.

[1]) Die Grundsätze des gerichtlichen Zwangsvollstreckungsverfahrens haben zunächst nur ihre Bedeutung für die in der Prozeßordnung selbst anerkannten oder landesrechtlich zugelassenen (CPO. § 801 o. S. 541 Anm. 6) Vollstreckungstitel. Diese Vorschriften finden aber auch entsprechende Anwendung auf das Verfahren vor den deutschen Gerichten im Auslande, also vor den deutschen Gerichtsbehörden oder Gerichtsbeamten in den Konsulargerichtsbezirken und in den deutschen Schutzgebieten, so daß Zwangsvollstreckungstitel nicht nur von diesen Behörden erlassen, sondern auch vor diesen Behörden und Beamten errichtet werden können.

[2]) Das gerichtliche Zwangsvollstreckungsverfahren findet weiter statt

a) aus den im Strafprozesse ergehenden Urteilen, soweit sie die Verurteilung zu einer Vermögensstrafe oder einer Buße aussprechen (StPO. § 465), sowie aus den Entscheidungen über den Verfall einer Sicherheit (StPO. § 122 Abs. 3);

b) aus den im Disziplinarverfahren gegen einen Rechtsanwalt auf Zahlung einer Geldstrafe oder Tragung von Kosten ergehenden Entscheidungen (RAO. § 97);

dann vollstreckbar, wenn sie rechtskräftig oder für vorläufig vollstreckbar erklärt sind[3]);

2. Entscheidungen, gegen welche das Rechtsmittel der Beschwerde stattfindet, soweit nicht die Beschwerde mit aufschiebender Wirkung (s. o. S. 286 Anm. 47) eingelegt ist[4]);

3. Vollstreckungsbefehle im Mahnverfahren[5]);

4. Arrestbefehle und einstweilige Verfügungen[6]).

Titel von rechtsgeschäftlicher Art sind — Titel von rechtsgeschäftlicher Art.

1. Vergleiche, welche nach Erhebung der Klage zwischen den Parteien oder zwischen einer Partei und einem Dritten zur Beilegung des Rechtsstreites seinem ganzen Inhalte nach oder in betreff eines Teils des Streitgegenstandes vor einem deutschen Gerichte abgeschlossen sind[7]);

---

c) aus den von den Gewerbegerichten gesprochenen Endurteilen (Ges. v. 29. Juli 1890, § 56);

d) im Zwangsversteigerungsverfahren aus dem Zuschlagsbescheide gegen den Besitzer des Grundstücks auf Räumung, sowie aus der für eine im Teilungsverfahren zur Hebung kommenden für die Berechtigten eingetragenen Sicherungshypothek gegen den Ersteher des Grundstücks (ZVG. §§ 93, 132).

[3]) CPO. § 704. Zeugnisse über die Rechtskraft der Urteile sind auf Grund der Prozeßakten vom Gerichtsschreiber erster Instanz und, solange der Rechtsstreit in einer höheren Instanz anhängig ist, von dem Gerichtsschreiber dieser Instanz zu erteilen. Insoweit die Erteilung des Zeugnisses davon abhängt, daß gegen das Urteil ein Rechtsmittel nicht eingelegt ist, genügt ein Zeugnis des Gerichtsschreibers des für das Rechtsmittel zuständigen Gerichts, daß innerhalb der Notfrist ein Schriftsatz zum Zwecke der Terminsbestimmung eingereicht sei. Ist von einer Partei ein solcher Schriftsatz oder eine Einspruchsschrift zur Terminsbestimmung eingereicht, so kann nach Ablauf der Notfrist und, sofern die Vornahme der Zustellung unter Vermittelung des Gerichtsschreibers eingeleitet war, nach Ablauf von zwei Wochen (CPO. § 207 Abs. 2), der Gegner beantragen, daß der Partei vom Gerichtsschreiber eine Frist zum Nachweise der Zustellung bestimmt werde. Nach fruchtlosem Ablaufe dieser Frist ist das Zeugnis über die Rechtskraft zu erteilen, CPO. § 706.

[4]) CPO. § 794 Nr. 3. Hierher gehören Kostenfestsetzungsbeschlüsse, Beschlüsse über Auferlegung von Kosten und Geldstrafen an die Parteien oder Dritte, sowie auch die Feststellungsbeschlüsse hinsichtlich der dem Revisor einer Genossenschaft gebührenden Auslagen und Vergütung (Genossensch.-Ges. § 62 Abs. 2).

[5]) CPO. § 794 Nr. 4.

[6]) CPO. §§ 928, 936.

[7]) CPO. § 794 Nr. 1. Dasselbe gilt von den vor den Gewerbegerichten abgeschlossenen Vergleichen, s. Ges. v. 29. Juli 1890 § 56.

2. Vergleiche, welche im Sühneverfahren vor dem Amtsgerichte geschlossen sind[8]);

3. die vollstreckbaren Urkunden[9]).

Zwangsvollstreckungstitel gemischter Art sind

Vollstreckungstitel gemischter Art.

1. gerichtlich bestätigte Zwangsvergleiche im Konkursverfahren[10]);

2. Eintragungen in die Konkurstabelle, wenn der Gemeinschuldner im Prüfungstermine der Feststellung nicht widersprochen hat[11]);

3. die für vollstreckbar erklärten Vorschuß-, Zusatz- und Nachschußberechnungen im Genossenschaftskonkurse[12]);

4. bestätigte Auseinandersetzungen unter Miterben oder Gesamtgutsinteressenten, die vor der Auseinandersetzung getroffenen vorgängigen Vereinbarungen, sowie bestätigte Dispachen[13]);

Besonderer Betrachtung bedürfen diejenigen Fälle, in welchen sich der Schuldner mit anderen Personen in einer Rechtsgemeinschaft befindet, oder in welchen andere Personen an dem Vermögen des Schuldners Nießbrauchs- oder Verwaltungsrechte zustehen.

Darüber gelten folgende Grundsätze:

Vollstreckungstitel gegen offene Handelsgesellschaften und nichtrechtsfähige Vereine.

1. Hat die Rechtsgemeinschaft, in welcher der Schuldner steht, selbständige Parteifähigkeit, wie in den Fällen, in welchen der Schuldner eine offene Handelsgesellschaft, ein nichtrechtsfähiger Verein ist, so ist zur Zwangsvollstreckung in das Gesellschaftsvermögen ein gegen die Gesellschaft, gegen den Verein lautender Titel erforderlich und ausreichend[14]).

Zwangsvollstreckung in das Gesamtgut.

2. Bei dem Güterstande der allgemeinen Gütergemeinschaft, der Errungenschaftsgemeinschaft oder der Fahrnisgemeinschaft ist zur Zwangsvollstreckung in das Gesamtgut ein gegen den Ehemann ergangener Titel erforderlich und genügend[15]). Betreibt die Ehefrau selbständig ein Erwerbsgeschäft, so ist zur Zwangsvollstreckung in

---

[8]) CPO. § 794 Nr. 2. [9]) CPO. § 794 Nr. 5.

[10]) KO. § 194. [11]) KO. § 164 Abs. 2.

[12]) Genossenschafts-Gesetz §§ 106—109, 113, 114, 129.

[13]) FGG. §§ 98, 99, 158 Abs. 2.

[14]) HGB. Art. 124 Abs. 2, CPO. §§ 735 u. 795. Das Gleiche gilt auch von der Kommanditgesellschaft und der Kommanditgesellschaft auf Aktien.

[15]) CPO. §§ 740, 745 Abs. 1 u. 795.

das Gesamtgut ein gegen die Ehefrau vorliegender Titel genügend, es sei denn, daß zur Zeit des Eintritts der Rechtshängigkeit oder wenn der Titel rechtsgeschäftlicher Art ist, zur Zeit der Abgabe der Willenserklärung der Einspruch des Ehemanns gegen den Betrieb des Erwerbsgeschäftes oder der Widerruf seiner Einwilligung zu dem Betriebe im Güterrechtsregister eingetragen war[16]).

Zwangsvollstreckung gegen Gesellschafter, Ehegatten nach Aufhebung der Gütergemeinschaft und gegen Miterben.

3. Zur Zwangsvollstreckung in das Vermögen anderer Rechtsgemeinschaften zur gesamten Hand bedarf es eines gegen alle Gemeinschafter ergangenen Urteils. In solcher Rechtsgemeinschaft stehen:

a) die Gesellschafter (BGB. §§ 705ff.[17]);

b) die Miterben bei ungeteiltem Nachlasse (BGB. §§ 2032ff.[18]);

c) die Ehegatten, der überlebende Ehegatte und die Abkömmlinge nach Auflösung der allgemeinen Gütergemeinschaft, der Errungenschaftsgemeinschaft oder der Fahrnisgemeinschaft in Ansehung des Gesamtgutes bis zur Auseinandersetzung (BGB. §§ 1471ff., 1497, 1546, 1549[19]).

Schiffsrhederei.

Auch die Schiffsrhederei ist eine Rechtsgemeinschaft zur gesamten Hand. Es haftet hier jedoch jeder Mitrheder regelmäßig nur mit seinem Anteile resp. zu seinem Anteile[20]). Die Schiffsgläubiger können die dinglich-persönliche Haftung auf das Ganze gegenüber dem Schiffer geltend machen und genügt in diesem Falle zur Zwangsvollstreckung das gegen den Schiffer ergehende Urteil[21]).

4. Steht einem Dritten an dem Vermögen des Schuldners ein Nießbrauchs- oder ein selbständiges Verwaltungsrecht zu, wie in den Fällen

---

[16]) CPO. §§ 741 und 795. Ob eine Geschäftsschuld oder eine andere Schuld vorliegt, ist gleichgültig. Ist der Titel in Ansehung des Gesamtgutes dem Ehemann gegenüber unwirksam, so hat er die Widerspruchsklage (CPO. § 774 u. u. § 139).

[17]) CPO. § 736. [18]) CPO. § 747.

[19]) CPO. §§ 743, 745 Abs. 2 und § 795. Haftet die Ehefrau oder nach beendigter fortgesetzter Gütergemeinschaft ein Abkömmling für die Gesamtgutsverbindlichkeit nicht persönlich (vgl. BGB. § 1459 Abs. 2), so kann er nicht zur Leistung, wohl aber zur Duldung der Zwangsvollstreckung verurteilt werden. Es bedarf also in solchem Falle zur Zwangsvollstreckung in das Gesamtgut neben dem Leistungstitel gegen den persönlich haftenden Gemeinschuldner noch eines auf Duldung der Zwangsvollstreckung gegen den nicht persönlich haftenden Gemeinschafter lautenden Titels (CPO. §§ 743, 745 Abs. 2 und § 794 Abs. 2).

[20]) HGB. § 507. [21]) HGB. § 761.

a) des Nießbrauchs an einem Vermögen (BGB. § 1086) oder an einer Erbschaft (BGB. § 1089),

b) der Nutznießung und Verwaltung des Ehemanns an dem eingebrachten Gute, in dem gesetzlichen Güterstande sowie beim Güterstande der Errungenschafts- oder der Fahrnisgemeinschaft (BGB. §§ 1411, 1525 Abs. 2, 1550 Abs. 2),

und ist in solchen Fällen der Gläubiger berechtigt, trotz des Nießbrauchs oder Verwaltungsrechts Befriedigung aus dem dem Nießbrauchs- oder Verwaltungsrechte unterstellten Vermögen zu fordern, so ist er auch verpflichtet, sich neben dem Vollstreckungstitel gegen den Schuldner einen Vollstreckungstitel gegen den Nießbraucher oder Verwalter dahin zu verschaffen, daß dieser die Zwangsvollstreckung dulde[22]).

Betreibt im Falle b die Ehefrau selbständig ein Erwerbsgeschäft, so genügt der gegen die Ehefrau ergangene Vollstreckungstitel, es sei denn, daß zur Zeit des Eintritts der Rechtshängigkeit oder wenn der Titel rechtsgeschäftlicher Art ist, zur Zeit der Abgabe der Willenserklärung der Einspruch des Ehemanns gegen solchen Betrieb oder der Widerruf seiner Einwilligung im Güterrechtsregister eingetragen war[23]).

5. Wesentlich anders liegt die Sache im Falle der elterlichen Nutznießung an dem Vermögen des Kindes. Während in den unter 4 hervorgehobenen Fällen das Nießbrauchs- und Verwaltungsrecht eines selbständigen Schutzes bedarf, der Inhaber dieses Rechts also selbständigen Parteischutz gegenüber dem Forderungsrechte des Gläubigers gegen den eigentlichen Schuldner genießt, das Recht des Gläubigers in Ansehung des dem Nießbrauche oder der Verwaltung unterstehenden Vermögens deshalb nur vollstreckbar ist, wenn der Gläubiger auch gegenüber dem Nießbraucher oder Verwalter einen Vollstreckungstitel erwirkt hat, so daß der letztere in der Lage ist, die Zwangsvollstreckung in dieses Vermögen dadurch abzuwenden, daß er nicht nur die dem Schuldner zustehenden Verteidigungsmittel selbst geltend macht, sondern auch die Voraussetzungen, unter welchen die Verfolgung des Rechts in Ansehung des seiner Verwaltung oder seinem Nieß-

[22]) CPO. §§ 737, 739, 749 Abs. 2.

[23]) CPO. §§ 741, 795 und o. Anm. 16.

brauche unterstellten Vermögens im vorliegenden Falle unzulässig ist, zur Geltung bringt, bedarf das elterliche Nutznießungsrecht eines solchen selbständigen Schutzes nicht, weil einmal der Inhaber der elterlichen Gewalt als Vertreter des Kindes schon in der Lage ist, die dem Kinde zustehenden Verteidigungsmittel geltend zu machen, andererseits die Verfolgung des Rechtes des Gläubigers trotz dieses Nutznießungsrechts unbeschränkt zulässig ist[24]). Es genügt deshalb zur Zwangsvollstreckung in das der elterlichen Nutznießung unterliegende Vermögen ein gegen das Kind vorliegender Titel[25]).

6. Unterliegt ein Nachlaß der Verwaltung eines Testamentsvollstreckers, so steht diesem, nicht dem Erben das Recht zu, über die Nachlaßgegenstände zu verfügen[26]). Da nun der Anspruch in diesem Fall gegen den Testamentsvollstrecker geltend gemacht werden kann[27]), so ist zur Zwangsvollstreckung in den Nachlaß ein gegen den Testamentsvollstrecker ergangener Titel erforderlich und genügend[28]).

Ist die Verwaltung des Testamentsvollstreckers auf einzelne Nachlaßgegenstände beschränkt, so ist die Geltendmachung eines Anspruches nur gegen den Erben zulässig[29]). Da aber andererseits dem Erben die Verfügung über die der Verwaltung des Testamentsvollstreckers unterliegenden Nachlaßgegenstände nicht zusteht, so bedarf es in diesem Falle auch eines Vollstreckungstitels gegen den Testamentsvollstrecker, in welchem gegen diesen die Duldung der Zwangsvollstreckung in solche Gegenstände ausgesprochen ist[30]), so daß der Testamentsvollstrecker insoweit gegenüber dem Anspruch der Nachlaßgläubiger selbständigen Parteischutz hat.

Der Pflichtteilsanspruch kann in allen Fällen nur gegen den Erben geltend gemacht werden[31]). Es ist deshalb auch dann, wenn dem Testamentsvollstrecker die Verwaltung des Nachlasses unbeschränkt zusteht, wegen eines solchen Anspruchs zur Zwangsvollstreckung in den Nachlaß sowohl ein Titel gegen den Erben, als ein Titel gegen den Vollstrecker auf Duldung der Vollstreckung hinsichtlich der seiner Verwaltung unterstehenden Nachlaßgegenstände erforderlich[32]).

[24]) BGB. § 1659.
[25]) CPO. §§ 746, 795.
[26]) BGB. §§ 2205, 2211.
[27]) BGB. § 2213.
[28]) CPO. §§ 748 Abs. 1, 795.
[29]) BGB. § 2212 Abs. 1 Satz 2.
[30]) CPO. §§ 748 Abs. 2, 794 Abs. 2.
[31]) BGB. § 2213 Abs. 1 Satz 3.
[32]) CPO. §§ 748 Abs. 3 (748 Abs. 2 und 794 Abs. 2).

Urteile ausländischer Gerichte.

Urteile ausländischer Gerichte sind im Deutschen Reiche nicht ohne weiteres vollstreckbar, vielmehr muß die Zulässigkeit der gerichtlichen Zwangsvollstreckung zunächst durch ein Vollstreckungsurteil ausgesprochen werden[33].

Für die Klage auf Erlassung des Vollstreckungsurteils ist das Amtsgericht oder Landgericht, bei welchem der Schuldner seinen allgemeinen Gerichtsstand hat und in Ermangelung das Amtsgericht oder Landgericht, bei welchem der Gerichtsstand des Vermögens (CPO. § 23) begründet ist, ausschließlich zuständig[34].

In dem Verfahren findet eine Nachprüfung der Gesetzmäßigkeit der Entscheidung nicht statt, sondern nur eine Prüfung

1. darüber, ob das Urteil nach dem für das ausländische Gericht, welches es gefällt hat, geltenden Rechte rechtskräftig ist, und

2. darüber, ob die Anerkennung des Urteils nach Maßgabe des einheimischen Urteils nicht ausgeschlossen ist (CPO. § 328 u. o. S. 445f.).

Das Vollstreckungsurteil ist nicht zu erlassen, wenn nicht vorliegt, daß das Urteil rechtskräftig ist, oder wenn ein Fall der Ausschließung vorliegt[35].

Schiedsspruch.

Auch aus Schiedssprüchen findet die Zwangsvollstreckung nur statt, wenn ihre Zulässigkeit durch ein Vollstreckungsurteil ausgesprochen ist[36].

§ 133.

Vollstreckungsklausel.

Eine weitere Voraussetzung für die Zwangsvollstreckung ist, daß die Zulässigkeit derselben durch die Erteilung der Vollstreckungsklausel, d. h. einer der Ausfertigung des Vollstreckungstitels hinzugefügten Klausel:

„Vorstehende Ausfertigung wird dem . . . (Bezeichnung des Gläubigers) zum Zwecke der Zwangsvollstreckung erteilt"

ausgesprochen wird[1].

Die Zulässigkeit der Zwangsvollstreckung des Titels hat das Organ der Zwangsvollstreckung (Gerichtsvollzieher, Vollstreckungs-

---

[33]) CPO. § 722 Abs. 1.

[34]) CPO. §§ 722 Abs. 2, 802.

[35]) CPO. § 723.

[36]) CPO. § 1042 u. o. S. 13.

[1]) CPO. §§ 724, 725.

gericht), nicht selbständig zu prüfen, diese Prüfung liegt vielmehr dem Gerichte, welches die zu vollstreckende Entscheidung getroffen hat, vor welchem der vollstreckbare Rechtsakt aufgenommen ist, von welchem solcher Rechtsakt zur Wirkung der Vollstreckbarkeit bestätigt ist, ob.

Nur bei denjenigen Titeln, welche die Vollstreckbarkeit ihres Inhaltes schon in sich tragen, nämlich den Vollstreckungsbefehlen im Mahnverfahren, sowie den Arrestbefehlen und den einstweiligen Verfügungen bedarf es in der Regel einer Vollstreckungsklausel nicht[2]).

Über die Erteilung der vollstreckbaren Ausfertigung (Ausfertigung des Titels mit der Vollstreckungsklausel) gelten folgende Vorschriften:

1. Die vollstreckbare Ausfertigung eines Urteils oder einer anderen vollstreckbaren Entscheidung wird von dem Gerichtsschreiber des Prozeßgerichts und, wenn der Rechtsstreit bei einem höheren Gerichte anhängig ist, von dem Gerichtsschreiber dieses Gerichts erteilt[3]). Zuständigkeit.

Dasselbe gilt von der Erteilung der vollstreckbaren Ausfertigung eines in einem anhängigen Rechtsstreite vor dem Prozeßgerichte oder vor einem beauftragten oder ersuchten Richter abgeschlossenen Vergleiches[4]), sowie von dem im Konkursverfahren abgeschlossenen Zwangsvergleiche[5]).

Ist der Vergleich im Sühneverfahren vor dem Amtsgericht geschlossen, so hat der Gerichtsschreiber des Amtsgerichts die vollstreckbare Ausfertigung zu erteilen; denn das Amtsgericht ist in diesem Falle im Sinne des Gesetzes als Prozeßgericht anzusehen, da hier das Streitverhältnis verhandelt und durch Vergleich erledigt ist[6]).

---

[2]) CPO. §§ 796, 929, 936.

[3]) CPO. §§ 724 Abs. 2, 795, Genossensch.-Ges. § 109 Abs. 2.

[4]) CPO. § 794 Nr. 1, 795 (724 Abs. 2). Die vollstreckbare Ausfertigung wird also in diesem Falle von dem Gerichtsschreiber des Prozeßgerichts, nicht von dem Gerichtsschreiber des Gerichts, vor welchem der Vergleich abgeschlossen ist, wenn dieses Gericht nicht das Prozeßgericht ist, erteilt, s. auch die Anm. 6.

[5]) KO. § 194 (CPO. § 724 Abs. 2).

[6]) CPO. §§ 794 Nr. 2, 795 (724 Abs. 2). Es besteht eine Streitfrage darüber, ob die Vorschrift des § 797 nur auf den Fall des § 794 Nr. 5 (vollstreckbare Urkunden) oder auch auf die Fälle des § 794 Nr. 1 u. 2 (gerichtliche Vergleiche) zu erstrecken sei. Dafür RG. Bd. 21 S. 347. Auf den Wortlaut „gerichtliche Urkunden“ (CPO. § 797 Abs. 1) ist kein Gewicht zu legen; denn als gerichtliche Urkunden kann man auch die gerichtlichen Entscheidungen bezeichnen. Dem Sinne nach spricht aber CPO. § 797 — wie sich aus der

Die vollstreckbare Ausfertigung eines Eintrags in die Konkurstabelle wird von dem Gerichtsschreiber des Konkursgerichts[7]), die einer vollstreckbaren Urkunde von dem Gerichtsschreiber des Gerichts, welches die Urkunde aufgenommen hat[8]), resp. von dem Notar oder der Behörde, welche die notarielle Urkunde verwahrt, erteilt[9]).

Erteilung der Klausel für Titel auf bedingte Leistungen.

Wenn nach dem Inhalte des Titels dessen Vollstreckung von dem durch den Gläubiger zu beweisenden Eintritt einer anderen Thatsache als einer dem Gläubiger obliegenden Sicherheitsleistung abhängt, so darf die vollstreckbare Ausfertigung nur erteilt werden, wenn der Beweis durch öffentliche oder öffentlich beglaubigte Urkunden geführt wird[10]). Eine solche Thatsache kann auch eine vom Gläubiger an den Schuldner zu machende Gegenleistung sein. Hat der Gläubiger vorzuleisten (s. BGB. § 322 Abs. 2), so muß der Beweis, daß die Vorleistung erfolgt ist, in obiger Weise geführt werden. Sind beide Leistungen Zug um Zug zu bewirken, so ist der Beweis, daß der Schuldner befriedigt oder im Annahmeverzuge sich befindet, für die Erteilung der vollstreckbaren Ausfertigung nicht erforderlich, es sei denn, daß die dem Schuldner obliegende Leistung in der Abgabe einer Willenserklärung besteht. In anderen Fällen liegt die Prüfung der Frage, ob der Schuldner befriedigt ist oder sich im Annahmeverzuge befindet, dem Vollstreckungsorgan ob[11]).

Ob der erforderliche Beweis durch öffentliche oder öffentlich beglaubigte Urkunden geführt ist, darüber hat nicht der Gerichtsschreiber, sondern der Vorsitzende des Gerichts, dessen Gerichtsschreiber die Klausel zu erteilen hat, zu entscheiden; es kann deshalb die Klausel in solchem Falle nur auf Anordnung des Vorsitzenden erteilt werden. Vor der Anordnung kann der Schuldner gehört werden. Wird die Klausel erteilt, so ist die Anordnung des Vorsitzenden in der Klausel zu erwähnen[12]).

Gegenüberstellung der gerichtlichen Urkunden (CPO. § 797 Abs. 1) und der notariellen Urkunden (CPO. § 797 Abs. 2) ergiebt — nur von den sog. vollstreckbaren Urkunden des § 794 Nr. 5, wie sich dies überdies aus den Motiven ergiebt.

[7]) KO. § 164 Abs. 2 (CPO. § 724 Abs. 2).

[8]) CPO. § 797 Abs. 1. [9]) CPO. § 797 Abs. 2.

[10]) CPO. §§ 726 Abs. 1, 795.

[11]) CPO. §§ 726 Abs. 2, 795 und §§ 756, 765.

[12]) CPO. §§ 730, 795, KO. §§ 164, 194.

Wenn der Gläubiger den ihm obliegenden Beweis nicht zu führen vermag, so muß er aus dem Titel gegen den Schuldner Klage auf Erteilung der Vollstreckungsklausel erheben. Gegenstand des Rechtsstreites ist die Frage, ob die Voraussetzungen, von welchen nach Inhalt des Titels die Vollstreckbarkeit abhängig ist, vorliegen und deshalb die Zwangsvollstreckung aus dem Titel zulässig ist[13]). Vollstreckungsklage.

Zuständig für die Vollstreckungsklage ist Zuständigkeit.

a) wenn der Titel ein gerichtliches Urteil, eine andere gerichtliche Entscheidung oder ein vor Gericht im Rechtsstreite oder im Sühneverfahren abgeschlossener Vergleich ist, das Prozeßgericht erster Instanz, d. h. dasjenige Gericht, bei welchem der Rechtsstreit oder das Sühneverfahren in erster Instanz anhängig gewesen ist (CPO. §§ 731, 795);

b) wenn der Titel ein Vollstreckungsbefehl oder eine bestätigte Dispache ist, das Amtsgericht, welches den Befehl erlassen, resp. die Dispache bestätigt hat, und wenn der Rechtsstreit nicht zur Zuständigkeit der Amtsgerichte gehört, das zuständige Landgericht (CPO. § 796, FGG. § 158 Abs. 3);

c) wenn der Titel ein Zwangsvergleich, eine vollstreckbare Eintragung zur Konkurstabelle, eine vollstreckbare Berechnung im Genossenschaftskonkurse ist, das Amtsgericht, bei welchem das Konkursverfahren anhängig ist, und, wenn der Rechtsstreit nicht zur Zuständigkeit der Amtsgerichte gehört, das Landgericht, zu dessen Bezirk das Konkursgericht gehört (KO. §§ 164 Abs. 3 (§ 146 Abs. 2), 194, Genossensch.-Ges. § 109 Abs. 3);

d) wenn der Titel eine vollstreckbare Urkunde, eine bestätigte Auseinandersetzung oder Vereinbarung unter Miterben ist, das Gericht, bei welchem der Schuldner im Deutschen Reiche seinen allgemeinen Gerichtsstand hat, und in Ermangelung eines solchen das Gericht des Gerichtsstandes des Vermögens (CPO. § 797 Abs. 3 und FGG. § 98).

Eine vollstreckbare Ausfertigung kann nicht nur für und gegen die im Titel genannten Gläubiger und Schuldner, sondern unter bestimmten Voraussetzungen auch für und gegen dritte Personen, welche Vollstreckbare Ausfertigung für und gegen dritte Personen.

---

13) CPO. §§ 731, 795, KO. §§ 164, 194.

dadurch in die Rechtsstellung der im Titel genannten Personen treten, erteilt werden.

Hierher gehören folgende Fälle:

1. Eine vollstreckbare Ausfertigung kann für folgende Personen erteilt werden:

a) für den Rechtsnachfolger des im Titel bezeichneten Gläubigers, wenn die Rechtsnachfolge — mag sie Gesamt- oder Einzelfolge sein — eingetreten ist, nachdem der Titel (z. B. der Vergleich im Sühneverfahren, die vollstreckbare Urkunde) ergangen ist, oder nachdem das Streitverhältnis, in welchem der Titel (z. B. das Urteil, der Vergleich) ergangen ist, rechtshängig geworden ist[14];

b) für den Nacherben, wenn der Titel über einen der Nacherbfolge unterliegenden Gegenstand vor Eintritt der Nacherbfolge ergangen ist[15];

c) für den Erben, wenn der Titel für den Testamentsvollstrecker über einen dessen Verwaltung unterstehenden Gegenstand ergangen ist und das Amt des Testamentsvollstreckers beendigt ist[16];

d) für den Ehemann, wenn die Ehefrau in Ansehung des eingebrachten Gutes einen Vollstreckungstitel erlangt hat und darauf der gesetzliche Güterstand der Verwaltung und Nutznießung oder der Güterstand der Errungenschaftsgemeinschaft oder der Fahrnisgemeinschaft eingetreten ist. Ist der Titel ein in einem Rechtsstreite zwischen der Frau und einem Dritten über einen zum eingebrachten Gute gehörenden Gegenstand ergangenes Urteil, so findet dies schon dann Anwendung, wenn der Rechtsstreit vor dem Eintritt des Güterstandes anhängig geworden, der Prozeß von der Ehefrau fortgeführt ist (BGB.

---

[14]) CPO. §§ 727 (325), 795.

[15]) CPO. §§ 728 Abs. 1, 795. Ist der Titel ein Urteil, so kann die vollstreckbare Ausfertigung dem Nacherben nur erteilt werden, wenn das Urteil vor Eintritt der Nacherbfolge rechtskräftig geworden ist (CPO. §§ 728 Abs. 1 u. 326). Ist das Urteil für vorläufig vollstreckbar erklärt, aber der Rechtsstreit noch anhängig, und kann der Nacherbe den Prozeß aufnehmen (CPO. § 242 u. o. S. 169 Anm. 23), so gilt er im Prozesse als Rechtsnachfolger der Partei, es findet also CPO. § 727 Abs. 1 unmittelbar Anwendung (o. Anm. 14).

[16]) CPO. §§ 728 Abs. 2 und 795.

§ 1407¹) und nach dem Eintritt des Güterstandes das Urteil für die Ehefrau ergangen ist[17]);

e) für den Ehemann, wenn die Ehefrau in Ansehung eines zum Gesamtgute der allgemeinen Gütergemeinschaft oder der Fahrnisgemeinschaft gehörenden Gegenstandes einen Vollstreckungstitel vor dem Eintritt des Güterstandes erlangt hat, oder, wenn der Rechtsstreit über diesen Gegenstand vor dem Eintritt des Güterstandes rechtshängig geworden ist und das Urteil während des Güterstandes (BGB. § 1454) zu Gunsten der Frau ergeht[18]).

f) für den Testamentsvollstrecker aus einem für den Erblasser ergangenen Zwangsvollstreckungstitel[19]).

2. Eine vollstreckbare Ausfertigung kann gegen folgende Personen erteilt werden:

a) gegen diejenigen Rechts- und Besitznachfolger, gegen welche der Titel nach Maßgabe des Prozeßrechts wirksam ist[20]). Dies

---

[17]) CPO. §§ 742 Abs. 1, 795. Es entspricht dies der Stellung, welche dem Ehemann hinsichtlich des eingebrachten Gutes gebührt (BGB. §§ 1380, 1525 Abs. 2, 1550 Abs. 2); denn die Betreibung der Zwangsvollstreckung wegen eines zum eingebrachten Gute gehörenden Anspruchs ist eine Verwaltungshandlung, also ein dem Ehemann kraft seines Verwaltungsrechts zustehendes selbstständiges Recht.

[18]) CPO. §§ 742 Abs. 2, 795. Auch dies entspricht der Stellung des Ehemanns hinsichtlich des seiner Verwaltung unterliegenden Gesamtgutes (BGB. §§ 1443, 1549). In der Errungenschaftsgemeinschaft kann dieser Fall nicht vorkommen, da hier nur Gesamtgut wird, was während der Ehe erworben wird.

[19]) CPO. §§ 749 und 795. Dies entspricht der Stellung des Testamentsvollstreckers, wenn demselben die Verwaltung des Nachlasses gebührt, ist also auch nur für diesen Fall anwendbar.

[20]) CPO. §§ 727, 795. Das trifft für alle Vollstreckungstitel allgemein hinsichtlich des Gesamtnachfolgers des Schuldners zu, wenn die Gesamtnachfolge eingetreten ist, nachdem der Titel (z. B. die vollstreckbare Urkunde, der Vergleich im Sühneverfahren) ergangen ist oder, im Falle der Titel ein in einem Rechtsstreite ergangenes Urteil ist, nachdem die Streitsache anhängig geworden ist. Ist die Rechtsnachfolge Einzelfolge, so bestimmt sich in dem Falle, wenn der Titel ein in einem Rechtsstreite ergangenes Urteil ist, die Vollstreckbarkeit des Urteils gegen den Einzelnachfolger in derselben Weise, wie die Rechtskraftwirkung des Urteils gegen denselben (CPO. §§ 727, 325 u. o. S. 441 f.). Dasselbe findet nicht nur entsprechende Anwendung, wenn der Rechtsstreit durch vollstreckbaren Vergleich beendet ist (CPO. § 795), sondern auch dann, wenn der

findet entsprechende Anwendung auf denjenigen, welcher das Vermögen eines Anderen durch Vertrag mit diesem nach der durch ein rechtskräftiges Urteil oder Vollstreckungsbefehl oder durch vollstreckbaren Vergleich oder Urkunde erfolgten Feststellung einer Schuld des Anderen übernommen hat, sowie gegen denjenigen, welcher ein unter Lebenden erworbenes Handelsgeschäft unter der bisherigen Firma fortführt, in Ansehung der Verbindlichkeiten, für welche er nach § 25 Abs. 1 Satz 1, Abs. 2 des Handelsgesetzbuches haftet, soferne sie vor dem Erwerbe des Geschäftes gegen den früheren Inhaber in der bezeichneten Weise festgestellt sind[21]).

b) gegen den Nacherben, wenn der Vorerbe über einen der Nacherbfolge unterliegenden Gegenstand, über welchen ihm die Verfügung ohne Zustimmung des Nacherben zusteht, einen den Nacherben bindenden vollstreckbaren Vergleich mit einem Dritten vor Eintritt der Nacherbfolge abgeschlossen hat, oder wenn in einem Rechtsstreite des Vorerben mit einem Dritten über einen solchen Gegenstand vor Eintritt der Nacherbfolge ein rechtskräftiges Urteil gegen den Vorerben ergangen ist[22]);

c) gegen den Erben, wenn in einem Rechtsstreite des Testamentsvollstreckers mit einem Dritten über einen der Verwaltung des Testamentsvollstreckers unterstehenden Nachlaßgegenstand ein rechtskräftiges Urteil gegen den Testamentsvollstrecker ergangen ist, oder wenn in einem Rechtsstreite zwischen einem Testamentsvollstrecker und einem Dritten über einen gegen den Nachlaß gerichteten Anspruch — soweit der Testamentsvollstrecker zur Führung eines solchen Rechtsstreits berechtigt ist (s. o. S. 547 Anm. 27) — ein rechtskräftiges Urteil oder Vollstreckungsbefehl gegen

---

Vollstreckungstitel ein im Sühneverfahren geschlossener Vergleich oder eine vollstreckbare Urkunde ist, hier jedoch mit der Änderung, daß die Nachfolge eingetreten sein muß, nachdem der Vollstreckungstitel ergangen ist. Praktische Bedeutung hat dies hauptsächlich für den Fall, daß die vollstreckbare Urkunde über einen Anspruch aus einer Hypothek, Grundschuld oder Rentenschuld aufgenommen ist (CPO. § 794[5] u. o. S. 470 Anm. 2).

[21]) CPO. §§ 729, 795, s. auch BGB. § 419, woraus sich ergiebt, in welcher Weise die Beschränkung der Haftung des Übernehmenden auf den Bestand des Vermögens stattfindet.

[22]) CPO. §§ 728 Abs. 1 (326), 795.

den Testamentsvollstrecker ergangen ist, ein gegen ihn vollstreckbarer Vergleich abgeschlossen ist; oder wenn der Testamentsvollstrecker über einen solchen Anspruch im Sühneverfahren einen gegen ihn vollstreckbaren Vergleich abschließt oder wenn er über solchen Anspruch eine vollstreckbare Urkunde aufnehmen läßt. Die Vollstreckungsklausel ist ohne Rücksicht darauf, ob das Verwaltungsrecht des Testamentsvollstreckers schon beendigt ist oder noch fortbesteht, zu erteilen[23]);

d) gegen denjenigen, welchem das Nießbrauchsrecht an dem Vermögen des Schuldners zusteht, wenn die Bestellung des Nießbrauchs erfolgt ist, nachdem die Schuld des Bestellers durch rechtskräftiges Urteil oder Vollstreckungsbefehl, durch vollstreckbaren Vergleich oder Urkunde festgestellt ist. Das Gleiche gilt bei dem Nießbrauche an einer Erbschaft, wenn die Feststellung gegen den Erblasser erfolgt[24]);

e) gegen den Ehemann in Ansehung des eingebrachten Gutes, wenn in dem oben S. 552 unter d bezeichneten Fällen der Titel gegen die Ehefrau ergangen ist[25]);

f) gegen den Ehemann hinsichtlich des Gesamtgutes, wenn in den oben S. 553 unter e hervorgehobenen Fällen der Titel gegen die Frau ergangen ist[26]);

g) gegen die Ehefrau, in Ansehung des Gesamtgutes, wenn die Beendigung der allgemeinen Gütergemeinschaft, der Errungenschaftsgemeinschaft oder der Fahrnisgemeinschaft eintritt, nachdem der Rechtsstreit des Ehemanns über einen zum Gesamtgute gehörenden Gegenstand durch ein gegen den Ehemann ergangenes rechtskräftiges Urteil oder durch einen vollstreckbaren Vergleich beendigt ist. Das Gleiche gilt im Falle der fortgesetzten Gütergemeinschaft gegenüber den anteilsberechtigten Abkömmlingen bezüglich des von dem überlebenden Ehegatten geführten Rechtsstreits[27]);

---

[23]) CPO. §§ 728 Abs. 2, 795. [24]) CPO. §§ 738, 795.

[25]) CPO. §§ 742 Abs. 1, 795.

[26]) CPO. §§ 742 Abs. 2, 795. Auch hier bleibt der Fall der Errungenschaftsgemeinschaft außer Anwendung, weil hier das Gesamtgut für die vor dem Eintritt dieser Gemeinschaft entstandenen Verbindlichkeiten der Frau nicht haftet (BGB. §§ 1530 ff.).

[27]) CPO. §§ 744, 745 Abs. 2, 795.

h) gegen den Testamentsvollstrecker in Ansehung der seiner Verwaltung unterliegenden Nachlaßgegenstände, wenn gegen den Erblasser ein rechtskräftiges Urteil oder Vollstreckungsbefehl, ein vollstreckbarer Vergleich oder Urkunde ergangen ist[28]).

Die Vollstreckungsklausel für und gegen dritte Personen kann nur erteilt werden, wenn die Voraussetzungen, welche für die Erteilung maßgebend sind — also die Rechtsnachfolge, Besitznachfolge, Vermögensübernahme, Eintritt des Nießbrauchsrechts, des Verwaltungsrechts, des Güterstandes u. s. w. — bei dem Gerichte offenkundig sind oder durch öffentliche oder öffentlich beglaubigte Urkunden nachgewiesen werden. Ob dies der Fall ist, darüber entscheidet nicht der Gerichtsschreiber, sondern der Vorsitzende des Gerichts. Vor der Entscheidung kann der Schuldner gehört werden. Die Anordnung des Vorsitzenden über die Erteilung der Klausel sowie die von demselben angenommene Offenkundigkeit sind in der Vollstreckungsklausel zu erwähnen[29]).

Voll-streckungs-klage für und gegen Dritte.

Sind die Voraussetzungen nicht offenkundig und kann auch der erforderliche Beweis durch öffentliche oder öffentlich beglaubigte Urkunden nicht geführt werden, so hat der Gläubiger gegen den dem Zwangsvollstreckungsrechte des Gläubigers unterworfenen Dritten oder der zur Zwangsvollstreckung berechtigte Dritte gegen den Schuldner Klage auf Erteilung der Vollstreckungsklausel zu erheben[30]).

Entscheidung des Gerichts-schreibers.

Lehnt der Gerichtsschreiber die Erteilung der Vollstreckungsklausel ab, so steht dem Antragsteller — gleichgültig, ob der Gerichtsschreiber ohne Anordnung des Vorsitzenden oder nach erfolgter Ablehnung der Anordnung durch den Vorsitzenden entschieden hat — die Befugnis zu, nach Maßgabe des § 576 der Civilprozeßordnung (o. S. 285 Anm. 41—43) die Entscheidung des Gerichts nachzusuchen.

Ein-wirkungen gegen die Klausel.

Wird die Klausel vom Gerichtsschreiber, sei es aus eigner Machtvollkommenheit oder auf Anordnung des Vorsitzenden, erteilt, so kann der Schuldner, sei es der ursprüngliche Schuldner oder der

---

[28]) CPO. §§ 749, 795.

[29]) CPO. §§ 730, 727 Abs. 2, 728, 729, 738, 742, 744, 745 Abs. 2, 749, 795.

[30]) CPO. § 731. Für diese Vollstreckungsklage und für die Zuständigkeit gelten die gleichen Grundsätze wie im Falle der Anm. 13 (s. o. S. 551).

Dritte, gegen den als Schuldner die Klausel erteilt ist, Einwendungen gegen die Klausel erheben.

Sind die Einwendungen prozeßrechtlicher Art, so daß sie nur die Frage berühren, ob die prozeßrechtlichen Voraussetzungen für die Erteilung der Klausel, also die prozeßrechtlichen Voraussetzungen für die Vollstreckbarkeit (z. B. die Rechtskraft) des Titels überhaupt oder in der Richtung für oder gegen den Dritten, z. B. die angenommene Offenkundigkeit (die Eigenschaft der Urkunde als einer öffentlichen oder öffentlich beglaubigten), vorliegen, so entscheidet darüber das Gericht, von dessen Gerichtsschreiber die Vollstreckungsklausel erteilt ist, bei notariellen vollstreckbaren Urkunden das Amtsgericht, in dessen Bezirke der Notar oder die verwahrende Behörde den Sitz hat. Die Entscheidung kann ohne vorgängige mündliche Verhandlung erfolgen[31]).

Das Gericht kann vor der Entscheidung eine einstweilige Anordnung erlassen; es kann insbesondere anordnen, daß die Zwangsvollstreckung gegen oder ohne Sicherheitsleistung einstweilen einzustellen oder nur gegen Sicherheitsleistung fortzusetzen sei[32]).

Bestreitet der Schuldner in den Fällen, in welchen die Vollstreckungsklausel nur erteilt werden kann, wenn die materiellen Voraussetzungen für die Erteilung durch öffentliche oder öffentlich beglaubigte Urkunden bewiesen sind (CPO. § 726 Abs. 1 o. S. 550 Anm. 10, §§ 727—729, 738, 742, 744, 745 Abs. 2 u. 749 o. S. 552 ff. unter 1a—f und 2a—h), den bei Erteilung der Klausel als bewiesen angenommenen Eintritt der Voraussetzung, so kann er denselben Weg der Erhebung der Einwendung gegen die Erteilung der Klausel wählen.

Führt dieser Weg nicht zum Ziele oder will er diesen Weg nicht einschlagen, so kann er — soweit nicht bereits über die Erteilung der Klausel im Wege der Klage durch Urteil entschieden ist (CPO. § 731 u. o. S. 551) — solche Einwendungen beim Prozeßgerichte erster Instanz im Wege der Klage verfolgen. Der Klagantrag geht auf Erklärung der Unzulässigkeit der Zwangsvollstreckung auf Grund der erteilten Klausel. Vollstreckungsgegenklage.

[31]) CPO. §§ 732 Abs. 2, 795, 797 Abs. 3. Gegen die Entscheidung findet sofortige Beschwerde statt, CPO. §§ 793, 795.

[32]) CPO. §§ 732 Abs. 1, 795.

Der Schuldner muß in der Klage alle Einwendungen, welche er zur Zeit der Erhebung der Klage geltend zu machen imstande war, geltend machen[33]).

Die Zuständigkeit für die Vollstreckungsgegenklage bestimmt sich nach den Zuständigkeitsnormen für die Vollstreckungsklage[34]).

Weitere vollstreckbare Ausfertigung. Eine weitere vollstreckbare Ausfertigung darf derselben Partei, sofern nicht die zuerst erteilte Ausfertigung zurückgegeben wird, nur auf Anordnung des Vorsitzenden erteilt werden. Vor der Entscheidung kann der Schuldner gehört werden[35]). Die weitere Ausfertigung ist als solche unter Erwähnung der Entscheidung ausdrücklich zu bezeichnen[36]).

Vor der Aushändigung einer vollstreckbaren Ausfertigung ist auf der Urschrift des Titels zu bemerken, für welche Partei und zu welcher Zeit die Ausfertigung erteilt ist[37]).

Vollstreckungsbefehle, Arrestbefehle, einstweilige Verfügungen bedürfen der Vollstreckungsklausel nur, wenn die Vollstreckung für oder gegen Dritte erfolgen soll[38]).

§ 134.
Einwendungen des Schuldners gegen den im Titel festgestellten Anspruch.

Wenn der Schuldner gegen den im Titel festgestellten Anspruch Einwendungen in der Zwangsvollstreckungsinstanz erheben will, so hat er dafür den Weg der Klage zu beschreiten[1]).

---

[33]) CPO. §§ 768 (767 Abs. 1 u. 3), 795. Wegen Einstellung der Zwangsvollstreckung gelten die Bestimmungen der §§ 769 und 770 der Civilprozeßordnung, s. u. § 134 Anm. 3.

[34]) CPO. §§ 768 (767 Abs. 1), 795, 796 Abs. 3, 797 Abs. 5, KO. §§ 164, 194, Genossensch.-Ges. § 109 u. o. S. 551.

[35]) CPO. §§ 733 Abs. 1 u. 2, 795. Ist der Titel eine vollstreckbare gerichtliche Urkunde, so erfolgt die Entscheidung von dem Gerichte, welches die Urkunde aufgenommen hat. Ist die Urkunde von einem Notar aufgenommen, so erfolgt die Entscheidung von dem Amtsgerichte, in dessen Bezirke der Notar resp. die verwahrende Behörde seinen Sitz hat, CPO. § 797 Abs. 3.

[36]) CPO. § 733 Abs. 4. Der Gerichtsschreiber hat vor der Erteilung der Ausfertigung, wenn die Entscheidung, durch welche dieselbe angeordnet wird, nicht verkündet ist, den Gegner in Kenntnis zu setzen, CPO. §§ 733 Abs. 3, 795.

[37]) CPO. §§ 734, 795. [38]) CPO. §§ 796 Abs. 1, 929, 936 (Anm. 2).

[1]) CPO. §§ 767 Abs. 1 und 795, KO. §§ 164 Abs. 2, 194.

Die Klage richtet sich gegen die Wirkung des Titels insofern, als der Schuldner dem Gläubiger das Recht auf Befriedigung wegen des im Titel festgestellten Anspruchs auf Grund materiellrechtlicher Einwendungen bestreitet. Stehen dem Schuldner mehrere Einwendungen zu, so muß er alle in Einer Klage geltend machen, soweit er zur Zeit der Erhebung der Klage dazu imstande ist[2]). Eventualmaxime.

Die Klage hat dieselbe Richtung wie die Vollstreckungsgegenklage (s. o. S. 557), nur der Klaggrund ist ein anderer. Der Klagantrag geht hier auf Erklärung der Unzulässigkeit der Zwangsvollstreckung aus dem Titel, nicht nur wie dort aus der Klausel. Klagrichtung und Klagantrag.

Durch die Erhebung der Klage wird das Vollstreckungsverfahren weder in seinem Beginne noch in seinem Fortgange gehemmt, es kann jedoch das Prozeßgericht auf Antrag des Klägers anordnen, daß bis zum Erlaß des Urteils die Zwangsvollstreckung gegen oder ohne Sicherheitsleistung eingestellt oder nur gegen Sicherheitsleistung fortgesetzt werde und daß die Vollstreckungsmaßregeln gegen Sicherheitsleistung aufzuheben seien[3]).

Soweit die Einwendungen begründet sind, wird durch Urteil ausgesprochen, daß die Zwangsvollstreckung aus dem Titel unzulässig ist.

In dem Urteile kann das Gericht die vor dem Urteile getroffene einstweilige Anordnung aufheben, abändern oder bestätigen, oder, soweit eine solche einstweilige Anordnung noch nicht ergangen ist, solche

---

[2]) CPO. §§ 767 Abs. 3 und 795, KO. §§ 164 Abs. 2, 194. Diese der Eventualmaxime entsprechende zwingende Vorschrift soll „die Energie der Vollstreckung gegenüber etwaigen Verschleppungsversuchen des Schuldners sichern" (Mot.). Zur Geltendmachung imstande ist der Schuldner, wenn ihm die Einwendungen bekannt sind.

[3]) CPO. § 769. Die Entscheidung kann ohne vorgängige mündliche Verhandlung erfolgen. Gegen die Entscheidung findet sofortige Beschwerde statt (CPO. § 793). In dringenden Fällen kann das Vollstreckungsgericht eine solche Anordnung erlassen unter Bestimmung einer Frist, innerhalb welcher die Entscheidung des Prozeßrechts beizubringen sei. Nach fruchtlosem Ablaufe dieser Frist wird die Zwangsvollstreckung fortgesetzt. Dies wird hauptsächlich dann stattfinden, wenn die Klage noch nicht erhoben ist, da in diesem Falle von einem Prozeßgerichte nicht gesprochen werden kann. Auch die Entscheidung des Vollstreckungsgerichts kann ohne vorgängige mündliche Verhandlung ergehen und ist mit der sofortigen Beschwerde anfechtbar.

erlassen[4]). Eine Anfechtung der über die einstweilige Anordnung in der Berufungsinstanz erlassenen Entscheidung findet nicht statt[5]).

Zuständigkeit. Die Zuständigkeit bestimmt sich nach den für die Vollstreckungsklage gegebenen Zuständigkeitsnormen[6]). Ist der Zwangsvollstreckungstitel eine vollstreckbare Urkunde über eine Hypothek, Grundschuld oder Rentenschuld, welche gegen den jeweiligen Eigentümer vollstreckbar ist, so ist das Gericht zuständig, in dessen Bezirk das verhaftete Grundstück gelegen ist[7]).

Ist der Titel ein Urteil, so ist das Vorbringen von Einwendungen in der Zwangsvollstreckung in doppelter Weise beschränkt. Die Einwendungen müssen

1. erst nach dem Schlusse derjenigen mündlichen Verhandlung, in welcher Einwendungen nach Vorschrift der Prozeßordnung im Erkenntnisverfahren geltend gemacht werden konnten, entstanden sein[8]),

2. durch Einspruch nicht mehr geltend gemacht werden können. Mit Einspruch können jedenfalls diejenigen Einreden geltend gemacht werden, welche vor der Zustellung des Versäumnisurteils entstanden sind. Die Klage ist deshalb unzulässig bezüglich aller Einreden,

---

[4]) CPO. § 770. Solche einstweilige Anordnungen bieten einen Ersatz für die in diesem Falle vom Gesetze nicht zugelassene Erklärung der vorläufigen Vollstreckbarkeit des Urteils. Die im Urteile zu treffende Anordnung wird sich dem Inhalte des Urteils anpassen, so daß im Falle der Abweisung der Klage die etwa vorher verfügte Einstellung weder aufzuheben ist, und im Falle der Begründetheit der Klage, solche Anordnung zu erlassen resp. zu bestätigen ist. Solche Anordnungen kann das Gericht im Urteile von Amtswegen erlassen.

[5]) CPO. § 770 Satz 2, § 718.

[6]) CPO. §§ 767, 795, 796 Abs. 3, 797 Abs. 5, KO. §§ 164, 194, Genossensch.-Ges. § 109 (o. S. 551).

[7]) CPO. § 800 Abs. 3.

[8]) Es kommt lediglich auf den Zeitpunkt der Entstehung, nicht der Kenntnis an. Ist das Urteil ein Vorbehaltsurteil, so ist maßgebend der Zeitpunkt, in welchem die mündliche Verhandlung im Nachverfahren geschlossen wird. Ist das Vorbehaltsurteil vorläufig vollstreckbar, so ist die Klage unzulässig, wenn die mit derselben verfolgte Einrede noch im Nachverfahren geltend gemacht werden kann. Ist das Urteil in der Revisionsinstanz ergangen, so ist maßgebend der Zeitpunkt, in welcher die mündliche Verhandlung in der Berufungsinstanz ergangen ist. Ist das Urteil in der ersten Instanz ergangen, so kommt es darauf, ob die Einrede noch mit der Berufung geltend gemacht werden konnte, nicht an. Die Zulässigkeit der Klage wird dadurch nicht beschränkt.

welche vor diesem Zeitpunkte entstanden sind, also mit dem Einspruche geltend gemacht werden **konnten**[9]) Ist der Titel ein Vollstreckungsbefehl, so ist der entscheidende Zeitpunkt der der Zustellung des Vollstreckungsbefehls[10]).

Die Beschränkung unter 1 findet entsprechende Anwendung auf andere Titel, nur nicht auf vollstreckbare Urkunden und bestätigte Auseinandersetzungen und Vereinbarungen unter Miterben[11]).

Die Klage ist zulässig, sobald die Zwangsvollstreckungs**instanz** begonnen hat (s. o. S. 540), sie richtet sich gegen die Zulässigkeit der Zwangsvollstreckung aus dem Titel, gegen das durch den Titel gewährleistete Recht des Gläubigers auf Befriedigung; es ist also gleichgiltig, ob das Zwangsvollstreckungs**verfahren** schon begonnen hat, ob eine Vollstreckungshandlung schon vorgenommen ist oder nicht. Die Klage ist solange zulässig, als nicht der Gläubiger bereits befriedigt ist. Ob der Schuldner nach der Befriedigung des Gläubigers einen Anspruch auf Herausgabe des Erlangten hat, entscheidet sich nach den Grundsätzen des materiellen Rechts.

Wenn während des Rechtsstreites die Befriedigung des Gläubigers im Wege der Zwangsvollstreckung erfolgt, so kann der Kläger

---

[9]) So **meine** Lehre von der Zwangsvollstreckung (Wismar, 1885) und jetzt auch RG. Bd. 40 S. 352 ff., entgegen der gemeinen Meinung, welche auf den Ausdruck **können** insoferne Gewicht legt, als sie die Klage nur dann für unzulässig hält, wenn die Einspruchsfrist zur Zeit der Erhebung der Klage noch läuft.

Ob die Beschränkung auch für die während des Laufes der Einspruchsfrist entstandenen Einreden gilt, erscheint zweifelhaft. Dagegen spricht die für den gleich liegenden Fall des Vollstreckungsbefehls gegebene Vorschrift des § 796 Abs. 2 (s. Anm. 10).

[10]) CPO. § 796 Abs. 2.

[11]) CPO. §§ 795, 797 Abs. 4. FGG. § 98. „Entsprechende Anwendung" setzt voraus, daß für die Anwendbarkeit Raum ist wegen Gleichheit des Grundes. Der Grund der Ausschließung liegt in der autoritativen Bedeutung des Urteils, welches die konkrete Rechtsordnung zur Zeit des Urteils feststellt, sodaß die Berücksichtigung von Thatsachen, welche vor dem Urteil liegen, in der Zwangsvollstreckungsinstanz ausgeschlossen ist, mögen diese Thatsachen damals schon bekannt gewesen sein oder nicht. Durch die Zulassung von Einwendungen, deren Gründe vor dem Urteile liegen, würde die Bedeutung der Rechtskraft des Urteils illusorisch werden. Darnach dürfte für eine entsprechende Anwendung der Beschränkung auf andere Titel kaum Raum sein; vgl. auch RG. Bd. 37 S. 420.

gemäß § 268 Nr. 3 der Civilprozeßordnung seinen Klagantrag ändern und nunmehr die Herausgabe des Erlangten begehren.

§ 135.

Beschränkte Haftung des Schuldners.

Das Bürgerliche Gesetzbuch kennt eine Reihe von Fällen, in welchen ein Schuldner bezüglich bestimmter Verbindlichkeiten nicht mit seinem gesamten Vermögen, sondern nur beschränkt haftet[1]).

Die Rechtswohlthat der beschränkten Haftung muß der Schuldner als Einrede geltend machen, wenn er aus einer Verbindlichkeit, für welche er nur beschränkt haftet, in Anspruch genommen wird. Soweit die Einrede nicht für unbegründet befunden wird, kann das Gericht

---

[1]) Die Fälle sind:

a) der Erbe haftet für Nachlaßverbindlichkeiten, abgesehen von bestimmten Ausnahmefällen (Vernachlässigung von Inventarpflichten, BGB. §§ 1994 Abs. 1, Satz 2, 2005 Abs. 1, 2006 Abs. 3) nur mit dem Nachlasse (BGB. §§ 1973—1975);

b) der überlebende Ehegatte haftet für die Gesamtgutsverbindlichkeiten, soweit solche persönliche Haftung ihn nur infolge des Eintritts der fortgesetzten Gütergemeinschaft trifft, also ein sonstiger Grund der persönlichen Haftung bei ihm nicht vorliegt, nur mit dem Gesamtgute in dem Bestande, den es zur Zeit des Eintritts der fortgesetzten Gütergemeinschaft hat (BGB. § 1489 Abs. 1);

c) dasselbe gilt zufolge § 1480 des Bürgerlichen Gesetzbuches im Falle der Beendigung der allgemeinen Gütergemeinschaft hinsichtlich der persönlichen Haftung eines Ehegatten für die Gesamtgutsverbindlichkeiten, soweit diese Haftung sich nur darauf gründet, daß eine solche Verbindlichkeit vor der Teilung nicht berücksichtigt ist;

d) dasselbe gilt bei der fortgesetzten Gütergemeinschaft bezüglich der persönlichen Haftung der anteilsberechtigten Abkömmlinge im Verhältnisse zu den Gesamtgutsgläubigern und im Verhältnisse zu einander für den Fall, daß die Gesamtgutsverbindlichkeiten nicht vor der Teilung berichtigt sind (BGB. §§ 1498 (1480) und 1504);

e) derjenige, welcher durch Vertrag das Vermögen eines anderen übernommen, haftet für die übernommenen Schulden nur mit dem Bestande des übernommenen Vermögens und mit den ihm aus dem Vertrage zustehenden Ansprüchen (BGB. § 419);

f) der beschwerte Vermächtnisnehmer haftet für die Beschwerung nur mit dem, was er aus dem Vermächtnisse erhält (BGB. § 2187).

sich darauf beschränken, den Beklagten, dessen Verpflichtung — abgesehen von der beschränkten Haftung — festgestellt wird, unter Vorbehalt der beschränkten Haftung zu verurteilen. Das wird namentlich dann der Fall sein, wenn der Umfang der Haftung zur Zeit des Urteils noch nicht zu übersehen ist. Enthält das Urteil keinen Vorbehalt, so kann der Schuldner die Einrede der beschränkten Haftung in der Zwangsvollstreckungsinstanz nicht geltend machen [2]).

Bei der Zwangsvollstreckung gegen einen Schuldner, der nur beschränkt haftet, bleibt die Beschränkung unberücksichtigt, bis auf Grund solcher Rechtswohlthat vom Schuldner Einwendungen erhoben werden. Die Erledigung solcher Einwendungen erfolgt in derselben Weise, wie die Erledigung der materiellen Einwendungen gegen den im Titel festgestellten Anspruch [3]).

Für die Fälle a und b der Anm. 1 gelten noch folgende besondere Bestimmungen:

1. Der Erbe sowie der überlebende Ehegatte können, soweit sie für eine Nachlaßverbindlichkeit oder Gesamtgutsverbindlichkeit nur beschränkt haften, die Berichtigung einer solchen Verbindlichkeit bis zum Ablaufe der ersten drei Monate nach der Annahme der Erbschaft oder nach dem Eintritt der fortgesetzten Gütergemeinschaft, jedoch nicht über die Errichtung des Inventars hinaus verweigern (BGB. §§ 2014, 1489) und, wenn sie innerhalb eines Jahres nach den angegebenen Zeitpunkten den Antrag auf Erlaß des Aufgebots der Nachlaßgläubiger oder der Gesamtgutsgläubiger gestellt haben und der Antrag zugelassen ist, haben sie die gleiche Befugnis bis zur Beendigung des Aufgebotsverfahrens.

Da nun durch die Geltendmachung dieser Einreden im Erkenntnisverfahren die Verurteilung des Beklagten unter Vorbehalt

---

[2]) CPO. §§ 780 Abs. 1, 786. Der Vorbehalt ist nicht erforderlich, wenn der Fiskus als Erbe des Schuldners verklagt ist, oder wenn das Urteil über eine Nachlaßverbindlichkeit gegen einen Nachlaßverwalter oder einen anderen Nachlaßpfleger oder gegen einen Testamentsvollstrecker, dem die Verwaltung des Nachlasses zusteht, erlassen wird (CPO. § 780 Abs. 2); denn in solchen Fällen kann ein Fall der unbeschränkten Haftung nicht eintreten. Beim Fiskus und dem Nachlaßpfleger folgt das daraus, daß diesen Personen eine Inventarfrist nicht gesetzt werden kann (BGB. §§ 2011, 2012), hinsichtlich des Testamentsvollstreckers folgt dies aus der Parteistellung desselben (s. o. S. 111 und CPO. §§ 748 f.).

[3]) CPO. §§ 781, 786 u. o. § 134.

der beschränkten Haftung nicht ausgeschlossen wird (CPO. § 305 und o. S. 410 Anm. 14), so kann der Schuldner, wenn er unter solchem Vorbehalte verurteilt ist, in der Zwangsvollstreckungsinstanz auf Grund solcher aufschiebender Einreden verlangen, daß die Zwangsvollstreckung für die Dauer der Zeit des Aufschubs auf solche Maßregeln beschränkt wird, die zur Vollziehung eines Arrestes zulässig sind [4]).

Zur wirksamen Erreichung des Zweckes der Aufschubeinreden, welcher dahin geht, dem Erben resp. Ehegatten Zeit zur ungestörten Errichtung des Inventars und zur Überlegung, ob er von der Rechtswohlthat der beschränkten Haftung Gebrauch machen will, zu verschaffen, ist demselben die gleiche Befugnis auf Beschränkung der Zwangsvollstreckung auf Sicherheitsmaßregeln in Ansehung der zum Nachlaß resp. zum Gesamtgut gehörenden Gegenstände auch gegenüber den Gläubigern, welche nicht zu den Nachlaß- oder Gesamtgutsgläubigern gehören, gewährt, es sei denn, daß er für die Nachlaßverbindlichkeiten unbeschränkt haftet [5]).

2. Wird über den Nachlaß des Erblassers resp. des Ehegatten der Nachlaßkonkurs eröffnet oder die Nachlaßverwaltung angeordnet, so tritt eine Absonderung des Nachlasses von dem sonstigen Vermögen des Erben resp. überlebenden Ehegatten ein. Dieser steht dem Nachlasse als Fremder gegenüber (s. BGB. §§ 1977—1979). Um das auch für die Zwangsvollstreckungsinstanz wirksam durchzuführen, kann

a) der Erbe resp. Ehegatte verlangen, daß Maßregeln der Zwangsvollstreckung, welche zu Gunsten eines Nachlaß- oder Gesamtgutsgläubigers in sein nicht zum Nachlasse gehörendes Vermögen erfolgt sind, aufgehoben werden, es sei denn, daß er für die Nachlaß- resp. Gesamtgutsverbindlichkeiten unbeschränkt haftet [6]);

b) im Falle der Nachlaßverwaltung der Nachlaßverwalter dasselbe verlangen gegenüber Maßregeln der Zwangsvollstreckung, die

---

[4]) CPO. § 782. Wird vor dem Ablaufe der Frist die Eröffnung des Konkurses über den Nachlaß des Erblassers oder des Ehegatten beantragt, so ist auf Antrag des Erben, des überlebenden Ehegatten oder des Nachlaßverwalters diese Beschränkung auch nach dem Ablaufe der Frist bis zur rechtskräftigen Entscheidung über die Eröffnung des Konkursverfahrens aufrecht zu erhalten (s. dazu CPO. § 784 u. KO. § 221).

[5]) CPO. §§ 783, 786.

[6]) CPO. §§ 784 Abs. 1, 786.

zu Gunsten eines anderen Gläubigers, als eines Nachlaß- oder Gesamtgutsgläubigers in den Nachlaß erfolgt sind[7]).

3. Auch die Erledigung der unter 1 und 2 aufgeführten Einwendungen erfolgt nach den allgemeinen Vorschriften[8]).

Zweites Kapitel.

Das Zwangsvollstreckungsverfahren.

§ 136.

Das Verfahren im allgemeinen.

Das Zwangsvollstreckungsverfahren besteht in der Anwendung der Vollstreckungsmittel durch das Vollstreckungsorgan zum Zwecke der Befriedigung des Gläubigers wegen des im Titel festgestellten Anspruchs, m. a. W. in der Vornahme der Vollstreckungsmaßregeln zu solchem Zwecke. Vollstreckungsmaßregeln.

Die Vollstreckungsmaßregeln sind für die einzelnen Arten der Zwangsvollstreckung verschieden. Darüber wird im folgenden Titel gesprochen werden.

Vollstreckungsorgan ist der Gerichtsvollzieher, soweit nicht die Zwangsvollstreckung den Gerichten zugewiesen ist[1]). Vollstreckungsorgan.

Der Beginn des Vollstreckungsverfahrens ist von folgenden Voraussetzungen abhängig: Beginn des Verfahrens.

a) die Personen des Gläubigers und des Schuldners müssen in dem Titel oder in der Klausel (wenn dieselbe für oder gegen Dritte erteilt ist) namentlich bezeichnet sein[2]);

b) der Titel muß bereits zugestellt sein oder gleichzeitig zugestellt werden. Einer Zustellung der Klausel bedarf es nur dann, wenn die Klausel nur auf den Nachweis einer Vorbedingung

---

[7]) CPO. §§ 784 Abs. 2, 786. Für den Fall des Nachlaßkonkurses gilt die Vorschrift des § 251 der Konkursordnung.

[8]) CPO. § 785 u. o. § 134.

[1]) CPO. § 753 Abs. 1.

[2]) CPO. § 750 Abs. 1.

(s. o. S. 550) oder für oder gegen dritte Personen (s. o. S. 552ff.) erteilt ist. Ist in diesen Fällen die Klausel auf Grund von Urkunden erteilt, so müssen auch diese zugestellt sein oder gleichzeitig zugestellt werden[3]);

c) Ablauf des Kalendertages, von dessen Eintritt die Geltendmachung des Anspruchs abhängig ist[4]);

d) Nachweis der Bestellung der dem Gläubiger obliegenden Sicherheit, von welcher die Vollstreckung abhängt, durch eine öffentliche oder öffentlich beglaubigte Urkunde sowie die Zustellung einer Abschrift der Urkunde an den Schuldner[5]);

e) Anzeige an die vorgesetzte Militärbehörde im Falle der Zwangsvollstreckung gegen eine dem aktiven Heere oder der aktiven Marine angehörende Militärperson[6]);

f) aus Kostenfestsetzungsbeschlüssen und aus vollstreckbaren Urkunden darf die Vollstreckung nur beginnen, wenn der Schuldtitel mindestens einen Tag vorher zugestellt ist[7]).

Verfahren im Falle des Todes des Schuldners.

Stirbt der Schuldner während der Zwangsvollstreckungsinstanz, so ist zu unterscheiden, ob der Tod vor oder nach dem Beginne des Verfahrens erfolgt.

Stirbt der Schuldner vor diesem Zeitpunkte, so ist die Zwangsvollstreckung wegen eines gegen den Nachlaß gerichteten Anspruches, solange der Erbe die Erbschaft nicht angenommen hat, nur in den Nachlaß zulässig. Das Verfahren richtet sich gegen den auf Antrag des Gläubigers vom Nachlaßgerichte zu bestellenden Pfleger oder, wenn ein Testamentsvollstrecker mit Verwaltungsbefugnis vorhanden ist, gegen diesen[8]).

Stirbt der Schuldner nach dem Beginne des Verfahrens, so wird dasselbe in den Nachlaß ohne Unterbrechung fortgesetzt. An

[3]) CPO. § 750 Abs. 1 u. 2 und dazu die besonderen Bestimmungen der §§ 799 und 800 Abs. 2 CPO. und des § 133 des ZVG.

[4]) CPO. § 751 Abs. 1. [5]) CPO. § 751 Abs. 2.

[6]) CPO. § 752. Dem Gläubiger ist auf Verlangen der Empfang der Anzeige von der Militärbehörde zu bescheinigen.

[7]) CPO. § 798.

[8]) CPO. § 778 und dazu § 239 Abs. 5 BGB. §§ 1958, 1961, 2213. Der Nachlaßpfleger ist gesetzlicher Vertreter des Erben; wegen des Testamentsvollstreckers s. CPO. § 749.

Stelle des Schuldners ist der Pfleger, Testamentsvollstrecker oder ein vom Vollstreckungsgerichte bestellter Vertreter zuzuziehen[9]).

Schutz der Nachlaßgläubiger gegenüber den persönlichen Gläubigern des Erben.

Zu Gunsten der Nachlaßgläubiger ist den persönlichen Gläubigern des Erben bis zur Annahme der Erbschaft durch denselben die Zwangsvollstreckung in den Nachlaß untersagt[10]).

Schutz des Berechtigten im Falle von Veräußerungsverboten und Veräußerungsbeschränkgn.

Zu Gunsten der durch Veräußerungsverbote oder Veräußerungsbeschränkungen geschützten Personen ist bestimmt:

a) daß, solange ein gesetzliches, gerichtliches oder von einer anderen Behörde ausgegangenes Veräußerungsverbot, welches nur zum Schutze bestimmter Personen besteht (BGB. §§ 135, 136), ein Gegenstand, auf welchen es sich bezieht, wegen eines persönlichen Anspruchs oder auf Grund eines infolge des Verbotes unwirksamen Rechts nicht im Wege der Zwangsvollstreckung veräußert oder überwiesen werden soll[11]);

b) daß ein Gegenstand, der zu einer Vorerbschaft gehört, in gleicher Weise nicht der Zwangsvollstreckung unterliegt, wenn die Veräußerung und Überweisung im Falle des Eintritts der Nacherbfolge nach § 2115 des Bürgerlichen Gesetzbuchs unwirksam ist[12]).

Schutz des Schuldners, wenn der Gläubiger Deckungsmittel in Händen hat.

Hat der Gläubiger eine bewegliche Sache des Schuldners im Besitz, in Ansehung deren ihm ein Pfandrecht oder ein Zurückbehaltungsrecht für seine Forderung zusteht, so kann der Schuldner der Zwangsvollstreckung in sein übriges Vermögen widersprechen. Steht jedoch dem Gläubiger das Recht auch für eine andere Forderung zu, so ist solcher Widerspruch nur zulässig, wenn auch diese Forderung durch den Wert der Sache gedeckt ist[13]).

Einstellung und Beschränkung der Zwangsvollstreckung.

Die Zwangsvollstreckung ist einzustellen oder zu beschränken[14]):

1. wenn die Ausfertigung einer vollstreckbaren Entscheidung vorgelegt wird, aus welcher sich ergiebt, daß der vollstreckbare Titel oder dessen vorläufige Vollstreckbarkeit aufgehoben, oder daß die Zwangsvollstreckung für unzulässig erklärt oder deren Einstellung angeordnet ist;

2. wenn die Ausfertigung einer gerichtlichen Entscheidung vorgelegt wird, aus welcher sich ergiebt, daß die einstweilige Ein-

---

9) CPO. § 779.
10) CPO. § 778 Abs. 2.
11) CPO. § 772.
12) CPO. § 773.
13) CPO. § 777.
14) CPO. § 775.

stellung der Vollstreckung oder einer Vollstreckungsmaßregel angeordnet ist;

3. wenn eine öffentliche Urkunde vorgelegt wird, aus welcher sich ergiebt, daß die zur Abwendung der Vollstreckung nachgelassene Sicherheitsleistung oder Hinterlegung erfolgt ist;

4. wenn eine öffentliche Urkunde oder eine von dem Gläubiger ausgestellte Privaturkunde vorgelegt wird, aus welcher sich ergiebt, daß der Gläubiger nach Erlassung des Titels befriedigt ist oder Stundung bewilligt hat;

5. wenn ein Postschein vorgelegt wird, aus welchem sich ergiebt, daß nach Erlassung des Titels die zur Befriedigung des Gläubigers erforderliche Summe zur Auszahlung an den letzteren bei der Post eingezahlt ist.

In den Fällen 1 u. 3 sind zugleich die bereits erfolgten Vollstreckungsmaßregeln aufzuheben[15]), in dem Falle unter 2 ist dies nur dann zulässig, wenn durch die Entscheidung dies angeordnet ist.

In den Fällen 4 u. 5 bleiben die Vollstreckungsmaßregeln von Bestand, das Verfahren ist auf Verlangen des Gläubigers, der die Befriedigung bestreitet, fortzusetzen. Der Schuldner muß in solchem Falle seine Einwendungen im Wege der Klage verfolgen, und erfolgt sodann die Einstellung nach Maßgabe von 1 u. 2[16]).

Kosten des Verfahrens.

Die Kosten der Zwangsvollstreckung fallen, soweit sie notwendig sind, dem Schuldner zur Last. Notwendig sind nicht nur die Kosten der Vollstreckungsmaßregel sondern auch die durch die Erteilung der Vollstreckungsklausel entstehenden Kosten. Der Umfang der Kosten bestimmt sich nach allgemeinen Grundsätzen (CPO. § 91).

Für die Beitreibung der Kosten bedarf es keines besonderen Titels, sie werden auf Grund des Vollstreckungstitels mit der Hauptleistung beigetrieben. Wird der Titel aufgehoben, so sind dem Schuldner die Kosten zu erstatten[17]).

Mitwirkung anderer Behörden.

Wird zum Zwecke der Vollstreckung das Einschreiten einer Behörde erforderlich, so hat das Gericht die Behörde um ihr Einschreiten zu ersuchen[18]).

---

[15]) CPO. § 776 Satz 1, Ausnahmebestimmung CPO. § 868 Abs. 1 (s. u. § 147 Anm. 10).

[16]) CPO. § 776.

[17]) CPO. § 788.

[18]) CPO. § 780.

Dies ist abgesehen von besonderen Fällen (s. z. B. CPO. § 758 Abs. 3 und § 912) erforderlich,

1. wenn die Zwangsvollstreckung gegen aktive Militärpersonen in militärischen Diensträumen oder auf Kriegsschiffen [19]) und

2. wenn sie im Auslande stattfinden soll [20]).

§ 137.

Verfahren des Gerichtsvollziehers.

Der Gerichtsvollzieher betreibt die Zwangsvollstreckung im unmittelbaren oder in dem durch den Gerichtsschreiber vermittelten Auftrage des Gläubigers [1]). Der Auftrag kann formlos erteilt werden. In dem mündlichen oder schriftlichen Auftrage liegt zugleich die Beauftragung des Gerichtsvollziehers, die Zahlungen oder sonstigen Leistungen in Empfang zu nehmen, über das Empfangene wirksam zu quittieren und dem Schuldner, wenn dieser seiner Verbindlichkeit genügt hat, die vollstreckbare Ausfertigung auszuliefern [2]). Stellung des Gerichtsvollziehers im Versäumnisverfahren.

Dem Schuldner und Dritten gegenüber wird der Gerichtsvollzieher zur Vornahme der Zwangsvollstreckung und zur Vertretung des Gläubigers im Empfange der Leistungen durch den Besitz der vollstreckbaren Ausfertigung ermächtigt. Der Mangel oder die Beschränkung des Auftrags kann diesen Personen gegenüber vom Gläubiger nicht geltend gemacht werden [3]). Legitimation des Gerichtsvollziehers gegenüber dem Schuldner und Dritten.

---

[19]) CPO. § 790. [20]) CPO. § 791.

[1]) CPO. § 733. Der Gerichtsvollzieher ist amtlich verpflichtet, die Zwangsvollstreckung zu besorgen, wenn der Auftrag erteilt wird. Die Erteilung des Auftrages ist Voraussetzung für die Ausübung seines Amtes. Die Haftung des Gerichtsvollziehers wegen seiner Amtshandlungen bestimmt sich gegenüber dem Gläubiger zunächst nicht anders als gegenüber dem Schuldner und dritten Personen, nämlich nach Maßgabe des § 839 des Bürgerlichen Gesetzbuches. Durch die Annahme des Auftrages ist der Gerichtsvollzieher dem Gläubiger aber weiter nach Maßgabe der §§ 662 und 675 des Bürgerlichen Gesetzbuches verpflichtet (s. auch RG. Bd. 16, S. 396). Als Auftraggeber treffen den Gläubiger die civilrechtlichen Folgen der in Ausführung des Auftrags ergangenen Handlungen des Gerichtsvollziehers.

[2]) CPO. § 754. Durch Annahme des Auftrages verpflichtet sich der Gerichtsvollzieher auch zur Besorgung dieser Geschäfte für den Gläubiger.

[3]) CPO. § 755.

Beginn der Vollstreckung, wenn Schuldner Zug um Zug zu leisten hat.

Ist Zug um Zug zu leisten, so darf der Gerichtsvollzieher mit der Vollstreckung erst beginnen, wenn er die dem Schuldner gebührende Leistung diesem angeboten hat oder wenn die Befriedigung oder der Annahmeverzug des Schuldners durch eine öffentliche oder öffentlich beglaubigte Urkunde, welche dem Schuldner bereits zugestellt ist oder zugestellt wird, nachgewiesen ist[4]).

Über empfangene Leistungen hat der Gerichtsvollzieher zu quittieren, außerdem solche auf dem Titel zu vermerken, resp. den Titel auszuhändigen[5]).

Befugnisse des Gerichtsvollziehers.

Soweit der Zweck der Vollstreckung es fordert, ist der Gerichtsvollzieher zur Durchsuchung der Wohnung, der Behältnisse (auch Kleidung und Taschen) des Schuldners sowie weiter befugt, verschlossene Thüren und Behältnisse öffnen zu lassen, und, wenn er auf Widerstand stößt, solchen durch Anwendung von Gewalt zu brechen und zu solchem Zwecke die Unterstützung der polizeilichen Vollzugsorgane nachzusuchen. Ist militärische Hülfe erforderlich, so hat er sich an das Vollstreckungsgericht zu wenden[6]).

Im Falle des Widerstandes sowie im Falle der Abwesenheit des Schuldners hat der Gerichtsvollzieher Zeugen zuzuziehen[7]).

Zur Nachtzeit sowie an Sonntagen und allgemeinen Feiertagen darf der Gerichtsvollzieher nur mit Erlaubnis des Amtsrichters des Bezirks verfahren und muß die Verfügung, durch welche dies erlaubt ist, vorzeigen[8]).

Protokollierung.

Über jede Vollstreckungshandlung ist ein Protokoll mit bestimmtem notwendigen Inhalte aufzunehmen[9]).

Aufforderungen und Mitteilungen werden mündlich erlassen und durch das Protokoll beurkundet. Soweit die mündliche Ausführung (z. B. wegen Abwesenheit des Beteiligten) nicht erfolgen kann, ist Abschrift des Protokolles zuzustellen resp. zu übersenden[10]).

---

[4]) CPO. § 756.

[5]) CPO. § 757. Das Recht des Schuldners, nachträglich Quittung des Gläubigers zu fordern, bleibt unberührt (CPO. § 756 Abs. 2, BGB. § 368).

[6]) CPO § 758. [7]) CPO. § 759.

[8]) CPO. § 761 (§ 188 Abs. 1).

[9]) CPO. § 762.

[10]) CPO. § 763. — Jeder Person, welche bei dem Verfahren beteiligt ist, muß der Gerichtsvollzieher auf Begehren Einsicht seiner Akten gestatten und Abschrift einzelner Aktenstücke erteilen, CPO. § 760.

§ 138.
Verfahren des Vollstreckungsgerichts.

Soweit die Zwangsvollstreckung nicht durch den Gerichtsvollzieher erfolgt, ist sie den Gerichten überwiesen. Für die Vollstreckungsthätigkeit ist regelmäßig nicht das Gericht, welches den Titel erlassen hat[1]), vor welchem derselbe errichtet ist, zuständig, vielmehr gelten darüber besondere Bestimmungen.

In einzelnen Fällen ist das Vollstreckungsverfahren vor das Prozeßgericht erster Instanz gewiesen; für alle anderen Fälle ist die Vollstreckungsgerichtsbarkeit selbständig geregelt.

Die Vollstreckungsgerichtsbarkeit steht den Amtsgerichten zu[2]). Örtlich zuständig ist, soweit nicht für einzelne Fälle etwas anderes bestimmt ist (s. CPO. §§ 828 Abs. 2, 858, 899, 930 Abs. 3), das Gericht, in dessen Bezirke das Verfahren stattfinden soll oder stattgefunden hat[3]). Sachliche und örtliche Zuständigkeit.

Der Gläubiger hat die Anordnung der Vollstreckungsmaßregel (z. B. Pfändung einer Forderung) beim Vollstreckungsgericht zu beantragen. Über das Gesuch kann ohne vorgängige mündliche Verhandlung entschieden werden[4]). Wird das Gesuch abgelehnt, so findet sofortige Beschwerde statt[5]). Wird die Vollstreckungsmaßregel angeordnet, so findet dagegen kein Rechtsmittel statt, weil die Anordnung eine prozeßgewährende, keine entscheidende Verfügung des Gerichts enthält, es steht jedoch dem Schuldner oder einem dritten Beteiligten frei, Gegenanträge, Einwendungen und Erinnerungen bezüglich der Art und Weise der Zwangsvollstreckung (s. z. B. CPO. §§ 850—852) beim Vollstreckungsgerichte zu erheben[6]). Die Entscheidung des Vollstreckungsgerichtes kann ohne vorgängige mündliche Verhandlung erfolgen und ist mit der sofortigen Beschwerde anfecht- Verfahren.

---

[1]) Dies ist der Fall bei der Vollstreckung wegen Individualleistungen, CPO. §§ 887—890.

[2]) Ausnahme im Arrestverfahren, wenn der Arrest von einem Landgerichte verfügt ist, s. CPO. § 930 Abs. 1 u. u. § 155 Anm. 20.

[3]) CPO. § 764 Abs. 2.

[4]) CPO. § 764 Abs. 3. In bestimmten Fällen findet Gehör des Gegners nicht statt, CPO. § 834.

[5]) CPO. § 793.

[6]) CPO. § 766 Abs. 1.

bar[7]). Vor Erlaß der Entscheidung kann das Vollstreckungsgericht eine einstweilige Anordnung über Einstellung der Zwangsvollstreckung in derselben Weise treffen, wie wenn Einwendungen gegen die Erteilung der Vollstreckungsklausel erhoben werden[8]).

Entscheidung über Einwendungen inbetreff des Vollstreckungsverfahrens.

Eine andere Funktion des Vollstreckungsgerichts besteht in der Befugnis, Beschwerden über das Verfahren des Gerichtsvollziehers zu erledigen, indem es zu entscheiden hat[9]):

1. über Anträge, Einwendungen und Erinnerungen über das bei der Vollstreckung vom Gerichtsvollzieher zu beobachtende Verfahren[10]),

2. wenn ein Gerichtsvollzieher sich weigert, einen Vollstreckungsauftrag zu erledigen, oder eine Vollstreckungshandlung dem Auftrage gemäß auszuführen;

3. wenn in Ansehung der vom Gerichtsvollzieher in Ansatz gebrachten Kosten Erinnerungen erhoben werden.

Das Verfahren ist das vorhin geschilderte[11]).

§ 139.

Widerspruchsklage.

Die Mittel der Zwangsvollstreckung richten sich gegen die Person oder gegen das Vermögen des Schuldners. Wird durch die Vollstreckungsmaßregel das Vermögen dritter Personen in Mitleidenschaft gezogen, so haben diese die prozessuale Befugnis, der Vollstreckungsmaßregel zu widersprechen. Der Widerspruch kann sich zunächst gegen das vom Vollstreckungsorgan beobachtete Verfahren, gegen die Art und Weise der Zwangsvollstreckung richten (es ist z. B. der Gerichtsvollzieher in fremde Räume eingedrungen, hat Sachen aus dem Gewahrsam Dritter weggenommen u. a.), dann kann der Dritte zunächst versuchen, beim Vollstreckungsgerichte Abhilfe nach Maßgabe der im vorigen Paragraphen dargelegten Grundsätze zu erreichen. Hat aber ein Eingriff in die materielle Rechtssphäre des Dritten stattgefunden, so

---

[7]) s. die Stellen der Anm. 4 u. 5.

[8]) CPO. §§ 766 Abs. 1, 732 Abs. 2 u. o. S. 557 Anm. 32.

[9]) CPO. § 766.

[10]) s. z. B. o. Anm. 6. auch CPO. §§ 775, 776, 808—818. Solche Anträge ꝛc. können nicht nur die Parteien, sondern auch Dritte erheben.

[11]) S. oben Anm. 7 u. 8.

steht dem Dritten frei, Rechtsschutz im Wege der Klage gegen den Gläubiger zu erwirken, der durch den Vollstreckungsakt einen Vorteil zum Nachteile des Dritten erlangt hat, welcher Vorteil ihm nach den Grundsätzen des materiellen Rechts nicht gebührt. In der Klage begehrt der Dritte Schutz nach Maßgabe des materiellen Rechts, sein subjektives Recht ist verletzt, er begehrt Herstellung der Rechtsordnung durch richterliches Urteil [1]).

Grund der Klage ist, daß die Vollstreckungsmaßregel sich auf einen Gegenstand erstreckt, an dem dem Kläger ein die Veräußerung hinderndes Recht, z. B. Eigentum oder dingliches Recht, abgesehen von bloßen Pfand- oder Vorzugsrechten (s. CPO. § 805 u. u. § 141), zusteht.

Auch das Besitzschutzrecht gehört hierher, wenn in dem Akte verbotene Eigenmacht liegt; daher auch Mieter, Entleiher, Verwahrer zu schützen sind, nicht aber andere nur persönlich berechtigte Personen [2]).

Hat der Dritte Veranlassung, wegen der Vollstreckungsmaßregel auch gegen den Schuldner zu klagen, indem z. B. dieser die gepfändete Sache dem Gerichtsvollzieher als eine ihm gehörende zur Pfändung angewiesen hat, und richtet deshalb die Klage gegen den Gläubiger und den Schuldner, so sind beide als Streitgenossen anzusehen [3]).

Für die Widerspruchsklage ist örtlich dasjenige Gericht (Amts- oder Landgericht) ausschließlich zuständig, in dessen Bezirke die Zwangsvollstreckung erfolgt.

Die Klagebefugnis beginnt mit der Vollziehung der verletzenden Vollstreckungsmaßregel und währt, bis der Gläubiger aus derselben befriedigt ist; befriedigt ist der Gläubiger aber erst dann, wenn er t h a t s ä c h l i c h das erhalten hat, worauf er einen Anspruch hat, also noch nicht, solange der Gegenstand oder der Erlös für denselben sich noch in den Händen des Gerichtsvollziehers befindet oder hinterlegt ist.

---

[1]) In m e i n e r „Lehre von der Zwangsvollstreckung" habe ich einen anderen Standpunkt vertreten; ich bin zu der Überzeugung gekommen, daß dieser nicht haltbar ist.

[2]) CPO. § 771 Abs. 1.

[3]) CPO. § 771 Abs. 2.

Wird der Gläubiger nach Anstellung der Klage befriedigt, so kann der Kläger seinen Antrag gemäß § 268 Nr. 3 der Civilprozeßordnung ändern und Herausgabe des Erlangten begehren.

Der Klagantrag geht nicht auf Leistung, sondern unmittelbar auf Herstellung der Rechtsordnung. Ist die Klage begründet, so wird die Vollstreckungsmaßregel, gegen welche sich der Widerspruch richtet, für unzulässig erklärt.

Auf die Einstellung der Zwangsvollstreckung und die Aufhebung der bereits erfolgten Vollstreckungsmaßregeln finden die für die Einwendungsklage geltenden gleichartigen Bestimmungen Anwendung[4]).

Die Widerspruchsklagebefugnis hat weiter:

1. derjenige, zu Gunsten dessen ein Veräußerungsverbot an dem Gegenstande der Zwangsvollstreckung besteht[5]);

2. der Nacherbe, dem gegenüber die Veräußerung des Gegenstandes der Zwangsvollstreckung unwirksam ist[6]);

3. der Ehemann, in den oben S. 545 Anm. 16 und 546 Anm. 23 hervorgehobenen Fällen, wenn der Gegenstand der Zwangsvollstreckung zum eingebrachten Gute oder zum Gesamtgute gehört und der Titel dem Ehemann gegenüber unwirksam ist[7]);

4. der Besitzer eines im Zwangsvollstreckungsverfahren zugeschlagenen Grundstücks, wenn gegen ihn die Räumung betrieben wird, obgleich er auf Grund eines Rechtes besitzt, das durch den Zuschlag nicht erloschen ist[8]);

5. der Gläubiger, welcher ein Recht auf Befriedigung aus dem Grundstücke hat, wenn hängende Früchte gepfändet sind, sofern nicht die Pfändung für einen im Falle der Zwangsvollstreckung in das Grundstück vorgehenden Anspruch erfolgt ist[9]).

---

[4]) CPO. § 771 Abs. 3. [5]) CPO. § 772 u. o. S. 567 Anm. 11.

[6]) CPO. § 773 u. o. S. 567 Anm. 12.

[7]) CPO. § 774 (741).

[8]) ZVG. § 93 Abs. 1. Ein dem Rechte des betreibenden Gläubigers vorgehendes Recht erlischt nicht, ZVG. §§ 44, 52, s. auch EG. z. ZVG. § 9.

[9]) CPO. § 810 Abs. 2 u. ZVG. § 10.

Zweiter Titel.

Die verschiedenen Arten der Zwangsvollstreckung.

Erstes Kapitel.

Zwangsvollstreckung wegen Geldforderungen.

§ 140.

Allgemeine Übersicht.

Die Zwangsvollstreckung wegen Geldforderungen richtet sich zunächst gegen das Vermögen des Schuldners. Das Verfahren ist verschieden, je nachdem es sich um die Vollstreckung in bewegliches oder unbewegliches Vermögen handelt.

Die Zwangsvollstreckung in das bewegliche Vermögen erfolgt durch Pfändung der einzelnen zum beweglichen Vermögen des Schuldners gehörenden Gegenstände, die Zwangsvollstreckung in das unbewegliche Vermögen durch Eintragung einer Sicherheitshypothek oder durch Zwangsversteigerung oder Zwangsverwaltung. Die Zwangsversteigerung und Zwangsverwaltung sind durch das Gesetz vom 24. März 1897 besonders geregelt. Dieses Gesetz regelt nicht nur die Zwangsversteigerung und Zwangsverwaltung zum Zwecke der Zwangsvollstreckung, sondern auch die Zwangsversteigerung und Zwangsverwaltung auf Antrag des Konkursverwalters, auf Antrag des Erben, der für die Nachlaßverbindlichkeiten nur beschränkt mit dem Bestand des Nachlasses haftet, und auf Antrag eines Miteigentümers zum Zwecke der Aufhebung der Gemeinschaft.

Unter bestimmten Voraussetzungen kann der Gläubiger sein Recht auf Befriedigung im Wege der Zwangsvollstreckung auch bezüglich solcher Gegenstände, welche vom Schuldner bereits veräußert, weggegeben und aufgegeben sind, verfolgen. Darüber im folgenden Paragraphen.

§ 141.

Die Anfechtung von Rechtshandlungen des Schuldners zum Zwecke der Befriedigung des Gläubigers.

Anfechtungsrecht. Das Gesetz betreffend die Anfechtung von Rechtshandlungen eines Schuldners außerhalb des Konkursverfahrens (in der Fassung der Bekanntmachung des Reichskanzlers vom 20. Mai 1898) verleiht dem Gläubiger, welcher einen vollstreckbaren Schuldtitel erlangt hat, dann, wenn die Zwangsvollstreckung in das Vermögen des Schuldners zu einer vollständigen Befriedigung des Gläubigers wegen der im Titel festgestellten Geldforderung nicht geführt hat oder anzunehmen ist, daß sie zu einer solchen nicht führen wird, die Befugnis, Rechtshandlungen des Schuldners zum Zwecke seiner (des Gläubigers) Befriedigung zu der Wirkung anzufechten[1]), daß dasjenige, was durch die anfechtbare Handlung aus dem Vermögen des Schuldners veräußert, weggegeben oder aufgegeben ist, als noch zu diesem Vermögen gehörig von dem Empfänger zurückgewährt werde[2]).

Anfechtungsgründe. Der Anfechtungsgründe giebt es zwei: Unredlichkeit im Empfangen und Unentgeltlichkeit der Verfügung.

Unredlichkeit im Empfange. 1. Unredlichkeit im Empfange liegt vor, wenn der Schuldner die Rechtshandlung in der Absicht, seine Gläubiger zu benachteiligen, vorgenommen hat und

entweder

a) der Empfänger bei Vornahme der Rechtshandlung wußte, daß diese Absicht bei dem Schuldner obwaltete[3]),

oder

b) wenn die Rechtshandlung in einem in dem letzten Jahre vor der Anfechtung geschlossenen entgeltlichen Vertrage des Schuldners mit seinem Ehegatten, vor oder während der Ehe, mit seinen oder seines Ehegatten Verwandten in auf- und absteigender

---

[1]) AG. §§ 1 u. 2. [2]) AG. § 7 Abs. 1.

[3]) AG. § 3[1]. In diesem Falle kann die Anfechtung nur binnen zehn Jahren erfolgen. Auf den Lauf dieser Frist finden die Vorschriften der §§ 203 Abs. 2, 206, 207 des Bürgerlichen Gesetzbuches entsprechende Anwendung. Die Frist beginnt mit der Vollstreckbarkeit des Schuldtitels und Fälligkeit der Forderung, und, falls die Rechtshandlung später vorgenommen ist, mit der Vornahme. Die Anfechtung ist ausgeschlossen, wenn seit der Vornahme der Handlung dreißig Jahre verstrichen sind, AG. § 12.

Linie, mit seinen oder seines Ehegatten voll- und halbbürtigen Geschwistern oder mit dem Ehegatten einer dieser Personen besteht und durch den Abschluß des Vertrages die Gläubiger des Schuldners benachteiligt sind. In diesem Falle nimmt das Gesetz an, daß bei dem Schuldner die Absicht, seine Gläubiger durch den Vertragsabschluß zu benachteiligen, obwaltete, und daß dem anderen Teile dies bei dem Vertragsabschlusse bekannt war. Es muß also der andere Teil, um der Anfechtung zu entgehen, beweisen, daß ihm eine solche Absicht des Schuldners nicht bekannt war[4]).

Unentgeltlichkeit.

2. Aus dem Gesichtspunkte der Unentgeltlichkeit sind anfechtbar

a) alle in dem letzten Jahre vor der Anfechtung von dem Schuldner vorgenommenen unentgeltlichen Verfügungen, sofern nicht dieselben gebräuchliche Gelegenheitsgeschenke zum Gegenstande haben[5]);

b) die in den letzten zwei Jahren vor der Anfechtung von dem Schuldner zu Gunsten seines Ehegatten vorgenommenen unentgeltlichen Verfügungen[6]);

c) die von dem Erben aus dem Nachlasse vorgenommenen Leistungen auf Pflichtteilsansprüche, Vermächtnisse oder Auflagen, im Verhältnisse zu den Nachlaßgläubigern, die im Konkursverfahren über den Nachlaß dem Empfänger der Leistung im Range vorgehen oder gleichstehen würden[7]).

Sicherung des Anfechtungsberechtigten gegen den Ablauf des Anfechtungsrechts.

Da die Anfechtung der Befriedigung des Gläubigers wegen eines vollstreckbaren Anspruchs dient, so kann sie auch regelmäßig erst erfolgen, wenn der Gläubiger einen Vollstreckungstitel erlangt hat und seine Forderung fällig ist. Um sich aber in den Fällen, in welchen die Anfechtung nur erfolgen kann, wenn die Rechtshandlung in einer gesetzlichen Frist vor der Anfechtung vorgenommen ist (Nr. 1, b u. 2, a u. b), gegen den Ablauf der Frist zu sichern, ist dem Gläubiger, in dessen Person jene Voraussetzungen noch nicht zutreffen, die Befugnis gegeben, seine Anfechtungsabsicht dem Anfechtungsgegner durch Zustellung eines Schriftsatzes kundzuthun. In diesem Falle

---

4) AG. § 3[2]. Beweist der Anfechtungsgegner, daß die unredliche Absicht beim Schuldner nicht obwaltete, so hat dies gleichen Erfolg.

5) AG. § 3[3]. 6) AG. § 3[4].

7) AG. § 3a und KO. § 226 Abs. 2.

wird die gesetzliche Frist von dem Zeitpunkte der Zustellung zurückgerechnet, sofern schon zu dieser Zeit der Schuldner zahlungsunfähig war und bis zum Ablaufe von zwei Jahren seit diesem Zeitpunkte die Anfechtung erfolgt ist[8]).

Der Weg der Anfechtung.

Die Anfechtung erfolgt im Wege der Klage (Widerklage) oder der Einrede. Im letzteren Falle ist die Anfechtung schon vor der Vollstreckbarkeit des Anspruchs zulässig, die Einrede wird jedoch nur berücksichtigt, wenn der Anfechtende den vollstreckbaren Schuldtitel vor der Entscheidung binnen einer vom Prozeßgerichte zu bestimmenden Frist beibringt[9]).

Die Anfechtung wird dadurch nicht ausgeschlossen, daß für die Rechtshandlung ein vollstreckbarer Schuldtitel erlangt ist, oder daß dieselbe durch Zwangsvollstreckung oder durch Vollziehung eines Arrestes erwirkt worden ist[10]).

Anfechtungsanspruch.

Der Anfechtungsanspruch richtet sich gegen denjenigen, welcher durch die anfechtbare Rechtshandlung etwas aus dem Vermögen des Schuldners empfangen hat. Dieser hat das Empfangene zurückzugewähren, als gehöre es noch zum Vermögen des Schuldners[11]).

Die Verpflichtung zur Rückgewährung hat ihren Entstehungsgrund im Empfang. Beruht die Verpflichtung auf Unredlichkeit des Empfanges, so finden die für die Haftung aus einer unerlaubten Handlung geltenden Vorschriften Anwendung (BGB. §§ 848—850). Beruht die Verpflichtung auf der Unentgeltlichkeit des Erwerbes, so finden die allgemeinen Grundsätze über die Befreiung des Schuldners durch Unmöglichkeit der Leistung Anwendung (BGB. §§ 275—282). Liegt im letzteren Falle Gutgläubigkeit des Empfängers vor, d. h. wußte er nicht, daß durch den Erwerb das Befriedigungsrecht der Gläubiger des Schuldners Schmälerung erleiden werde, so haftet der Empfänger nur auf die Bereicherung (s. BGB. § 818); erfährt er später die Sachlage, was namentlich im Falle des § 3⁴ des Anfechtungsgesetzes zutreffen wird, so findet § 819 des Bürgerlichen Gesetzbuches Anwendung[12]).

Was der Empfänger für den Erwerb als Gegenleistung gegeben hatte, kann er nicht anrechnen, er kann sich wegen der Gegenleistung

---

8) AG. § 4.
9) AG. § 5.
10) AG. § 6.
11) AG. § 7 Abs. 1.
12) AG. § 7 Abs. 2.

sowie im Falle einer anfechtbaren Leistung wegen seiner Forderung nur an den Schuldner halten[13]).

Der Anfechtungsanspruch beschränkt sich gemäß des Zweckes des Anfechtungsrechts auf den Umfang des Befriedigungsrechts. Daher kann der Anfechtungsgegner alle Einreden des Schuldners gegen den im Titel festgestellten Anspruch, soweit solche in der Zwangsvollstreckungsinstanz zulässig sind, geltend machen. Selbstverständlich ist, daß der Beklagte durch Befriedigung des Gläubigers den Anspruch und damit den Rechtsstreit in der Hauptsache beseitigt.

Der Zweck der Klage ist die Erklärung der Zulässigkeit der Zwangsvollstreckung in das Zurückzugewährende, soweit das Befriedigungsrecht noch besteht. Der Klagantrag hat den Umfang und die Art und Weise der Rückgewähr bestimmt zu bezeichnen[14]). Sind z. B. bewegliche Sachen veräußert, so ist der Antrag darauf zu richten, daß der Schuldner solche zum Zwecke der Pfändung wegen der Forderung des Gläubigers an den Gerichtsvollzieher herauszugeben habe.

Ist der Anspruch begründet, so hat das Urteil die Zulässigkeit der Zwangsvollstreckung in das Zurückzugewährende auszusprechen und die dem Klagantrage entsprechenden weiteren Verfügungen zu treffen.

Ist die Klage auf Grund eines nur vorläufig vollstreckbaren Schuldtitels des Gläubigers oder auf Grund eines Vorbehaltsurteils erhoben, so ist in dem Urteile die angeordnete Vollstreckung davon abhängig zu machen, daß die gegen den Schuldner ergangene Entscheidung rechtskräftig oder vorbehaltslos wird[15]).

Der Anfechtungsanspruch geht nicht nur gegen den Empfänger, sondern auch gegen den Erben im gleichen Umfange; gegen einen anderen Rechtsnachfolger nur unter der Voraussetzung, daß ihm bei der Nachfolge die Umstände, welche die Anfechtbarkeit gegen den Vorgänger begründeten, bekannt waren, oder daß er zu den Personen gehört, gegen welche die Vermutung der Kenntnis dieser Umstände spricht (AG. § 3 Nr. 2), oder daß er unentgeltlich erworben hat[16]).

---

[13]) AG. § 8.
[14]) AG. § 9.
[15]) AG. § 10.
[16]) AG. § 11.

Über die Geltendmachung und Verfolgung des Anfechtungsrechts im Falle des Konkurses des Schuldners gelten besondere Vorschriften [17]).

I.

Zwangsvollstreckung in das bewegliche Vermögen.

§ 142.

Allgemeine Bestimmungen.

Pfändung

Die Vollstreckung erfolgt durch Pfändung. Die Pfändung erfolgt durch Entziehung des Besitzes resp. durch Entziehung der Verfügung über den Gegenstand der Zwangsvollstreckung. Der gepfändete Gegenstand dient durch seinen Verkaufs- oder Gebrauchswert dem Gläubiger zur Befriedigung wegen seines Anspruches, die Pfändung darf daher nicht weiter ausgedehnt werden, als es zur Befriedigung des Gläubigers wegen dieses Anspruches und wegen der Kosten der Zwangsvollstreckung erforderlich ist, und muß unterbleiben, wenn durch die Verwertung der zu pfändenden Gegenstände ein Überschuß über solche Kosten nicht zu erwarten ist [1]).

Pfändungspfandrecht

Durch die Pfändung entsteht für den Gläubiger das Pfändungspfandrecht an dem gepfändeten Gegenstande.

im Verhältnisse zu anderen Gläubigern des Schuldners;

Das Pfändungspfandrecht gewährt dem Gläubiger nicht nur die Befriedigung, sondern im Verhältnisse zu anderen Gläubigern auch die Sicherung solcher Befriedigung, indem es dieselben Rechte wie ein durch Vertrag erworbenes Faustpfandrecht und für den Fall des Konkurses des Schuldners ein Absonderungsrecht gewährt. Auch außerhalb des Konkurses geht das Pfändungspfandrecht allen Pfand- und Vorzugsrechten vor, welche für den Fall des Konkurses den Faustpfandrechten nicht gleichgestellt sind. Von mehreren an demselben Gegenstande bestehenden Pfändungspfandrechten geht das ältere dem jüngeren vor [2]).

im Verhältnisse zu anderen Pfand- und Vorzugsrechten an demselben Gegenstande.

Über das Verhältnis des Pfändungspfandrechts zu anderen an demselben Gegenstande bestehenden Faustpfandrechten und solchen

---

[17]) AG. § 13. Darüber ist, soweit diese Bestimmungen in das Prozeßrecht und nicht in das Konkursrecht gehören, bereits oben S. 171 ff. gesprochen.

[1]) CPO. § 803. [2]) CPO. § 804, KO. § 49 [2].

Pfand- und Vorzugsrechten, welche für den Fall des Konkurses dem Faustpfandrechte gleichstehen, entscheidet das bürgerliche Recht[3]). Geht ein solches dem Pfändungspfandrechte vor, so kann der Berechtigte, wenn er sich nicht im Besitze der Sache befindet, der Pfändung des Gegenstandes, von welchem das Pfand- oder Vorzugsrecht bereits besteht, nicht widersprechen, kann jedoch seinen Anspruch auf vorzugsweise Befriedigung aus dem Erlöse im Wege der Klage geltend machen, ohne Rücksicht darauf, ob seine Forderung fällig ist oder nicht[4]). Klage des besser Berechtigten auf vorzugsweise Befriedigung.

Ausschließlich zuständig für diese Klage ist das Vollstreckungsgericht und, wenn der Streitgegenstand zur Zuständigkeit der Amtsgerichte nicht gehört, das Landgericht, in dessen Bezirke das Vollstreckungsgericht seinen Sitz hat[5]). Zuständigkeit.

Hat der Dritte Veranlassung, sein Recht auf Befriedigung auch gegen den Schuldner zu verfolgen, und richtet deshalb die Klage auch gegen diesen, so sind Gläubiger und Schuldner als Streitgenossen anzusehen[6]).

Wird der Anspruch glaubhaft gemacht, so hat das Gericht die Hinterlegung des Erlöses anzuordnen, und finden in dieser Richtung die Bestimmungen über vorläufige Anordnungen und deren Aufhebung im Verfahren auf die Einwendungsklage entsprechende Anwendung[7]).

Die Wirkungen des Pfändungspfandrechts im Verhältnisse zum Schuldner bestimmen sich zunächst nach dem Prozeßrechte, das gilt namentlich für die Frage nach der Veräußerung des Pfandes und deren Wirkung[8]). Erst, soweit das Prozeßrecht keine Bestimmungen trifft, findet das bürgerliche Recht entsprechende Anwendung[9]). Wirkungen des Pfändungspfandrechts im Verhältnisse zum Schuldner.

---

[3]) s. BGB. §§ 1209, 1257, Art. III des Einführungsgesetzes zu dem Gesetze betr. Änderungen der Konkursordnung vom 17. Mai 1898 und dazu § 49 Abs. 2 der Konkursordnung, BGB. §§ 563, 704, 585. Was von den Pfandrechten gesagt ist, gilt auch von den anderen dinglichen Rechten. BGB. § 1208 findet keine entsprechende Anwendung, da diese Bestimmung nur auf ein durch Rechtsgeschäft und Übergabe begründetes Pfand paßt.

[4]) CPO. § 805 Abs. 1. [5]) CPO. § 805 Abs. 2.

[6]) CPO. § 805 Abs. 3.

[7]) CPO. § 805 Abs. 4, §§ 769, 770 u. o. S. 559 f.

[8]) Wird ein Gegenstand auf Grund der Pfändung veräußert, so steht dem Erwerber wegen eines Mangels im Rechte oder wegen eines Mangels der veräußerten Sache ein Anspruch auf Gewährleistung nicht zu, CPO. § 806, vgl. auch ZVG. § 56. [9]) BGB. § 1257.

Offenbarungseid. Hat die Pfändung zu einer vollständigen Befriedigung des Gläubigers nicht geführt oder macht dieser glaubhaft, daß dies nicht der Fall sein könne, so ist der Schuldner auf Antrag verpflichtet, sein Vermögen zu verzeichnen, zu offenbaren und den Offenbarungseid dahin „daß er nach bestem Wissen sein Vermögen so vollständig angegeben habe, als er dazu imstande sei“ abzuleisten [10]).

Verfahren. Das Vollstreckungsverfahren ist verschieden, je nachdem es sich um die Pfändung von körperlichen Sachen, von Geldforderungen oder von anderen Gegenständen handelt.

§ 143.

Pfändung körperlicher Sachen.

Akt der Pfändung. Die Pfändung ist nur zulässig, wenn sich die zu pfändende Sache im Gewahrsam des Schuldners, des Gläubigers oder eines zur Herausgabe der Sache bereiten Dritten befindet; sie erfolgt dadurch, daß der Gerichtsvollzieher die zu pfändende Sache in Besitz nimmt, d. h. durch seine Handlung die thatsächliche Gewalt erlangt [1]).

Geld, Kostbarkeiten und Wertpapiere hat der Gerichtsvollzieher selbst in Gewahrsam zu nehmen, andere Sachen sind, soferne dadurch nicht die Befriedigung des Gläubigers gefährdet wird, im Gewahrsam des Schuldners zu belassen, nachdem die Pfändung derselben zur Erhaltung ihrer Wirksamkeit durch Anlegung von Siegeln oder auf sonstige Weise ersichtlich gemacht ist [2]).

Von der Pfändung ist der Schuldner durch den Gerichtsvollzieher in Kenntnis zu setzen [3]).

Gegenstand der Pfändung. Pfändbar sind alle beweglichen Sachen, welche für sich in Besitz genommen werden können, soweit sie nicht Zubehör einer unbeweglichen Sache sind [4]).

Hängende Früchte. Früchte, die vom Boden noch nicht getrennt sind, können, soweit sie nicht Zubehör sind, gepfändet werden, solange nicht ihre Beschlagnahme im Wege der Zwangsvollstreckung in das unbewegliche

---

[10]) CPO. § 807.

[1]) CPO. §§ 808 Abs. 1, 809, BGB. § 854.

[2]) CPO. §§ 808 Abs. 2, 809. [3]) CPO. §§ 808 Abs. 3, 809.

[4]) CPO. § 865 Abs. 2, BGB. §§ 97, 98.

Vermögen erfolgt ist; jedoch darf die Pfändung nicht früher als einen Monat vor der gewöhnlichen Zeit der Reife erfolgen[5]).

Landwirtschaftliches Inventar und landwirtschaftliche Erzeugnisse.

Sollen solche Früchte sowie das zum landwirtschaftlichen Betriebe dienende Inventar nebst Dünger oder landwirtschaftliche Erzeugnisse bei Personen, welche Landwirtschaft betreiben, gepfändet werden, so soll ein landwirtschaftlicher Sachverständiger zugezogen werden, sofern anzunehmen ist, daß der Wert der zu pfändenden Gegenstände den Betrag von tausend Mark übersteigt[6]).

Hausratsgegenstände.

Gegenstände, welche zum gewöhnlichen Hausrate gehören und im Haushalte des Schuldners gebraucht werden, sollen nicht gepfändet werden, wenn ersichtlich ist, daß der Erlös in keinem Verhältnisse zu ihrem Werte stehen würde[7]).

Zum Schutze des Schuldners und seiner Familie sowie im öffentlichen Interesse sind eine Reihe von Sachen der Pfändung entzogen[8]).

---

[5]) CPO. § 810. Wegen des Widerspruchsrechts eines Immobiliargläubigers s. CPO. § 810 Abs. 2 u. o. S. 574 Anm. 9.

[6]) CPO. § 813. Der Sachverständige hat sich über die Zulässigkeit der Pfändung in Maßgabe der §§ 810, 811[4] und 865 Abs. 2 CPO. zu äußern.

[7]) CPO. § 812.

[8]) Es sind dies

a) nach § 811 CPO.

1. die Kleidungsstücke, die Betten, die Wäsche, das Haus- und Küchengerät, insbesondere die Heiz- und Kochöfen, soweit diese Gegenstände für den Bedarf des Schuldners oder zur Erhaltung eines angemessenen Hausstandes unentbehrlich sind;
2. die für den Schuldner, seine Familie und sein Gesinde auf zwei Wochen erforderlichen Nahrungs-, Feuerungs- und Beleuchtungsmittel oder, soweit solche Vorräte auf zwei Wochen nicht vorhanden und ihre Beschaffung für diesen Zeitraum auf anderem Wege nicht gesichert ist, der zur Beschaffung erforderliche Geldbetrag;
3. eine Milchkuh oder nach der Wahl des Schuldners statt einer solchen zwei Ziegen oder zwei Schafe nebst den zum Unterhalt und zur Streu für dieselben auf vier Wochen erforderlichen Futter- und Streuvorräten, oder, soweit solche Vorräte auf zwei Wochen nicht vorhanden, den zur Beschaffung erforderlichen Geldbetrag, wenn die bezeichneten Tiere für die Ernährung des Schuldners, seiner Familie und seines Gesindes unentbehrlich sind;
4. bei Personen, welche Landwirtschaft betreiben, das zum Wirtschaftsbetrieb erforderliche Gerät und Vieh nebst dem nötigen Dünger, sowie die landwirtschaftlichen Erzeugnisse, soweit sie zur Fortführung der

Verwertung der gepfändeten Sachen.

Die Verwertung der gepfändeten Sachen zum Zwecke der Befriedigung des Gläubigers erfolgt in folgender Weise:

Wirtschaft bis zu der Zeit erforderlich sind, zu welcher gleiche oder ähnliche Erzeugnisse voraussichtlich gewonnen werden;

5. bei Künstlern, Handwerkern, gewerblichen Arbeitern und anderen Personen, welche aus Handarbeit oder sonstigen persönlichen Leistungen ihren Erwerb ziehen, die zur persönlichen Fortsetzung der Erwerbsthätigkeit unentbehrlichen Gegenstände;
6. bei den Wittwen und den minderjährigen Erben der unter Nr. 5 bezeichneten Personen, wenn sie das Erwerbsgeschäft für ihre Rechnung durch einen Stellvertreter fortführen, die zur persönlichen Fortführung des Geschäfts durch den Stellvertreter unentbehrlichen Gegenstände;
7. bei Offizieren, Deckoffizieren, Beamten, Geistlichen, Lehrern an öffentlichen Unterrichtsanstalten, Rechtsanwälten, Notaren, sowie Ärzten und Hebammen die zur Verwaltung des Dienstes oder Ausübung des Berufes erforderlichen Gegenstände, sowie anständige Kleidung;
8. bei Offizieren, Militärärzten, Deckoffizieren, Beamten, Geistlichen, bei Ärzten und Lehrern an öffentlichen Anstalten ein Geldbetrag, welcher dem der Pfändung nicht unterworfenen Teile des Diensteinkommens oder der Pension für die Zeit vor der Pfändung bis zum nächsten Termine der Gehalts- oder Pensionszahlung gleichkommt;
9. die zum Betriebe einer Apotheke unentbehrlichen Geräte, Gefäße und Waren;
10. die Bücher, welche zum Gebrauche des Schuldners und seiner Familie in der Kirche oder Schule oder einer sonstigen Unterrichtsanstalt oder bei der häuslichen Andacht bestimmt sind;
11. die in Gebrauch genommenen Haushaltungs- und Geschäftsbücher, die Familienpapiere, sowie die Trauringe, Orden und Ehrenzeichen;
12. künstliche Gliedmassen, Brillen und andere wegen körperlicher Gebrechen notwendige Hülfsmittel, soweit diese Gegenstände zum Gebrauche des Schuldners und seiner Familie bestimmt sind;
13. die zur unmittelbaren Verwendung für die Bestattung bestimmten Gegenstände;

b) nach § 20 des Postges. v. 28. Okt. 1891 (RGBl. S. 350) das Inventar der Posthaltereien;

c) nach dem Ges. vom 3. Mai 1896 betr. die Unzulässigkeit der Pfändung von Eisenbahnbetriebsmitteln die Fahrbetriebsmittel der Eisenbahnen, welche Personen oder Güter im öffentlichen Verkehr befördern, von der Einstellung bis zur Ausscheidung aus den Beständen (s. auch Art. 23 des internationalen Übereinkommens über den Eisenbahnfrachtverkehr, o. S. 20).

1. Gepfändetes Geld ist dem Gläubiger abzuliefern, soweit es nicht zu hinterlegen ist[9]). Wird das Geld hinterlegt, so besteht das Pfändungspfandrecht fort, wird das Geld abgeliefert, so erlischt es durch Befriedigung des Gläubigers. Die Gefahr des Geldes von der Wegnahme bis zur Ablieferung trägt der Gläubiger, denn der Schuldner ist mit der Wegnahme des Geldes, soweit es nicht zu hinterlegen ist, als durch Zahlung befreit anzusehen[10]). Geld.

2. Im übrigen erfolgt die Verwertung des Pfandes durch Verkauf seitens des Gerichtsvollziehers und zwar regelmäßig im Wege der öffentlichen Versteigerung.

Kostbarkeiten sind vor der Versteigerung abzuschätzen[11]). Gold- und Silbersachen dürfen nicht unter ihrem Gold- oder Silberwerte zugeschlagen werden. Wird bei der Versteigerung ein solches Gebot nicht abgegeben, so kann der Gerichtsvollzieher den Verkauf aus freier Hand zu dem Preise bewirken, welcher den Gold- oder Silberwert erreicht[12]). Kostbarkeiten, insbesondere Gold- und Silbersachen.

Gepfändete Wertpapiere sind, wenn sie einen Börsen- oder Marktpreis haben, von dem Gerichtsvollzieher aus freier Hand zum Tageskurse zu verkaufen, andernfalls zu versteigern[13]). Wertpapiere.

Gepfändete, vom Boden nicht getrennte Früchte dürfen erst nach der Reife vor oder nach der Trennung versteigert werden. Im letzteren Falle bewirkt der Gerichtsvollzieher die Aberntung[14]). Hängende Früchte.

3. Die Versteigerung soll regelmäßig nicht vor Ablauf einer Woche seit dem Tage der Pfändung in der Gemeinde, in welcher die Pfändung stattgefunden hat, nach zuvoriger öffentlicher Be- Versteigerung.

---

[9]) CPO. § 815. Die Hinterlegung muß im Falle des § 720 CPO. sowie dann erfolgen, wenn dem Gerichtsvollzieher glaubhaft gemacht wird, daß an dem gepfändeten Gelde ein die Veräußerung hinderndes Recht eines Dritten besteht, jedoch ist die Zwangsvollstreckung fortzuführen, wenn nicht binnen einer Frist von zwei Wochen seit dem Tage der Pfändung ein Einstellungsbeschluß ergeht (CPO. §§ 815 Abs. 2, 771 Abs. 3).

[10]) CPO. § 815 Abs. 3. [11]) CPO. § 814.

[12]) CPO. § 820.

[13]) CPO. § 821. Lautet ein Wertpapier auf Namen, oder ist ein Inhaberpapier durch Einschreibung auf den Namen oder in anderer Weise außer Kurs gesetzt, so kann der Gerichtsvollzieher durch das Vollstreckungsgericht zur Abgabe der zur Übertragung erforderlichen Erklärungen an Stelle des Schuldners ermächtigt werden, CPO. §§ 822, 823.

[14]) CPO. § 824.

kanntmachung von Ort und Zeit der Versteigerung unter allgemeiner Bezeichnung der Sachen, erfolgen. Gläubiger und Schuldner können mitbieten; das Gebot des Schuldners kann zurückgewiesen werden, wenn nicht der Betrag bar erlegt wird [15]).

Der Zuschlag erfolgt nach dreimaligem Aufrufe, mit ihm kommt der Vertrag zustande. Wird vor dem Zuschlage ein Übergebot abgegeben, so erlischt das vorher abgegebene Gebot, ebenso wenn die Versteigerung ohne Erteilung des Zuschlages geschlossen wird [16]).

Die Ablieferung einer zugeschlagenen Sache erfolgt nur gegen Barzahlung [17]).

Die Versteigerung wird eingestellt, sobald der Erlös zur Befriedigung des Gläubigers und zur Deckung der Kosten der Zwangsvollstreckung hinreicht [18]).

Der Erlös ist dem Gläubiger, soweit er zu seiner Befriedigung erforderlich ist, abzuliefern, wenn nicht dem Schuldner nachgelassen ist, die Vollstreckung durch Sicherheitsleistung oder Hinterlegung abzuwenden. In diesem Falle ist der Erlös zu hinterlegen, das Pfandrecht besteht an dem Erlöse fort [19]). Die Gefahr des abzuliefernden Erlöses trägt der Gläubiger, da der Schuldner mit der Empfang-

---

[15]) CPO. § 816. Über Ort und Zeit der Versteigerung können Gläubiger und Schuldner andere Bestimmungen vereinbaren, auch kann das Vollstreckungsgericht darüber, sowie über die Art und Weise der Versteigerung auf Antrag des Gläubigers oder des Schuldners andere Bestimmungen treffen, sowie anordnen, daß die Versteigerung durch eine andere Person als den Gerichtsvollzieher vorzunehmen sei, CPO. § 825.

[16]) CPO. § 817 Abs. 1, BGB. § 156.

[17]) CPO. § 817 Abs. 2. Hat der Meistbietende die Sache nicht rechtzeitig gegen Zahlung des Kaufgeldes abverlangt, so wird die Sache ohne Teilnahme des Meistbietenden anderweit versteigert, er haftet für den Ausfall und hat auf den Mehrerlös keinen Anspruch (CPO. § 817 Abs. 3). Wird der Zuschlag dem Gläubiger erteilt, so ist dieser — abgesehen von den Kosten — soweit von der Barzahlung befreit, als der Erlös zu seiner Befriedigung dient, es sei denn, daß dem Schuldner nachgelassen ist, die Vollstreckung durch Sicherheitsleistung oder durch Hinterlegung abzuwenden. Soweit der Gläubiger von der Verpflichtung zur Barzahlung befreit ist, gilt der Betrag als von dem Schuldner an den Gläubiger gezahlt.

[18]) CPO. § 818.

[19]) BGB. § 1247 Satz 2 (1257).

nahme des Erlöses durch den Gerichtsvollzieher befreit ist, als habe er gezahlt[20]).

Zur Pfändung bereits gepfändeter Sachen genügt die in das Protokoll aufzunehmende Erklärung des Gerichtsvollziehers, daß er die Sachen für seinen Auftraggeber pfände. Dem Gerichtsvollzieher, welcher die erste Pfändung vorgenommen hat, ist eine Abschrift des Protokolls zuzustellen; der Schuldner ist von der Nachpfändung in Kenntnis zu setzen[21]). Nachpfändung.

Die Verwertung des Pfandes liegt im Falle der Nachpfändung dem Gerichtsvollzieher, welcher zuerst gepfändet hat, auch in Ansehung der Nachpfändung ob, sofern nicht das Vollstreckungsgericht auf Antrag etwas Anderes bestimmt. Die Verwertung erfolgt für alle beteiligten Gläubiger[22]).

Reicht der Erlös zur Deckung aller Gläubiger nicht aus, und entstehen Rangstreitigkeiten, so ist der Erlös zu hinterlegen zwecks Einleitung des Verteilungsverfahrens[23]). Dasselbe findet statt, wenn über die Verteilung des Erlöses unter mehrere Gläubiger, für welche dieselbe Sache gleichzeitig gepfändet ist, Streit herrscht[24]).

§ 144.

Pfändung von Geldforderungen.

Nächst den körperlichen Sachen sind die Geldforderungen des Schuldners besonders geeignete Pfändungsobjekte. Geldforderungen als Gegenstand der Pfändung.

Eine Forderung ist in Ermangelung besonderer Bestimmung nur insoweit pfändbar, als sie übertragbar ist. Beruht jedoch die Unübertragbarkeit auf einer Vereinbarung zwischen dem Gläubiger und dem Schuldner oder darauf, daß sich der Inhalt der Leistung durch die Übertragung verändern würde (BGB. § 399), so ist die Pfändung zulässig, wenn nur der Gegenstand der Leistung der Pfändung unterworfen ist[1]).

---

[20]) CPO. § 819.

[21]) CPO. § 826. Die Nachpfändung kann auch in derselben Weise wie die erste Pfändung erfolgen.

[22]) CPO. § 827 Abs. 1. [23]) CPO. § 827 Abs. 2.

[24]) CPO. § 827 Abs. 3.

[1]) CPO. § 851. Fälle der Unübertragbarkeit s. z. B. BGB. §§ 399, 400, 717, 847, 1153, 1623.

Die Pfändung eines Pflichtteilsanspruches sowie eines Anspruches auf Herausgabe einer Schenkung im Falle der Notlage des Schenkers (BGB. § 528) ist trotz der Übertragbarkeit dieser Ansprüche dadurch beschränkt, daß die Pfändung nur zulässig ist, wenn der Anspruch durch Vertrag anerkannt oder rechtshängig ist[2]).

Bestimmte Forderungen sind zur Schonung des Schuldners und seiner Familie teilweise auch aus öffentlichem Interesse der Pfändung entweder ganz oder bis zu einem bestimmten Betrage entzogen[3]).

---

[2]) CPO. § 852.

[3]) Hierher gehören

I. Nach CPO. § 850

1. der noch unverdiente oder noch nicht fällige Arbeits- und Dienstlohn nach Maßgabe der Gesetze vom 21. Juni 1869 und 29. März 1897 und des Art. III des Einführungsgesetzes zu dem Gesetze betr. Änderungen der Civilprozeßordnung;
2. die auf gesetzlicher Vorschrift beruhenden Unterhaltsforderungen (des Ehegatten BGB. §§ 1360f., des geschiedenen oder getrennten Ehegatten §§ 1578ff., 1586, der Verwandten §§ 1601ff., des unehelichen Kindes §§ 1708ff., des Erben gegenüber den Familienangehörigen des Erblassers § 1969, des Ersatzpflichtigen nach Maßgabe des Art. 42 des Einführungsgesetzes zum Bürgerlichen Gesetzbuche) und die im Falle der Entziehung einer solchen Forderung von dem Ersatzpflichtigen zu leistenden Geldrente (BGB. § 844 EG. z. BGB. Art. 42);
3. die fortlaufenden Einkünfte, welche ein Schuldner aus Stiftungen oder sonst auf Grund der Fürsorge und Freigebigkeit eines Dritten bezieht, insoweit der Schuldner zur Bestreitung des notdürftigen Unterhalts für sich, seinen Ehegatten und seine noch unversorgten Kinder dieser Einkünfte bedarf (sog. beneficium competentiae ex jure tertii);
4. die aus Kranken-, Hülfs- oder Sterbekassen, insbesondere aus Knappschaftskassen und Kassen der Knappschaftsvereine zu beziehenden Hebungen;
5. der Sold und die Invalidenpension der Unteroffiziere und Soldaten;
6. das Diensteinkommen der Militärpersonen, welche zu einem mobilen Truppenteile oder zur Besatzung eines in Dienst gestellten Kriegsfahrzeuges gehören;
7. die Pensionen der Wittwen und Waisen und die denselben aus Wittwen- und Waisenkassen zukommenden Bezüge, die Erziehungsgelder und die Studienstipendien, sowie die Pensionen invalider Arbeiter;
8. das Diensteinkommen der Offiziere, Militärärzte und Deckoffiziere, der Beamten, der Geistlichen sowie der Ärzte und Lehrer an öffentlichen Anstalten, die Pension dieser Personen nach deren Versetzung in einstweiligen oder dauernden Ruhestand, sowie der nach ihrem Tode den Hinterbliebenen zu gewährende Sterbe- oder Gnadengehalt.

Die Pfändung erfolgt regelmäßig durch einen Pfändungsbeschluß. In dem Beschlusse verbietet das Gericht dem Drittschuldner an den Schuldner zu zahlen, und gebietet dem Gläubiger, sich jeder Verfügung über die gepfändete Forderung insbesondere der Einziehung derselben zu enthalten[4]). Pfändungsbeschluß.

Übersteigen in den Fällen 7 und 8 die Hebungen die Summe von fünfzehnhundert Mark für das Jahr, so ist der dritte Teil des Mehrbetrages der Pfändung unterworfen.

Die nach § 843 des Bürgerlichen Gesetzbuches wegen einer Verletzung des Körpers oder der Gesundheit zu entrichtende Geldrente ist nur soweit der Pfändung unterworfen, als der Gesamtbetrag die Summe von fünfzehnhundert Mark für das Jahr übersteigt.

Die Beschränkungen der beiden vorhergehenden Absätze fallen weg gegenüber den gesetzlichen Unterhaltsforderungen, soweit es sich um die laufenden Ansprüche handelt, jedoch besteht gegenüber dem Unterhaltsanspruche der unehelichen Kinder der Vorbehalt des Notbedarfs für den Schuldner und die von ihm zu Unterhaltenden, soweit es sich um laufende Beträge handelt (CPO. § 850 Abs. 4).

Die Einkünfte, welche zur Bestreitung eines Dienstaufwandes bestimmt sind, und der Servis der Offiziere, Militärärzte und Militärbeamten sind weder der Pfändung unterworfen noch bei der Ermittlung, ob und zu welchem Betrage ein Diensteinkommen der Pfändung unterliege, zu berechnen (CPO. § 850 Abs. 5);

II. Die Ehrenzulage der Inhaber des Eisernen Kreuzes von 1870/1871 (Ges. vom 2. Juni 1878 § 3) sowie die Militärpensionserhöhungen und die Dienstprämien verabschiedeter Unteroffiziere nach Maßgabe des Art. 18 des G. v. 23. Mai 1893 (RGBl. S. 181).

III. Die auf Grund der Unfallversicherungsgesetze den Entschädigungsberechtigten zustehenden Forderungen (Ges. v. 6. Juli 1884 § 68, v. 28. Mai 1885 § 1, v. 5. Mai 1886 § 73, v. 11. Juli 1887 § 38 Abs. 2, v. 13. Juli 1887 § 76) mit der Maßgabe, daß an Stelle des in den bezeichneten Gesetzen angezogenen § 749 Abs. 4 CPO. nunmehr der § 850 Abs. 4 (oben unter I) in der neuen Fassung tritt (s. jetzt G. v. 30. Juni 1900 § 76, RGBl. S. 515);

IV. Die aus den reichsgesetzlichen Bestimmungen sich ergebenden Ansprüche auf Invalidenrente ꝛc. nach Maßgabe des § 40 des Invalidenversicherungsges. v. 13. Juli 1899;

V. Die aus der internationalen Beförderung herrührenden Forderungen der Eisenbahnen unter einander nach Maßgabe der Vorschriften des Art. 23 des internationalen Übereinkommens über den Eisenbahnfrachtverkehr vom 14. Okt. 1892 (o. S. 20).

[4]) CPO. § 829 Abs. 1. Der Beschluß wird ohne Gehör des Schuldners erlassen, CPO. § 834.

Den Pfändungsbeschluß hat der Gläubiger dem Drittschuldner zustellen zu lassen. Mit solcher Zustellung ist der Beschluß wirksam [5]).

Sofort nach der Zustellung an den Drittschuldner hat der Gerichtsvollzieher und, wenn die Zustellung auf unmittelbares Ersuchen des Gerichtsschreibers durch die Post erfolgt ist, der Gerichtsschreiber ohne besonderen Auftrag des Gläubigers den Beschluß mit einer Abschrift der Zustellungsurkunde dem Schuldner zuzustellen, soweit nicht eine öffentliche Zustellung erforderlich ist. An Stelle einer an den Schuldner im Auslande zu bewirkenden Zustellung erfolgt die Zustellung durch Aufgabe zur Post [6]). Ist die Zustellung an den Drittschuldner nicht durch den Gerichtsvollzieher oder Gerichtsschreiber bewirkt, so bedarf es für die Zustellung an den Schuldner eines besonderen Auftrags des Gläubigers.

Auf Verlangen des Gläubigers ist in die Zustellungsurkunde die Aufforderung an den Drittschuldner aufzunehmen, sich binnen zwei Wochen darüber zu erklären, ob er die gepfändete Forderung anerkenne und zur Zahlung bereit sei, ob und welche Ansprüche andere Personen an die Forderung machen und ob und wegen welcher Ansprüche die Forderung bereits gepfändet sei. Die Erklärungen können an den Gerichtsvollzieher bei der Zustellung oder später innerhalb der bestimmten Frist erfolgen. Im ersteren Falle sind sie in die Zustellungsurkunde aufzunehmen und vom Drittschuldner zu unterschreiben [7]).

Akt der Pfändung im Falle der Pfändung einer Forderung, für welche eine Hypothek besteht.

Soll eine Forderung gepfändet werden, für welche eine Hypothek besteht, so ist, falls für die Hypothek ein Hypothekenbrief erteilt ist, die Übergabe des Hypothekenbriefs an den Gläubiger, im anderen Falle die Eintragung der Pfändung in das Grundbuch neben der Zustellung des Pfändungsbeschlusses für die Wirksamkeit der Pfändung erforderlich [8]).

---

5) CPO. § 829 Abs. 2 u. 3.

6) CPO. § 829 Abs. 2.

7) CPO. § 840.

8) CPO. § 830 Abs. 1 (Ausnahme §§ 830 Abs. 3 und 837 Abs. 3). Die Übergabe des Hypothekenbriefs kann vom Gläubiger im Wege der Zwangsvollstreckung auf Grund des Pfändungsbeschlusses betrieben werden, sie gilt in diesem Falle als erfolgt, wenn der Gerichtsvollzieher den Brief zum Zwecke der Ablieferung an den Gläubiger wegnimmt, die Eintragung der Pfändung in das Grundbuch erfolgt auf Grund des Pfändungsbeschlusses.

Erfolgt die Übergabe oder die Eintragung nach der Zustellung des Pfändungsbeschlusses an den Drittschuldner, so wird die Wirksamkeit der Pfändung dem Drittschuldner gegenüber auf den Zeitpunkt der Zustellung des Pfändungsbeschlusses zurückbezogen[9]).

Die Pfändung von Wechseln und anderen Papieren, welche durch Indossament übertragen werden können, wird dadurch bewirkt, daß der Gerichtsvollzieher diese Papiere in Besitz nimmt[10]). Pfändungsakt im Falle der Pfändung von Wechseln und anderen indossabelen Papieren.

Der Gläubiger kann sich schon vor der Pfändung die Priorität des Pfändungspfandrechts dadurch sichern, daß er auf Grund eines vollstreckbaren Schuldtitels durch den Gerichtsvollzieher dem Drittschuldner und dem Schuldner die Benachrichtigung überschickt, mit der Aufforderung, an den Drittschuldner, nicht an den Schuldner zu zahlen, und mit der Aufforderung an den Schuldner, sich jeder Verfügung über die Forderung, insbesondere der Einziehung derselben zu enthalten[11]). Wird die Pfändung innerhalb drei Wochen seit der Zustellung bewirkt, so hat die Benachrichtigung an den Drittschuldner die Wirkung eines Arrestes[12]). Arrestatorische Selbstpfändung.

Das Pfändungspfandrecht an einer Gehaltsforderung oder an einer ähnlichen auf wiederkehrende Leistungen gehenden Forderung erstreckt sich auch auf die nach der Pfändung fällig werdenden Beträge; das Pfandrecht an einem Diensteinkommen wirkt, falls der Dienstherr derselbe bleibt, auch auf das Diensteinkommen im Falle der späteren Versetzung oder der Übertragung eines neuen Amtes, sowie im Falle einer Gehaltserhöhung[13]).

Soweit der Akt der Pfändung durch das Gericht erfolgt, ist als Vollstreckungsgericht dasjenige Amtsgericht zuständig, bei welchem der Schuldner im Deutschen Reiche seinen allgemeinen Gerichtsstand hat, und in Ermangelung eines solchen Gerichtsstands der Gerichtsstand des Vermögens[14]). Zuständigkeit.

Die Verwertung des Pfandgegenstandes erfolgt regelmäßig durch die Überweisung der Forderung an den Gläubiger, nur wenn die gepfändete Forderung eine bedingte oder betagte, oder wenn ihre Einziehung wegen der Abhängigkeit von einer Gegenleistung oder Verwertung des Pfandgegenstandes.

---

9) CPO. § 830 Abs. 2. 10) CPO. § 831.

11) CPO. § 845 Abs. 1. Der vorherigen Erteilung einer vollstreckbaren Ausfertigung und der Zustellung des Schuldtitels bedarf es nicht.

12) CPO. § 845 Abs. 2. 13) CPO. §§ 832, 833.

14) CPO. § 828.

sonst mit Schwierigkeiten verbunden ist, kann das Gericht auf Antrag eine andere Art der Verwertung anordnen[15]).

Überweisung. Die Überweisung erfolgt auf Antrag des Gläubigers nach seiner Wahl entweder zur Einziehung oder an Zahlungsstatt zum Nennwerte. Der Antrag kann mit dem Pfändungsgesuche verbunden werden, die Überweisung erfolgt in diesem Falle im Pfändungsbeschlusse, sonst später. Die über die Zustellung des Pfändungsbeschlusses geltenden Vorschriften (o. S. 590 Anm. 5f.) finden auch auf die Zustellung des Überweisungsbeschlusses Anwendung, so daß insbesondere die Überweisung mit der Zustellung des Beschlusses an den Drittschuldner wirksam wird[16]).

Besteht für die gepfändete Forderung eine Hypothek, so gelten für die Überweisung besondere Bestimmungen[17]).

Durch die Überweisung wird die gepfändete Forderung auf den Gläubiger übertragen, als wenn sie ihm abgetreten wäre, einer Abtretungserklärung bedarf es nicht mehr[18]); die Überweisung verpflichtet den Schuldner, dem Gläubiger die zur Geltendmachung der Forderung nötige Auskunft zu erteilen und ihm die über die Forderung vorhandenen Urkunden herauszugeben[19]).

Besteht für die überwiesene Sache ein Pfandrecht, so kann der Gläubiger die Herausgabe des Pfandes verlangen (BGB. § 1251 Abs. 1). Erfüllt der Gläubiger die mit der Erlangung des Besitzes an dem Pfande verbundenen Verpflichtungen nicht, so haftet dafür

---

15) CPO. §§ 835, 844. Vor der Anordnung ist der Gegner zu hören, sofern nicht eine Zustellung im Auslande oder eine öffentliche Zustellung erforderlich ist.

16) CPO. § 835 Abs. 1 u. 3. Ist dem Schuldner nachgelassen, durch Sicherheitsleistung oder Hinterlegung die Vollstreckung abzuwenden (CPO. § 713 Abs. 2), so findet die Überweisung gepfändeter Geldforderungen nur zur Einziehung und nur mit der Wirkung statt, daß der Drittschuldner den Schuldbetrag hinterlege (CPO. § 839). An dem hinterlegten Gelde besteht das Pfandrecht fort (BGB. §§ 1287, 1257).

17) CPO. § 837 u. o. Anm. 8.

18) CPO. § 836 Abs. 1. Ist der Überweisungsbeschluß mit Unrecht erlassen, so gilt er zu Gunsten des Drittschuldners dem Schuldner gegenüber so lange als rechtsbeständig, bis er aufgehoben wird und die Aufhebung zur Kenntnis des Drittschuldners gelangt, CPO. § 836 Abs. 2.

19) CPO. § 836 Abs. 3. Die Herausgabe kann vom Gläubiger auf Grund des Überweisungsbeschlusses im Wege der Zwangsvollstreckung erwirkt werden.

der Schuldner wie ein Bürge (BGB. §§ 1215, 1251 Abs. 2), es kann deshalb in solchem Falle der Schuldner dem Gläubiger die Herausgabe des Pfandes verweigern, bis ihm dieserhalb Sicherheit geleistet wird[20]).

Klagt der Gläubiger die ihm überwiesene Forderung ein, so ist er verpflichtet, dem Schuldner gerichtlich den Streit zu verkünden, sofern nicht eine Zustellung im Ausland oder öffentliche Zustellung erforderlich wird[21]).

Ist die Forderung für mehrere Gläubiger gepfändet, so ist der Drittschuldner berechtigt und auf Verlangen eines Gläubigers, dem die Forderung überwiesen wurde, verpflichtet, unter Anzeige der Sachlage und unter Aushändigung der ihm zugestellten Beschlüsse an das Amtsgericht, dessen Beschluß ihm zuerst zugestellt ist, den Schuldbetrag zu hinterlegen[22]).

Jeder Gläubiger, dem die Forderung überwiesen ist, kann auf solche Hinterlegung klagen, jeder Pfändungspfandgläubiger kann dem Rechtsstreite als Streitgenosse des Klägers beitreten. Der Drittschuldner hat die Gläubiger, welche nicht geklagt haben oder nicht beigetreten sind, zu laden. Die Entscheidung wirkt für und gegen alle; ist jedoch ein Gläubiger, welcher zu laden war, nicht geladen, so kann sich der Drittschuldner diesem gegenüber auf die ihm günstige Entscheidung nicht berufen[23]).

Findet die Überweisung an Zahlungsstatt zum Nennwerte statt, so geht die Forderung auf den Gläubiger mit der Wirkung über, daß derselbe, soweit die Forderung besteht, wegen seiner Forderung an den Schuldner als befriedigt anzusehen ist[24]).

Findet die Überweisung zur Einziehung statt, so ist der Gläubiger nicht nur berechtigt, die überwiesene Forderung zum Zwecke seiner Befriedigung einzuziehen, sondern er ist auch dem Schuldner gegenüber dazu verpflichtet; vernachlässigt er diese Pflicht, so haftet er dem Schuldner für den daraus entstehenden Schaden; jedoch kann der Gläubiger auf das Pfändungsrecht an der Forderung unbeschadet seines Anspruches durch eine dem Schuldner und dem Drittschuldner zuzustellende Erklärung verzichten[25]).

---

20) CPO. § 838.
21) CPO. § 841.
22) CPO. § 853.
23) CPO. § 856.
24) CPO. § 835 Abs. 2.
25) CPO. §§ 842, 843.

§ 145.

Pfändung von Ansprüchen, welche die Herausgabe oder Leistung körperlicher Sachen zum Gegenstande haben.

Auf die Pfändung finden die Vorschriften über die Pfändung von Geldforderungen mit folgenden weiteren Bestimmungen Anwendung[1]):

Pfändungsbeschluß. 1. Im Pfändungsbeschlusse ist, wenn die Sache eine bewegliche ist, anzuordnen, daß die Sache an einen vom Gläubiger zu beauftragenden Gerichtsvollzieher, und wenn die Sache eine unbewegliche ist, daß sie an ein auf Antrag des Gläubigers vom Amtsgerichte der belegenen Sache zu bestellenden Sequester herauszugeben sei[2]).

Verwertung des Pfandes. 2. Die Verwertung des Pfandes erfolgt — soweit nicht in zulässiger Weise eine andere Verwertung gerichtlich angeordnet ist (CPO. § 844 u. o. S. 592 Anm. 15) — durch Überweisung des Anspruchs auf Herausgabe an den Gerichtsvollzieher resp. den Sequester, die Überweisung erfolgt nur zur Einziehung zum Zwecke der Befriedigung des Gläubigers nach den Vorschriften über die Verwertung gepfändeter Sachen resp. nach den für die Zwangsvollstreckung in das unbewegliche Sachen geltenden Vorschriften; eine Überweisung an Zahlungsstatt ist unzulässig[3]).

Ist Gegenstand des Pfändungsrechts ein Anspruch des Schuldners auf Übertragung des Eigentums an einem Grundstücke, so muß außer der Herausgabe des Grundstücks die Auflassung desselben an den Sequester als Vertreter des Schuldners erfolgen. Erfolgt die Auflassung seitens des Drittschuldners freiwillig oder infolge der Klage des Gläubigers aus dem überwiesenen Anspruche, so erwirbt der Gläubiger eine Sicherungshypothek an dem Grundstück, deren Eintragung der Sequester zu bewilligen hat[4]).

Beschränkungn. der Pfändbarkeit. 3. Die Ausnahmen, welche bezüglich der Pfändbarkeit von Forderungen (CPO. §§ 850, 851, o. S. 588 f.), und bezüglich der Pfändbarkeit von körperlichen Sachen (CPO. §§ 811—813, o. S. 583 ff.) gelten, finden hier gleichfalls Anwendung, so daß Ansprüche, welche

---

[1]) CPO. § 846, §§ 829—845, 856.

[2]) CPO. §§ 847 Abs. 1, 848 Abs. 1.

[3]) CPO. §§ 847 Abs. 2, 848 Abs. 3, 849.

[4]) CPO. § 848 Abs. 2 und dazu BGB. §§ 1282, 1287 und 894.

die Herausgabe unpfändbarer Sachen zum Gegenstande haben, der Pfändung nicht unterliegen.

Nach Maßgabe der Bestimmung im § 851 Abs. 1 der Civilprozeßordnung sind insbesondere unpfändbar die Ansprüche des Mieters und Pächters bezüglich der verpachteten Sache, also das Mietsrecht und Pachtrecht als solches, da dieses ohne Zustimmung des Verpächters nicht übertragbar ist (s. BGB. §§ 549 Abs. 1 Satz 1, 581 Abs. 2). Anders liegt die Sache, wenn dem Mieter oder Pächter die Aftervermietung oder Verpachtung gestattet ist.

4. Ist die Pfändung für mehrere Gläubiger erfolgt, so bestimmt sich das Rechtsverhältnis zwischen Gläubiger und Drittschuldner nach Maßgabe der Bestimmungen der §§ 854 u. 855 der Civilprozeßordnung, für die gerichtliche Geltendmachung der Ansprüche der Gläubiger finden die Bestimmungen des § 856 (s. o. S. 593 Anm. 23) Anwendung. Mehrheit der Pfändungspfandgläubiger.

§ 146.

Pfändung anderer Vermögensrechte.

Andere Vermögensrechte, als Geldforderungen und Ansprüche auf Herausgabe oder Leistung körperlicher Sachen, sind pfändbar, soweit sie dem Rechte oder doch der Ausübung nach übertragbar sind, und soweit sie nicht Gegenstand der Zwangsvollstreckung in das unbewegliche Vermögen sind [1]).

Auf das Vollstreckungsverfahren finden die in den beiden vorhergehenden Paragraphen dargestellten Vorschriften mit den folgenden Bestimmungen entsprechende Anwendung [2]):

1. Die Pfändung erfolgt auch hier durch gerichtlichen Pfändungsbeschluß. Ist ein Drittschuldner nicht vorhanden, so ist die Pfändung mit dem Zeitpunkt als bewirkt anzusehen, in welchem dem Schuldner das Verfügungsverbot zugestellt ist [3]). Pfändungsbeschluß.

---

[1]) CPO. § 857 Abs. 1 u. 3, § 851 und BGB. §§ 1059 (Nießbrauch), 1092 (beschränkte persönliche Dienstbarkeit), 1110, 1111 (Reallast), 1250 (Pfandrecht), 1408 (Nutzungsrecht des Ehemanns am eingebrachten Gute), 1658 (elterliches Nutzungsrecht). In Ansehung der Zwangsvollstreckung gelten als unbeweglich die im Schiffsregister eingetragenen Schiffe, während Schiffsparten zum beweglichen Vermögen gehören (CPO. §§ 864 Abs. 1, 858 Abs. 1).

[2]) CPO. §§ 857 Abs. 1, 858 Abs. 1.

[3]) CPO. § 857 Abs. 2.

Ist eine Schiffspart gepfändet, so soll der Beschluß, falls ein Korrespondentrheder bestellt ist, diesem zugestellt werden. Die Pfändung wird auch mit dieser Zustellung wirksam[4]).

Soll ein nur der Ausübung nach übertragbares Nutzungsrecht gepfändet werden und ordnet das Gericht auf Antrag eine Verwaltung an, so wird die Pfändung durch die Übergabe der zu benutzenden Sache an den Verwalter wirksam, sofern sie nicht durch Zustellung des Pfändungsbeschlusses bereits bewirkt ist[5]).

Soll eine Reallast, eine Grundschuld oder eine Rentenschuld gepfändet werden, so finden die Vorschriften für die Pfändung einer Forderung, für welche eine Hypothek besteht (CPO. § 830) entsprechende Anwendung[6]).

Verwertung des Pfandgegenstandes.

2. Die Verwertung des Pfandgegenstandes erfolgt, wenn das gepfändete Recht veräußerlich ist, durch Veräußerung, nachdem solche und ihre Art und Weise (insbesondere ob durch Versteigerung oder durch freihändigen Verkauf) auf Antrag vom Vollstreckungsgerichte angeordnet ist[7]).

Ist das gepfändete Recht nur der Ausübung nach übertragbar, so kann das Gericht besondere Anordnungen treffen, insbesondere bei der Zwangsvollstreckung in Nutzungsrechte eine Verwaltung anordnen[8]).

Ist eine Reallast, eine Grundschuld oder eine Rentenschuld gepfändet, so ist dem Gläubiger auf Antrag das Recht nach Maßgabe der für das Pfändungspfandrecht an einer Forderung, für welche eine Hypothek besteht, geltenden Vorschriften (CPO. § 837) zu überweisen[9]).

---

[4]) CPO. § 858 Abs. 3. Das Vollstreckungsgericht soll der Registerbehörde von der Erlassung des Pfändungsbeschlusses unverzüglich Mitteilung machen, CPO. § 858 Abs. 4. Als Vollstreckungsgericht ist das Amtsgericht zuständig, in dessen Bezirk sich der Heimatshafen oder der Heimatsort des Schiffes befindet, CPO. § 858 Abs. 2.

[5]) CPO. § 857 Abs. 4. [6]) CPO. § 857 Abs. 6.

[7]) CPO. § 857. Dem Antrag auf Anordnung der Veräußerung einer gepfändeten Schiffspart ist ein (nicht über eine Woche alter) Auszug aus dem Schiffsregister über alle die Part betreffenden Eintragungen beizufügen, CPO. § 858 Abs. 3. Ergiebt der Auszug, daß die Part mit dem Pfandrechte eines Dritten belastet ist, so ist die Hinterlegung des Erlöses zum Zwecke der Einleitung des Verteilungsverfahrens anzuordnen, CPO. § 858 Abs. 6.

[8]) CPO. § 857 Abs. 4. [9]) CPO. § 857 Abs. 6.

3. Über die Zulässigkeit resp. Unzulässigkeit der Pfändung

a) eines Anteils am Gesellschaftsvermögen resp. eines Anteils an den einzelnen dazu gehörenden Gegenständen[10]),

b) eines Anteils am Nachlasse resp. an den einzelnen Nachlaßgegenständen[11]),

c) eines Anteils am Gesamtgute und an den einzelnen dazu gehörenden Gegenständen nach resp. während der Beendigung der Gütergemeinschaft[12]),

sowie über die Unzulässigkeit resp. Beschränkung der Pfändung

a) des Rechtes des Ehemanns am eingebrachten Gute resp. der davon erworbenen Früchte[13]),

b) des elterlichen Nutzungsrechts an dem unfreien Kindesvermögen resp. der davon erworbenen Früchte[14]),

sowie über die Beschränkung der Pfändung hinsichtlich der Nutzungen der Erbschaft oder des Gesamtgutes, falls der Schuldner ein Erbe oder Abkömmling ist, der wegen Verschwendung oder Überschuldung nach Maßgabe der §§ 2338, 1513 Abs. 2 des Bürgerlichen Gesetzbuches in seiner Rechtsstellung beschränkt ist, zum Nachteile eines anderen Gläubigers als eines Nachlaßgläubigers, Gesamtgutsgläubigers oder eines Berechtigten, dessen Recht auch dem Nacherben oder dem Testamentsvollstrecker gegenüber wirksam ist[15]), bestehen besondere Vorschriften (Anm. 10—15).

§ 147.

Verteilungsverfahren.

Ist im Pfändungsverfahren ein Geldbetrag, der zur Befriedigung der beteiligten Gläubiger nicht ausreicht, hinterlegt, so tritt das Verteilungsverfahren ein[1]). Für dasselbe gilt amtlicher Betrieb. Fälle des Verfahrens.

---

[10]) CPO. § 859 Abs. 1.
[11]) CPO. § 859 Abs. 2.
[12]) CPO. § 860.
[13]) CPO. § 861.
[14]) CPO. § 862.
[15]) CPO. § 863.

[1]) CPO. § 872, Fälle §§ 827 (o. S. 587 Anm. 23f.), 853, 854 (o. S. 593 Anm. 22, 595 unter 4), 858 Abs. 6 (o. S. 596 Anm. 7).

Vertlungs-gacht.

Zuständig ist dasjenige Vollstreckungsgericht, bei dem der durch die Verwertung des Pfandgegenstandes erzielte Erlös hinterlegt ist[2]).

Eiitung es Verhrens.

Die Einleitung des Verfahrens erfolgt von Amtswegen, sobald die betreffende Anzeige eingegangen ist, mit der an jeden der beteiligten Gläubiger zu erlassenden Aufforderung, eine Berechnung ihrer Forderung an Kapital, Zinsen, Kosten und sonstigen Nebenforderungen binnen zwei Wochen einzureichen[3]).

Teungs-lan.

Nach Ablauf der Frist wird der Teilungsplan vom Gericht angefertigt. Die Forderung eines Gläubigers, der bis zur Anfertigung des Plans eine Berechnung nicht eingereicht hat, wird unter Ausschluß einer etwa noch nachträglich eingehenden Ergänzung, lediglich nach der Anzeige und deren Unterlagen berechnet. Die Kosten des Verteilungsverfahrens werden von der Masse vorweg genommen[4]).

Vertlungs-tenin.

Zur Erklärung über den Teilungsplan, sowie zur Ausführung der Verteilung wird vom Gericht ein Termin bestimmt, zu welchem die beteiligten Gläubiger und der Schuldner (letzterer jedoch nur, wenn die Zustellung nicht im Auslande oder öffentlich erfolgen muß) zu laden sind. Der Teilungsplan muß spätestens drei Tage vor dem Termine auf der Gerichtsschreiberei zur Einsicht der Beteiligten niedergelegt werden[5]).

Wird im Termin kein Widerspruch gegen den Plan erhoben, oder wird ein erhobener Widerspruch von den erschienenen beteiligten Gläubigern, welche sich sofort zu erklären haben, anerkannt oder findet anderweit eine Einigung der beteiligten Gläubiger statt, so wird der Plan, eventuell nach vorheriger Berichtigung desselben in Maßgabe der abgegebenen Erklärungen, zur Ausführung gebracht. Wird ein erhobener Widerspruch nicht beseitigt, so findet die Ausführung des Planes nur insoweit statt, als er durch den Widerspruch nicht berührt wird[6]).

Erscheint ein Gläubiger nicht im Termin, so wird angenommen, daß er mit der Ausführung des Plans einverstanden sei, soweit er nicht vor dem Termine Widerspruch erhoben hat, und bezüglich eines von einem anderen Gläubiger erhobenen Widerspruchs, bei dem der

---

[2]) CPO. § 873. [3]) CPO. § 874.
[4]) CPO. § 874. [5]) CPO. § 875.
[6]) CPO. § 876.

Nichterschienene beteiligt ist, angenommen, daß der Widerspruch von dem Nichterschienenen nicht anerkannt wird [7]).

Verfolgung des Widerspruchs gegen den Teilungsplan.

Der widersprechende Gläubiger muß dem Gerichte binnen einer gesetzlichen Frist von einem Monate, welche mit dem Terminstage beginnt, nachweisen, daß er gegen die beteiligten Gläubiger Klage erhoben habe. Nach fruchtlosem Ablaufe der Frist wird der Plan trotz des Widerspruches ausgeführt [8]).

Die Klage ist bei dem Verteilungsgerichte, und wenn der Streitgegenstand zur Zuständigkeit der Amtsgerichte nicht gehört, bei dem Landgerichte, in dessen Bezirk das Verteilungsgericht seinen Sitz hat, zu erheben. Das für eine Klage zuständige Landgericht ist auch für die Klage eines anderen Widersprechenden zuständig, wenn auch die letztere Klage sachlich vor das Amtsgericht gehört, es sei denn, daß die sämtlichen beteiligten Gläubiger vereinbaren, daß das Verteilungsgericht über alle Widersprüche zu entscheiden habe [9]).

In dem Urteile wird über die Auszahlung des streitigen Teils der Masse entschieden, soweit nicht die Einleitung eines neuen Verteilungsverfahrens und die Anfertigung eines neuen Plans angeordnet wird. Das Versäumnisurteil gegen den widersprechenden Gläubiger ergeht dahin, daß der Widerspruch als zurückgenommen anzusehen sei. Die Auszahlung in Maßgabe des bestätigten oder abgeänderten Plans sowie die Einleitung des neuen Verteilungsverfahrens findet vor dem Verteilungsgerichte statt [10]).

---

7) CPO. § 877.

8) CPO. § 878. Die Versäumung der Frist nimmt dem Gläubiger, welcher widersprochen hat, nicht die Befugnis, sein besseres Recht im Wege der Klage zu verfolgen.

9) CPO. § 879.

10) CPO. §§ 880—882. Die Ausführung des Urteils durch das Verteilungsgericht erfolgt auf Antrag des obsiegenden Gläubigers, der die Rechtskraft des Urteils nachweist.

II.

Zwangsvollstreckung in das unbewegliche Vermögen.

§ 148.

Die Vollstreckungsmittel und das Vollstreckungsverfahren im allgemeinen.

Gegenstand der Zwangsvollstreckung.

In Ansehung der Zwangsvollstreckung gehören zum unbeweglichen Vermögen

1. die Grundstücke[1]);

2. die eigentumsähnlichen Rechte an Grundstücken, für welche die sich auf Grundstücke beziehenden Vorschriften gelten, wie das Erbbaurecht, das Erbpachtrecht, das Büdnerrecht und Häuslerrecht, sowie die landesrechtlich gleichgestellten vererblichen und veräußerlichen Nutzungsrechte[2]);

3. die im Schiffsregister eingetragenen Schiffe[3]).

In den Bruchteil eines Grundstücks oder einer Berechtigung ist die Zwangsvollstreckung nur zulässig, wenn der Schuldner Miteigentümer ist und die Zwangsvollstreckung in den Anteil des Miteigentümers begehrt wird, oder wenn das geltend gemachte Recht ein solches ist, welches sich auf den Bruchteil beschränkt, wenn auch das Grundstück jetzt im Alleineigentum steht[4]).

Der Anteil an Schiffen (Schiffspart) gilt in Ansehung der Zwangsvollstreckung als bewegliches Vermögen[5]).

Gegenstand der Zwangsvollstreckung sind nicht nur die unter 1—3 aufgeführten Sachen und Rechte, sondern auch diejenigen

---

[1]) CPO. § 864 Abs. 1.

[2]) CPO. § 8 4 Abs. 1, BGB. § 1017, EG. z. BGB. Art. 63, 68, 67 u. 69. Unberührt bleiben die landesgesetzlichen Vorschriften, nach welchen, wenn ein Anderer als der Eigentümer einer Eisenbahn oder Kleinbahn den Betrieb der Bahn kraft eigenen Nutzungsrechtes ausübt, das Nutzungsrecht und gewisse dem Betriebe gewidmete Gegenstände in Ansehung der Zwangsvollstreckung zum unbeweglichen Vermögen gehören und die Zwangsvollstreckung abweichend von den Vorschriften der Reichsgesetze geregelt ist, CPO. § 871.

[3]) CPO. § 864 Abs. 1.

[4]) CPO. § 864 Abs. 2 und dazu BGB. §§ 1106, 1114, 1192, 1199.

[5]) CPO. § 858.

Gegenstände, auf welche sich bei Grundstücken und Rechten die Hypothek, bei Schiffen das eingetragene Pfandrecht erstreckt[6]).

Diese Gegenstände unterliegen jedoch, soweit sie nicht Zubehörstücke sind, der Zwangsvollstreckung in das bewegliche Vermögen, solange nicht ihre Beschlagnahme im Wege der Zwangsvollstreckung in das unbewegliche Vermögen erfolgt ist[7]).

Vollstreckungsarten.

Die Vollstreckung in Grundstücke und die eigentumsähnlichen Rechte an Grundstücken erfolgt durch Eintragung einer Sicherungshypothek[8]), durch Zwangsversteigerung oder durch Zwangsverwaltung und zwar nach Wahl des Gläubigers entweder durch eine dieser Maßregeln allein oder neben den übrigen, die Vollstreckung in Schiffe nur durch Zwangsversteigerung[9]).

Eintragung einer Sicherungshypothek.

Die Sicherungshypothek wird auf Antrag des Gläubigers in das Grundbuch eingetragen.

Mit der Eintragung, welche auf dem Titel vermerkt wird, entsteht die Hypothek. Die Wirkung der Hypothek erstreckt sich auf die dem Schuldner zur Last fallenden Kosten der Eintragung. Sollen mehrere Grundstücke des Schuldners mit der Hypothek belastet werden, so ist der Betrag der Forderung auf die einzelnen Grundstücke nach Bestimmung des Gläubigers zu verteilen[10]).

Liegt ein Fall vor, nach welchem die Zwangsvollstreckung mit der Wirkung einzustellen ist, daß auch die Vollstreckungsmaßregeln aufzuheben sind, so erwirbt der Eigentümer des Grundstücks resp. der Inhaber des eigentumsähnlichen Rechtes die Hypothek[11]).

---

[6]) CPO. § 865 Abs. 1 u. dazu BGB. §§ 1120—1131, 1265.

[7]) CPO. § 865 Abs. 2.

[8]) Anwendbar ist auch dieses Vollstreckungsmittel erst, wenn das Grundbuch für das betreffende Grundstück angelegt ist. — Auf Grund eines Vollstreckungsbefehls findet solche Eintragung überhaupt nicht, auf Grund eines anderen Titels nur dann statt, wenn die einzutragende Forderung oder der zusammenzurechnende Betrag mehrerer Forderungen abgesehen von Zinsen, Kosten und sonstigen Nebenforderungen den Betrag von dreihundert Mark übersteigt, CPO. § 866 Abs. 3.

[9]) CPO. §§ 866, 870 und dazu EG. z. BGB. Art. 60.

[10]) CPO. § 867.

[11]) CPO. § 868 und dazu BGB. § 1163 Abs. 1 Satz 2, auch CPO. § 775 Nr. 1—3 u. 776 u. o. S. 567f.

Zwangsversteigerung und Zwangsverwaltung.

Die Zwangsversteigerung und die Zwangsverwaltung[12]) werden durch gerichtlichen Beschluß, welcher zu Gunsten des Gläubigers die Wirkung einer Beschlagnahme des unbeweglichen Gegenstandes und der mithaftenden beweglichen Gegenstände hat, angeordnet[13]).

Beschlagnahme.

Die Beschlagnahme hat mit dem Zeitpunkte des Eintritts ihrer Wirksamkeit die Bedeutung eines zu Gunsten des Beschlagnahmegläubigers bestehenden Veräußerungsverbotes, so daß eine nach diesem Zeitpunkte vom Schuldner vorgenommene Verfügung über einen Gegenstand, der von der Beschlagnahme betroffen wird, dem Gläubiger gegenüber unwirksam ist, jedoch kommen die Vorschriften des Bürgerlichen Gesetzbuches über den Schutz des redlichen Erwerbes auch hier, wenn auch mit gewissen Beschränkungen, zur Anwendung[14]).

Ist die Beschlagnahme zum Zwecke der Zwangsversteigerung erfolgt, so verbleiben dem Schuldner Verwaltung und Benutzung des beschlagnahmten Hauptgegenstandes innerhalb der Grenzen einer

---

[12]) CPO. § 869. Für diese Vollstreckungsmaßregeln gilt das Gesetz vom 24. März 1897 (s. o. S. 575). Dasselbe ist, soweit es die Schiffe betrifft, mit dem 1. Januar 1900 in Kraft getreten, im übrigen tritt es für jeden Grundbuchbezirk mit dem Zeitpunkte in Kraft, in welchem das Grundbuch als angelegt anzusehen ist. Ein zur Zeit des Inkrafttretens bereits beantragtes Verfahren ist nach den Landesgesetzen zu erledigen (EG. z. ZVG. § 15). Die Bestimmungen der Art. 2—5 des EG. z. BGB. sowie die Bestimmung der Art. 32 und 55 desselben Gesetzes über das Verhältnis des Bürgerlichen Gesetzbuches zu den Reichsgesetzen und zu den Landesgesetzen finden auf dieses Gesetz entsprechende Anwendung (EG. z. ZVG. § 1). Die Vorbehalte, welche im EG. z. BGB. zu Gunsten der Landesgesetze gemacht sind (s. Art. 55ff. EG. z. BGB.), gelten auch für die Vorschriften der Landesgesetze über die Zwangsversteigerung und die Zwangsverwaltung, so daß namentlich für Familienfideikommisse, Lehen, landesrechtlich anerkannte vererbliche und veräußerliche Nutzungsrechte, insbesondere Erbpachtrechte, Büdnerrecht, Häuslerrecht, Bergwerke abweichende Vorschriften zulässig sind. Den Landesgesetzen gleich stehen die in den Art. 57 u. 58 des EG. z. BGB. erwähnten Hausverfassungen gleich, EG. z. ZVG. § 2 Abs. 1.

[13]) ZVG. § 20 (§§ 146 Abs. 1, 162) und CPO. § 685 Abs. 1 (o. Anm. 6).

[14]) ZVG. § 23 Abs. 1 Satz 1 (§§ 146 Abs. 1, 162), BGB. §§ 135, 136. Beschränkungen ergeben sich aus ZVG. § 23 Abs. 2, wonach böser Glaube des Erwerbers schon anzunehmen ist, wenn ihm der Antrag auf Anordnung der Vollstreckungsmaßregel bekannt war, und hinsichtlich der mithaftenden beweglichen Sachen auch dann, wenn der Vollstreckungsvermerk in das Grundbuch eingetragen ist (ZVG. § 23 Abs. 2 § 146 Abs. 1).

ordentlichen Wirtschaftsführung [15]). Innerhalb dieser Grenzen kann der Schuldner also auch über einzelne bewegliche Gegenstände, welche von der Beschlagnahme ergriffen werden, mit Wirksamkeit gegen den Gläubiger verfügen [16]).

Aus gleichem Grunde sind im Falle der Zwangsversteigerung der Wirkung der Beschlagnahme entzogen

a) vom Boden getrennte land- und forstwirtschaftliche Erzeugnisse des Grundstücks, soweit sie nicht Zubehör sind, und die Forderung aus einer Versicherung solcher Erzeugnisse [17]);

b) die Miet- und Pachtzinsforderungen sowie die Ansprüche aus einem mit dem Eigentum an dem Grundstücke verbundenen Rechte auf wiederkehrende Leistungen [18]).

Diese Beschränkungen (Anm. 16—18) haben im Falle der Zwangsverwaltung nicht statt [19]).

Das Recht des Pächters auf den Fruchtgenuß bleibt in jedem Falle von der Beschlagnahme unberührt [20]).

Ist nach der Beschlagnahme der Hauptgegenstand veräußert, so hat dies, wenn die Vollstreckungsmaßregel wegen des Anspruchs aus einem eingetragenen Rechte erfolgt ist, auf den Fortgang des Verfahrens auch im Falle des gutgläubigen Erwerbs keinen Einfluß [21]).

Wird nach der Anordnung der Beschlagnahme ein weiterer Antrag auf Anordnung derselben Vollstreckungsmaßregel gestellt, so ergeht an Stelle einer zweiten Beschlagnahme die Anordnung, daß der Beitritt des Antragstellers zu dem Verfahren zugelassen wird. Eine Eintragung dieser Anordnung findet nicht statt, vielmehr wirkt der zu Gunsten des ersten Gläubigers eingetragene Vollstreckungsvermerk auch zu Gunsten des beigetretenen Gläubigers, sobald der Beitrittsbeschluß.

[15]) ZVG. § 24 (§ 162). Wegen Anordnung von Sicherungsmaßregeln s. ZVG. § 25.

[16]) ZVG. § 23 Abs. 1 Satz 2 (§ 162).

[17]) ZVG. § 21 Abs. 1.

[18]) ZVG. § 21 Abs. 2 (§ 162).

[19]) ZVG. § 248 Abs. 1.

[20]) ZVG. § 21 Abs. 2 (§ 146 Abs. 1).

[21]) ZVG. § 26 (§§ 146 Abs. 1, 162). Der Erwerber ersieht das eingetragene Recht aus dem Grundbuche oder Schiffsregister, muß also von vornherein mit der Möglichkeit rechnen, daß das Recht im Wege der Zwangsvollstreckung verfolgt wird. Handelt es sich dagegen um die Verfolgung eines persönlichen Anspruchs, so kann der gutgläubige Erwerber der Fortsetzung des Verfahrens widersprechen.

Beitrittsbeschluß zugestellt ist. Dieser hat dieselben Rechte, wie wenn auf seinen Antrag der Beschlagnahmebeschluß ergangen wäre[22]).

Durch die Beschlagnahme resp. durch den zugelassenen Beitritt erlangt der Gläubiger ein Recht auf Befriedigung aus dem Erlöse resp. aus den Einkünften des beschlagnahmten Gegenstandes in der fünften Rangklasse diejenigen Gläubiger, welche nach Vorschrift des Gesetzes ein Recht auf Befriedigung aus demselben haben. Ein solches Recht gewähren nach folgender Rangordnung, bei gleichem Rechte im Verhältnis ihrer Beträge[23])

1. der Anspruch eines die Zwangsverwaltung betreibenden Gläubigers auf Ersatz seiner Ausgaben zur Erhaltung oder nötigen Verbesserung des Grundstücks, im Falle es jedoch zur Zwangsversteigerung kommt, nur, wenn die Verwaltung bis zum Zuschlage fortdauert und die Ausgaben nicht aus den Nutzungen des Grundstücks erstattet werden können[24]);

2. bei einem land- oder forstwirtschaftlichen Grundstücke die Ansprüche der zur Bewirtschaftung des Grundstücks oder zum Betrieb eines mit dem Grundstücke verbundenen land- oder forstwirtschaftlichen Nebengewerbes angenommenen, in einem Dienst- oder Arbeitsverhältnisse stehenden Personen, insbesondere des Gesindes, der Wirtschafts- und Forstbeamten, auf Lohn, Kostgeld und andere Bezüge wegen der laufenden und der aus dem letzten Jahre rückständigen Beträge[25]);

3. die Ansprüche auf Entrichtung der öffentlichen Lasten des Grundstücks wegen der laufenden und der aus den letzten zwei Jahren rückständigen Beträge[26]);

4. die Ansprüche aus Rechten an der unbeweglichen Sache, soweit sie nicht infolge der Beschlagnahme dem Gläubiger gegenüber unwirksam sind, die Ansprüche auf wiederkehrende Leistungen jedoch, mit Einschluß derjenigen, welche als Zuschlag zu den Zinsen behufs

---

[22]) ZVG. § 27 (§§ 146 Abs. 2, 162). Dieses Recht besteht für den Fall des Konkurses als Absonderungsrecht fort. KO. §§ 13 u. 43.

[23]) ZVG. § 10 (§ 162).

[24]) Dieses Vorrecht aus der nützlichen Verwendung fällt weg, wenn Gegenstand der Vollstreckung ein Schiff ist, da hier eine Zwangsverwaltung nicht vorkommt.

[25]) Auch dieses Vorrecht des sog. Liedlohns fällt bei Schiffen weg.

[26]) Vgl. hierzu EG. z. ZVG. § 4.

allmählicher Kapitalstilgung zu entrichten sind, nur wegen der laufenden und aus den letzten zwei Jahren rückständigen Beträge [27]); für Ansprüche aus verschiedenen Rechten ist das Rangverhältnis des bürgerlichen Rechts maßgebend [28]);

5. der Anspruch des Gläubigers, soweit er nicht bereits in einer der vorhergehenden Klassen zu befriedigen ist; unter mehreren Ansprüchen geht derjenige vor, für welchen die Beschlagnahme früher erfolgt ist [29]).

6. die Ansprüche der vierten Klasse, soweit sie infolge der Beschlagnahme dem Gläubiger gegenüber unwirksam sind [30]);

7. die Ansprüche der dritten Klasse wegen der älteren Rückstände;

8. die Ansprüche der vierten Klasse wegen der älteren Rückstände [31]).

Das Recht auf Befriedigung aus dem Grundstücke besteht auch für die Kosten der Kündigung und der die Befriedigung aus dem Grundstücke bezweckenden Rechtsverfolgung [32]). Unter mehreren Ansprüchen aus demselben Rechte geht der Anspruch auf Ersatz dieser Kosten vor, dann folgen die Ansprüche auf wiederkehrende Leistungen und andere Nebenleistungen, zuletzt der Hauptanspruch [33]). Ansprüche von unbestimmten Beträgen gelten als aufschiebend bedingt durch die Feststellung des Betrages [34]).

Die Parteien im Vollstreckungsverfahren sind zunächst der Gläubiger und der Schuldner, neben ihnen gelten als Beteiligte [35]) — Parteien und andere Beteiligte.

1. diejenigen, für welche zur Zeit der Eintragung des Vollstreckungsvermerks ein Recht im Grundbuch eingetragen oder durch Eintragung gesichert ist;

---

[27]) Die laufenden Beträge nehmen ihren Anfang von dem letzten Fälligkeitstermine vor der ersten Beschlagnahme, die Rückstände werden von demselben Zeitpunkte zurückgerechnet; fehlt es an einem Fälligkeitstermine innerhalb der letzten zwei Jahre, so entscheidet die Zeit der Beschlagnahme, ZVG. § 13.

[28]) ZVG. § 11 Abs. 1 und dazu BGB. §§ 879, 880, EG. z. BGB. § 184.

[29]) ZVG. § 11 Abs. 2.

[30]) s. dazu ZVG. § 11 Abs. 1.

[31]) s. dazu ZVG. § 11 Abs. 1.

[32]) ZVG. § 10 Abs. 2 und dazu BGB. § 1118.

[33]) ZVG. § 12.

[34]) ZVG. § 14 (§ 120).

[35]) ZVG. § 9 und dazu § 163 Abs. 3.

2. diejenigen, welche eines der folgenden Rechte beim Vollstreckungsgerichte anmelden und auf Verlangen des Gerichts oder eines Beteiligten glaubhaft machen:

a) ein der Zwangsvollstreckung entgegenstehendes Recht;

b) ein Recht an der unbeweglichen Sache oder ein dieselbe belastendes Recht;

c) einen Anspruch mit dem Rechte auf Befriedigung aus der unbeweglichen Sache;

d) ein Miet- oder Pachtrecht, auf Grund dessen ihnen die unbewegliche Sache überlassen ist.

Zweck des Verfahrens.

Im Falle der Zwangsversteigerung bezweckt das Verfahren die vollständige Liquidation der Immobiliarmasse unter Berücksichtigung aller Ansprüche und Rechte, welche durch die Versteigerung erlöschen und gleichzeitig einen Anspruch auf Befriedigung aus dem Erlöse gewähren, unter Wahrung der Rechte anderer Beteiligter. Im Falle der Zwangsverwaltung bezweckt das Verfahren lediglich die Befriedigung des Gläubigers an der Stelle, an welcher ihm die Befriedigung gebührt; ist dies durch die Vollstreckungsmaßregel erreicht, so ist das Verfahren durch Gerichtsbeschluß einzustellen[36].

Einstellung und Aufhebung des Verfahrens.

Trotz der zugelassenen Beteiligung anderer Berechtigter bleibt die Parteistellung des Gläubigers insofern gewahrt, als das Verfahren einstweilen einzustellen ist, wenn der Gläubiger solche Einstellung oder, was gleichbedeutend ist, die Aufhebung des Versteigerungstermins bewilligt[37], und aufzuheben ist, wenn der Gläubiger den Vollstreckungsantrag zurücknimmt oder nach der Einstellung entweder von neuem die Einstellung bewilligt oder doch nicht binnen sechs Monaten die Fortsetzung des Verfahrens beantragt[38].

Auch ohne Antrag ist das Verfahren aufzuheben, wenn dem Gerichte aus dem Grundbuche oder dem Schiffsregister ein Recht bekannt wird, welches der Fortsetzung des Verfahrens entgegensteht, es sei denn, daß der Gläubiger die Beseitigung des Hindernisses binnen einer ihm bestimmten Frist nachweist[39].

---

36) ZVG. § 161 Abs. 1 u. 2.

37) ZVG. §§ 30, 31 Abs. 1, 162. Im Falle der Zwangsverwaltung findet eine einstweilige Einstellung nicht statt.

38) ZVG. §§ 29—31, 161 Abs. 4, 162.

39) ZVG. §§ 28, 162.

Der Einstellungs- oder Aufhebungsbeschluß ist den Parteien und, wenn ein Dritter den Antrag gestellt hat, auch diesem zuzustellen[40]; nach Schluß der Versteigerung kann ein solcher Beschluß nur in der Form der Versagung des Zuschlags erlassen werden[41].

Im Falle der Aufhebung des Verfahrens ist das Grundbuchamt resp. die Registerbehörde um Löschung des Vollstreckungsvermerks zu ersuchen[42].

Wenn auch das Verfahren nur auf Antrag des Gläubigers eingeleitet und nach der einstweiligen Einstellung nur auf Antrag des Gläubigers fortgesetzt wird, so findet doch im übrigen ein amtlicher Betrieb statt, die Zustellungen erfolgen von Amtswegen[43], an Auswärtige durch Aufgabe zur Post event. an einen Zustellungsbevollmächtigten, für Empfänger mit unbekanntem Wohnort an einen vom Gerichte bestellten Zustellungsvertreter, eventuell an die Vormundschaftsbehörde oder Aufsichtsbehörde[44]. Für Zustellungen an den Schuldner gelten die allgemeinen Vorschriften[45]. Verfahren.

Als Vollstreckungsgericht ist sachlich das Amtsgericht, örtlich dasjenige Gericht zuständig, in dessen Bezirk das Grundstück belegen ist[46], und für die Zwangsversteigerung von Schiffen das Gericht, in dessen Bezirke sich das Schiff befindet[47]. Zuständigkeit.

Durch Landesgesetz kann bestimmt werden, daß die dem Vollstreckungsgerichte zugewiesenen Amtshandlungen, soweit nicht über die Anordnung, Aufhebung oder Verbindung des Verfahrens oder über die Zulassung des Beitritts eines Gläubigers zu entscheiden ist, von einer anderen Behörde oder einem Beamten oder einem Notar ganz oder teilweise wahrzunehmen sind[48].

---

40) ZVG. §§ 32, 161 Abs. 4, 162.
41) ZVG. §§ 33, 162 und dazu S. 619.
42) ZVG. §§ 34, 161 Abs. 4, 152.
43) ZVG. § 3 (§ 161).
44) ZVG. §§ 4—7, § 162.
45) ZVG. §§ 8, 162.
46) ZVG. § 1, s. auch § 2.
47) ZVG. § 163 Abs. 1.
48) EG. z. ZVG. § 13.

§ 149.

Zwangsversteigerung von Grundstücken und eigentumsähnlichen Rechten an Grundstücken[1]).

Das Verfahren[2]) zerfällt in zwei Abschnitte, das Versteigerungs- und das Verteilungsverfahren.

Versteigerungsverfahren. I. Das Versteigerungsverfahren gliedert sich schrittweise wie folgt, Anordnung der Versteigerung, Bestimmung des Versteigerungstermins, Feststellung der Versteigerungsbedingungen insbesondere des geringsten Gebotes, Versteigerung, Entscheidung über den Zuschlag.

Anordnung der Versteigerung. 1. Die Anordnung der Versteigerung erfolgt auf Antrag des Gläubigers durch das Vollstreckungsgericht[3]); der Antrag soll das Grundstück, den Eigentümer, den Anspruch und den Vollstreckungstitel bezeichnen, auch sind die für den Beginn der Zwangsvollstreckung erforderlichen Urkunden beizufügen[4]).

Die Anordnung der Zwangsversteigerung ist eine Vollstreckungsmaßregel, sie kann also nur vorgenommen werden, wenn sich aus dem Antrage und dessen Anlagen ergiebt, daß die allgemeinen Voraussetzungen für den Beginn der Zwangsvollstreckung vorliegen. Weitere Voraussetzung ist, daß der Schuldner als Eigentümer des Grundstücks eingetragen oder doch Erbe des eingetragenen Eigentümers ist und solches durch ein Zeugnis des Grundbuchamts nachgewiesen oder durch Urkunden glaubhaft gemacht wird, wenn es nicht bei dem Gerichte offenkundig ist[5]).

---

[1]) Alles, was im Texte vom Grundstücke und dessen Eigentümer gesagt ist, gilt auch von den eigentumsähnlichen Rechten an Grundstücken und dem Berechtigten, CPO. § 870, soweit nicht nach CPO. § 871 landesgesetzlich Ausnahmen getroffen sind.

[2]) Das Verfahren ist insofern öffentlich, als die Einsicht der das Grundstück und seine rechtlichen Verhältnisse betreffenden Aktenstücke jedermann gestattet ist, ZVG. § 42.

[3]) ZVG. § 15.

[4]) ZVG. §§ 15 u. 16. Durch Landesgesetz kann bestimmt werden, daß auch ein Auszug aus dem Steuerbuche beizufügen ist, EG. § 4.

[5]) ZVG. § 17. Das Verfahren hat regelmäßig nur ein Grundstück zum Gegenstande, es kann jedoch die Zwangsversteigerung mehrerer Grundstücke in demselben Verfahren erfolgen, wenn sie entweder wegen einer Forderung gegen denselben Schuldner oder wegen eines an jedem der Grundstücke bestehenden Rechtes (Gesamthypothek) betrieben wird, ZVG. § 18.

Wird die Versteigerung angeordnet, so hat das Gericht zugleich um Eintragung dieser Anordnung, des Versteigerungsvermerks, in das Grundbuch zu ersuchen. Nach der Eintragung hat das Grundbuchamt dem Gerichte eine beglaubigte Abschrift des Grundbuchblattes und der zugehörigen Urkunden zu erteilen, die bei ihm bestellten Zustellungsbevollmächtigten zu bezeichnen, auch Wohnort und Wohnung der eingetragenen Beteiligten oder deren Vertreter, soweit bekannt, mitzuteilen. Statt der Erteilung der beglaubigten Abschrift der Urkunden genügt die Beifügung der Grundakten oder der Urkunden [6]). Versteigerungsvermerk.

Die mit der Anordnung der Zwangsvollstreckung eintretende Beschlagnahme (s. o. S. 602) wird mit dem Zeitpunkte wirksam, in welchem der Beschluß dem Schuldner zugestellt wird, sowie auch schon mit dem Zeitpunkte, in welchem das Ersuchen um Eintragung dem Grundbuchamte zugeht, sofern auf dieses Ersuchen die Eintragung erfolgt [7]).

2. Nach der Beschlagnahme und nach dem Eingange der Mitteilungen des Grundbuchamtes wird — soweit nicht § 28 des Gesetzes (s. o. S. 606 Anm. 39) zur Anwendung kommt — der Versteigerungstermin bestimmt [8]). Bestimmung des Versteigerungstermins.

Die Terminsbestimmung muß enthalten:

1. die Bezeichnung des Grundstücks;

2. Zeit und Ort des Versteigerungstermins [9]);

3. die Angabe, daß die Versteigerung im Wege der Zwangsvollstreckung erfolgt;

4. die Aufforderung, Rechte, soweit sie zur Zeit der Eintragung des Versteigerungsvermerkes aus dem Grundbuche nicht ersichtlich

---

[6]) ZVG. § 19.

[7]) ZVG. § 22. Erstreckt sich die Beschlagnahme auf Forderungen, so wird sie dem Drittschuldner gegenüber erst mit der Zustellung des Leistungsverbotes wirksam, jedoch ist auch hier eine arrestatorische Maßregel seitens des Gläubigers zulässig, s. ZVG. § 22 Abs. 2 und CPO. § 845 und o. S. 591.

[8]) ZVG. § 37 Abs. 1. Die Versteigerung wird vom Vollstreckungsgerichte ausgeführt, soweit nicht durch Landesgesetz dafür andere Behörden, Beamte oder Notare bestimmt sind, ZVG. § 35, EG. § 13.

[9]) Der Termin darf frühestens sechs Wochen nach der Bekanntmachung stattfinden und soll nicht länger als sechs Monate hinausgeschoben werden, er kann nach Ermessen des Gerichts an der Gerichtsstelle oder an einem anderen Orte im Bezirke des Gerichts abgehalten werden, ZVG. § 36 Abs. 1 und 2 (§ 43 Abs. 1).

waren, spätestens im Versteigerungstermine vor der Aufforderung zur Abgabe von Geboten anzumelden und beim Widerspruche des Gläubigers glaubhaft zu machen, widrigenfalls die Rechte bei der Feststellung des geringsten Gebotes nicht berücksichtigt und bei der Verteilung des Versteigerungserlöses dem Anspruche des Gläubigers und den übrigen Rechten nachgesetzt werden würden[10]);

5. die Aufforderung an diejenigen, welche ein der Versteigerung entgegenstehendes Recht haben, vor der Erteilung des Zuschlags die Aufhebung oder einstweilige Einstellung des Verfahrens herbeizuführen, widrigenfalls für das Recht der Versteigerungserlös an die Stelle des versteigerten Gegenstandes treten würde[11]).

Die Terminsbestimmung soll weiter enthalten die Bezeichnung des eingetragenen Eigentümers, sowie die Angabe des Grundbuchblattes, die Größe des Grundstücks und die landesgesetzlich vorgeschriebenen Angaben über die Beschaffenheit desselben[12]).

Öffentliche Bekanntmachung. Die Terminsbestimmung muß durch einmalige Einrückung in das Amtsblatt[13]) und soll durch Anheftung an die Gerichtstafel des Vollstreckungsgerichts und, wenn eins der zu versteigernden Grundstücke (s. ZVG. §§ 18, 2. Abs. 2) in einem anderen Gerichtsbezirke belegen ist, auch dieses Gerichts bekannt gemacht werden, unbeschadet der Befugnis des Gerichts, noch andere und wiederholte, insbesondere ortsgebräuchliche Veröffentlichungen zu veranlassen[14]).

Bei geringfügigen Grundstücken kann statt der Einrückung die Anheftung der Terminsbestimmung in der Gemeinde, in welcher das Grundstück belegen ist, an die für amtliche Bekanntmachungen bestimmte Stelle angeordnet werden[15]).

Zustellung. Die Terminsbestimmung ist den Beteiligten zuzustellen, auch soll ihnen im Laufe der zweiten Woche vor dem Termine mitgeteilt

---

[10]) Sind nach Landesgesetz die vor dem Inkrafttreten des Bürgerlichen Gesetzbuches eingetragenen Hypotheken nur für den Fall der Anmeldung zu berücksichtigen (EG. § 9 Abs. 1), so muß die Terminsbestimmung auch die Aufforderung zur Anmeldung der Ansprüche aus solchen Hypotheken enthalten EG. § 9 Abs. 2.

[11]) ZVG. § 37.

[12]) ZVG. § 38, EG. § 6.

[13]) ZVG. § 39 Abs. 1.

[14]) ZVG. § 40. Unberührt bleiben die bestehenden landesgesetzlichen Vorschriften, nach welchen noch andere Veröffentlichungen zu erfolgen haben, EG. § 7.

[15]) ZVG. § 39 Abs. 2, s. auch EG § 7 in der letzten Anm.

werden, auf wessen Antrag und wegen welcher Ansprüche die Versteigerung erfolgt[16]).

Der Versteigerungstermin ist aufzuheben und von neuem zu bestimmen Aufhebung und Neubestimmung.

a) wenn die Bekanntmachung nicht sechs Wochen vor dem Termine bewirkt ist,

b) wenn nicht zwei Wochen vor dem Termine dem Schuldner der Beschlagnahmebeschluß oder, falls der Antrag des Gläubigers zurückgenommen ist, der Beitrittsbeschluß und allen Beteiligten, die schon zur Zeit der Anberaumung des Termins dem Gerichte bekannt waren, die Terminsbestimmung zugestellt ist, es sei denn, daß derjenige, in Ansehung dessen die Frist nicht eingehalten ist, das Verfahren genehmigt[17]).

3. Von den gesetzlichen Bedingungen, unter welchen die Versteigerung erfolgt, ist die wichtigste, daß nur ein solches Gebot zugelassen wird, durch welches die dem Anspruche des Gläubigers vorhergehenden Rechte sowie die aus dem Versteigerungserlöse zu entnehmenden Kosten des Verfahrens gedeckt werden. Ein solches Gebot heißt „das geringste Gebot" [18]). Versteigerungsbedingungen. Geringstes Gebot.

Wird das Verfahren wegen mehrerer Ansprüche von verschiedenem Range betrieben, so ist das letztere Recht maßgebend, es sei denn, daß der wegen des Anspruchs aus diesem Rechte ergangene Bei-

---

[16]) ZVG. § 41 und dazu ZVG. § 9 u. o. S. 605 f. Als Beteiligte gelten auch diejenigen, welche das angemeldete Recht noch glaubhaft zu machen haben (§ 9 Nr. 2).

[17]) ZVG. § 43.

[18]) ZVG. § 44 Abs. 1. Das Gesetz folgt damit der bisherigen Rechtsentwicklung in Deutschland, welche vom sog. Löschungsprinzip zu dem Deckungs- und Übernahmeprinzip übergegangen ist. Nach dem Löschungsprinzipe bringt der Zwangsverkauf eines Grundstücks das Erlöschen sämtlicher Hypotheken und der ihnen verwandten Belastungen des Grundstücks mit sich, an die Stelle des Rechts tritt das Recht auf Befriedigung aus dem Erlöse, die Erteilung des Zuschlags erfolgt ohne Rücksicht darauf, ob der betreibende Gläubiger oder ihm vorgehende Gläubiger aus dem Gebote befriedigt werden können oder nicht. Das Deckungsprinzip hindert den Gläubiger, eine für ihn aussichtslose Versteigerung zum Nachteile des Schuldners durchzuführen, und sichert den vorhergehenden Gläubigern den Bestand ihres Rechtes, indem die ihrem Rechte entsprechende Belastung auf den Ersteher übergeht und der Zuschlag nur erfolgt, wenn dies durch Abgabe eines das festgestellte geringste Gebot deckenden Gebotes erreicht wird.

trittsbeschluß dem Schuldner später als zwei Wochen vor dem Versteigerungstermine zugestellt ist[19]).

Das geringste Gebot ist die Mindestforderung für die Erteilung des Zuschlages.

Die Berechnung desselben hat zunächst nur den Zweck, die Bedingung für die Erteilung des Zuschlags so zu stellen, daß das Deckungsprinzip gewahrt bleibt. Es sind deshalb bei Feststellung des geringsten Gebotes unter Zugrundelegung der Rangordnung derjenigen Berechtigten, welche einen Anspruch auf Befriedigung aus dem Grundstücke haben (ZVG. §§ 10—14 u. o. S. 604f.), diejenigen Rechte und Ansprüche, welche dem Rechte des Gläubigers vorgehen, zu berücksichtigen.

Grundleglich ist dabei der Inhalt des Grundbuchs und der Anmeldungen, so daß

a) Rechte, welche zur Zeit der Eintragung des Versteigerungsvermerks im Grundbuche verzeichnet stehen, ohne Anmeldung;

b) andere Ansprüche und Rechte, also auch später eingetragene Rechte, nur berücksichtigt werden, wenn sie rechtzeitig, also spätestens im Versteigerungstermine vor der Aufforderung zur Abgabe von Geboten angemeldet und erforderlichen Falls glaubhaft gemacht werden[20]).

Bei wiederkehrenden Leistungen, welche nach dem Grundbuche zu berücksichtigen sind, sind die rückständigen anzumelden, einer Glaubhaftmachung bedarf es nicht[21]).

Für wiederkehrende Leistungen, die nicht in Geld bestehen, hat das Gericht einen Geldbetrag festzusetzen, auch wenn ein solcher nicht angemeldet ist[22]).

Laufende Beträge, welche regelmäßig wiederkehren, werden bis zum Ablaufe von zwei Wochen nach dem Versteigerungstermine berechnet, andere, soweit sie vor dem Ablaufe dieser Frist zu entrichten sind[23]).

---

[19]) ZVG. § 44 Abs. 2 und dazu § 43 Abs. 2 (o. S. 611 unter b).

[20]) ZVG. § 45 Abs. 1 und dazu § 37, 4 u. § 66 Abs. 2.

[21]) ZVG. § 45 Abs. 2. [22]) ZVG. § 46.

[23]) ZVG. § 47.

Bedingte Rechte werden wie unbedingte, Rechte, für welche ein Widerspruch oder eine Vormerkung eingetragen ist, wie eingetragene berücksichtigt [24]).

Außer den zu berücksichtigenden Rechten sind weiter die Kosten des Verfahrens in Rechnung zu ziehen.

Sind die für das geringste Gebot zu berücksichtigenden Rechte festgestellt, so erübrigt weiter, festzustellen, zu welchem Teile die Ansprüche bar zu berichtigen sind. Was nicht bar zu berichtigen ist, geht auf den Ersteher als Last über.

Bar zu berichtigen sind aber **Bargebot.**

1. was zur Deckung der Kosten des Verfahrens erforderlich ist,

2. von den berücksichtigten Forderungen die in die erste, zweite und dritte Rangklasse fallenden und von den in die vierte Rangklasse fallenden die Forderungen auf Kosten, Zinsen und sonstige Nebenleistungen.

Dieser Teil des geringsten Gebotes, sowie derjenige Betrag des Meistgebotes, welcher das geringste Gebot übersteigt, bilden zusammen das „Bargebot".

Das Bargebot ist vom Ersteher im Verteilungstermine bar zu berichtigen und vom Zuschlage an zu verzinsen, er kann sich jedoch von dieser Verbindlichkeit durch Hinterlegung unter Ausschließung der Rücknahme befreien [25]).

Die Barzahlungspflicht des Erstehers erweitert sich, **Erweiterung der Barzahlungspflicht.**

1. wenn ein bei der Feststellung des geringsten Gebotes berücksichtigtes als bestehend angenommenes Recht nicht besteht [26]),

2. wenn das Recht bedingt ist und die aufschiebende Bedingung ausfällt oder die auflösende eintritt,

3. wenn das Recht noch an einem anderen Grundstücke besteht und an dem versteigerten Grundstücke nach den besonderen Vorschriften für die Gesamthypothek erlischt.

In solchen Fällen würde der Ersteher ohne Grund bereichert sein auf Kosten der ausgefallenen Berechtigten. Die Erhöhung der Barzahlung fällt also weg, wenn er nicht bereichert ist, was im

---

[24]) ZVG. § 48. [25]) ZVG. § 49.

[26]) Darauf, ob dieses Recht gerade für den besteht, für den es eingetragen ist oder von dem es angemeldet ist, kommt es nicht an. Es kann auch als Recht an der eigenen Sache bestehen, insbesondere in den Fällen der sog. Eigentümerhypothek (BGB. §§ 889, 1143, 1163, 1168, 1170 Abs. 2, 1173, 1175).

Falle 3 dann zutrifft, wenn ein Ersatzanspruch des Eigentümers des anderen Grundstücks gegen den Ersteher, auf den die persönliche Verpflichtung übergegangen ist (ZVG. § 53), besteht[27]).

Bestehenbleiben und Erlöschen der Rechte.

Soweit ein Recht bei der Feststellung des geringsten Gebotes berücksichtigt und nicht durch Barzahlung zu decken ist, bleibt es bestehen; im übrigen erlöschen die Rechte[28]).

Übernahme persönlicher Verpflichtungen des Schuldners seitens des Erstehers.

Haftet bei einer Hypothek, die bestehen bleibt, der Schuldner zugleich persönlich, so übernimmt der Ersteher die Schuld in Höhe der Hypothek, falls der Schuldner in Maßgabe des § 416 des Bürgerlichen Gesetzbuches solches dem Gläubiger mitteilt und dieser die Übernahme genehmigt oder die Genehmigung als von ihm erteilt gilt[29]).

Das Gleiche gilt, wenn bei einer Grundschuld oder Rentenschuld, die bestehen bleibt, der Schuldner zugleich persönlich haftet, sofern er spätestens im Versteigerungstermine vor der Aufforderung zur Abgabe von Geboten die gegen ihn bestehende Forderung unter Angabe ihres Betrages und Grundes angemeldet und auf Verlangen des Gerichts oder eines Beteiligten glaubhaft gemacht hat[30]).

Wirksamkeit von Kündigungen 2c. gegen den Ersteher.

Kündigungen von Hypothek, Grundschuld oder Rentenschuld zwischen Gläubiger und Eigentümer, sowie aus dem Grundbuche nicht ersichtliche Vereinbarungen, nach welchen ein solcher Anspruch vor der Zeit geltend gemacht werden kann, sind dem Ersteher gegenüber nur wirksam, wenn sie spätestens im Versteigerungstermine vor der Aufforderung zur Abgabe von Geboten angemeldet sind[31]).

Gegenstand der Versteigerung ist nicht nur das Grundstück, sondern auch alle Gegenstände, deren Beschlagnahme noch wirksam ist, Zubehörstücke auch dann, wenn sie einem Dritten gehören, es sei denn, daß dieser sein Recht rechtzeitig geltend gemacht hat[32]).

Übergang der Gefahr.

Die Gefahr des zufälligen Untergangs geht in Ansehung des Grundstücks nebst Zubehör mit dem Zuschlage, in Ansehung der übrigen Gegenstände schon mit dem Schlusse der Versteigerung auf

---

27) ZVG. §§ 50, 51, s. a. BGB. §§ 1173 Abs. 2, 1182 u. 426.

28) ZVG. § 52. Auch ohne Berücksichtigung bei Feststellung des geringsten Gebotes bleiben bestehen die Überbaurenten (BGB. § 912) und die Notwegrente BGB. § 917) sowie die im EG. z. ZVG. § 9 erwähnten Rechte, falls das Landesrecht das bestimmt und der Ausnahmefall des § 9 Abs. 2 nicht zutrifft.

29) ZVG. § 53 Abs. 1.

30) ZVG. § 53 Abs. 2.

31) ZVG. § 54.

32) ZVG. § 55.

den Ersteher über. Von dem Zuschlage an gebühren dem Ersteher die Nutzungen und trägt er die Lasten. Ein Anspruch auf Gewährleistung findet nicht statt[33]).

Übernahme des Mieters oder Pächters.

Ist das Grundstück einem Mieter oder Pächter überlassen, so finden die Grundsätze des Bürgerlichen Rechts über die Wirkung der Veräußerung eines vermieteten oder verpachteten Grundstücks auf das Miets- und Pachtverhältnis („Kauf bricht nicht Miete") entsprechende Anwendung, jedoch ist der Ersteher berechtigt, das Verhältnis unter Einhaltung der gesetzlichen Frist zu kündigen, muß aber das Kündigungsrecht für den ersten Termin, für den es zulässig ist, ausüben[34]).

Kosten des Zuschlages.

Die Kosten des Beschlusses, durch welchen der Zuschlag erteilt wird, fallen dem Ersteher zur Last[35]).

Abweichungen von den gesetzlichen Versteigerungsbedingungen.

Die voraufgeführten gesetzlichen Versteigerungsbedingungen sind veränderungsfähig. Jeder Beteiligte kann die Abänderung verlangen, jedoch hat jeder andere Beteiligte, dessen Recht durch die Abweichung beeinträchtigt wird, ein Widerspruchsrecht gegen die Abweichung. Besteht über die Beeinträchtigung Zweifel, so muß die Versteigerung ohne und mit der verlangten Abweichung vorgenommen werden[36]). Insbesondere kann jeder Beteiligte verlangen, daß für den das geringste Gebot überschreitenden Teil des Meistgebots Zahlungsfristen gestellt werden. Einer Zustimmung der anderen Beteiligten bedarf es nicht, unbeschadet der Befugnis eines anderen Beteiligten auf doppelte Ausbietung des Grundstücks und unter Vorbehalt der Verpflichtung zur Sicherheitsleistung, falls der Zuschlag auf das Ausbieten mit Zahlungsfrist erteilt werden soll[37]).

Zur Erörterung der Beteiligten über das geringste Gebot und die sonstigen Versteigerungsbedingungen kann ein besonderer Termin bestimmt werden, die endgültige Feststellung erfolgt im Versteigerungstermine[38]).

Besondere Bestimmungen.

Besondere Bestimmungen bestehen

a) für den Fall, daß mehrere Grundstücke in demselben Verfahren versteigert werden sollen[39]) insbesondere

---

33) ZVG. § 56.
34) ZVG. § 57.
35) ZVG. § 58.
36) ZVG. § 59.
37) ZVG. §§ 60, 61.
38) ZVG. § 62.
39) ZVG. § 63.

b) für den Fall, daß die mehreren Grundstücke mit einer Gesamthypothek, welche in das geringste Gebot fällt, belastet sind[40]), sowie

c) über die Sonderverwertung mithaftender Gegenstände[41]).

Versteigerung. 4. Die Versteigerung erfolgt im Versteigerungstermine. In demselben werden nach dem Aufrufe der Sache

a) die das Grundstück betreffenden Nachweisungen, die das Verfahren betreibenden Gläubiger und deren Ansprüche, die Zeit der erfolgten Beschlagnahme und die erfolgten Anmeldungen bekannt gemacht, sodann

b) das geringste Gebot und die übrigen Versteigerungsbedingungen nach Anhörung der anwesenden Beteiligten, nötigenfalls mit Hülfe eines Rechnungsverständigen, unter Bezeichnung der einzelnen zu berücksichtigenden Rechte festgestellt und die Feststellungen verlesen.

Nachdem dies geschehen, hat das Gericht auf die bevorstehende Ausschließung weiterer Anmeldungen hinzuweisen und sodann zur Abgabe von Bargeboten aufzufordern[42]).

Sicherheitsleistung für ein Gebot. Für ein Gebot kann Sicherheitsleistung nach Maßgabe der Bestimmungen der §§ 67—69 des Zwangsversteigerungsgesetzes gefordert werden. Über die Sicherheitsleistung entscheidet das Gericht sofort. Eine angeordnete Sicherheitsleistung ist sofort zu beschaffen, widrigenfalls das Gebot zurückzuweisen ist[43]).

Zurückweisung eines unwirksamen Gebotes. Ist ein Gebot unwirksam, z. B. weil es gegen die Vorschriften über das geringste Gebot verstößt, weil die dafür geforderte Sicherheit nicht bestellt ist, so ist es zurückzuweisen. Das ist auch der Fall, wenn die Wirksamkeit eines Gebotes von der Vertretungsmacht desjenigen, welcher das Gebot für den Bieter abgegeben hat, oder von der Zustimmung eines Anderen oder einer Behörde abhängig ist, und die Vertretungsmacht oder die Zustimmung weder bei dem Gerichte offenkundig noch durch eine öffentlich beglaubigte Urkunde (BGB. § 129) sofort nachgewiesen werden[44]).

---

[40]) ZVG. § 64. [41]) ZVG. § 40.

[42]) ZVG. § 66.

[43]) ZVG. § 70. Wird das Gebot ohne Sicherheitsleistung zugelassen und vom Beteiligten, der die Sicherheit verlangt hat, nicht sofort Widerspruch erhoben, so gilt das Verlangen als zurückgenommen. Vgl. auch EG. z. ZVG. § 10.

[44]) ZVG. § 71.

Ein Gebot erlischt,

Erlöschen eines Gebotes.

1. wenn ein Übergebot zugelassen wird und ein Beteiligter nicht sofort widerspricht; ein nicht sofort zurückgewiesenes Übergebot gilt als zugelassen;

2. wenn es zurückgewiesen wird und der Bieter oder ein Beteiligter der Zurückweisung nicht sofort widerspricht;

3. wenn das Verfahren einstweilen eingestellt, oder der Termin aufgehoben wird[45]).

Schluß der Versteigerung.

Der Schluß der Versteigerung darf nicht vor Ablauf einer Stunde seit der Aufforderung zur Abgabe von Geboten erfolgen, gleichviel ob Gegenstand der Versteigerung ein oder mehrere Grundstücke sind. Die Versteigerung muß solange fortgesetzt werden, bis trotz Aufforderung kein Gebot mehr abgegeben wird. Das letzte Gebot und der Schluß der Versteigerung sind zu verkünden, ersteres durch dreimaligen Aufruf[46]).

Gehör der Beteiligten.

Nach Schluß der Versteigerung sind die Beteiligten über die Erteilung des Zuschlages zu hören[47]).

Einstweilige Einstellung nach dem Beginn der Versteigerung.

Nach dem Beginne der Versteigerung ist das Verfahren auch dann einstweilen einzustellen,

1. wenn der Schuldner oder ein anderer Beteiligter, der mit einem Rechtsverluste durch die Zwangsversteigerung bedroht und deshalb zur Befriedigung des Gläubigers befugt ist (BGB. §§ 268, 1150) den zu solcher Befriedigung und zur Deckung der Kosten erforderlichen Betrag an das Gericht zahlt[48]);

2. wenn bei der Versteigerung mehrerer Grundstücke auf eins oder einige soviel geboten wird, daß der Anspruch des Gläubigers gedeckt ist, in Ansehung der übrigen Grundstücke, es sei denn daß die Einstellung dem berechtigten Interesse des Gläubigers widerspricht[49]);

3. wenn ein Gebot nicht abgegeben oder sämtliche Gebote erloschen sind, so daß der Versteigerungstermin ergebnislos verlaufen ist[50]).

---

45) ZVG. § 72.
46) ZVG. § 73.
47) ZVG. § 74.
48) ZVG. § 75.
49) ZVG. § 76. Wegen Fortsetzung des Verfahrens § 76 Abs. 2.
50) ZVG. § 77 Abs. 1.

Im letzteren Falle wird das Verfahren, wenn der Gläubiger die Fortsetzung beantragt, wiederholt und wird aufgehoben, wenn auch der zweite Versteigerungstermin ergebnislos verläuft[51]).

Überleitung des Versteigerungs- in das Verwaltungsverfahren.

Wenn das Verfahren auch im zweiten Termine ergebnislos verlaufen ist, so kann es auf Antrag in das Zwangsverwaltungsverfahren übergeleitet werden, einer neuen Beschlagnahme bedarf es nicht, die Kosten des Verfahrens gehören aber nicht zu den Kosten des Zwangsverwaltungsverfahrens[52]).

Terminsprotokoll.

Über die Verhandlungen im Versteigerungstermin wird ein Protokoll geführt, durch welches die Vorgänge, welche für die Entscheidung über den Zuschlag oder für das Recht eines Beteiligten in Betracht kommen, festzustellen sind. Bleibt streitig, ob oder für welches Gebot der Zuschlag zu erteilen ist, so ist das Sachverhältnis mit den gestellten Anträgen in das Protokoll aufzunehmen[53]).

Entscheidung über den Zuschlag.

5. Die Entscheidung über den Zuschlag erfolgt nach dem Schlusse der Versteigerung und nach Gehör der im Versteigerungstermine anwesenden Beteiligten durch Beschluß. Die Entscheidung erfolgt auf Grund des Protokolles, indem Vorgänge, die nicht aus dem Protokolle ersichtlich sind, für die Entscheidung nicht berücksichtigt werden. An frühere Entscheidungen, z. B. über die Zulassung oder Zurückweisung von Geboten, ist das Gericht bei der Entscheidung nicht gebunden[54]).

Das Gericht hat festzustellen, wer der Meistbietende ist, und diesem den Zuschlag zu erteilen. Hat dieser sein Recht auf den Zuschlag einem Anderen abgetreten und der Andere die Verpflichtung aus dem Meistgebote übernommen, und sind die bezüglichen Erklärungen entweder im Versteigerungstermine abgegeben oder nachträglich durch öffentlich beglaubigte Urkunden nachgewiesen, so ist der Zuschlag nicht dem Meistbietenden, sondern dem Anderen, als Ersteher des Grundstücks, zu erteilen[55]).

Erteilung des Zuschlags an einen anderen als den Meistbietenden.

Erklärt der Meistbietende in gleicher Weise, daß er für einen Anderen geboten habe, so ist diesem als Ersteher der Zuschlag zu

---

51) ZVG. § 77 Abs. 2 Satz 1.

52) ZVG. § 77 Abs. 2 (§ 155 Abs. 1).

53) ZVG. § 78. Die Bedeutung dieser Vorschrift ergiebt sich aus ZVG. § 80 (u. Anm. 54).

54) ZVG. §§ 79, 80.

55) ZVG. § 81 Abs. 1 u. 2.

erteilen, wenn die Vertretungsmacht bei Gericht offenkundig ist oder durch eine öffentlich beglaubigte Urkunde nachgewiesen wird[56]).

Wird der Zuschlag in diesen Fällen erteilt, so haften der Meistbietende und der Ersteher als Gesamtschuldner[57]).

In dem Beschlusse, durch welchen der Zuschlag erteilt wird, sind das Grundstück, der Ersteher, das Gebot und die Versteigerungsbedingungen zu bezeichnen; falls ein Dritter die Verpflichtung des Erstehers übernommen hat (ZVG. § 61) ist dieser unter Angabe seiner Schuld für zahlungspflichtig zu erklären, und falls der Ersteher ein Anderer als der Meistbietende ist (ZVG. § 81), ist der Meistbietende für mithaftend zu erklären[58]).

Der Zuschlag ist zu versagen, Versagung des Zuschlags

a) wenn das Verfahren wegen Verletzung einer erheblichen Formvorschrift an einem wesentlichen Mangel leidet. Ein solcher Mangel liegt nur vor, wenn die Bekanntmachung des Versteigerungstermins nicht sechs Monate vor dem Termine bewirkt ist, und wenn gegen die Vorschriften über den Schluß der Versteigerung verstoßen ist[59]);

b) wenn es an einer Voraussetzung für die Zulässigkeit des Vollstreckungsverfahrens überhaupt oder des Zwangsversteigerungsverfahrens oder dessen Fortsetzung fehlt[60]);

c) wenn bestimmte im Interesse von Beteiligten gegebene Vorschriften verletzt sind, es sei denn, daß das Recht der Beteiligten durch den Zuschlag nicht beeinträchtigt wird oder daß der Beteiligte das Verfahren genehmigt und solche Genehmigung durch eine öffentlich beglaubigte Urkunde nachgewiesen wird[61]);

d) wenn vor dem Schlusse der Verhandlung mit den Beteiligten über die Erteilung des Zuschlags ein Beteiligter, dessen Recht durch den Zuschlag beeinträchtigt werden würde, die Bestimmung eines neuen Versteigerungstermines in zulässiger Weise beantragt[62]).

Wird im Falle d die Erteilung des Zuschlags versagt, so wird auf Antrag des Gläubigers ein neuer Versteigerungstermin bestimmt, über dessen Bekanntmachung und Zustellung die allgemeinen Vorschriften gelten. Die Zustellung erfolgt außerdem an den Meist-

---

56) ZVG. § 81 Abs. 3.
57) ZVG. § 81 Abs. 4.
58) ZVG. § 82.
59) ZVG. § 83, 7 (§ 100 Abs. 3).
60) ZVG. § 83, 6 (§ 100 Abs. 3).
61) ZVG. § 83, 1—5, § 84.
62) ZVG. § 85 Abs. 1 Satz 1.

bietenden. In diesem Verfahren findet die Bestimmung unter d keine Anwendung[63]).

Die rechtskräftige Versagung des Zuschlags wirkt, wenn die Fortsetzung des Verfahrens zulässig ist, wie eine einstweilige Einstellung, andernfalls wie die Aufhebung des Verfahrens[64]).

Verkündung der Entscheidung über den Zuschlag.

Die Entscheidung über den Zuschlag ist in dem Versteigerungstermine oder in einem sofort zu bestimmenden Termine, welcher nicht länger als eine Woche hinausgeschoben werden soll und durch Anheftung an die Gerichtstafel bekannt zu machen ist, zu verkünden[65]).

Zustellung des Beschlusses, durch welchen der Zuschlag erteilt wird.

Geht die Entscheidung auf Erteilung des Zuschlags, so ist der Beschluß

1. den Beteiligten, soweit sie weder im Versteigerungstermine noch im Verkündungstermine erschienen sind,
2. dem Ersteher,
3. dem für zahlungspflichtig erklärten Dritten (ZVG. § 61),
4. dem mitverhafteten Meistbietenden (ZVG. § 81 Abs. 4) zuzustellen[66]).

Die Wirksamkeit des Zuschlags hängt nicht von der Zustellung des Beschlusses und von der Rechtskraft des Beschlusses ab, sondern tritt alsbald mit der Verkündung des Beschlusses ein[67]).

Wirkungen des Zuschlags.

Die Wirkungen des Zuschlags gestalten sich wie folgt:

a) Der Ersteher wird Eigentümer des zugeschlagenen Grundstücks. Das Eigentum ist durch die Resolutivbedingung, daß der Beschluß nicht im Beschwerdewege rechtskräftig aufgehoben wird, bedingt; die Eintragung des Erstehers als Eigentümer in das Grundbuch erfolgt deshalb erst, wenn der Beschluß, durch welchen der Zuschlag erteilt wird, rechtskräftig ist[68]). Mit dem Eigen-

---

63) ZVG. § 85. 64) ZVG. § 86 (§§ 31 ff. u. o. S. 606 f.)

65) ZVG. § 87. Sind nachträglich Thatsachen oder Beweismittel vorgebracht, so sollen die im Verkündungstermine anwesenden Beteiligten hierüber gehört werden.

66) ZVG. § 88. Als Beteiligte gelten auch diejenigen, welche das angemeldete Recht noch glaubhaft zu machen haben (ZVG. § 9 Nr. 2).

67) ZVG. § 89.

68) ZVG. § 90 Abs. 1 und § 130.

tume an dem Grundstück erwirbt der Ersteher zugleich die Gegenstände, auf welche sich die Versteigerung erstreckt hat[69]).

b) In gleicher Weise erlöschen die Rechte, welche nicht nach den Versteigerungsbedingungen bestehen bleiben sollen, es sei denn zwischen dem Ersteher und dem Berechtigten etwas Anderes vereinbart. An die Stelle des erlöschenden Rechts tritt der Anspruch auf Befriedigung aus dem Erlöse und, falls das Recht nicht auf Zahlung eines Kapitals geht, auf Ersatz des Wertes[70]).

c) Der Ersteher erhält einen vollstreckbaren Anspruch gegen den Besitzer des Grundstücks oder einer mitversteigerten Sache auf Räumung und Herausgabe, es sei denn, daß der Besitzer auf Grund eines Rechtes besitzt, das durch den Zuschlag nicht berührt wird[71]).

Anordnung der gerichtlichen Verwaltung bis zur Zahlung des Bargebots.

Auf Antrag eines Beteiligten, der Befriedigung aus dem Bargebote zu erwarten hat, ist das Grundstück für Rechnung des Erstehers in gerichtliche Verwaltung zu nehmen, so lange nicht die Zahlung oder Hinterlegung des Bargebotes erfolgt ist[72]).

Beschwerde gegen die Entscheidung über den Zuschlag und andere Entscheidungen.

Gegen die Entscheidung über den Zuschlag findet die sofortige Beschwerde statt. Auf diese Beschwerde finden die allgemeinen Vorschriften mit den sich aus den §§ 97—104 des Zwangsversteigerungsgesetzes ergebenden besonderen Vorschriften Anwendung[73]).

Gegen die der Entscheidung über den Zuschlag voraufgehenden Entscheidungen im Versteigerungsverfahren findet Beschwerde nur statt, soweit sie die Anordnung, Aufhebung, einstweilige Einstellung oder Fortsetzung des Verfahrens betreffen[74]).

Verteilungsverfahren.

II. Das Verteilungsverfahren wird vom Gerichte sofort nach der Erteilung des Zuschlages eingeleitet, sofern nicht dem Gericht durch öffentliche oder öffentlich beglaubigte Urkunden nachgewiesen

---

[69]) ZVG. § 90 Abs. 2. [70]) ZVG. §§ 91, 92.

[71]) ZVG. § 93 u. dazu o. S. 574 Anm. 8 u. S. 602 f. Zum Ersatze von Verwendungen, die vor dem Zuschlage gemacht sind, ist der Ersteher nicht verpflichtet.

[72]) ZVG. § 94.

[73]) ZVG. § 96 u. CPO. § 793 u. o. S. 285 f.

[74]) ZVG. § 95. Auch in diesen Fällen ist die Beschwerde die sofortige (CPO. § 793). Es gelten die allgemeinen Vorschriften.

wird, daß sich die Beteiligten [75]) über die Verteilung des Erlöses geeinigt haben [76]).

Weist der Ersteher oder der für ihn zahlungspflichtige Dritte in gleicher Weise nach, daß er diejenigen Berechtigten, deren Ansprüche durch das Gebot gedeckt sind, befriedigt hat, oder von ihnen als alleiniger Schuldner angenommen ist, so sind auf Anordnung des Gerichts die Urkunden nebst der Erklärung des Erstehers oder des Dritten zur Einsicht der Beteiligten auf der Gerichtsschreiberei niederzulegen. Die Beteiligten sind davon zu benachrichtigen und aufzufordern, Erinnerungen binnen zwei Wochen geltend zu machen. Werden Erinnerungen nicht erhoben, so beschränkt sich das gerichtliche Verteilungsverfahren auf die Verteilung des Erlöses aus den etwa abgesondert versteigerten oder verwerteten Gegenständen [77]).

Bestimmung des Verteilungstermins.

1. Das gerichtliche Verteilungsverfahren beginnt mit der Bestimmung des Verteilungstermins [78]). Die Terminsbestimmung ist den Beteiligten [79]), dem Ersteher sowie dem dritten Zahlungspflichtigen und dem Meistbietenden, welcher neben dem Ersteher haftet, zuzustellen [80]) und soll an die Gerichtstafel angeheftet werden [81]).

2. Zwecks Vorbereitung der Verhandlung im Verteilungstermine können die Beteiligten in der Terminsbestimmung aufgefordert werden, binnen zwei Wochen eine Berechnung ihrer Ansprüche einzureichen. In diesem Falle hat das Gericht nach Ablauf der Frist den Teilungsplan anzufertigen und ihn spätestens drei Tage vor dem Termine zur Einsicht der Beteiligten auf der Gerichtsschreiberei niederzulegen [82]).

---

[75]) Als Beteiligte gelten auch diejenigen, welche das angemeldete Recht noch glaubhaft zu machen haben, ZVG. § 145 (105 Abs. 2 Satz 2 u. § 9 Nr. 2).

[76]) ZVG. § 143.

[77]) ZVG. § 144. Die Vorschriften der §§ 127, 130, 134 finden auch hier und in dem Falle der vorigen Anmerkung Anwendung (ZVG. § 145).

[78]) ZVG. § 105 Abs. 1. Wird gegen die Erteilung des Zuschlags Beschwerde eingelegt, so kann der Beschwerde Suspensivwirkung beigelegt und angeordnet werden, daß das Verteilungsverfahren auszusetzen sei. CPO. § 572 Abs. 2 u. 3 (s. o. S. 286).

[79]) „Beteiligte" s. Anm. 75, ZVG. § 105 Abs. 2 Satz 2.

[80]) ZVG. § 105 Abs. 2. Ist die Zustellung an den Ersteher, den Dritten und den Meistbietenden nicht zwei Wochen vor dem Termin erfolgt, so ist der Termin aufzuheben und von neuem zu bestimmen, sofern nicht das Verfahren genehmigt wird, § 105 Abs. 4.

[81]) ZVG. § 105 Abs. 3.

[82]) ZVG. § 106.

3. Der Verteilungstermin verläuft in der Weise, daß zunächst die Teilungsmasse festgestellt und beschafft wird, sodann der Verteilungsplan aufgestellt und endlich die Verteilung ausgeführt wird.

a) Zu der Teilungsmasse gehört der Erlös, also das Bargebot und der Erlös aus den etwa abgesondert verwerteten Gegenständen, die Zinsen hierauf sowie die Einkünfte aus den Gegenständen, auf welche sich die Beschlagnahme erstreckt, endlich die vom Ersteher außer dem Bargebot und den Zinsen zu entrichtenden Barzahlungen[83]). Teilungsmasse.

Die Barzahlungen erfolgen an das Gericht. Was zur Sicherheit für die Barzahlung hinterlegt ist, gilt als gezahlt; sind Wertpapiere zur Sicherheit hinterlegt, so ist, falls das Bargebot nicht berichtigt wird, deren Veräußerung im Wege der Zwangsvollstreckung anzuordnen und der Erlös auszuzahlen oder zu hinterlegen, es sei denn, daß die Veräußerung auf Antrag bis zur Rechtskraft der Entscheidung über den Zuschlag ausgesetzt und die Rechtskraft noch nicht eingetreten ist[84]).

Aus dem Versteigerungserlöse sind die Kosten des Verfahrens, soweit sie nicht den Gläubiger und den Ersteher treffen, vorweg zu nehmen, den Überschuß bildet die Teilungsmasse[85]).

Diese (reine) Teilungsmasse dient zur Verteilung an diejenigen Berechtigten, deren Ansprüche durch Barzahlung zu decken sind[86]). Rechte, die ungeachtet der Aufforderung (ZVG. § 37, 4) nicht rechtzeitig angemeldet und glaubhaft gemacht sind, stehen dabei den übrigen Rechten, also auch dem Rechte des Gläubigers, nach[87]). Betagte Rechte werden wie unbetagte behandelt unter Abrechnung des Zwischenzinses, wenn sie unverzinslich sind; ist die Zeit der Fälligkeit unbestimmt, so werden sie wie bedingte berücksichtigt[88]).

Für die Berechnung der reinen Teilungsmasse und die Verteilung des Gesamterlöses, im Falle der Zuschlag auf ein

---

83) ZVG. § 107 Abs. 1.
84) ZVG. §§ 107 Abs. 2 u. 3, 108.
85) ZVG. § 109.
86) ZVG. § 109 Abs. 2.
87) ZVG. § 110.
88) ZVG. § 111.

Gesamtaufgebot mehrerer Grundstücke erteilt ist, gelten besondere Bestimmungen[89]).

Teilungsplan. b) Nach der Feststellung und Beschaffung der Teilungsmasse wird der Teilungsplan nach Anhörung der Beteiligten vom Gerichte nötigenfalls mit Hülfe eines Rechnungsverständigen aufgestellt[90]).

In dem Plane sind alle Rechte, auch diejenigen, welche nicht erlöschen (ZVG. § 91) anzugeben[91]), und zwar ohne Anmeldung die im Grundbuch zur Zeit der Eintragung des Versteigerungsvermerks eingetragenen Rechte in der eingetragenen Höhe mit den laufenden, wiederkehrenden Leistungen, sowie die sich aus dem Versteigerungsantrage ergebenden Ansprüche des Gläubigers. Andere Ansprüche werden nur berücksichtigt, wenn sie spätestens im Verteilungstermine angemeldet sind[92]).

Bei bedingten Ansprüchen, bei Rechten von unbestimmter Dauer, insbesondere persönlichen Rechten von beschränkter Dauer, bei Ansprüchen aus Gesamtbelastungen ist festzustellen, wie der einem solchen Anspruch zugewiesene Betrag für den Fall des Wegfalls des Rechts verteilt werden soll[93]). Das Gleiche gilt für einen Anspruch, gegen dessen Aufnahme in den Teilungsplan Widerspruch besteht, und für den Fall, daß die Person des Berechtigten für einen zugeteilten Betrag nicht zu ermitteln ist, insbesondere wenn bei einer Hypothek, Grundschuld oder Rentenschuld, der Brief nicht vorgelegt wird[94]).

Falls Barzahlungen außer dem Bargebot zu leisten sind (ZVG. §§ 50, 51 u. o. S. 613f.), so ist festzustellen, wem dieser Betrag zugeteilt werden soll[95]).

Über den Teilungsplan wird sofort verhandelt nach Maßgabe der Vorschriften für das Verteilungsverfahren im Falle der Pfändung beweglicher Vermögensgegenstände. Das gilt

---

89) ZVG. § 112.

90) ZVG. § 113 Abs. 1.

91) ZVG. § 113 Abs. 2.

92) ZVG. § 114.

93) ZVG. §§ 119, 121 Abs. 2, 123. In welcher Weise persönliche Rechte (Nießbrauch, beschränkte persönliche Dienstbarkeiten), Reallasten von unbestimmter Dauer zu behandeln sind, ergiebt sich aus ZVG. § 121 Abs. 1. Wie es bei Gesamtbelastungen zu halten ist, bestimmt ZVG. § 122.

94) ZVG. §§ 124 Abs. 1, 126 Abs. 1.

95) ZVG. § 125 Abs. 1.

insbesondere auch für die Erledigung von Widersprüchen[96]). Erhebt der Schuldner gegen einen vollstreckbaren Anspruch Widerspruch, so erfolgt die Erledigung desselben nach dem für die Einwendungsklage in der Vollstreckungsinstanz geltenden Vorschriften. Soweit der Schuldner die Befriedigung eines solchen Anspruchs durch Sicherheitsleistung oder Hinterlegung abwenden darf, unterbleibt die Ausführung des Planes, wenn die Sicherheit geleistet oder die Hinterlegung erfolgt ist[97]).

c) Die Ausführung des Planes erfolgt, falls nicht auf Antrag die Aussetzung bis zur Rechtskraft des Zuschlags angeordnet wird, sofort durch Zahlung aus der bar eingezahlten Teilungsmasse und soweit das Bargebot nicht berichtigt ist, dadurch, daß dem Berechtigten die Forderung gegen den Ersteher resp. gegen den für den Ersteher haftenden Dritten (ZVG. §§ 61 u. 134) durch gerichtliche Anordnung übertragen wird[98]).

---

[96]) ZVG. § 115 Abs. 1, CPO. §§ 876—882, o. S. 598f. Ist ein vor dem Termin angemeldeter Anspruch nicht antragsgemäß in den Plan aufgenommen, so gilt die Anmeldung als Widerspruch gegen den Plan, ZVG. § 115 Abs. 2.

[97]) ZVG. § 115 Abs. 3 u. 4, CPO. §§ 769, 770, o. S. 559f.

[98]) ZVG. §§ 116, 117, 118 Abs. 1. Wegen der o. Anm. 93 u. 94 bezeichneten Ansprüche gelten besondere Vorschriften (ZVG. §§ 120, 121 Abs. 2, 123, 124 Abs. 2). In diesen Fällen sowie in dem Falle, wenn die Auszahlung nicht erfolgen kann — ZVG. § 117 Abs. 2 —, findet Hinterlegung statt. Über die Verjährung der Rechte auf die hinterlegten Beträge s. ZVG. § 142. Ist die Person des Berechtigten unbekannt, so ist ein Vertreter zu bestellen (ZVG. § 135), ist der Nachweis des Berechtigten von der Beibringung des Briefes für eine Hypothek, Grundschuld oder Rentenschuld abhängig, so kann der Brief im Wege des Aufgebotsverfahrens auch dann für kraftlos erklärt werden, wenn das Recht gelöscht ist (ZVG. § 136 u. EG. § 12). Wird der Berechtigte nachträglich ermittelt, so ist, falls Widerspruch erhoben ist, die Ermittlung dem Widersprechenden mitzuteilen, die Frist für Erteilung des Widerspruchs beginnt erst mit der Zustellung solcher Benachrichtigung (ZVG. § 137). Wird der Berechtigte nicht vor Ablauf von drei Monaten seit dem Verteilungstermin ermittelt, so ist der Beteiligte zu ermächtigen, das Aufgebotsverfahren zum Zwecke der Ausschließung des Berechtigten zu beantragen (ZVG. § 138 Abs. 1). Ist das Aufgebotsverfahren, für welches die Vorschriften des § 140 in Beihalt des EG. § 15 gelten, mit der Erlassung des Ausschlußurteils beendigt, so wird ein neuer Termin zur Ausführung der Verteilung bestimmt (ZVG. § 141). — Wird der Berechtigte nachträglich ermittelt (ZVG. §§ 137 Abs. 1, 138 Abs. 2), so ist die Teilung weiter auszuführen und kann zu solchem Zwecke ein anderer Termin bestimmt werden (ZVG. §§ 137, 138).

Die Übertragung wirkt wie die Befriedigung aus dem Grundstücke, wenn nicht der Berechtigte binnen drei Monaten den Verzicht auf die Rechte aus der Übertragung erklärt oder die Zwangsversteigerung beantragt[99]).

Wird eine Forderung auf eine abgesehen vom Bargebote zu machende Zahlung (ZVG. §§ 50, 51 u. Anm. 95) übertragen, so tritt jene Wirkung nicht ein; die Bedeutung solcher Übertragung besteht lediglich darin, den Beteiligten, welche mit ihren Ansprüchen auf die Forderung angewiesen sind, die Legitimation zur demnächstigen Geltendmachung dieser Forderung zu verschaffen. Ist deshalb die Forderung noch ungewiß und zweifelhaft, so erfolgt die Übertragung nur mit entsprechendem Vorbehalte. Es bedarf deshalb für diesen Fall eines Widerspruchs desjenigen, welcher aus dem angeblich weggefallenen Rechte Ansprüche geltend macht, gegen denjenigen, dem die Forderung übertragen ist, nicht, vielmehr bleibt den Beteiligten überlassen, ihre Rechte im gewöhnlichen Prozeßwege zu verfolgen. Widerspruchsrechte sind durch den Vorbehalt gewahrt[100]).

Soweit die Forderung gegen den Ersteher auf einen Berechtigten übertragen wird, oder soweit sie unverteilt bleibt, wird zu Gunsten des Berechtigten oder des Eigentümers des Grundstücks eine Sicherungshypothek an dem Grundstücke eingetragen. Diese Sicherungshypothek, welche mit der Eintragung entsteht, hat den Rang des Rechts, für welches die Übertragung erfolgt, geht also event. den bestehenbleibenden Rechten vor. Dieses Vorrecht ist jedoch davon abhängig, daß der Berechtigte innerhalb sechs Monaten nach der Eintragung die Zwangsversteigerung des Grundstücks betreibt[101]).

Vernichtung der Hypothekenbriefe 2c.

Damit ist die Verteilung zur Ausführung gebracht. Dem Gerichte liegt nunmehr, nachdem noch die zur Unbrauchbarmachung der Hypothekenbriefe 2c. resp. die zur Abschreibung der erloschenen Rechte auf diesen Briefen und den Vollstreckungstiteln erforderlichen Anordnungen erlassen sind[102]), noch ob, die Berichtigung des Grundbuchs,

Berichtigung des Grundbuchs.

---

[99]) ZVG. § 118 Abs. 2 s. ZVG. §§ 132ff. u. u. Anm. 105ff.

[100]) ZVG. § 125 Abs. 2 u. 3.

[101]) ZVG. §§ 128, 129. Wird von dem zahlungspflichtigen Dritten (ZVG. § 61) die Zahlung bewirkt, so wird die Sicherungshypothek für die Forderung des Dritten an den Ersteher eingetragen (ZVG. § 134).

[102]) ZVG. § 127.

namentlich die Eintragung des Erstehers als Eigentümer, die Löschung des Versteigerungsvermerks und der erloschenen Rechte sowie die Eintragung der Sicherungshypotheken zu bewirken[103]).

Vollstreckbarkeit der Forderung gegen den Ersteher und Dritte. Vollstreckbarkeit der Sicherungshypothek.

Ist der Teilungsplan ausgeführt, so wird die Forderung gegen den Ersteher oder gegen den an seiner Stelle haftenden Dritten (ZVG. § 61), sowie die Forderung gegen den neben dem Ersteher haftenden Meistbietenden (ZVG. § 81) vollstreckbar, ebenso der Anspruch aus der Sicherungshypothek gegen den Ersteher und gegen jeden späteren Eigentümer des Grundstücks, es sei denn, daß der Anspruch gegen den Ersteher auf Leistung eines weiteren Barbetrags (ZVG. §§ 50, 51 u. o. S. 626) geht[104]).

Die Zwangsvollstreckung erfolgt auf Grund einer vollstreckbaren Ausfertigung des Beschlusses, durch welchen der Zuschlag erteilt ist. In der Vollstreckungsklausel ist der Berechtigte sowie der Betrag der Forderung anzugeben, der Zustellung einer Urkunde über die Übertragung der Forderung bedarf es nicht[105]).

Die Zwangsvollstreckung in das Grundstück ist gegen den Ersteher ohne Zustellung des Titels und der Klausel zulässig, sie kann erfolgen, auch wenn der Ersteher noch nicht als Eigentümer eingetragen ist. Der Vorlegung des Eigentumszeugnisses bedarf es, solange das Grundbuchamt noch nicht um die Eintragung ersucht ist, nicht[106]).

§ 150.

Zwangsverwaltung[1]).

Die Darstellung des Verfahrens ergreift die Anordnung der Verwaltung, die Verwaltung, die Verteilung und die Aufhebung des Verfahrens.

---

103) ZVG. §§ 130, 131. Die Vorschriften der §§ 127, 130 u. 131 gelten auch für das außergerichtliche Verfahren (s. o. Anm. 76f.).

104) ZVG. §§ 132 Abs. 1, 134. Wird das Grundstück von neuem versteigert, so ist der zur Deckung der Hypothek erforderliche Betrag bar zu zahlen (ZVG. § 128 Abs. 4).

105) ZVG. §§ 132 Abs. 2, 134.

106) ZVG. § 133. Die Bestimmungen der §§ 132—134 finden auch auf das außergerichtliche Verfahren Anwendung (s. o. Anm. 76f.).

1) Die Bemerkung S. 608 Anm. 1 trifft auch hier zu.

Anordnung der Verwaltung.

I. Für die Anordnung der Verwaltung gelten die Vorschriften über die Anordnung der Zwangsversteigerung mit folgenden Abweichungen [2]):

1. Ist die Verwaltung angeordnet und sind die erforderlichen Mitteilungen des Grundbuchamtes (GVG. § 19 Abs. 2) eingegangen, so werden die Beteiligten von der Anordnung benachrichtigt [3]).

2. Zu Gunsten eines eingetragenen Rechts kann der Antrag auch gegen den Eigenbesitzer des Grundstücks gerichtet werden, falls der Gläubiger gegen diesen einen vollstreckbaren Titel hat und der Eigenbesitz des Schuldners, soweit er nicht bei Gericht offenkundig ist, durch Urkunden glaubhaft gemacht ist [4]).

3. Die Beschlagnahme ergreift neben dem Grundstücke und dessen Zubehör auch diejenigen Gegenstände, auf welche sich bei einem Grundstücke die Hypothek erstreckt, ohne Ausnahme [5]). Durch dieselbe wird, abgesehen von den sonstigen Folgen, dem Schuldner die Verwaltung und Benutzung des Grundstücks entzogen, jedoch sind ihm, falls er auf dem Grundstücke wohnt, die für seinen Hausstand unentbehrlichen Räume zu belassen, unbeschadet der Befugnis des Gerichts, im Falle der Gefährdung auf Antrag dem Schuldner die Räumung aufzugeben und andere Sicherheitsmaßregeln anzuordnen [6]).

Die Verwaltung der beschlagnahmten Gegenstände erfolgt durch einen vom Gericht ernannten Verwalter, den das Gericht in den Besitz setzt [7]).

Die Beschlagnahme wird auch dadurch wirksam, daß der Verwalter den Besitz des Grundstücks erlangt [8]). Das Zahlungsverbot an den Drittschuldner erfolgt nicht nur auf Antrag des Gläubigers, sondern auch auf Antrag des Verwalters [9]).

---

[2]) ZVG. § 146 Abs. 1. [3]) ZVG. § 146 Abs. 2.

[4]) ZVG. § 147. Der Eigentümer kann sein etwaiges Widerspruchsrecht im Wege der Klage nach CPO. § 771 verfolgen.

[5]) ZVG. § 148 Abs. 1 (CPO. § 865 Abs. 1, o. S. 601 Anm. 6).

[6]) ZVG. §§ 148 Abs. 2, 149.

[7]) ZVG. § 150 (s. auch EG. § 13 Anm. 10).

[8]) ZVG. § 151 Abs. 1 (§ 22 Abs. 1).

[9]) ZVG. § 151 Abs. 3 (§ 22 Abs. 2).

Ein Beitrittsbeschluß ist auch dem Verwalter zuzustellen und wird mit dieser Zustellung wirksam, wenn der Verwalter zur Zeit der Zustellung schon im Besitze des Grundstücks ist[10]).

II. Die Verwaltung wird von dem Verwalter unter Aufsicht und Leitung des Gerichts geführt[11]). Verwaltung.

Zur Geschäftsführung des Verwalters gehört[12]) Geschäftsführung des Verwalters.

a) die Erhaltung des Grundstücks in seinem wirtschaftlichen Bestande,
b) die ordnungsmäßige Benutzung desselben,
c) die Geltendmachung derjenigen Rechte und Ansprüche, auf welche sich die Beschlagnahme erstreckt[13]),
d) die Umsetzung der für die Verwaltung entbehrlichen Nutzungen in Geld.

Die Geschäftsführung des Verwalters unterliegt der Leitung des Gerichts, indem dieses Leitung und Aufsicht des Gerichts.

a) den Verwalter nach Anhörung des Gläubigers und Schuldners mit der erforderlichen Anweisung zu versehen hat,
b) die Geschäftsführung zu beaufsichtigen und
c) die dem Verwalter gebührende Vergütung festzusetzen hat.

In geeigneten Fällen hat das Gericht einen Sachverständigen zuzuziehen.

Das Gericht kann dem Verwalter die Leistung einer Sicherheit auferlegen, gegen ihn Ordnungsstrafen bis zu zweihundert Mark verhängen und ihn entlassen.

Der Verwalter ist wegen seiner Geschäftsführung allen Beteiligten nach Maßgabe der Bestimmungen des bürgerlichen Rechts (BGB. § 276) verantwortlich, er hat den Parteien jährlich und nach Beendigung der Verwaltung Rechnung zu legen (BGB. § 259).

---

10) ZVG. § 151 Abs. 2 (§ 27).

11) Soweit nicht nach EG. z. ZVG. § 13 die dem Gerichte obliegenden Amtshandlungen — also die Bestellung des Verwalters, die Teilung und Beaufsichtigung der Geschäftsführung — anderen Behörden, Beamten oder einem Notare übertragen sind.

12) ZVG. § 112. Bestehende Pacht- und Mietsverhältnisse bleiben wirksam, die Landesgesetzgebung kann für die Geschäftsführung und für die dem Verwalter zu gewährende Vergütung allgemeine Anordnungen treffen, EG. z. ZVG. § 14.

13) ZVG. § 153.

Die Rechnung ist dem Gerichte einzureichen und wird von diesem den Parteien vorgelegt[14]).

Verteilungsverfahren. III. Für das Verteilungsverfahren gelten folgende Bestimmungen:

Teilungsmasse. Die Teilungsmasse besteht aus dem Reinertrage der Nutzungen, d. h. dem Ertrage derselben nach Vorwegnahme der Kosten der Verwaltung und der Kosten des Verfahrens, soweit die letzteren nicht dem Gläubiger obliegen[15]).

Berechtigte. Die Teilungsmasse dient zur Befriedigung der beteiligten Gläubiger aus der Rangklasse 1—5 (o. S. 604 f.), bezüglich der 2., 3. und 4. Rangklasse jedoch nur insoweit, als laufende Beträge wiederkehrender Leistungen zu berücksichtigen sind; nur der betreibende Gläubiger wird nach Befriedigung der bevorrechtigten Gläubiger wegen ihrer Ansprüche auf wiederkehrende Leistungen auch wegen seiner Kapitalforderungen und der rückständigen wiederkehrenden Leistungen befriedigt. Bevorrechtigte aus einer vorhergehenden Klasse müssen also, falls sie diesen Vorzug des Gläubigers vermeiden wollen, wegen ihrer weiteren Forderungen einen Beitrittsbeschluß erwirken[16]).

Eines Verteilungsverfahrens bedarf es nicht, wenn eine außergerichtliche Einigung oder Befriedigung stattgefunden hat[17]), ebensowenig für die Berichtigung der laufenden öffentlichen Lasten durch den Verwalter[18]).

Verteilungstermin. Ist zu erwarten, daß andere Ansprüche zur Geltung kommen, so wird alsbald nach Beginn des Verfahrens ein Verteilungstermin bestimmt[19]).

Die Terminsbestimmung ist den Beteiligten[20]) und dem Verwalter zuzustellen, der Anheftung an die Gerichtstafel bedarf es nicht[21]).

Verteilungsplan. In dem Termin wird nach Anhörung der Beteiligten ein Teilungsplan nötigenfalls mit Hülfe eines Rechnungsverständigen für

---

14) ZVG. § 154. 15) ZVG. § 155 Abs. 1.

16) ZVG. § 155 Abs. 2.

17) ZVG. § 160 (§§ 143—145).

18) ZVG. § 156 Abs. 1. 19) ZVG. § 156 Abs. 2.

20) **Als Beteiligte gelten auch die, welche ein angemeldetes Recht noch glaubhaft zu machen haben,** ZVG. § 156 Abs. 2 (§ 105 Abs. 2 Satz 2).

21) ZVG. § 156 Abs. 2 Satz 3.

die ganze Dauer des Verfahrens aufgestellt [22]). Dabei sind Ansprüche, welche zur Zeit der Eintragung des Zwangsverwaltungsvermerks in das Grundbuch aus demselben ersichtlich waren, in Gemäßheit der Eintragung mit den laufenden Zinsen und sonstigen Nebenleistungen, sowie die sich aus dem Antrage des Gläubigers ergebenden Ansprüche ohne Anmeldung, andere Ansprüche nur dann zu berücksichtigen, wenn sie spätestens im Verteilungstermin angemeldet sind [23]).

Über den Teilungsplan wird sofort verhandelt, für die Verhandlungen und für die Erledigung der Widersprüche gelten die entsprechenden Versteigerungsverfahren geltenden Vorschriften [24]).

Nach der Feststellung des Teilungsplans hat das Gericht die planmäßige Zahlung der Beträge an die Berechtigten anzuordnen. Wird nachträglich der Beitritt eines Gläubigers zugelassen, so ist die Anordnung zu ergänzen [25]).

Die Auszahlung erfolgt nicht durch das Gericht, sondern durch den Verwalter, nur wenn Zahlungen auf das Kapital einer Hypothek oder Grundschuld oder auf die Ablösungssumme einer Rentenschuld zu leisten sind, hat das Gericht auf Antrag des Verwalters einen Termin zur Auszahlung zu bestimmen und die Auszahlung resp. Hinterlegung nach Maßgabe der entsprechenden für das Versteigerungsverfahren geltenden Vorschriften auszuführen [26]).

---

[22]) ZVG. § 156 Abs. 2 (§ 113 Abs. 1). Eine Feststellung der Teilungsmasse findet nicht statt, da dieselbe nicht feststehend ist.

[23]) ZVG. § 156 Abs. 2 (§ 114). Bei Ansprüchen, gegen welche Widerspruch erfolgt, sowie bei Ansprüchen, hinsichtlich deren die Person des Berechtigten unbekannt ist, ist im Plan festzustellen, wie der Betrag verteilt werden soll, wenn der Widerspruch begründet, der Berechtigte nicht ermittelt wird (ZVG. §§ 124 Abs. 1, 126 Abs. 1).

[24]) ZVG. § 156 Abs. 2 (§ 115).

[25]) ZVG. § 157 Abs. 1 Satz 1. Für die in Anm. 23 bezeichneten ungewissen Ansprüche gelten die besonderen Vorschriften der §§ 124 u. 126 (s. o. S. 624 Anm. 94) über die Hinterlegung dieser Beträge (ZVG. § 156 Abs. 2). Wird ein Betrag für einen unbekannten Berechtigten hinterlegt, so gelten für die Ermittlung des Berechtigten, für die Kraftloserklärung des Hypothekenbriefs sowie für das Aufgebot des unbekannten Berechtigten die entsprechenden im Versteigerungsverfahren geltenden Vorschriften, ZVG. § 157 Abs. 2, auch EG. § 12 (§§ 135—141 u. o. S. 625 Anm. 98).

[26]) ZVG. § 158 (§ 117). Im Falle der Befriedigung eines Berechtigten

Für die Verjährung der Rechte auf hinterlegte Beträge gelten gleichfalls die entsprechenden im Versteigerungsverfahren geltenden Vorschriften[27]).

Eine Änderung des Teilungsplans kann jeder Beteiligte im Wege der Klage erwirken, auch wenn er Widerspruch gegen den Plan nicht erhoben hat, eine planmäßig erfolgte Zahlung kann jedoch auf Grund solcher Änderung nicht zurückgefordert werden[28]).

IV. Die Aufhebung des Verfahrens erfolgt nach den allgemeinen Vorschriften sowie dann, wenn der Gläubiger befriedigt ist, durch Gerichtsbeschluß. Die Aufhebung kann auch dann angeordnet werden, wenn die Fortsetzung des Verfahrens besondere Aufwendungen erfordert und der Gläubiger den nötigen Geldbetrag nicht vorschießt[29]).

§ 151.

Zwangsversteigerung von Schiffen.

Gegenstand des Verfahrens. Inländische, ausländische Schiffe.

Gegenstand der Zwangsversteigerung sind

1. inländische im Schiffsregister eingetragene Schiffe,
2. ausländische Schiffe dann, wenn ein solches Schiff im Falle es ein deutsches wäre, in das Schiffsregister eingetragen werden müßte[1]).

Verfahren.

Für das Verfahren gelten die für die Zwangsversteigerung von Grundstücken geltenden Vorschriften mit folgenden Abweichungen[2]) und mit der Maßgabe, daß an die Stelle des Grundbuchs das Schiffsregister tritt[3]).

Antrag.

1. Dem Antrage (o. S. 608) ist ein Zeugnis der Schiffsregisterbehörde über die Eintragung des Schiffes in das Schiffsregister beizufügen[4]).

---

ist das Grundbuchamt um die Löschung des Rechts zu ersuchen, auch der Hypothekenschein unbrauchbar zu machen. Bei Teilzahlungen erfolgt Abschreibung auf der Urkunde resp. dem Titel (ZVG. § 127).

[27]) ZVG. § 157 Abs. 2 (§ 142 u. o. S. 625 Anm. 98).

[28]) ZVG. § 159.

[29]) ZVG. § 161 (§§ 28, 29, 32 u. 34, CPO. § 776).

[1]) ZVG. § 171.

[2]) ZVG. § 162. Örtliche Zuständigkeit § 163 Abs. 1 u. o. S. 607 Anm. 47.

[3]) ZVG. § 163 Abs. 2.

[4]) ZVG. § 164 Satz 3.

Der Antrag ist nur zulässig, wenn

a) der Schuldner das Schiff im Eigenbesitze hat[5]) oder
b) der Gläubiger zu den Schiffsgläubigern gehört und der Schuldner als Rheder, Ausrüster, Schiffseigner, Schiffer oder dritter Besitzer in Beihalt der Vorschriften des Handelsgesetzbuches oder des Binnenschiffahrtsgesetzes verurteilt ist und die Zwangsvollstreckung aus dem Urteil betrieben wird[6]).

Die den Antrag begründenden Thatsachen sind glaubhaft zu machen, soweit sie nicht bei dem Gerichte offenkundig sind[7]).

Beschlagnahmebeschluß.

2. Die Anordnung der Versteigerung hat auch hier die Wirkung der Beschlagnahme. Ist das Verfahren gegen den Schiffer auf Grund eines auch gegenüber dem Rheder oder Schiffseigner wirksamen Titels angeordnet, so wirkt die Beschlagnahme zugleich gegen den Rheder oder Schiffseigner[8]).

Bei der Anordnung hat das Gericht zugleich die Bewachung und Verwahrung des Schiffes anzuordnen. Die Beschlagnahme wird auch mit Vollziehung dieser Anordnung wirksam[9]).

Bestimmung und Bekanntmachung d. Versteigerungstermins.

3. Die Bestimmung des Versteigerungstermins muß enthalten

a) die Bezeichnung des Schiffes nach dem Schiffsregister;
b) Zeit und Ort der Versteigerung;
c) die Angabe, daß die Versteigerung im Wege der Zwangsvollstreckung erfolgt;
d) die Aufforderung an die Schiffsgläubiger und die sonstigen Berechtigten, ihre Rechte, soweit sie zur Zeit der Eintragung des Versteigerungsvermerks aus dem Schiffsregister nicht er-

---

[5]) ZVG. § 164 Satz 1.

[6]) ZVG. § 164 Satz 1, HGB. §§ 510, 755 Abs. 2, 761, Binnenschiffahrtsgesetz §§ 97 Abs. 2, 103 Abs. 2. Richtet sich das Verfahren nicht gegen den Rheder oder Schiffseigner, so muß dieser sein etwaiges Widerspruchsrecht im Wege der Klage verfolgen, falls nicht der Titel auch ihm gegenüber wirksam ist oder er den Anspruch anerkennen muß, s. z. B. HGB. § 510 Abs. 2, Binnenschiffahrtsges. § 2 Abs. 2.

[7]) ZVG. § 164 Satz 2.

[8]) ZVG. § 166 Abs. 1. Die Beschlagnahme darf nicht angeordnet werden, wenn das Schiff segelfertig ist, es sei denn der Anspruch des Gläubigers aus einer Schuld, welche zum Behufe der bevorstehenden Reise eingegangen ist, entstanden, HGB. § 482.

[9]) ZVG. § 165.

sichtlich waren, spätestens im Verteilungstermin anzumelden, widrigenfalls die Rechte bei der Verteilung des Versteigerungserlöses nicht berücksichtigt werden würden;

e) die Aufforderung an diejenigen, welche ein der Versteigerung entgegenstehendes Recht haben, vor der Erteilung des Zuschlags die Aufhebung oder einstweilige Einstellung des Verfahrens herbeizuführen, widrigenfalls für das Recht der Versteigerungserlös an Stelle des versteigerten Gegenstandes treten würde[10]).

Die Bekanntmachung des Versteigerungstermins erfolgt ausnahmslos durch das Amtsblatt und, wenn sich der Heimatshafen oder der Heimatsort des Schiffes in einem anderen Gerichtsbezirke befindet, auch durch das Amtsblatt für dieses Gericht[11]).

4. Zu den Beteiligten gehören die Berufsgenossenschaft für die Unfallversicherung und die Versicherungsanstalt für die Invaliditäts- und Altersversicherung auch dann, wenn sie eine Forderung nicht angemeldet haben[12]).

Für die Rangordnung der Gläubiger gelten dieselben Vorschriften wie bei der Zwangsversteigerung von Grundstücken. In die vierte Klasse gehören auch die Schiffsgläubiger wegen des ihnen zustehenden gesetzlichen Pfandrechts. Der Rang der Rechte dieser Klasse unter einander bestimmt sich auch hier nach den Grundsätzen des materiellen Rechts[13]).

5. Die Vorschriften über das geringste Gebot finden keine Anwendung; das Meistgebot ist in seinem ganzen Betrage durch Zahlung zu berichtigen. Erfolgt die Berichtigung nicht im Verteilungstermine, so ist für die Forderung gegen den Ersteher ein Pfandrecht an dem Schiffe in das Schiffsregister einzutragen, auch sind Sicherungsmaßregeln durch gerichtliche Bewachung und Verwahrung zulässig[14]).

6. Für die Versteigerung ausländischer Schiffe gelten einige Sonderbestimmungen über die Zustellung der Terminsbestimmung und die Aufhebung der Sicherungsmaßregeln[15]).

---

[10]) ZVG. § 167 u. § 37. Wegen des weiteren Inhalts s. § 38 (o. S. 610).

[11]) ZVG. § 168 u. § 39 Abs. 1 (Abs. 2 ist unanwendbar).

[12]) ZVG. § 163 Abs. 3 (§ 9 Nr. 2).

[13]) ZVG. § 10 u. HGB. §§ 766—776, Binnenschiffahrtsges. §§ 104—109.

[14]) ZVG. §§ 169, 170.

[15]) ZVG. § 171.

Zweites Kapitel.

Zwangsvollstreckung wegen anderer Ansprüche.

§ 152.

Die Grundsätze.

Soll die Zwangsvollstreckung wegen anderer Ansprüche als wegen Geldforderungen erfolgen, so ist das Verfahren verschieden je nach dem Inhalte der zu erzwingenden Leistung.

Herausgabe von bestimmten beweglichen Sachen nach Stückzahl oder Quantitäten.

1. Soll die Herausgabe beweglicher Sachen und zwar entweder
a) einer individuell bestimmten Sache oder
b) einer Quantität von bestimmten Sachen (z. B. 10 Scheffel Roggen aus dem auf dem Speicher des Schuldners lagernden Vorrat)

erfolgen, so hat der Gerichtsvollzieher dem Schuldner die Sachen wegzunehmen und dem Gläubiger zu übergeben.

Wird die herauszugebende Sache nicht vorgefunden, so ist der Schuldner verpflichtet, auf Antrag des Gläubigers den Offenbarungseid dahin zu leisten, „daß er die Sache nicht besitze, auch nicht wisse, wo die Sache sich befinde". Das Gericht kann eine der Sachlage entsprechende Änderung der Eidesnorm beschließen[1]).

Leistung bestimmter Quantitäten vertretbarer Sachen oder Wertpapiere.

2. In gleicher Weise hat der Gerichtsvollzieher zu verfahren, wenn der Schuldner eine bestimmte Quantität vertretbarer Sachen oder Wertpapiere zu leisten hat. Eine Verpflichtung zur Leistung des Offenbarungseides findet in diesem Fall nicht statt, da die Menge, aus welcher zu leisten ist, nicht bestimmt und nicht bestimmbar ist[2]).

Herausgabe von unbeweglichen Sachen und bewohnten Schiffen

3. Hat der Schuldner eine unbewegliche Sache oder ein bewohntes Schiff herauszugeben, zu überlassen oder zu räumen, so hat der Gerichtsvollzieher den Schuldner aus dem Besitze zu setzen und den Gläubiger in den Besitz einzuweisen[3]).

Herausgabe von Sachen, welche sich in Gewahrsam Dritter befinden.

4. Befindet sich eine herauszugebende Sache im Gewahrsam eines Dritten, so ist dem Gläubiger auf Antrag der Anspruch des

---

[1]) CPO. § 883. [2]) CPO. § 884.

[3]) CPO. § 885. Über die Behandlung der auf dem Grundstücke oder dem Schiffe sich befindlichen nicht mit herauszugebenden beweglichen Sachen gelten besondere Bestimmungen.

Schuldners auf Herausgabe der Sache nach den Vorschriften zu überweisen, welche die Pfändung und Überweisung einer Geldforderung betreffen[4]).

Pflicht zur Vornahme von Handlungen.

5. Hat der Schuldner eine Handlung vorzunehmen, so ist zu unterscheiden, ob die Vornahme der Handlung durch einen Dritten oder nur durch den Schuldner erfolgen kann, vertretbar oder nicht ist.

a) Ist die Handlung eine vertretbare, so ist der Gläubiger vom Prozeßgerichte erster Instanz auf Antrag zu ermächtigen[5]), auf Kosten des Schuldners die Handlung vornehmen zu lassen, auch der Schuldner zu verurteilen, die Kosten vorzuschießen resp. zu erstatten[6]).

Ist die Ermächtigung erteilt und leistet der Schuldner der Vornahme der Handlung Widerstand, so kann der Gläubiger zur Beseitigung des Widerstandes einen Gerichtsvollzieher zuziehen, welcher unter Zuziehung von Zeugen den Widerstand mit Gewalt zu beseitigen hat[7]).

b) Ist die Handlung eine unvertretbare, so findet ein Zwang gegen den Schuldner nur statt, wenn die Handlung ausschließlich vom Willen des Schuldners abhängt[8]), indem auf Antrag vom Prozeßgerichte erster Instanz zu erkennen ist[9]), daß der Schuldner zur Vornahme der Handlung durch Geldstrafen bis zum Gesamtbetrage von fünfzehnhundert Mark oder durch Haft anzuhalten sei[10]).

---

[4]) CPO. § 886.

[5]) Die Entscheidung kann ohne vorgängige mündliche Verhandlung erfolgen, jedoch ist der Schuldner vor der Entscheidung zu hören, CPO. § 891.

[6]) CPO. § 887 Abs. 1 u. 2. Auf die Zwangsvollstreckung zur Erwirkung der Herausgabe oder Leistung von Sachen finden diese Bestimmungen keine Anwendung, § 887 Abs. 3.

[7]) CPO. § 892 (§§ 758 Abs. 3 u. 759).

[8]) Z. B. Ausstellung einer Urkunde, Vorlegung einer Sache zur Besichtigung, Erteilung einer Auskunft, Rechnungslegung u. dgl.

[9]) Das Verfahren ist dasselbe wie im Falle der Anm. 5, CPO. § 891.

[10]) CPO. § 888 Abs. 1. Die Strafen sind Zwangsmittel (Exekutivstrafen). Ist durch die Androhung der Strafe die Befriedigung des Gläubigers erreicht, so ist das Verfahren einzustellen, auch dann, wenn die angedrohte Strafe bereits verwirkt ist und beigetrieben resp. vollstreckt wird. Die Wahl der Strafart be-

Diese Bestimmung kommt im Falle der Verurteilung zur Eingehung einer Ehe, im Falle der Verurteilung zur Herstellung des ehelichen Lebens und im Falle der Verurteilung zur Leistung von Diensten aus einem Dienstvertrage nicht zur Anwendung[11]). In diesen Fällen, von welchen der erste für den Bereich des Bürgerlichen Gesetzbuches keine praktische Bedeutung hat, sowie für die Fälle, in denen die Handlung nicht ausschließlich vom Willen des Schuldners abhängt, fehlt es an einem Vollstreckungsmittel, dem Gläubiger verbleibt nur sein Anspruch auf Ersatz des Interesse[12]).

Dagegen kommt das gleiche Strafandrohungsverfahren zur Anwendung, wenn der Schuldner nach den Vorschriften des bürgerlichen Rechts zur Leistung eines Offenbarungseides verurteilt ist und in dem vor dem Prozeßgerichte erster Instanz zur Eidesleistung bestimmten Termine nicht erschienen ist oder die Eidesleistung in dem Termine verweigert[13]).

6. Der Schuldner, welcher verpflichtet ist, etwas zu unterlassen, wird, falls er der Verpflichtung zuwider handelt, wegen jeder Übertretung auf Antrag des Gläubigers zu einer Geldstrafe bis zu fünfzehnhundert Mark oder zur Strafe der Haft bis zu sechs Monaten vom Prozeßgerichte erster Instanz verurteilt, jedoch darf das Maß der Gesamtstrafe zwei Jahre Haft nicht überschreiten. Die Strafe ist öffentliche Ordnungsstrafe, sie wird vom Richter für den einzelnen Fall nach Maßgabe der Größe der Übertretung und der Verschuldung Pflicht zur Unterlassung von Handlungen.

---

stimmt das Gericht; dem Gläubiger steht nicht die Befugnis zu, den Antrag auf Geldstrafe oder auf Haft zu beschränken. Die Androhung der Strafe kann wiederholt werden, falls die zuerst angedrohte Geldstrafe erfolglos vollstreckt ist, d. h. entweder bezahlt ist oder wegen derselben fruchtlos gepfändet ist, im letzteren Falle wird das Gericht Haft androhen. Das Verfahren ist fortzusetzen, bis beide Zwangsmittel erschöpft sind.

[11]) CPO. § 888 Abs. 2.

[12]) CPO. § 893 u. Anm. 18.

[13]) CPO. § 889. Fälle der Eidespflicht s. BGB. §§ 259, 260, 2028, 2057. Die Eidesleistung erfolgt vor dem Prozeßgerichte erster Instanz nach Maßgabe der allgemeinen für die Eidesleistung geltenden Vorschriften (CPO. §§ 478—484). Ist der Schuldner zur Erzwingung der Eidesleistung in Haft genommen, so findet CPO. § 902 Anwendung. Erbietet sich der Schuldner freiwillig zur Eidesleistung, so bestimmt sich das Verfahren nach § 163 (79) des Gesetzes über die Angelegenheiten der freiwilligen Gerichtsbarkeit.

festgesetzt. Auf die Einziehung der Strafe haben die Parteien keinen Einfluß.

Auch kann der Schuldner auf Antrag des Gläubigers in dem Strafbescheide zur Bestellung einer Sicherheit für den durch fernere Zuwiderhandlung entstehenden Schaden auf bestimmte Zeit verurteilt werden[14]).

Der Verurteilung auf Strafe muß eine Strafandrohung vorausgehen, welche, wenn sie nicht im Urteile enthalten ist, auf Antrag vom Prozeßgerichte erster Instanz erlassen wird[15]).

Pflicht zur Duldung einer Handlung.

7. Dasselbe Verfahren findet statt, wenn der Schuldner die Vornahme einer Handlung zu dulden hat und der Vornahme Widerstand leistet[16]). In diesem Falle kann der Gläubiger weiter zur Beseitigung des Widerstandes einen Gerichtsvollzieher zuziehen[17]).

Anspruch des Gläubigers auf Leistung des Interesse.

8. Durch die Bestimmungen unter 1—7 ist der Gläubiger nicht gehindert, einen ihm nach dem bürgerlichen Rechte zustehenden Anspruch auf Leistung des Interesse geltend zu machen. Der Anspruch wird im Wege der Klage beim Prozeßgerichte erster Instanz geltend gemacht[18]).

Vollstreckung von Urteilen auf Übertragung des Eigentums oder Bestellung eines Rechts an einer beweglichen Sache.

9. Ist der Titel ein Urteil, durch welches der Schuldner zur Übertragung des Eigentums oder zur Bestellung eines Rechts an einer beweglichen Sache verurteilt ist, so gilt, wenn der Gerichtsvollzieher die Sache zum Zwecke der Ablieferung an den Gläubiger wegnimmt, die Übergabe der Sache von dem Schuldner an den Gläubiger als erfolgt[19]).

In gleicher Weise gilt, wenn der Schuldner zur Bestellung einer Hypothek, Grundschuld oder Rentenschuld oder zur Abtretung oder

---

14) CPO. § 890 Abs. 1 u. 3. Das Verfahren ist dasselbe wie im Falle der Anm. 5.

15) CPO. § 890 Abs. 2, wegen des Verfahrens s. die vorige Anmerkung. Der Strafandrohung bedarf es auch, wenn der Schuldner im vollstreckbaren Vergleiche eine Strafe verwillkürt hat. Die Androhung lautet allgemein, nicht auf bestimmte Strafe.

16) CPO. § 890.

17) CPO. § 892 u. o. Anm. 7.

18) CPO. § 893 u. BGB. §§ 280, 283, 286 Abs. 2, 325.

19) CPO. § 897 Abs. 1 u. dazu CPO. §§ 883 Abs. 1, 884 und BGB. §§ 929, 1032, 1205. Wegen der noch erforderlichen Erklärung auf Bewilligung des Eintritts der Rechtsänderung s. unt. 10.

Belastung einer Hypothekenforderung, Grundschuld oder Rentenschuld verurteilt ist, die zum Erwerb des Rechts erforderliche Übergabe mit der Wegnahme des Briefes durch den Gerichtsvollzieher als bewirkt[20]).

Auf solchen Erwerb finden die Vorschriften des bürgerlichen Rechts zu Gunsten derjenigen, welche Rechte von einem Nichtberechtigten ableiten, Anwendung[21]).

10. Ist der Schuldner zur Abgabe einer Willenserklärung verurteilt, so gilt die Erklärung als abgegeben, sobald das Urteil die Rechtskraft erlangt hat[22]).

Ist die Willenserklärung von einer Gegenleistung abhängig, so tritt jene Wirkung erst dann ein, wenn eine vollstreckbare Ausfertigung des rechtskräftigen Urteils erteilt ist[23]).

Ist die Willenserklärung eine solche, auf Grund deren eine Eintragung in das Grundbuch oder das Schiffsregister erfolgen soll, so gilt, wenn das Urteil vorläufig vollstreckbar ist, die Eintragung einer Vermerkung oder eines Widerspruchs als bewilligt[24]).

Soll auf Grund eines die Willenserklärung des Schuldners ersetzenden Urteils eine Eintragung in ein öffentliches Buch oder Register (z. B. Grundbuch, Schiffsregister, Reichs- oder Staatsschuldbuch, Patentrolle) vorgenommen werden, so ist der Gläubiger befugt, die dazu erforderlichen Urkunden an Stelle des Schuldners zu verlangen[25]).

Auf einen Erwerb, der sich auf Grund der vorstehenden Bestimmungen vollzieht, finden die Vorschriften des bürgerlichen Rechts zu Gunsten derjenigen, welche Rechte von einem Nichtberechtigten herleiten, Anwendung[26]).

---

[20]) CPO. § 897 Abs. 1 u. BGB. §§ 1117, 1154, 1192, 1199, 1274.

[21]) CPO. § 898 u. dazu BGB. §§ 892f., 932ff., 1242, HGB. §§ 366f.

[22]) CPO. § 894. Im Falle der Verurteilung zur Eingehung einer Ehe findet diese Vorschrift keine Anwendung.

[23]) CPO. § 894 Abs. 1 Satz 2 u. §§ 726, 730, o. S. 550.

[24]) CPO. § 895 u. BGB. §§ 882ff., 899.

[25]) CPO. § 896 u. dazu § 792, o. S. 540.

[26]) CPO. § 898, s. Anm. 21.

Drittes Kapitel.

Offenbarungseid und Haft.

§ 153.

Offenbarungseid.

Das Prozeßrecht legt in zwei Fällen dem Schuldner die Verpflichtung auf, auf Verlangen des Gläubigers den Offenbarungseid zu leisten und erzwingt diese Pflicht durch eine an dem Schuldner im Weigerungsfalle zu vollziehende Haftstrafe.

Die Fälle des prozeßrechtlich gebotenen Offenbarungseides sind im § 807 (o. S. 582) und § 883 (o. S. 635) geregelt, für die Abnahme des Eides ist das Amtsgericht des Wohnsitzes eventuell des Aufenthaltes des Schuldners als Vollstreckungsgericht zuständig [1]).

Das Verfahren beginnt mit der Ladung des Schuldners zur Leistung des Offenbarungseides. Die Ladung erfolgt durch den Gläubiger durch Zustellung eines Schriftsatzes, welcher den Zweck der Ladung, entsprechend den gesetzlichen Vorschriften, insbesondere also im Falle des § 807 der Civilprozeßordnung die Aufforderung zur Vorlegung des Vermögensverzeichnisses enthält [2]).

Weder die Ladung noch die Terminsbestimmung sind Vollstreckungshandlungen, sondern Betriebshandlungen; das Gericht hat deshalb bei Bestimmung des Termins noch nicht zu prüfen, ob die Voraussetzungen für die Pflicht des Schuldners zur Leistung des Offenbarungseides vorliegen.

Die Vollstreckungsthätigkeit beginnt erst im Termin; sie besteht in der Abnahme des Eides, in der Entscheidung über die Eidesleistungspflicht oder in der Anordnung der Haft zur Erzwingung der Eidesleistung.

In dem Termine bedarf es der Anwesenheit des Gläubigers nicht, vielmehr kann dieser die von ihm zu stellenden Anträge und die erforderlichen Nachweise bereits mit dem Schriftsatze, der die

---

[1]) CPO. § 899, auch KO. § 125.

[2]) CPO. § 900 Abs. 1.

Ladung enthält, verbinden, oder solche bis zum Terminc dem Gerichte einreichen[3]).

Erscheint der Schuldner in dem Termine, so hat das Gericht von Amtswegen zu prüfen, ob die Voraussetzungen für die Pflicht des Schuldners zur Leistung des Eides vorliegen und nachgewiesen sind. Fehlt es hieran, so ordnet das Gericht an, daß wegen eines solchen Mangels von der Eidesabnahme abzusehen ist, resp. giebt dem etwa erschienenen Gläubiger anheim, vorerst solche Nachweise zu bringen.

Bestreitet der Schuldner in dem Termine die Verpflichtung zur Eidesleistung aus prozeßrechtlichen Gründen, weil entweder die Voraussetzungen für den Beginn der Zwangsvollstreckung überhaupt oder für die Pflicht zur Eidesleistung im besonderen nicht vorliegen oder der Schuldner im gegebenen Falle davon befreit ist (CPO. §§ 903, 914 u. Anm. 7), so hat das Gericht über den Widerspruch durch Beschluß zu entscheiden[4]). Materielle Einwendungen sind im Wege der Einwendungsklage zu verfolgen.

Erscheint der Schuldner trotz ordnungsmäßiger Ladung in dem Termine nicht oder verweigert er die Leistung des Eides in dem Termin ohne Grund, so hat auch in diesem Falle das Gericht von Amtswegen zu prüfen, ob die prozeßrechtlichen Voraussetzungen für die Pflicht des Schuldners zur Eidesleistung vorliegen und bejahenden Falls auf vorliegenden Antrag des Gläubigers zur Erzwingung der Eidesleistung die Haft anzuordnen[5]).

Beantragt der Schuldner beim Amtsgericht des Haftortes, ihm den Eid abzunehmen, so ist dem Antrag ohne Verzug stattzugeben, der Schuldner nach Leistung des Eides zu entlassen und der Gläubiger zu benachrichtigen[6]).

Für den nach § 807 der Civilprozeßordnung zu leistenden Eid gelten noch folgende besondere Bestimmungen:

---

[3]) CPO. § 900 Abs. 2.

[4]) CPO. § 900 Abs. 3. Die Eidesleistung erfolgt erst nach Rechtskraft der Entscheidung. Die Ladung zu dem neuen Termine hat wieder der Gläubiger zu betreiben. Ist bereits ein früherer Widerspruch rechtskräftig verworfen, so kann die Eidesleistung schon vor Eintritt der Rechtskraft der Entscheidung angeordnet werden. Diese Anordnung kann auch von Amtswegen sofort im Termine getroffen werden.

[5]) CPO. § 901.

[6]) CPO. § 902.

1. Hat ein Schuldner diesen Eid geleistet oder hat er wegen Verweigerung dieses Eides eine Haft von sechs Wochen verbüßt, so ist er einem anderen Gläubiger gegenüber von der Eidespflicht oder von der Haft befreit, wenn nicht dieser glaubhaft macht, daß der Schuldner später Vermögen erworben habe, es sei denn, daß seit der Eidesleistung oder seit der Beendigung der Haft fünf Jahre verstrichen sind[7]).

2. Das Vollstreckungsgericht hat ein Verzeichnis der Schuldner, welche diesen Eid geleistet haben, oder gegen welche wegen Eidesverweigerung die Haft angeordnet ist, zu führen und in demselben gegebenen Falls zu bemerken, daß die Haft sechs Monate gedauert hat. Nach Ablauf der unter 1 erwähnten fünf Jahre ist der Name unkenntlich zu machen. Die Einsicht ist jedem gestattet[8]).

§ 154.

Haft.

Für die auf Grund der Prozeßordnung angeordnete Haft, mag sie Ordnungsstrafe (CPO. §§ 380, 390 Abs. 1, 890), Zwangsmittel (Exekutivstrafe, CPO. §§ 390, Abs. 2, 888, 901) oder Sicherungsmittel (CPO. § 918) sein, gelten folgende Bestimmungen:

1. Die Haft ist unstatthaft[1])

a) gegen Mitglieder einer deutschen gesetzgebenden Versammlung während der Sitzungsperiode, sofern nicht die Versammlung die Vollstreckung genehmigt;

b) gegen Militärpersonen, welche zu einem mobilen Truppenteile oder zur Besatzung eines in Dienst gestellten Kriegsfahrzeuges gehören;

c) gegen den Schiffer, die Schiffsmannschaft und alle übrigen auf einem Seeschiff angestellten Personen, wenn das Schiff segelfertig ist.

2. Die Haft wird unterbrochen[2])

a) gegen die unter 1a bezeichneten Personen während der Dauer der Sitzungsperiode, wenn die Versammlung die Freilassung verlangt;

---

[7]) CPO. §§ 903, 914.

[8]) CPO. § 915.

[1]) CPO. § 904.

[2]) CPO. § 905.

b) gegen die unter 1b bezeichneten Personen im Falle ihrer Einberufung für die Dauer dieser Verhältnisse.

3. Die Haft darf nicht vollstreckt werden gegen einen Schuldner, dessen Gesundheit dadurch einer nahen und erheblichen Gefahr ausgesetzt wird, solange der Zustand dauert[3]).

4. Die Haft wird in einem Raume vollstreckt, in welchem nicht zugleich Untersuchungs- oder Strafgefangene sich befinden[4]).

5. Bei Anordnung der Haft ist ein Haftbefehl zu erlassen, in welchem Gläubiger, Schuldner und der Grund der Verhaftung anzugeben sind[5]).

6. Die Verhaftung erfolgt durch den Gerichtsvollzieher unter Vorzeige resp. bei abschriftlicher Mitteilung des Haftbefehls[6]), bei Militärpersonen, welche dem aktiven Heere oder der aktiven Marine angehören, durch die Militärbehörde auf Ersuchen des Gerichts[7]).

Ist der zu Verhaftende ein Beamter, ein Geistlicher oder Lehrer an einer öffentlichen Unterrichtsanstalt, so ist der vorgesetzten Dienstbehörde von dem Gerichtsvollzieher Anzeige zu machen. Die Verhaftung darf erst erfolgen, nachdem für die dienstliche Vertretung gesorgt ist und der Gerichtsvollzieher hiervon in Kenntnis gesetzt ist[8]).

7. Die Kosten der Haft hat der Gläubiger von Monat zu Monat vorauszuzahlen[9]).

Dritter Titel.

Sicherung der Zwangsvollstreckung.

§ 155.

Die allgemeinen Grundsätze.

Besteht bereits vor der Feststellung der konkreten Rechtsordnung durch Urteil die Gefahr, daß die Herstellung solcher Rechtsordnung gefährdet ist, so gewährt das Prozeßrecht die Befugnis, durch Einwirkung arrestatorischer Maßregeln solcher Gefährdung vorzubeugen.

---

[3]) CPO. § 906.
[4]) CPO. § 907.
[5]) CPO. § 908.
[6]) CPO. § 909.
[7]) CPO. § 912.
[8]) CPO. § 910.
[9]) CPO. § 911.

Der nächste Zweck dieser Maßregeln ist die Sicherung der thatsächlichen Herstellung der Rechtsordnung dadurch, daß diejenigen Mittel, welche solcher Herstellung dienen, also die Vollstreckungsmittel, jetzt schon für anwendbar erklärt werden, jedoch nicht zum Zwecke der Befriedigung des Gläubigers, sondern nur zum Zwecke der Sicherung solcher Befriedigung.

Diesem Zwecke entsprechend sind die Sicherungsmittel ebenso verschieden wie die Zwangsvollstreckungsmittel, sie zerfallen, entsprechend der Darstellung der einzelnen Vollstreckungsmittel im ersten und zweiten Kapitel des zweiten Titels, in zwei Arten, Arrest und einstweilige Verfügung, jener dient der Sicherung eines in Geld zu gewährenden Vermögensvorteils, dieser dient zur Sicherung anderer Vermögensvorteile.

Damit ist aber dem praktischen Bedürfnis noch nicht genügt. Dieses erfordert auch dann ein vorläufiges Eingreifen, wenn es um die einstweilige Regelung des konkreten Rechtszustandes in Bezug auf streitige Rechtsverhältnisse vor deren urteilsmäßigen Feststellung handelt, mögen solche Rechtsverhältnisse vermögensrechtlicher Art oder anderer Art sein, wenn solche einstweilige Regelung zur Vermeidung erheblicher Nachteile oder zur Verhütung schweren Unrechts erforderlich ist. Solche einstweilige Regelung erfolgt gleichfalls durch einstweilige Verfügung [1]).

Endlich gewährt das bürgerliche Recht noch in einer Reihe von Fällen die Möglichkeit der Sicherung gefährdeter oder noch ungewisser, zweifelhafter Rechte durch einstweilige Verfügung. Die dafür geltenden Vorschriften werden durch die Prozeßordnung nicht berührt [2]).

Für das Verfahren ist neben dem Gerichte der Hauptsache regelmäßig auch das Gericht der sofortigen Hülfsbereitschaft zuständig. Als Gericht der Hauptsache ist das Gericht erster Instanz und, wenn die Hauptsache in der Berufungsinstanz anhängig ist, das Berufungsgericht anzusehen [3]). Ist das Gericht der Hauptsache

---

[1]) CPO. § 940.

[2]) EG. z. CPO. § 16³, BGB. §§ 885, 889, 1263, 489, 1716; G. zur Bekämpfung des unlauteren Wettbewerbs vom 27. Mai 1896 § 3 (RGBl. S. 146).

[3]) CPO. § 943. Ist die Hauptsache anhängig oder anhängig gewesen, so ist das Gericht der Hauptsache für das Verfahren auf Rückgabe einer Sicherheit

ein Kollegialgericht, so kann in dringenden Fällen der Vorsitzende über Gesuche, sofern deren Erledigung eine vorgängige mündliche Verhandlung nicht erfordert, anstatt des Gerichts entscheiden[4]). Die Ferien sind ohne Einfluß auf das Verfahren[5]).

Arrest und einstweilige Verfügung sind außerordentliche Schutzmaßregeln, sie haben ihre Bedeutung nicht in sich, sondern sollen nur einen vorläufigen Schutz für ein erst festzustellendes Rechtsverhältnis, die sog. Hauptsache gewähren. Wer solchen Schutz in Anspruch nimmt, ist dem Gegner gegenüber verpflichtet, die rechtskräftige Feststellung des streitigen Rechtsverhältnisses durch Urteil zu erwirken. Die Gefahr des günstigen Ausganges der Hauptsache trägt der Gesuchsteller. Erreicht derselbe die Feststellung nicht, indem entweder in der Hauptsache gegen ihn entschieden wird, oder indem er die rechtzeitige Verfolgung der Hauptsache unterläßt, so werden die Sicherungsmaßregeln aufgehoben. Dasselbe ist der Fall, wenn sich im Verfahren herausstellt, daß die prozeßrechtliche Voraussetzungen für die Anordnung der Maßregel nicht bestanden.

Die Gefahr des mit der Vollziehung einer solchen außerordentlichen Maßregel verbundenen Nachteils trägt derjenige, auf dessen Antrag sie angeordnet ist. Erweist sich die Anordnung ungerechtfertigt oder unterläßt der Antragsteller, die Hauptsache zu verfolgen und wird aus diesem Grunde die Anordnung aufgehoben, so ist die Partei, welche die Anordnung erwirkt hat, verpflichtet, dem Gegner den Schaden zu ersetzen, der ihm aus der Vollziehung der angeordneten Maßregel oder dadurch entsteht, daß er Sicherheit leistet, um die Vollziehung abzuwenden oder die Aufhebung der Maßregel zu erwirken. Darauf, ob diese Partei ein Verschulden trifft, kommt es für diese Frage nicht an[6]).

§ 156.

Arrest.

Das Verfahren zerfällt in das Verfahren zur Anordnung des Arrestes und in das Vollziehungsverfahren.

(CPO. § 109) ausschließlich zuständig, wenn auch die Sicherheitsleistung nicht von diesem Gerichte angeordnet ist.

4) CPO. § 944. 5) GVG. § 202².

6) CPO. § 945.

Zulässigkeit des Arrestes. Arrestanspruch.

Die Anordnung des Arrestes ist zulässig wegen einer Geldforderung oder wegen eines Anspruchs des Gläubigers, welcher in eine Geldforderung übergehen kann. Der Anspruch, für den die Anordnung begehrt wird, kann auch ein betagter oder bedingter sein, es sei denn, daß der Anspruch wegen der entfernten Möglichkeit des Eintritts der Bedingung einen gegenwärtigen Vermögenswert nicht hat [1]).

Arrestgrund.

Die Zulässigkeit des Arrestes ist bedingt durch das Vorhandensein eines vom Prozeßrechte anerkannten Arrestgrundes. In dieser Beziehung muß man zwischen dinglichem und persönlichem Sicherheitsarrest unterscheiden.

Dinglicher Arrest.

Der dingliche Arrest, welcher zum Gegenstande das bewegliche und unbewegliche Vermögen des Schuldners hat, findet statt, wenn zu besorgen ist, daß ohne dessen Verhängung die Vollstreckung des Urteils vereitelt oder wesentlich erschwert werden würde. Dies trifft namentlich zu, wenn das Urteil im Auslande vollstreckt werden müßte [2]).

Solche Besorgnis kann nicht allein aus der mißlichen Vermögenslage des Schuldners entnommen werden, auch nicht daraus, daß andere Gläubiger dem Gläubiger zuvorkommen können, sondern nur aus Umständen, namentlich Handlungen des Schuldners, durch welche derselbe seine Vermögenslage verschlechtert, das Vermögen vergeudet, verschleudert, bei Seite schafft u. s. w.; denn der Arrest soll dem Gläubiger keine günstigere Vermögenslage verschaffen, sondern verfolgt nur den Zweck, ihn gegenüber außergewöhnlichen Fällen vor Schaden zu bewahren.

Persönlicher Sicherheitsarrest.

Der persönliche Sicherheitsarrest, welcher den Schuldner in seiner persönlichen Freiheit beschränkt, findet nur statt, wenn er erforderlich ist, die gefährdete Zwangsvollstreckung in das Vermögen des Schuldners zu sichern, also nur dann, wenn die Gefahr besteht, daß der Schuldner seine persönliche Freiheit zur Verdunkelung, insbesondere zur Fort-

---

[1]) CPO. § 916. Durch den Arrest erreicht der Gläubiger nur die Sicherung des Geldwertes seines Anspruches, will der Gläubiger sich die thatsächliche Durchführung eines Anspruches auf eine andere als Geldleistung, also auf die Individualleistung selbst sichern, so muß er die Anordnung einer einstweiligen Verfügung beantragen.

[2]) CPO. §§ 916 Abs. 1, 917.

schaffung seines Vermögens mißbrauchen und dadurch die Zwangsvollstreckung gefährden würde. Er ist also dann nicht zulässig, wenn der Schuldner pfändbares Vermögen nicht hat, oder wenn der dingliche Arrest vollzogen werden kann, hat also nur subsidiäre Bedeutung [3]).

Für die Anordnung des Arrestes ist sowohl das Gericht der Hauptsache als das Amtsgericht zuständig, in dessen Bezirke der mit Arrest zu belegende Gegenstand oder die in ihrer persönlichen Freiheit zu beschränkende Person sich befindet [4]). Zuständigkeit.

Das Verfahren beginnt mit dem Gesuche um Anordnung des Arrestes. Das Gesuch, welches auch zu Protokoll des Gerichtsschreibers erklärt werden kann, soll den Arrestanspruch und den Arrestgrund enthalten und beides glaubhaft machen. Der Arrest kann jedoch auch ohne solche Glaubhaftmachung gegen Sicherheitsleistung angeordnet werden [5]). Das Verfahren.

Über das Arrestgesuch kann ohne vorgängige mündliche Verhandlung durch Beschluß entschieden werden. Durch die Anordnung des vorgängigen Gehörs des Schuldners würde das Arrestverfahren wohl meistens seinen Zweck verfehlen [6]).

Ordnet das Gericht ausnahmsweise mündliche Verhandlung an, so erfolgt die Entscheidung über das Gesuch nicht durch Beschluß, sondern durch Endurteil [7]). Daraus ergiebt sich, daß die mündliche Verhandlung in diesem Falle nicht nach den Grundsätzen der fakultativen mündlichen Verhandlung (s. o. § 81) verläuft, sondern nach den allgemeinen Vorschriften, so daß der Betrieb und die Verhandlung der Sache wie im ordentlichen Erkenntnisverfahren stattzufinden hat. Gegen das Endurteil findet Einspruch und Berufung nach den allgemeinen Regeln statt.

Die Anordnung des Arrestes, mag sie durch Beschluß oder Endurteil stattfinden, kann in jedem Falle, also auch dann, wenn der Arrestanspruch und Arrestgrund glaubhaft gemacht sind, davon abhängig gemacht werden, daß wegen der dem Gegner drohenden Nach-

---

[3]) CPO. § 918.
[4]) CPO. § 919. „Gericht der Hauptsache" s. CPO. § 943.
[5]) CPO. §§ 920, 921 Abs. 2. [6]) CPO. §§ 921 Abs. 1, 922 Abs. 1.
[7]) CPO. § 922 Abs. 1.

teile eine nach freiem Ermessen zu bestimmende Sicherheit geleistet wird [8]).

Da der Arrest dem Gläubiger Sicherheit wegen des Geldwertes seines Anspruches gewähren soll, so ist in jedem Arrestbefehl, d. h. in der gerichtlichen Entscheidung, welche den Arrest anordnet, ein Geldbetrag festzustellen, durch dessen Hinterlegung die Vollziehung des Arrestes gehemmt und die Aufhebung des vollzogenen Arrestes auf Antrag des Schuldners zu erfolgen hat [9]).

Wird ohne mündliche Verhandlung entschieden, so ist der Beschluß nur dem Antragsteller zuzustellen; diesem bleibt es überlassen, den Beschluß, durch welchen der Arrest angeordnet wird, dem Gegner zustellen zu lassen. Wird das Gesuch zurückgewiesen oder vorgängige Sicherheitsleistung für erforderlich erklärt, so ist der Beschluß dem Schuldner nicht mitzuteilen, während er vom Gläubiger durch Beschwerde angefochten werden kann [10]).

Widerspruch des Schuldners.

Wird der Arrest durch Beschluß angeordnet, so muß der Schuldner seinen Widerspruch in der Weise verfolgen, daß er den Gegner unter Mitteilung der Gründe, welche er für die Aufhebung des Arrestes geltend machen will, zur mündlichen Verhandlung vor das Arrestgericht ladet. Die Sache kommt damit — abgesehen davon, daß durch die Verfolgung des Widerspruchs die Vollziehung des Arrestes nicht gehemmt wird — in dieselbe Lage, als wenn von vorn herein mündliche Verhandlung angeordnet wäre, so daß in dem Widerspruchsverfahren der Gläubiger die Parteirolle eines Klägers, der Widersprechende die Parteirolle eines Beklagten hat [11]).

Im Widerspruchsverfahren ist über die Rechtmäßigkeit des Arrestes durch Endurteil nach der Richtung hin zu entscheiden, ob der Arrest ganz oder teilweise zu bestätigen, abzuändern oder aufzuheben sei, und ob solche Bestätigung, Abänderung oder Aufhebung von einer nach freiem Ermessen zu bestimmenden Sicherheit abhängig zu machen sei [12]).

Aufhebung des Arrestes.

Die Aufhebung des Arrestes, mag derselbe durch Beschluß oder durch Endurteil angeordnet oder durch Endurteil bestätigt sein, kann

---

8) CPO. § 921 Abs. 2 u. o. Anm. 5.

9) CPO. § 923.

10) CPO. § 922.

11) CPO. § 924.

12) CPO. § 925, s. auch CPO. § 708⁵ u. Anm. 16.

— abgesehen von der Aufhebung in der Rechtsmittelinstanz — durch ein anderes Endurteil erfolgen und zwar

1. wegen veränderter Umstände, insbesondere wegen Erledigung des Arrestgrundes oder auf Grund des Erbietens zu einer Sicherheitsleistung[13]) oder

2. wenn der Gläubiger der auf Antrag des Schuldners erlassenen Anordnung, binnen einer richterlichen Frist wegen des noch nicht rechtshängigen Hauptanspruches Klage zu erheben, nicht nachkommt[14]).

Das Verfahren ist ein Wiederaufnahmeverfahren wegen veränderter Sachlage; es findet das ordentliche Erkenntnisverfahren statt, die Parteirolle des Klägers hat der Schuldner, der die Aufhebung beantragt, die Rolle des Beklagten der Gläubiger.

Für das Verfahren ist das Arrestgericht und im Falle 1 das Gericht der Hauptsache, falls diese bereits anhängig ist, zuständig[15]).

Wird der Arrest aufgehoben, so ist das Urteil für vorläufig vollstreckbar zu erklären[16]).

Die Vollziehung des Arrestes findet nach den Bestimmungen über die Zwangsvollstreckung statt, soweit sich aus den folgenden Bestimmungen nicht etwas Anderes ergiebt[17]): Vollziehung des Arrestes.

1. Einer Vollstreckungsklausel bedarf es nur, wenn die Vollziehung für einen anderen als den im Arrestbefehle bezeichneten Gläubiger oder gegen einen anderen als den dort bezeichneten Schuldner erfolgen soll[18]);

2. die Vollziehung ist unstatthaft, wenn seit der Verkündung oder seit der Zustellung des Befehls an den Gläubiger zwei Wochen verstrichen sind; sie ist vor der Zustellung an den Schuldner zulässig, jedoch in diesem Falle wirkungslos, wenn die Zustellung nicht innerhalb einer Woche nach der Vollziehung und vor Ablauf jener zwei Wochen erfolgt[19]).

---

[13]) CPO. § 927 Abs. 1.

[14]) CPO. § 926. Da die Aufhebung durch Endurteil erfolgt, so kann der Gläubiger noch bis zum Schlusse der mündlichen Verhandlung, auf welche das Urteil ergeht, den Nachweis der Klagerhebung erbringen, und dadurch ein günstiges Urteil in der Hauptsache erwirken.

[15]) CPO. §§ 926, 927 Abs. 2.

[16]) CPO. § 708[5] u. o. Anm. 12.

[17]) CPO. § 928.

[18]) CPO. § 929 Abs. 1.

[19]) CPO. § 929 Abs. 2 u. 3.

3. Die Vollziehung des dinglichen Arrestes erfolgt

a) hinsichtlich des beweglichen Vermögens durch Pfändung mit den Wirkungen eines Pfändungspfandrechts. Eine Verwertung des Pfandgegenstandes für den Gläubiger findet nicht statt, vielmehr ist gepfändetes Geld und ein im Verteilungsverfahren auf den Gläubiger entfallender Betrag zu hinterlegen, ebenso ein Erlös aus Pfändungsgegenständen, deren Verwertung ausnahmsweise angeordnet ist[20]).

b) Dieselben Vorschriften gelten für die Vollziehung des Arrestes in ein Schiff, das im Schiffsregister eingetragen ist, so daß ein solches Schiff in Ansehung des Arrestverfahrens als bewegliche Sache gilt. Ist das Schiff bereits beschlagnahmt, so ist die Pfändung als Nachpfändung, die Beschlagnahme im Verhältnis zu ihr als erste Pfändung anzusehen. Auf Antrag des Gläubigers ist das Arrestpfandrecht mit dem für die Hinterlegungsbefugnis des Schuldners bestimmten Geldbetrage als Höchstbetrag einzutragen; im übrigen finden die Vorschriften des bürgerlichen Rechts über das rechtsgeschäftliche Pfandrecht an Schiffen auf das Arrestpfandrecht Anwendung[21]).

c) Die Vollziehung eines Arrestes in ein Grundstück oder in eine eigentumsähnliche Berechtigung an einem Grundstücke erfolgt durch Eintragung einer Sicherungshypothek für die Forderung mit dem für die Hinterlegungsbefugnis des Schuldners bestimmten Geldbetrage als Höchstbetrag. Im übrigen finden die Grundsätze über die Sicherungshypothek an einem Grundstücke im Zwangsvollstreckungsverfahren Anwendung[22]).

Der Antrag auf Eintragung der Hypothek sowie die Wirkung solcher Eintragung sind an die für die Vollziehung des Arrestes resp. deren Wirkung gesetzten Fristen gebunden[23]).

4. Die Vollziehung des persönlichen Sicherheitsarrestes erfolgt entweder durch Haft oder nach den vom Arrestgericht getroffenen Anordnungen, für welche die gesetzlichen Beschränkungen der Haft maß-

---

[20]) CPO. § 930. Für die Pfändung einer Forderung ist das Arrestgericht als Vollstreckungsgericht zuständig.

[21]) CPO. § 931.

[22]) CPO. § 932 Abs. 1 u. 2 (§§ 867, 868, o. S. 601 Anm. 10 u. 11).

[23]) CPO. § 932 Abs. 2 (§ 929 Abs. 2 u. 3 u. o. Anm. 19).

gebend sind. In den Haftbefehl ist der für die Hinterlegungsbefugnis im Arrestbefehle festgestellte Geldbetrag aufzunehmen[24]).

5. Die Aufhebung eines vollzogenen Arrestes erfolgt vom Vollstreckungsgericht durch Beschluß Aufheung de vollzoenen Arrens.

a) wenn der im Arrestbefehl festgestellte Geldbetrag vom Schuldner hinterlegt ist,

b) wenn der für besondere Aufwendungen erforderliche Geldbetrag vom Gläubiger nicht vorgeschossen wird und das Gericht die Aufhebung für angemessen hält.

Die Entscheidung kann ohne vorgängige mündliche Verhandlung erfolgen. Der Beschluß, durch welchen die Aufhebung angeordnet wird, ist durch sofortige Beschwerde anfechtbar[25]).

§ 157.

Einstweilige Verfügung.

Eine einstweilige Verfügung ist zulässig Zulässikeit.

1. als arrestatorische Maßregel hinsichtlich des Streitgegenstandes, wenn zu besorgen ist, daß durch eine Veränderung des bestehenden Zustandes die Verwirklichung des Rechts einer Partei vereitelt oder wesentlich erschwert wird[1]);

2. als provisorische Maßregel zum Zwecke der Regelung eines einstweiligen Zustandes in Bezug auf ein streitiges Rechtsverhältnis, sofern diese Regelung, insbesondere bei dauernden Rechtsverhältnissen zur Abwendung wesentlicher Nachteile oder zur Verhinderung drohender Gewalt oder aus einem anderen Grunde nötig erscheint[2]);

3. in den sonstigen gesetzlich anerkannten besonderen Fällen[3]).

Für die Erlassung einstweiliger Verfügungen ist das Gericht der Hauptsache zuständig[4]). Zuständigkeit.

Auf das Verfahren finden die Grundsätze des Arrestverfahrens mit folgenden Abweichungen entsprechende Anwendung[5]): Verfaren.

1. Die Entscheidung erfolgt regelmäßig auf Grund mündlicher

---

24) CPO. § 933. 25) CPO. § 934.

1) CPO. § 931. 2) CPO. § 940.

3) EG. z. CPO. § 16³ u. o. S. 644 Anm. 2.

4) CPO. § 937 Abs. 1.

5) CPO. § 936. Für die Fälle unter 3 finden außerdem die betreffenden besonderen Bestimmungen Anwendung, s. o. S. 644 Anm. 2.

Verhandlung, nur in dringenden Fällen kann sie ohne vorgängige mündliche Verhandlung erfolgen[6]).

2. Welche Anordnungen zur Errichtung des Zweckes erforderlich sind, bestimmt das Gericht nach freiem Ermessen[7]).

3. Die Aufhebung einer einstweiligen Verfügung kann nur unter besonderen Umständen gegen Sicherheitsleistung gestattet werden[8]).

Vorläufige einstweilige Verfügung.

4. Eine vorläufige einstweilige Verfügung kann in dringenden Fällen von dem Amtsgerichte, in dessen Bezirke sich der Streitgegenstand befindet, unter Bestimmung einer Frist, innerhalb welcher der Gegner zur mündlichen Verhandlung über die Rechtmäßigkeit der Verfügung vor das Gericht der Hauptsache zu laden ist, erlassen werden[9]).

Besondere Bestimmgn.

5. Die einstweilige Verfügung, auf Grund deren eine Vormerkung oder ein Widerspruch gegen die Richtigkeit des Grundbuchs oder des Schiffsregisters eingetragen werden soll (BGB. §§ 885, 899, 1263), kann von dem Amtsgericht, in dessen Bezirke das Grundstück belegen ist oder der Heimathafen oder der Heimatsort des Schiffes sich befindet, erlassen werden, auch wenn der Fall für dringlich nicht erachtet wird. Die Bestimmung einer Frist zur Einleitung des Verfahrens vor dem Gericht der Hauptsache findet in diesem Falle nur auf Antrag des Gegners statt[10]); ist die Frist fruchtlos abgelaufen, so ist die erlassene Verfügung aufzuheben[11]).

Diese Entscheidungen des Amtsgerichts können ohne vorgängige mündliche Verhandlung erfolgen; die etwa angeordnete mündliche Verhandlung hat nur die Bedeutung einer sog. informatorischen mündlichen Verhandlung[12]).

---

6) CPO. § 937 Abs. 2.

7) CPO. § 938. Es kann eine Sequestration, auch ein gerichtliches Gebot oder Verbot bezüglich einer Handlung oder Unterlassung, insbesondere das Verbot einer Veräußerung, Belastung oder Verpfändung eines Grundstücks angeordnet werden. Hat auf Grund der Anordnung eine Eintragung in das Grundbuch oder das Schiffsregister zu erfolgen, so ist das Gericht befugt, das Grundbuchamt oder die Registerbehörde um die Eintragung zu ersuchen, CPO. § 941.

8) CPO. § 939.

9) CPO. § 942 Abs. 1.

10) CPO. § 942 Abs. 2.

11) CPO. § 942 Abs. 3.

12) CPO. § 942 Abs. 4 u. o. § 81.

Wort- und Sachregister.

Die Zahlen verweisen auf die Seiten, die kleiner gedruckten auf die Anmerkungen.

B.

T.

U.

Druckfehlerberichtigung.

S. 8 Z. 7 v. u. lies statt Benutzung „Beeidigung".
„ 80 „ 7 v. u. lies statt 154 „155".
„ 83 „ 13 v. u. lies statt Ausbildung „Ausübung".
„ 110 „ 2 v. u. lies statt daher „dahin".
„ 115 „ 9 v. o. lies statt juristische „juristisch".
„ 167 „ 9 v. u. lies statt 1844 „1884".
„ 182 „ 16 v. o. lies statt Klagerecht „Rügerecht".
„ 278 „ 2 u. 3 v. u. lies statt zugestellt „gestellt".
„ 330 „ 2 v. u. lies statt sicher „solcher".
„ 371 „ 7 v. o. lies „Erfahrung weiß der Sachverständige, ob es einen".
„ 619 „ 16 v. o. lies statt Monate „Wochen".

Die Abkürzungen sind die gebräuchlichen; die Entscheidungen des Reichsgerichts in Civilsachen (herausgegeben von den Mitgliedern des Reichsgerichts) sind unter „RG." zitiert.

Die Lehrbücher von Fitting (9. Aufl.), Hellmann, Planck, Schmidt, Wach und Wetzell (3. Aufl.) sind nur mit den Namen der Verfasser bezeichnet.

Druck von Georg Reimer in Berlin

FSC
www.fsc.org
MIX
Papier | Fördert
gute Waldnutzung
FSC® C083411

Kolibri 360 GmbH
Ferdinand-Jühlke-Straße 7
99095 Erfurt, Deutschland
produktsicherheit@kolibri360.de